הציור בצד הפנימי של הכריכה:
׳עץ המנורה׳, או ׳מנורה פורחת׳ – עיטור לכתב־יד של התורה עם המסורה.
כתב־היד – מן המאה ה־14 בצרפת – שמור בספריה הבריטית.

# לעץ אחד

## משיח בן יוסף, משיח בן דוד וסוד הרכבתם

# לעץ אחד

## משיח בן יוסף
## משיח בן דוד
## וסוד הרכבתם

חנן פורת

בעריכת יהודה עציון

מגיד

... כֹּה אָמַר אֲ-דֹנָי ה':

הִנֵּה אֲנִי לֹקֵחַ אֶת **עֵץ יוֹסֵף** ...

וְנָתַתִּי אוֹתָם עָלָיו אֶת **עֵץ יְהוּדָה**

וַעֲשִׂיתִם **לְעֵץ אֶחָד**

**וְהָיוּ אֶחָד בְּיָדִי.**

(יחזקאל ל"ז י"ט)

**חנן פורת**

**לעץ אחד – משיח בן יוסף, משיח בן דָּוִד וסוד הרכבתם**

**Hanan Porat**

***Into One Branch: Messiah the Son of Joseph, Messiah the Son of David, and the Secret of Combining Them***

עריכה, הערות, נספחים, מפתח ומלאכת הספר: יהודה עציון y@habnuya.org
עורך אחראי: ראובן ציגלר • עורכת ראשית: אוריה מבורך
עיצוב, עימוד ועיצוב העטיפה: סטודיו ולדמן
ציור הכריכה: חנה נוסבוים • איורים: בארי אייזן beery2121@gmail.com
איור בעמודי השערים הפנימיים: איילה אופיר
הקלדות: רחל פורת, מיכל שטרן ׳מילים מאירות׳ ymgs525@gmail.com
הגהות: מיכל שטרן, יעקב עציון, מיכל אזרחי



**ספרי מגיד, הוצאת קורן**
ת״ד 4044 ירושלים 9104001 | טל׳ 02-6330530 | פקס 02-6330534 | www.korenpub.co.il



מסת״ב ISBN 978-965-526-354-1
נדפס בישראל Printed in Israel 2023

הספר רואה אור בתמיכתם של: המועצה האזורית גוש עציון • קרן קיימת לישראל

# תוכן עניינים כללי

## נספחים לשער הראשון

# שער שני

## נבואת אחרית הימים בספר זכריה
### סִדרת שיעורים ב'מכון מאיר' בירושלים

# שער שלישי

## שיעורים במִשנַת הגאולה של רמח״ל

### במכון הגבוה להכשרת מורים שליד ישיבת הר עציון

## חתימה



## בליבה של מחלוקת



## נספחים לשער השלישי

חנן וצבי אנוש בפריסת צינורות ביישוב הצעיר בת עין. היישוב עלה לקרקע ביום העצמאות תשמ"ט (1989), סמוך לאתר היישוב משואות יצחק אשר חרב עם נפילת גוש עציון בשנת תש"ח.

# עִם העֵץ ועָלָיו

## יהודה עציון

בדחילו ורחימו אנו מגישים לפניכם את ׳ספר הגאולה׳ של חנן פורת, אשר קראנוהו בשֵׁם: ׳לעֵץ אחד׳.

״בדחילו ורחימו״, בתרגום לעברית: ביראה ובאהבה. כי מזאת וגם מזאת יש בחזון הגאולה. מחד גיסא, יראה מן הדין והסכנה הכרוכים במלחמת הגויים על ירושלים, המלחמה אשר חוזים נביאֵינו, יראה מגזֵרת המוות המרחפת על ראשו של משיח בן יוסף בראשית צמיחת גאולתנו. ומאידך גיסא – אהבה, אהבת עולם אשר אוהב השם־יתברך אותנו, עמו ונחלתו, להביא עלינו את ברכת הגאולה הכתובה בַּספר הזה, בואכה מלכות בית דָוִד, בצליל שיר השירים בקודש קודשים.

׳**לעץ אחד**׳. זו פסגתה של נבואת יחזקאל בן בוזי הכֹּהן (ל״ז), אשר חוזֶה את איחודם של שני העצים – עץ יוסף (ה׳כַּנָּה׳) ועץ יהודה (ה׳רוכב׳) – ואת איחוד כוחותיהם ומִפעלם, המעורים זה בזה בחיבור של חיים. כך מורכבים יחדיו שני המשיחים – משיח בן יוסף ומשיח בן דָוִד – כהרכבה חקלאית המשביחה את המין־במינו להיותם **עץ אחד**, רב אונים בשורשיו מִתחת, ונושא פרח ופרי הילולים על ענפיו מִמַּעַל.

מנבואת החיים הזאת של יחזקאל, המתנשאת עד כתר מלכות והשראת השכינה – ״וְדָוִד עַבְדִּי נָשִׂיא לָהֶם לְעוֹלָם״, ״בִּהְיוֹת מִקְדָּשִׁי בְּתוֹכָם לְעוֹלָם״ – נמשכת תפילה גדולה. זו תפילה אשר ניתנה בספר ׳קול התור׳ מבית מדרשו של הגר״א, וזו תפילת חייו של **חנן בן יוסף**. ׳עוד יוסף חי!׳ – קורא חנן, ושונֶה ומשַׁלֵּש – שלא ימות חלילה משיח בן יוסף. ׳יוסף עוד חי׳, שלא יקרוס חלילה בניינן של האֵם ובִתה: התנועה הציונית ומדינת ישראל, נושאות הגאולה, גם אם הִשרישו שורשיהן והעלו את ענפיהן שלא רק על טהרת הקודש.

ותפילת חייו של חנן, כפי שהוא מגיש ומלמד אותה בַּספר הזה, שזורה היתה במסכת מעשיו: מגאולת כפר עציון ל׳גוש אמונים׳, לבניין היישובים בחבל ההר, משם לפעילות בכנסת־ישראל ולחזון ׳תנועת אורות׳. אורותיו אלה של הראי״ה קוק – אשר חנן מחנך את עצמו ואותנו להיות נושאיהם – הולכים ומאירים מאז ועד הנה, כארון הברית הנושא את נושאיו, ועוד רב לפנינו הדרך... בַּספר הזה מושך אותנו חנן אל מעלֵה הדרך, מושך ודוחף, עד אשר יבוא הארון אל הדביר, כהמשך מפעלו של דָוִד עִם כל ישראל, אשר העלו את הארון לירושלים בתרועה וקול שופר.

בן ברית היה לו לדָוִד, אשר נפל בַּגלבוע ולא זכה לאשר נכסף, להיות מִשנֶה לַמלך. קינה מרה קונן עליו דָוִד: ״צַר לִי עָלֶיךָ אָחִי יְהוֹנָתָן, נָעַמְתָּ לִּי מְאֹד, נִפְלְאַתָה אַהֲבָתְךָ לִי מֵאַהֲבַת נָשִׁים״ (שמואל־ב׳ א׳ כ״ו). דומה שֶנָגַע חנן גם בנפשו גם באהבתו של יהונתן. מִיַעֲרַת הדבש שלו הוא טעם, ואורו עיניו... את שאיפת חייו של יהונתן שָאַף חנן אל חֶביון נפשו־שלו, להיות מוליך ומביא את מפעל בן־יוסף אל מלכות בית דָוִד, באשר שבט בנימין הוא המחבר בין כוח יוסף לבין כוח יהודה, להיותם ׳עץ אחד׳.

*

כל אלה, ועוד, יוגשו מפי חנן בספר הזה – בשלושה שערים נפתחים, כלהלן:

**השער הראשון** הוא בדברים שבכתב, בין הרב שלמה אבינר לבין חנן.

בשנת תש״ם (1980) הצית מאמרו של הרב אבינר, **׳הריגת משיח בן יוסף׳**, פולמוס עז. נידונה השאלה האם הגיעו הציונות החילונית ומדינת ישראל אל קצֵה ׳דרך ללא מוצָא׳ – ומתחייב אפוא ׳חילוף משמרות׳ – או שֶאדרבה, חובתנו היא להושיט להן יד, לחזקן ולהקימן. מדם ליבו זעק חנן: **עוד יוסף חי!** חלילה לנו מִלִספוד לו – כי **עִם** המדינה ובתוכה עלינו לפעול, לא לעומתה, ודאי לא במקומה – וכאמור, היתה זו תמצית חייו, בתפילה ובמעשה גם יחד.

**השער השני** הוא סִדרת שיעורים שמסר חנן לתלמידים צעירים ב׳מכון מאיר׳, בשנת תשס״ז (2007).

הוא לימד את פרקי נבואות אחרית הימים בספר זכריה, "דָּבָר דָּבוּר עַל אָפְנָיו", תוך שהוא מרחיב ונוטע בשומעיו גם את עקרונות תפיסת הגאולה בדורנו. חלק נכבד משיעוריו אלה הקדיש חנן ללימוד יסודי של המאמר הגדול אשר כתב הרב קוק, 'המִסְפֵּד בירושלים'. המאמר נכתב עם מותו של הרצל, ובו מעמיק הרב בהוראת מעמדה ומהותה של התנועה הציונית – נושאת כוח הגוף והחומר בבניין האומה בארצה – ואף כותב כי יש לראות את המנהיג שֶׁנפל־ומת כ'עָקֵב' של משיח בן יוסף. מן הניתוח של ימי ההווה, בזמנו של הרב קוק, עולה המאמר – וחנן בעקבותיו – אל חזון העתיד של החיבור החוזר בין כוחות החומר והרוח, החול והקודש, עד בוא תור הגאולה השלֵמה במלכות בית דָּוִד.

השער השלישי הוא חלק מקורס שנתי על הרמח"ל, אשר לימד חנן לתלמידים בוגרים בַּמכון הגבוה להכשרת מורים בישיבת הר עציון, בשנת תשנ"ד (1994).

בשיעורים אלה עסק חנן גם במִשנַת הגאולה של הרמח"ל, על פי שני מקורות: האחד הוא איגרת שכתב רמח"ל אל רבו – רבי ישעיהו בָּסָן – והשני הוא החיבור 'קנאת ה' צבאות', אשר כתב רמח"ל כנגד השבתאים, תוך שהוא מציב דרך אמת מול סילופיהם. בשני הכתבים הללו יורד רמח"ל אל 'בית השורשים' הרוחני־ההיסטורי של מהלכי הגאולה. חנן אוחז בדבריו ומרחיב את משמעותם 'לפָנים ולאחור' – אל פרקי המקרא בפרשנות ייחודית, עם שאול ויהונתן, דָּוִד ומפיבושת, ואל בית מדרשו של הגאון מווילנה, אל אורות קודשו של הרב קוק, ואל שדות־הרוח של משוררי החלוצים בדורותינו אלה.

*

תוך כדי הוראת־הדרכים בַּספר הזה מפגיש אותנו חנן עם רבותיו, אשר מתורתם הוא דולֶה ומַשקֶה. אחרון בַּשרשרת הוא הרב צבי יהודה הכהן קוק – אשר חנן היה תלמידו הנאמן והאהוב. מעליו ניצב אביו הגדול, הראי"ה, אשר חנן מלמד את תורותיו מן העומק ומן ההיקף – ולא פעם דובבות שפתיו את דברי הרב באופן טבעי, אף מבלי שהוא מציין זאת. חנן זכה להקשיב גם לתורתו של הרב דָּוִד כהן, 'הנזיר', תלמידו הגדול של הרב קוק; בשיעוריו הביא מים מבְּאֵרוֹ אל שומעיו, ועתה גם אל קוראיו. בְּדורות קודמים מזהירים דבריו של הגאון מווילנה על מהלכי

הגאולה, שֶׁכבר החלו להישמע כהוראות של הלכה־לְמעשה, וחנן לימד פרקים מן הספר ׳קול התור׳ אשר נבע מבית מדרשו. מעט לפניו ניצב כאמור הרמח״ל, איש הפלא בַּסֵּתֶר ובַגלוי, אשר חנן דבק באישיותו ובתורתו, וספרו ׳מסילת ישרים׳ היה לו אורים ותומים.

*

לא קלה היתה עריכת טיוטות כתב־היד (בַּחלק הראשון), אך שבעתיים קשה היתה המלאכה ׳לתרגם׳ אל הכתב דברים שבעל־פה (בַּחלק השני ובַשלישי). גזֵרה מרה של אובדן חִיות תלויה מעל ראש העורך, כאילו הוא מפחית במקלדתו את קצב הלב בדיבורו של חנן, מגהץ את עושר הבעותיו, משקיט את ההֶמיָה והסַעַר, מעלים בין השורות את ההומור הטוב, וגם את הכאב והתִסכול אשר ביטא חנן לא פעם ולא פעמיים. בַּחלק השני של הספר ניסיתי לשמר מעט־מזעֵיר מכל אלה (בתיאורים קצרים בין סוגריים), אך בַּחלק השלישי לא היה הדבר אפשרי בשל ההכרח להעמיד את דברי חנן על תמציתם, ולהתאים את עושר ההֶיצֵּעַ אל קוצר המַצָּע.

כאן נאנח העורך אוי, כי זה דוַי, ו׳חבל על דְאבדין׳... מי ייתן לנו תמורתו של המורֶה הזה, אשר פעל גאולה – ״בֶּן־אִישׁ־חַיִל רַב פְּעָלִים מִקַּבְצְאֵל״ – וגם לימד אותה, ״כִּי עֵת לְחֶנְנָהּ״, והעמיד הוראות לְשעה ולְדורות. ובכל זאת, אחרי אנחה – נחמה... כי הנה שימרנו עיקרי דברים, כאבנים מקירות ליבו של חנן, כיין המשומר בענביו. יהיו נא הדפים הללו לחם־ומים לַהולכים ומוליכים בנתיבות גאולה, או יהיו דלק במנועי מֶרכְּבוֹתֶיהָ – הכול למען יתגדל ויתקדש שמו של הקב״ה, אשר דִּבֶּר טוֹב עַל יִשְׂרָאֵל.

*

**הנה כמה סעיפים על עקרונות עבודת העריכה:**

- הערות רבות מלוות את דבריהם של חנן ורבותיו – הן להשלמתם וביאורם, הן להעשרתם בהבאת מקורות ביֶתֶר הרחבה, הן לקישור אל מקבילות בתוך הספר ומחוצה לו, ולפעמים גם לדיוק הדברים ותיקונם.

- לכל אחד משלושת השערים גם צורפו נספחים, אשר עניינם יוסבר בפִּתחֵי השערים או תוך כדי דבריו של חנן. חלק מן הנספחים הם דברי חנן עצמו ה'עשירים במקום אחר', וחלקם הם דבריהם של המורים אשר חנן מלמד את תורתם בשיעוריו. הנספחים יאפשרו לַקורא לימוד רצוף של הדברים במקורם, וכן יעניקו העשרה והרחבה במקומות שבהם הילך חנן בקצירת האומר.

- רבים מאד הם הציטוטים בספר זה – מפסוקי מקרא ועד דבריהם של קדמונים ואנשי דורֵנו – הניתנים תוך כדי ההרצאה, ארוגים לעיתים שתִי־וָעֵרֶב בדבריו של חנן, וגם בדברי אחרים. לכן לא יכולנו להסתפק בסימני המירכאות, והגשנו את הציטוטים באותיות צבעוניות, למען יהיו הקוראים 'רואים את הקולות'.

- השתדלנו כיכולתנו הדלה להעמיד על מכונם את דברי חנן – וגם את דבריהם של אחרים המובאים על ידו – בהוספת ציוני המקורות מן הכתובים ומדברי חז"ל, בדיוק הדברים על־פי מקורם, בפתיחת ראשי תיבות, ועוד. לגבי פסוקים המובלעים בשטף הדברים, בכל הספר כולו, יהא כלל זה נקוט בידי הקורא: ניקוד מלא מעיד על מקור הדברים בַּמקרא, גם אם לא צוין מראה־המקום.

- בכל הספר – הן בתוך דברי חנן, הן בתוך קטעי מקור מובאים – סוגריים רבועים הינם מעֵט העורך. סוגריים עגולים נתונים בַּמקור (מלבד ציונֵי מקורות או תיאורים קצרים תוך כדי דיבור).

- כותרות פנימיות – הן בדבריו של חנן, הן בדברי אחרים – הינן בדרך־כלל מִשֶּׁל העורך (אם־כי נִסמכתי לפעמים על מהדירים שקדמו לי).

*

**טוב להודות**

חוב עצום חב אנוכי לרחל פורת ולבני המשפחה, על אשר נתנו בי את אמונם ועשאוני שליח להלוך אחרי חנן בנתיבות גאולה, לחרוש בתלמיו, לתת את ידי בידו, להקשיב לו מִקרוב־קרוב ולהגיש את דבריו

בזה עלֵי ספר. רחל גם השקיעה עבודה רבה בסידור ראשוני של דברי אישהּ, עוד בטרם עלה הספר הזה במחשבה.

תודה גדולה מסורה למיכל שטרן, אשר ליוותה את העבודה בטוב טעם ודעת, מן המסד עד הטפָחות. יעמדו על הברכה גם יעקב עציון המגיה, מעיר ומאיר, וגם מיכל אזרחי על הגהתה ודיוקיה. כולם חילצוני מבורות יְקושים למען ילך הקורא בשלום ובמישור.

תבורכנה ידיו של בארי אייזן על איוריו הנפלאים המלווים את הספר. בחרנו בדימויים המביעים מָהויות ותכונות של שני גיבורי הספר הזה – משיח בן יוסף ומשיח בן דָוִד. כרוחו הטובה של חנן – אשר אהב לצרף קול־תמונה אל הכתב – מגיש לנו כאן בארי את עבודותיו, 'מעשה חושב' בעיפרון של זהב.

'לעץ אחד' קראנו לַספר, מכוח הגותו של חנן על עץ יהודה המורכב על־גבי עץ יוסף, ובכריכת הספר מביע זאת 'העץ האחד' של הגוש – הוא אלון הבָּכות בתשע־עשרה שנות חורבן גוש עציון, אשר נֵיעור לחיים חדשים בשנת תשכ"ז כאלון השבות. הציירת הדגולה חנה נוסבוים – בת כפר־עציון־הראשון וידידת משפחת פורת – הפליאה להעלות את העץ במִכחולה, ולבקשתנו גם הוסיפה לו את בית שורשיו היורדים ונאחזים בעומקי הקרקע, מעלים את מגד התהום אל העץ ועליו. כך נותנים שורשי יוסף את כוחם בענפי יהודה, מן האדמה החוּמה אל תכול השמים, עד נצח ירושלים.

שלמי תודה ל'סטודיו ולדמן' – לזהבה ולחווה – על עבודתן המסורה בעיצובו של הספר, תוכו כבָרו, והנחתו הנאה על "וָוֵי העמודים". כל מילה במשפט הקצר הזה מייצגת עשרות שעות של עבודה מדויקת וסבלנות אין קץ – מן המסך הריק והקר, עד הספר המוגמר.

והמאספים לכל המחנות – תודה מעומק הלב לראובן, לאוריה ולאנשי הוצאת 'מגיד', על אשר הכירו בחשיבותו של הספר, קיבלוהו בחום, ונתנו בית מכובד לַקול הקורא לגאולה.

יהודה עציון, עפרה
לקראת חג האורים, תשפ"ג

# כימֵי העֵץ ימֵי עַמי

## אמיתי פורת

בחסדי ה׳, ושלוחיו כאן בָארץ על פני האדמה, אנו זוכים להביא את דברי אבא ותפיסת ״ציונות של גאולה״ שלו אל לומדי התורה, ואל מבקשי התוכן הפנימי של המעשה הציוני – במפעלי ההתיישבות, הבניין והיצירה – למען יהיו לאחדים בידם, ״לְעֵץ אֶחָד״.

הספר הזה נפרש על פני זמנים שונים במסלול חייו ופעולתו של אבא, ובַדברים שהוא מלמד כאן ישנו הֵד עמוק למסכת חייו שלו, לָ׳רצוא ושוב׳ שלו בין חיי המעשה לבין חיי התוכן והרוח, ברצונו לקשור ולהרכיב אותם יחדיו ׳לַאֲחָדִים׳ – ׳לְעֵץ אֶחָד׳.

מעשה ההרכבה הבוטָני של כַּנָּה ורוכב לעץ אחד – כך מִתפרשת כאן נבואת יחזקאל (ל״ז) על חיבור עציהם של יוסף ויהודה – היה עבור אבא לא רק משל אלא גם נִמשָׁל, בבחינת ׳החיים כמשל׳.

בַּשנים הראשונות בכפר עציון עסק אבא בגידול עצי הפיסטוק (הבּוטנָה), והפעיל לחצים על עמרם נבו – המדריך החקלאי המומחה לגידולי הבּוטנָה בארץ, בזמנו – כדי לזרז את תהליך הרכבת העצים. עמרם השיב במכתביו שֶׁ׳זו לא העונה ועוד לא הגיע הזמן׳. גידול הפיסטוק לא הצליח לבסוף לאורך זמן בכפר עציון, ואבא למד מכאן את החשיבות של תהליכי הצמיחה, ואת ה׳ריתמוס׳ של העץ, שעליו דורש הנביא ״כִּי כִימֵי הָעֵץ יְמֵי עַמִּי״ (ישעיה ס״ה כ״ב).

אלה דברי אבא על הפסוק הזה:[1]

״אולם אפשר שלא רק בשורה יש כאן אלא גם תביעה נסתרת: לאחוז בגבורת הסבלנות הנדרשת לתהליך הקליטה וההִשתרשות בארץ, כאילן זה המכה שורש קְמעא קְמעא אל לב האדמה, ודרושות לו שנים עד שֶיישא ענפיו וייתן פריו.

מי שאצה לו דרכו עלול להתייאש מהֵרָה, אבל מי שמַפנים את ההכרה כי לפניו תהליך ממושך, המחייב הסתגלות לָ׳ריתמוס׳ של העץ, יודע כי עליו לקחת נשימה עמוקה ולהתמודד באורך רוח עם קשיי הקליטה״.

אפשר שגם מורשת כפר עציון, ובייחוד תורתו של שלום קרניאל הי״ד, פועמת ומכה שורש במִסתרֵי בתי הנפש של אבא. עוד הרבה לפני שנהיה ׳העץ הבודד׳ לסמלו של גוש עציון, כתב שלום קרניאל על ״העץ בחיי העם״.[2] ב׳מגילת הנטיעה׳ שנכתבה בשבט תש״ד ב״גמר שנה לעלייתנו״ – מגילה שהיתה למעין מניפסט מכונן של כפר עציון – מלמד שלום קרניאל כַּדברים האלה:

״העצים האלה שאנו נוטעים היום – לסמל יהיו לנו; סמל לדרכנו כחלוצי האומה, אות ברית עִם אדמת המולדת, ׳כִּי הָאָדָם עֵץ הַשָּׂדֶה׳.

---

1 במאמרו ׳תְּבִיאֵמוֹ וְתִטָּעֵמוֹ׳ לפרשת בשלח, כרך ספר שמות בסִדרת ׳מעט מן האור׳ עמ׳ 150.

2 שלום קרניאל, שעלה מפולין, היה מעמודי התווך של ׳קבוצת אברהם׳ אשר הקימה את כפר עציון בשנת תש״ג (1943) – דמות זוהרת, איש ארגון ומעשה, למדן ומחנך בעל נפש פיוטית. את ׳מגילת הנטיעה׳ הוא חיבר והקריא בטקס נטיעת יער ליד כפר עציון, על־ידי הקרן הקיימת לישראל, על־שמו של הרב מאיר בר אילן (עוד בחייו).
בנר חמישי של חנוכה בשנת תש״ח נפל שלום קרניאל חלל כאשר הותקפה ׳שיירת העשרה׳ בדרכה מירושלים אל הגוש, ליד ׳צומת השיירות׳ (׳אפרת צפון׳) דְהיום. חלק מנוסעי השיירה נסוגו, תשעה נהרגו, הוא נותר חמוש אחרון והתגונן עד שאזלו כדוריו. היה בן שלושים־וחמש בנופלו. בנו, שמעון, היה אז תינוק; לימים – לאחר מלחמת הַיֶּשַׁע (תשכ״ז, 1967) – היה שמעון קרניאל מראשוני הבנים השבים אל כפר עציון, והוא מעמודי התווך של הקיבוץ עד היום הזה.

השורשים העמוקים של העצים יזכירו לנו את חובתנו להיות דבוקים בעולם המעשה – בבניין, בנטיעה ובעבודה. הענפים הגבוהים שֶׁיתרוממו אל־על יעוררו אותנו כלפי מעלה, לדעת את קונֵנו ולשאוף תמיד לשלמות מוסרית ולקדושת חיים".

מן השורשים הללו ינק אבא, והחיבור בין עולם המעשה־והבניין לבין השמים הגבוהים היה לו מַסָד – קרקע ומים – לנטיעות חייו שלו.

את מעשה התיישבות ביש"ע – מכפר עציון, דרך קריית ארבע וחברון אל חבלי בנימין ושומרון – וביֶתֶר שְׂאת מאז הקמת 'גוש אמונים' – ראה אבא כמחבר וממשיך את ההתיישבות החלוצית החילונית של תנועת העבודה ואנשי העליה השניה, ממש כרוכב על־גבי כַּנָה בעץ אחד. וְלא, אין כאן רצון לבטל את כוח יוסף של ההתיישבות החילונית, אלא כן, יש לאמצו ולחברו עם הכוח הרוחני הנכלל בדמותו של המלך דָוִד – שני הכוחות לעץ אחד.

בַּפולמוס עם הרב אבינר (בַּשער הראשון בַּספר) על חשיבות הציונות ומדינת ישראל – גם בעת נסיגות, גם נוכח מה שנראה כ'שקיעת הרוח' – מבהיר אבא כי בניגוד לעצת הרב אבינר, אין הוא מקבל את תוכנית ההִתכנסות אל בתי המדרש ואל העיסוק בלימוד בלבד. תפקידנו שזור אפוא משניים שהם אחד: לאחוז בהמשך המעשה ובפעולות ההגשמה בחיי המציאות – זהו כוח יוסף אשר יש לאפשר לו מיצוי גם בפני עצמו – ולהרכיבו כאחד־יחד עם הכוח הרוחני הנותן אור בַּכלים המעשיים ומעניק להם תוכן וכיוון, כנשמה זו שבַּגוף.

הנה אלה דברי אבא בעמ' 79:

"על כל אחד לפעול לפי שורש נשמתו ושליחותו המיוחדת בָּעולם. 'חושבי המחשבות' יעמיקו חשוֹב, 'עושי המעשים' יפעלו ויבנו – ואלה לא ידחקו את רגליהם של אלה. אבל מה יעשו אלה החשים בליבם פנימה את שתי הנטיות כאחת, 'לַחְשׁוֹב מַחֲשָׁבוֹת – לַעֲשׂוֹת', ועוד יותר מכך: חשים בַּצורך לחבר את שתי הנטיות, לא רק בַּדרך של יששכר וזבולון, אלא ברוחו של דָוִד המלך?

שמא תפקידם של אלה לקשור את הקצָוֹת, לחבר את 'חושבי המחשבות' עם 'עושי המעשים', למען יקבלו דֵין מן דֵין [=זה מזה]

וַיֵּעָשׂוּ יחד אגודה אחת, לפעול בעֵצה אחת למען תחיית הקודש, ברוח ובגוף גם יחד".

המחויבות להגשמה בַּמציאות ובחיי המעשה היא שֶׁהניעה את אבא מראשית מפעלו – לצאת מלימודו בישיבת 'מרכז הרב', לאחוז בַּפעולה המעשית של ההתיישבות ולהוביל את השיבה לכפר עציון. בעדותו־על־עצמו הוא כותב על כך:

"יודע אני כי הייתי בוגד בעצמי אילו לא נשמעתי לְצַו הלב הקורא לי לשוב עם רֵעַי בני כפר עציון אל ביתנו שבָּהר. יותר מזה הייתי בוגד ברעיון ההגשמה העומד במרכז השקפת עולמי ותובע ממני לקרוא את מפת המציאות, להפוך את תורת הגאולה שלמדתי לתורת חיים, את ארץ ישראל של מעלה לארץ החיים של מטה, 'על גַּגּוֹתֶיהָ וְקַרְפִּיפוֹתֶיהָ' כלשונו של רבי נחמן מברסלב".[3]

גם בעת מחלתו המשיכה תורת החיבורים הזו לפעום בנפשו של אבא – ומכוחה הוא ביקש לפעול למען ציון וירושלים גם בתכנון אדריכלי של בתים ושכונות, תוכנית המביאה לידי מעשה.

"עוֹד יוֹסֵף חָי" – מדגיש אבא כמה וכמה פעמים, כי גם את משיח בן יוסף מְדַמֶּה הוא להציל מגורלו על־פי המקורות שמצא בכתבי רמח"ל, בדבריהם של תלמידי הגר"א, ואצל רבו הגדול הראי"ה קוק זצ"ל עם תלמידו 'הנזיר' רבי דָּוִד כהן.

אבל עיקרו של עץ יוסף לא לעמוד בפני עצמו הוא בא. גם עץ יהודה לא יוכל למלא את ייעודו בהיותו מנותק מאחיו יוסף. על כן נדרש מעשה החיבור וההרכבה ביניהם – ואכן, במידה רבה, היה אבא "איש החיבורים". הוא ראה חשיבות מכרעת בחיבורו של מפעל ההתיישבות, וכל המעש הגדול של בניין המדינה ומערכותיה, אל האמונה, אל התורה, אל הכוח הפנימי הנִשמתי אשר יוביל, יתווה את הדרך ויאיר את היעד.

כך ראה אבא, בפרספקטיבה רחבה, את החיבור בין התנועה הציונית ומעשיה לבין הייעוד של קדושה ומלכות. זהו סוד ההרכבה בין התנועה הציונית החילונית ובראשה בנימין זאב הרצל – אשר הרב קוק ראה בו

3 'את ענת אנכי מבקש', מהדורת תשס"ח עמ' 35.

הופעת ׳משיח בן יוסף׳ – לבין ׳ציונות של ציון׳ היונקת ממקור הקודש, מיוסדת על ברית עם ישראל וא־לֹהיו, אשר רוח הגאולה מפעמת בה.

כוח מחבר מיוחד כזה מצא אבא בבנימין, אחי יוסף ויהודה, ובשבט בנימין בכלל. על פי איגרותיו של רמח״ל נועד לו, לבנימין, תפקיד סודי להיות המחבר בין יהודה ויוסף – ״כי בנימין הוא המחבר אותם״. דמותו של יהונתן בן שאול – איש בנימין – היא דוגמה חיה, עזה, לאותו כוח מחבר. באהבת יהונתן לדָוִד, בַּברית שכרתו שניהם, מצא אבא את ״ממשלת האחדות הראשונה״ בישראל.

במידה רבה, ראה אבא בעצמו עוד חוליה בְּשרשרת השליחות הזו, להיות ׳המחבר אותם׳. גם הוא ׳אִיש יְמִינִי׳ שהוא גם ׳אִיש יְהוּדִי׳. גם הוא ׳איש ירושלים׳ – ״יְרוּשָׁלִַם הַבְּנוּיָה כְּעִיר שֶׁחוּבְּרָה לָּהּ יַחְדָּיו׳, שֶׁעוֹשָׂה כל ישראל חברים״. את הדברים האלו פרש מחבר־עורך הספר היקר, יהודה עציון, בנספח מיוחד על השם הספרותי שבחר אבא לעצמו – ״גיא בן אָצַל׳. במאמרו הנספח לפרקי זכריה, בַּשער השני של הספר (עמ׳ 381 ואילך), מתבאר שֶׁ׳חנן׳ – על־פי ספר דברי הימים – הוא מצאצאיו של ׳אָצַל׳ ודור עשירי ליהונתן בן שאול. הנה־כי־כן, ראה אבא בעצמו נצר ליהונתן. והשם ׳גיא׳ רומז גם לשמו של גיורא אשכנזי הי״ד, מפקדו של אבא במלחמת ששת הימים, אשר נפל חלל בהר שעליו חזה זכריה הנביא: ״וְעָמְדוּ רַגְלָיו בַּיּוֹם הַהוּא עַל הַר הַזֵּיתִים״. את שני השמות קשר אבא בקשר של נשמות, עד ימיו האחרונים, ״כי בנימין הוא המחבר אותם״. וכן אבא.

*

את הספר ערך חברֵנו יהודה עציון, איש עפרה, ובן בית במחשבתו ורוחו של אבא. תלמיד כחבר. נדרש כאן ׳מעשה חושב׳ ו׳מעשה אומן׳ של עריכה ויצירה מן המקורות שהיו לפניו – מיעוטם דברים שבכתב, ועיקרם שיעורים בעל פה שניתנו בזמנים שונים ובאיכות טכנית משתנה. ובכל זאת, בצירופם של המקורות – ובאריגתם ליריעה אחת – קמה לנו עדות כי ״נִתְּנוּ מֵרוֹעֶה אֶחָד״, ושֶׁהדברים אכן חיו וִיָקדו בנפשו של אבא כעניין מרכזי בתורתו ובחייו.

חסד עשה יהודה עם הדברים וערך אותם בצורה מאירה וחיה, ועם זאת – דייק, העיר, בירר והאיר מקורות משלימים אשר מעמידים את הדברים כ"תַּפּוּחֵי זָהָב בְּמַשְׂכִּיּוֹת כָּסֶף, דָּבָר דָּבֻר עַל אָפְנָיו". בכך הוא גאל נושאים חשובים אלה מתהום הנשיה והעמיד זכר לנפשו של אבא, בבחינת 'דבריהם הם זיכרונם' – ובמידת קל-וחומר אמורים הדברים ב'פרקי גאולה' אלה אשר יש בהם מן ההתקשרות במידת הנצח.

*

את החלום לרקום 'עץ אחד' וספר אחד מדברי אבא במאמר נשכח ובשיעורים מכאן ומשם – חלמה אמא שלנו, רחל. היא גם שהחלה בַּמלאכה של איסוף החומר ותִמלול השיעורים. על-אף שלא תמיד קמו בניה וַיאשרוה, בכל זאת לבשה עוז והדר, זכרה חסד נעורים ואהבת כלולות, וַתהי עבודתה בעיניה כימים אחדים באהבתה אותו.

הוצאת 'מגיד' נטלה על עצמה את המשימה של הוצאת הספר לָאור, ונתנה לנו מעטפת, תמיכה והדרכה, ובית מכובד וראוי. ראובן ציגלר, אוריה מבורך, וכל אנשי 'מגיד' – ברוכים תהיו לפני "יוֹצֵר הָרִים וּבֹרֵא רוּחַ, וּמַגִּיד לְאָדָם מַה שֵּׂחוֹ".

זכו השותפים לעשות עם אבא חסד של אמת, לצרף עצם אל עצמו, לחבר את ענפי המעשה, המחשבה והלימוד שלו "לְעֵץ אֶחָד". ברוכים כולם "לַה' אֲשֶׁר לֹא עָזַב חַסְדּוֹ אֶת הַחַיִּים וְאֶת הַמֵּתִים".

ואנחנו – אפשר שניקח מכאן את תפקידנו, לתרום מעט לַמהלך הגדול של חיבור קורות בית ישראל וענפיו, כולם יחד, "לְעֵץ אֶחָד".

אמיתי ומשפחת פורת
כפר עציון, כִּסלֵו תשפ"ג

# שער ראשון

## 'עוד יוסף חי'

כי לא ייהרג משיח בן יוסף

הנה ימים באים
ונגש חורש בקוצר ...

# שער ראשון

## ׳עוד יוסף חי׳ – כי לא ייהרג משיח בן יוסף

### פולמוס בכתובים עם הרב אבינר, שנת תש״ם (1980)

## בפתח השער

בחודש כסלו בשנת תש״ם (סוף 1979) כתב הרב שלמה אבינר מאמר בעלון הפנימי של מושב קשת, אשר בו כיהן אז כרב; המאמר נשא את הכותרת: ׳הריגת משיח בן יוסף׳. כעבור כשלושה חודשים, באדר, כתב הרב אבינר מאמר משלים – ׳בעניין תנועת תחייתנו׳ – תוך שהוא רומז לתנועת ׳התחיה׳, אשר חנן בעצמו היה מְמוביליה.

שני המאמרים באו יחד לידיו של חנן – והוא נרעש למִקרא הדברים... חנן העריך את הרב אבינר עד מאד. הוא ׳לקח באופן אישי׳ את הקריאות בשני המאמרים לעריכת חשבון נפש ולחישוב מסלול מחדש, אך גם התקומם בכל נפשו כנגד ה׳הספד׳ שערך הרב אבינר לַחולה האנוש אשר עודנו חי לפנינו – הלוא הוא ׳משיח בן יוסף׳ ומִפעלותיו: הציונות החילונית ובִתה, מדינת ישראל.

אחרי פורים (תש״ם) החל חנן לכתוב טיוטה של מאמר־תגובה; עבודתו נמשכה כנראה במהלך חודש ניסן, אך המלאכה לא נִשלמה והדברים לא פורסמו. חלק זה של הספר מהווה אפוא מעין ׳פולמוס גאולה׳: תחילה יובאו דברי הרב אבינר, אחר־כך יינתן מאמר התגובה של חנן

(כשהוא מפוצל לשני חלקים, כַּמוסבר להלן), ולבסוף יוגשו גם שני נספחים.

תגובתו של חנן היא מורכבת: הוא הביע הערכה עצומה לָרב שלמה אבינר ולמאמרו, גם לסִגנונו הנשגב – בצלילֵי לשונו של הרב קוק – והבטיח כי הדברים "נכנסו אל ליבו" ואכן יש לערוך חשבון נפש ציבורי, ובו הוא פותח כבר בגוף מאמרו. ואולם, בַּנקודה המכרעת, הלכה למעשה – ודגש־חזק על המעשה – חָלַק חנן על הרב אבינר בחריפות. "עוד יוסף חי!", הוא קבע, וחלילה לנו מִלקבוע את מותו. אדרבה, עלינו לתת את יָדֵנו עִמו, לסעוד אותו, להעלותו מן החול אל הקודש, ולצעוד יחד – חבֵרים כל ישראל עִם מדינת ישראל – אל דרך המלך.

ככל הנראה לא נכתבה הטיוטה בהינף אחד; חנן הניח את עטו, אחר־כך שב לכתוב, הפליג לעיונים עמוקים היורדים אל שורשי הדברים, חזר אל המציאות של 'כאן ועכשיו', ולבסוף סיכם את המאמר בחזון התובע את הגשמתו. הטיוטה החזיקה ארבעים ותשעה דפי כתב יד, עמוסֵי מחיקות ותיקונים.

כעבור זמן־מה ניגש חנן לכתיבת טיוטה שניה, מסודרת יותר. הוא כתב שלושים־ושלושה דפים – חלק מהם אף מסר להקלדה במכונת כתיבה – אך לא סיים את המאמר. שתי הטיוטות נותרו בקלסריו של חנן, עם הדפים המוקלדים. כאמור, הדברים לא פורסמו מעולם – והנה עתה הם רואים אור לָראשונה.

קשה לקבוע מדוע הניח חנן מידיו את העבודה הזאת, אשר אין ספק שֶהיתה חשובה בעיניו עד מאד. אולי חש שהדברים תפחו לכדי מסה ארוכה מדי, שיהיה לו קשה למצוא להם במה הולמת; אולי הסיטו אותו האירועים הסוערים מעבודת הכתיבה: בליל שבת, י"ז באייר תש"ם, נרצחו בחצר 'בית הדסה' בחברון שישה בחורי ישיבה;

הפיגוע הנורא גרם הלם וזעזוע בקרב המתנחלים בהר, והיכה גלים גם בציבור הכללי.

ואולי הסיבה היא אחרת: בסוף חודש ניסן פרסם הרב אבינר מאמר נוסף בביטאון מושב קשת – ניתן לומר שהיה שלישי בַּסִדרה – אשר כותרתו היתה: 'עוד בעניין תנועת התחיה ומהלך תחייתנו'. דפי העלון הגיעו לידיו של חנן, ונשמרו בתוך ה'חבילה' של מאמרי הרב אבינר וטיוטות תגובתו של חנן. במאמרו זה פורש הרב אבינר את טיעוניו בנימה שונה במשהו; אין הוא מחדד את דבריו כבמאמר הראשון, אין הוא מזכיר עוד את 'משיח בן יוסף', גם לא את גסיסתו או מותו, וגם לא את 'הצלתו' בידי בן דָּוִד. ייתכן שהמאמר הזה – אשר נִדפס בעוד חנן כותב את תגובתו לשני המאמרים הראשונים – גרם לחנן מחשבה שניה, או התלבטות, ולכן לא המשיך ולא גיבש את מאמרו שלו לפִרסום בִּדפוס.

שנים ארוכות לאחר מכן – בשנת תשס"ז (2007) – לימד חנן סִדרת שיעורים ב'מכון מאיר', סִדרה המהווה את חלקו השני של סִפרֵנו זה. הוא עסק בהרחבה במאמרו של הרב קוק 'המִספֵד בירושלים', שבו סופד הרב לבנימין זאב הרצל שהיה בבחינת 'ניצוץ', או 'עקב', של משיח בן יוסף. חנן חילק לתלמידיו את תצלום מאמרו של הרב אבינר כ'דף מקורות', והסביר היכן "לא דק" הרב אבינר בהבנת דברי הרב. 'אי הדיוק' הינו שגיאה חמורה – מחה חנן – שגיאה אשר גרמה לרב אבינר "להרוג" את משיח בן יוסף בעודו חי, וממילא גם למשוך את ידינו משותפות פעילה במִפעלותיה של התנועה הציונית אשר יסדה את המדינה, כפי שהיא, על כל פְּגָמֶיהָ.[1]

1 ראה בחלקו השני של הספר, להלן בעמודים 214, 237, ו־272 – ושים לב שם להערות 6, 4, ו־9 בהתאמה.

מכאן נחזור אל גלגולי מאמרו של הרב אבינר.

בחודש תמוז תש״ם – כחצי שנה אחרי פרסומו בעלון קשת – נדפס המאמר ׳הריגת משיח בן יוסף׳ בְּעיתון ׳נקודה׳, ביטאון היישובים ביש״ע, בעריכתו של ישראל הראל. ׳נקודה׳ החל להופיע בחודש טבת באותה שנה, והמאמר נדפס בגיליון מס׳ 11. קֹדֶם לַמאמר מבוא מעניין, מטעם המערכת, והוא יובא במסגרת **נספח א׳** לחלק זה של הספר, להלן בעמ׳ 104 ואילך. המאמר עורר תגובות – הֵדים ובני הֵדים – ומִבחר מן התגובות ייִנתן באותו נספח. מעניין לציין שגם הרב אבינר עצמו ׳הגיב למאמרו׳, אם ניתן לומר כך, ופרסם בגיליון מס׳ 14 (באלול תש״ם) מאמר נרחב נוסף, תחת הכותרת ׳גוף הלאומיות הישראלית ונִשמתה׳. גם מאמר זה פורסם קודם לכן בעלון מושב קשת, ושם ניתנה לו כותרת המִשנֶה: ׳עוד לחבלֵי משיח בן יוסף׳. **בנספח א׳** יובאו קטעים גם מן המאמר הזה.[2]

2 כדי למנוע טעות, נדגיש שאין מדובר בַּמאמר שֶׁהוזכר כאן לפני שלוש פסקאות. המאמר שהוזכר לעיל נכתב בסוף ניסן תש״ם, ואילו המאמר אשר מדובר בו עתה – שֶׁניתן לכנותו: הרביעי בַּסדרה – נכתב בסוף סיוון. ראה עוד בסוף דברי הפתיחה **לנספח א׳**, להלן בעמ׳ 103, וכן בשורות הפתיחה לַציטוטים מן המאמר, שם בעמ׳ 110.

# הריגת משיח בן יוסף

## לפרשת תקומת ארצנו בימינו

### הרב שלמה אבינר | כסלו תש״ם

מאמרו זה של הרב שלמה אבינר פורסם בביטאון מושב קשת ׳קול ברמה׳, גיליון ק״ד, לקראת שבת פרשת וַיצא בשנת תש״ם אשר חלה אז ביום י״א בכסלו (1 בדצמבר 1979). כעבור פחות משלושה חודשים כתב הרב מאמר נוסף, משלים, והוא יובא להלן, לאחר המאמר הזה. תגובתו של חנן נכתבה לשני המאמרים כאחד, וייתכן שהם הגיעו לידיו ביחד, לפני פורים תש״ם.

בחודש תמוז באותה שנה פורסמו שני המאמרים יחד בְּעיתון ׳נקודה׳, ביטאון היישובים ביש״ע. פִּרסום זה – ושרשרת התגובות אשר נמשכה בגיליונות הבאים – ייסקרו **בנספח א׳** לחלק זה, להלן בעמ׳ 103 ואילך.

הרב אבינר פותח בציטוט מכתב שקיבל למעלה משנה לפני שכתב את מאמרו זה, והפרספקטיבה ההיסטורית שלו היא רחבה ביותר, מֵראשית דרכה של התנועה הציונית. ואולם, ניתן לשער בכל זאת שֶה׳טריגר׳ לַכתיבה היה נעוץ באירוע שֶקרה ממש בַּימים שלפני הפִּרסום, ואשר הרב אבינר איננו מזכירו בַּמאמר. הכוונה היא לפסק הדין של בג״ץ בְּעתירה שהגישו ערבים תושבי הכפר רוגֵ׳יב נגד צו ההפקעה של אדמותיהם, מסיבות ביטחון, כדי להקים עליהן את היישוב אלון מורה, אשר כבר עמד על תִלו. בפסק הדין – אשר נסמך גם על חוות דעתו של רב־אלוף

(מיל׳) חיים בר לב (מזכ״ל מפלגת העבודה) – קבע בית המשפט שיש לפנות את אלון מורה תוך חודש ימים, דבר שאכן נעשה, והיישוב עבר למקומו הנוכחי בהר כביר. היה זה פסק דין ללא תקדים, שבו הורה בית משפט לסלק יישוב מן הקרקע על־אף שהוקם על־ידי המדינה כדת וכדין. התופעה חידדה מאד את קוצר ידה של הממשלה בפעולותיה ליישוב הארץ, כי אפילו כאשר היא מעוניינת בכך עליה ״להסתתר״ תחת ׳מַסוֶה׳ של סיבות ביטחון, וגם אז מְסַכֶּלֶת ׳הרשות השופטת׳ את מעשיה.

לימים, פורסם המאמר גם בספרו של הרב אבינר ׳עם וארצו / תחיית האומה בארצה׳ (תשנ״ט, 1999): חלק א׳ (י״ב) ׳מהלך תחייתנו ותקומת ארצנו׳, מאמר ראשון – ושם הוכתר: ׳חבלֵי משיח בן יוסף׳. זה המקום להעיר שהרב אבינר לא חזר בכתביו על כותרות או אִזכורים ׳דוקרים׳ של מות משיח בן יוסף, היינו סתימת הגולֵל על מפעלה של הציונות החילונית ובתה, מדינת ישראל. תחת זאת הוא כתב על ׳חבליו׳ של משיח בן יוסף או על ׳חולשָתו׳, כמו־גם על המשברים והייסורים הכרוכים במהלך הגאולה, וכדומה.

הנה אפוא המאמר – הוא ניתן בשינויי עריכה קלים ביותר, ובדרך־כלל לפי הנוסח שֶבספרו הנ״ל של הרב אבינר, אשר בוצעו בו כמה תיקוני סִגנון לעומת הנוסח המקורי. הכותרות הפנימיות ניתנו מיד העורך.

## פתיחה

באלול תשל״ח, אחרי הסכמת הכנסת להצעת ׳קֶמפּ־דֵיוויד׳ של ביתור ארצֵנו,[1] קיבלתי מכתב ממורי ורבי י״ו – וזה לשונו:[2]

...״כל עולמנו מתמוטט, לא נסיגה ועזיבת שטחים ויישובים, לא רק נסיגה ביטחונית, לא רק חששות לעתיד, **אבל פשוט כל עולמֵנו מתמוטט**, ודווקא על־ידי מנהיג [=מנחם בגין] שֶעלה לַשלטון בזכות הקולות של הדואגים להמשך קיומֵנו החלוצי! **כל הציונות עומדת לפני חיסולה ... שמא ייהרג עכשיו משיח בן יוסף** ... והריגת משיח בן יוסף בשלטונֵנו, פירושה חיסול המפעל הציוני. אבל משיח בן דָוִד צריך להציל את משיח בן יוסף!..״.[3]

דברי אותו צדיק נסתר אשר זכיתי להיות תלמידו אינם צריכים תוספת, אבל יש מקום לקצת בירור.

אנו חייבים לראות בעיניים פקוחות מה שֶמתרחש בעם ישראל. כל החולשות, כל הדיבורים על נסיגה ועל הקמת מדינת מצחצחֵי חרבות

---

1 יושם לב שהרב אבינר מתייחס כאן למה שאירע כשנה ורבע לפני שכתב את מאמרו זה. נזכיר את ׳לוח האירועים׳:
הסכמי ׳קֶמפּ דֵיוויד׳ (׳הסכמי המסגרת לשלום׳) נחתמו בסוף שנת תשל״ח (1978) בין ראש ממשלת ישראל מנחם בגין לבין נשיא מִצרַים אנואר סאדאת, בחסות נשיא ארה״ב ג׳ימי קרטר. ההסכמים אושרו בַּכנסת, וכחצי שנה אחר־כך נחתם הסכם שלום בין ישראל למִצרַים, אשר כלל גם את ׳תוכנית האוטונומיה׳ לַפלשתינים (1979). • פינוי חצי האי סיני החל בתחילת שנת 1980 – (הרב אבינר כתב את מאמרו לקראת המועד הזה) – והסתיים באמצע שנת 1982, בגירוש תושבי חבל ימית והרס העיר עִם היישובים הסמוכים לה. • בין שני המועדים הנ״ל – כתגובת זעם לחתימת ההסכם עם ישראל – נרצח אנואר סאדאת בידי חוליית מתנקשים, במהלך מִצעד צבאי לציוּן הניצחון, כביכול, במלחמת יום הכיפורים.

2 י״ו הוא **יצחק וייל** ז״ל, איש קיבוץ שדה אליהו בעמק בית שאן. ראה על אודותיו – וכן מפרי עטו בַּנושא דְנָן – להלן **בנספח ב׳** לְחלק זה של הספר, עמ׳ 115.

3 להלן – בהערה 13 עמ׳ 43 – נצביע על מקורות לעניין הצלתו של משיח בן יוסף על־ידי משיח בן דָוִד.

[=מדינה פלשתינית] בתוכֵנו, לחרפתֵנו וסכנתֵנו – **כל אלה אינם אלא סימנים קלים.** מחלה הרבה יותר עמוקה מקננת בתוך אומָתֵנו. נשכח מֵהאומה מי היא ומה היא, ומתוך כך אין היא מבינה מהו ערכה של ארץ ישראל. הארץ נתפסת כמאות קילומטרים שהם אמצעִי חיצוני לקיומֵנו, ולא כדבר המחובר לעצם חיינו, כי מתוך משבר נורא ואיום איננו יודעים מה הם חיינו.

## יָבֵש מקור היניקה

**בראשית הציונות חשבו שאפשר להקים תנועה ציונית שאינה יונקת מדבר ה',** "שאין לה דבר עם הדת".[4] טעו והִטעו. כל תנועה שאינה מחוברת עם מקור מים חיים, סופה להתייבש. לכן, כל זמן שֶׁניצוצי אורה של תורה לִחלחו את **רְקַק הלאומיות היבֵשה,** היא הלכה בכוח זה להושיע את ישראל.[5] עכשיו תמו נְטפי טל חיים אלה, ואין לְאומה מנַין לינוק הַכָּרוֹת [=הבנות] על ערך ארצה וחיוניותה.

4 המשפט הזה – ש"הציונות אין לה דבר עם הדת" – נֶאמר על־ידי מקס נורדאו עוד לפני הקונגרס הציוני הראשון (1897). נורדאו נטש את תורת ישראל בעודו נער, ופיתח חשיבה ציונית על 'יהדות השרירים'. הרב קוק טעה והבין כי היתה זו הצהרה או החלטה שהתקבלה בַּקונגרס עצמו, והגיב עליה בחריפות רבה בכמה הזדמנויות. הנה אלה דבריו במאמרו 'אפיקים בנגב' (תרס"ג, 1903):
"הגזֵרה הקונגרֵסית שֶׁ'הציונות דבר אין לה עם הדת', הַקשה יותר מגזירותיהם של פרעה ושל המן, פורשת את כנפי המוות השחורות והאיומות שלה על הרגש הלאומי, היונק [=שתיל] הרך והנחמד שלנו, בהפרידה אותו ממקור חייו ואור תפארתו".

5 בַּצירוף "רְקַק הלאומיות היבֵשה" אוחז הרב אבינר בפלך הרב קוק במאמרו 'תורת השלום' ('מאמרי הראיה' חלק א', עמ' 222) – והנה דברי הרב שם, בדילוגין:
"כשהאומה היא בריאה בגופה ורוחה ... [אזי] הדעה האנושית הכוללת, שהוא האידיאל הנבואי ... היא מורגשת בקרבה, ונקלטת בה יפה. ... אבל מִשעה שֶׁנחרבה האומה ... אין הדעה האֱ־להית ... יכולה להופיע בָּאומה בתור חלק מחיֶיהָ, בהרגשה וידיעה טבעית. על כן ... יימָצאו יחידים,

בזה הולך ומִיתַמֵם[6] החזון האדיר של משיח בן יוסף ומשיח בן דָוִד, המופיע אצל רבותינו הקדמונים, שֶקיבל את צורתו המגובשת בשם הגאון מווילנה בַּספר 'קול התור', וקיבל את עומק בירורו העיוני אצל רבֵּנו הגדול מרן הרב קוק, בַּ'מִספֵּד בירושלים' על פטירתו של ד"ר הרצל.[7]

עניינו של משיח בן יוסף הוא "הגבורה החומרית" להקמת "ממלכה גדולה ואדירה רבתי בַּגוים", מכוח יוסף "הַמַּשְׁבִּיר" שֶנשלח "לִפְלֵיטָה גְּדוֹלָה, לְהַחֲיוֹת עַם רָב". ועניינו של משיח בן דָוִד, הוא "העילוי הרוחני היותר מרום וקדוש" – "הָיְתָה יְהוּדָה לְקָדְשׁוֹ".[8]

**ראויים היו שני כוחות אלה להופיע בחוברת אחת**, ואז הכוח החומרי היה מתקדש על־ידי יניקתו מן הקדושה הישראלית, והכוח הרוחני היה מתחזק ומִתאַחֵז בגבורה ממלכתית. אבל עוונותינו גרמו, ונִפרדו הדוֹדים.[9]

---

אנשי לב, העלולים לקלוט בקרבם את הדעה האֱ־לֹהית ... והם, דווקא הם, הינם מתרחקים מעל עמם, ויברחו מתוך מחנה ישראל. את לב נדיבֵי הרוח הללו לא ניקח על־ידי הלאומיות היבֵשה שֶמושיטים לפני רבים חלוצי התחיה החדשה שלנו. הם גדולים וחשובים הרבה יותר ויותר מִלהיות נבלעים במי רְקַק של לאומיות גרֵידתא. ... על כן הִננו צריכים להרים את הנס של האורה הפנימית הגנוזה בישראל". ...

6 הרב קוק נוקט מילה זו במשמעות של 'מתגשם ונִשלָם'.

7 בשני החיבורים הללו עתיד חנן לעסוק בהרחבה בַּחלק השני ובַחלק השלישי של הספר. מאמרו הגדול של הרב קוק – 'המִספֵּד בירושלים' – יובא במלואו כנספח ו' לחלקו השני של הספר, להלן בעמ' 345.

8 כל הציטוטים כאן לקוחים מן 'המִספֵּד בירושלים', בַּפִּסקה הפותחת: "והנה, תכלית בחירת מלכות בית דָוִד", ובזו שלפניה. ראה להלן בעמ' 350.

9 כאן ולהלן מגיש הרב אבינר את תוכן דברי הרב קוק במאמר 'המִספֵּד', ואף שוזר את ביטוייו. ראה בַּפִּסקה הפותחת "וְלוּלֵא שֶגרמו עוונות" להלן בעמ' 350, וגם את הצירוף 'בחוברת אחת', בַּפִּסקה הפותחת: "והנה כל זמן" בעמ' 354.

שלומֵי אמונֵי ישראל, המחוברים בכל לב ונפש אל קדושת התורה ודִקדוקי מצוותיה, לא הכירו את ערך הנטיה הלאומית ואת עניינה להופעת שֵם שמים בָּארץ, בַּהתגבשות המלכותית של כלל ישראל. "הקב"ה מכריז לכל צדיקי דור ודור, ואומר להם: צדיקי עולם, אף־על־פי שדברי תורה חביבים עליכם, לא יפה עשיתם שֶחיכיתם לתורתי ולא חיכיתם למלכותי" (פסיקתא דְרב כהנא ל"ה ב', גירסת מהרז"ו, ולפנינו מאמר זה בפסיקתא רבתי פיסקא ל"ד, בשינוי נוסח).

לעומתם, בני עמֵנו הַמְסֻלָּאִים בַּפָּז, שהִתחברו באהבה אל ענייני ארץ ישראל ותחיית האומה, חשבו שיוכלו לקיים חזונם **בלי שיהיה נובע מקריאה בשם שמים.** אבל כל חזון שאינו יונק מֵהאורה האֱ־לֹהית הבהירה, אם כי יוכל להחזיק מעמד זמנים או תקופות, סופו לִדעוך ולמות. וזה עומק מְליצת חכמינו שֶייהרג משיח בן יוסף, אם לא יהיה מחובר אל מקור החיים של משיח בן דָוִד.

## גסיסָתו ומותו של משיח בן יוסף

אנו מתבוננים מֵעֹצֶר רָעָה וְיָגוֹן על גסיסתו הנוראה של משיח בן יוסף,[10] ועומדים מלאי חלחלה ומחוסרי אייל. **אנו מנסים לרפאות את שבר בת עמנו על נקלה,** על־ידי רטיוֹת מפוזרות ומטולטלות: עוד אִרגון ועוד מפלגה,[11] עוד הפגנה ועוד צעדה, עוד משפט ועוד עתירה, עוד בית מחוץ לַחומות. כל אלה טובים וישרים, נחמדים ונאמנים לָעַד, אבל לא יעצרו כוח כל זמן שלא נשים עינינו לַסיבוך הַתּוֹכִי הנורא והאיום.

**נהרג משיח בן יוסף!**

---

10 הרב אבינר נוטל מן הרב קוק את קטע הפסוק "מֵעֹצֶר רָעָה וְיָגוֹן". בַּמאמר 'המִספֵּד בירושלים' הוא משולב בדברי הרב על הסיבה אשר "גרמה עד כה שלא הצליחה [הציונות] במעשיה, עד שֶחֶסרון ההצלחה גרם לסכסוכי דֵעות וריב אחים שהלכו בדרך מסוּכָּנָה כזאת, עד שהמנהיג הראשי – [בנימין זאב הרצל] – נפל חלל 'מֵעֹצֶר רָעָה וְיָגוֹן' (תהלים ק"ז ל"ט)".

11 כאן רומז הרב אבינר להקמתה של 'תנועת התחיה' – והוא ייחד לעניין זה מאמר נוסף, הניתן מיד להלן.

ולא מהיום כָּשַׁל כוחו בקִרבו, אלא מהיום שֶׁחשב שֶׁיוכל להינתק משורשו. מאז המשיך עוד להתהלך על־ידי איזה דחיפה מֵכָנית, אבל כוח החיים שלו הלך וְרָפָה. עכשיו הענק נפל. טרם כבה נרו, וישנם עוד עשרה צדיקים בָּעיר האוחזים בְּיַד הלאומיות הישרה בלי קריאת שם שמים מפורשת. טרם כבה נרו, אבל הוא מפרפר ומפרכֵּס בייסורי גסיסה. אנו עומדים מוּכֵּי צער ותדהמה, ומספידים אותו. אֵיךְ נָפְלוּ גִבֹּרִים. נִפְלְאַתָה אַהֲבָתְךָ.[12] ושמא יש עוד תקווה, מי יודע. אולי יקום וחי.

ובאמירה חרישית, לוחשת לנו כנסת ישראל: "משיח בן דָּוִד צריך להציל את משיח בן יוסף!".[13] אצלו נמצא טל תחיית המתים.[14] ה' בונה

---

12 פסוקי 'ההספד' לקוחים מקינת דָּוִד על יהונתן (שמואל־ב' א' כ"ה-כ"ז). הרב אבינר זיהה, אל־נכון, שֶׁדמותו של יהונתן בן שאול, איש בנימין, הריהי בבחינת משיח בן יוסף הקודם להופעת בן דָּוִד, שהוא 'הדובר' המספיד את קודמו. חנן התייחס ליהונתן ולדָּוִד במאמר התשובה שלו – ראה להלן בעמ' 96 – והוא פיתח סוגיה זו בהרחבה רבה בחלקו השלישי של הספר, עמ' 419 ואילך.

13 הרב אבינר מצטט ממכתבו של יצחק וייל אליו – זה המכתב אשר בו פתח את מאמרו – ושניהם אוחזים בפלך תלמידי הגר"א בספר 'קול התור'. שם נֶאמר (בפרק א' סעיף י"ג) כַּדברים האלה: "אבל בסופו נופל [שרו של עֵשָׂו] ביד שרו של יוסף – כדאיתא במדרש תנחומא (לפרשת כי תצא) – בעזרתו של משיח בן דָּוִד, בחינת יהודה מציל את יוסף [שלא ימות בַּבּוֹר, כלהלן] אף מֵעַז יָצָא מָתוֹק ופועל ידינו ירצה ה'". ועוד בסעיף כ"ב שם: "בכל פעולה של פדות והצלה של משיח בן יוסף, הוא נעזר על־ידי משיח בן דָּוִד בטוריא [=בבחינה] דיהודה מציל את יוסף, על־פי הכתוב [בבראשית ל"ז כ"ו, בדברי יהודה אל אֶחָיו]: 'מַה בֶּצַע כִּי נַהֲרֹג אֶת אָחִינוּ וְכִסִּינוּ אֶת דָּמוֹ'".
קָדַם להגר"א הרמח"ל, אשר הדגיש בספרו 'תיקונים חדשים' כי משיח בן יוסף יינצל מִמוות בזכות חיבורו והיכָּללותו עם משיח בן דָּוִד. ראה זאת להלן בנספח ד' לחלקו השלישי של הספר, בציטוטים שהבאנו מתוך תיקון שמיני (בעמ' 529 ואילך) ומתוך תיקון ארבעים־ושלושה (עמ' 534).
חנן הרחיב מאד בהסבר העיקרון הזה, ובמקורו בברית יהונתן ודָּוִד, הן בתשובתו לרב אבינר להלן, והן בחלקיו האחרים של הספר.

14 במקומות שונים דרשו חז"ל על הקישור בין הטל לבין תחיית המתים, וגם קבעו את הזכרת 'מוריד הטל' בברכת 'מְחַיֵּה המתים'. הנה דברי מדרש

עולמות ומחריבן. מתוך חורבן המשיח הראשון חייב לצמוח המשיח האחרון. הלאומיות הפשוטה והשִׁטחית, כוחה יפה כשהחיים הולכים במהלכם הרגיל, אבל כשֶׁנושבות רוחות פרצים אשר בכנפיהם רשע וכֶסֶל, היא תִתנודד כמלוּנה. ומחוסר שורשים, תיפול על פניה.

## לשאוב ממעיין הקודש, לקרוא בשם ה׳, להילחם – חמושים בגבורת הסבלנות

לא נוכל יותר להסתפק בצִמצומֵי האידיאָליוּת האנושית. חייבים אנו ׳לִשְׁאוֹב מַיִם בְּשָׂשׂוֹן מִמַּעַיְנֵי הַיְשׁוּעָה׳ – ״מִבְּחִירֵי צַדִּיקַיָּא״ (תרגום יונתן שם).[15] כעזרא בשעתו, לעת כישלון הרוח הישראלי, **חייבים אנו ׳לקרוא בשם ה׳ הגדול׳**.[16] חייבים אנו לדבר ארוכות וקצרות, אבל גדולות. ושום גודל לא יוכל להרוות את נִשמת האומה הצחיחה אלא **הגודל האֱ־להי**.

זאת דרך **ארוכה והיא קצרה**. לא נוכל להשתעשע בתִקווֹת אשר אפילו נוֹחַם דמיוני אין להן. **הציונות הזאת**, שֶׁיצאה מִמְּצָרֵי הגלות,

---

תנחומא לפרשת תולדות (י״ט): ״׳וְהָיָה שְׁאֵרִית יַעֲקֹב [בְּקֶרֶב עַמִּים רַבִּים כְּטַל מֵאֵת ה׳׳ (מיכה ה׳ ו׳), שֶׁהטל סימן לתחיית המתים, וכן ישעיה (כ״ו י״ט) אומר: ׳יִחְיוּ מֵתֶיךָ נְבֵלָתִי יְקוּמוּן, הָקִיצוּ וְרַנְּנוּ שֹׁכְנֵי עָפָר, כִּי טַל אוֹרֹת טַלֶּךָ׳ וגו׳״.

15 את הכתוב בישעיהו י״ב ג׳ – ״וּשְׁאַבְתֶּם מַיִם בְּשָׂשׂוֹן מִמַּעַיְנֵי הַיְשׁוּעָה״ – מתרגם יונתן, בתרגום חוזר לעברית: ׳ותקבלו לימוד חדש, בשמחה, מִבְּחירֵי הצדיקים׳.

16 אל־נכון, מכוון הרב אבינר אל מעמד קריאת התורה וברכת ה׳ על־ידי עזרא, ביום האחד לַחודש השביעי (הוא ראש השנה), כַּכתוב בספר נחמיה ח׳ ב׳-ו׳: ״וַיָּבִיא עֶזְרָא הַכֹּהֵן אֶת הַתּוֹרָה לִפְנֵי הַקָּהָל ... וַיִּקְרָא בוֹ ... וְאָזְנֵי כָל הָעָם אֶל סֵפֶר הַתּוֹרָה. וַיַּעֲמֹד עֶזְרָא הַסֹּפֵר עַל מִגְדַּל עֵץ אֲשֶׁר עָשׂוּ לַדָּבָר ... וַיִּפְתַּח עֶזְרָא הַסֵּפֶר לְעֵינֵי כָל הָעָם ... וַיְבָרֶךְ עֶזְרָא אֶת ה׳ הָאֱ־לֹהִים הַגָּדוֹל, וַיַּעֲנוּ כָל הָעָם אָמֵן אָמֵן בְּמֹעַל יְדֵיהֶם, וַיִּקְּדוּ וַיִּשְׁתַּחֲוֻ לַה׳ אַפַּיִם אָרְצָה״.

**ייפול פִּגרה בַּמדבר**, וְיקום דור חדש וחי. אנחנו יוצאים עכשיו לצעוד בַּ'מִּדְבָּר הַגָּדוֹל וְהַנּוֹרָא', המלא סכנות רוחניות, נחשים ועקרבים.

לא נוכל להתחמק ולְהָשַׁע [=לעצום] עין מהמשבר הנורא. יש להכירו ולהתגבר עליו. יכול נוכל לו. כי גואל חזק בקִרבנו. כי עַיִן בְּעַיִן נראה ה' על צִיּוֹן. **לא אנחנו עושים אלא ה' גואל ישראל הוא העושה, על ידינו ומתוכֵנו.**

מְשיח ה', רוּחַ אַפֵּינוּ, הוא הפועל בתוכֵנו. אנחנו, הנִפעלים מכוח הדינָמיות האֱ־לֹהית המשיחית הזאת, יוצאים היום לַמלחמה, מעטים נגד מרובים. לא עת לִשְׁמֹעַ שְׁרִקוֹת עֲדָרִים, אלא לֶאֱזור כַּגבר חֲלָצֵינו לְמלחמה נוראה זו, שֶׁמִּלחמותֵינו הקודמות לא שָׁווּ לה.

**אבל הלוחם האמיתי אינו מי שבא מול האויב בעימות פתאומי. הלוחם האמיתי הוא מי שמכלכל גישה אסטרטגית. הלוחם האמיתי הוא החמוש בגבורת הסבלנות.** הוא היודע שֶׁהמציאות אין לה כנפיים. הוא מי שֶׁחזונו עליון ונשגב וחובק עולמים עד המקום שהעין האנושית מִתעַשֶׁשֶׁת [=רואָה בִּמטושטש], ויחד עם זה – מבין שחייבים לצעוד קִמעא קִמעא.[17] **לא בחיפזון**. קִמעא קִמעא יש לחלץ את אומָּתֵנו מִצרותיה הרוחניות, לא ברעש, לא במהומות מעשיות, ולא בשלילה. אלא לקחת את ידה בידינו מתוך חיבה גמורה, ולהביאה אט אט אל פתח האורה. להביאה אל חדרי המלך, ולהשקותה מִיַּיִן הָרֶקַח, וּמֵעֲסִיס רִמֹּנִי.[18] **ללמדה קריאה בשם ה'**, בסבלנות רבתי. **כל הרוצֶה לעורר אֶת הָאַהֲבָה לפני שֶׁתֶּחְפָּץ**, מחזיר הוא את האורות אחורנית. מה שאנו

---

17 אל נכון, מחזיק כאן הרב אבינר בפלך דברי הרב קוק על היחס בין האידיאלים הנישָׂאים לבין המעשים, תוך הסבת ההקשר מן הזירה האוניברסלית אל הזירה הלאומית. הנה דברי הרב ב'אורות ישראל' (ה' ג'): "האומה שֶׁהאוניברסליות הגמורה טמונה בעומק נשמתה ... היא דורשת לְעולם מעשים ... ועליהם חלים בשפע המון אידאלים נֶאֱצָלים, אוניברסליים, שֶׁהכללתם עולָה עד מרומי עד, עד מקום שֶׁהעין מִתעַשֶׁשֶׁת שם. ... צמצום מעשי והרחבה רוחנית יחדיו – הינם המטבע הראשי של צִביון ישראל: עָם לְבָדָד, וְאוֹר גּוֹיִים".

18 הרב אבינר מחבר כאן שני פסוקים בשיר השירים: "הֱבִיאַנִי הַמֶּלֶךְ חֲדָרָיו" (א' ד'), יחד עם: "אֶנְהָגֲךָ, אֲבִיאֲךָ אֶל בֵּית אִמִּי, תְּלַמְּדֵנִי, אַשְׁקְךָ

אומרים ללכת קְמעא קְמעא אין זה חולשה, **אלא גבורה שֶׁבַּגבורות**,[19] הנובעת מהכרה חודרת של מהלך כל הֲיֵש הבנוי על יסוד הִתפשטות החיים דרך מְסַכים וצִמצומים.

אין לנו לפחוד מכישלונות חלקיים בדרך תחייתנו המעשית. אם יוכלו אלה לעכבֵנו במידת מה, לא יוכלו להפריע לְקֹרֵא הַדּוֹרוֹת מֵרֹאשׁ, אשר דִּבֶּר טוֹב עַל יִשְׂרָאֵל,[20] והחליט שהגיעה עת **להיות המחזיר שכינתו לציון.**

ה׳ הולך ומחזיר שכינתו לציון דרך ייסורים וחבלים. ואנחנו לא ניסוג אחור, ונמשיך "לדחוף את עֶגלת מְשיח צִדקנו",[21] עד אשר יֵצֵא כַנֹּגַהּ צִדְקָהּ וִישׁוּעָתָהּ כְּלַפִּיד יִבְעָר, במִפלְאות ה׳ אֱ־לֹהים גואל ישראל, על עמו ונחלתו.

---

מַיַּין הָרֶקַח, מֵעֲסִיס רִמֹּנִי" (ח׳ ב׳) – ודומה שהמילה ׳תְּלַמְּדֵנִי׳ היא עיקר, כאמור מיד במשפט הבא.
בהמשך, מעבד הרב אבינר את אזהרתו של שלמה המלך, שני פסוקים אחרי הפסוק הנ"ל, לאמור: "הִשְׁבַּעְתִּי אֶתְכֶם בְּנוֹת יְרוּשָׁלָיִם: מַה תָּעִירוּ וּמַה תְּעֹרְרוּ אֶת הָאַהֲבָה עַד שֶׁתֶּחְפָּץ".

19 הרב אבינר מחזיק כאן בפלך הרב קוק, אשר כתב אל הרב יעקב־משה חרל"פ בשנת תרע"ו (1915) כַּדברים האלה: "חלילה לנו להשאיר את הטבע במעמדו השפל, מבלי לקשרו בקשר־הקודש ... שֶׁבו דָוִד מלך ישראל חי וקיים. **לא חלישות־כוח הוא זה, מה שֶׁישועתם של ישראל היא קְמעא־קְמעא, כי אם גבורת־גבורות**, כַּבִּיריוּת עליונה המקפת כול וממלאה את הכול" (׳איגרות הראיה׳ ג׳, עמ׳ כ׳).

20 ארבע המילים הללו לקוחות מדברי משה אל חותנו (במדבר י׳ כ"ט), אך אפשר שֶׁבשורה זו אוחז הרב אבינר בפלך הרב קוק, בְּקטע המובא להלן בעמ׳ 67, הערה 26.

21 המירכאות ניתנו בשל הדימוי, ואין זה ציטוט.

# בעניין תנועת תחייתֵנו

## הרב שלמה אבינר

### אדר תש"ם

כאמור בפתיחת הדברים, כתב הרב אבינר מאמר שני, הממשיך ומשלים את הראשון – ואנו מביאים אותו בזה. המאמר השני נדפס בביטאון מושב קשת, 'קול ברמה', גיליון קי"ד, לקראת שבת פרשת תרומה אשר חלה אז ביום ו' באדר תש"ם (23 בפברואר 1980) – מעט־פחות משלושה חודשים לאחר פרסום המאמר העיקרי. כאמור, חנן הגיב על שני המאמרים כאחד, וגם בַּפרסום בעיתון 'נקודה' בקיץ תש"ם (נספח א' להלן) הם פורסמו יחד, בְרֶצֶף אחד.

## 'אורות' נעלמו והוחלפו בְּגוש

בתוספת לַדברים הכלליים לגבי "חולשת משיח בן יוסף" בזמנינו אלה, יש מקום להוסיף עוד כמה בירורים עיוניים מבחינה מעשית – על התחיה שלנו בכלל, ועל תנועת 'התחיה' שלנו בפרט.[1]

נראים הדברים שאין לנו להקים עכשיו מסגרת פוליטית. לא מפני שלְרעיון בעצמו אין מקום – ובוודאי מחכים אנו למלכות ישראל האמיתית ומכינים אנו אותה – אלא מפני שטרם הגיע הזמן.

---

1 הרב אבינר כותב זאת כחצי שנה לאחר כנס היסוד של 'תנועת התחיה' אשר נערך בסוכות באותה שנה (תש"ם, 1979), וכשנה לפני הבחירות העתידות לבוא (1981), שֶבהן זכתה התנועה בשלושה מושבים בַּכנסת.

כל דבר יכול להתגלות בַּצורה המעשית והפוליטית רק במידה שהוא מלא עוצמה בִּפנים. אחרת מצמיחים פירות **בוסר**. אנחנו יודעים מה מחירה של **המהירות והפזיזות**, אפילו אם הן נובעות מהִתלהבות קודש. גם לקיחת הָגָר לאִשה על־ידי אברהם אבינו היתה מתוך ״**אי־סבלנות דקדושה**״, וכמה יש להצטער עד עכשיו על התוצאות. לכן, מלבד מה שיש לפקפק אם ״אנחנו״ די מוכשרים לתפקידים של הנהגה מדינית בכל מלוא האחריות, מלבד זאת יש לפקפק אם התרגום הפוליטי של בשורתֵנו הרוחנית כבר חדר לְאומה בצורה גַדלוּתית.

קרה ל׳גוש אמונים׳ ולתנועת ׳התחיה׳ מה שמתואר ב׳אורות התשובה׳ על הרעיון הגדול שיורד ממרומֵי מרומיו כדי להִתגשם בַּמציאות, ועל־ידי זה הוא מאבד את יפעתו, ונתפס בצורה קַטנוּתית, חלקית ובוסרית.[2] **הגודל נתפס בקוטן ונשכח.** ״אורות״ נעלמו והוחלפו בְּגוש. הנשמה נסתרה על־ידי הגוף. כל דבר שמופיע ״בְּעֵרֶך״ – גם מקדם אותנו אל העתיד, וגם חוסם לנו את העתיד.

## ומהי חובתנו? – ללמד!

לכן נראים הדברים שֶׁמה שיש לנו לעשות עכשיו הוא ללמד את ה״אורות״ שלנו לעם ישראל. **ללמד** פירושו ללמד, ולא לעסוק בוויכוחים, פולמיסטיקה ואפולוגטיקה. ללמד בחוגים גדולים וקטנים, בָּעיתונים וכלי התקשורת, בכתב ובעל פה, בחוגי בית ואיש לרעהו. לימוד.

ומתוך הלימוד הזה יש לחזק את מי שֶׁעוסק בעשיה – מי שֶׁעוסק בעשיית יישוב הארץ ובניינה, ומי שֶׁעוסק בעשיית הפוליטיקה והנהגת המדינה.

2 הנה אלה דברי הרב קוק בראש פרק י״ב של ׳אורות התשובה׳: ״יש שֶׁמחשבה יורדת ממרומי גדולתה וממקור טהרתה, מפני שֶׁאחרי אשר נִתגשמה בַּמעשה ובַחיים טיפלו בה אנשים שאינם הגונים והחשיכו את יפעתה. הירידה הזאת איננה ירידת עולם – כי אי־אפשר שֶׁהטוב הרוחני המחשבי ייהפך לרע – כי־אם ירידת שעה, והיא גם־כן לצורך עליה״.

יש לנו להתחבר כולנו יחד, חושבֵי המחשבות ועושֵׂי המעשים. בְּמקום שֶׁחושבֵי המחשבות ידחקו את רגלי עושֵׂי המעשים, וְיַחתרו להסיג גבולם מתוך הריסת הקיים – בְּמקום זה יש להם לחזק ולכונן, להאיר ולרומם, את כל הכוחות הפועלים עכשיו בָּאומה.

"גם את ידו צריך משיח בן דָוִד להושיט למשיח בן יוסף, כי מי שֶרוחו רוממה גם ידיו חזקות. ... ומי שידיו חזקות – חָזָקה עליו שֶיציל גם את המפעל בו החל משיח בן יוסף, וגם ינסוך בו רוח חיים".

(דברי חנן בעמ' 73)

# עוד יוסף חי

## חנן פורת

כפי שתיארנו בדברי הפתיחה לַשער הזה, כתב חנן שתי טיוטות למאמר־התגובה שֶעמל עליו, והטיוטה השניה לא הושלמה. כאן ניתן הנוסח לפי הטיוטה השניה – עד המקום שבו היא נקטעה – ובהערות־שוליים ניתנו לפעמים ניסוחיו של חנן בַּטיוטה הראשונה, ככל שראינו בכך חשיבות. הכותרות הפנימיות ניתנו בידי העורך.

חלק חשוב מן המאמר – היורד אל שורשי העומק של עץ הגאולה – נותק מגופו העיקרי, משיקולי עריכה, והוא מוגש בנפרד (להלן בעמ׳ 83 ואילך). הדבר נעשָׂה כדי להקל על הקוראים את הבנת הדברים ואת המעקב אחרי הלוך מחשבותיו של חנן.

החלק שהופרד – ׳עיבורו של המאמר׳ – נִבצַע מן האמצע, ובסופו הסתיימה הטיוטה השניה בכתיבתו של חנן. לכן יינתן חלקו האחרון של המאמר (מעמוד 68 ואילך) לפי הטיוטה הראשונה, בשינויי עריכה קלים.

### פתיחה והערות מקדימות

מאמרו של הרב שלמה אבינר על ״הריגת משיח בן יוסף״ הינו אחד המאמרים החשובים והמעמיקים שנכתבו בתקופתֵנו, הן בתוכנו והן בעוצמת ביטויו. אין ספק בליבי כי רישומו של מאמר זה יהיה ניכר

במרוצת הזמן בקרב הציבור המצפה לישועה, ואפשר שאף יירשם בעתיד כציון דרך ונקודת מִפנה במחשבת הדור.

ניכר בו בר' שלמה אבינר עד כמה תרומות דעותיו מדעות מורֵנו ורבֵּנו הגדול, המורה לדורות, הרב קוק זצ"ל, ועד כמה מושפעת דרך ביטויו מסִגנונו הנאצל של הרב. אך עם זאת, אין בַּמאמר חזרה בעלמא על דברי הרב ב'המִספֵּד בירושלים', אלא הארה מקורית על המתרחש בתקופתֵנו, תוך הטמעת יסודות מחשבה וסגנון מבית הרב – בבחינת "דון מינָה ואוקי באתרה" [=לְמַד מן המקור והצב את מסקנתךָ במקומה החדש].

אודה ולא אבוש; כה רבה היתה התרשמותי מקריאה ראשונה של מאמר זה עד כי לרגע דומה היה בעינַי כי שפתיו של הרב זצ"ל דובבות מבין השיטין, ומפיו העתיק ר' שלמה את שמועתו כתלמיד המעתיק שמועה מרבו, ו"כסופר המעתיק מִספר קדמון וכותב".[1]

אך דווקא משום כך חש אני חובה – לאחר קריאה שניה ושלישית – לומר את אשר עם ליבי:[2] מהם לעניות דעתי היסודות בַּמאמר הנמשכים מתורת הרב זצ"ל, ולאורם נלך, ובמה נטה ר' שלמה מדרך המלך וירד לְמִשְׁעוֹל הַכְּרָמִים, עד מָקוֹם צָר...

לפני הבירור לגופֵי הדברים, רצוני להעיר שתי הערות מקדימות קצרות, המציינות את עצם המגמה בבירור סוגיה סבוכה זו של "חבלי משיח".

---

1 **א.** כאן אוחז חנן בפלך הרמב"ן, בהקדמתו לבראשית, האומר על משה רבֵּנו: "הנה משה **כסופר המעתיק מִספר קדמון וכותב** ... שכל התורה מתחילת ספר בראשית עד 'לְעֵינֵי כָּל יִשְׂרָאֵל' נֶאמרה מפיו של הקב"ה לאוזניו של משה". ורגליים לַדבר שמקורו של רמב"ן במאמר חז"ל.
**ב.** בפִסקה זאת, בַּטיוטה הראשונה, כתב חנן על הרב שלמה אבינר: "מורי ורבי, ידידי ורֵעי".

2 בַּטיוטה הראשונה החל חנן את המשפט הזה באופן אחר (ומניסוחו ניתן לשער שֶמועד תחילת כתיבת המאמר הוא בשלהי אדר תש"ם). הנה אלה דבריו: "אך דווקא משום חין ערכו של המאמר, והשפעתו הרבה עלי ועל שֶכמותי (לפחות עלי – יעידו חברַי בני כפר עציון כי בסעודת הפורים, שעה שֶהיינו שרויים בגילופין, הפכנו ודרשנו במאמר זה...) – דווקא משום כך חש אני חובה לומר את אשר עם ליבי" וכו'.

האחת: כי אין העיון בַּסוגיה בדורֵנו בגדר ׳פרפראות לַחכמה׳ שאין להאריך בהן ולא לשימן עיקר (כמשתמע מלשון הרמב״ם בסוף הלכות מלכים).[3] אדרבה, מתוך אמונה כי תקופתנו הינה תקופת ״אתחלתא דגאולה״, הבאה ב״אִתערותא דלתַתָא״ – ואנו נקראים להשתלב בה ולפעול עם אֵ־ל למען יחיש גאולתו[4] – שׂוּמה עלינו לקרוא היטב את מפת המציאות, ולהבין באיזה פרק מפרקי הגאולה אנו עומדים, באשר נקלעה הגאולה [כדברי הרב אבינר] אל ה״סיבוך התוֹכי הנורא והאיום״. בירור עיוני זה הינו המפתח לכל הכרעה מעשית, ולאורו יש להתוות את הדרך אשר נלך בה ואת המעשה אשר נעשה.

והערה שניה נובעת מן הראשונה: דווקא מתוך אחריות לבירור דרכֵּנו הֲלָכָה למעשה, חובה עלינו להתרחק מכל הִתנצחות לשמה, היפָה אולי ל״חידוד התלמידים״ בסוגיות עיוניות שאינן תובעות הכרעות של ממש. העיון הנדרש בַּסוגיה שֶׁלפנינו מחייב אותנו להאזין **בקשב רב** איש לדברי רעהו, מתוך מגמה **לָבוֹר יחד** – בעצה אחת – את דרך המלך הנכונה אשר בה נמשיך ״לדחוף את עֶגלת מְשיח צִדקנו״ [כדברי הרב אבינר].

אחריות זו מוטלת בָּראש וָראשונה עלינו, תלמידי בית הרב זצ״ל, הבאים מכוחו ומכוח־כוחו לָסול מסילה למהלך הגאולה; שהרי אם אנו – היונקים ממקור אחד – לא נבין איש שפת רעהו בעומדֵנו בפרשת דרכים זו, כיצד נצפה שרבבות אלפי בית ישראל יבינו את שפתֵנו ויֵאוֹתוּ לְאוֹרֵנו?

---

3 הנה אלה דברי הרמב״ם בהלכות מלכים י״ב ב׳: ״ולעולם לא יתעסק אדם בדברי ההגדות, ולא יאריך בַּמִדרשות האמורים בעניינים אלו וכיוצא בהן, ולא ישימם עיקר, שאין מביאין לא לידי יראה ולא לידי אהבה. וכן לא יְחַשֵב הקִצין, אמרו חכמים: תיפח רוחם של מחשבי הקִצים, אלא יחכה ויאמין בכלל הדבר, כמו שביארנו״.

4 חנן מרמז כאן אל הסוגיה המוסבת על הכתוב בישעיהו (ס׳ כ״ב) ״אֲנִי ה׳ בְּעִתָּהּ אֲחִישֶׁנָּה״, כמדרש חז״ל במסכת סנהדרין (דף צ״ח עמ׳ א׳): ״זכו – אֲחִישֶׁנָּה / לא זכו – בְּעִתָּהּ״. בחלקו השלישי של הספר (עמ׳ 485 ואילך), בְּלימוד מן הספר ׳קול התור׳ מבית מדרשו של הגר״א, ירחיב חנן ויעמיק בסוגיה הזאת.

על כן, קודם בואי לברר דברים לגופם, הנני תפילה כי כשם שנכנסו דבְרֵי ר׳ שלמה לליבי,[5] כן ייכנסו דברַי אל ליבו – ואל ליבם של ״חברים מקשיבים״ – ומינֵיה וביה תִסתייע שמַעתְתא.

## ניכרים דברי אמת

הנקודה המרכזית עליה עומד ר׳ שלמה אבינר במאמרו הינה הקביעה הנחרצת כי ללא קישורה של התנועה הציונית אל דבר ה׳ – וללא יניקתה ממקור מים חיים של אמונה – סופה שתיבש ותיבול. כי כך כתב: ״וזה עומק מליצת חכמינו שֶׁייהרג משיח בן יוסף״ – המבטא את התחיה הלאומית המעשית – ״אם לא יהיה מחובר אל מקור החיים של משיח בן דָוִד״ – המבטא את ״העילוי הרוחני היותר מרום וקדוש״.

מתוך ראיה פנימית זו, מפענח ר׳ שלמה את המציאות הלאומית הקשה בה אנו שרויים בימים אלה, מציאות של רפיון ונסיגה בעקבות הסכמי ׳קֶמפּ דֵיוויד׳,[6] כאחד הגילויים המרים המצביעים על חבלי גסיסתו של משיח בן יוסף.

ולנוכח חזיון אֵימים זה מה תפקידנו אנו? מוסיף ר׳ שלמה ומבאר:

״ובאמירה חרישית, לוחשת לנו כנסת ישראל: ׳משיח בן דָוִד צריך להציל משיח בן יוסף!׳ אצלו נמצא טל תחיית המתים. ... מתוך חורבן המשיח הראשון חייב לצמוח המשיח האחרון. ... לעת כישלון הרוח הישראלי, חייבים אנו ׳לקרוא בשם ה׳ הגדול׳״ ... וְ״קְמעא קְמעא״, ״בגבורת הסבלנות״, עלינו ״לקחת את ידה בידינו״ [על־מנת] ״לחלץ את אומָתֵנו מִצרותיה הרוחניות״, ״להביאה אט אט אל פתח האורה ... ללמדה קריאה בשם ה׳, בסבלנות רבתי״.

5 בַּטיוטה הראשונה כתב כאן חנן – בין סוגריים – שהרב אבינר כתב את מאמרו כמעין מכתב השָׁלוּחַ גם אל ליבו־שלו, של חנן: ״ואכן, דומה שאף ללב זה היו [הדברים] מכוּוָנים״.

6 על הסכמי ׳קֶמפּ דֵיוויד׳ ותולדותיהם – שוב וראה לעיל, הערה 1 בעמ׳ 39.

במקום אחר, בהמשך למאמרו זה, מוסיף ר׳ שלמה הבהרה וחידוד:[7]

בניגוד ל׳גוש אמונים׳ ולתנועת ׳התחיה׳ – אשר אצלם ״׳אורות׳ נעלמו והוחלפו בְּגוש, הנשמה נסתרה על־ידי הגוף. ... נראים הדברים שֶׁמה שיש לנו לעשות עכשיו הוא ללמד את ה׳אורות׳ שלנו לעם ישראל. ללמד פירושו ללמד ... בחוגים גדולים וקטנים, בְּעיתונים וכלי התקשורת, בכתב ובעל פה, בחוגי בית ואיש לרעהו. לימוד. ומתוך הלימוד הזה יש לחזק את מי שֶׁעוסק בעשיה, מי שֶׁעוסק בעשיית יישוב הארץ ובניינה, ומי שֶׁעוסק בעשיית הפוליטיקה והנהגת המדינה. ... בְּמקום שֶׁחושבי המחשבות ידחקו רגלי עושי המעשים, וְיַחתרו להסיג גבולם מתוך הריסת הקיים – בְּמקום זה יש להם לחזק ולכוון, להאיר ולרומם, את כל הכוחות הפועלים עכשיו בָּאומה״.

ניכרים דברי אמת. הן אִבחון שורשי המחלה הלאומית והן הרפואה הרוחנית המוצעת – יסודם אמת. אף הביקורת הנמתחת על ׳גוש אמונים׳ ותנועת ׳התחיה׳ מוצדקת בעיקרה, ואין להתחמק מפניה. אכן ״נֶאֱמָנִים פִּצְעֵי אוֹהֵב״.

לעִתִּים דומה כי ניתן היה לתאר מסגרות אלה בפרפְּרָזה מהופכת של דברי הרב זצ״ל ב׳אורות התחיה׳, ולומר כך: ׳התעסקנו הרבה בַּמעשה, שכחנו את קדושת הרוח ... שכחנו שיש לנו רוח הקודש לא פחות ממה שיש לנו בְּשַׂר קודש׳.[8]

לא אחת היינו הוגים בעיצומה של עשיה מייגעת ורבת ייסורים, בתפילתו של משה רבֵּנו הזועק ומתחנן כלפי שמיא:

״אִם אֵין פָּנֶיךָ הֹלְכִים
אַל תַּעֲלֵנוּ מִזֶּה!

---

7 כל הציטוט דלהלן, מתוך מאמר ההמשך: ׳בעניין תנועת תחייתנו׳, עמ׳ 48 ואילך.

8 חנן עורך כאן ׳פרפְּרָזה מהופכת׳ של דברי הרב, והנה הם הדברים במקורם, בהם קורא הרב קוק ל׳תשובה גשמית׳ יחד עם התשובה הרוחנית: ״גדולה היא תביעתנו הגופָנית, גוף בריא אנו צריכים. התעסקנו הרבה בַּנפשיוּת, שכחנו את קדושת הגוף, זנחנו את הבריאות והגבורה הגופָנית, שכחנו שיש לנו בְּשַׂר קודש, לא פחות ממה שיש לנו רוח הקודש״ (׳אורות התחיה׳ ל״ג).

וּבַמֶּה יִוָּדַע אֵפוֹא כִּי מָצָאתִי חֵן בְּעֵינֶיךָ, אֲנִי וְעַמֶּךָ?
הֲלוֹא בְּלֶכְתְּךָ עִמָּנוּ״... (שמות ל״ג ט״ו-ט״ז).[9]

אך לא זכינו להפוך תפילה זו למרכז הווייתנו. גם כלֵי־מעשה לא הכינונו, לביטוי ולהארת הנקודה הרוחנית האֱ־להית אשר פעמה ביסוד כל מעשינו – בעלותֵנו להתיישבות, באחיזתֵנו בַּקרקע, ואף בַּצעדות ובַהפגנות ההמוניות. כך נשאר העניין האֱ־להי שמאחורי המעשים חבוי ואילם, ובהיעדר הלימוד והבירור ״בחוגים גדולים וקטנים, בָּעיתונים וכלי התקשורת, בכתב ובעל פה״ [כדברי הרב אבינר] נִצטיירו המעשים בצורה בוסרית ושִׁטחית. מכלֵי התקשורת – אשר לפי טבעם רדודים הם – הִשתקף רק ה״אֶקשן״, המעשה החיצוני־האילם, אשר נִתדרדר עוד וירד בעינֵי הציבור מאילמוּת לאַלימוּת. בהיעדר הדיבור הטהור, המאיר, נותר כביכול רק כוח אילם ואַלים המַכֶּה בַּסלע עד זוב דם, במקום לדבר אליו ב״גבורת הסבלנות״ עד יֵצאו מים.

---

9 א. בַּטיוטה הראשונה כתב חנן את הקטע הזה באופן אחר, בלשון יחיד – על עצמו – בְּשורות מרטיטות לב, כלהלן:
״זכורני תפילת יחיד שהייתי מתפלל, בַּשעות הקשות של עשיה רבת ייסורים ב׳גוש־אמונים׳, על יסוד תפילתו של משה רבֵּנו:
אֱ־לֹהִים אֱ־לֹהִים
׳אִם אֵין פָּנֶיךָ הֹלְכִים
אַל תַּעֲלֵנוּ מִזֶּה!׳
כִּי אֵיךְ אֶעֱלֶה לְהָרִים רְחוֹקִים
בֵּין שְׁבִילִים וְסוֹפֵי עוֹלָמוֹת וּשְׁקִיעוֹת אֲדֻמּוֹת
וּפָנֶיךָ אֵין עִמִּי...
אֵיךְ אֶסַּק שָׁמַיִם – אַצִּיעַ שְׁאוֹל בְּעַיִם
אֵיךְ אֶשָּׂא כַּנְפֵי שָׁחַר – אֶשְׁכְּנָה אַחֲרִית יָם
אֵיךְ אֵלֵךְ אֶל בֵּיתִי, בַּחֹשֶׁךְ, בִּדְמִי
וּפָנֶיךָ אֵין עִמִּי.
אך לא זכיתי אני, ולא זכו חברַי עִמי, להפוך תפילת יחיד זו לתפילת ציבור״ וכו׳.
ב. שתי שורות השיר הפותחות: ׳אֵיךְ אֶסַּק׳, ׳אֵיךְ אֶשָּׂא׳, הינן עיבוד לפסוקי תהלים (קל״ט ח׳-ט׳): ״אִם אֶסַּק שָׁמַיִם שָׁם אָתָּה, וְאַצִּיעָה שְּׁאוֹל הִנֶּךָּ. אֶשָּׂא כַנְפֵי שָׁחַר, אֶשְׁכְּנָה בְּאַחֲרִית יָם״.

נותרו רק ביטויים בודדים המעידים על היסוד הרוחני שֶׁהָמָה בְּלִבְבוֹת־העושים, וביניהם, דרך משל, שירה של אורה אביצדק[10] שֶׁנכתב ימים ספורים לאחר ׳פשרת סבסטיה׳ והעליה לקדומים[11] – ושמו אשר נקרא: ׳מַה שֶּׁמֵּאֲחוֹרֵי הַמַּעֲשִׂים׳ מעיד על אשר ביקש לומר. הנה שורותיו של השיר:

״הַמַּרְגִּישׁ וְיוֹדֵעַ לִזְכּוֹר, מֵאַיִן חָזַר
הָעָם הַזֶּה, לְהַקְשִׁיב לֶחָתוּם בָּאֲדָמָה הַמְּכֻסָּה...
מִי שֶׁהוּא בֶּן הָעָם הַזֶּה, לְבַקֵּשׁ בִּירוּשָׁלַיִם,
רַחַשׁ עַנְוֵי כָּבוֹד שֶׁל כְּנֶסֶת יִשְׂרָאֵל.
יָבוֹא לִקְשׁוֹר דְּגָלִים לְמַלְכוּת יִשְׂרָאֵל שֶׁחָדְלָה,
לַהֲקִימָהּ –
מֵחֹמֶר אֲדָמָה
מֵרוּחַ עוֹבֵר בָּהָר
וּמִמַּעֲשֵׂי הַרְבֵּה אָדָם –
בְּכֹחַ הַיְדִיעָה.[12]...

---

10 אורה אביצדק (הֶשינג) היא אחותה של מרים לפיד. מרים ובעלה מרדכי הי״ד היו חברי גרעין אלון מורה. גם אחותן שרה (אשת בני גל ז״ל) היתה פעילה ב׳גוש אמונים׳.

11 השיר נחתם ביום ה׳ בשבט תשל״ו, ונדפס בפרסום פנימי – ׳גיליון גוש אמונים׳ – באדר־ב׳ תשל״ו (מרץ 1976).
׳פשרת סבסטיה׳ – בין ׳גוש אמונים׳ וגרעין אלון מורה לבין הממשלה – הושגה בחג החנוכה באותה שנה, היינו כחודש לפני חתימת השיר. אז הוסכם על מעבר המתנחלים מתחנת הרכבת העותמָנית – אשר בה ניסו חברי הגרעין להיאחז פעם אחר פעם – אל המחנה הצבאי ׳קדום׳, הוא היישוב קדומים דְהיום.

12 כאן דילג חנן על שורות משירה של אורה אביצדק – והנה הקטע המדולג:

״אֲנַחְנוּ אוֹהֲבִים אֶת הָאָרֶץ הַזּוֹ,
הַמְּסַפֶּרֶת אוֹתָנוּ אַלְפֵי פָּנִים, עָבָר, הוֹוֶה,
הַנּוֹשֵׂאת צַו הַבְּשׂוֹרָה...
לָכֵן, אֵין זוֹ רַק בְּחִירָה –

לְרֶגַע לֹא מַקְשִׁיבִים לַקּוֹלוֹת שֶׁבַּחוּץ.
מְבַקְשִׁים לְהִמָּזֵג בְּגֶזַע – עֵץ – עַם,
לִזּוֹן מֵאוֹתָם הַשָּׁרָשִׁים הַמַּתְחִילִים
מִלְּזַרְעֲךָ אֶתְּנֶנָּה וְעַד עוֹלָם,
וּבָאִים בָּהָר...
וּמִסְתַּכְּלִים כְּלַפֵּי מַעְלָה...
וְעוֹשִׂים בְּשֵׁשֶׁת יְמֵי הַמַּעֲשֶׂה, אֶל –
הַשַּׁבָּת הָרִאשׁוֹנָה שֶׁל מַלְכוּת יִשְׂרָאֵל
הַנִּבְנֵית״.

אך כאמור, שיר זה הינו אחד הביטויים הבודדים אשר באו ״זעֵיר פה זעֵיר שם״, ולא נִצטרפו לקו רצוף אחד, המקיף הלוך נפש ותבונת מוחין, וכך – אבד עד מהרה קולם הרוטט בהמולת המעשים.

## חשבון הנפש: מה עשינו, מה לא עשינו

מדוע בעצם נכתבים הדברים? הרי אין דברֵי ר׳ שלמה זקוקים ל״הסכמה״ ולתנא דמסייע שֶׁכמותי.

ובכל זאת חש אני חובה – הנובעת אולי מן הצורך בווידוי אישי – לערוך חשבון נפש נוקב וגלוי עם עצמי ועם חברַי, על מה שעשינו ומה שלא עשינו בשנים אלה.

הנה, נזכר אני בַּימים הראשונים לאחר מלחמת ששת הימים, שעה שֶׁעוד היינו שרויים בין כותלי בית המדרש. נִתכנסנו אז בירושלים קבוצת חברים צמאֵי חזון, רובם מישיבת ׳מרכז הרב׳ ובוגריה, כשֶׁבליבנו פועם הרצון לעשות דבר מה, לא ידענו פִּשרוֹ, למען עם ישראל הנתון במסות גדולות ונוראות במהלך גאולתו. (שָׂח לי פעם ר׳ יואל בן נון,

---

מֵאַהֲבָה
לֹא רַק מַחְשָׁבָה –
עַל בִּטָּחוֹן.
זוֹ הָאַחֲרָיוּת.
תְּחוּשַׁת הַהִיסְטוֹרְיָה שֶׁמַּמְשִׁיכָה, הַבָּנִים שֶׁנּוֹלָדִים
וְיֵדְעוּ רַק אֶת שֶׁנַּצְלִיחַ אֲנַחְנוּ לְהַנְחִיל לָהֶם״.

איש עפרה, כי במבט לְאחור אפשר לראות בַּכנס הזה את הזרע שֶמכוחו נבט 'גוש אמונים').

קמו אז חברים בזה אחר זה, וביקשו לבטא את רחשי ליבם; לאחר כל מה שנֶאמר, שררה עדיין הרגשה מעיקה שֶהעיקר לא נֶאמר ולא מוצה. והנה קם הרב ישראל שטיגליץ (כיום, הרב ישראל אריאל מִיַּמִית),[13] וביקש רשות לקרוא בפני החברים מדרש אחד, "ישר לָעניין" כלשונו. עמד ופתח ב'ילקוט שמעוני' לספר שופטים פרק י"ב וקרא מתוכו את דברי התנא־דְבֵי־אליהו (רמז ס"ח):

"וכל מי שסיפק בידו ... להחזיר את ישראל למוטב ואינו מחזיר – כל דמים שֶנִשפכין בישראל נִשפכין על־ידיו, שנֶאמר (ביחזקאל ל"ג ז'): 'וְאַתָּה בֶן אָדָם צֹפֶה נְתַתִּיךָ [לְבֵית יִשְׂרָאֵל]' וגו'. ... מלמד שכל ישראל עֲרֵבים זה בזה.

אם תאמר: אותם שניים ושבעים אלף שנהרגו בגבעת בנימין,[14] מפני מה נהרגו? היה להם לסנהדרי גדולה שהניח משה ויהושע, ופינחס בן אלעזר עִמהם, שֶיקשרו חבלים של ברזל במותניהם, ויגביהו בגדיהם למעלה מֵאַרכּוּבּוֹתיהם, ויחזרו בכל עיירותיהם של ישראל – יום אחד ללכיש, יום אחד לעֶגלון, יום אחד לחברון, יום אחד לבית אֵל, יום אחד לירושלים – וילמדו אותם דרך ארץ, בשנה, בשתיים, בשלוש, בארבע, בחמש – עד שֶיתיישבו ישראל בארצם". ומה יְלַמדום? "יתגדל ויתקדש שמו של הקדוש־ברוך־הוא בָּעולם כולו שֶברא, מסוף העולם ועד סופו! הם לא עשו כן; אלא כיוון שנִכנסו ישראל לארצם – כל אחד ואחד רץ לכרמו ולזֵיתו, ואומר שלום עלי נפשי, שלא להרבות הטורח".

דממה עמדה בָּאולם שעה שֶסיים הרב ישראל אריאל, ולא יסף עוד לדבר – אך תוכן המדרש, והצליל בו הוקרא, צורב ומחלחל בי עד היום.

---

13 הרב ישראל אריאל היה רבה של קהילת ימית. כשנתיים לאחר מועד כתיבת המאמר – תוך כדי הנסיגה מסינַי במסגרת 'הסכמי השלום' עם מצרים – פונו כל תושבי ימית, והעיר נהרסה כליל (1982).

14 לפי גירסה אחרת בַּמדרש נהרגו שבעים אלף. שני המספרים אינם עולים בקנה אחד עם המסופר בספר שופטים פרק כ', כי כאשר נסכם את חללי בנימין ואת חללי איש ישראל נקבל תשעים אלף חלל, ואף יותר.

אנו אמנם לא רצנו איש לכרמו ולזֵיתו, ולא אמרנו ׳שלום עלייך נפשי׳. אדרבה, עמלנו בכל כוחֵנו לבנות את חברון וגוש עציון, בית אל ושילֹה, אלון מורה ושבֵי שומרון, עפרה ובית חורון, ואף הרחקנו לנדוד לקשת בגולן ולעצמונה בחבל ימית...

אבל באותה שעה לא חיזרנו כראוי בעיירותיהם של ישראל: יום אחד לעזתה, יום אחד לדימונה, יום אחד לאופקים, יום אחד לירוחם, לשדרות ולקריית מלאכי, לבית שאן ולקריית שמונָה.

לא פקדנו את שכונת התקווה ופרדס כץ, ולא כיתתנו רגלינו ל׳קָטָמונים׳ ולמוסרָרה ואף לא לצפון תל אביב ולרחביה, לעין חרוד ולדגניה – ללמדם בשנה, בשתיים, בשלוש, בארבע, בחמש, בשש ובשבע: ״יתגדל ויתקדש שמֵיה רבה״.

ועתה, הנה הלאומיות אשר רחקה ממקור חייה הולכת ומִתמוטטת ״בְּנְפֹל מִגְדָּלִים״, ואנו עדיין לא הכינונו את החַיִל אשר נגע אֱ־לֹהים בלבבו למען יקשור חבלים של ברזל במותניו, יגביה בגדיו למעלה מאַרכּוּבּוֹתָיו ויֵצֵא לְדרך ״ארוכה שהיא קצרה״.[15]

ולא זו בלבד, אלא אף את הבניין הרוחני **שלנו עצמנו** לא ביססנו כראוי, ולא הכינונו צידה לַדרך. שיתפנו עצמנו **במפעל התחיה**, אך לא למדנו כראוי את **אורות התחיה**.[16] ואף אם למדנו מעט אורות מִבַּיִת, לא תרגמנו אותם בפועל למציאות חיינו, ולא התמודדנו מכוחם עם השאלות הלאומיות הגדולות העומדות על סדר יומֵנו:

---

15 חנן נתן את המילים האחרונות בין מירכאות, כי הוא מתייחס למשפטו של הרב אבינר: ״חייבים אנו לדבר ארוכות וקצרות, אבל גדולות. ושום גודל לא יוכל להרוות את נשמת האומה הצחיחה אלא הגודל האֱ־לֹהי. זאת דרך ארוכה והיא קצרה״.

גם בתחילת המשפט – כאשר כותב חנן: ״הלאומיות אשר רחקה ממקור חייה״ – הוא מתייחס, אל נכון, למשפטו של הרב אבינר: ״וזה עומק מְליצת חכמינו שֶׁייהרג משיח בן יוסף, אם לא יהיה מחובר אל מקור החיים של משיח בן דָּוִד״.

16 כעבור שש שנים פִּרסם חנן בעיתון ׳נקודה׳ מאמר של חשבון נפש, שהוכתר במילים קרובות לדבריו כאן: **׳לא הצלחנו להיות נושאי ה׳אורות׳**, וזהו גם עיקר תוכנו. קטעים מִמאמר זה יובאו להלן **כנספח ג׳**, בעמ׳ 120 ואילך.

- לא הבהרנו כראוי מהו ערכה הפנימי של ארץ ישראל, ומדוע ראוי למסור את הנפש למענה.
- לא הִתמודדנו כלל עם מושג השלום בשורשו האמיתי, ולא הארנו את הדרך הראויה להגיע אליו.[17]
- לא בירַרנו אף לעצמנו, וקל וחומר שלא הבהרנו לאחרים, מהו היחס הרוחני והמעשי הנכון לָאוכלוסיה הנכרית הגדולה אשר בקִרבנו.
- לא הכינונו את הכֵּלים להתמודדות רצינית עם שאלת התלוּת ההכרחית־לכאורה במדינות העולם.
- לא בנינו גשר רוחני מוצק לְשותפות במעשה התחיה עם הציבור המכונה 'חילוני', על כל גווניו.
- לא קבענו לעצמנו מהו היחס הראוי למנהיגי האומה הסוטים מִשליחותם, והנכונים להפקיר – בשוגג או במזיד – ערכי יסוד לאומיים.
- ועיקר העיקרים: לא נָתַנו דעתֵנו בעיון מעמיק, "וּתְשׁוּעָה בְּרֹב יוֹעֵץ", על השאלה הנידונה לגופה בזה; היינו: מה חובתֵנו בעולמֵנו בתקופה זו, ומהו סדר העדיפויות הנכון לפיו עלינו לפעול כציבור, עִם אֵ־ל, להחשת מהלך גאולת ישראל.[18]

כסימפטום חיצוני, אך אופייני, לַמצוקה הרוחנית ולְדלות המחשבה בקרב מַחֲנֵנו, תעיד העובדה כי אין לנו כַּיום אפילו ביטאון רעיוני רציני אחד הראוי להיות במה לבירורים בשאלות נכבדות אלה, ולשמש

---

המעיין שם ישים לב לכך שֶׁחנן שב ומקבל כי עלינו לצעוד בדרך "ארוכה שהיא קצרה", כדרישתו של הרב אבינר. גם הליקוי בַּהתמודדות עם מושג ה'שלום' בשורשו האמיתי – כפי שכותב חנן מיד להלן – נידון בַּמאמר ההוא, על רקע הסתלקות המדינה מחבל ימית, אשר אירעה בינתיים.

17 בַּטיוטה הראשונה ערך חנן את הרשימה הזאת באופן מעט שונה, כשאלות. לאחר שתי הנקודות הראשונות הוא רשם שאלה: "האם, ואיך, עומדים שני ערכים אלה – שלום וארץ ישראל – זה לעומת זה, במבחן?". ובַהמשך גם שאלה נוספת (מקבילה לנקודה רביעית כאן): "כיצד עלינו להתמודד עם התלות ההכרחית לכאורה בגורמי חוץ, ובראשם אמריקה?".

18 שוב וראה את הערה 16 לעיל.

לנו לְפֶה להמשיך אורות לָעם ההולכים בַּחושך...[19] רק שביבֵי אורות רחוקים, מפוזרים, מַגיהים מִדֵי פעם מִבַּעַד לַחשֵׁכה, ״כִּי צַו לָצָו צַו לָצָו, קַו לָקָו קַו לָקָו, זְעֵיר שָׁם זְעֵיר שָׁם. כִּי בְּלַעֲגֵי שָׂפָה וּבְלָשׁוֹן אַחֶרֶת יְדַבֵּר אֶל הָעָם הַזֶּה״ (ישעיהו כ״ח י׳-י״א).

-- כמה עורר הרב זצ״ל, בשעתו, לתחייתה של הספרות הישראלית מִמקור של תורה ואמונה, כמה תבע ״ללכת בדרך הקודש הזאת, לבוא מן הקדוּשה אל הספרות״.[20] ואנו – המבקשים ללכת בדרכיו – כמה דַלוֹנו, ״נְקַוֶּה לָאוֹר וְהִנֵּה חֹשֶׁךְ, לִנְגֹהוֹת – בָּאֲפֵלוֹת נְהַלֵּךְ. נְגַשְׁשָׁה כַעִוְרִים קִיר, וּכְאֵין עֵינַיִם נְגַשֵּׁשָׁה״ (ישעיהו נ״ט ט׳-י׳). עד מתי נוסיף כך ללכת?

״נַחְפְּשָׂה דְרָכֵינוּ וְנַחְקֹרָה, וְנָשׁוּבָה עַד ה׳״ (איכה ג׳ מ׳).

---

19 חנן מתעלם מביטאון יישובי יש״ע, ׳נקודה׳, אשר החל להופיע כחודשיים לפני שכתב את טיוטת מאמרו. אין בכך פלא כי העיתון היה בצעדיו הראשונים, וזמן משמעותי יחלוף עד שיגבש את הקו המערכתי שלו.
מעניין לציין שמאמרו של הרב אבינר – שעליו מגיב חנן – פורסם ב׳נקודה׳ בַּקיץ של אותה שנה (תמוז תש״ם), והיה זה המאמר המחשבתי הראשון אשר פורסם בָּעיתון (!). אנו לומדים זאת מהערת העורך בהקדמה להדפסת המאמר – הדברים יובאו להלן בנספח א׳ – וכך נכתב שם: ״׳נקודה׳ איננו מתיימר להיות במה לבירורים כאלה; המסגרת, התוכן ואורך היריעה אינם מתאימים לכך. אך ברור לנו כי צריך לייסד במה מיוחדת לשם כך, וכאן נשתדל מפעם לפעם לתרום משהו כדי ליצור את הדחיפה לזה״.
בדיעבד ניתן לקבוע שֶׁעיתון ׳נקודה׳ היה במה מובהקת לדיונים רעיוניים, אשר החלו כבר בַּתגובות למאמרו של הרב אבינר – ולְימים פִּרסם גם חנן עצמו ב׳נקודה׳ את מחשבותיו בנושא דנן, כפי שנראה להלן **בנספח ג׳** (עמ׳ 120 ואילך).

20 הנה אלה דברי הרב ב׳אורות התחיה׳ ל״ו-ל״ז: ״ואם את הספרות הישראלית אנו חפצים להחיות, צריכים אנו ללכת בדרך הקודש הזאת, לבוא מן הקדושה אל הספרות. ... והספרות תִתקדש, וכל סופר יָחֵל לדעת את הרוממוּת ואת הקודש שבעבודתו, ולא יטבול עֵטו בלא טהרת נשמה וקדושת רעיון. ... אז תצא היצירה בטהרתה, רוח ה׳ תחוּל עליה, ונִשמת הגוי כולו תיגָבֵל בה״.

## היכן טועה הרב אבינר? – שורשה של המחלוקת

אך עם כל הַכָּרָתִי בצִדקת דברֵי ר׳ שלמה, מרהיב אני בנפשי עוז לעורר נקודה יסודית אחת, אשר אליה דומֶה בעינַי שלא שת ר׳ שלמה את ליבו, ובהיעדרה אין שרטוט מהלך הגאולה שלם – ואף הייעוד הרוחני אשר אליו אנו נקראים לוקֶה בחסר.[21]

לשם הבהרת נקודה זו יש להקדים כמה יסודות, לבירור שורשי הדברים.

החלוקה החריפה בין משיח בן יוסף, אשר עניינו ״הגבורה החומרית להקמת ממלכה גדולה ואדירה״, לבין משיח בן דָוִד, אשר עניינו ״העילוי הרוחני היותר מרום וקדוש״ – כלשונו של ר׳ שלמה במאמרו[22] – איננה משקפת את ההבחנה ביניהם במלוא עומקה והיקפה.

כי באמת, משיח בן דָוִד – שֶעליו נֶאמר (ישעיהו י״א א׳): ״וְיָצָא חֹטֶר מִגֵּזַע יִשָׁי״ – איננו רק מְצאצאיו של דָוִד, אלא הוא ׳מִתַּחְתָּיו יִצְמָח׳ (זכריה ו׳ י״ב), כחוטר זה הצומח במישרין מן הגזע. על־כן, בשורש נִשמתו, הלוא ״הוא דָוִד בעצמו״ (כלשון הפיוט הנֶאמר בהושענא־רבה), לפי שהוא יונק את כוחותיו הפנימיים מדָוִד מלכא משיחא. המבקש לעמוד על דמותו של משיח בן דָוִד, עליו להקדים אפוא ולהתבונן בדמותו של דָוִד עצמו.

ודָוִד הריהו ״אַדְמוֹנִי עִם יְפֵה עֵינַיִם וְטוֹב רֹאִי״ (שמואל־א׳ ט״ז י״ב), ופירשו חז״ל: ״מדעת סנהדרין הוא הורג״ (בראשית רבה ס״ג

---

21 בַּטיוטה הראשונה כלל כאן חנן משפט נוסף: ״נקודה זו – מבקש אני להאיר בזֶה לא לשם עיון בעלמא או לשם אפולוגטיקה, אלא לשם בירור המעשה הנִרצֶה המבוקש מעִמנו, למען תהיה כוונתנו רצויה ומעשינו רצויים״. [חנן ׳מִתכתב׳ כאן עם דברי ריה״ל בראש ספר ׳הכוזרי׳, כאשר נֶאמר למלך כוזר בחלומו כי ״כוונתך רצויה אצל הבורא, אבל מעשיך אינם רצויים״].

22 בין מירכאות מצטט חנן את הרב אבינר, אשר הוא – מצידו – מצטט את הרב קוק במאמרו ׳המִספֵּד בירושלים׳. ראה פירוט לעיל, הערה 9 בעמ׳ 41.

ח׳);[23] היינו שֶׁמידת הגבורה מחוברת אצלו עם מידת החכמה והיראה. וכינויו: "עֲדִינוֹ הָעֶצְנִי" (שמואל־ב׳ כ"ג ח׳), כי "כשהיה יושב ועוסק בַּתורה היה מְעַדֵּן עצמו כתולעת, ובשעה שֶׁיוצא לַמלחמה היה מַקשֶׁה עצמו כעץ" (מסכת מועד־קטן דף ט"ז עמ׳ ב׳). במבט שִׁטחי הרי זהו דבר והיפוכו, אך במבט מעמיק – שורש אחד: מתוך העדינות הרוחנית של תורה מִבַּית, מתגלים בַּחוץ – בַּמערכה – הקַשיות והעוז. "רוֹמְמוֹת אֵל בִּגְרוֹנָם וְחֶרֶב פִּיפִיּוֹת בְּיָדָם" (תהִלים קמ"ט ו׳).

"מַה דּוֹדֵךְ מִדּוֹד, הַיָּפָה בַּנָּשִׁים? מַה דּוֹדֵךְ מִדּוֹד, שֶׁכָּכָה הִשְׁבַּעְתָּנוּ? דּוֹדִי צַח וְאָדוֹם דָּגוּל מֵרְבָבָה. רֹאשׁוֹ כֶּתֶם פָּז קְוֻצּוֹתָיו תַּלְתַּלִּים שְׁחֹרוֹת כָּעוֹרֵב" (שיר השירים ה׳ ט׳-י"א). במבט שִׁטחי – דבר והיפוכו; כיצד הוא 'צַח' וגם 'אָדוֹם'? כיצד זוהרות שערותיו כ'כֶתֶם פָּז' וגם 'שְׁחֹרוֹת כָּעוֹרֵב'? ובמבט מעמיק – "וַיֶּחֱזוּ בְךָ זִקְנָה וּבַחֲרוּת, וּשְׂעַר רֹאשְׁךָ בְּשֵׂיבָה וְשַׁחֲרוּת. זִקְנָה בְּיוֹם דִּין וּבַחֲרוּת בְּיוֹם קְרָב, כְּאִישׁ מִלְחָמוֹת יָדָיו לוֹ רָב" (שיר הכבוד).

מה דָוִד מלכנו מִשאר מלכים? מה דָוִד מלכנו לו אנו מצפים? – דָוִד המלך מְמידת מלכו של עולם יש בו, וזה תוארו בישראל (כַּכתוב בשמואל־א׳ ט"ז י"ח):

"וַיַּעַן אֶחָד מֵהַנְּעָרִים וַיֹּאמֶר: הִנֵּה רָאִיתִי בֵּן לְיִשַׁי בֵּית הַלַּחְמִי,
יֹדֵעַ נַגֵּן – וְגִבּוֹר חַיִל
וְאִישׁ מִלְחָמָה – וּנְבוֹן דָּבָר
וְאִישׁ תֹּאַר – וַה׳ עִמּוֹ".

ואכן, גבורה ריאלית זו – היונקת מרוח הקודש – היא שעמדה לו לדָוִד במלחמתו עם גלית הפלִשתי. כי ראוי היה שאול (מִזרע רחל) לעמוד מול הפלִשתי, אלא שסרה ממנו רוח הקודש, ובהיעדרה – גם גבורתו נָשְׁתָה. "וְרוּחַ ה׳ סָרָה מֵעִם שָׁאוּל" (שמואל־א׳ ט"ז י"ד), ומתרגם יונתן בן עוזיאל: "ורוח גבורה מִן קֳדָם ה׳ דהֲוַת עִם שאול – עֲדָת מִינֵיה".

23 זו לשון המדרש: "וכיוון שראה שמואל את דָוִד אדמוני, דכתיב: 'וַיִּשְׁלַח וַיְבִיאֵהוּ וְהוּא אַדְמוֹנִי', נתיירא ואמר: אף זה שופך דמים כעֵשָׂו; אמר לו הקב"ה: 'עִם יְפֵה עֵינַיִם'; עֵשָׂו מִדעת עצמו הוא הורג, אבל זה – מִדעת סנהדרין הוא הורג".

ואילו דָוִד – רוח ה' נוססה בו, כאמור בַּפסוק הקודם: "וַתִּצְלַח רוּחַ ה' אֶל דָּוִד", ומתרגם יונתן בן עוזיאל: "ושרַת רוח נבואה מִן קֳדָם ה' על דָוִד".

ומכוחה של רוח הקודש הוא נִמלָא עצה וגבורה לַמלחמה: "וַיֹּאמֶר דָּוִד אֶל הַפְּלִשְׁתִּי: אַתָּה בָּא אֵלַי בְּחֶרֶב וּבַחֲנִית וּבְכִידוֹן, וְאָנֹכִי בָא אֵלֶיךָ בְּשֵׁם ה' צְבָאוֹת, אֱ-לֹהֵי מַעַרְכוֹת יִשְׂרָאֵל, אֲשֶׁר חֵרַפְתָּ. ... וַיֶּחֱזַק דָּוִד מִן הַפְּלִשְׁתִּי בַּקֶּלַע וּבָאֶבֶן, וַיַּךְ אֶת הַפְּלִשְׁתִּי וַיְמִיתֵהוּ, וְחֶרֶב אֵין בְּיַד דָּוִד" (שמואל-א' י"ז מ"ה-נ').

ואמנם, פרשת דָוִד וגלית אינה אלא ביטוי ראשון להארת כוחותיו המיוחדים של דָוִד, ההולכים ומִתגלים בכל מפעליו, בַּחול ובַקודש. כך גם בכל עליותיו ונפילותיו, בכל תפילותיו – תפילות היחיד ותפילות הציבור. כל קורות דָוִד בן ישי הינם עדות חיה לַזיווג הנפלא שבין גבורת הבשר ועילוי הרוח, בין רוח הקודש של נבואה לרוח הקודש של גבורה. זהו סודה של מלכות בית דָוִד, וזה היסוד למלכות בית דָוִד הנמשכת עד משיח בן דָוִד: "קוּם מְשָׁחֵהוּ כִּי זֶה – הוּא!" (שמואל-א' ט"ז י"ב).[24]

ובאמת, במאמרו 'הַמִּספֵּד בירושלים' מעמיק הרב זצ"ל לדייק ולהדגיש את איחוד שני הכוחות **בתוך מלכות בית דָוִד גופה**, לאחר שהקדים לבאר ערכו של כל כוח בפני עצמו. וכה דבריו שם:

"והנה, תכלית בחירת מלכות בית דָוִד היה, שֶׁיהיו **שני הכוחות נכללים כאחד**, ולא די שלא יהיו סותרים זה את זה כי-אם עוד עוזרים זה לזה. ואמרו זִכרם-לברכה בַּמדרש (בראשית רבה ס"ג ח'), שנֶאמר בדָוִד 'אַדְמוֹנִי', כמו שנֶאמר בעֵשָׂו, אלא שנוסף בו: 'עִם יְפֵה עֵינַיִם', ומִדעת סנהדרין הורג. [לכן מתאפיין דָוִד המלך בחיבור שני הכוחות]: קיבוץ הגבורה החומרית, וכל התלוי בה לְתוקף עם וממלכה גדולה ואדירה רבתי בַּגויים, **עִם העילוי הרוחני היותר מרום וקדוש**".

24 ציווי זה לשמואל הינו סוף הפסוק אשר בו תואר דָוִד "אַדְמוֹנִי עִם יְפֵה עֵינַיִם", כפי שהסביר חנן את כפל תכונותיו, בעקבות מדרש חז"ל שֶׁהובא בהערה הקודמת.

דוק ותִשכח [=תִמצָא] כי התיאורים המצוטטים במאמרו של ר' שלמה אבינר לציון הבחינות השונות של משיח בן יוסף ומשיח בן דָוִד, מקורם בדברי הרב זצ"ל **המכוּוָנים להארת שלֵמותה של מלכות בית דָוִד – הכוללת את שני הכוחות כאחד.**

**וממשיך הרב לבאר:**

"וְלולֵא שֶׁגרמו עוונות, וישראל מאסו במלכות בית דָוִד עד שֶׁנחלקה האומה – עשרת השבטים שאפרים שהוא כוח יוסף בפני עצמם, ויהודה בפני עצמו – היה הכול מאוחד בכוח אחד על־ידי 'עֵץ יְהוּדָה' (יחזקאל ל"ז י"ט) **שהיה כולל גם־כן כוחו של יוסף**, 'יַדְבֵּר עַמִּים תַּחְתֵּינוּ וּלְאֻמִּים תַּחַת רַגְלֵינוּ. יִבְחַר לָנוּ אֶת נַחֲלָתֵנוּ אֶת גְּאוֹן יַעֲקֹב אֲשֶׁר אָהֵב סֶלָה' (תהלים מ"ז ד'-ה').

ועל־ידי קיבוץ שני הכוחות יחדיו היו שניהם מִתעלים, הכוח החומרי היה מִתעדן ומִתקדש מצד קִרבתו אל הקדושה המיוחדת לישראל, והכוח הרוחני היה מתחזק ומִתאמץ בכוח חיים מלא ואדיר, כדי לגלות הודו ותפארתו על ישראל, עד שֶׁקרני הודו היו מאירים גם־כן על העולם כולו, **וכמו שיהיה לעתיד־לבוא**: 'וְהָיָה [בַּיּוֹם הַהוּא] שֹׁרֶשׁ יִשַׁי אֲשֶׁר עֹמֵד לְנֵס עַמִּים אֵלָיו גּוֹיִם יִדְרֹשׁוּ, וְהָיְתָה מְנֻחָתוֹ כָּבוֹד' (ישעיהו י"א י'). לא מלחמה בין שני כוחות מתנגדים כי־אם מנוחה שלֵמה, שהיא הכבוד היותר עליון ונישא".

**עד כאן דבריו הבהירים והמאירים.**[25]

25 בחלקים הבאים של הספר ישוב חנן ויבאר בהרחבה את העיקרון של איחוד כוחות הגוף והנשמה – החומר והרוח – בתוך גילוי הגאולה על־ידי משיח בן דָוִד. בחלק השני ראה בייחוד בעמ' 210 ואילך, ובחלק השלישי ראה בייחוד בעמ' 431 ואילך.

## שני המשיחים ותפקידיהם – נפרדים, מורכבים ומעורים זה בזה

לאור דברים אלה יש להעמיק ולהתבונן במהלך הופעותיהם של משיח בן יוסף ומשיח בן דָוִד, ולברר מה תפקידו המיוחד של כל אחד מהם, וכיצד משלימים הם זה את זה, בעצת ה׳ העליונה אשר "מראש מִקֶּדֶם נסוכה, סוף מעשה במחשבה תחילה".[26]

כאן הפליג חנן לבירור יסודי, מסועף וארוך – מושרש בַּמקרא ובדברי חז"ל – בתשובה לשאלה שהוא הציג: "כי הנה, לכאורה, אם מקפלת בתוכה מלכות בית דָוִד באופן אורגני את שני הכוחות – מה צורך יש לכתחילה בבית יוסף ובמשיח בן יוסף?".

משיקולי עריכה בחרנו לנתק את הבירור הזה ממקומו, והוא ייָנתן בנפרד, לאחר גופו של המאמר, להלן בעמ׳ 83 ואילך. את החלק הנפרד הִכתרנו: ׳עוד יוסף חי / עיבורו של המאמר / עיונים פנימיים במהלכי בניינה של מלכות ישראל׳.

יוער כי בסופו של הבירור הנ"ל הסתיימה הטיוטה השניה שכתב חנן, לכן מכאן עד סופו של המאמר נתונים הדברים על־פי הטיוטה הראשונה.

---

26 א. סופו של המשפט לקוח מִשורות הפיוט ׳לכה דודי׳.
ב. הצירוף "עצת ה׳ העליונה" נקוט לא פעם בכתביו של הרב קוק, והנה דוגמה ממכתבו אל הרב חרל"פ בשנת תרע"א (1911): "ואם יבוא אדם לחדש דברים עליונים בעסקי התשובה בזמן הזה, ואל דִּבְרַת קץ המגולה ואור הישועה הזרוּחה לא יביט, לא יוכל לכוון שום דבר לאמיתתה של תורת אמת. ... ודאי לא יועילו כל חשבונות, העולים בלב אדם שֶׁמחשבותיו הבל, נגד עצת ה׳ העליונה אשר דִּבֶּר טוֹב עַל יִשְׂרָאֵל, לכונן אור גאולה ודרך חיים לִשְׁאָר עַמּוֹ, העתידים להיות כולם שָׁבֵי פֶשַׁע" (׳איגרות הראיה׳ ב׳, שע"ח).

עידן משיח בן יוסף מקפל בתוכו את תהליכי הגאולה הפיזית, הכוללים: קיבוץ גָלויות, בניין הארץ והפרחת שממותיה, פריקת עול זרים והִתעצמות ביטחונית וכלכלית.

תהליכים אלה, קודמים הם לתהליכי הגאולה הרוחנית ולעידן משיח בן דָוִד, המקפל בתוכו את שלֵמות הבשר והרוח, והם מפלסים לו את הדרך. הן כך מצינו במפורש ביחזקאל (ל"ו כ"ד-כ"ו): "וְקִבַּצְתִּי אֶתְכֶם מִכָּל הָאֲרָצוֹת, וְהֵבֵאתִי אֶתְכֶם אֶל אַדְמַתְכֶם"; אחר־כך: "וְזָרַקְתִּי עֲלֵיכֶם מַיִם טְהוֹרִים וּטְהַרְתֶּם מִכֹּל טֻמְאוֹתֵיכֶם"; ולבסוף – "וְנָתַתִּי לָכֶם לֵב חָדָשׁ, וְרוּחַ חֲדָשָׁה אֶתֵּן בְּקִרְבְּכֶם, וַהֲסִרֹתִי אֶת לֵב הָאֶבֶן מִבְּשַׂרְכֶם וְנָתַתִּי לָכֶם לֵב בָּשָׂר".

רוח חדשה בלב חדש – שלֵמות הבשר והרוח – כדברי דָוִד המלך: "צָמְאָה לְךָ נַפְשִׁי, כָּמַהּ לְךָ בְשָׂרִי" (תהלים ס"ג ב'); "נִכְסְפָה וְגַם כָּלְתָה נַפְשִׁי לְחַצְרוֹת ה' לִבִּי וּבְשָׂרִי יְרַנְּנוּ אֶל אֵ־ל חָי" (תהלים פ"ד ג').

## מעשה אבות סימן לבנים

ודבר זה – [של קְדימות בית יוסף לבית יהודה] – נרמז עוד בראשית מהלכו של אברהם אבינו, בחינת 'מעשה אבות סימן לבנים'.

"וַיַּעֲבֹר אַבְרָם בָּאָרֶץ עַד מְקוֹם שְׁכֶם עַד אֵלוֹן מוֹרֶה, וְהַכְּנַעֲנִי אָז בָּאָרֶץ" (בראשית י"ב ו') – ו'מְקוֹם שְׁכֶם' הוא מקומו של יוסף [כדברי יעקב ליוסף בבראשית מ"ח כ"ב]: "וַאֲנִי נָתַתִּי לְךָ שְׁכֶם אַחַד עַל אַחֶיךָ". רק לאחר מכן מַדרים אברהם מנחלת יוסף אל נחלת יהודה: "וַיֶּאֱהַל אַבְרָם, וַיָּבֹא וַיֵּשֶׁב בְּאֵלֹנֵי מַמְרֵא אֲשֶׁר בְּחֶבְרוֹן" (בראשית י"ג י"ח) – זו חברון אשר לבית יהודה [אשר בה גם החלה מלכותו של דָוִד].

זאת על שום מה? – כי כוחות האומץ והשִכלול החומרי שֶבָּאומה קודמים לַהתפתחות הרוחנית, ומהווים לה בסיס, כדרך שהדברים מופיעים בסדר גידולו והתפתחותו של אדם, מִינַקוּת לבגרות.

וכן בחזון הגאולה: "הִתְנַעֲרִי מֵעָפָר קוּמִי" (ישעיהו נ"ב ב') – דווקא מתוך העפר.

ובחזון העצמות היבֵשות, בנבואת יחזקאל, שוב רואים אנו את הסדר הזה. בַּתחילה: "וַתִּקְרְבוּ עֲצָמוֹת עֶצֶם אֶל עַצְמוֹ. וְרָאִיתִי וְהִנֵּה עֲלֵיהֶם גִּדִים, וּבָשָׂר עָלָה, וַיִּקְרַם עֲלֵיהֶם עוֹר מִלְמָעְלָה, וְרוּחַ אֵין בָּהֶם" (ל"ז

ז׳-ח׳). רק לאחר מכן, מכוחה של נבואה מיוחדת (בפסוק י׳): ״וַתָּבוֹא בָהֶם הָרוּחַ וַיִּחְיוּ, וַיַּעַמְדוּ עַל רַגְלֵיהֶם, חַיִל גָּדוֹל מְאֹד מְאֹד״.

## לְעֵץ אֶחָד – מעשה ההרכבה מְשל יחזקאל ופִשרו

אך לא רק קְדימה כרונולוגית בלבד יש כאן, אלא שֶמשיח בן יוסף תפקידו לנסוך ולהוסיף אומץ, עוז וחִיות, לשַכלול יסוד הגבורה החומרית של משיח בן דָוִד – ממש כשם שֶבהרכבת עץ יונק ה׳רוכב׳ את אומץ חִיותו מן ה׳כַּנָּה׳ אשר תחתיו. וכַנָּה זו, אף-על-פי שאינה ראויה להוציא פירות מבוכָּרים – (צא וראה את החוּשחָש, הלימון המתוק, והשקד המר) – מכל-מקום יש לה כוחות חִיות עזים, הנוסכים עוז ועוצמה בָּרוכב, הגם שאף הוא יש לו ענף ועלֶה, ולא רק פרי.

זהו עומקו של מְשַל העצים ביחזקאל, הבא אחרי ׳חזון העצמות היבֵשות׳ ומשלים אותו.[27] הנה, נתבונן בלשון הכתוב: ״וַיְהִי דְבַר ה׳ אֵלַי לֵאמֹר: וְאַתָּה בֶן אָדָם, קַח לְךָ עֵץ אֶחָד, וּכְתֹב עָלָיו לִיהוּדָה וְלִבְנֵי יִשְׂרָאֵל חֲבֵרָיו, וּלְקַח עֵץ אֶחָד, וּכְתוֹב עָלָיו לְיוֹסֵף עֵץ אֶפְרַיִם וְכָל בֵּית יִשְׂרָאֵל חֲבֵרָיו. וְקָרַב אֹתָם אֶחָד אֶל אֶחָד, לְךָ לְעֵץ אֶחָד, וְהָיוּ לַאֲחָדִים בְּיָדֶךָ״ (ל״ז ט״ו-י״ז).

נשים נא לב: תחילה יש הבלטת כל עץ בפני עצמו – ׳עֵץ אֶחָד׳ מול ׳עֵץ אֶחָד׳. לאחר מכן נעשית ההרכבה. הקִרבה כבר איננה רק סמיכות ושכֵנות, אלא: ״וְהָיוּ לַאֲחָדִים בְּיָדֶךָ״; אך עדיין, בראשית ההרכבה, ׳אֲחָדִים׳ הם – ולא אחד ממש.

ולאחר מכן (בפסוק י״ט): ״דַּבֵּר אֲלֵהֶם: כֹּה אָמַר אֲ-דֹנָי ה׳: הִנֵּה אֲנִי לֹקֵחַ אֶת עֵץ יוֹסֵף אֲשֶׁר בְּיַד אֶפְרַיִם וְשִׁבְטֵי יִשְׂרָאֵל חֲבֵרָיו, וְנָתַתִּי אוֹתָם עָלָיו אֶת עֵץ יְהוּדָה וַעֲשִׂיתִם לְעֵץ אֶחָד, וְהָיוּ אֶחָד בְּיָדִי״. שתי נקודות חידוש מובלטות. האחת: ׳עֵץ יוֹסֵף׳ הוא הכַּנָּה, ועליו ׳עֵץ יְהוּדָה׳ הרוכב. והשניה: ״וְהָיוּ אֶחָד בְּיָדִי״; לא עוד ׳אֲחָדִים׳, אלא ׳אֶחָד׳ ממש.

27 חנן עסק בהרחבה בחזון הרכבת ׳עץ יהודה׳ על-גבי ׳עץ יוסף׳, אשר יהיו ׳לעץ אחד׳ – הן בחלקו השני של הספר, והן בחלקו השלישי. ראה זאת להלן בעמוד 233 ואילך, בעמוד 411 ואילך, ואיזכור בעמ׳ 462.

ופשר המשל – נמסר בהמשך: "הִנֵּה אֲנִי לֹקֵחַ אֶת בְּנֵי יִשְׂרָאֵל מִבֵּין הַגּוֹיִם אֲשֶׁר הָלְכוּ שָׁם, וְקִבַּצְתִּי אֹתָם מִסָּבִיב, וְהֵבֵאתִי אוֹתָם אֶל אַדְמָתָם. וְעָשִׂיתִי אֹתָם לְגוֹי אֶחָד בָּאָרֶץ, בְּהָרֵי יִשְׂרָאֵל, וּמֶלֶךְ אֶחָד יִהְיֶה לְכֻלָּם לְמֶלֶךְ, וְלֹא יִהְיוּ עוֹד לִשְׁנֵי גוֹיִם, וְלֹא יֵחָצוּ עוֹד לִשְׁתֵּי מַמְלָכוֹת עוֹד. וְלֹא יִטַּמְּאוּ עוֹד בְּגִלּוּלֵיהֶם וּבְשִׁקּוּצֵיהֶם וּבְכֹל פִּשְׁעֵיהֶם, וְהוֹשַׁעְתִּי אֹתָם מִכֹּל מוֹשְׁבֹתֵיהֶם אֲשֶׁר חָטְאוּ בָהֶם, וְטִהַרְתִּי אוֹתָם, וְהָיוּ לִי לְעָם וַאֲנִי אֶהְיֶה לָהֶם לֵא-לֹהִים. וְעַבְדִּי דָוִד מֶלֶךְ עֲלֵיהֶם, וְרוֹעֶה אֶחָד יִהְיֶה לְכֻלָּם, וּבְמִשְׁפָּטַי יֵלֵכוּ וְחֻקֹּתַי יִשְׁמְרוּ וְעָשׂוּ אוֹתָם. ... וְכָרַתִּי לָהֶם בְּרִית שָׁלוֹם, בְּרִית עוֹלָם יִהְיֶה אוֹתָם, וּנְתַתִּים וְהִרְבֵּיתִי אוֹתָם, וְנָתַתִּי אֶת מִקְדָּשִׁי בְּתוֹכָם לְעוֹלָם" (ל"ז כ"א-כ"ו).

הנה, כך אפוא הוא המהלך: ראשית הגאולה הפיזית – קיבוץ גָלויות ובניין הארץ; שנית – טהרה רוחנית; ולבסוף – מלכות דָוִד המגלָה את מלכות ה' בעולם: "בַּיּוֹם הַהוּא יִהְיֶה ה' אֶחָד וּשְׁמוֹ אֶחָד" (זכריה י"ד ט'), ובניין המקדש המהַוֶה את גולת הכותרת במהלך הגאולה, ומחבר חומר ורוח, ארץ ושמים. זהו הביטוי לַשלום ולַשלֵמוּת בימוֹת משיח בן דָוִד.

## איך יציל משיח בן דָוִד את בן יוסף?

הבה נעמיק עוד להתבונן בְּימים מִקֶּדֶם, "זְכֹר יְמוֹת עוֹלָם, בִּינוּ שְׁנוֹת דֹּר וָדֹר" (דברים ל"ב ז'), כי כדרך מהלך הבניין הלאומי בְּימים מִקֶּדֶם – כן מהלך התחיה:

משיח בן יוסף ראוי ליתן עוצמה וחִיוּת למשיח בן דָוִד, ולבנות את הנִדבכים הראשונים בשלבי הקץ המגולֶה. ומשיח בן דָוִד ראוי להשלים – מתוך רוממות רוחנית גדולה ונפלאה מאד – את הנִדבכים האחרונים של מהלך הגאולה הריאלית על גבי מפעלו של משיח בן יוסף, כפי שמציין הרמב"ם בסוף הלכות מלכים.[28] ובתוך כך, מוטל על משיח

28 אל נכון, מתכוון חנן לדברי הרמב"ם בפרק י"א הלכה ד', שם כותב הרמב"ם מהם מִפעלותיו של משיח בן דָוִד, ואמנם יש בהם גם מייעודיו של משיח בן יוסף. הנה אלה דבריו: "ואם יעמוד מלך מבית דָוִד, הוגֶה

בן דָוִד גם **לרומם את הנדבכים התחתונים לבל יתמוטטו**, ולבל יזדקק לבנות את הבית כולו מבראשית.

ובכן, לא רק אומץ וגבורה נוסף בית יוסף בבית יהודה, אלא אף את היסודות בפועל הוא מניח – והוא הפותח בַּמלאכה – אף־על־פי שאין היא נקראת אלא על שֵׁם גומרה. וכדרך שֶׁהרוכב, היונק חִיותו מן הכַּנָּה, מוציא בעצמו ענף ועלֶה **ונותן פרי הילולים**, כך משלים בית יהודה את מפעלו של בית יוסף **גם בַּתחום הפיזי**, ומתוך השלָמה זו עולָה מלכות בית דָוִד.

"כִּי [אם] הַשָּׁתוֹת [=היסודות] יֵהָרֵסוּן, 'צַדִּיק' מַה פָּעָל?" (תהִלים י"א ג') – מפעלו של יוסף הצדיק אַיֵּהוּ? ודָוִד בן ישַׁי בית הלחמי, הלוא ישיב את נידְחו "וְחָשַׁב מַחֲשָׁבוֹת לְבִלְתִּי יִדַּח מִמֶּנּוּ נִדָּח" (שמואל־ב' י"ד י"ד)[29] – לְבַל ייפול צרור ארצה – לא בחומר ולא ברוח.

נשוב אל הרב אבינר.

"באמירה חרישית" – כותב ר' שלמה – "לוחשת לנו כנסת ישראל: **'משיח בן דָוִד צריך להציל את משיח בן יוסף'**. אצלו נמצא טל תחיית המתים. ה' בונה עולמות ומחריבן. מתוך חורבן המשיח הראשון חייב לצמוח המשיח האחרון". ובהמשך הדברים הוא כותב: "**הציונות הזאת, שֶׁיצאה מִמְּצָרֵי הגלות, ייפול פִּגרה בַּמדבר**" (ההדגשה שלו).

---

בַּתורה ועוסק בַּמצוות כדָוִד אביו ... וְיילחם מלחמות ה' – הרי זה בחזקת שהוא משיח; אם עשה והצליח, וניצח כל האומות שֶׁסביביו, ובנה מקדש במקומו, וקיבץ נִדחֵי ישראל – הרי זה משיח בוודאי".

29 בַּפִּסקה הזאת מסב חנן את השִׂיחַ בין האשה התקועית לבין דָוִד, מֵעניין השבתו של אבשלום לירושלים לאחר המרד, אל עניינו של משיח בן יוסף – אשר משיח בן דָוִד פודה ומשיב אותו ואת מִפעלו, לבל ייהרס ויודח חלילה. כאשר כותב חנן: "הלוא ישיב את נידְחו" הריהו כמעלֶה את הפסוק הקודם לזה שֶׁציטט, שם נֶאמר (בתמיהה): "לְבִלְתִּי הָשִׁיב הַמֶּלֶךְ אֶת נִדְּחוֹ"; וכאשר הוא כותב: "לְבַל ייפול צרור ארצה", ודאי הִדהדו בדעתו המילים בתחילתו של הפסוק שֶׁציטט – "וְכַמַּיִם הַנִּגָּרִים אַרְצָה אֲשֶׁר לֹא יֵאָסֵפוּ" – אך באו במקומן מילותיו של הנביא עמוס (ט' ט'): "וְלֹא יִפּוֹל צְרוֹר אָרֶץ".

אכן ״משיח בן דָוִד צריך להציל את משיח בן יוסף״ – אבל יש להעמיק ולהתבונן מה עליו להציל, וכיצד עליו להציל.

במאמר ׳הדור׳ כותב הרב זצ״ל כי עיקר מחלת הדור היא בַּמוח ההוגֶה ובָרוח שֶׁנִתעוותה, אבל הנפש החיה, המעשה, והאיברים הפועלים של ״אותם שהם מתחברים באהבה לענייני כלל ישראל, לארץ ישראל ולִתחיית האומה״ – מתוקנים הם. (על־פי ׳אורות התחיה׳ מ״ג).

דברים אלה יפים היו לדורו, אבל בינתיים גברה המחלה והלכה, ובדורֵנו נִתפשטה מן המוח אל הלב והאיברים, ועל־כן גם כוח החִיות האדיר שפעל בלב אנשי העליה השניה והשלישית רָפָה עד מאד, אֲנֶמיה קשה מקננת בַּגוף הלאומי והיא מאיימת על עצם הקיום הפיזי.

אכן, שורש המחלה הוא בָּרוח, ועל־כן עיקרה ושורשה של הרפואה הוא בתיקון הרוח. כותב הרב אבינר: ״וכעזרא בשעתו, לעת כישלון הרוח הישראלי, חייבים אנו ׳לקרוא בשם ה׳ הגדול׳״. זהו אמנם העיקר, אבל האם בכך סגי? הן עמדנו על כך שכוחו הגדול של דָוִד לֵא־לֹהיו בא לידי מיצוי בְּאחדות הגמורה שבין גבורת הבשר ועילוי הרוח: ״יֹדֵעַ נַגֵּן – וְגִבּוֹר חַיִל / וְאִישׁ מִלְחָמָה – וּנְבוֹן דָּבָר / וְאִישׁ תֹּאַר – וַה׳ עִמּוֹ״ (שמואל־א׳ ט״ז י״ח).

והתגלוּת פעמיו של דָוִד לעת כזאת, האם עניינה רק בדיבור בלבד? האם אין גילויה הרוחני צריך לבוא – לעת כישלון הרוח, אשר הביא לכישלון הגוף – דווקא בקוממיות גדולה, במיצוי שתי הקומות של הבשר והרוח, של גבורה וקדושה?

האם מכוח המופת הנפלא הזה של ׳כִּפְלַיִם לְתוּשִׁיָּה׳ באישיותו של דָוִד – מופת אשר יגלֶה כי רוח ה׳ נוססה בו, והיא הנוסכת בו כוח וממלאת אותו עוז וגבורה – לא יישָׁמע דְבר־לימוד שהוא גדול מִזֶה הבא בדיבור בלבד?

״יהיב לֵיה יְדֵיה ואוקמֵיה״ [=נתן לו את ידו והֱקימוֹ];[30] גם את ידו צריך משיח בן דָוִד להושיט למשיח בן יוסף, כי מי שֶׁרוחו רוממה

30 חנן שואב את הדימוי הזה משלושה סיפורי ביקור חולים, המובאים במסכת ברכות דף ה׳ עמ׳ ב׳. בשלושת הסיפורים סבלו החולים ייסורים קשים, ובשלושתם אמר המבקר לחברו: תן לי ידך! – ונתן לו ידו,

גם ידיו חזקות: ״לְדָוִד, בָּרוּךְ ה׳ צוּרִי, הַמְלַמֵּד יָדַי לַקְרָב, אֶצְבְּעוֹתַי לַמִּלְחָמָה. ... אַשְׁרֵי הָעָם שֶׁכָּכָה לּוֹ, אַשְׁרֵי הָעָם שֶׁה׳ אֱ־לֹהָיו״ (תהלים קמ״ד, פסוקים א׳ וְ־ט״ו). ומי שידיו חזקות – חֲזָקָה עליו שֶׁיַּצִּיל גם את המפעל בו החל משיח בן יוסף, וגם ינסוך בו רוח חיים, ויביא מזור לרוחו וְשִׁקּוּי לְעַצְמוֹתָיו – טל של תחיית המתים[31] – המעורר את הרוח ומחיֶה את הבשר, כבתחיית המתים הגופנית.

## עוד מוטל החולה לפנינו – וכבר סָבְבוּ בַשּׁוּק הַסּוֹפְדִים?

כותב ר׳ שלמה אבינר: ״מְשִׁיחַ ה׳, רוּחַ אַפֵּינוּ, הוא הפועל בתוכֵנו. אנחנו, הנִפעלים מכוח הדינמיות האֱ־לֹהית המשיחית הזאת, יוצאים היום לַמלחמה״... אִלמלֵא מקרא כתוב אי אפשר לאומרו; אבל הואיל ואמרוֹ ר׳ שלמה, אעני בַּתְרֵיה [=אענה אחריו] בלשון זהירה יותר: אנו, המתעוררים לקול פעמי משיח בן דָוִד ומתאמצים להתאים את עצמנו לְפעמיו – ללכת בדרכיו ולהיות ראויים להקביל את פניו – מה עלינו לעשות?

״לקרוא בשם ה׳ הגדול״ – אמת ויציב, ״לחלץ את אומָתֵנו מִצרותיה הרוחניות ... קְמעא קְמעא״ – אמת ויציב. ״ללמד״, ושוב: ״ללמד פירושו ללמד״ – אמת ויציב. [כל המובאות הן מדבריו של הרב אבינר]. אכן זה העיקר, ובעיקר זה יש לראות את מרכז הכובד של הפעולה. אבל האם זה הכול?

מי נותן לנו רשות להשלים עם החזות הנוראה של חורבן משיח ראשון? כיצד ניתן לומר מתוך ׳צידוק הדין׳: ה׳ נתן וה׳ לקח, ״ה׳ בונה עולמות ומחריבן״ [כדברי הרב אבינר], וזאת בעוד החולה מוטל לפנינו? מחלתו אנושה – אך עודנו חי וכבר ׳סָבְבוּ בַשּׁוּק הַסֹּפְדִים׳?

---

והקימוֹ. שואלת שם הגמרא: ומדוע לא יקום החולה בעצמו? – ובאה התשובה: ״אין חבוש מתיר עצמו מבית האסורים״.

31 חנן מתייחס למשפטו של הרב אבינר – שהוא ציטט לעיל – שֶׁמשיח בן דָוִד יְחַיֶּה את בן יוסף בטל של תחיית המתים. שוב וראה בעניין זה במאמרו של הרב אבינר, הערה 14 בעמ׳ 43.

האם זוהי מידָתו של דָוִד הצם ובוכה על הילד – זה הילד שהורָתו ולידָתו שלא בקדושה – גם לאחר שנגזרה גזֵרה? ומן ההווה־אמינא של דָוִד הן נקבעה מסקנה לכל הדורות: ״אפילו חרב חדה מונחת על צווארו של אדם – אל יתייאש מן הרחמים״.[32]

## אם מתכוון הרב אבינר לומר שהמפעל הציוני כָּשַל – ״לא יֵרֵד בְּנִי עִמָּכֶם!״

״הציונות הזאת״ – פוסק ר׳ שלמה אבינר כמי שיושב ודורש מפי הגבורה – ״ייפול פִּגרה בַּמדבר״ [הדגשות שלו], ואני בעוניי קורא משפט זה מתוך בֶּכי, ומנסה להבין מהו עומק פשוטו:

אם פירוש הדברים שֶהתפיסה הציונית – אשר סברה וקיבלה כי ״הציונות אין לה דבר עם הדת״ – היא שפשטה את הרגל[33] ונפל פִּגרה, דבר זה ניתן להיאמר. אמנם גם היא – מכוח חִיותה כי עזה, ובַקָשַת עצמיותה – נסכה בנו כוח, כאותה כַּנַת פֶּרֶא המטמיעה את חִיותה בָּרוכב, אף־על־פי שפירותיה מרים,[34] אבל [על התפיסה הזאת אכן ניתן לומר כי] קליפתה החיצונית נשרה: ״רבי מאיר רימון מצא; תוכו אכל, קליפתו זרק״.[35]

---

32 בחלקו השלישי של הספר יעסוק חנן בהרחבה בתפילת דָוִד על נפשו של הילד החולה, בנו ובן בת־שבע – תפילה מִקירות הלב על־אף שנִגזרה גזֵרת מוות על הילד – כבניין־אב לתפילתֵנו שלנו על משיח בן יוסף, שלא ימות. ראה זאת להלן, בעמ׳ 492 ואילך.

33 א. חנן מתייחס למשפטו של הרב אבינר (לעיל בעמ׳ 40): ״חשבו שאפשר להקים תנועה ציונית שאינה יונקת מדבר ה׳, ׳שאין לה דבר עם הדת׳. טעו והִטעו״. ראה שם גם בהערה 4.
ב. כנספח ג׳ לחלק זה יובא מאמר של חנן בעיתון ׳נקודה׳, אשר נכתב כשש שנים לאחר מאמר זה, ובו הוא מצדיק את ביקורתו הקשה של הרב קוק על התנועה הציונית, ככל שהיא סבורה כי ״אין לה דבר עם הדת״. ראה זאת להלן בעמ׳ 121 ובהערה 2 שם.

34 חנן שב ונוקט את המונחים החקלאיים של השתיל המורכב משני עצים – כַּנָה ורוכב – כאשר התפיסה הציונית־החילונית היא בבחינת בסיס לַמלכות העתידה להיבָּנות בקדושה. זאת, בהמשך לַמשל ולַנִמשל אשר ניתנו בחזונו של יחזקאל (ל״ז) על הרכבת שני העצים להיותם עץ אחד, חזון שֶחנן לימד ופירש כאן לעיל, והוא עתיד להרחיב זאת בחלקיו הבאים של הספר.

אך אם כוונתו של ר׳ שלמה לומר, אפילו ברמז, שֶׁהמפעל הציוני נכשל – שֶׁההישגים הריאליים עתידים חלילה לסגת אחור ועלינו לחזור ולהקימם – זאת אינני מקבל. ״לֹא יֵרֵד בְּנִי עִמָּכֶם!״.

אמנם כן, אינני יכול להשתחרר מן ההרגשה כי גם כוונה זו מְסוּתֶּרֶת בין קִפְלֵי דבריו. הנה, כך הוא כותב לקראת סיום המאמר: ״אין לנו לפחוד מכישלונות חלקיים בדרך תחייתנו המעשית. אם יוכלו אלה לעכבנו במידת מה, לא יוכלו להפריע לְקְרָא הַדֹּרוֹת מֵרֹאשׁ, אשר דִּבֶּר טוֹב עַל יִשְׂרָאֵל, והחליט שהגיעה עת להיות ׳**המחזיר שכינתו לציון**׳״.

אין לפחוד משום דבר זולת מִפָּנָיו יתברך, ״מִפְּנֵי פַּחַד ה׳ וּמֵהֲדַר גְּאוֹנוֹ״. רק חַטָּאִים פוחדים – ״פָּחֲדוּ בְצִיּוֹן חַטָּאִים״ – אבל עלינו הדאגה והחובה למנוע כל כישלון חלקי בדרך תחייתנו המעשית:

- לְבַל ניסוג אחור חלילה מארץ ישראל.[36]
- לְבַל ייעקרו יישובים חלילה מאדמת ישראל.
- לְבַל תקום מדינה פלשתינית ושמה ׳אוטונומיה׳.[37]
- לְבַל ייהרס דבר מכל אשר נִבְנָה עד כה מכוח משיח בן יוסף, גם אם הורָתו ולידָתו שלא בקדושה.

---

35 הדימוי הזה לקוח מִמסכת חגיגה דף ט״ו עמ׳ ב׳. הוא מוסב על כך שרבי מאיר למד תורה מ׳אחר׳ – הוא אלישע בן אבויה, שֶׁחכם גדול היה אך יצא לתרבות רעה – ורבי מאיר ידע מה עליו לקבל וללמוד ממנו, ומה עליו לפסול ולהשליך הלאה.

36 בשעה שכתב חנן את מאמרו כבר החל למעשה פינוי חצי האי סיני, ובסוף שלב הנסיגה הראשון התייצבו כוחות צה״ל בקו אל־עריש ראס־מוחמד. מהלך הנסיגה נמשך הלאה, ובא לסיומו באמצע שנת 1982, בגירוש תושבי חבל ימית והרס העיר עִם היישובים הסמוכים לה.

37 את ׳תוכנית האוטונומיה׳ לַפלשתינים הגה וכתב ראש הממשלה מנחם בגין, אחרי עלותו לַשלטון. היא הוצעה למצרַים ולארה״ב בוועידת ׳קֶמְפּ דֵייוִיד׳ (1978), ואושרה בַּכנסת כחלק מהסכמי השלום עם מצרים (1979). למעשה היתה זו הצעה למדינה פלשתינית שֶׁבירתה בית לחם, אשר אין בידיה סמכויות חוץ וביטחון. הפלשתינים התנגדו לתוכנית האוטונומיה – הם דרשו מדינה ריבונית מלאה – אך התקיימו שיחות על התוכנית הזאת בין מדינת ישראל לבין ארה״ב. זה היה המצב באביב תש״ם (1980), בעת שֶׁחנן כתב את מאמרו. ׳חוק יסוד ירושלים׳ – אשר התקבל בכנסת כמה חודשים אחר־כך – גרם לאיבוד התנופה בשיחות הללו, והן הופסקו עם פרוץ מלחמת לבנון בשנת 1982.

האם הִשתדלות וההִתאמצות המעשית בכל אלה אינן מוטלות עלינו, דווקא מתוך הִתעוררות רוחנית פנימית, ההומָה ואיננה נותנת מנוח? האם את הרוח הזאת – שאנו חשים בוודאות פנימית כי מקורה קדוש, ומתוך פעמי גאולה היא יונקת – עלינו לכלוא בקִרבנו לבל תיָרָאה חוצה? האם דווקא כאן עלינו לבטל את כל דרך אִתערותא דלתַתָא שעליה חונכנו, ולומר כביכול לַקב״ה – זַבֵּש״ךְ [= זאת בעיה שלך]?

אמנם נכון הדבר כי בְּמקום שאין נִראֶה כל מוצָא מעשי – ״אין דנים אפשר מִשֶׁאי־אפשר״.[38] גם אז לא נתייאש, לא מן הפרט ובוודאי לא מן הכלל. נעמוד בתפילה מקירות הלב על הפרט, ונמשיך **ללמוד וללמד לשמור ולעשות** – מתוך גבורת הסבלנות – להמשך תחיית האומה. אבל בְּמקום שיש אפילו סדק צר – חֲרַךְ אור של הצלה בדרך מעשית – בוודאי שאיננו פטורים מכל השתדלות להיות פועלים עם אֵ־ל. ושתי פנים לה, לַהשתדלות הזאת: הן בְּ׳סוּר מֵרָע׳, למען יתקיימו דברי הנביא עמוס (ט׳ ט״ו): ״וְלֹא יִנָּתְשׁוּ עוֹד מֵעַל אַדְמָתָם״, והן ב׳עֲשֵׂה טוֹב׳ למען יתגשמו דבריו (שם): ״וּנְטַעְתִּים עַל אַדְמָתָם״.

וגם אם עיקר פועלֵנו הראוי הינו בהארה רוחנית של יסוד תחייתנו – ״לקרוא בשם ה׳ הגדול״ [כדברי הרב אבינר] – בכל זאת לא נחדל מעבודתנו המעשית, הנובעת אף־היא מרוח ה׳ אשר בקִרבנו (׳ערך התחיה׳).[39] גם לא נחלק משימות בין הציבורים השונים, ונֹאמר כי

38 זו עֶמדתו של רבי עקיבא במחלוקת תַּנָּאים – המובאת במקומות רבים בַּתלמוד – האם ניתן ללמוד ולהקיש ממצב בלתי אפשרי למצב אפשרי, או אם לאו.

39 חנן כתב בסוגריים ׳ערך התחיה׳, וכוונתו היא לפרק ח׳ מתוך ׳זרעונים׳, בתוך הספר ׳אורות׳, אשר זוהי כותרתו. בהמשך יצטט חנן פִּסקה שלמה מן הפרק הזה. הנה מעט מדברי הרב קוק שם, דברים שאולי כיוון חנן לשאוב מהם:

״ההרגשה הפנימית ... בדֵעותיה ומעשיה יחד עם גווייתה ואדמתה, נובעת מֵההכרה הכללית של הציבור שעוד רב ממנו [= מאִתנו] הדרך לגמור את אשר החילונו. התחלנו להגיד איזה דבר גדול ... ולא גמרנוהו עדיין ... ולהפסיק לא נרצה ולא נוכל. לא נעזוב בשום־אופן את אורחות־חיינו המיוחדים ולא את שאיפותינו המוּפשטות ... כשם שלא

העבודה המעשית – הלאומית, החברתית, ההִתיישבותית והמדינית – איננה מִתפקידֵנו, אם הדבר לאֵל ידֵנו.

## מן התיקון הנדרש ב'גוש אמונים' – עד חזון 'תנועת אורות'

אינני רוצה להתייחס בפרוטרוט במאמר זה לערכו של 'גוש אמונים' ולְערך של תנועת 'התחיה',[40] אף־על־פי שיש מקום לדון בסוגיות אלה לְאור הדברים שֶנכתבו עד כה.

אומַר רק בדרך־כלל:

הסכמה שֶבכאב לדברי הביקורת של ר' שלמה אבינר, הן כבר הִבעתי בראשית דבַרַי – ואף את המסקנות הנובעות מביקורת זו סבור אני כי יש להסיק באומץ לב, לְבַל יבלעו הכֵּלים את האורות, לבל יומר עיקר בְּטפל, והעיקר – למען יהיו האורות עיקר.

אך עם זאת, גם אם "קרה ל'גוש אמונים' ולתנועת 'התחיה' מה שמתואר ב'אורות התשובה', על הרעיון הגדול שיורד מִמרומֵי מרומיו כדי להתגשם בַּמציאות, ועל־ידי זה הוא מאבד את יפעתו[41] ונתפס בצורה קַטנוּתית, חלקית ובוסרית" (כלשון ר' שלמה במאמרו 'בעניין תנועת תחייתנו'), הנה המאמץ והתביעה להגשמה בַּמציאות – יסודם אמת. הרצון למימוש האידאלים הלאומיים – רצון המתגלֶה בְּעוצמה –

---

נעזוב את תִקוָתֵנו לשוב להיבָּנות, ולהיות לעם על אדמתנו ההיסטורית כימי עולם".

40 תנועת 'התחיה' הוקמה בידי הפורשים מן 'הליכוד' – משה שמיר וגאולה כהן – בשנת 1979. בחג הסוכות תש"ם התקיימה ועידת היסוד של התנועה, וחנן נשא בה נאום פרוגרָמָטי מרכזי. בעת כתיבת המאמר (אביב תש"ם, 1980) היה חנן שותף לַפעילות בַּתנועה. בַּבחירות שהתקיימו כשנה לאחר־מכן (1981) הוא נבחר לַכנסת מטעם 'התחיה', יחד עם גאולה כהן, בהובלתו של פרופסור יובל נאמן.

41 ראה ציטוט מתוך 'אורות התשובה' בהערה 2 למאמרו השני של הרב אבינר, לעיל בעמ' 48.

הוא עצמו גילוי רוחני הנובע מהתעוררות פעמי גאולה, גם אם בדרך ההגשמה הוא איבד מיִפעתו.

בחינת התוצאות של ׳גוש אמונים׳ – ואפשר גם של תנועת ׳התחיה׳ – תביא להערכתי לְמסקנה כי טוב להם שֶׁנבראו, על־אף הליקויים הקשים. אלא עכשיו שֶׁנבראו – אם עוד כוחם עִמם – יעשו תשובה וישובו אל העיקר, שֶׁאם לאו, ספק אם יהיה להם קיום בעתיד, ומכל־מקום – תשועה גדולה לעם ישראל לא תצמח מהם.

״חזרה־בתשובה״ ב׳גוש אמונים׳, אין פירושה – כפי שעלול להשתמע מדבריו של ר׳ שלמה אבינר – הפסקת העיסוק האינטנסיבי למען ההתיישבות, או אף הנחת המאבק המדיני והִתמסרות רק ללימוד ולהדרכה רוחנית. לדידי, אדרבה: ״חזרה בתשובה״ של ׳גוש אמונים׳, יסודה בַּחיבור האמיץ, בְּגילוי החזון הגדול המְתַמֵּם מְבַּית מחשבה ומעשה, רוח וגוף, תורה ועבודה, כאשר בַּמוקד פועמת האמונה, ואת הגוף והמְפעל מכוונת הרוח ומובילה הנשמה.[42]

דווקא זוהי התעוררות אמיתית, הבאה מיסוד אורו של דָוִד מלכא משיחא – וכדרך שנֶאמר לזרובבל (בזכריה ד׳ ו׳): ״לֹא בְחַיִל וְלֹא בְכֹחַ כִּי אִם בְּרוּחִי, אָמַר ה׳ צְבָאוֹת״, ודווקא מתוך כך (כעבור שני פסוקים): ״יְדֵי זְרֻבָּבֶל יִסְּדוּ הַבַּיִת הַזֶּה וְיָדָיו תְּבַצַּעְנָה, וְיָדַעְתָּ כִּי ה׳ צְבָאוֹת שְׁלָחַנִי אֲלֵיכֶם. כִּי מִי בַז לְיוֹם קְטַנּוֹת״ וגו׳.

והעבודה הנדרשת רבה היא; ועם המשך המאמץ המדיני וההתיישבות, הרי מכאן ואילך – בעזרת ה׳ יתברך – תעמוד בַּמרכז העשיה בתחום החינוך וההסברה!

כך כתב הרב קוק זצ״ל על הנושא הזה, בַּפרק המוכתר ׳ערך התחיה׳ (ח׳), בתוך ׳זרעונים׳ בַּספר ׳אורות׳:

---

42 הרב קוק נוקט את המילה ׳מְתַמֵּם׳ במשמעות של ׳מגשים ומשלים׳, ואפשר גם במשמעות של צמד ׳תאומים׳. אולי הִדהד כאן בדעתו של חנן משפטו של הרב קוק ב׳אורות האמונה׳ (עמ׳ 98), על רום מעלתם של ישראל, שהם ״עם יודע את העולם ואת החיים, ומְתַמֵּם בכוחו הגדול את החזיונות החיצוניים והפנימיים של המציאות הגדולה, הרוחנית והגשמית, באחדות נפלאה ומתאימה״.

"ואף אם אנו מגמגמים כל־כך במִבטָאֵנו על דְבַר משא נפשנו, אין החיסרון בבהירות הרעיון ואמיתָתו. האמת בקִרבנו חזקה היא למדַי, אבל עשירה היא כל־כך, ושוטפת עלינו, עד שאיננו מסגלים עדיין להסבירה בשפה ברורה – ומשום כך לא ניסוג אחור. נדבר ונסביר כמה שֶכוח הדיבור שלנו יַרשֶה לנו. בתוכיותֵנו אנו מבינים את הגיונֵנו, ובהמשך הזמן יֵצֵא גם דיבורֵנו מהגָלוּת הכבֵדה שהוא כבוש בה – ונוכל לדבר, לתאר ולהסביר בְּמִבטָאים ברורים את אשר אנו מבקשים בהווייתנו השלֵמה".

ר' שלמה מסיים את מאמרו 'בעניין תנועת תחייתנו', בַּמילים הבאות: "יש לנו להתחבר כולנו יחד, חושבי המחשבות ועושי המעשים. בְּמקום שֶחושבי המחשבות ידחקו את רגלי עושי המעשים, וְיַחתרו להסיג גבולם מתוך הריסת הקיים – בְּמקום זה יש להם לחזק ולכוון, להאיר ולרומם, את כל הכוחות הפועלים עכשיו בָּאומה".

הדברים דברי אמת, וחותָם אמת טבוע עליהם; אלא שיש להעמיק ולהבין את משמעותם המעשית, שוב, לאורן של הנקודות הבאות:

1. ודאי, על כל אחד לפעול לפי שורש נשמתו ושליחותו המיוחדת בעולם. 'חושבי המחשבות' יעמיקו חשוֹב, 'עושי המעשים' יפעלו ויבנו – ואלה לא ידחקו את רגליהם של אלה. אבל מה יעשו אלה החשים בליבם פנימה את שתי הנטיות כאחת, "לַחְשׁוֹב מַחֲשָׁבוֹת – לַעֲשׂוֹת",[43] ועוד יותר מכך: חשים בַּצורך **לחבר את שתי הנטיות**, לא רק בַּדרך של יששכר וזבולון, אלא ברוחו של דָוִד המלך? שמא תפקידם של אלה לקשור את הקצָוות, לחבר את 'חושבי המחשבות' עם 'עושי המעשים', למען יקבלו דֵין מן דֵין [= זה מזה]

43 הצירוף הזה אמור על בצלאל בן אורי, בונה המשכן וכליו, עם בגדי הכֹּהנים, כאשר אומר עליו ה' אל משה: "וָאֲמַלֵּא אֹתוֹ רוּחַ אֱ־לֹהִים, בְּחָכְמָה וּבִתְבוּנָה וּבְדַעַת, וּבְכָל מְלָאכָה. לַחְשֹׁב מַחֲשָׁבֹת, לַעֲשׂוֹת בַּזָּהָב וּבַכֶּסֶף וּבַנְּחֹשֶׁת. וּבַחֲרֹשֶׁת אֶבֶן לְמַלֹּאת, וּבַחֲרֹשֶׁת עֵץ, לַעֲשׂוֹת בְּכָל מְלָאכָה" (שמות ל"א ג'-ה', ובדומה לזה גם ל"ה ל'-ל"ד).

וַיֵעָשׂוּ יחד אגודה אחת, לפעול בעֵצה אחת למען תחיית הקודש, ברוח ובגוף גם יחד.[44]

2. זאת ועוד: אכן יש לכוון ולרומם את כל הכוחות הפועלים עכשיו בָּאומה – ״מי שֶׁעוסק בעשיית יישוב הארץ ובניינה, ומי שֶׁעוסק בעשיית הפוליטיקה והנהגת המדינה״ (כדברי הרב אבינר) – ולהאיר את הדרך לקרובים ולרחוקים.

אבל האם אין מקום לראות את ההשפעה במסגרת של מעגלים-מעגלים קונצֶנטריים, ולבנות בְּראש-וּבָראשונה את המעגל הפנימי של ׳חושבֵי המחשבות ועושֵׂי המעשים׳, הלומדים ופועלים ועושים מתוך רוח של אמונה וציפיה לתחיה לאור ׳האורות׳? ומתוך מעגל פנימי זה תצמח מעין הנהגה רוחנית ומעשית, שאינה באה להריסת מסגרת כלשהי, אלא אדרבה: להשפיע ולהקרין

---

44 א. בהקשבה עמוקה למילותיו של חנן בשתי הפִּסקאות האחרונות, ניתן לחוש שהוא מתכוון קודם-כל אל עצמו, באופן אישי, בשאיפה ובתקווה שֶׁיצליח להנחיל לחבריו את הרוח הזאת של כפל התפקידים וחיבור הקצוות.

ב. אל-נכון, אוחז כאן חנן בפלך הרב קוק, אשר כתב כַּדברים האלה בקריאתו אל שני המחנות – ׳חרדים׳ ו׳חופשיים׳ – להפיל את קיר הברזל ביניהם. הנה אלה דבריו במאמרו ׳מסע המחנות׳ (בערב ראש השנה תרצ״ד): ״נִתוַדֵעַ איש אל אחיו בשם ישראל הכללי, לא בשם מפלגתי ומַחֲנָתִי. נדע שיש לנו בכל מחנה הרבה מה לתקן, והרבה מה לקבל מהאור והטוב זה מזה ... ותתקיים בנו התפילה המוקדשת קודש קודשים, שהִננו עתידים להביעה [בתפילות הימים הנוראים] בכל-כך המיית נפש: ׳וְיֵעָשׂו כולם אגודה אחת לעשות רצונךָ בלבב שלם׳״ (׳מאמרי הראיה׳ חלק א׳, עמ׳ 82).

ג. בקטע הזה מדברי הרב קוק, סיים חנן מאמר של חשבון נפש שכתב כעבור שש שנים בגיליון מס׳ 100 של ׳נקודה׳ (תמוז תשמ״ו), גיליון שהוקדש לסיכום עשור לייסוד ׳גוש אמונים׳. במאמרו בחן חנן את הצלחותיו וכישלונותיו של ׳גוש אמונים׳, במה שעשה ובמה שלא עשה – וניתן לחוש שזהו מעין ׳מאמר המשך׳ לחשבון הנפש אשר בו הוא מתחיל במאמר זה, שלא פורסם. קטעים מן המאמר ההוא – אשר הוכתר: **׳לא הצלחנו להיות נושאי האורות׳** – יובאו כנספח ג׳ לחלק זה, להלן בעמ׳ 120 ואילך.

מאורה על מעגלים רחוקים יותר, דווקא מכוח הזיווג הנפלא של חיי הרוח והמעשה, תורה־ועבודה.

3. ולאור כל זאת: ׳חושבי המחשבות׳ השקועים בעולמה של תורה אינם צריכים אמנם לדחוק את רגלי ׳עושי המעשים׳, ובוודאי שאינם צריכים להחליף מלאכתם, לעזוב תורתם ולהתמסר לתחום המעשה. אבל האם תפקידם הוא רק ללמוד וללמד – ומתוך כך [כדברי הרב אבינר]: ״לחזק ולכוון, להאיר ולרומם״ את ׳עושי המעשה׳ הקרובים אליהם והמבקשים לֵיאוֹת לְאורם? או שמא מוטל על ׳חושבי המחשבות׳ החשים בקִרבם פנימה כוחות של הנהגה, להכיר בכוחם ולכוון את ׳עושי המעשים׳, לא רק בעצה מרחוק אלא מתוך תחושת אחריות של הנהגה? זוהי דרכו של החסיד־המושל, בדברי ׳הכוזרי׳, אשר שִׂכלו מנווט, מתוך אחריות והנהגה, את ליבו ואיבריו.[45]

יֵדעו נא ׳חושבי המחשבות׳ הגדולים שבתוכֵנו, המִתחמקים עד כה מהנהגה, כי אין אלה הערות היפותֵטיות – ועליהם האחריות לתשובה על השאלה הגדולה שבדורֵנו:

האם עדיין לא איכשר דָרָא [=לא הוכשר הדור], ולא הוכשרה מתלמידי הרב זצ״ל כל הנהגה בהיקף לאומי? – אם אכן כך הוא, הרי שלא נוכל לדחוק את הקץ, לקצר את הדרך ולזרז את האורות לבוא

---

45 א. שוב מדבר כאן חנן קודם־כל על עצמו, בהצנע לכת, מבלי לפרש זאת...

ב. הנה אלה דברי ריה״ל בספר ׳הכוזרי׳, מאמר שלישי (ה׳), על־פי תרגומו של הרב יצחק שילת: ״אמר החבר: החסיד הוא מי שהוא מושל, נִשמעים לו חושיו וכוחותיו הנפשיים והגופניים, ו[הוא] מנהיגם ההנהגה המדינית, כמו שנֶאמר (במשלי ט״ז ל״ב): ׳וּמֹשֵׁל בְּרוּחוֹ מִלֹּכֵד עִיר׳. והוא המוכן לְממשלה, כי אילו היה מושל בַּמדינה היה נוהג בה בצדק, כאשר הוא נוהג בגופו ובנפשו. ... וכאשר סיפק [לחושיו ולכוחותיו] צורך כל אחד מהם ... אזי יקרא לעדתו, כמושל שֶׁנשמעים לו, הקורא לחֵילו המציית, לעזור לו להידָבק בַּמדרֵגה ... האֱ־לֹהית, אשר היא למעלה מהמדרֵגה השִׂכלית. ויסדר עדתו ויַעַרכה, מְחַקֶּה את סידור משה לעדתו סָביב להר סיני״.

קודם זמנם. אם אכן כך הוא, עלינו להמשיך רק בעבודתם של יחידים בטיפוח ניצוצי האורות קְמעא קְמעא, זעֵיר פה זעֵיר שם, גם אם בינתיים ילכו ויגברו המשברים הרוחניים והמעשיים – ואף הַשָּׁתוֹת [= היסודות] יֵהָרֵסוּן – עד אשר תוכשר השעה וְיֵעָרֶה עָלֵינוּ רוּחַ מִמָּרוֹם, מאת ה׳.

או שמא כבר הגיעה השעה? שמא דווקא עומק הייסורים הרוחניים והמעשיים שטְפוּנוּ ומירקונו, ונתנו לנו לֵב מַתָּנָה, וכוחֵנו עִמנו להרים דגל ולהקים תנועה אחת גדולה – רעיונית, מחנכת ומגשימה – אשר מתוך ׳אורות׳ היא יונקת ו׳תנועת אורות׳ שמה?[46] ואזי – ׳גוש אמונים׳ על יישוביו, ו׳מכון מאיר׳ לשלוחותיו, ומִדרשות־שדה, ועוד כְּלֵי־קודש למיניהם, ׳כֵּלִים מִכֵּלִים שׁוֹנִים׳, חדשים גם ישנים, בכתב ובעל־פה – כולם יהיו כְּלֵי שָׁרֵת לַתנועה. לאורה יכוונו את דרכם, מכוח הנהגתה יפעלו, יעירו ויפיחו רוח של תחיה רוחנית ומעשית בָּאומה, לגאולתה ופדות נפשה.

אם אכן יעמוד לנו כוחֵנו להקים תנועה מעין זו – אשר תלכד את הניצוצות הרבים לאבוקה, ותשטוף בִּנְהַר אורותיה את ארץ ישראל ויושבֵי־בה – או אז נדחוף דחיפה רבתי, לא בחיפזון אך בגל של נְהָרָה, ״את עֶגלת מְשיח צִדקנו, עד אשר יֵצֵא כַנֹּגַהּ צִדְקָהּ וִישׁוּעָתָהּ כְּלַפִּיד יִבְעָר״ (כמשפטו של הרב אבינר).

היש בנו כוח? האם הגיעה השעה?

עֲנוּני עֲנוּני אתם רֵעַי.

---

46 אם נתעלם מניסיון של חנן, שלא צלח, להקים את ׳מפלגת אורות׳ (1984) – כי־אז יצוין שֶׁהוא יסד את ׳תנועת אורות׳ שנים ארוכות לאחר שכתב את המאמר הזה... התנועה נרשמה כעמותה בשנת תש״ס (1999), ובתעודת הרישום נחקקו מטרותיה: ״לפעול במישור החינוכי החברתי והמדיני, לאור אורותיו וּמִשנָתו של הראי״ה קוק זצ״ל, למען המשך מהלך שיבת ציון בשלֵמותו: עם ישראל כולו, בארץ ישראל כולה, לאור תורת חיים שלֵמה״.
מאמץ־הפעולה העיקרי של התנועה היה בהוצאה־לאור ובהפצה של גיליון פרשת השבוע ׳מעט מן האור׳, אשר חנן כתב בו מדי שבוע את העמוד הפותח. מאוחר יותר התפתחה פעילות ׳אורות חסד׳ לתמיכה בנזקקים. פעילות זאת נמשכת גם כיום.

# ׳עוד יוסף חי׳ / עיבורו של המאמר

## עיונים פנימיים במהלכי בניינה של מלכות ישראל

## או:

## מדוע ישנו צורך, מלכתחילה, בבית יוסף ובמשיח בן יוסף אם מלכות בית דָוִד מקפלת בתוכה את כוחות החומר והרוח גם יחד?

תוך כדי אריגָתו של מאמר התגובה למאמרו של הרב אבינר, הפליג חנן לעיון יסודי ומסועף בסוגיות העומק – או ב׳בית השורשים׳ – של מלכות ישראל הנבנֵית והולכת, בַּסֵתֶר ובַגלוי, מאז ימי האבות ועד דָוִד ויהונתן.

כינינו את העיון הזה בשם ׳עיבורו של המאמר׳, היינו חלקו ׳העוּבּרי׳ אשר עתיד להתפתח אל הגילויים הנוכחיים שהם בבחינת ׳כאן ועכשיו׳, וגם כ׳עיבורה של עיר׳, היינו הרחבת דברים אשר מֵעֵבר לַשטח הבנוי העיקרי.

את כותרת המִשנֶה לַדפים הללו – זו השאלה אשר תשובתה תינתן להלן – הציב חנן בעצמו. יש להעיר שחנן נזקק לַשאלה הזאת ולתשובתה גם בחלקו השני של הספר, ושם הוא מגיש את אורותיו בכלים אחרים.[1]

משיקולי עריכה בחרנו להפריד את החלק הזה מגופו של המאמר ולהגישו בנפרד. נקודת הניתוק מסומנת בהבלטה בתוך המאמר הראשי, לעיל בעמ׳ 67.

1 בחלקו השני של הספר – ראה את תמצית השאלה בעמוד 219 ובהערה 9 שם, ואת סיכום התשובה בעמוד 273 ובהערה 11 שם.

סברנו שהפרדה זו ׳תעשה טוב׳ לשני החלקים הנפרדים: המאמר העיקרי יוכל להיקרא ברצף אחד, ללא ניתוק מחשבתי והפלגה למרחקים אשר החֲזָרה מהם אל ההווה איננה קלה, ואילו את ׳עיבורו של המאמר׳ יוכל הקורא ללמוד בעמקוּת, ללא קשר מאולץ אל שעתו ומקומו של המאמר העיקרי. לאחר הלימוד הנפרד עתיד להִתברר ביתר שאת החיבור העמוק בין שני החלקים, ובעצם בדיוק בכך – בפירוד לשם חיבור – עוסק חנן מיד להלן, כפי שֶׁיקרא הקורא.

הנה אפוא העיון המוגש למְעַיְנָיו, כיין המשומר בַּעֲנָבָיו:

## השלֵמות הנבנֵית משני יסודות נפרדים

כי הנה, לכאורה, אם מקפלת בתוכה מלכות בית דָוִד באופן אורגני את שני הכוחות – מה צורך יש **לכתחילה** בבית יוסף ובמשיח בן יוסף?

אכן, החשיבה הדיאלקטית המבוררת[2] לימדתָנו מכבר כי לשם בניין הרמוני המורכב משני יסודות יש צורך בתהליך המקפל בתוכו בשלב ראשון טיפוח של כל יסוד וחיזוקו בפני עצמו, ולוּ־גם אם תוך כדי תהליך זה דוחק כביכול יסוד אחד את חברו, והריהם מִתנצחים זה עם זה.

דוגמה לתהליך זה הינה דרך יצירתו של האדם המורכב מחומר ורוח, גוף ונשמה: ״וַיִּיצֶר ה׳ אֱ־לֹהִים אֶת הָאָדָם עָפָר מִן הָאֲדָמָה, וַיִּפַּח בְּאַפָּיו נִשְׁמַת חַיִּים, וַיְהִי הָאָדָם לְנֶפֶשׁ חַיָּה״ (בראשית ב׳ ז׳).

נדייק בַּפסוק:

ראשית – יצירת הגולם: גוש עפר מן האדמה בחיטוב גוויה ואיברים. (אמנם, כבר בעצם ה׳וַיִּיצֶר׳ משוקעת בִּגניזה החִיוּת האֱ־לֹהית המתגלָה בעפר הלובש צורה).

2 חנן מתכוון בייחוד לחשיבה הדיאלקטית כפי שפיתח אותה הֶגֶל, אשר נעה מן המצב הראשוני (תֵּזָה), אל מצב התגובה (אנטי־תֵזָה), עד ליצירת הסינתֶזה המכילה את שניהם בהוויה מחודשת.

בשלב השני – ״וַיִּפַּח בְּאַפָּיו נִשְׁמַת חַיִּים״: רוח אֱ־לוֹהַ ממעל, ״ומאן דְּנָפַח מִדילֵיה נָפַח״ [=הנופח, מִשֶּׁלו הוא נופח. משמע שאת רוחו־שלו נותן ה׳ בָּאדם].

ולבסוף – ״וַיְהִי הָאָדָם לְנֶפֶשׁ חַיָּה״: החיים המלאים הבאים מחיבור של גוף ונשמה, וביטוים המיוחד בָּאדם, כתרגום אונקלוס: ״לְנֶפֶשׁ חַיָּה״ = ״לְרוּחַ מְמַלְּלָא״, זהו כוח הדיבור המחבר בשר ורוח.[3]

כך הוא אפוא תהליך בריאת האדם – ״שָׁרֵי בְּפֵרוּדָא וְסַיֵּים בְּחִבּוּרָא״ – וכך הוא תהליך אריגת אורו של משיח, המתחיל במתיחת חוטים נפרדים ומסתיים במשיח בן דָוִד...

והנה, לבניין בית ישראל השלם, אשר ייעודו להיות מרכבה לַשכינה – ״בֵּית אֱ־לֹהֵי יַעֲקֹב״ (ישעיהו ב׳ ג׳) – היה צורך לכתחילה בבירור היסודות ובמיצוי המידות בטהרתן. תחילה נלקחו ״שתי קורות מפולשות״[4] המבריחות את הבית מקצה לקצה, הלוא הן רחל ולאה ״אֲשֶׁר בָּנוּ שְׁתֵּיהֶם אֶת בֵּית יִשְׂרָאֵל״ (רות ד׳ י״א). מֵהֶן – ומֵאשר להן – נחצבו לבניין הבית שתֵים־עשרה אבני יסוד, שנֵים־עשר שבטי י־ה, כל שבט ותפקידו המיוחד בַּקודש.

## ארבעה שבטים – סגולותיהם, תפקידם, ומערך היחסים ביניהם

לענייננו, עלינו להתבונן בארבעה מן השבטים הבולטים, ולעמוד על ייחודו של כל אחד מהם ועל הקשרים הגלויים והסמויים ביניהם.

3 בַּטיוטה הראשונה כתב כאן חנן גם על חווה: ״וכך ביצירת האִשה: ׳וַיִּבֶן ה׳ אֱ־לֹהִים אֶת הַצֵּלָע אֲשֶׁר לָקַח מִן הָאָדָם לְאִשָּׁה, וַיְבִאֶהָ אֶל הָאָדָם׳ (בראשית ב׳ כ״ב). ורק לאחר מכן: ׳וְדָבַק בְּאִשְׁתּוֹ וְהָיוּ לְבָשָׂר אֶחָד׳ (פסוק כ״ד). האחדות היסודית השורשית מתגלָה בראשיתה בָּעולם בְּפירוד, אשר נועד לברר את סגולתו של כל יסוד לעצמו, לשם איחוד מלא ובָשֵל בסופו של התהליך״. (ראה את הרחבת הדברים בחלק השלישי, בעמ׳ 437).

4 חנן מצטט כאן את לשון חז״ל (ב׳בראשית רבה׳ לפרשת וַיצא, ע׳) על רחל ולאה, שהיו בבחינת ״שתי קורות מפולשות מסוף העולם ועד סופו״, שֶׁעליהן נשען הבניין כולו.

- **יוסף, הוא המשביר לכל הארץ.**

לו ולזרעו אחריו נועד תפקיד אימוצה הגופני של האומה, שֶׁכלולה החומרי וקישורה אל אומות העולם. אכן, דווקא על־ידי יוסף מתגלֶה כי גם הגוף הישראלי, הפועל בַּחול, יונק מן הקודש, ולפיכך הוא ׳יוסף הצדיק׳ אשר ״שֵׁם שמים שָׁגור בפיו״.[5]

״וְזַרְעוֹ יִהְיֶה מְלֹא הַגּוֹיִם״ אמר יעקב על אפרים (בראשית מ״ח י״ט) – והלוא הוא יהושע בן נון מבית אפרים, הכובש אה הארץ ומנחילה לישראל בחוזק יד: ״חֲזַק וֶאֱמָץ, כִּי אַתָּה תַּנְחִיל אֶת הָעָם הַזֶּה אֶת הָאָרֶץ״ וגו׳ (יהושע א׳ ו׳).[6] ״וּמְשָׁרְתוֹ [של משה] יְהוֹשֻׁעַ בִּן נוּן, נַעַר, לֹא יָמִישׁ מִתּוֹךְ הָאֹהֶל״ (שמות ל״ג י״א) – והוא מְצֻוֶּה בייחוד: ״לֹא יָמוּשׁ סֵפֶר הַתּוֹרָה הַזֶּה מִפִּיךָ, וְהָגִיתָ בּוֹ יוֹמָם וָלַיְלָה״ (יהושע א׳ ח׳).

וכשנפרד זרע אפרים מן הקודש בימי ירבעם – כדברי אחיה השילוני: ״וְאֹתִי הִשְׁלַכְתָּ אַחֲרֵי גַוֶּךָ״ (מלכים־א׳ י״ד ט׳) – נִתגלגלו הדברים והתפתחה ״הנטיה של השיווי שיש בישראל לָעמים לצד הרוע והגֵרָעון, עד מידת ׳אֶפְרַיִם בָּעַמִּים הוּא יִתְבּוֹלָל, אֶפְרַיִם הָיָה עֻגָה בְּלִי הֲפוּכָה׳ (הושע ז׳ ח׳)״.[7]

---

5 בין מירכאות מצטט כאן חנן את פירוש רש״י לַכתוב (בבראשית ל״ט ג׳) על פוטיפר סריס פרעה, שר הטבחים, אשר קנה את יוסף מיד הישמעלים שֶׁהורידוהו מצריימה: ״׳וַיַּרְא אֲדֹנָיו כִּי ה׳ אִתּוֹ׳ – שֵׁם שמים שָׁגור בפיו״.

6 בַּטיוטה הראשונה ניסח חנן כך: ״כוחות האומץ והגבורה המעשית לכבוש את הארץ מתגלים בזרע יוסף. יהושע הוא המנהיג, וכָלֵב משבט יהודה עוזר על ידו״.

7 כל המשפט הזה – לרבות האמור בו לפני הציטוט – לקוח ממאמרו של הרב קוק ׳הַמספֵּד בירושלים׳. המאמר מובא **כנספח ו׳** לחלקו השני של הספר, וראה שם בַּפִּסקה הפותחת: ״אמנם, ׳עֲוֹנוֹתֵינוּ הִטּוּ אֵלֶּה׳״, להלן בעמ׳ 350.

- **לעומתו, שבט לוי הוא המגלם בהווייתו את הגילוי הרוחני המיוחד לכנסת ישראל,**

ולו נועד התפקיד להדריך את עם ישראל לייעודו האֱ־לֹהי ולגלות את מְאור הקודש בנשמתו. "יוֹרוּ מִשְׁפָּטֶיךָ לְיַעֲקֹב וְתוֹרָתְךָ לְיִשְׂרָאֵל, יָשִׂימוּ קְטוֹרָה בְּאַפֶּךָ וְכָלִיל עַל מִזְבְּחֶךָ" [דברים ל"ג י', בברכות הפרֵדה של משה]. "עַל כֵּן לֹא הָיָה לְלֵוִי חֵלֶק וְנַחֲלָה עִם אֶחָיו, ה' הוּא נַחֲלָתוֹ, כַּאֲשֶׁר דִּבֶּר ה' אֱ־לֹהֶיךָ לוֹ" (דברים י' ט').

ומכוח ייעוד זה לשְׁכלולה הרוחני של האומה, נִתגלו בשבט לוי שתי מידות גבוהות: מידת האהבה ומידת הקנאה. מידָתו של אהרון: "אוהב שלום ורודף שלום, אוהב את הבריות ומקרבן לַתורה".[8] ומידתו של פינחס־זה־אליהו[9] המקנא לֵא־לֹהיו: "קַנֹּא קִנֵּאתִי לַה' אֱ־לֹהֵי צְבָאוֹת, כִּי עָזְבוּ בְרִיתְךָ בְּנֵי יִשְׂרָאֵל" (מלכים־א' י"ט י'). גילויה של מידה זו עוד במשה, הקורא [לאחר חטא העגל, בשמות ל"ב כ"ו]: "מִי לַה' אֵלָי!", ויסודה בלוי גופו, המקנא [בשכֶם] קנאת הברית לדינה אחותו: "הַכְזוֹנָה יַעֲשֶׂה אֶת אֲחוֹתֵנוּ?" (בראשית ל"ד ל"א) – "שהיא השלילה הגדולה שהאומה שוללת כל עירוב זר" ('מוסר הקודש' עמ' שס"ד).[10] אלא

---

8 כך שנינו במסכת אבות (א' י"ב): "הלל אומר: הוי מתלמידיו של אהרון, אוהב שלום ורודף שלום, אוהב את הבריות ומקרבן לַתורה".

9 על קישור נִשמותיהם של פינחס ואליהו מדובר בתורת הסוד; אך נביא כאן את דרשת חז"ל במדרש 'ילקוט שמעוני' לפרשת בלק (תשע"א): "פינחס הוא אליהו. אמר לו הקב"ה [לפינחס]: אתה נתת שלום בין ישראל וביני בעולם הזה – [כַּכתוב בספר במדבר כ"ה י"ב: 'הִנְנִי נֹתֵן לוֹ אֶת בְּרִיתִי שָׁלוֹם'] – אף לעתיד לבוא אתה הוא שֶעתיד ליתן שלום ביני לבין בָּנַי, שנֶאמר: 'הִנֵּה אָנֹכִי שֹׁלֵחַ לָכֶם אֵת אֵלִיָּה הַנָּבִיא לִפְנֵי בּוֹא יוֹם ה' הַגָּדוֹל וְהַנּוֹרָא. וְהֵשִׁיב לֵב אָבוֹת עַל בָּנִים' וגו' (מלאכי ג' כ"ג-כ"ד)".

10 חנן מצטט מדברי הרב קוק ב'אורות הקודש', חלק ג': מוסר הקודש, עמ' שס"ד – ונוטל משם גם יסוד לדבריו בַּפסקה הבאה. הנה דבריו של הרב שם: "האהבה האֱ־להית, כשהיא באה למדרֵגתה העליונה, מתהפכת היא לתכונה של קנאת ה', במידָתה הטהורה. ... ופינחס־זה־אליהו, צִביונֵי הקנאה, ראש פִּסגת האהבה הפועלת. ובכללות כנסת ישראל שרויה היא

שֶׁבראשית דרכה היתה קנאתו של לוי מעורבת בזו של שמעון, ולאחר שנפרדה – ״אֲחַלְּקֵם בְּיַעֲקֹב וַאֲפִיצֵם בְּיִשְׂרָאֵל״ [בראשית מ״ט ז׳, בדברי יעקב על שמעון ולוי] – נִטהרה ונתעלתה בַּקודש. (הלוא דבר הוא, שֶׁשמעון ולוי – האחים המקנאים בצוותא בפרשת דינה – הם העומדים זה מול זה באותו נושא של זנוּת עם בנות נֵכָר, בפרשת זמרי אשר נהרג בידי פינחס).

הקנאה והאהבה שורשן אחד. ״האהבה האֱ־לֹהית, כשהיא באה למדרֵגתה העליונה, מתהפכת היא לתכונה של קנאת ה׳ במידָּתה הטהורה״ (׳מוסר הקודש׳ שם). ולפיכך, אליהו המקנא לה׳ בהוראת השעות[11] – הוא שֶׁלעתיד לבוא ישיב ״לֵב אָבוֹת עַל בָּנִים וְלֵב בָּנִים עַל אֲבוֹתָם״ (מלאכי ג׳ כ״ד), והוא אשר יבוא מכוח גילויו הרוחני הנפלא ״להחיש ישועה ולהיעשות בסיס לצֶמַח ה׳, עריכת נר לבן ישַׁי מְשיח ה׳, רוח אפֵּינו, אשר בוא יבואו אלינו שניהם יחד – אליהו הנביא עם משיח בן דָּוִד״ (׳מוסר הקודש׳ עמ׳ שס״א).

מערכת היחסים המיוחדת שבין יוסף – אשר נועד לאימוצה הגופני של האומה – לבין מטה לוי אשר נועד לשכלולה הרוחני, מִתגלָּה ומתבלטת בַּקשר הנפלא שבין משה מבית לוי לבין יהושע מזרע אפרים.

מצד אחד – שתי רָשויות הן ״ואין מלכות אחת נוגעת בחברתה כמלוא הנימה״.[12] משה מוציא ויהושע מכניס. כדי להוציא את בני ישראל מִמ״ט [=ארבעים ותשעה] שערי טומאה של מצרים, יש צורך בשליחותו הרוחנית האדירה של משה ובתורת־משה: ״בְּהוֹצִיאֲךָ אֶת

---

נפשו של אליהו ואומץ חֵילו דְפינחס קַנְאָה [=הקנאי], שהיא השלילה הגדולה שֶׁהאומה שוללת כל עירוב זר, ואליהו הוא מלאך הברית״.

11 את חמש המילים האחרונות שאב חנן מקטע אחר של הרב קוק, בחלק ב׳ של ׳אורות הקודש׳, עמ׳ רפ״ג: ״זכותו של פינחס־זה־אליהו, המקנא לה׳ בהוראות השעות, ומלאך הברית אשר אנו חפצים שֶׁבוא יבוא, והוא ׳כְּאֵשׁ מְצָרֵף וּכְבֹרִית מְכַבְּסִים׳ [מלאכי ג׳ ב׳, וגם פסוק א׳ משולב בַּדברים]״.

12 אלה דברי רש״י במסכת סוטה דף י״ג עמוד ב׳, על דחיית תחנוניו של משה להיכנס אל הארץ: ״הגיע מלכותו של יהושע, ואין לך מלכות נוגעת בחברתה״.

הָעָם מִמִּצְרַיִם תַּעַבְדוּן אֶת הָאֱלֹהִים עַל הָהָר הַזֶּה" (שמות ג' י"ב) – (ולפיכך בני אפרים המתפרצים לצאת ממצרים, ללא הגילוי הרוחני של משה, נכשלים ונהרגים כַּמבואר ב'דברי הימים')[13] – ואילו כדי להכניס לָארץ יש צורך דווקא בכוחו של יהושע, אשר "קַרְנֵי רְאֵם קְרָנָיו, בָּהֶם עַמִּים יְנַגַּח, יַחְדָּו אַפְסֵי אָרֶץ" וגו' [דברים ל"ג י"ז, בברכת משה ליוסף].

ומצד שני – יונקים הם זה מזה "ומקבלין דֵין מן דֵין". משה הוא הסומך את יהושע ונותן מהודוֹ עליו (במדבר כ"ז י"ח-כ'), "פני משה כפני חמה ופני יהושע כפני לבנה" המקבלת את אורה מן החמה ['סִפרֵי' לפרשת פינחס ק"מ, המוסב על הפסוקים הנ"ל]. ואילו יהושע, הוא המבסס ומעמיד רגליו של משה במלחמת עמלק. ואכן, במלחמה זו מתגלֶה השילוב שבין גבורתו של יהושע ותפילתו של משה: "וַיֹּאמֶר מֹשֶׁה אֶל יְהוֹשֻׁעַ: בְּחַר לָנוּ אֲנָשִׁים וְצֵא הִלָּחֵם בַּעֲמָלֵק", ומשה "נִצָּב עַל רֹאשׁ הַגִּבְעָה ... וַיְהִי יָדָיו אֱמוּנָה" (שמות י"ז ט'-י"ב).

וזהו סוד: "וַיִּקַּח מֹשֶׁה אֶת עַצְמוֹת יוֹסֵף עִמּוֹ" (שמות י"ג י"ט); "'עִמּוֹ'- במחיצתו" (מסכת פסחים דף ס"ז עמ' א'); לא רק לכבודו של יוסף אלא לאימוצו של משה, ואין כאן המקום להאריך בזה.

## • שבט יהודה הוכן מראש ומֻקְדָּם למלוך על ישראל.

"לֹא יָסוּר שֵׁבֶט מִיהוּדָה וּמְחֹקֵק מִבֵּין רַגְלָיו" [בראשית מ"ט י', בברכת יעקב] – ובייחוד בדָוִד בן ישי, מְשיח ה' – נכללים כבר שני הכוחות כאחד, כוחות הגוף והרוח, כפי שביארנו לעיל, ואף-על-פי-כן זקוק

13 כך נֶאמר בדברי הימים-א' ז' כ'-כ"ב: "וּבְנֵי אֶפְרָיִם: ... וְזָבָד בְּנוֹ, וְשׁוּתֶלַח בְּנוֹ, וְעֵזֶר וְאֶלְעָד, וַהֲרָגוּם אַנְשֵׁי גַת הַנּוֹלָדִים בָּאָרֶץ כִּי יָרְדוּ לָקַחַת אֶת מִקְנֵיהֶם. וַיִּתְאַבֵּל אֶפְרַיִם אֲבִיהֶם יָמִים רַבִּים, וַיָּבֹאוּ אֶחָיו לְנַחֲמוֹ". וב'מכילתא דרבי ישמעאל' (בשלח) נתנו טעם למפלתם של בני אפרים שהתפרצו לצאת ממצרים: "שלא שמרו ברית אֱ-לֹהים ובתורתו מֵאֲנו ללכת, עברו על הקץ ועל השבועה".

הוא כל העת להיות מקושר לשורשיהם של כוחות אלה, אשר נִתגלו בייחודם בבית יוסף ובבית לוי.

קשריו של דָוִד עם בית לוי הריהם גלויים ומפורשים בַּמקרא בכמה אנפין (בעיקר בדברי הימים),[14] ויסודם בקישורו של דָוִד לשמואל, המקביל עד מאד לַקשר שבין משה ליהושע. ״מֹשֶׁה וְאַהֲרֹן בְּכֹהֲנָיו, וּשְׁמוּאֵל בְּקֹרְאֵי שְׁמוֹ״ (תהִלים צ״ט ו׳).

שמואל הוא המושח את דָוִד למלך, והוא המחנכוֹ לנבואה (שמואל־א׳ י״ט). יחדיו הם יושבים בנָיוֹת בָּרמה לגלות את מקום המקדש, מקום נוֹיוֹ של עולם (כַּמסופר במסכת זבחים דף נ״ד עמ׳ ב׳). יחדיו מבררים הם את משמרות הכהונה והלוִיָה, ומכינים את השוערים והמשוררים לַמקדש העתיד להיבָּנות, ״הֵמָּה יִסַּד דָּוִיד וּשְׁמוּאֵל הָרֹאֶה בֶּאֱמוּנָתָם״ (דברי הימים־א׳ ט׳ כ״ב).

ודאי, מִשמואל הלוי אשר נִתגדל במשכן ה׳ בשילה – ובני בניו היו משוררים בַּמקדש[15] – ינק דָוִד בְּנָיוֹת בָּרמה את הכיסופים לבניין הבית: ״אֲשֶׁר נִשְׁבַּע לַה׳, נָדַר לַאֲבִיר יַעֲקֹב: אִם אָבֹא בְּאֹהֶל בֵּיתִי, אִם אֶעֱלֶה עַל עֶרֶשׂ יְצוּעָי. אִם אֶתֵּן שְׁנַת לְעֵינָי, לְעַפְעַפַּי תְּנוּמָה. עַד אֶמְצָא מָקוֹם לַה׳, מִשְׁכָּנוֹת לַאֲבִיר יַעֲקֹב״ (תהִלים קל״ב ב׳-ה׳).

14 רבות מסופר ב׳דברי הימים׳ על דָוִד והלויים – בהעלאת הארון לירושלים, בחלוקת הלויים למִשמרותיהם על־ידי דָוִד, ועוד. כאן נביא פסוקים מימי חזקיהו (דברי הימים־ב׳ כ״ט כ״ה-ל׳), בהם מורגש מִפעלו של דָוִד בקרב הלוויים, דורות רבים אחרי מותו: ״וַיַּעֲמֵד [חזקיהו] אֶת הַלְוִיִּם בֵּית ה׳ בִּמְצִלְתַּיִם בִּנְבָלִים וּבְכִנֹּרוֹת, בְּמִצְוַת דָּוִיד וְגָד חֹזֵה הַמֶּלֶךְ וְנָתָן הַנָּבִיא ... וַיַּעַמְדוּ הַלְוִיִּם בִּכְלֵי דָוִיד, וְהַכֹּהֲנִים בַּחֲצֹצְרוֹת. ... וּבְעֵת הֵחֵל הָעוֹלָה הֵחֵל שִׁיר ה׳, וְהַחֲצֹצְרוֹת וְעַל יְדֵי כְּלֵי דָּוִיד מֶלֶךְ יִשְׂרָאֵל. ... וַיֹּאמֶר יְחִזְקִיָּהוּ הַמֶּלֶךְ וְהַשָּׂרִים לַלְוִיִּם לְהַלֵּל לַה׳ בְּדִבְרֵי דָוִיד וְאָסָף הַחֹזֶה, וַיְהַלְלוּ עַד לְשִׂמְחָה, וַיִּקְּדוּ וַיִּשְׁתַּחֲוּוּ״.

15 ייחוסו של שמואל הנביא לקורח כתוב בדברי הימים־א׳ ו׳ י״ח-כ״ג, ובני קורח משוררים היו, והעמידו אחד־עשר פרקי תהִלים. הנה שושלת הייחוס בדילוגין: ״וְאֵלֶּה הָעֹמְדִים וּבְנֵיהֶם מִבְּנֵי הַקְּהָתִי: הֵימָן הַמְשׁוֹרֵר בֶּן יוֹאֵל בֶּן שְׁמוּאֵל. בֶּן אֶלְקָנָה בֶּן יְרֹחָם ... בֶּן אֶבְיָסָף בֶּן קֹרַח. בֶּן יִצְהָר בֶּן קְהָת בֶּן לֵוִי בֶּן יִשְׂרָאֵל״.

ברם, הקשר שבין דָוִד לבית יוסף הריהו סבוך ומורכב מאד, ובו יש להעמיק להתבונן, מתוך מגמה פנימית להבנת היחס הנכון בין משיח ראשון למשיח אחרון.

אכן, כבר לבועז – סבו הזקן של דָוִד – אומרים "כָּל הָעָם אֲשֶׁר בַּשַּׁעַר, וְהַזְּקֵנִים: עֵדִים! – יִתֵּן ה׳ אֶת הָאִשָּׁה הַבָּאָה אֶל בֵּיתֶךָ כְּרָחֵל וּכְלֵאָה אֲשֶׁר בָּנוּ שְׁתֵּיהֶם אֶת בֵּית יִשְׂרָאֵל" (רות ד׳ י"א).

הלוא דבר הוא: בועז – מצאצאי יהודה מבית לאה. ובית לחם – עיר ביהודה. ועם זאת, מקופלת בבִרכת העם, ובַתפילה לַזיווג, סגולתה של רחל יחד עם סגולת לאה, לבניין מלכות בית דָוִד. וב׳ילקוט שמעוני׳ למגילת רות (תר"ו) עוד חידדו ואמרו: "׳כְּרָחֵל וּכְלֵאָה׳ – לא הווה צריך קרא לְמֵימר אלא ׳כלאה וכרחל׳, אלא אף־על־פי שֶׁיצא בועז וכל סנהדרין שלו מִלאה, היו מודים שעיקר הבית היתה רחל, שלא נִשתעבד יעקב בבית לבן אלא בשביל רחל".

ובאמת, בית לחם יהודה – עיר הולדת דָוִד – היא גם מקום קבורתה של רחל, זו רחל אשר עוד בנעוריה־בית־אביה מסרה, לדברי המדרש, את כל עתידה ללאה אחותה, במוסרה לה את ׳הסימנים׳ ערב חופתה; היא רחל ה"מְבַכָּה עַל בָּנֶיהָ", וממקום קבורתה מבקשת היא רחמים על בני לאה, מְמָאֶנֶת להינחם עד אשר משיב לה הקב"ה: "וְשָׁבוּ בָנִים לִגְבוּלָם" (ירמיהו ל"א י"ד-ט"ז).

הנה כי כן: המון רחמי רחל מקיפים גם את בית יהודה, ולפיכך זוכה היא להִתברך כי גם לה חלק ונחלה בבן ישַי, "כְּרָחֵל וּכְלֵאָה אֲשֶׁר בָּנוּ שְׁתֵּיהֶם אֶת בֵּית יִשְׂרָאֵל". (וזהו פשר נבואת מיכה בפרק ה׳ א׳-ב׳, עיין שם).[16]

אך עם זאת, מַגָּעוֹ של דָוִד עם זרעה של רחל איננו מתגלה בפועל בקשר ישיר עם בית יוסף, אלא דווקא דרך בנימין אחי יוסף – ונקודה זו ראויה להארה מיוחדת, מתוך הבנת מקומו של שבט בנימין במסכת המלכות והגאולה.

---

16 נביא כאן את הפסוקים, ללא פרשנות: "וְאַתָּה בֵּית לֶחֶם אֶפְרָתָה, צָעִיר לִהְיוֹת בְּאַלְפֵי יְהוּדָה, מִמְּךָ לִי יֵצֵא לִהְיוֹת מוֹשֵׁל בְּיִשְׂרָאֵל, וּמוֹצָאֹתָיו מִקֶּדֶם מִימֵי עוֹלָם. לָכֵן יִתְּנֵם עַד עֵת יוֹלֵדָה יָלָדָה, וְיֶתֶר אֶחָיו יְשׁוּבוּן עַל בְּנֵי יִשְׂרָאֵל".

- **בנימין הוא החוליה המקשרת בין יוסף ליהודה,**

ובו טמון המפתח ליכולת החיבור ביניהם.[17] כי הנה בנימין אחי יוסף לְרֶחֶם הוא, ורחמי יוסף עליו כרחמי אב על בנים, ועל כן דְברוֹ אליו (בבראשית מ״ג כ״ט): ״אֱ-לֹהִים יָחְנְךָ בְּנִי״.

גם שמותיהם כלולים זה בזה: בשמו של יוסף גנוזה הציפיה לבנימין: ״לֵאמֹר: יֹסֵף ה׳ לִי בֵּן אַחֵר״ (בראשית ל׳ כ״ד), ובמקביל – עשרת בני בנימין על־שם יוסף הם נקראים (מסכת סוטה דף ל״ו עמ׳ ב׳). בהמשך דרכם כבר צועדים הם זה לצד זה ברוח מערבית בדִגלֵי המדבר (במדבר ב׳ י״ח-כ״ד), והם הראשונים מבין השבטים המִתערבים זה בזה בשילה, לאחר מעשה פילגש בַּגבעה, ב״יום שהותרו שבטים לבוא זה בזה״ (מסכת תענית דף ל׳ עמ׳ ב׳, ודוק).[18] ואולם, מאידך גיסא, אף הקשר בין בנימין לבין יהודה איננו פחות איתן ועמוק, כלהלן.

17 נקודה זו של החיבור בין יוסף לבין יהודה על־ידי בנימין – כמו־גם היותו מחבר בין משיח בן יוסף לבין משיח בן דָוִד – היתה נקודה מהותית ביותר בהגותו ובלימודו של חנן. בשנים מאוחרות יותר הוא גילה את איגרתו של הרמח״ל אשר בה הוא כותב זאת, וכך זכה חנן לחיזוק אשר הפעים את נפשו מן העומק. בחלקו השלישי של הספר הוא לימד בהרחבה את איגרתו זו של רמח״ל – וראה זאת להלן בעמ׳ 411 ואילך. גם **בנספח ב׳** לַחלק השלישי – ׳סודו של בנימין׳ – מתייחס חנן לַנושא דנן, ראה בעמ׳ 517; וגם **נספח י״א** לחלקו השני של הספר – ׳על מה ולמה גַיא בן אָצַל?׳ – שייך לעניין זה, ראה שם בייחוד בעמ׳ 383.
הרב יהודא ליאון אשכנזי, המכוּנֶה ׳מַניטוּ׳ – השקיף במבט אחר על שבט בנימין בהקשר זה. ראה להלן **בנספח ד׳** לַחלק השני, בפתיחת הדברים ובַציטוט מדברי הרב (בעמודים 329 וְ־336).

18 אל־נכון, מכוון חנן לכך שהגמרא מנמקת שם את היתר הנישואין בין השבטים בכך שהאיסור על בנות צלפחד – לְמַטֶה מנשה בן יוסף – להינשא לבני שבט אחר, היה איסור זמני ונהג רק בבני דור המדבר אשר נחלו בָּארץ. מכאן משמע שֶׁההיתר להינשא בין השבטים מתייחס בָּראש ובָראשונה לבני יוסף ובנימין, ומיד ממשיכה הגמרא ואומרת שֶׁבו־בַּיום – הוא יום ט״ו באב – ״הותר שבט בנימין לבוא בַּקהל״.

יהודה, אשר חיבורו עם יוסף לא עלה יפה בראשית דרכו, וכישלונו במכירת יוסף גרם לפירוד בבית יעקב ולירידתו־שלו מִגדלותו כמנהיג אֶחָיו, "וַיֵּרֶד יְהוּדָה מֵאֵת אֶחָיו" (בראשית ל"ח א'), הוא אשר שב בתשובה באותו עניין עצמו, במוסרו את נפשו על בנימין אחי יוסף הקטן. וכֹה נִפְלְאו דבריו באהבתו אותו כנפשו: "כִּי עַבְדְּךָ עָרַב אֶת הַנַּעַר מֵעִם אָבִי לֵאמֹר: אִם לֹא אֲבִיאֶנּוּ אֵלֶיךָ וְחָטָאתִי לְאָבִי כָּל הַיָּמִים. וְעַתָּה יֵשֶׁב נָא עַבְדְּךָ תַּחַת הַנַּעַר עֶבֶד לַאדֹנִי, וְהַנַּעַר יַעַל עִם אֶחָיו. כִּי אֵיךְ אֶעֱלֶה אֶל אָבִי וְהַנַּעַר אֵינֶנּוּ אִתִּי, פֶּן אֶרְאֶה בָרָע אֲשֶׁר יִמְצָא אֶת אָבִי" (בראשית מ"ד ל"ב-ל"ד).

ומכאן ואילך קשרו יהודה ובנימין את גורלם זה בזה, נחלותיהם בארץ ישראל סמוכות זו לזו, ובמקום המקדש בירושלים נושקים הם זה לזה. "לְבִנְיָמִן אָמַר: יְדִיד ה', יִשְׁכֹּן לָבֶטַח עָלָיו, חֹפֵף עָלָיו כָּל הַיּוֹם, וּבֵין כְּתֵפָיו שָׁכֵן" [דברים ל"ג י"ב, בברכות משה], ועיין במסכת יומא דף י"ב עמ' א'.[19] ובמדרש 'ספרי' לפסוק זה (שנ"ב) דרשו חז"ל: "יבוא ידיד בן ידיד, ויבנה בֵּית־ידיד לְידיד. יבואו ישראל שנקראו ידידים, בני אברהם שנקרא ידיד, ויבנו בית המקדש שנקרא ידיד, בחלק בנימין שנקרא ידיד, לְהַקדוש־ברוך־הוא שנקרא ידיד".[20]

---

19 הגמרא מתארת שם את קו הגבול בין יהודה ובנימין, המתפתל על גבי הר הבית כלהלן: "מה היה בחלקו של יהודה? הר הבית, הלשכות והעזָרות. ומה היה בחלקו של בנימין? אולם, והיכל, ובית קודשי הקודשים. ורצועה היתה יוצאה מחלקו של יהודה ונכנסת לחלקו של בנימין, ובה היה מזבח בנוי, ובנימין הצדיק היה מצטער עליה לבלעה בכל יום, שנֶאמר: 'חֹפֵף עָלָיו כָּל הַיּוֹם'. לפיכך זכה בנימין הצדיק ונעשה אושפיזכן לַגבורה, שנֶאמר: 'וּבֵין כְּתֵפָיו שָׁכֵן'".

20 ולפני השורות שציטט חנן, מקדים ה'ספרי' ונותן אסמכתאות ידידוּת לכולם, כלהלן: "ששה הם נקראו ידידים: הקב"ה נקרא ידיד, שנֶאמר (בישעיהו ה' א'): 'אָשִׁירָה נָּא לִידִידִי שִׁירַת דּוֹדִי לְכַרְמוֹ'. אברהם נקרא ידיד, שנֶאמר (בירמיהו י"א ט"ו): 'מֶה לִידִידִי בְּבֵיתִי'. בנימין נקרא ידיד, שנֶאמר (בדברים ל"ג י"ב): 'לְבִנְיָמִן אָמַר: יְדִיד ה''. שלמה נקרא ידיד, שנֶאמר (בשמואל־ב' י"ב כ"ה): 'וַיִּשְׁלַח בְּיַד נָתָן הַנָּבִיא וַיִּקְרָא אֶת שְׁמוֹ יְדִידְיָהּ'. ישראל נקראו ידידים, שנֶאמר (בירמיהו י"ב ז'): 'נָתַתִּי אֶת יְדִדוּת

ואף בשעה שנפרדה מלכות ישראל ממלכות יהודה, המשיך שבט בנימין לדבוק בשבט יהודה ובמלכות בית דָוִד. עִמו גלה בָּבֶלָה, עִמו שב בימי שיבת ציון, ונפשו קשורה בנפשו עד עצם היום הזה.

תמצית סגולתו של יוסף מתבררת אפוא ומאירה בבנימין (לטָב ולמוטָב) – ונקשרת דרכו ליהודה, קשר בל יינתק.

לאור זאת יש להעמיק ולהתבונן במהלך הִתבררות המלכות בישראל הנמסרת (על־ידי משה מבית לוי, שהוא שורש כל אופני ההנהגה בישראל) **ליהושע, מזרע אפרים**, נמשכת (על־ידי שמואל מבית לוי) **לשאול, מזרע בנימין**, ונשלמת (על־ידי שמואל) **בדָוִד, מזרע יהודה**, עד **משיח בן דָוִד** (אשר אליהו הנביא לבית לוי מבשר את בואו).[21] במיוחד יש להתבונן, לענייננו, באותה מלכות־שעה של שאול – אשר ודאי לא היתה "כִּשְׁגָגָה שֶׁיֹּצָא מִלִּפְנֵי הַשַּׁלִּיט" – ולה נועד תפקיד **לכתחילה** כדברי שמואל, המעיד בשאול שֶאילו לא חטא: "כִּי עַתָּה הֵכִין ה' אֶת מַמְלַכְתְּךָ אֶל יִשְׂרָאֵל **עַד עוֹלָם**" (שמואל־א' י"ג י"ג).[22]

ובאמת, רואים אנו כי גם בכיבושה של ארץ ישראל פותח יהושע, ממשיך שאול (שמואל־א' י"ד מ"ז-מ"ח), ומשלים דָוִד (שמואל־ב' ח' א'-ח').[23] ועוד זאת נקודה עיקרית: בכל שלוש המִצוות שֶנִצטַוּו ישראל שעה שנכנסו לָארץ – "להעמיד להם מלך, ולהכרית זרעו של עמלק,

---

נַפְשִׁי'. בית המקדש נקרא ידיד, שנֶאמר (בתהִלים פ"ד ב'): 'מַה יְּדִידוֹת מִשְׁכְּנוֹתֶיךָ'".

21 ההנחה שאליהו הוא מבית לוי מסתברת לאור קישור נִשמתו עם נִשמת פינחס, כפי שראינו לעיל. ובכל זאת, לעניין ייחוסו של אליהו הנביא, ראה בחלקו השלישי של הספר, בסעיף השני של הערה 9, להלן בעמ' 413.

22 לנקודה זו ישוב חנן להלן בסמוך ויוסיף בה ביאור, מתוך הבנת תכליתה של הברית בין יהונתן ודָוִד.

23 כך קוראים אנו על כיבושי שאול: הוא "לָכַד הַמְּלוּכָה עַל יִשְׂרָאֵל, וַיִּלָּחֶם סָבִיב בְּכָל אֹיְבָיו: בְּמוֹאָב וּבִבְנֵי עַמּוֹן וּבֶאֱדוֹם וּבְמַלְכֵי צוֹבָה וּבַפְּלִשְׁתִּים ... וַיַּעַשׂ חָיִל וַיַּךְ אֶת עֲמָלֵק, וַיַּצֵּל אֶת יִשְׂרָאֵל מִיַּד שֹׁסֵהוּ".

וכך קוראים אנו על כיבושי דָוִד: הוא היכה את פלשתים וַיכניעֵם, "וַיַּךְ אֶת מוֹאָב וַיְמַדְּדֵם בַּחֶבֶל", היכה את הֲדַדְעֶזֶר מלך צובה, גם את צבא ארם

ולבנות להם בית הבחירה" (מסכת סנהדרין דף כ׳ עמ׳ ב׳), **אשר הן מצוות היסוד של כלל ישראל – בכולן משמשים בזה אחר זה אפרים, בנימין, ויהודה.**

כך ראינו עתה לגבי העמדת המלך גופה – יהושע, שאול, ודָוִד – וכך גם בהכרתת זרעו של עמלק:

פותח בַּמִצְוָה יהושע: "בְּחַר לָנוּ אֲנָשִׁים וְצֵא הִלָּחֵם בַּעֲמָלֵק" (שמות י"ז ט׳); ממשיך שאול: "עַתָּה לֵךְ וְהִכִּיתָה אֶת עֲמָלֵק" (שמואל-א׳ ט"ו ג׳) – (וכבר נִתנבאה על כך דבורה הנביאה בשירָתה (בשופטים ה׳ י"ד) ואמרה: "מִנִּי אֶפְרַיִם שָׁרְשָׁם בַּעֲמָלֵק אַחֲרֶיךָ בִנְיָמִין בַּעֲמָמֶיךָ") – ומשלים דָוִד: "וְהִכָּה דָוִד אֶת הָאָרֶץ, וְלֹא יְחַיֶּה אִישׁ וְאִשָּׁה" (שמואל-א׳ כ"ז ט׳), וראה שם שכלפי עמלק הדברים אמורים.

וכן הוא הסֵדֶר גם בבניין בית הבחירה: תחילה ניצב המִשכָּן בשילֹה אשר בנחלת יוסף, "אֹהֶל שִׁכֵּן בָּאָדָם" (תהִלים ע"ח ס׳), ושם היתה בחינת 'מְנוּחָה' (מסכת זבחים דף קי"ט עמ׳ א׳);[24] אך היתה זו 'מְנוּחָה' בלבד, ועוד נִתגלגלה השכינה דרך נוב וגִבעון אשר בנחלת בנימין, עד שבאה אל בחינת 'הַנַּחֲלָה' בבית-עולמים בירושלים, ובו נִזדווגו יהודה ובנימין, כאמור לעיל.

אכן, כך ודווקא כך הוא התהליך **לכתחילה** – בירור אחר בירור, צירוף אחר צירוף, "עַד אֶמְצָא מָקוֹם לַה׳, מִשְׁכָּנוֹת לַאֲבִיר יַעֲקֹב". (תהִלים קל"ב ה׳).[25]

---

דמשק אשר בא לעזרת הֲדַדְעֶזֶר, "וַתְּהִי אֲרָם לְדָוִד לַעֲבָדִים נוֹשְׂאֵי מִנְחָה וַיֹּשַׁע ה׳ אֶת דָּוִד בְּכֹל אֲשֶׁר הָלָךְ".

24 כאשר הילכו בני ישראל בַּמדבר, בטרם נכנסו ארצה, נאמר להם: "כִּי לֹא בָאתֶם עַד עָתָּה אֶל הַמְּנוּחָה וְאֶל הַנַּחֲלָה" (דברים י"ב ט׳); ובמסכת זבחים (שם) דרשו כי 'מְנוּחָה' זו שילה, ו'נַּחֲלָה' זו ירושלים (כאמור מיד להלן).

25 **א.** בַּטיוטה הראשונה כתב כאן חנן משפט מסכם לעניינן של שלוש המצוות הממלכתיות: "נמצא שֶׁמהלכן של מצוות אלה בנוי נִדבך על נִדבך, 'כְּמִגְדַּל דָּוִיד צַוָּארֵךְ בָּנוּי לְתַלְפִּיּוֹת' (שיר השירים ד׳ ד׳), ובתוך כל אחת מהן: חוליות חוליות [= אפרים, בנימין ויהודה], המשלימות זו את זו".

## סודה של אהבת דָוִד ויהונתן

והנה, עתה סלולה הדרך לגילוי הקשר בין דָוִד לבין זרע רחל – ובזאת נבוא בסוד אהבת דָוִד ויהונתן אשר ׳אֵין עַל עָפָר מָשְׁלָה׳,[26] ״כִּי אַהֲבַת נַפְשׁוֹ אֲהֵבוֹ״ (שמואל-א׳ כ׳ י״ז).[27]

### כישלון הקשר עם שאול ובנותיו

אכן, סבוך היה הקשר בין דָוִד לבית שאול – ולא עלה, אלא בייסורים גדולים.

החיבור לשאול גופו לא הצליח, אף־על־פי שֶׁכֹּה נִזקקו לו שניהם, ובעיקר שאול, שכן הקנאה קלקלה את השורה, ושְׁאֵלַת ׳מי בָּראש׳ ניקרה כבר אז והביאה ״רוּחַ רָעָה״.

גם הזיווג בין דָוִד לבין בנות שאול – מֵרַב ומיכל – לא עלה יפה. עם מֵרַב, כי נעשָׂה בלב וָלב: ״וַיְהִי בְּעֵת תֵּת אֶת מֵרַב בַּת שָׁאוּל לְדָוִד, וְהִיא נִתְּנָה לְעַדְרִיאֵל הַמְּחֹלָתִי לְאִשָּׁה״ (שמואל-א׳ י״ח י״ט); ועם מיכל – אף־על־פי שהכתוב מעיד: ״וַתֶּאֱהַב מִיכַל בַּת שָׁאוּל אֶת דָּוִד״ (שם בפסוק כ׳) – הנה לא זכתה מיכל הגְאֵיוֹנָה לבוא בסוד הזיווג הנפלא

---

ב. המשפט האחרון מתייחס אמנם לבירור מקום המקדש, אך בהרחבה ניתן לראות בו משפט מסכם – לאחר הבירורים על ארבעת השבטים ועל שלוש המצוות – כי בו באה למיצוי התשובה לַשאלה שהציב חנן בפתיחת העיון. השאלה היתה, כזכור, שֶ״אם מקפלת בתוכה מלכות בית דָוִד באופן אורגני את שני הכוחות – מה צורך יש **לכתחילה** בבית יוסף ובמשיח בן יוסף?״. השלמתה של התשובה תינתן מיד להלן, בבירור מהותה של הברית בין דָוִד ליהונתן.

26 חנן עושה כאן שימוש בלשון הכתוב באיוב מ״א כ״ה, תוך הסבה מלשון זכר ללשון נקבה.

27 בחלקו השלישי של הספר ירחיב חנן בַּניתוח ובַלימוד של האהבה הזאת, ובְמשמעויות־הגאולה שהיא מקרינה לעתיד. ראה זאת להלן בעמ׳ 419 ואילך.

עם דָוִד ה"מְכַרְכֵּר בְּכָל עֹז לִפְנֵי ה'", בהביאוֹ את ארון הברית לירושלים (שמואל־ב' ו' י"ד).

מתוך הֶמיית רוח נפלאה ונוראה התנשא אז דָוִד, הֶמיה המרוממת ומטהרת את הבשר כדרך ש'הארון נושא נושאיו'.[28] ולא ידעה מיכל כי אין דָוִד כשאול אביה, ורוח הקודש המפעמת בו אינה מביאה לנפילה והִתערטלות, כאצל שאול. כאשר רדף שאול אחרי דָוִד נֶאמר (בשמואל־א' י"ט כ"ג-כ"ד): "וַיֵּלֶךְ הָלוֹךְ וַיִּתְנַבֵּא עַד בֹּאוֹ בְּנָיוֹת בָּרָמָה. וַיִּפְשַׁט גַּם הוּא בְּגָדָיו וַיִּתְנַבֵּא גַם הוּא לִפְנֵי שְׁמוּאֵל, וַיִּפֹּל עָרֹם כָּל הַיּוֹם הַהוּא וְכָל הַלָּיְלָה". ולעומתו דוד – אדרבה – רוח הקודש מלבישתו עוז וגבורה, כהונה ומלכות: "וְדָוִד מְכַרְכֵּר בְּכָל עֹז לִפְנֵי ה', וְדָוִד חָגוּר אֵפוֹד בָּד" (שמואל־ב' ו' י"ד). אבל מיכל לא הבינה זאת, "וַתִּבֶז לוֹ בְּלִבָּהּ" (שמואל־ב' ו' ט"ז), על כן נתקיים בה "הַבּוּז לַגְּאֵיוֹנִים" (תהִלים קכ"ג ד'),[29] וזיווגה עם דָוִד לא נשא פרי, לא הביא לַחיבור הנִכסף בין מלכות בית שאול ומלכות בית דָוִד – "וּלְמִיכַל בַּת שָׁאוּל לֹא הָיָה לָהּ יָלֶד עַד יוֹם מוֹתָהּ" (שמואל־ב' ו' כ"ג).

## נִפְלְאַתָה אַהֲבָתְךָ לִי מֵאַהֲבַת נָשִׁים

כל אשר לא בא לידי ביטוי בַּקשר בין דָוִד ומיכל – נִתגלה באהבת דָוִד ויהונתן, ועל כך העיד דָוִד בקינָתו (בשמואל־ב' א' כ"ו): "נִפְלְאַתָה אַהֲבָתְךָ לִי מֵאַהֲבַת נָשִׁים".

---

28 מעניין לציין שֶבמסכת סוטה (דף ל"ה עמ' א') נֶאמר כי אי המודעות לָעיקרון הזה – שֶהארון נושא את נושאיו – היא שגרמה לָאסון בניסיונו הראשון של דָוִד להעלות את הארון לירושלים. הנה זו לשון הגמרא: "ועל דבר זה נענש עוזא, שֶנאמר: 'וַיָּבֹאוּ עַד גֹּרֶן כִּידֹן, וַיִּשְׁלַח עֻזָּא אֶת יָדוֹ לֶאֱחֹז אֶת הָאָרוֹן' (דברי הימים־א' י"ג ט'). אמר לו הקב"ה: עוזא! נושאיו נָשָׂא [הארון], עצמו לא כל שכן! – 'וַיִּחַר אַף ה' בְּעֻזָּה, וַיַּכֵּהוּ שָׁם הָאֱ־לֹהִים עַל הַשַּׁל וַיָּמֹת' וגו' (שמואל־ב' ו' ז')".

29 לעניות כוח עיוני, הקישור הנערך כאן בין בוז לְבוז, גאווה לְגאווה, הינו דרָש מקורי של חנן.

האהבה הזאת – כדברי חז״ל במסכת אבות (ה׳ ט״ז) – היתה ״אהבה שאינה תלויה בדבר״. אשר על כן, היא נבעה במישרין, כְּאהבה להשם-יתברך, ״מצד עצם מעלת הנפש לאהוב את הטוב הגמור; ואהבה זאת היא עיקר האהבה, ויקרה מכל האהבה הנִקלטת מבחינת המציאות״ – כדברי הרב קוק ב׳עולת ראיה׳ (בַּהקדמה לשיר-השירים) – ועל כן אין היא בטֵלה לעולם.

ומכוח אהבה זו הלוא נכרתה ברית ביניהם: ״וַיִּכְרֹת יְהוֹנָתָן וְדָוִד בְּרִית, בְּאַהֲבָתוֹ אֹתוֹ כְּנַפְשׁוֹ״ (שמואל-א׳ י״ח ג׳); ושבועת עולמים נשבעו שניהם זה לזה: ״וַיֹּאמֶר יְהוֹנָתָן לְדָוִד: לֵךְ לְשָׁלוֹם, אֲשֶׁר נִשְׁבַּעְנוּ שְׁנֵינוּ אֲנַחְנוּ בְּשֵׁם ה׳ לֵאמֹר: ה׳ יִהְיֶה בֵּינִי וּבֵינֶךָ, וּבֵין זַרְעִי וּבֵין זַרְעֲךָ, עַד עוֹלָם״ (שמואל-א׳ כ׳ מ״ב).

אמנם, עדיין יש לדייק היטב, ולהבין בבירור, מה טיבה של הברית אשר ביניהם, ומהי – בְּיֶתֶר-פירוט – התמונה האידיאלית של מלכות ישראל אשר נחתמה בברית זו. ובשולי הבירור הזה יש עוד להאיר מה פשר דברי שמואל (שֶׁראינו לעיל), אשר צייר בפני שאול מציאות אפשרית, אלמלא חָטָא, ולפיהָ ״הֵכִין ה׳ אֶת מַמְלַכְתְּךָ אֶל יִשְׂרָאֵל עַד עוֹלָם״ (שמואל-א׳ י״ג י״ג). כי הרי תמוה הדבר, מה יהא אז על צוואתו של זקן (בבראשית מ״ט י׳): ״לֹא יָסוּר שֵׁבֶט מִיהוּדָה״? ומה יהא על מלכות בית דָוִד?

והנה, יהונתן גופו מבהיר את הדברים בפגישתו עם דָוִד בחורשה,[30] בְּחַזקוֹ את ידו בֵּא-לֹהים, וכה דבריו (בשמואל-א׳ כ״ג י״ז): ״וַיֹּאמֶר אֵלָיו: אַל תִּירָא, כִּי לֹא תִמְצָאֲךָ יַד שָׁאוּל אָבִי, וְאַתָּה תִּמְלֹךְ עַל יִשְׂרָאֵל וְאָנֹכִי אֶהְיֶה לְּךָ לְמִשְׁנֶה, וְגַם שָׁאוּל אָבִי יֹדֵעַ כֵּן״. ושוב, על הדברים האלה נֶאמר שם בַּפסוק הבא: ״וַיִּכְרְתוּ שְׁנֵיהֶם בְּרִית לִפְנֵי ה׳״.

(ועיין ברמב״ם הלכות מלכים פרק א׳ הלכות ז׳-ט׳, ובהשגת הראב״ד שם כתב: ״אלא ודאי כן הוא: אילו היה ירבעם מלך כשר, ובניו כשרים, לא היתה מלכות פוסקת מזרעו, אבל היתה שניה למלכות בית דָוִד, כגון קיסר ופלַג קיסר״.[31] ועל הציור האפשרי הזה ודאי גם הרמב״ם איננו חולק. עיין שם בנושאי כלים, ודוק היטב).[32]

---

30 היכן הוא היישוב ׳חורשה׳? – ראה זאת להלן בחלק השלישי, הערה 15 בעמ׳ 420.

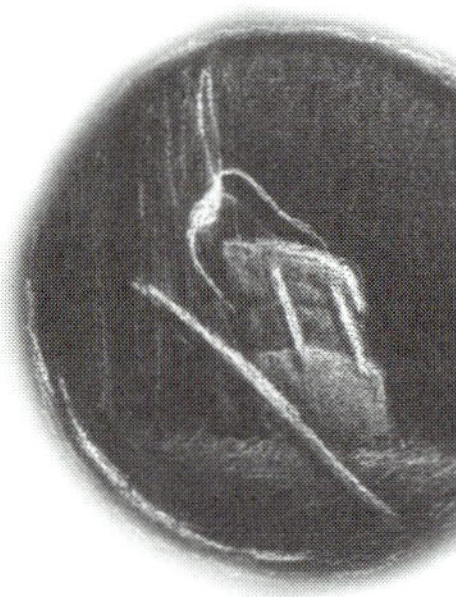

"'וַיֵּצֵא שֵׁם דָּוִיד בְּכָל הָאֲרָצוֹת' (דהי"א י"ד י"ז), יָצָא לו מוניטין [=מטבע] בָּעולם, ומה היה מוניטין שלו? – מקל ותרמיל מִכאן ומִגדל מכאן". (מדרש רבה, לך לך, ל"ט י"א)

---

31 מעניין לציין שאת הביטוי הזה שואב הראב"ד מן הגמרא במסכת סנהדרין דף צ"ט עמ' ב'. שם נדרש כי עתיד הקב"ה להעמיד לישראל דָּוִד אחר. נשאלת על־כך השאלה: והרי הובטח (בנבואת יחזקאל ל"ז כ"ה) "וְדָוִד עַבְדִּי נָשִׂיא לָהֶם לְעוֹלָם"? וניתנת התשובה: "כגון קיסר ופלגי קיסר".
רש"י מבאר ומתרגם את הביטוי הזה: "מלך ושני־לו", שדָּוִד החדש ימלוך, ו'דָּוִד הישן' יהיה לו למִשנֶה, ואשר־על־כן נאמר עליו 'נשיא' ולא מלך.

32 **א.** קיימת תחושה שחנן עצר בנקודה שאיננה "טבעית", היינו שהוא התכוון לפתח עוד את הנושא הנידון, אך דבריו הקטועים כאן 'עשירים במקום אחר', כי הוא לימד נושא זה בהרחבה כעבור שנים רבות (כפי שהערנו לעיל). ראה זאת בחלקו השלישי של הספר, עמ' 419 ואילך, ובייחוד בעמ' 421.
**ב.** כאן מסתיימת כתיבתו של חנן בַּטיוטה השניה. המשכו של המאמר – עד תומו – נכתב רק בדפי הטיוטה הראשונה, ומשם הוא נערך ונִדפס לעיל (מעמוד 68 ואילך).

# נספחים לשער הראשון

הנה ראיתי בן לישי בית הלחמי
יודע נגן וגיבור חיל ... וה' עמו

# נספח א׳

**לעמוד 36**

## מתוך גיליונות העיתון ׳נקודה׳:

### פִּרסום מאמרו של הרב אבינר ׳הריגת משיח בן יוסף׳ ומבחר תגובות

כאמור בַּפתיחה לחלק זה, נדפס מאמרו של הרב אבינר בָּעיתון ׳נקודה׳ – ביטאון היישובים ביש״ע בעריכתו של ישראל הראל – בגיליון מס׳ 11 שהופיע בתמוז תש״ם, כחצי שנה לאחר שנִדפס בעלון מושב קשת.

ככל שהדברים קשורים לתגובתו של חנן על המאמר, הרי דומה שלא היתה לכך משמעות. חנן הגיב לדברי הרב אבינר על־בסיס הפִּרסום הראשון בביטאון מושב קשת – שהיה בחודש כִּסלו – וטיוטות התגובה נכתבו, אל נכון, בשלהי אדר ובמהלך חודש ניסן.

ובכל זאת, מעניין לעקוב אחרי הפרסום והתגובות ב׳נקודה׳ – שהיה אז עיתון ׳צעיר׳, כי החל להופיע בַּחורף של אותה שנה (תש״ם).

נביא כאן אפוא את הקדמת המערכת למאמרו של הרב אבינר, ואחריה מבחר קטעים מן התגובות לַמאמר, שהתפרסמו בַּגיליונות הבאים. גם הרב אבינר עצמו שלח ל׳נקודה׳ מאמר נוסף על־מנת להבהיר את עמדתו – הוא פורסם כחודש וחצי לאחר המאמר הראשון – וקטעים ממנו יינתנו להלן. שוב נשלחו אל הגיליונות הבאים כמה וכמה תגובות, אך כאן נקצר ונביא רק קטע מֵאחת מהן.

איור בראש מאמרו של הרב אבינר ב׳נקודה׳ - ׳ירמיהו׳ ברישומו של אפרים משה ליליין (1914)

## 1.
## ׳הריגת משיח בן יוסף׳ / הרב שלמה אבינר – הקדמת המערכת

**גיליון 11 – י״ג בתמוז תש״ם (27.6.80)**

המאמר המתפרסם כאן פורסם למקוטעין בעלון [מושב] קשת שברמת־הגולן, ולמרות תפוצתו המוגבלת הספיק לעורר הֵדים וּויכוחים רבים.

על־אף ש׳נקודה׳ איננו מֵטבע ברייתו במה לבירורים רעיוניים מעמיקים ראינו לנכון לפרסם את המאמר כאן, לָראשונה בשלֵמותו, משני טעמים: האחד, כאמור, משום שֶ׳מדובר בו׳. רבים מאנשי היישובים ביש״ע שמעו, באופן חלקי, על המאמר הזה, השתתפו בַּשיחות המתגלגלות ממנו, ומן הראוי להביא אותו בפניהם בשלֵמותו, ולוּ כ׳שירות עיתונאי׳. הטעם השני חשוב יותר: המעשים שאנו עושים על פני השטח – הם והתפיסה הפוליטית שֶׁמאחוריהם – יש להם שורשים הנוגעים עד לעִמקֵי המחשבה והשקפת העולם, והמחלוקת החוצה היום את הציבור הישראלי איננה מתחילה ונגמרת בהבדלים בהערכת־מצב פוליטית, או בשיקולים של אסטרטגיה צבאית.

גם ברובד ה׳פשוט׳ – הפוליטיקה שעל פני השטח – אין אנו עשויים מקשה אחת, ותחת הגג המשותף לכולנו אנחנו מנהלים ויכוחים רבים (לשם כך יועד המדור ׳גוונים׳). ברובדי האמונה והשקפת העולם ההיסטורית – יהיו בוודאי חילוקי ההשקפות בתוכנו רבים ומעניינים יותר. ׳נקודה׳ איננו מתיימר, כאמור, להיות במה לבירורים כאלה; המסגרת, התוכן ואורך היריעה אינם מתאימים לכך. אך ברור לנו כי צריך לייסד במה מיוחדת לשם כך, וכאן נשתדל מפעם לפעם לתרום משהו כדי ליצור את הדחיפה לזה.

*

הרב שלמה אבינר, רבה של קשת ברמת הגולן, הוא מבכירי תלמידיה של תפיסת הציונות המשיחית מבית מדרשו של הרב קוק זצ״ל, ויש לדבריו משקל רב בקרב חוגים רחבים של מגשימים ולומדים. אולי יש ל׳נקודה׳ תרומה מיוחדת, בפתיחת צוהר אל עולם המחשבה הזה דווקא לְאנשים שאינם מורגלים בו, ״דתיים״ ו״חילוניים״.

המושגים משיח בן יוסף ומשיח בן דָּוִד מקורם במסכת סוכה, באחת הסוגיות (הנדירות בתלמוד הבבלי) העוסקת באגדות הגאולה. משם למדו דורות של יהודים בַּגולה על שני שלבים בַּגאולה העתידה: שלב של גאולה מעשית-מדינית ואחריו שלב של גאולה רוחנית-מוסרית. לפי האמור שם, עתיד משיח בן יוסף ליהרג לפני הופעתו של משיח בן דָּוִד.

הגר״א (הגאון רבי אליהו מווילנה) הורה לתלמידיו לעלות ולהתיישב בארץ ישראל, ועלייתם – מאה שנה לפני הולדת הרצל[1] –

1 אם נשמור על הדיוק ההיסטורי, הרי שעליית תלמידי הגר״א החלה בשנת תקס״ח (1808), הרצל נולד בשנת תר״ך (1860), ובין שני האירועים חלפו אפוא חמישים ושתיים שנים. (עליית תלמידי הבעש״ט קדמה לעליית תלמידי הגר״א, ולגבי עליית החסידים ניתן לומר שֶׁציון הזמן הנקוב כאן הוא נכון, במקורב).
ואולם – כדי שבכל-זאת ׳נצדיק׳ את תקופת מאה השנים הכתובה כאן – נזכיר כי בין שנת פטירתו של הגאון (תקנ״ח, 1797), לבין שנת הִתכנסותו של הקונגרס הציוני הראשון בבָּזֶל (תרנ״ז, 1897), חלפו מאה שנים.

פתחה למעשה את עידן ההתיישבות החדשה בארץ. תורתו של הגר״א בענייני גאולה שימשה בסיס לתפיסת עולמה של הציונות הדתית, וביסודה שלושה חידושים מכריעים: א. אין להסתפק בציפיה פסיבית לגאולה אלא הגיעה העת שבה עלינו לעשות אותה במו ידינו, בעליה ובבניין הארץ. ב. משיח בן יוסף איננו אישיות בשר־ודם, אלא תקופה בחיי העם היהודי, תקופה של עשיה ובניין. ג. הריגתו של משיח בן יוסף, כלומר חורבן ההישגים החומריים של אתחלתא דגאולה, אינה גזֵרה שאין להשיבה. את השלב השני של גאולה רוחנית־מוסרית אפשר לבנות בהדרגה על גבי הגאולה המעשית־מדינית, ולא על חורבותיה.

## 2.

## ׳בשורת הבוסר׳ / הלל וייס

### גיליון 12 - כ״ג בתמוז תש״ם (11.7.1980)

ראשון המגיבים למאמרו של הרב אבינר היה הלל וייס, איש אלקנה. כך רשם עורך ׳נקודה׳ מעל המאמר: ״תגובה ראשונה, חדה כתער, למאמרו של הרב אבינר ... על דיבור בשפת ׳לא ידעתי׳ [=היינו שפה תורָנית ייחודית וגבוהה, העושָׂה שימוש במושגי בית־מדרש שאינם מובנים בַּציבור הכללי], על הגורמים ל׳שב ואל תעשה׳, ועל החיבור הנכון בין חושבֵי מחשבות לעושֵי מעשים״.

נקודה מעניינת מאד בתגובתו של הלל היא פגישה ושיחה שלו עם חנן, שהוא מדווח עליה ומנתח אותה – כנראה מבלי שֶׁידע שחנן מכין מאמר תגובה למאמרו של הרב אבינר – והמעיין יבחין שעניין ה׳בוסר׳ מוזכר גם במאמרו של חנן.

הנה קטע מתגובתו של הלל וייס:

מה שֶׁניתן להבין, בין השאר, מדברי הרב [אבינר]:

הביצועיזם – חיי המעשה – הִתנתקו מן הממדים הרוחניים, מן האמיתי, מן ה״אורות״. ׳גוש אמונים׳ ותנועת ׳התחיה׳ נתפסו ל״צורה קַטנוּתית, חלקית ובוסרית״ ובכך לא סייעו במניעת הִתמוטטותם של חיי המעשה, של הגילום החומרי של מדינת ישראל. ספק אם ניתן עוד להציל משהו מן המפולת, אבל עכשיו – דווקא עכשיו – בבקשה לאט לאט, יש זמן. צריך ללמד.

נכון! אבל צריך גם ללמוד.

## נטורי קרתא וחנן פורת

טענותיו של הרב חשובות אך מסוכנות. ובאמת פגשתי את תוצאות מאמרו של הרב בדמותו של חנן פורת, בקיבוצו כפר־עציון.

שאלתי את חנן: ידידי החביב (שבדרך־כלל לא הסכמתי עם מעשיךָ כפי שהבנתי אותם מכלי התקשורת, ואת דֵעותיךָ לא הִכרתי): אמור נא לי, מדוע נאלמתָ דום והחשֵיתָ דווקא בָּעֵת הזאת? האם משוכנע אתה שֶׁרֶוַח וְהַצָּלָה יַעֲמוֹד לַיְּהוּדִים מִמָּקוֹם אַחֵר? וַיַעַנֵני חנן ארוכות ועמוקות, ועיקרֵי דבריו בשורת הבוסר: ״אנו בוסר ורעיונֵינו ומעשֵׂינו בוסר״.

חזרתי ואמרתי: הרי אתה שומע חורפיךָ ומחללֵי שמך ושֵׁם שָׁמַיִם מכל זרזיר בכל מעזיבה, ואתה שותק. בישלתָ נזיד עצום שעֵשָׂו אינו יכול לבולעו. ועוד, איזה מין רועה אתה שהפקרת צאנך? וַיבשרֵני: בוסר.

עד אשר ייגמל הנער, בואו ונעשה חשבון. מה באמת גרם לכך שרבים מאִתנו כבר ספדו את המדוקר. כבר פרשו לישיבות וכבר אצו ללמד את ה״אורות״. רבותי: אנחנו נמצאים בסכנות כה גדולות מבית ומחוץ, שאין לנו אלא להסכים חלקית לדברי הרב [אבינר] החותם את דבריו:

״יש לנו להתחבר כולנו יחד, חושבֵי המחשבות ועושֵׂי המעשים. בְּמקום שֶׁחושבֵי המחשבות ידחקו את רגלי עושֵׂי המעשים, וְיַחתרו להסיג גבולם מתוך הריסת הקיים – בְּמקום זה יש להם לחזק ולכוון, להאיר ולרומם, את כל הכוחות הפועלים עכשיו בָּאומה״.

נכון; צריך ללמד, לחזק, לכוון, להאיר ולרומם – אבל צריך גם להקשיב, לשמוע, לעשות, להאיר ולהתכּוונן, יחד עם כל פַּלגות ישראל,

על־מנת ליצור סינתֶזה אפשרית, גבוהה יותר, עמוקה יותר. לא פשרה, לא אפולוגטיקה, אלא הבנה לְעומק. ...

צריך לדון בַּשאלה האם אנו באמת – במעשינו ובהצהרותינו – שבתאים, או חומסֵי אשראי הגאולה. מהו ההבדל בין טענות 'שומרי החומות' לבין שאר הטוענים ל'שב ואל תעשה', עד שֶׁתחדל מִלהיות בוסר.

מדוע רואים אותנו גופים שונים כמשיחוֹנים? מדוע 'גוש אמונים' הופך להיות המשיח הסובל, שכל הרוצה יידֶה בו אבנים וישימוֹ שעיר לעזאזל לכל חטאות ישראל? מה אשמנו ומה אשמו האחרים? הליבון של השאלות הללו יעזור לנו לא־רק "להתחבר כולנו יחד, חושבֵי המחשבות ועושֵׂי המעשים", אלא יגרום לכך שמי שחושב מחשבות יהיה גם עושה מעשים, ומי שעושה מעשים יהיה גם חושב מחשבות.

## 3.
## 'משיחיות המובילה לשיתוק' / יוחנן בן יעקב

**גיליון 13 – י"ט באב תש"ם (1.8.1980)**

בגיליון זה נדפסו שלושה מאמרי תגובה למאמרו של הרב אבינר. נביא כאן קטע מדבריו של יוחנן בן יעקב, איש כפר עציון, ידידו של חנן וגם בר־פלוגתא שלו, לא פעם.

### שורש המשבר – ההפרדה בין הלימוד והמעשה

הִסתגרות הנוראה של היהדות הנאמנה לְתורה־ומצוות אל תוך בתי־המדרש, ללימוד ולעיון רוחני, תוך הפקרת שדות המעשה – הבניין והיצירה החומריים – בידי החלוצים־הציוניים שֶׁרחקו מתורה ומצוות, היא היא שורש המשבר הנורא עליו מקונן הרב שלמה אבינר במאמרו 'על הריגת משיח בן יוסף'.

וכדברי הרב קוק זצ"ל בְּ'המִספֵּד בירושלים': "אי־אפשר שתהיה הרוחניות מפותחת כראוי אם לא יהיו שלֵמים עמה כל הקניינים

החומריים הנדרשים לְאומה שלֵמה ומשוכללת״. ... [כאן ממשיך יוחנן ומצטט ממאמרו של הרב קוק, בַּפִּסקה הפותחת: ״והנה, כל זמן שמִתדַמֶה״ וכו׳ – ראה זאת בנספח ו׳ לחלק השני של הספר, להלן בעמ׳ 354].

**ההנהגה היחידה שנֶהלמה והִתפוררה**

בשנים אלה נראה כי תורתו של הרב זצ״ל כבר פרצה את חומת הניגוד בין שני הכוחות – [הכוח הרוחני והכוח החומרי־המעשי] – והנה דווקא מבית מדרש זה, בא הרב אבינר ומחזיר אותנו אל ההִסתגרות והפירוד. כבר למדנו בדורות ההם שאי־אפשר לכנות את בניין הארץ ואהבתה הפשוטה בשם ״רְקק הלאומיות היבשה״, לחשוב כי ״פִּגרה ייפול בַּמדבר״, ויחד עם זאת לנהוג בָּאומה ״לא מתוך שלילה ... אלא לקחת את ידה בידֵינו מתוך חיבה גמורה״.

כשאתה עושה את הלימוד עיקר ואת המעשה טפל – זהו מתכון להמשך ההִסתגרות והפירוד. הרב אבינר מציע לנו לשוב לעולם הלימוד והעיון: ״ומתוך הלימוד הזה יש לחזק את מי שעוסק בעשיה״. ניכרת בַּהצעה אי־יכולת רוחנית להשלים עם המעבר הקשה מחזון גדול וחובק למציאות קטנה ומוגבלת. אך מי שמבקש להצמיד כנפי משיח חזוני למציאות, ייקלע בהכרח ל״חולשה ועצבות ודִכאוּת רוח״ כדברי הרב קוק [בַּקטע שאליו הִפנֵינו לעיל].

פעמים נדמה כאילו מלחמת יום הכיפורים, והסכמי קֶמפּ־דֵייוויד המִשתלשלים ממנה, הביאו דווקא חלקים בַּציבור שלנו המכונה דתי־לאומי אל משבר עמוק ומסוכן. מכל המערכת הציבורית־פוליטית ההנהגה היחידה שנֶהלמה והתפוררה היתה זו של נאמני ארץ ישראל, שומרי התורה והמִצווה. זהו רק סימן חיצוני לַסכנה הרעיונית הנשקפת מבין השורות במאמרו של הרב אבינר.

ודוק! – עיקרֵי הכיוון לפעולתנו החיובית המוצעים על־ידי הרב אבינר מקובלים עלי. ... עלינו למצוא כל סדק בלבבות בני עמנו ולפרוץ דרכו על דרך החיוב, ההבנה ורכישת האהדה – בהסברה, בחינוך ובמעשה – תוך הימנעות, עד כמה שאפשר, מִפעולות הגורמות דחיה והסתייגות מִדרכֵּנו הרעיונית־מעשית.

## 4.

## הרב שלמה אבינר / ׳משבר כפול: גוף הלאומיות הישראלית ונִשמתה׳

### גיליון 14 – ג׳ באלול תש״ם (15.8.80)

הרב אבינר כתב לעורך ׳נקודה׳ שעל-פי התגובות הוא מבין שמאמרו הראשון ״לא הובן היטב״, לכן בא מאמרו זה, השני, כדי ״להשלים ולמנוע טעויות״. המאמר נכתב בעלון מושב קשת כבר בסוף חודש סיוון תש״ם,[2] אך הרב סבר שהוא מתאים לפרסום עתה, באלול, על-מנת שהמאמר הראשון (אשר פורסם בתמוז) לא יעמוד לבדו. ניסוחיו של הרב אבינר במאמר זה הינם ׳עגולים׳ במעט לעומת ניסוחיו החדים במאמרו הראשון, וכפי שכבר אמרנו בגוף הספר – מיתן הרב את התבטאויותיו בסוגיית ׳משיח בן יוסף׳ על כל המקופל בה, ולא חזר במפורש על עניין נפילתו ומותו.

הנה הנקודות העיקריות בַּמאמר כפי שרשם אותן עורך ׳נקודה׳:

• אין לךָ דבר מעשי יותר מן האמונה • בנינו את הגוף והִזנחנו את הנשמה • לא עִמנו כל הצדק וכל האמת, כל הכישרון וכל האומץ • נמשיך בדרכנו אפילו אין ׳הסכמה׳ של כולם, אבל השאלה היא מה אתה מדגיש • הלאומיות שלא מתוך אמונה כמעט פשטה את הרגל.

2 כמו המאמר העיקרי, פורסם גם מאמר זה, לימים, בספרו של הרב אבינר ׳עם וארצו / תחיית האומה בארצה׳ (תשנ״ט, 1999): חלק א׳ (י״ב) ׳מהלך תחייתנו ותקומת ארצנו׳, מאמר שני. בלשונו של המאמר שֶׁבַּספר הוכנסו כמה שינויי נוסח, וכאן נלך בעִקבותיהם – או שנעיר על כך.

**לכב׳ העורך שלום,**

אני שמח מאד שמאמרי הדל עורר הרבה הֵדים, ומתוך כך בירורים של הבעיות שהן בלב של כולנו. אכן, חוששני שלא הובן היטב. אולי מאמר זה, השני, יוכל להשלים ולמנוע טעויות.

שלום, שלמה אבינר

*

## אמונה קודמת למעשים

... אנחנו שואלים את עצמנו ותוהים: מה עליון יותר בסולם הערכים? האם עלינו להקדיש את מאמצינו לחינוך, כדי להביא לידי הכרה ואמונה מה היא ארץ ישראל, או לבנות ולהתיישב באופן מעשי את ארץ ישראל. ואני אומר: **אמונה קודמת למעשים**.[3] ...

שמא תאמר, אם־כן אנו מִסתגרים במגדל שֵׁן של אי־עשיה? – לא כן הוא. אמר הוגה דעות אחד: ״אין לךָ דבר יותר מעשי מאשר האמונה״. **אמונות ודעות גוררות מעשים ולא להיפך**. המעשים הכפויים על היחיד או על האומה אינם מביאים בהכרח להִזדהות פנימית, אלא אדרבה, לפעמים להיפך, [הם מביאים] ללחץ ולהתנגדות, עד אשר בא מועד ההקאה. ״חַיִל בָּלַע וַיְקִאֶנּוּ״. על כל מה שֶׁמשיגים בכפיית מעשים משלמים ביוקר, במוקדם או במאוחר. נכון שֶׁלפעמים אין להירתע מפני כך, אבל יש לדעת מראש שֶׁיבוא מועד הפירעון. ...

## תשובה עילָאה ותשובה תַּתָּאה

פשיטא שיש להמשיך בהקמת יישובים חדשים ובהתנחלויות, ולהרחיב את הקיימים. בוודאי שיש להמשיך ולהפעיל את השפעתנו הברוכה בשדה הפוליטיקה – אבל יש לזכור שזה ה־בֵּי״ת. ה־אָלֶ״ף הוא לגדל את נִשמת האומה, להביא את האומה לתשובה עילָאָה ביחס לארץ

3 בנוסח המאמר בספרו של הרב אבינר ׳עם וארצו׳ נֶאמר: ״אמונה היא שורש לַמעשים״.

ישראל.[4] לזכך את תוכיות האומה, ויחד עם זאת לאחוז בַּתשובה התַתָּאה של תיקון המעשים. לא סתירה יש כאן, אלא יחס של נשמה לגוף. אין ערך לַגוף בלי נשמה, ואין ערך לַנשמה בלי גוף. ... בעשייתנו הלאומית עד כה הִזנחנו את הנשמה. עשינו ולא הסברנו די. לפעמים עשינו זאת במאמרים סמכותיים קצָרים, כמאמרי התרָפים. שפכנו על עם ישראל סיסמאות שהן על גבול האפולוגֶטיקה והפולֶמיקה. עם ישראל הוא עם גדול, מגיע לו שֶׁיסבירו לו, שֶׁיסבירו לו בגַדלוּת. "וּלְבָבוֹ יָבִין וָשָׁב" – ברכת הבינה בתפילת שמונֶה-עשרֶה קודמת לברכת התשובה. רק על-ידי שֶׁנשפוך פלגי בינה על אומָתנו הצמאה נצליח לחזקה. ...

## אין לאומיות גדולה ללא אמונה

כללו של דבר, כשם שאנו מצוּוים ליישב את שממוֹת ארצנו, כך מצוּוים אנו ליישב שממוֹת האפיקורסוּת וריקנוּת האמונה. כלו הימים שבהם היתה לאומיות גדולה שלא מתוך אמונה. לאומיות זאת כמעט פשטה את הרגל. ... רק מתוך ריבוי האמונה וריבוי התורה נְרַפֵּא את שבר בת עמֵנו. יש להכיר בעיניים פקוחות את מצב העם: "יָבֵשׁ חָצִיר נָבֵל צִיץ ... אָכֵן חָצִיר הָעָם" (ישעיהו מ׳ ז׳). יבש, אך צמא. הוא צמא לשמוע דברים גדולים, ולא רק את מסקנותיהם המעשיות. ... מתוך גבורת האמונה, גבורת התורה ובייחוד תורת ארץ ישראל, תבוא גבורה לאומית, מעשית, צבאית והתיישבותית. "יָבֵשׁ חָצִיר נָבֵל צִיץ, וּדְבַר אֱ־לֹהֵינוּ יָקוּם לְעוֹלָם" (פסוק ח׳).

---

4 בנוסח המאמר בספרו של הרב אבינר נמחקו הגדרות "ה-בֵּי"ת וְה-אָלֶ"ף", והמשפט נִדפס כך: "אך בד בבד יש לזכור שלא נצליח בַּמלאכה בלי לגדל את נשמת האומה, ולהביאה לתשובה עילָאה ביחס לארץ ישראל".

## 5.
## ׳חולשה כאידיאולוגיה׳ / הרב ישראל אריאל
### גיליון 20 – כ״ז בכסלו תשמ״א (5.12.1980)

הרב ישראל אריאל – רבה של קהילת העיר ימית על חופי סיני – הוזכר על־ידי חנן במאמרו, כמי שבקריאתו ׳לצאת אל העם שבַּשדות׳ השפיע מאד על חנן; שוב וראה זאת לעיל בעמ׳ 59. מאז חלפו אי אילו שנים... עכשיו מגיב הרב ישראל למאמריו של הרב שלמה במאמר נרחב המתפרש גם לנושאים אחרים, בעיקר לפינוי גרעין אלון מורה מן הקרקע (באדמות הכפר רוג׳ייב) והמעבר בהסכמה לאתר החדש (בהר כביר) – אירועים שאירעו כשנה לפני כתיבתו זו של הרב אריאל.[5]

הנה חלק מרישומי מערכת ׳נקודה׳ בראש המאמר, ואחריהם פִּסקה מרכזית מִמאמרו של הרב אריאל:

**• סִדרת המאמרים של הרב אבינר הם דוגמה לכך שאנו הופכים את החולשה לאידיאולוגיה • אין כל סתירה בין חינוך ומעשֵׂי ההתיישבות, להיפך: המאמץ להתאים את מעשינו לטעמם של מתנגדינו מרחיק את הקרובים ואינו מקרב את הרחוקים.**

... יתר על כן, ההִתיישבות לא רק שאינה עומדת בסתירה לַחינוך, היא עצמה מחנכת. כמה כוח ועוז שואב הציבור מכל תופעה של התיישבות חדשה בארץ ישראל. ההִתרפקות של הנוער על גבורת המתיישבים הראשונים בארץ ישראל, מלחמתם בַּבִּיצות, בַּקדחת ובְהתנפלויות

5 ראה עוד על כך בַּפתיחה למאמרו של הרב אבינר, לעיל בעמ׳ 37.

האויב מחנכת על בִּרְכֶּיהָ דורות; סיפורי מסירות־נפש של מקימי כפר עציון, חברון, קשת ועצמונה – כולם סיפורים חינוכיים מאין כמותם. יתר על כן, יישובים חדשים אלה הפכו למרכזֵי חינוך הפועלים ומשפיעים פיזית על הבאים בשעריהם. ההתיישבות, היא עצמה – בעצם היותה – משפיעה ומחנכת, היא ה־אָלֶ״ף והיא ה־בֵּי״ת. אין כאן שאלה של ״אמונה קודמת למעשים״ [כדברי הרב אבינר], **אלא מעשים שמצמיחים מקִרבם אמונה.**

# נספח ב׳
## לעמוד 39

# יצחק וייל וכתביו
## ׳הצדיק הנסתר׳ על־ידי הרב שלמה אבינר

הרב אבינר פתח את מאמרו בציטוט מִמכתב שֶקיבל מ״צדיק נסתר, אשר זכיתי להיות תלמידו״. הצדיק הזה נסתר אפוא גם על־ידי הרב אבינר בעצמו – והוא מוסר רק את ראשי התיבות של שמו: י״ו.

במכתבו כותב ׳הצדיק הנסתר׳ שֶהסכמת הכנסת להסכמי ׳קֶמפ־דֵיוויד׳ מהווה התמוטטות כללית, שֶהציונות עומדת בפני חיסולה, ו״שמא ייהרג עכשיו משיח בן יוסף״... הוא ממשיך ומצביע על המוצָא מן המשבר: ״אבל משיח בן דָוִד צריך להציל את משיח בן יוסף!״ – ומכאן מוליך הרב אבינר את מאמרו שלו.

מתבקשת אפוא השאלה: מי אתה, י״ו?

השאלה נפתרה באמצעות חברים במושב קשת, ובסיוע משלים של אחד מוותיקי קיבוץ שדה אליהו – ותודתי שלוחה להם.

*

יצחק וייל עלה ארצה מצרפת בשנת 1949, לאחר שלחם נגד הגרמנים בשורות הפרטיזנים וגם בצבא צרפת החופשית, ולאחר שהחליט שדרכו היא דרך התורה.

הוא הגיע ל׳הכשרה׳ בקיבוץ שדה אליהו עם חלק מחברי גרעין של תנועת ׳הצופים היהודים׳ שאותו הקים בצרפת, ולאחר כמה שנים בניר עציון הוא חזר לשדה אליהו, שם היה ביתו כל חייו. הוא עבד בענפי החקלאות בקיבוץ, אחר־כך בענף הבניה, ושנים רבות היה סדרן המים ושרברב.

וייל התקרב אל הרב צבי־יהודה קוק, שאף ערך את חוּפָּתו (1952), וכעבור שנים הוא התמסר להוראת יהדות לְמתגיירים באולפן הגיור. הוא ראה בכך שליחות גדולה, קירב את חניכיו לַתורה באהבה רבה, ושמר אִתם על קשר גם לאחר גיורם. מלבד הרב צבי־יהודה התחבר יצחק גם אל הרב יהודה גץ, רב הכותל, אתו למד בחברותא, וקיים קשר רב שנים עם הרב שלמה אבינר, אשר כאמור העריך עד־מאד את יצחק, כינה אותו "מורי ורבי", וגם הקדים ברכה לסִפרו אשר ידובר בו מיד להלן.

יצחק וייל הלך לעולמו בשנת תשע"ג (2013), כשהוא בן שמונים ושמונה.

*

יצחק כתב שני ספרים, וגם החל בכתיבת פירושיו לתורה ולנביאים. כאן נביא קטעים מספרו הקטן 'טל־פי' אשר ראה אור בהוצאת 'מס' בשנת תשנ"ה (1995). הספר נושא כותרת מִשנֶה: **'סיפורים והגיגים מאור־כשדים עד סוף העִתים'** – ובלבוש ספרותי הוא מתאר שבע תקופות בשבעה פרקים, דרך עיניהם ועלילותיהם של 'גיבורים' בני כל תקופה. כך למשל 'טל־פי' הוא תלמיד צעיר של אברהם אבינו, הנלווה אליו במסעו לארץ כנען.

לענייננו חשוב פרק 'הגאולה'. הפרק נכתב על קצין וחייל בלבנון – הקצין יוסף בן־ציון והחייל יהודה בן־דָּוִד – כאשר הם מסמלים את שני המשיחים, על 'ארגז התכָנים' אשר נושא כל אחד מהם, והבנָיית מארג היחסים ביניהם.

בְּדימוי ובדמיון מרתקים פותח וייל את הפרק בהפלתו של יוסף על־ידי בן־דָוִד, אך זוהי הפלה **לשם הצלה** – בהמשך למה שכתב אל הרב אבינר שנים רבות קודם לכן: "משיח בן דָוִד צריך להציל את משיח בן יוסף!..".

הנה רצף קטעים, בדילוגין, מן הפרק הזה – בעמודים 189 עד 228:

אי־שם בלבנון, פעילות שִגרתית: סגן־משנה יוסף בן־ציון הלך בראש אנשיו בארץ אויב; מאחורי כל שיח עלולה להסתתר הסכנה, אבל הקצין בטח באנשיו שֶמורגלים הם בכך: יחידה קרבית מובחרת, מבני הקיבוצים והמושבים, בחורים כארזים. שלושה שומרי מצוות ביניהם, שניים מהם נראים ככל חבריהם פרט לַכיפה שהם חובשים על ראשם, והשלישי עטור זקן ופֵאות, עד שהקצין תוהֶה כיצד נתגלגל לַיחידה הזאת. אבל הוא כבר עמד על טיבו של בן־דָוִד זה: לוחם מעולה ככל חבריו, ושמירת השבת או ההקפדה על שעות התפילה מעולם לא באו לביטוי כלשהו כאשר מדובר במשימותיהם הצבאיות. ...

החיילים צועדים בזהירות בתוך החשֵכה שֶירדה בינתיים, וסורקים את השטח בתשומת לב. יוסף צועד ליד בן־דָוִד. לפתע קופץ בן־דָוִד על מפקדו ומפילו ארצה, ובאותה שניה, בעודם מתגלגלים יחדיו בַּמורד התלול, נשמע פיצוץ עז וקול היריות קורע את הדממה. בתום חילופי האש מתארגנת היחידה במהירות ומדווחת: שניים מן המחבלים נהרגו והשלישי נפצע ונִשבָּה; לַיחידה אין נפגעים.

בטרם ימשיכו בדרכם הם סורקים את זירת הקרב ביסודיות ומוצאים בין הסלעים את תרמילו של בן־ציון ואת המפה שבה עיין בשעת ההיתקלות, קרועים ושסועים לחלוטין ברסיסי רימונים ובכדורים. לולא קפץ עליו בן־דָוִד, אין ספק שהקצין היה נהרג! ״רִשרוש קטן גילה לי את מקומם, וידעתי שמיד הם יפתחו באש, לכן קפצתי הצידה והִפלתי אותך!״, אמר בן־דָוִד למפקדו. ...

אלוף הפיקוד בכבודו ובעצמו הקביל פניהם בַּבסיס, ושיבח את לחימתם; אבל כל העיניים הופנו אל בן־דָוִד, אשר הציל אותם ואת מפקדם בזכות עֵרנותו המופלגת. אחד מחבריו הדתיים העיר: בן־דָוִד הציל את בן־ציון! אבל חבריו לא שמו לב לַכוונה הנִסתרת שֶבדבריו. ...

[יוסף בן־ציון ויהודה בן־דָוִד לומדים יחד, משוחחים על המשיח. אומר יהודה ליוסף:] ״לא סופֶּרמן ולא עושה נפלאות! אדם רגיל, כמוך וכמוני, בשר ודם, אולי בעל תפקיד ממלכתי או ציבורי; ואולי הכוונה לא לאיש מסוים אלא לתקופה. בכלל, המסורת האגָדית מדברת על שני משיחים, הראשון משיח בן יוסף, ואחריו מופיע משיח בן דָוִד ומציל אותו ברגע האחרון, כאשר בן יוסף עומד על סף התהום״.

"אז אולי אתה הוא המשיח? הרי אתה, בן־דָוִד, הצלת את חייו של יוסף בן־ציון!"

"הנח לַהלצות! לכל אדם יש תפקיד שֶלמענו נברא".

"ובכן, מה עם המשיח הראשון, משיח בן יוסף?"

"אני משער שכבר היה! לדעתי, הכוונה לַתנועה הציונית, שֶשמה לה למטרה לבסס את עם ישראל בארצו, כדרך שֶיוסף בן יעקב הוכיח כישרונות אִרגוניים וכלכליים מדהימים, עד שמָלַך על מצרים כולה בזכותם. המדרש אומר שכל מה שֶקרה ליוסף קרה לציון".[1]

"ומשיח בן דָוִד, כיצד יציל את הציונות על סף האבדון?"

"הרי עיניך רואות שהציונות הולכת ומאבדת את משמעותה, וחינה סר בעיני הדור הצעיר. רבים סבורים כַּיום שעִם הקמת מדינת ישראל וביסוסה הוגשם במלואו החלום הציוני, ואין עוד צורך בַּציונות: מדינה אנחנו, ככל המדינות, ואין אנו זקוקים עוד לאידיאלים, לחלוציות, להתנדבות. אחרי מלחמת ששת הימים אחזה בעם לשעה קלה תחושה עמומה של התרוממות, של ייעודים חדשים, אבל תחושה זאת דעכה מבלי שבאה לביטוי ממשי. עתה אנו מצויים בפרשת דרכים. כוחות חדשים, מושגים חדשים, התעוררות חדשה יזרימו דם חדש בבני עמנו, מעין ההִתחדשות שֶחוויתי בַּישיבה... אתה בעצמך, למרות השגותיך המובנות לדברַי, מוצא עניין בעצם שיחתנו זאת, כי אתה מרגיש שחסר משהו בתבנית עולמך. הכול מעיד כיום על תקופה חדשה שעם ישראל עומד בפִתחה, תקופת משיח בן דָוִד. איננו יודעים מתי, איך, מי; אבל כולנו צופים ומצפים לאורו שֶיזרח ויחַיֵּינו. ...

[יוסף מהרהר על הדברים שעלו בשיחתו עם יהודה. יהודה אמר לו]: זו חייבת להיות מהפכה שקטה ללא כפיה, שֶהציבור ימצא עניין בערכים יהודיים, יבין את משמעות מצוות התורה ויזדַהֶה עִמה, אך יוסף אינו מאמין בכך. ואולי, כדברי יהודה, משיח בן דָוִד אינו איש

1 כוונת המחבר ל'מדרש תנחומא' לפרשת וַיגש (י"א) הפותח: "כל מה שאירע ליוסף אירע לציון". מצוטטים שם זוגות של פסוקים, כאשר בכל זוג מוגשת נקודת דמיון בין יוסף לבין ציון. בַּספר 'קול התור' מודגש גם שוויון הערך בין 'יוסף' לבין 'ציון', כי שניהם עולים בגימטריה 156.

מסוים אלא תהליך; אבל אם כן, מדוע מדברים עליו תמיד כעל איש, בשר ודם? כל אלה השערות, סיכם יוסף לעצמו את הגיגיו, עוד חזון לַמועד, ואם לא בדורֵנו, אולי בדור הבא...

[כך מסיים יהודה את כל דבריו]: ללא ציפיה מידרדרת רוחו של אדם. ההִמנון הלאומי שלנו הוא ׳התִקווה׳, אבל אם צודקים האומרים שֶהמשימה הושלמה והציונות השיגה את מטרותיה, הרי מצבנו מסוכן! יש להצית מחדש את אש הציפיה שֶדעכה בליבנו, את האמונה בעתיד ארצנו ומדינתֵנו!

# נספח ג׳

## לעמוד 60

# לא הצלחנו להיות נושאי ה׳אורות׳

### מאת חנן פורת

כאשר חגג ׳גוש אמונים׳ עשור לקיומו, הוקדש גיליון חגיגי של ׳נקודה׳ לסיכום אותו עשור, ולהתוויית כיווני פעולה ואתגרים לעתיד (גיליון מס׳ 100, תמוז תשמ״ו, 1986). חנן תרם לגיליון זה מאמר פרוגרמָטי, בו הוא הציב כמעַין ׳מַאֲזָן׳ של טור ה׳זכות׳ מול טור ה׳חובה׳, ובחן במה הצליח ׳גוש אמונים׳ עד עתה, ובמה נכשל. זהו מאמר של חשבון נפש נוקב – וניתן לחוש שחנן ממשיך ומפתח בו את ה׳חשבון׳ שבו החל בַּמאמר ׳עוד יוסף חי׳, אשר נכתב שש שנים לפני־כן, ולא פורסם.

נגיש כאן קטעים עיקריים מן המאמר הזה (בהוספת כותרות שאינן בַּמקור), ונפתח ברישומי ההבלטה בראש המאמר, כפי שסוכמו בידי מערכת ׳נקודה׳:

• ׳גוש אמונים׳ היה צריך לתרגם את האורות למציאות של חיים. בפועל זה היה תרגום חד־מְמַדי. • יעדים לעשור השני: א. עליה וקיבוץ גלויות – [זהו] המפתח המכריע לביסוס אחיזתנו בארץ ישראל. ב. קֵירוב לבבות – לתורת ישראל ולמורשתה, להבנה הדדית, לדיאלוג. • שני אלה, בצד המפעל ההתיישבותי, הם שלושת העמודים: בניין הארץ, בניין העם, בניין הרוח.

## טור ה׳זכות׳ במַאֲזַן ׳גוש אמונים׳

כשֶׁייבָּחֲנו בעוד כמה עשרות שנים מעשיו של ׳גוש אמונים׳ בפרספקטיבה היסטורית ובעין בלתי משוחדת, יהיה הֶכרֵחַ להודות שזהו המפעל הציוני הגדול והמשמעותי ביותר בתקופה שאחרי מלחמת יום הכיפורים.

הנחת היסודות להתיישבות רחבה ביש״ע, בגולן ובבקעת הירדן היא זכותו ההיסטורית הגדולה של ׳גוש אמונים׳, זכות שלא תוכל להינטל ממנו. גם אם ה׳גוש׳ יעבור מן העולם ברבות השנים כתנועה חיה, ייזכרו המעשים. לא רק עצם המעשה החומרי של הקמת למעלה ממאה ישובים ייזכר, אלא שינוי הכיוון במצב הרוח הלאומי שֶׁהסתמן בעקבות מלחמת יום הכיפורים, שינוי באווירה הקשה שנוצרה לאחר המלחמה, אווירת הנסיגה והוויתורים, שֶׁחלק גדול מהעם חשב כי היא הדרך להצלת המדינה ולהבטחת קיומה.

ב׳גוש אמונים׳ היתה קריאה רעננה מאד, בנוסח של: ״אַל תִּירָאִי צִיּוֹן, אַל יִרְפּוּ יָדָיִךְ״ (צפניה ג׳ ט״ז). בוודאי, היו רבים שהמעשים עצמם לא נראו להם, וגם היו כמה מעשים בוסריים שאנו צריכים להצטער עליהם,[1] אבל אי אפשר לשלול את העוז, העוצמה והשמחה שהיתה בקריאת הכיוון הזו האומרת: הָהָרָה! ... עצם הקריאה: ״עלו עלֹה ונעלה!״ היתה הליכה נגד הזרם, קריאה להמשך הריתמוס של שיבת ציון. בשעה ההיא של נמיכות הקומה והרוח, היתה הקריאה משב רוח רענן. פתאום הופיעו אנשים שבישרו כי יש לָעֵץ תקווה. מֵעבר לָמעשים עצמם, היתה לָרוח הזו – של אנשים המוכנים למסור עצמם למען רעיון – תרומה שבלעדיה מי יודע לאן היינו מגיעים. ...

בראִיה רחבה יותר, היתה פה ראשיתה של תפנית. הלך ונִתגלה מה שצפה הראי״ה קוק זצ״ל עוד בראשית הדרך: הוא קבע שֶׁהצהרת

1 לפי דברי חנן במקום אחר במאמר זה – דברים שלא ציטטנו כאן – כוונתו היא לפרשת ׳המחתרת היהודית׳ ובייחוד לַיוזמה לחבל במבנה כיפת הסלע בהר הבית. מאמר זה נכתב כשנתיים לאחר מעצרם של אנשי ׳המחתרת׳, שהיו כלואים אז בכלא תל מונד.

הקונגרס הציוני השני כי ״הציונות אין לה דבר עם הדת״[2] – היא כריתת הענף שממנו יונקת הציונות. לא ניתן בכלל לדבר על ביסוסה ופיתוחה של הציונות ללא קישורה לַשורשים, לַתנ״ך הנותן לה את כל ההוד והעוצמה.[3] ... ה׳גוש׳ תרם תרומה משמעותית לַהכרה הכללית שֶ׳בלי אמונה זה לא ילך׳. ...

## טור ה׳חובה׳ במַאֲזָן ׳גוש אמונים׳

הנקודה המרכזית שבה אני יכול להצביע על חולשתו של ׳גוש אמונים׳, או על היעדר המעשה השלם, אפשר לבטאה בנוסח הרב זצ״ל, בכך שבפועל זקף ה׳גוש׳ לבֵנה אחת מתוך הבניין. הוא התמקד בְּמעשה פריצת הדרך לַהתיישבות ביש״ע והגיע להישגים משמעותיים, אך לא היתה כאן פרישַׂת היריעה, לא במעשה וגם לא באמירה, בַּביטוי השלם שמצביע כיצד הנִדבך הזה הוא חלק אורגָני של בניין מקיף וכולל.[4] ...

---

2 למען הדיוק ההיסטורי – הצהרה זו לא הוצהרה בקונגרס הציוני (לא בַּשני וגם לא בְּאחר). הרב זצ״ל עצמו טעה בנקודה זו, וחנן טועה בעקבותיו. ראה על כך לעיל בגוף הספר, הערה 4 בעמ׳ 40.

3 חנן אוחז כאן בפלך הרב קוק. לגבי המשפט הקודם (שֶהציונות כורתת את ענף יניקתה) – שוב וראה את אשר ציטטנו לעיל בעמ׳ 40 הערה 4 בדבר ה׳יונק׳, הוא שתיל התנועה הציונית. לגבי המשפט הנוכחי – בשים לב אל המונח ׳הוד׳ הקשור לתנ״ך – הנה דברי הרב באיגרתו אל ׳האגודה המזרחית׳ בימי הקונגרס הציוני ה־11, בווינה, בשנת תרע״ג (1913): ״קרואים אנו מיד לזרוק את הנשמה בְּהַגְוִיָּה המחוטבת הזאת [= בגוף התנועה הציונית], כדי שתהיה ראויה באמת לשמה, באופן ... שֶׁייתן לָעולם את אותו המושג, שֶׁמקור הציונות הוא המקור הקדוש העליון, התנ״ך ... בכל העומק וההוד המסורתי. ... ונשמה זו אי אפשר שתהיה נזרקת בַּתנועה, כל זמן שעל מִצחה חקוק אות קין זה, שֶׁ׳הציוניוּת דבר אין לה עם הדת׳״. (׳איגרות הראיה׳ ב׳, איגרת תקע״א עמ׳ ר״ח).

4 הנה, אלה הם דברי הרב קוק אשר חנן מושך מהם את דבריו שלו: ״שאיפת ישראל לבניין האומה, לשיבת הארץ, היא שאיפה של עומק הטוב החודר את כל היש בשורשו. לא זקיפת לבֵנה מאיזה בניין, כי־אם

הביקורת כבדה יותר בתחום האמירה. בַּהיגד, לא השכיל ה׳גוש׳ לתת לציבור הרחב את התחושה שהשלב הזה של ההתיישבות הוא ביטוי שיש בו ראיה כוללת לְמהלך שלם וכללי של גאולה, שאין זו רק התיישבות. ... לא היתה כאן הכרה, למשל, שֶׁבאנו לבנות את הנִדבכים החברתיים של עם ישראל. לא שמו לב שיש כאן קריאה לשיבה לחיים רוחניים של העם היהודי. לא שמו לב שיש כאן הארה רוחנית שיש בה תשובה לְרוח של הניהיליזם והניוון המערבי, של ה״אָכוֹל וְשָׁתוֹ כִּי מָחָר נָמוּת״. וממילא, שיש כאן תשובה לַמצוקות של ערי הפיתוח, לַתהיה ולְחיפוש הדרך של בני המשקים, שיש כאן מסר לעליה ולקיבוץ גלויות, וראיה מחודשת של הייעוד של עם ישראל ביחס לְעמים.

בהיעדר הגילוי של המסרים הללו, קיבל ה׳גוש׳ אופי של תנועה בעלת יעד אחד, קונקרטי וברור, שהיא מצליחה בו, אבל אין לה מסר כולל, דוגמת אנשי העליה השניה והשלישית, שֶׁהמסר שלהם היה מורכב ורחב יותר, אף שגם אצלם ההתמקדות המעשית היתה בתחום ההתיישבותי. **׳גוש אמונים׳ לא הצליח להיות באופן רחב נושא האורות של הרב זצ״ל. הוא היה צריך לתרגם את האורות למציאות של חיים. בפועל זה היה תרגום חד־מְמדי. ...**

צריכים ללכת בדרך ארוכה שהיא קצרה, ולהתמקד – בצד המעשה ההתיישבותי – בחינוך, בלימוד תורה; כל אלו בנוסף לעניין שנוטים לא פעם להזניח: הבניין האישי, בניית המידות של כל אחד ואחד מאִתנו. מעשים שכאלו יעזרו לפריצת הסטיגמה הסקטוריאלית שֶׁהודבקה לנו. ...

## ומה חובתו של ׳גוש אמונים׳ מכאן והלאה?

בעשור השני לקיומו צריך ׳גוש אמונים׳ להִתמקד בשני נושאים: ׳גוש אמונים׳ לעליה ולקיבוץ גלויות – זה המפתח המכריע לביסוס אחיזתנו בארץ ישראל ולהכרה שמהלך שיבת ציון נמשך. כשם שעשינו בארץ,

---

פניה שלֵמה ועמוקה אל היסוד של כל הבניין, לכוננו בתיקון״. (׳ישראל ותחייתו׳ פרק י׳, בתוך הספר ׳אורות׳).

כך עלינו ליצור גם בחו"ל אוונגארד תוסס ומגשים. והנושא השני הוא: **׳גוש אמונים׳ לקירוב לבבות** – בעיקר בין הציבור הדתי והחילוני, להבנה הדדית, לדיאלוג, לקירוב לתורת ישראל ולמורשת ישראל. ... שני היעדים הללו, בצד המפעל ההתיישבותי, הם ביחד שלושה עמודים גדולים: **בניין הארץ**, **בניין העם**, **בניין הרוח**. שלושתם מחייבים כעת עשיה כבירת היקף, אבל בכלים אחרים. ... ותנאי לכל זה הוא שֶׁ׳גוש אמונים׳ יצא מעמדת התגוננות להתקפה. ...

הגענו לְמצב של ׳מים עומדים׳ ועלינו לסמן סימני דרך, כדי שלא ישוב המצב של חבל ימית, שבו לא הצלחנו לכבוש את הלבבות לאהבת הארץ. לא הצלחנו להציב אלטרנטיבה לָאופוריה של "שלום" ולא הצלחנו להאיר איך אנו רואים את הדרך האמיתית אל השלום. אנו חייבים לשוב לַדרך המקורית והמקיפה של ׳גוש אמונים׳ [=לבטא אותה בכל התחומים, כנ"ל, ולכוון אותה אל כלל הציבור]. ... ואז, כדבריו של הרב זצ"ל במאמרו הנפלא ׳מסע המחנות׳ (גיליון ׳היסוד׳ ערב ראש־השנה תרצ"ד): "נִתוַדֵעַ איש אל אחיו בשם ישראל הכללי, לא בשם מפלגתי ומַחנָתי. נדע שיש לנו בכל מחנה הרבה מה לתקן, והרבה מה לקבל מהאור והטוב זה מזה ... ותתקיים בנו התפילה המקודשת קודש קודשים, שהִננו עתידים להביעה [בתפילות הימים הנוראים] בכל־כך המיית נפש: ׳וְיֵעָשׂו כולם אגודה אחת לעשות רצונךָ בלבב שלם׳". (מאמרי הראיה, חלק א׳, עמ׳ 82).

# שער שני

## נבואות אחרית הימים
## בפי זכריה הנביא

עם דברי הרב קוק

ושב ה' א-להיך
את שבותך וריחמך
ושב וקיבצך
מכל העמים
אשר הפיצך
ה' א-להיך
שמה

# שער שני

# נבואות אחרית־הימים בספר זכריה

## סִדרת שיעורים ב'מכון מאיר' בירושלים

### חורף תשס"ז (2006/7)

## בפתח השער

חטיבת השיעורים המוגשת בזה – נבואות אחרית־הימים בספר זכריה (בפרקים י"ב וָ־י"ד) – הינה עיקרו וליבו של ספר זה. חנן קורא את הנבואות תוך פיתוח תובנות על התגשמותן, בַּהווה ובעתיד, במישור הלאומי. אך לא רק "באופן כללי" קורא חנן את הכתובים, כי־אם במעורבות אישית, באִכפַּתִיוּת ובלבביות 'חננית' כל־כך, תוך שהוא בוכה וצוחק, מדריך ומבקש. הוא בוכה לְפורענויות העבר ושואב שמחה מן הניצחונות; הוא בוכה לְפורענויות ההווה אך מודה בכל לב על היֵּש, על גאולת משיח בן יוסף לעינינו ובידינו, ועל חיבורה־לה־יחדיו של ירושלים אשר זכה להשתתף בו; והוא מדריך ומבקש לעתיד – דולֶה ומַשקֶה מִבְּאֵרוֹת הנבואה – בבחינת 'מה עוד לא נָתַנּוּ וניתַן'...

ובמוקד הנבואות – ירושלים. מלחמה גדולה צפויה לנו בירושלים, עיר הקודש, אבל – בחסד ה' עלינו – לא יוכלו לה ולנו כל רִשעֵי הגויים. אדרבה, בסופו של דבר הם יעלו

אל הר בית ה׳, מקור מים חיים לְעולם ומלואו, ויאמרו זה לזה: ״כִּי מִצִּיּוֹן תֵּצֵא תוֹרָה וּדְבַר ה׳ מִירוּשָׁלָיִם״.

בשישה מתוך שנים־עשר השיעורים הניתנים בזה, לימד חנן ׳על הסֵדֶר׳ את מאמרו הגדול של הרב קוק ׳הַמִּסְפֵּד בירושלים׳, מאמר אשר נכתב כמעֵין הספד על מותו של בנימין זאב הרצל, המושתת על פסוקי נבואת זכריה (י״ב י׳-י״א). המאמר במלואו יינתן גם כנספח. לפני, תוך־כדי ואחרי המאמר הזה – כתלמיד מובהק של הרב קוק – מפתח חנן את הבנת שלב הגאולה שאנו עומדים בעיצומו, ימי משיח בן יוסף. הוא כואב את המשברים, אך כולו עשיה ותפילה שלא ייהרג חלילה משיח בן יוסף – שלא תיבַש ולא תֵבוש הַכַּנָּה הנושאת על כתפיה את עתידו של מלכנו, ה׳רוכב׳, איש צֶמַח שמו, הוא דָּוִד בעצמו. ״עוד יוסף חי״ התקומם חנן כנגד הרב שלמה אבינר בחלקו הראשון של הספר – וכאן הוא משריש את הבנתו זו בדברי הרב קוק, אשר פירש לדורנו את נבואת זכריה, על פי תרגומו של יונתן בן עוזיאל שֶׁגילה את סתָרֶיהָ.

*

שיעוריו של חנן צולמו בוידאו, והם זמינים לצפיה באתר ׳מכון מאיר׳. הטקסט הוקלד אפוא מפי חנן, ונערך בשינויי לשון מתבקשים ׳מן הדיבור אל הכתב׳. על פי דרכנו, נוספו הערות רבות – להסברים, הרחבות וקישורים משלימים, הן בתוך הספר הזה והן מחוצה לו.

לפעמים הושמטו דברים של חנן, לפעמים שונה סִדְרָם, ולעיתים נדירות אף נוספו משפטים, כאשר הם נדרשו להשלמת הדברים ודומֶה היה שחנן התכוון לאומרם. הדגשתי מילים וצירופים שחנן הדגיש בהרמת קול, או בקריאה נרגשת – אך לעולם לא אוכל לצקת אל הכתב את החִיות שלו, את האנרגיות, את המימיקה והנפת היד, את

ואת הרצינות וההִתרכזות תוך כיווץ גבות, את מאור הפנים ואת צחוק שִׂמחת הניצחון שֶׁבַּתורה, את קריצת השובבות, ואת המתקת הסוד בשקט־בשקט, כי אין מגלים אלא לצנועים...

כל הוספה בין סוגריים רבועים – [בדרך־כלל בתוך ציטוט] – היא מִשֶּׁלִּי [י"ע].

**שיעור מס' 1 – ד' בחשוון תשס"ז**

# מבוא

## כִּי עַיִן בְּעַיִן יִרְאוּ בְּשׁוּב ה' צִיּוֹן
## עין בַּתנ"ך, עין בַּמציאות

**מן הנבואות אל המציאות, מן המציאות אל הנבואות**

אנחנו, היושבים כאן ב'מכון מאיר', כולנו אֱמוּנים על ההכרה והתודעה שאנו חיים בעידן של 'אתחלתא דגאולה'.

הנה, לעינינו, יסודות הגאולה: קיבוץ הגָלויות האדיר של מיליוני אחינו הבאים ארצה, תקומתה של מדינת ישראל, זקיפת קומתנו ושבירת עול זרים מעל צווארנו, צבא הגנה לישראל אשר רודף את אויביו בחסדי ה' יתברך הנותן לנו כוח לעשות חָיל, ואנו יושבים לבטח על אדמת ישראל. העובדה שארץ ישראל פורחת ונבנית – עם כל הייסורים וכל המשברים[1] – כל אלה מלמדים אותנו שמתחולל כאן תהליך כביר אשר צוין על-ידי חכמינו תחת הכותרת: **"אתחלתא דגאולה"**. למשל, במסכת מגילה (דף י"ז עמוד ב') מנמקת הסוגיה את סדר ברכות

---

1 אל נכון, מתכוון כאן חנן בעיקר לַ"הִתנתקות" מגוש קטיף וצפון השומרון. הנה אלה דבריו באחד השיעורים הבאים: "הבעיות הקשות ביותר הן מַכָּה פנימה. היינו עדים לכך לפני קצת למעלה משנה, בפרשת ההִתנתקות האומללה, העקירה והגירוש מגוש קטיף, שבה בעצם הכאב הגדול הוא על כך שאנו מעוללים זאת לעצמנו, שעם ישראל פוגע בעצמו!".

תפילת העמידה ואומרת: "ומה ראו לומר [ברכת] קיבוץ גָּלויות לאחר ברכת השנים? דכתיב (ביחזקאל ל"ו ח'): 'וְאַתֶּם הָרֵי יִשְׂרָאֵל עַנְפְּכֶם תִּתֵּנוּ וּפֶרְיְכֶם תִּשְׂאוּ לְעַמִּי יִשְׂרָאֵל, כִּי קֵרְבוּ לָבוֹא'". ובכן, הנה לפנינו דבר ברור: מי יכחיש שאנחנו נמצאים בעידן של קיבוץ גָּלויות? האם ביאתם של מיליוני אחים – ממזרח, ממערב, מצפון ומִיָּם – זהו דבר שבאקראי? או מעשה שטן?

נטייתנו היא ליטול את המקורות באשר לַגאולה ולאחרית־הימים – מן התנ"ך עד דברי חכמים – ולנסות להבין ו"לְמַפּות" את התמונה, לשאול את עצמנו היכן אנו עומדים בַּתהליך או בַּרצף הזה. אלא שנחוצה כאן זהירות רבה: המושגים הכלליים, כמו קיבוץ הגָּלויות, אכן ברורים ומפורשים כבר בתורה, לפני דברי הנביאים. הנה דברי משה רבנו בפרשת ניצבים אשר ניטעו בַּ'תפילה לשלום המדינה': "וְשָׁב ה' אֱ־לֹהֶיךָ אֶת שְׁבוּתְךָ וְרִחֲמֶךָ, וְשָׁב וְקִבֶּצְךָ מִכָּל הָעַמִּים אֲשֶׁר הֱפִיצְךָ ה' אֱ־לֹהֶיךָ שָׁמָּה. אִם יִהְיֶה נִדַּחֲךָ בִּקְצֵה הַשָּׁמָיִם – מִשָּׁם יְקַבֶּצְךָ ה' אֱ־לֹהֶיךָ וּמִשָּׁם יִקָּחֶךָ. וֶהֱבִיאֲךָ ה' אֱ־לֹהֶיךָ אֶל הָאָרֶץ אֲשֶׁר יָרְשׁוּ אֲבֹתֶיךָ, וִירִשְׁתָּהּ וְהֵיטִבְךָ וְהִרְבְּךָ מֵאֲבֹתֶיךָ" (דברים ל' ג'-ה'). ודברים אלה יכולים אנו "לסמן", אחת לאחת, שהרי זכינו לקיבוץ גָּלויות של מיליוני אחים מכל קצוות הארץ, בפרק זמן של דור ושניים...

ואולם, כשאנו יורדים לפרטי הדברים – ובעיקר בנבואות העתיד ואחרית־הימים בדברי הנביאים – אנו נתקלים בדברים סתומים רבים, שלא קל לנו לפרש אותם.

אמנם גם כאן ישנם יעדים, ישנן 'קריאות כיוון' ארוכות טווח שאנו מתמוגגים מהן, נמלאים שמחה ומבינים את הכתובים. למשל, הנה דברי ישעיהו בפרק ב' פסוק ב', וישנה גם נבואה מקבילה בדברי מיכה: "וְהָיָה בְּאַחֲרִית הַיָּמִים נָכוֹן יִהְיֶה הַר בֵּית ה' בְּרֹאשׁ הֶהָרִים וְנִשָּׂא מִגְּבָעוֹת, וְנָהֲרוּ אֵלָיו כָּל הַגּוֹיִם. וְהָלְכוּ עַמִּים רַבִּים וְאָמְרוּ: לְכוּ וְנַעֲלֶה אֶל הַר ה' אֶל בֵּית אֱ־לֹהֵי יַעֲקֹב, וְיֹרֵנוּ מִדְּרָכָיו וְנֵלְכָה בְּאֹרְחֹתָיו, כִּי מִצִּיּוֹן תֵּצֵא תוֹרָה וּדְבַר ה' מִירוּשָׁלָיִם". אלה פסוקים מאירים ומלבבים, אשר מסמנים לנו את האחרית, ואנו מבינים ויודעים כי "הַר בֵּית ה'" הלוא הוא הר הבית בירושלים, ו"בֵּית אֱ־לֹהֵי יַעֲקֹב" הריהו בית המקדש השלישי, שֶׁייבָּנה במהרה בימינו.

**כיצד** ייבנה המקדש? האם יֵרֵד משמים בנוי ומשוכלל? או שאנו נִבנה אותו במו ידינו? – זו שאלה, אבל העתיד כבר ׳מסומן׳. ברור שהמקדש לא יהיה סתם מונומנט, אלא מוקד משיכה לעולם ומלואו, תבל ויושבי בה, כַּכתוב: ״וְנָהֲרוּ אֵלָיו כָּל הַגּוֹיִם״. הם ינהרו **מעצמם**, לא אנחנו נבוא אליהם כְּמִיסיונרים. ולשֵׁם מה ינהרו? לא רק כדי להתרשם, לצלם ולהתפעל How nice... אלא – ״לְכוּ וְנַעֲלֶה אֶל הַר ה׳ אֶל בֵּית אֱ־לֹהֵי יַעֲקֹב, וְיֹרֵנוּ מִדְּרָכָיו וְנֵלְכָה בְּאֹרְחֹתָיו, כִּי מִצִּיּוֹן תֵּצֵא תוֹרָה וּדְבַר ה׳ מִירוּשָׁלָיִם״.

ועדיין לא ברור באיזו תורה מדובר כאן... האם מדובר בכך שכל העולם כולו יקבל על עצמו עול מלכות שמים ועול תורה ומצוות? לשון אחר: האם כל העולם כולו יתגייר וייעשו הגויים ליהודים? או שמא יִוָּתרו המדרגות: הגויים יקבלו את אמונת ישראל, וגם שבע מצוות בני־נֹח, אך לא את תרי״ג המִצוות – זו שאלה שנותרת פתוחה, ופִתרונה לא ברור מתוך הדברים. אבל התמונה האידיאלית בכללותה ברורה ביותר, והיא מקפלת בתוכה גם בשורת שלום גדולה. הפסוק הממשיך את הפסוקים שראינו, פסוק ד׳, חרות על כותלי בניין האו״ם בניו יורק – והוא יתבַּשֵּׂר מירושלים: ״וְכִתְּתוּ חַרְבוֹתָם לְאִתִּים וַחֲנִיתוֹתֵיהֶם לְמַזְמֵרוֹת, לֹא יִשָּׂא גוֹי אֶל גּוֹי חֶרֶב וְלֹא יִלְמְדוּ עוֹד מִלְחָמָה״. שלום! אין זה רק שלום בינינו לבין שכנינו, אין זה רק שלום בָּארץ, אלא שלום עולמי, טוטלי, מוחלט, לא יהיו עוד כלי מלחמה, ואף ׳לֹא יִלְמְדוּ עוֹד מִלְחָמָה׳, **בכל קצוות תבל**.

ורק צריך להוסיף פה את דבריו הנפלאים של ר׳ נחמן מברסלב בתפילתו לשלום: ״אדון השלום / מלך שהשלום שלו, עושה שלום ובורא הכול / יהי רצון מלפניך שֶׁתבטל מלחמות ושפיכות דמים מן העולם / ותמשיך שלום גדול ונפלא בעולם / ׳לֹא יִשָּׂא גוֹי אֶל גּוֹי חֶרֶב, וְלֹא יִלְמְדוּ עוֹד מִלְחָמָה׳ / רק יכירו ויֵדעו כל יושבי תבל האמת לאמיתו, אשר לא באנו לזה העולם בשביל ... שפיכות דמים חס ושלום, רק באנו לָעולם כדי להכיר ולדעת אותך, תִּתברך לָנצח״. (ליקוטי תפילות, חלק ב׳, נ״ג, בשינויי גִרסה).

כמובן, כל זה מחייב תיקון כללי, שינוי רדיקלי בעולם. לא די בכך שֶׁחוזרתים את הפסוק על בניין האו״ם, ואז בא המזכ״ל ומציע פשרה כזו־או־אחרת...

והנה, בפרק י״א בישעיהו (ו׳-ט׳) אנו קוראים דברים שנשמעים רדיקליים אף יותר: ״וְגָר זְאֵב עִם כֶּבֶשׂ וְנָמֵר עִם גְּדִי יִרְבָּץ ... וּפָרָה וָדֹב תִּרְעֶינָה, יַחְדָּו יִרְבְּצוּ יַלְדֵיהֶן ... וְשִׁעֲשַׁע יוֹנֵק עַל חֻר פָּתֶן וְעַל מְאוּרַת צִפְעוֹנִי גָּמוּל יָדוֹ הָדָה. לֹא יָרֵעוּ וְלֹא יַשְׁחִיתוּ בְּכָל הַר קָדְשִׁי, כִּי מָלְאָה הָאָרֶץ דֵּעָה אֶת ה׳, כַּמַּיִם לַיָּם מְכַסִּים״. אנו מתמוגגים... הנה היא האופטימיות המאמינה שבסופו של דבר נשוב לגן עדן, שהרי משם הכול התחיל... אבל, עדיין, עלינו לשאול את עצמנו האם מדובר כאן בשינוי טבען של החיות? או אולי יש כאן משל ואלגוריה כלפי עמים, שאחד מכונה ׳זאב׳ והשני מכונה ׳כבש׳? לא אחת מוצאים אנו במקרא כינויי חיות לְעמים, למשל בנבואת ירמיהו (ד׳ ז׳) על הגוי התוקף את ממלכת יהודה מצפון: ״עָלָה אַרְיֵה מִסֻּבְּכוֹ וּמַשְׁחִית גּוֹיִם נָסַע, יָצָא מִמְּקֹמוֹ״. ובכן, האם דברים כפשוטם או משלים לפנינו כאן? ומה תהיה הדרך שתוביל אל השלב הזה?

הנה, דרך־משל, פסוק מדהים בספר יואל, בתוך פרק ד׳ המדבר על גאולה באחרית־הימים, פרק הפותח בהבטחה ״כִּי הִנֵּה בַּיָּמִים הָהֵמָּה וּבָעֵת הַהִיא אֲשֶׁר אָשִׁיב אֶת שְׁבוּת יְהוּדָה וִירוּשָׁלִָם״; ובפסוקים ט׳ עד י״א שם – שימו לב – נֶאמר כך: ״קִרְאוּ זֹאת בַגּוֹיִם קַדְּשׁוּ מִלְחָמָה הָעִירוּ הַגִּבּוֹרִים! יִגְּשׁוּ יַעֲלוּ כֹּל אַנְשֵׁי הַמִּלְחָמָה. כֹּתּוּ אִתֵּיכֶם לַחֲרָבוֹת וּמַזְמְרֹתֵיכֶם לִרְמָחִים הַחַלָּשׁ יֹאמַר גִּבּוֹר אָנִי. עוּשׁוּ וָבֹאוּ כָל הַגּוֹיִם מִסָּבִיב, וְנִקְבָּצוּ שָׁמָּה, הַנְחַת ה׳ גִּבּוֹרֶיךָ״. ובכן, ישנו כאן תיאור של מלחמה לַחיים ולַמוות בין הגויים לבין ישראל, כחלק מן התהליך של אחרית־הימים. ופסוק י׳ הינו בדיוק ההיפך המוחלט של בשורת ישעיהו. אם בישעיהו קראנו: ״וְכִתְּתוּ חַרְבוֹתָם לְאִתִּים וַחֲנִיתוֹתֵיהֶם לְמַזְמֵרוֹת״ – הרי בא יואל, אשר ניבא אחרי ישעיהו,[2] ואומר: ״כֹּתּוּ אִתֵּיכֶם לַחֲרָבוֹת

2 ישעיהו ניבא – כַּכתוב בראש הספר – ״בִּימֵי עֻזִּיָּהוּ יוֹתָם אָחָז יְחִזְקִיָּהוּ מַלְכֵי יְהוּדָה״. מועד נבואת יואל איננו מפורש בכתוב, אך בספר ׳סדר עולם רבא׳ (כ׳) נאמר שיואל נחום וחבקוק ניבאו בימי מנשה, בנו של חזקיהו. רש״י מביא זאת בפירושו בראש ספר יואל, בשם ספר ׳הלכות גדולות׳.

וּמַזְמְרֹתֵיכֶם לִרְמָחִים!״ אמנם נכון שהוא אומר זאת כלפי הגויים, ואמנם נכון שמקופלת בדבריו אמירה צינית – כאילו אמר לאויבינו: ׳נראה אתכם גיבורים, הכינו את האמל״ח שלכם וצאו למלחמה בישראל׳ – אבל עדיין, עצם השימוש של יואל בַּטרמינולוגיה הזאת מלמד אותנו שלפנינו כאן דבר מסובך עד מאד. ייתכן שעלינו להבין כי הדרך העולה אל ״וְכִתְּתוּ חַרְבוֹתָם לְאִתִּים״ עוברת במעֵין ׳וִיָה דולורוזה׳, נתיב ייסורים קשה, של ״כֹּתּוּ אִתֵּיכֶם לַחֲרָבוֹת וּמַזְמְרֹתֵיכֶם לִרְמָחִים״.

בכל אלה אני רוצה לומר שאנו נבוכים מאד, לעיתים, כשאנו לומדים את נבואות אחרית־הימים, ובפרט כשאנו מנסים לרדת לפרטיהן ו״לעצב״ על פיהן את התוואי של מהלך הגאולה, עד לפִסגותיו הגבוהות... ומבוכתנו גדלה ומתעצמת כשאנו שואלים: מה על פני האדמה? ומה בַּשמים מִמַעַל? וכידוע קיימת מחלוקת בין חכמינו ז״ל בַּשאלה מה בין ימינו שלנו לבין ימות המשיח? האם תשתנה המציאות לחלוטין, או שכדברי האמורא שמואל (במסכת סנהדרין דף צ״ט עמ׳ א׳): ״אין בין העולם הזה לימות המשיח אלא שיעבוד מלכויות בלבד״? המונח ״שיעבוד מלכויות״ מחזיק בתוכו, כנראה, יותר משינוי המציאות שבה עם ישראל מדוכא בַּגלות ורָמוס תחת שלטון הגויים. אבל על־כל־פנים, הרצון לתת לרעיון אחרית־הימים תשתית ריאלית, מוכרת לנו, כאן על פני האדמה, זהו היבט אחד שלעומתו ישנם היבטים אחרים. והיכן בתוך כל זה משתלבים המושגים של העולם הבא, ועולם הנשמות, וגן עדן וגהינום שאחרי המוות, ותחיית המתים?.. אילו מושגים הם אלה... ובאמת, הם גבוהים ונעלים מעל להשגתנו שלנו.

בהמשך השיעורים שלפנינו, עוד נראה וניווכח שאין כמעט נביא אחר, זולת הנביא זכריה, אשר בנבואותיו האחרונות על אחרית־הימים משרטט לעינינו תמונה כה מופלאה. התמונה היא כאילו ריאלית ופלסטית: הקב״ה עומד כביכול על הר הזיתים, ההר נבקע, מים חיים יוצאים מירושלים, ״חֶצְיָם אֶל הַיָּם הַקַּדְמוֹנִי וְחֶצְיָם אֶל הַיָּם הָאַחֲרוֹן״ (י״ד ח׳) – עולם שֶמִשתַנֶה, ועוד שורה שלמה של תיאורים (שֶנקביל אותם לנבואות של נביאים אחרים) – ולתוך התמונה מביא זכריה עוד אלמנטים אשר אין כמותם בשום מקום, **מופלאים** עד מאד...

## אזהרת הרמב"ם: לא נדעם עד שיהיו והנה הם לעינינו!

לכן – לאחר דברי הרקע הללו – עלי להזהירכם **באזהרה** מסוימת.

כדי להסביר את אזהרתי, אקרא לפניכם את דברי הרמב"ם בהלכות מלכים ומלחמותיהם, פרק י"ב. זהו הפרק האחרון ב'ספר שופטים' והוא חותם את כל מפעל פסיקת ההלכה של הרמב"ם, הלוא הוא 'היד החזקה', ואצל הרמב"ם – בניגוד למחברי ה'טור' וה'שולחן ערוך' שאינם דנים כלל בַּתכנים הללו – **הכול הוא הלכה**. הפלא ופלא...

ובכן, אלה דבריו (בהלכה א'): "אל יעלה על הלב שבימות המשיח ייבָּטֵל דבר ממנהגו של עולם, או יהיה שם חידוש במעשה בראשית, אלא – עולם כמנהגו נוהג". זוהי שיטת הרמב"ם, אשר מאמץ את דעתו של האמורא שמואל שכבר ראינו לעיל, שאין בַּגאולה שום שינוי של חוקי הטבע. אדגיש שוב: דברי הרמב"ם מוסבים על 'ימות המשיח'; לא על 'העולם הבא'; לכך מקדיש הרמב"ם דברים בהלכות תשובה (פרק ח'), שם הוא מדבר על העולם שאליו עולה הנשמה לאחר הסתלקותה מן העולם הזה – "צדיקים יושבים ועטרותיהם בראשיהן ונהנין מזיו השכינה" – אבל אלה הם מושגים אחרים וסוגיה אחרת לגמרי.

אבל ימות המשיח, דהיינו ימי הגאולה **כאן על פני האדמה** – אלה הם ימים שנמצאים בתוך ההיסטוריה, לא מֶטא־היסטוריה, לא מעל ולא מֵעבר לה, אלא בעידן ההיסטורי אשר כפוף למציאות העולם ולחוקי הטבע. לפי הרמב"ם נוהג העולם כמנהגו בתקופה הזאת, עד־כדי־כך שהוא מוסיף ומבאר (בהמשך הלכה א'): "וזה שנֶאמר בישעיה (י"א ו'): 'וְגָר זְאֵב עִם כֶּבֶשׂ וְנָמֵר עִם גְּדִי יִרְבָּץ' – משל וחידה. עניין הדבר שיהיו ישראל יושבין לָבטח עם רשעי גויים המשולים כזאב ונמר, שנֶאמר (בירמיהו ה' ו'): 'זְאֵב עֲרָבוֹת יְשָׁדְדֵם נָמֵר שֹׁקֵד עַל עָרֵיהֶם'" – וזהו פסוק המדבר על ממלכת בבל – "ויחזרו כולם לדת האמת, ולא יגזלו ולא ישחיתו, אלא יאכלו דבר המותר בנחת עם ישראל, שנֶאמר (בישעיהו י"א ז'): 'וְאַרְיֵה כַּבָּקָר יֹאכַל תֶּבֶן'".

ובכן, רואים אתם, הרמב"ם לוקח אפילו את הפסוקים הללו, המתארים לכאורה את שינוי הטְבָעים, ומפרש אותם כאלגוריה, כ"משל

וחידה", ולא כשינוי עמוק במציאות ובהוויית העולם. אם כי – זאת אוסיף בדרך אגב – יש מעירים על דברי הרמב"ם ואומרים, שכדי שיגיע האדם למציאות שלא יהיו עוד רשעים, ואנשי כל האומות יחיו זה עם זה בשלום, נחוץ נס שאיננו פחות מ׳אַרְיֵה כַּבָּקָר יֹאכַל תֶּבֶן׳... משמע אפוא שגם אם "עולם כמנהגו נוהג", הרי "מנהגו" הוא נַעֲלֶה ומחייב, אוהו! כמה שהוא מחייב...

ממשיך הרמב"ם, "וכן כל כיוצא באלו הדברים בעניין המשיח – הם משלים. ובימות המלך המשיח ייוָדע לַכול לאיזה דבר היה משל, ומה עניין רמזו בהן". עד כאן הלכה א׳.

לפי זה, כאשר אומרת הנבואה: "וְהָיָה אוֹר הַלְּבָנָה כְּאוֹר הַחַמָּה, וְאוֹר הַחַמָּה יִהְיֶה שִׁבְעָתַיִם כְּאוֹר שִׁבְעַת הַיָּמִים, בְּיוֹם חֲבֹשׁ ה׳ אֶת שֶׁבֶר עַמּוֹ וּמַחַץ מַכָּתוֹ יִרְפָּא" (ישעיהו ל׳ כ"ו), אזי שוב יהיה עלינו לפרש שלדברי הרמב"ם ודאי מדובר כאן על דימויים ומשלים, שהרי הוא פסק כדברי שמואל האומר ש"אין בין העולם הזה לימות המשיח אלא שיעבוד מלכויות בלבד".[3]

עכשיו נמשיך בהלכה ב׳:

"ייֵרָאֶה מפשוטן של דברי הנביאים, שבתחילת ימות המשיח תהיה מלחמת גוג ומָגוג". משמע שמהלך הגאולה מתחיל במלחמה עולמית – ׳מלחמת גוג ומָגוג׳, שגם טיבה איננו ברור לנו. דרך אגב, המושג ׳גוג ומָגוג׳ נמצא רק במקום אחד – בספר יחזקאל[4] – אך ישנן

---

3 לא במקרה הביא חנן את הנבואה הזאת בהקשר דנן. במסכת סנהדרין, דף צ"א עמ׳ ב׳, תוהה רב חסדא היאך יתגשמו הכתובים: "וְחָפְרָה הַלְּבָנָה וּבוֹשָׁה הַחַמָּה, כִּי מָלַךְ ה׳ צְבָאוֹת [בְּהַר צִיּוֹן וּבִירוּשָׁלַיִם]" (ישעיהו כ"ד כ"ג), "וְהָיָה אוֹר הַלְּבָנָה כְּאוֹר הַחַמָּה, וְאוֹר הַחַמָּה יִהְיֶה שִׁבְעָתַיִם כְּאוֹר שִׁבְעַת הַיָּמִים" (שם ל׳ כ"ו) – וכאשר מועמדים הדברים לפי דעתו של שמואל האומר כי "אין בין העולם הזה לימות המשיח אלא שיעבוד גָלויות בלבד", משיבה הסוגיה: "לא קשיא; כאן במחנה צדיקים, כאן במחנה שכינה", משמע שְׁניסים אלה יתגשמו בשמי מעלה, ולא כאן, על פני האדמה.

4 אם נמקד זאת, הרי מדובר רק בפרקים ל"ח-ל"ט ביחזקאל, וגם שם לא מופיע הצירוף "גוג ומגוג", אלא "גּוֹג אֶרֶץ הַמָּגוֹג", משמע שֶׁגוג מולך על

מקבילות לַנבואה של מלחמת כל הגויים כנגד ישראל; כבר הזכרנו את נבואת יואל, ועוד נִראה זאת בספר זכריה.

ממשיך הרמב"ם: "ושֶקודם מלחמת גוג ומָגוג יעמוד נביא ליישר ישראל ולהכין ליבם" – ומיהו הנביא? אליהו! – "שנֶאמר (במלאכי ג' כ"ג): 'הִנֵּה אָנֹכִי שֹׁלֵחַ לָכֶם אֵת אֵלִיָּה [הַנָּבִיא, לִפְנֵי בּוֹא יוֹם ה' הַגָּדוֹל וְהַנּוֹרָא]', ואינו בא לא לטמא הטהור, ולא לטהר הטמא, ולא לפסול אנשים שהם בחזקת כשרות, ולא להכשיר מי שהוחזקו פסולין, אלא לָשׂוּם שלום בעולם". שלום – קודם כל בַּבית – "שנֶאמר (בפסוק הבא בנבואת מלאכי): 'וְהֵשִׁיב לֵב אָבוֹת עַל בָּנִים וְלֵב בָּנִים עַל אֲבוֹתָם'. ויש מן החכמים שאומרים שקודם ביאת המשיח יבוא אליהו". ודאי נשאל את עצמנו: אימתי יבוא אליהו? האם יבוא עם משיח בן דָוִד? או שיבוא לפניו ליישר ולהכין את דרכו? האם יבוא לפני 'מלחמת גוג ומָגוג'? ומי יילחם ב'מלחמת גוג ומָגוג'? האם כבר יהיה אז אִתנו המלך המשיח? – אומר הרמב"ם: "וכל אלו הדברים וכיוצא בהן – לא יֵדע אדם איך יהיו, עד שיהיו".

זהו משפט פנטסטי! לא נדע איך יהיו הדברים עד שהם יקרו בפועל... **כשיהיו – נדע**. לפני־כן – נוכל להעלות רק סברות והשערות... והרמב"ם מנמק: "שדברים סתומין הן אצל הנביאים, גם החכמים אין להם קבלה בדברים אלו, אלא לפי הכרע הפסוקים". כלומר, חכמים מנסים ללמוד מן הפסוקים מהו פשוטו של מקרא, הם גם דורשים דרשות, אבל אין להם קבלה בדברים האלו, לא נמסר להם הדבר באופן מוחלט, איש מפי איש, ולפיכך יש להם מחלוקת בדברים אלו.

וכאן מוסיף הרמב"ם משפט שקצת צובט את ליבנו, ולכאורה הופך את השיעור שלנו ל'ברכה לבטלה': "ועל־כל־פנים אין סידור הוויית דברים אלו ולא דִקדוקיהן עיקר בַּדת, ולעולם לא יתעסק אדם בדברי ההגדות, ולא יאריך בַּמדרשות האמורים בעניינים אלו וכיוצא בהן,

---

האומה המכונה 'מָגוג', והריהו "נְשִׂיא רֹאשׁ מֶשֶׁךְ וְתֻבָל" (ל"ח ב'). כפי שמציין שם רש"י, אומות אלה נזכרות כבר בבראשית (י' ב') כבניו של יפת בן נוח: "בְּנֵי יֶפֶת: גֹּמֶר וּמָגוֹג וּמָדַי וְיָוָן, וְתֻבָל וּמֶשֶׁךְ וְתִירָס".

ולא יְשִׂימֵם עיקר, שאין מביאין לא לידי יראה ולא לידי אהבה, וכן לא יחשב הקִצין״ – שלא יעשה חישובים מתי יבוא המשיח, באיזו שנה ובאיזה תאריך – ״אמרו חכמים: תיפח רוחם של מחשבי הקִצין! אלא יחכה ויאמין בכלל הדבר, כמו שביארנו״. עד כאן הלכה ב׳.

ובכן, לפי זה, אם אני רוצה להיות רמב״מיסט, עלי לומר לכם עכשיו: חבר׳ה, בואו נסגור את השיעור... ובאמת, ישנם כאלה התוקפים אותנו ואומרים: אתם הקוקניקים – אנשי האורות, ׳מרכז הרב׳, ׳מכון מאיר׳, ׳הר המור׳ וכו׳ – אתם משיחיסטים! תלמדו את הרמב״ם הזה ותראו שאין מקום להגדיר דברים, אל תנסו להקביל נבואות ומדרשים לַמציאות שלנו כאן, כי דברים אלה אינם מביאים לא לידי יראה ולא לידי אהבה – ודי לכם מלעסוק כל הזמן בענייני הגאולה.

ובכן, מה נשיב להם?

## בהקשבה לדברי הנבואה – הַבחינו בין כללים לפרטים

הבה ננסח את התשובה... קודם כל – כפי שאתם רואים – אני איש הרמב״ם. ״ממשה עד משה לא קם כמשה״ – בְּעוצמה, בַּיושר, בטהרת השכל, בידיעה מופלגת בכל מכמני התורה. אין אנו יכולים לדלג על הרמב״ם! ואולם, צריך לדקדק היטב בדברי הרמב״ם. הרי הוא בעצמו קובע כאן את הלכות־המשיח ומציין בפתיחת הפרק מה עומד להיות: יחזרו כולם לדת האמת, בתחילת ימות המשיח תהיה מלחמת גוג ומָגוג, ויעמוד נביא ליישר את ישראל ולהכין את ליבם. כל אלה הם בבחינת כללים – ״כלל הדבר״ בלשון הרמב״ם בסוף הלכה ב׳ – ובכך עלינו להאמין. אחר־כך מתייחס הרמב״ם לַפרטים, וגם לסדר ההתרחשויות, ועל **כך** הוא קובע שֶׁ״אין סידור הויית דברים אלו ולא דִקדוקיהן עיקר בַּדת״ וכו׳, כפי שראינו.

הווה אומר שאם יבוא אדם לקבוע מסמרות בפרטי הפרטים – ויחשוב שאנו יכולים לומר בביטחון שכך וכך יהיה – נֹאמר לו: לאט לך! נחוצה כאן זהירות, עם צניעות וענווה. הדברים סתומים אפילו בדברי הנביאים, ובוודאי שלַחכמים אין קבלה בפרטי מהלך הגאולה.

הדוגמה הטובה ביותר לַניסיון הפסול לחזות את דִקדוק פרטי הדברים היא חישובי הקץ וקביעת תאריכים. מה טיבו של הביטוי המיוחד שנוקט הרמב"ם: "תיפח רוחם של מחשבי הקִצין"? ובכן, פשוט הדבר שכאשר קובעים תאריך, ומתברר בדיעבד שלא באה בו גאולה – ולא בא עדיין משיח – אזי מתערערת אמונתם של אנשים רבים והם עלולים אף לבוא לידי מצבים איומים ונוראים. אנחנו יודעים כיצד בימי שבתַי צבי נפלו אנשים לתהומות כשהתברר סופו. צריך לומר גם שהיה משבר בקרב תלמידיו של הגאון מווילנה בארץ ישראל. רבים מהם היו בטוחים ששנת ה'ת"ר – 1840 למניינם, לפני 167 שנים – תהיה שנת הגאולה, ודרשו את הכתוב (בשיר השירים ב' י"ב): "הַנִּצָּנִים נִרְאוּ בָאָרֶץ ... וְקוֹל הַתּוֹר נִשְׁמַע בְּאַרְצֵנוּ". כשלא זכו לגאולה, הִתנצרו כמה וכמה מאותם תלמידים, והִתמוטטה אמונתם. היום יש לנו תיעוד וכל מיני גילויים מאד מזעזעים בהקשר הזה.[5] ברור אפוא שזו הסיבה לדברי הרמב"ם: "תיפח רוחם של מחשבי הקִצין".

זוהי אפוא ההבחנה הקובעת: ההבדל בין הכללים לבין הפרטים. **עלינו להבין את המהלך הכולל** – כלשונו של הרמב"ם עצמו: "אלא יחכה ויאמין **בכלל הדבר**, כמו שביארנו".

ולכך יש להוסיף את דברי הרמב"ם על המלך המשיח, בַּפרק שלפני האחרון, פרק י"א הלכה א', לאמור: "המלך המשיח עתיד לעמוד ולהחזיר מלכות דָוִד ליושנה לממשלה הראשונה, ובונה המקדש, ומקבץ נדחי ישראל ... וכל מי שאינו מאמין בו, או מי שאינו מחכה לביאתו, לא בשאר נביאים בלבד הוא כופר, אלא בתורה ובמשה רבֵּנו. שהרי התורה העידה עליו, שנֶאמר (בדברים ל' ג'-ה'): 'וְשָׁב ה' אֱ-לֹהֶיךָ

---

5 הציפיה לגאולה באותה שנה התבססה על האמור ב'זוהר' בפרשת וירא (דף קי"ז עמוד א'), ואלה דבריו בתרגום לעברית: "ובשש מאות שנים לאלף השישי, ייפתחו שערי החכמה אשר למעלה, ומעיינות החכמה שֶׁלמטה, [ויִיתַּקֵן העולם לבוא אל האלף השביעי, כאדם המיתַקֵּן עם נְטוֹת השמש להיכנס אל יום השבת".

עיקרה של הפרשה הזאת נסקר בספרו של אריה מורגנשטרן, 'משיחיות ויישוב ארץ־ישראל במחצית הראשונה של המאה הי"ט', הוצאת יד בן צבי, תשמ"ה 1985.

אֶת שְׁבוּתְךָ וְרִחֲמֶךָ, וְשָׁב וְקִבֶּצְךָ [מִכָּל הָעַמִּים אֲשֶׁר הֱפִיצְךָ ה׳ אֱ־לֹהֶיךָ שָׁמָּה]. אִם יִהְיֶה נִדַּחֲךָ בִּקְצֵה הַשָּׁמָיִם, [מִשָּׁם יְקַבֶּצְךָ ה׳ אֱ־לֹהֶיךָ וּמִשָּׁם יִקָּחֶךָ]. וֶהֱבִיאֲךָ ה׳ [אֱ־לֹהֶיךָ אֶל הָאָרֶץ אֲשֶׁר יָרְשׁוּ אֲבֹתֶיךָ וִירִשְׁתָּהּ, וְהֵיטִבְךָ וְהִרְבְּךָ מֵאֲבֹתֶיךָ]׳. ואלו הדברים המפורשים בַּתורה הם כוללים כל הדברים שנֶאמרו על־ידי כל הנביאים״.

אתם שומעים? – מי שלא מאמין בקיבוץ גָלויות איננו מאמין בַּתורה!

הגמרא אומרת שאחד הדברים שנשאל עליהם אדם בשעה שנשמתו עולה למעלה, הוא: ״ציפיתָ לישועה?״ ציפיתָ לגאולה? והרמב״ם קבע זאת בעיקריו: ״אני מאמין באמונה שלמה בביאת המשיח, ואף־על־פי שֶׁיתמהמה – עם כל זה אחכה לו, בכל יום שיבוא״. יהודים שהובלו **בקרונות המוות** לחשו זאת, במחנות ההשמדה, בקרמטוריום... הם הלכו אל מותם, ובשירה זו של ׳אני מאמין׳ עלתה נשמתם השמימה... – ובכן מה נאמר? שכל אלה דברים קטנים? ׳קליינֶע־קַייט׳ שלא שייכים לענייני תורה ואמונה?

חלילה לנו שהאמונה בייעודֵי העתיד שלנו תשקע ותהפוך להיות דבר שולי חסר ערך, אם לא נעסוק **בכללו** של תהליך הגאולה. כשם שהציפיה והתשוקה לשוב הביתה, לארץ ישראל, פִּרנסה את העולם היהודי גם בתקופת הגלות – ואלמלא הציפיה הזאת לא היינו מגיעים ארצה – כך גם הציפיה לימות המשיח ולַגאולה. הציפיה מפרנסת את הגוף והנשמה, ומי שמעקר אותה, מסרס אותה ומבטל אותה כביכול – הריהו הופך את חיינו לרדודים. אפילו יהא האיש הזה אדם מאמין ובן תורה – הוא יישאר כל חייו תקוע בתודעה של מציאות סטטית, שכביכול אין ייעוד!

ובאמת עלינו להבהיר ולברר לעצמנו – כשאנו אומרים: ׳ייעוד׳, למה אנחנו מצפים? כשהנביא אומר: ״וְכִתְּתוּ חַרְבוֹתָם לְאִתִּים וַחֲנִיתוֹתֵיהֶם לְמַזְמֵרוֹת״, כאשר מפעמת בנו ציפיה אל השלום העולמי – הדבר הזה נותן הרבה כוחות לַנפש. כשהנביא אומר: ״וְהָיָה בְּאַחֲרִית הַיָּמִים נָכוֹן יִהְיֶה הַר בֵּית ה׳ בְּרֹאשׁ הֶהָרִים וְנִשָּׂא מִגְּבָעוֹת״, אזי הציפיה לגאולה, הציפיה לימות המשיח, הציפיה לבניין בית המקדש – הציפיה הזו מפרנסת את הנשמה היהודית! אי אפשר בלי ציפיה לגאולה, ואין

אפשרות שנצפה לגאולה בלי שנבין על מה אנחנו מדברים. כך אומר הרמב"ם בסוף הלכות תשובה לגבי אהבת השם: "אינו אוהב [האדם את] הקב"ה אלא בְּדעת שֶׁיֵּדָעֵהוּ, ועל פי הדֵעה תהיה האהבה – אם מעט מעט, ואם הרבה הרבה". אם אינךָ יודע דבר על הייעוד, אם אינך משרטט אותו בדעתך בְּהיבט הכולל שלו, אם אינך מְתווה את הכיוון ואת האוריינטציה אליו – האם נוכל לצפות שאנשים יִכְסְפוּ לְמשהו, כאשר אין הם יודעים על מה מדובר בכלל?

## הַחֵרְשִׁים שְׁמָעוּ וְהַעִוְרִים הַבִּיטוּ לִרְאוֹת!

מורנו ורבנו הרב צבי־יהודה היה זועק זעקה גדולה ומרה כנגד אלו האומרים: "מי לידינו יתקע שזהו קיבוץ הגָלויות של התורה והנביאים?", וכל כיוצא בזה. הוא היה אומר: "תגידו, זה קיבוץ גָלויות או לא קיבוץ גָלויות?"; מיליוני אחים מתקבצים מארבע כנפות הארץ, ואתה אומר שזה **באקראי**? אתה קורא בתנ"ך בעין אחת, אתה רואה את המציאות בעין שניה, הדברים הולכים ומתרחשים בפועל, ואתה אומר שזה לא שייך בכלל לגאולה? לא שייך למה שכתוב בתנ"ך? נו באמת... זאת עצימת עיניים, זה עיוורון שאין כמוהו, "הַחֵרְשִׁים שְׁמָעוּ וְהַעִוְרִים הַבִּיטוּ לִרְאוֹת!" (ישעיהו מ"ב י"ח).

גם התחיה החקלאית של ארצנו היא גילוי גאולה. כבר הזכרנו את נבואת יחזקאל (ל"ו ח') המנבא ואומר: "וְאַתֶּם הָרֵי יִשְׂרָאֵל עַנְפְּכֶם תִּתֵּנוּ וּפֶרְיְכֶם תִּשְׂאוּ לְעַמִּי יִשְׂרָאֵל, כִּי קֵרְבוּ לָבוֹא", ועל כך אומר רבי אבא במסכת סנהדרין (דף צ"ח עמ' א'): "אין לך קץ מגולֶה מזה", שאתה רואה אותו **בעיניך**: ארץ ישראל נותנת את פריה בעין יפה, ארץ ישראל פורחת אחרי שהיו פה ביצות וקדחת ושממה. אני יוצא לשטח ורואה את המטעים שלנו בגוש עציון, והנה מתגשמת הנבואה בצורה המוחשית ביותר. זו אינה רק פרנסה, גם לא רק כלכלה בריאה יותר, ואפילו לא עוד קצת ציונות – זהו אור ה' שמופיע עלינו דרך ארץ ישראל.

שבנו לירושלים ברחמים במלחמת ששת הימים, זכינו למה שלא זכו דורות, ונֹאמר שכל זה איננו שייך למסכת של גאולה? זה סתם דבר שהתרחש באקראי?

צריך להבין, כל התהליך של שיבת ציון איננו תהליך טבעי. אי אפשר לומר שדבר מעין זה התרחש בעמים אחרים. זהו פֶנוֹמֶן, זו תופעה שאין כמותה בכל תולדות עולם! מושגים דומים לשיבת ציון ולקיבוץ גָלויות אינם קיימים אצל אף עם בָּעולם – על־אף שעמים רבים התפזרו וגלו מארצם כתוצאה מקטסטרופות מדיניות או מכישלונות במלחמה. בכלל, הרי היתה זו שיטה בעולם העתיק – לקחת עמים ולהגלות אותם לארץ אחרת, כי כך שבר הכובש את חוט השִדרה הלאומי של הנכבש ופורר אותו לפרודות. כך עשה סנחריב מלך אשור, כך עשתה מלכות בבל – גם לעם ישראל, גם לעמים אחרים. והאחרים, אמנם, אבד זִכרם... האם אנחנו יכולים לזהות היום את העמונים והמואבים, את הכפתורים והכַּסלוחים, ועוד כאלה שמסופר עליהם בספר בראשית? ישנו עליהם מין פזמון כזה, שאומר: ״כבר לא שומעים עליהם בזמן האחרון״...[6] הם לא הושמדו, אבל נטמעו בעמים האחרים.

רק עם אחד קטן ומיוחד בעולם שמר על הזהות הלאומית שלו, שמר על היעדים שלו – **ושב לארצו**! זה דבר שאין כדוגמתו **בכל תולדות העולם**. לא זו אף זו – כל המהלך הזה כבר נִצפָּה ״מראש ומִקֶּדֶם״: עוד לפני כניסת ישראל לארץ, עוד לפני שהחלו החיים הלאומיים, כבר משרטט משה רבנו את העתיד – גם את התהליכים המשבריים, גם את הגלות, גם את החורבן, גם את הייסורים, **גם את השואה, וגם את התקומה.**

ובכן, כשאנו קוראים את הדברים בַּתורה ורואים אותם מִתחוללים לנגד עינינו – רק עיוור, **מטומטם או פושע** יאמר שמה שקורה – הכול במקרה, ואין שום קשר בין תורה, נביאים, ומציאות חיינו... כמה אטום צריך להיות האיש האומר כך... לכן יש לי בעניין הזה ויכוח נוקב מאד עם הציבור החרדי, ככל שהוא מנסה להמעיט ואולי גם לבטל בחלקו

6 זהו הפזמון ההומוריסטי ׳וַיוֹלֶד׳, מאת חיים חפר, שהלחין דובי זלצר וביצע יהורם גאון.

את ערך המפעל האדיר של מהלך שיבת ציון. ויכוח נוקב מאד – בעקבותיו של הרב זצ״ל, ובעקבות מורֵנו ורבֵּנו הרב צבי־יהודה שהיה בָּעניין הזה תקיף עד מאד!

ואסור לנו להיות ׳פַּרְוֶה׳ בעניינים הללו, על־אף שאנו יודעים כמובן שיש משברים וקשיים בדרך, שהתהליך לא הולך ״אוטוסטרדה״... גם זה עצמו נמצא בדברי הנביאים. וגם המעברים והתנודות של הצבי הזה שנִכסֶה ונִגלֶה מופיעים בתוך דברי הנביאים.[7] אבל ככלל, ברמה הכוללת – דווקא כמו שאומר הרמב״ם: ״יחכה ויאמין בכלל הדבר״ – אני חושב שהדברים נהירים וברורים. ולזה ישנה נפקא־מינה עצומה: עלינו לומר בקול גדול תודה לריבונו־של־עולם! תודה על שזכינו לאתחלתא דגאולה. חייבים אנו להודות על כל היֵש, על כל הטוב. כמה נכספו לדברים הללו, דורות על דורות, ולא זכו להם? ואנחנו שזכינו – נבעט בַּטובה? אילו היו אבות אבותינו פוקחים עכשיו את עיניהם – אבותינו מימי האינקוויזיציה עד ימי השואה האיומה, אבותינו בספרד, תימן או מרוקו, סבא ואבא־של־סבא של כל אחד מאִתנו – מה היו אומרים? ״מֵאֵת ה׳ הָיְתָה זֹּאת, הִיא נִפְלָאת בְּעֵינֵינוּ!״.

ישנו מדרש האומר: ״עתידה בת־קול להיות מפוצצת בראשי ההרים ואומרת: מי פעל עם אֵ־ל? – כל מי שפעל עם אֵ־ל יבוא וייטול שכרו״ (ויקרא רבה אמור כ״ז). ובכן, זכינו להיות שותפים לקב״ה, ואנחנו פועלים. ומעשינו אינם רק בתחום הפרטי והעכשווי, אלא ניתנים להם משמעות וממדים אחרים. כשאתה יודע שאתה מביא עוד יהודי לארץ, מסייע בקיבוץ גָלויות, כשאתה יודע שאתה בונה עוד יישוב, שותל עוד עץ – כשאתה יודע שאתה מאיר עוד אורה של תורה – אתה מקרב על־ידי כך את הגשמת הייעוד. גם המעשים הקטנים נשתלים בערוגת הכלל ונכללים במהלך הכולל של גאולת ישראל.

---

7 חנן מבליע כאן את המדרש המופיע בפסיקתא דרב כהנא (פיסקא ה׳ ׳החדש הזה׳) ובמקבילות, על הפסוק בשיר השירים (ב׳ ט׳): ״׳דּוֹמֶה דוֹדִי לִצְבִי [אוֹ לְעֹפֶר הָאַיָּלִים]׳ – אמר רבי יצחק: מה הצבי הזה נִראֶה וחוזר ונִכסֶה, כך משיח ראשון נִגלֶה להם וחוזר ונִכסֶה מהם״.

לכן ישנה חשיבות עצומה בלימוד העקרונות המנחים, האוריינטציה הכוללת – אומר שוב: ללמוד תוך זהירות שלא לטבוע בפרטים, ולא להשתבש בחישובי קִצים – וכל מה שנלמד בהמשך, יהיה ברוח זו.

שאלה: מה לגבי מי שאינו מאמין במשיח?

תשובה: הרי כבר ראינו את דברי הרמב״ם: ״וכל מי שאינו מאמין בו״ – בַּמלך המשיח – ״או מי שאינו מחכה לביאתו, לא בשאר נביאים בלבד הוא כופר, אלא בַּתורה ובמשה רבֵּנו״.

שאלה: ומה ראוי לומר למי שאינו מאמין באתחלתא דגאולה?

תשובה: הוא איננו כופר, האיש הזה, אבל הוא עוצם את עיניו, וכופר בַּטובה. אתרגם את זה לאמירה קונקרטית: בעינַי, מי שאינו אומר הלל ביום העצמאות, מי שאיננו יודע להודות על כל הטוב אשר גמָלָנו ה׳ יתברך – הוא כפוי טובה. אנחנו, אנשי האמונה, הציונים המאמינים, אנחנו לא ׳פַּרוֶה׳. איננו פשרנים. מורֵנו הרב צבי־יהודה היה מנשק את מדי צה״ל – ואני אומר זאת אחרי ׳ההִתנתקות׳ מגוש קטיף, ואחרי כל המשברים – והוא היה מדבר על ״הטנק הקדוש״, כי זהו כלי שבעזרתו זכינו לשיבת ציון. כך יש קדושה בכל בית שֶמּוּקם, בכל עץ שנשתל. אנחנו בָּעניין הזה רדיקלים!

**שיעור מס׳ 2 – י״א בחשוון תשס״ז**

# פרק י״ב

## פתיחה

לאחר המבוא, הנה אנו מתקרבים אל נבואותיו של זכריה, בסוף סִפרוֹ, נבואות שיש בהן חידושים מופלאים.

ההכרה והאמונה בכך שעתיד לבוא גואל לישראל – משיח צדקנו – עולה בבירור מתוך נבואות זכריה שנעסוק בהן, ועוד קודם לכן היא נשמעת בנבואת ישעיהו, עוד בימי הבית הראשון: ״וְיָצָא חֹטֶר מִגֵּזַע יִשָׁי וְנֵצֶר מִשָּׁרָשָׁיו יִפְרֶה. וְנָחָה עָלָיו רוּחַ ה׳״ וגו׳ (י״א א׳-ב׳).

כפי שאמרנו, חברים יקרים, נעסוק בייחוד **בכללי** הדברים, פחות בדקדוק הפרטים – זה הכלל שֶׁיַּנְחֶה אותנו – וברור שביאת הגואל הנה בבחינת ׳כלל יסוד׳ במהלך הגאולה.

על כך אנו קוראים ואומרים בשלושה עשר העיקרים של הרמב״ם עצמו: ״אני מאמין באמונה שלמה בביאת המשיח״. ההכרה שיבוא תיקון עולם במלכות שַ־דַי,[1] שֶׁיוּסר הרוע מן העולם ויכירו כולם בְּגילוי שייגָּלֶה בַּיום הגדול: ״וְהָיָה ה׳ לְמֶלֶךְ עַל כָּל הָאָרֶץ, בַּיּוֹם הַהוּא יִהְיֶה

1 הביטוי השָׁגור הזה – ״לתקן עולם במלכות שַ־דַי״ – לקוח מתפילת ׳עלינו לשבח׳. לא מיותר להעיר שֶׁרבים מכתבי היד של התפילה, לפני היות הדפוס, גורסים: ״לתַכֵּן עולם במלכות שַ־דַי״, היינו **לייסד עולם** שימלוך בו הקב״ה, מלשון ׳כֵּן׳ שהוא בסיס. אחר־כך השתבש הנוסח, תוך משיכה מודעת או לא־מודעת מלשונו של הנימוק הרוֹוֵחַ בדברי חז״ל לְתקנות שהן לתועלת הכלל, ״מפני תיקון העולם״.

ה׳ אֶחָד וּשְׁמוֹ אֶחָד״ (זכריה י״ד ט׳) – ודאי שזה מעיקרי הגאולה. אם אנו מצווים להאמין בַּדבר – פשיטא שאנו מצווים ללמוד ולברר את העניין לעומקו.

## על דעת הזמן

### יום פטירת רחל אִמנו, יום הירצחו של יצחק רבין

אבל לפני שניגש אל פרק י״ב בזכריה, אני מרשה לעצמי, בכל זאת, לומר כמה מילים על היום המיוחד הזה שבו אנו יושבים ולומדים כאן...

היום הזה, חברים יקרים, נושקים בו שני תאריכים – אחד מימים קדומים ואחד מימינו אלה. התאריך מימים קדומים – הוא על־פי המסורת יום פטירתה של רחל אִמנו עליה השלום – י״א במרחשוון. והתאריך מימים אלה – הוא יום הזיכרון לרצח ראש הממשלה שלנו, יצחק רבין זיכרונו לברכה. אין זה מקרה שיש צמידות בין שני התאריכים, יום י״א במרחשוון ויום י״ב בו. בכל השנים יום נושק ליום – רבין נרצח במוצָאי שבת, מוצָאי י״א במרחשוון – והפעם, יום הזיכרון שהיה צריך לחול מחר, ביום שישי, הוקדם להיום, ולכן מתאחדים שני ימי הזיכרון.

את הידיעה על הרצח – לפני אחת־עשרה שנים – שמעתי בשעה שהייתי בדרכי לקבר רחל, לפקוד את רחל אִמנו במוצאי שבת. זה לא מקרה, ולא אכנס כאן עכשיו לפרטים.[2] אני מבקש לומר שבאותה

2 אל נכון, חנן רומז לכך שֶׁיחד עם הרב מנחם פרוש, איש ׳אגודת ישראל׳, הם הצילו את קבר רחל מִליפול לידי הרשות הפלשתינית בהסכמי אוסלו (1995). חנן קבע אז פגישה דחופה עם רבין, הרב מנחם פרוש הצטרף, והם הסבירו לרבין את חומרת ההפקרה של הקבר אל מחוץ לשליטת המדינה. לפתע התפרץ הרב פרוש בבכי ״מאמֶע רוחל, מאמֶע רוחל״, רבין בקושי הבין על מה הבכי הנורא, אך נכנע לרגשי האמת והקדושה... כך נקבע מעמדו של קבר רחל בתוך ״שטח C״ שבשליטת מדינת ישראל. יצחק רבין נרצח זמן קצר אחר־כך. הרב מנחם פרוש נפטר בשנת תש״ע (2010), כשנה וחצי לפני מותו של חנן.
ראה על כך בספרו של נדב שרגאי ׳על אֵם הדרך – סיפורו של קבר רחל׳, הוצאת שערים לחקר ירושלים, תשס״ה, עמ׳ 206.

שעה שֶׁשמעתי בתדהמה גדולה על הרצח, עלה בראשי הפסוק שאנחנו אומרים על קבר רחל: ״כֹּה אָמַר ה׳: קוֹל בְּרָמָה נִשְׁמָע, נְהִי בְּכִי תַמְרוּרִים, רָחֵל מְבַכָּה עַל בָּנֶיהָ, מֵאֲנָה לְהִנָּחֵם עַל בָּנֶיהָ כִּי אֵינֶנּוּ״ (ירמיהו ל״א י״ד).

שימו לב; הכתוב אומר: ״מֵאֲנָה לְהִנָּחֵם עַל בָּנֶיהָ״, בלשון רבים, אבל אחר־כך: ״כִּי אֵינֶנּוּ״. והרי היה צריך להיות: ׳כי אינם׳, מדוע ״כִּי אֵינֶנּוּ״? אלא שזהו עומק הפשט: בשביל רחל אִמנו – כל בן הוא בן יחיד! כל אחד הוא יחיד ומיוחד לה, בכל דורות העם.

אם אקדים את המאוחר, עוד מעט קט נעסוק בפסוק מיוחד בנבואת זכריה (י״ב י׳): ״וְשָׁפַכְתִּי עַל בֵּית דָּוִיד וְעַל יוֹשֵׁב יְרוּשָׁלַיִם רוּחַ חֵן וְתַחֲנוּנִים, וְהִבִּיטוּ אֵלַי אֵת אֲשֶׁר דָּקָרוּ, וְסָפְדוּ עָלָיו כְּמִסְפֵּד עַל הַיָּחִיד, וְהָמֵר עָלָיו כְּהָמֵר עַל הַבְּכוֹר״. את מי דקרו? על מי סופדים? – זו דמות נעלמה שלא ברור מי היא. חז״ל זיהו את הדמות המופלאה הזאת כמשיח בן יוסף שנהרג – עוד נצטרך ללמוד זאת והדברים אינם פשוטים – אבל מכל־מקום אתם רואים פה את הביטוי המיוחד הזה: ״וְסָפְדוּ עָלָיו כְּמִסְפֵּד עַל הַיָּחִיד״. לא רק על הכלל, לא רק על הציבור – מתאבלים כאן על היחיד! זהו הביטוי המיוחד אצל רחל אִמנו: ״מֵאֲנָה לְהִנָּחֵם עַל בָּנֶיהָ כִּי אֵינֶנּוּ״.

ואני זוכר שבאותה שעה חשבתי לעצמי: הנה עכשיו, בשעה הזאת, רחל אִמנו בוכה וסופדת לבנה, יצחק רבין, שנרצח בידי בן אחר שלה... זהו הדבר הנורא, שבן רוצח בן ואח רוצח אח, תהיינה הסיבות הפוליטיות אשר תהיינה. זוהי רחל, וזה יחסה לבניה; כל אחד הוא יחיד לה. אם יש בן שמשוטט לו, מוּכֵּה סמים, בגוֹאָה או על נהרות האמָזונס – היא בוכה עליו. אם מגורשים בנים מִביתם ומנחלתם, כמו שחווינו בגוש קטיף ובצפון השומרון לפני קצת למעלה משנה – רחל מבכה על בניה, כי איננו.

כך חשנו גם אנחנו, בני כפר עציון, כאשר חרב ביתנו בתש״ח במלחמת השחרור, וגלינו מִבתינו, מן ההר הטוב הזה... כל אותן שנים, תשע עשרה שנה, מאז שחרב גוש עציון ועד ששבנו אליו – התאמצנו בפסוקים הללו: ״רָחֵל מְבַכָּה עַל בָּנֶיהָ ... כִּי אֵינֶנּוּ״.

וריבונו־של־עולם מקשיב ושומע את קול בכיה... הקול האדיר הזה – הומֶה ומהדהד בכל העולמות, פותח שערי רקיע – עליו אומר הכתוב: ״כֹּה אָמַר ה׳: מִנְעִי קוֹלֵךְ מִבֶּכִי וְעֵינַיִךְ מִדִּמְעָה, כִּי יֵשׁ שָׂכָר לִפְעֻלָּתֵךְ נְאֻם ה׳, וְשָׁבוּ מֵאֶרֶץ אוֹיֵב. וְיֵשׁ תִּקְוָה לְאַחֲרִיתֵךְ נְאֻם ה׳, וְשָׁבוּ בָנִים לִגְבוּלָם״ (ירמיהו ל״א ט״ו-ט״ז).

כך נענית תפילת רחל אִמנו בַּמהלך הגדול של שיבת ציון ושל קיבוץ הגָלויות – ״וְשָׁבוּ בָנִים לִגְבוּלָם״ – מארץ אויב, ממרחקים, מכל קצוות תבל אל ארץ ישראל, ולערים שחרבו בתוך ארץ ישראל. גם כל שיבה של כל אחד אל עצמו, אל מורשתו, אל ביתו הרוחני, אל תוכן חייו המיוחד – **כל המהלך הכביר הזה** של השיבה הביתה – יש לרחל אִמנו חלק מרכזי בו. ולא בכדי ׳מגייס׳ ירמיהו הנביא דווקא את רחל אִמנו, שהיא תהיה זו שתזעק, שֶתפתח שערי רקיע. מכל האבות והאימהות – דווקא היא. דבר זה מלמד אותנו, אגב אורחא, על מקומה המרכזי של רחל אִמנו ושל בניה שלה – יוסף ובנימין – במהלך הגאולה. אף־על־פי שמשיח בן דָוִד הריהו מיהודה, בכל זאת – במהלך קיבוץ הגָלויות, בקריאה לשיבת ציון ובהגשמתה – אנחנו רואים שיש משקל ותפקיד לבניה של רחל, ובראש וראשונה לבנה בכורה, ליוסף.

מהלך שיבת ציון – שיבת בנים לגבולם – מתגלגל על־ידי יוסף, ועל־ידי משיח־בן־יוסף, עד כדי כך שהגאון מווילנה אומר שערך ׳ציון׳ בגימטריה שווה לערך ׳יוסף׳.[3] ומתוך כך, אחר־כך, בא השלב השני – הגבוה יותר – של משיח־בן־דָוִד. ואולם, שני המשיחים נצרכים זה לזה. מה פירוש הדבר? מהי המשמעות? מה תפקידו של כל

---

3 חנן נסמך כאן על הספר ׳קול התור׳ אשר נכתב בידי תלמידי הגר״א. בפרק ב׳ של הספר מנויות קנ״ו בחינות של משיח בן יוסף (156, כגימַטריה של שמו), ובבחינה ל״ב נכלל חישוב הגימַטריה: ציון = יוסף = 156. הדבר מקושר ל׳מדרש תנחומא׳ לפרשת וַיגש (י״א) הפותח: ״כל מה שאירע ליוסף אירע לציון״, ומפרט זאת בציטוט זוגות רבים של פסוקים, כאשר בכל זוג מוגשת נקודת דמיון בין יוסף לציון. **נספח י׳** לחלק זה, בעמ׳ 377, יוקדש לַספר ׳קול התור׳.

אחד? – בדברים האלה נעסוק בשיעורים הבאים; אלה הן תובנות של מהלך הגאולה.

מכל-מקום, יום פטירתה של רחל אִמנו מגיש לנו מעין עדשה להתבוננות, לתובָנות, במהלך הגאולה, על-פי עניינו המיוחד של היום הזה. כל אותה ציונות של השבת בנים לגבולם, על כל סיבוכיה וכל תהפוכותיה – ועל כל בניה, שלכולם יש חלק בה... אם הרב קוק זצ"ל, במאמרו הגדול 'המִספֵּד בירושלים' – שעוד נלמד אותו – מרהיב עוז לומר שבהרצל, מבשר ומייסד הציונות, ישנו ניצוץ של משיח בן יוסף – נדגיש: ניצוץ! לא הדמות כשלעצמה, אבל משהו מאותה רוח – אזי יכולים דברים אלה להיאמר גם כלפי כל אותם אנשים שמילאו תפקיד מרכזי במהלך שיבת ציון של דורנו, ושמסרו נפשם במלחמות ובמאבקים – גם בעליות, גם בירידות, וגם במשברים.

ובכלל זה נמצאים גם הבכי והכאב והאֵבֶל – כמובן בָּאיזונים הנכונים ובַמינון הנכון – כלפי הרצח של ראש הממשלה שלנו, יצחק רבין. אני שומע זאת כשאני שב וקורא את הפסוק שקראנו: "וְהִבִּיטוּ אֵלַי אֵת אֲשֶׁר דָּקָרוּ, וְסָפְדוּ עָלָיו כְּמִסְפֵּד עַל הַיָּחִיד, וְהָמֵר עָלָיו כְּהָמֵר עַל הַבְּכוֹר", ואני שומע בת קול: "קוֹל בְּרָמָה נִשְׁמָע, נְהִי בְּכִי תַמְרוּרִים, רָחֵל מְבַכָּה עַל בָּנֶיהָ", מבכה על **בנה** כי איננו...

## קריאת הפרק

ובכן, חברים, באמת הקדמנו את המאוחר... כדי להבין את הדברים לָעומק, במבט כולל, עד כמה שידינו מגעת, ניגש עתה אל הפרקים הללו בנבואת זכריה, ואני מבקש לפתוח ולקרוא את פרק י"ב כולו. הנה אלה דברי הנבואה:

> מַשָּׂא דְבַר ה' עַל יִשְׂרָאֵל, נְאֻם ה', נֹטֶה שָׁמַיִם וְיֹסֵד אָרֶץ, וְיֹצֵר רוּחַ אָדָם בְּקִרְבּוֹ. הִנֵּה אָנֹכִי שָׂם אֶת יְרוּשָׁלַיִם סַף רַעַל לְכָל הָעַמִּים סָבִיב, וְגַם עַל יְהוּדָה יִהְיֶה בַמָּצוֹר עַל יְרוּשָׁלָיִם. וְהָיָה בַיּוֹם הַהוּא אָשִׂים אֶת יְרוּשָׁלַיִם אֶבֶן מַעֲמָסָה לְכָל הָעַמִּים, כָּל עֹמְסֶיהָ שָׂרוֹט יִשָּׂרֵטוּ, וְנֶאֶסְפוּ עָלֶיהָ כֹּל

גּוֹיֵי הָאָרֶץ. בַּיּוֹם הַהוּא, נְאֻם ה׳, אַכֶּה כָל סוּס בַּתִּמָּהוֹן וְרֹכְבוֹ בַּשִּׁגָּעוֹן, וְעַל בֵּית יְהוּדָה אֶפְקַח אֶת עֵינַי, וְכֹל סוּס הָעַמִּים אַכֶּה בַּעִוָּרוֹן. וְאָמְרוּ אַלֻּפֵי יְהוּדָה בְּלִבָּם: אַמְצָה לִי יֹשְׁבֵי יְרוּשָׁלִַם בַּה׳ צְבָאוֹת אֱ־לֹהֵיהֶם. בַּיּוֹם הַהוּא אָשִׂים אֶת אַלֻּפֵי יְהוּדָה כְּכִיּוֹר אֵשׁ בְּעֵצִים וּכְלַפִּיד אֵשׁ בְּעָמִיר, וְאָכְלוּ עַל יָמִין וְעַל שְׂמֹאול אֶת כָּל הָעַמִּים סָבִיב, וְיָשְׁבָה יְרוּשָׁלִַם עוֹד תַּחְתֶּיהָ בִּירוּשָׁלִָם. וְהוֹשִׁיעַ ה׳ אֶת אָהֳלֵי יְהוּדָה בָּרִאשֹׁנָה, לְמַעַן לֹא תִגְדַּל תִּפְאֶרֶת בֵּית דָּוִיד וְתִפְאֶרֶת יֹשֵׁב יְרוּשָׁלִָם עַל יְהוּדָה. בַּיּוֹם הַהוּא יָגֵן ה׳ בְּעַד יוֹשֵׁב יְרוּשָׁלִַם, וְהָיָה הַנִּכְשָׁל בָּהֶם בַּיּוֹם הַהוּא כְּדָוִיד, וּבֵית דָּוִיד כֵּאלֹהִים, כְּמַלְאַךְ ה׳ לִפְנֵיהֶם. וְהָיָה בַּיּוֹם הַהוּא אֲבַקֵּשׁ לְהַשְׁמִיד אֶת כָּל הַגּוֹיִם הַבָּאִים עַל יְרוּשָׁלִָם. וְשָׁפַכְתִּי עַל בֵּית דָּוִיד וְעַל יוֹשֵׁב יְרוּשָׁלִַם רוּחַ חֵן וְתַחֲנוּנִים, וְהִבִּיטוּ אֵלַי אֵת אֲשֶׁר דָּקָרוּ, וְסָפְדוּ עָלָיו כְּמִסְפֵּד עַל הַיָּחִיד, וְהָמֵר עָלָיו כְּהָמֵר עַל הַבְּכוֹר. בַּיּוֹם הַהוּא יִגְדַּל הַמִּסְפֵּד בִּירוּשָׁלִַם כְּמִסְפַּד הֲדַדְ־רִמּוֹן בְּבִקְעַת מְגִדּוֹן. וְסָפְדָה הָאָרֶץ מִשְׁפָּחוֹת מִשְׁפָּחוֹת לְבָד, מִשְׁפַּחַת בֵּית דָּוִיד לְבָד וּנְשֵׁיהֶם לְבָד, מִשְׁפַּחַת בֵּית נָתָן לְבָד וּנְשֵׁיהֶם לְבָד. מִשְׁפַּחַת בֵּית לֵוִי לְבָד וּנְשֵׁיהֶם לְבָד, מִשְׁפַּחַת הַשִּׁמְעִי לְבָד וּנְשֵׁיהֶם לְבָד. כֹּל הַמִּשְׁפָּחוֹת הַנִּשְׁאָרוֹת, מִשְׁפָּחֹת מִשְׁפָּחֹת לְבָד וּנְשֵׁיהֶם לְבָד.

## פועַל אדם – ברוח אֵ־ל עולם

דברים סתומים... אבל נתחיל בהתחלה...

”מַשָּׂא דְבַר ה׳ עַל יִשְׂרָאֵל, נְאֻם ה׳, נֹטֶה שָׁמַיִם וְיֹסֵד אָרֶץ, וְיֹצֵר רוּחַ אָדָם בְּקִרְבּוֹ“.

הפתיחה מאירה לנו נקודת יסוד בתיאור ריבון־העולמים כביכול, וגם נביאים אחרים מבטאים זאת, בייחוד יחזקאל ויואל: הקב״ה הוא, מצד אחד, ”נֹטֶה שָׁמַיִם וְיֹסֵד אָרֶץ“ – ככתוב: ”בְּרֵאשִׁית בָּרָא אֱ־לֹהִים אֵת הַשָּׁמַיִם וְאֵת הָאָרֶץ“ – ומאותו צד הוא ריבון־עולם אשר בידו לחולל

את כל מה שמתרחש בַּמציאות או לשנותה כחפצו – ככתוב: "לַה' הָאָרֶץ וּמְלוֹאָהּ, תֵּבֵל וְיֹשְׁבֵי בָהּ" (תהלים כ"ד א') – אבל החתימה באה ללמדנו את הצד השני. והצד השני מהו? שֶׁריבון־העולמים מחולל את כל המהלכים ההיסטוריים דרך רוח האדם: "וְיֹצֵר רוּחַ אָדָם בְּקִרְבּוֹ".

הבה נראה נבואה חשובה מאד לענייננו, בספר יחזקאל פרק ל"ח, אשר היסוד הזה שֶׁאמרנו כרגע מתגלה בה. כוונתי למלחמתו של גוג בישראל, מלחמה שכבר הִזכרנו אותה בשיעור הקודם. נקרא את פסוקי הפתיחה (א'-ד'): "וַיְהִי דְבַר ה' אֵלַי לֵאמֹר: בֶּן אָדָם, שִׂים פָּנֶיךָ אֶל גּוֹג אֶרֶץ הַמָּגוֹג, נְשִׂיא רֹאשׁ מֶשֶׁךְ וְתֻבָל, וְהִנָּבֵא עָלָיו. וְאָמַרְתָּ: כֹּה אָמַר אֲדֹנָי ה': הִנְנִי אֵלֶיךָ גּוֹג נְשִׂיא רֹאשׁ מֶשֶׁךְ וְתֻבָל. וְשׁוֹבַבְתִּיךָ, וְנָתַתִּי חַחִים בִּלְחָיֶיךָ, וְהוֹצֵאתִי אוֹתְךָ וְאֶת כָּל חֵילֶךָ, סוּסִים וּפָרָשִׁים לְבֻשֵׁי מִכְלוֹל כֻּלָּם, קָהָל רָב צִנָּה וּמָגֵן, תֹּפְשֵׂי חֲרָבוֹת כֻּלָּם".

הווה אומר: אני ה' אנהיג אותך! אתן חחים בלחייך, כמו רסן, אוחֵז ואמשוך בהם כמו שמושכים סוס, ואוליך אותך להילחם על אדמת ישראל. מלחמת עולם על ישראל וירושלים. ואם אתם סבורים שהנביא אומר שיעשה זאת הקב"ה בכוח, בכפיה פיזית, הנה באים הפסוקים בהמשך, ואני קורא מפסוק י': "כֹּה אָמַר אֲדֹנָי ה': וְהָיָה בַּיּוֹם הַהוּא יַעֲלוּ דְבָרִים עַל לְבָבֶךָ, וְחָשַׁבְתָּ מַחֲשֶׁבֶת רָעָה. וְאָמַרְתָּ: אֶעֱלֶה עַל אֶרֶץ פְּרָזוֹת, אָבוֹא הַשֹּׁקְטִים יֹשְׁבֵי לָבֶטַח כֻּלָּם, יֹשְׁבִים בְּאֵין חוֹמָה וּבְרִיחַ, וּדְלָתַיִם אֵין לָהֶם. לִשְׁלֹל שָׁלָל וְלָבֹז בַּז, לְהָשִׁיב יָדְךָ עַל חֳרָבוֹת נוֹשָׁבֹת וְאֶל עַם מְאֻסָּף מִגּוֹיִם, עֹשֶׂה מִקְנֶה וְקִנְיָן, יֹשְׁבֵי עַל טַבּוּר הָאָרֶץ".

ובכן, אנחנו נמצאים כבר בתקופה **שאחרי** השלבים הראשונים של קיבוץ הגָלויות, עם ישראל כבר מתכנס לָארץ, אבל הוא חושב שֶׁכבר הגיע אל המנוחה ואל הנחלה, שֶׁכבר שלום לו מסביב, הוא שר 'שיר לַשלום', "עַם מְאֻסָּף מִגּוֹיִם, עֹשֶׂה מִקְנֶה וְקִנְיָן" – ככה, אתם יודעים, העם 'עושה ביזנֶס' – ואז, דווקא אחרי קיבוץ הגָלויות ושיבת ציון, מגיע המהלך של גוג זה, שעולָה מחשבת בליעל בראשו על ליבו, כאמור: "יַעֲלוּ דְבָרִים עַל לְבָבֶךָ, וְחָשַׁבְתָּ מַחֲשֶׁבֶת רָעָה". **מי עורר את המחשבה הזאת?** ריבון־העולמים כמובן! כמו שנֶאמר בפסוקים הקודמים: "הִנְנִי אֵלֶיךָ גּוֹג ... וְשׁוֹבַבְתִּיךָ, וְנָתַתִּי חַחִים בִּלְחָיֶיךָ, וְהוֹצֵאתִי אוֹתְךָ וְאֶת כָּל חֵילֶךָ" וכו'.

ונבואת יחזקאל היא המאירה לעינינו את מה שמקופל בַּפסוק הפותח את נבואת זכריה: ״נֹטֶה שָׁמַיִם וְיֹסֵד אָרֶץ, וְיֹצֵר רוּחַ אָדָם בְּקִרְבּוֹ״. ריבון־העולמים איננו חייב לעשות את כל מהלכיו המופלאים – וגם את מהלכי הגאולה – רק במעשי ניסים ונפלאות החורגים מדרך הטבע, כמו מכות מִצרַים וקריעת ים סוף. ההיסטוריה עצמה היא ה׳סביבה׳ בה מתרחשים הדברים, המהלכים ההיסטוריים מְנוּוָטים על־ידי ריבון־העולמים דרך דמויות אנושיות, דרך מנהיגים, דרך מלכים, שעליהם נֶאמר: ׳לב מלכים ושרים ביד ה׳׳.[4] **דרכם** הוא מחולל את המהלכים ההיסטוריים, דרך כל הסערות האנושיות, (ובתוך סוגריים נוסיף שֶׁכמובן לא יחסרו גם ניסים ונפלאות בַּמקום שנִצרך לכך).

הרב קוק זצ״ל, בספרו ׳אורות׳ (׳ישראל ותחייתו׳ י״ב), כותב משפט שצריך לשים אותו כמוֹטוֹ: ״לא אלמנה היא ההיסטוריה הסבוכה בְּמסיבוֹתֶיהָ״. ההיסטוריה איננה דומה לאִשה שמת בעלה, והיא מתגלגלת כעת, נֶעבֶעך, בלי מנהל ומכַוֵן. ״בתוכה חי גואל חזק, צור ישראל וגואלו, ה׳ צבָאות שמו״.[5] הגואל בַּמקרא הוא בועל. ריבונו־של־עולם

---

4 הציטוט הזה רווח בפי דורשי תורה וכותביה, אך אין זה פסוק בַּמקרא. בספר מִשלֵי (כ״א א׳) נֶאמר: ״פַּלְגֵי מַיִם לֶב מֶלֶךְ בְּיַד ה׳, עַל כָּל אֲשֶׁר יַחְפֹּץ יַטֶּנּוּ״. בדרך כלשהי נוצר הביטוי בלשון רבים ובתוספת ה׳שרים׳. יש לציין בהקשר זה פיוט סליחות מאת רבנו גרשום מאור הגולה (נפטר 1028) – פיוט הנֶאמר בקהילות אשכנז ביום רביעי של עשרת ימי תשובה – והוא פותח: ״אַתָּה מְקֶדֶּם אֱ־לֹהֵינוּ אֲדוֹנֵינוּ״. בתוכו מופיעה שורה שהיא עיבוד הפסוק הנ״ל: ״פַּלְגֵי מַיִם בְּיָדְךָ לֵב מְלָכִים וְשָׂרִים, הַטֵּה לִבָּם לְצֶדֶק מֵישָׁרִים״ וכו׳.

5 לענייננו, כדאי לקרוא את משפטו המלא של הרב קוק, לאמור: ״לא אלמנה היא ההיסטוריה הסבוכה בְּמסִבּוֹתֶיהָ. בתוכה חי גואל חזק, צור ישראל וגואלו ד׳ צבָאות שמו, אֱ־לֹהֵי כל בשר, אֱ־לֹהים לכל ממלכות הארץ, אדון כל המעשים, צור כל העולָמים, צדיק בכל הדורות. לא עשתה הנבואה שום נס, כי־אם כשֶׁקִשרַתּוֹ לאיזו טבעת טבעית, אפילו קלושה וקטנה״.
לא מן הנִמנע הוא, שֶׁהרב נקט את המילה ״בְּמסִבּוֹתֶיהָ״ ברוחו של הכתוב באיוב (ל״ז י״ב) על הקב״ה או על שְׁליח־כוחו: ״וְהוּא מְסִבּוֹת מִתְהַפֵּךְ בְּתַחְבּוּלֹתָיו לְפָעֳלָם, כֹּל אֲשֶׁר יְצַוֵּם עַל פְּנֵי תֵבֵל אָרְצָה״.

הוא הבעלים כאן, הוא המנווט את ההיסטוריה. לפעמים אנו אומרים: ׳גחמה של פלוני אלמוני גרמה לתוצאה זו או אחרת, פלוני נבחר לתפקיד, אלמוני נפל מכִסאו׳ וכדומה. כמובן, אי אפשר לומר שאנשים רק כפויים על־ידי ריבונו־של־עולם בכל החלטותיהם ודרכם, יש בחירה חופשית. אבל את המהלכים ההיסטוריים הגדולים – לְטָב ולמוטב – מחולל ריבונו־של־עולם באמצעות המלכים והשרים, אשר לבבם בידו.

דרך אגב, מתוך הביטוי הזה של הרב קוק, אוסיף ואומר גם זאת: מי שמבטא את העיקרון הזה בדרך ספרותית מופלאה מאד – ובעינַי הוא אולי גדול הסופרים בעולם – הלוא הוא לב טולסטוי. כאן יושב ציבור צעיר, אינני יודע מה קראתם, אבל ספרו של טולסטוי ׳מלחמה ושלום׳, בעיקר חלקו האחרון, הינו מסה היסטוריוסופית מופלאה. מתוארים שם המהלכים של מלחמת נפוליאון ברוסיה, ומתוארת מפלתו שם, כמהלכים שמנוּוָטים על־ידי גְדול העֵצה ורב העליליה, ריבון־העולמים, אשר לב מלכים ושרים בידיו. טולסטוי דן באופן עמוק מאד בַּסוגיה: היכן היא הבחירה החופשית, היכן הוא המהלך האֱ־להי, ואיך הדברים משתלבים באופן מופלא כל־כך זה בזה.[6] ובכן: ״נֹטֶה שָׁמַיִם וְיֹסֵד אָרֶץ, וְיֹצֵר רוּחַ אָדָם בְּקִרְבּוֹ״.

## מלחמת הגויים על ירושלים (1)

**וכעת אנו מגיעים אל הנקודה המהותית: נבואת זכריה, המקבילה במלחמת גוג וּמָגוג שביחזקאל – ועוד יותר, בפרקים ג׳-ד׳ בספר יואל, שכבר הזכרנו ועוד נחזור אליהם – מלמדים אותנו שהדרך אל גאולת ישראל ואל הגשמת חזונות אחרית־הימים עוברת דרך מלחמה גדולה, אשר המוקד שלה יהיה בירושלים.**

6 לב טולסטוי נולד בשנת 1828, נפטר בשנת 1910, ונחשב לאחד מגדולי הסופרים בכל הזמנים. הוא פיתח הגות אנרכיסטית, פציפיסטית, המתנגדת לאלימות ויהי־מה. אביו לחם נגד צבא נפוליאון בפלישת צרפת לרוסיה (1812), אשר הסבה אבֵדות עצומות לרוסים, אך הסתיימה בכישלון מחפיר ובנסיגה של שארית הצבא הצרפתי.

המלחמה הזאת תתרחש **לפני** שנגיע אל השעה היקרה שאנו כה מצפים לה, השעה של ״נָכוֹן יִהְיֶה הַר בֵּית ה׳ בְּרֹאשׁ הֶהָרִים וְנִשָּׂא מִגְּבָעוֹת, וְנָהֲרוּ אֵלָיו כָּל הַגּוֹיִם״; **לפני** שתגיע העת המאושרה אשר בה יקוּיַם הכתוב ״וְהָלְכוּ עַמִּים רַבִּים וְאָמְרוּ: לְכוּ וְנַעֲלֶה אֶל הַר ה׳ אֶל בֵּית אֱ־לֹהֵי יַעֲקֹב, וְיֹרֵנוּ מִדְּרָכָיו וְנֵלְכָה בְּאֹרְחֹתָיו״; **לפני** שנגיע אל השעה של ״וְכִתְּתוּ חַרְבוֹתָם לְאִתִּים וַחֲנִיתוֹתֵיהֶם לְמַזְמֵרוֹת, לֹא יִשָּׂא גוֹי אֶל גּוֹי חֶרֶב וְלֹא יִלְמְדוּ עוֹד מִלְחָמָה״.

המלחמה מקדימה את השלום; זהו השלום העולמי, **שלום אמת!** לא שלום מזויף, לא יונת־שלום נוטפת דם, לא נפנוף בענף עץ זית ביד אחת וב״דין מוחמד בסֵיף״ מצד שני, כאותו רשע ונבל שברוך־השם כבר התפטרנו ממנו, יאסר ערפאת, בשעה שעמד ונאם באו״ם...[7] לא, לא יהיה זה ׳שלום עכשיו׳ שהוא שלום־אכזב, אלא שלום של ביטול כל מכונות ההרס והמלחמה מן העולם. השלום הזה – מכאן תבוא בשורתו: ״נָכוֹן יִהְיֶה הַר בֵּית ה׳ בְּרֹאשׁ הֶהָרִים וְנִשָּׂא מִגְּבָעוֹת, וְנָהֲרוּ אֵלָיו כָּל הַגּוֹיִם״. אבל – לפני כל זה – עתידה להיות מלחמה קשה.

טִבעה של מלחמה שהיא מציפה ומבררת דברים שהיו עד אז תוססים מתחת לפני השטח. והמלחמה שלפני השלום עתידה להיות מלחמה קשה, אשר בה יתבררו הדברים, ושבה יתגלו ויתבררו לעין־כל כוחות ההֶרֶס והאֶרֶס המבקשים להשמיד את עם ישראל, ועולים על ה׳ ועל משיחו. ממש כדברי דָוִד המלך בפרק ב׳ בתהלים (א׳-ג׳): ״לָמָּה רָגְשׁוּ גוֹיִם וּלְאֻמִּים יֶהְגּוּ רִיק? יִתְיַצְּבוּ מַלְכֵי אֶרֶץ, וְרוֹזְנִים נוֹסְדוּ יָחַד, עַל ה׳ וְעַל מְשִׁיחוֹ. [ואמרו]: נְנַתְּקָה אֶת מוֹסְרוֹתֵימוֹ, וְנַשְׁלִיכָה מִמֶּנּוּ עֲבֹתֵימוֹ״. בַּגויים תוסס מין יֵצֶר – שהוא שורש האנטישמיות – והיֵּצֶר הזה לוחש להם כך: אם אתם רוצים להתפרק מכל העול המוסרי המכביד, מכל הקריאה המוסרית אשר עם ישראל נושא בעולם – זה העם אשר באמונתו הוא קורא בשם ה׳ אֵ־ל עולם – אזי יש להשמיד

7 יאסר ערפאת מת בשנת 2004, שנתיים (כמעט בדיוק) לפני מועד השיעור הזה. בשנת 1974 הוא נשא נאום במליאת העצרת הכללית של האו״ם בניו־יורק, חגור אקדח, ואמר: ״באתי נושא ענף של זית ואקדח של לוחם חֵרות. אל תניחו לענף הזית לנשור מידי״...

את עם ישראל מעל פני האדמה. משורר התהִלים כאילו הקשיב לַגויים ורשם את דבריהם (פ״ג ד׳-ו׳): ״עַל עַמְּךָ יַעֲרִימוּ סוֹד וְיִתְיָעֲצוּ עַל צְפוּנֶיךָ. אָמְרוּ: לְכוּ וְנַכְחִידֵם מִגּוֹי, וְלֹא יִזָּכֵר שֵׁם יִשְׂרָאֵל עוֹד. כִּי נוֹעֲצוּ לֵב יַחְדָּו, עָלֶיךָ בְּרִית יִכְרֹתוּ״. ושימו לב למשמעות הפִּלאית של הפרק הזה: הגויים הולכים כביכול נגד ישראל, אבל המשורר חושף את עומק כוונתם האמיתית: מאחורי קריאת הקרב נגד ישראל – ״לְכוּ וְנַכְחִידֵם מִגּוֹי״ – עומדת עצת רֶשע מהותית עוד יותר: ״כִּי נוֹעֲצוּ לֵב יַחְדָּו, עָלֶיךָ בְּרִית יִכְרֹתוּ״. לא פחות מזה... המזימה להשמיד את ישראל נעוצה בְּרצון העמוק להכרית את שם ה׳ – ״עָלֶיךָ בְּרִית יִכְרֹתוּ״!

גם הנביא יואל מדבר על המלחמה הזאת, אשר קודמת לַשלום הכללי, וכבר הזכרנו את הפסוק: ״כֹּתּוּ אִתֵּיכֶם לַחֲרָבוֹת וּמַזְמְרֹתֵיכֶם לִרְמָחִים״ וגו׳, שהוא היפך החזון של ״וְכִתְּתוּ חַרְבוֹתָם לְאִתִּים וַחֲנִיתוֹתֵיהֶם לְמַזְמֵרוֹת״ וגו׳. ולאורך של הנבואות בספר יואל, וכאן בספר זכריה, עולה בכל תוקפה השאלה: האם צפויה לנו מלחמה גדולה ונוראה, מלחמת־עולם?.. האם לאחר שעברנו את שתי מלחמות העולם, הראשונה והשניה, עומדת להתרחש **מלחמת עולם שלישית**, אשר מוקדה יהיה בירושלים?

אמנם, עומדת לפנינו אזהרת הרמב״ם שכבר דיברנו בה – ״וכל אלו הדברים וכיוצא בהן לא יֵדע אדם איך יהיו, עד שיהיו״ – אך כבר ערכנו היטב את ההבחנה בין הכללים לַפרטים. אנו יכולים לומר שהנביאים חוזים את המלחמה הזאת באופן שֶׁכְּללוֹ של דבר הוא מפורש וברור, ולכן, מבלי שנרד לכל הפרטים, עלינו להשיב ולומר: **אכן כן – תהיה מלחמה גדולה, מלחמת גויים כנגד ישראל, והיא תתכנס אל עיר קודשנו, ירושלים**, זו הנקודה שאליה נושאים הגויים את עיניהם.

והלוא פלא הוא: נבואת זכריה נאמרת בזמן שירושלים היא מקום שולי, קטן ודל אוכלוסין, **בפרובינציה של פרס**. אנו עומדים אחרי החורבן בידי ממלכת בבל ואחרי גלות ישראל שם. גם בשעה שכורש מלך פרס נותן אישור לבני הגולה לשוב ארצה ונותן להם רישיון לבנות את המקדש – האם ידוע לכם, חברים יקרים, כמה עולים ובאים ארצה בשיבת ציון של הבית השני? – ארבעים ושניים אלף. ׳סֶה טוּ׳! זה הכול... פחות משלושת גלי העולים בעליה הראשונה, השניה

והשלישית.[8] ומה היה אז מצבה של העיר הקטנה הזאת? – שִׁמעו את התיאור אשר נמסר לנחמיה, בראש ספר נחמיה, שהוא מאוחר מעט לזמנו של זכריה: ״הַנִּשְׁאָרִים אֲשֶׁר נִשְׁאֲרוּ מִן הַשְּׁבִי שָׁם בַּמְּדִינָה [= בָּעִיר] בְּרָעָה גְדֹלָה וּבְחֶרְפָּה, וְחוֹמַת יְרוּשָׁלַיִם מְפֹרָצֶת, וּשְׁעָרֶיהָ נִצְּתוּ בָאֵשׁ״...

והנה, מאות־מאות שנים לאחר נבואת זכריה, אנו רואים כיצד הנצרות מזה והאִסלָאם מזה – מאמצים שניהם את ירושלים ורואים ״מלחמת קודש״ בשחרורה של ירושלים ובשליטתם בה. ראו את התופעה של מסעי הצלב! איזה **פֵנוֹמֵן מדהים בתולדות העולם**, שיוצאים עמי אירופה, תחת דגל־הדת, לכבוש את ארץ ישראל ואת ירושלים. ופה נאבקים בני עֵשָׂו ובני ישמעאל – היו שֶדימו את הקרב ביניהם לַקרב שבין ׳שור־הבר והלוויתן׳ – העולם הנוצרי מזה והעולם המוסלמי מזה. **ועל מה הם דוקרים בחרבותיהם זה את זה? על ירושלים שלנו!**

האם כל זה הוא סיפור עתיק שאירע אי־פעם בזמנים רחוקים? הביטו מה קורה כאן כַּיום הזה... איזו תופעה כבירה של נְהִיָה לירושלים! כֵּס הוותיקן נמצא ברומא, אך הנצרות נאחזת בירושלים. כאן ״הקבר הקדוש״ של אותו האיש, ועוד עשרות כנסיות ו״מקומות קדושים״ שהם מאחזי ריבונות נוצרית בירושלים. ועל מה ולמה עולים מוסלמים להר הבית לשאת את תפילתם?.. מאות אלפים... מה שלא נֹאמר, זה מרשים ואפילו מדהים! שוב, גם להם יש מרכז דתי במֶכָּה ובמַדינה... **לשם** הם כורעים על פניהם – דרומה, לכיוון הכַּעְבָּה שלהם – אבל **כאן** אחיזתם, **הר הבית מוקד האִסלָאם... תודה רבה! מה לכם ולירושלים?**

בַּוויכוח הפוליטי והתרבותי אנו יודעים שירושלים באמת איננה כלולה כלל באִסלָאם כמקום מרכזי מבחינת קדושתה, והיא גם איננה מוזכרת בקוראן בכלל... אבל לענייננו, זה לא משנה. מה שחשוב הוא שאנו רואים כאן **תופעה** – והתהליך עוד מתעצם והולך – של התמקדות הדברים סביב ירושלים. מה **למוסלמים בירושלים?** האם חסרות לכם

8 בשלוש העליות הללו – משנת 1881 עד שנת 1923 – עלו ארצה כשישים אלף איש. המספר הזה ניתן לאחר הפחתה של רבים אשר חזרו לחו״ל סמוך לעלייתם, חלקם ברצון וחלקם באונס (כי גורשו בידי השלטון התורכי בשנות מלחמת העולם הראשונה).

ארצות ומדינות? האם חסרים לכם שטחי מחיה? האם ארצות האִסלָאם אינן זרועות במקומות קדושים ואתרי דת? אבל מִתגלֶה כאן משהו אחר, משהו פנימי. כאילו איזה לחש תוסס בהם ואומר: כאן מוקד הקודש. כאן – מציון תצא תורה!.. ואז, זהו מטבע של שני צדדים; או שהדברים נאמרים בנהִיָה לקדושתה של ירושלים כמוקד לגילוי האור האֱ-להי, או – היפוכו של דבר – ברצון להשתלט על ירושלים ולהפוך את הר הבית למקום הג'יהאד האִסלָאמי, אשר ממנו תצא תרבות החרב והסַיִף...

מכל-מקום, דבר אחד ברור: נבואת זכריה בפרק זה – מיד נתבונן בה – מבטאת לָעומק את רצונם של הגויים לכבוש את ירושלים. אם נגיד זאת בלשון חריפה וחמורה: 'החזיר מבקש לנעוץ את ציפורניו בחומה'... אתם מכירים ודאי את המסורת הזאת, כפי שמסופר במסכת סוטה (דף מ"ט עמ' ב'), שֶלִגיונות רומא צרו על ירושלים בעקבות קריאתו של הורקנוס לפומפיוס שר הצבא הרומאי, תוך כדי מלחמת-האחים בינו לבין אריסטובלוס, והעיר נפלה בידם בעקבות האירוע הנורא שֶמתואר שם: שבכל יום ויום שִלשלו הכוהנים כלוב אל תחתית חומת הר הבית, והיו מעלים להם שני טלָאים כדי שלא ייפסק קרבן התמיד; עד אותו יום בו הציע איש יְוָני לשים בַּכלוב חזיר במקום טלָאים... ולא הספיק החזיר להגיע למחצית החומה – נעץ ציפורניו בחומת הר הבית ונִזדעזעה ארץ ישראל ת"ק על ת"ק פרסה... כך מסורת חכמים; גמרא מפורשת.

הגמרא מדברת בלשון 'קודים'. אין אני יודע אם הסיפור הזה התרחש כמות שהוא – אבל זאת עלינו לדעת: מה היה הסמל של הלגיון העשירי הרומאי שכבש את ירושלים? חזיר! פשרו של המעשה הנורא על 'חזיר הנועץ ציפורניו בחומה' מתברר עכשיו בחדות: זהו כיבושה של ירושלים על-ידי רומי האלילית. לכאן יש לקשור את הפסוקים הקשים בפרק פ' בתהלים (י"ג-ט"ו), העוברים מן השאלה אל התפילה: "לָמָּה פָּרַצְתָּ גְדֵרֶיהָ וְאָרוּהָ כָּל עֹבְרֵי דָרֶךְ; יְכַרְסְמֶנָּה חֲזִיר מִיָּעַר וְזִיז שָׂדַי יִרְעֶנָּה? אֱ-לֹהִים צְבָאוֹת שׁוּב נָא, הַבֵּט מִשָּׁמַיִם וּרְאֵה, וּפְקֹד גֶּפֶן זֹאת".

הנה, בפסוק ב׳, שימו לב לַבִּיטוי של הנביא, המצמיד כינוי מיוחד לירושלים: ״הִנֵּה אָנֹכִי שָׂם אֶת יְרוּשָׁלִַם סַף רַעַל לְכָל הָעַמִּים סָבִיב, וְגַם עַל יְהוּדָה יִהְיֶה בַמָּצוֹר עַל יְרוּשָׁלָ͏ִם״.

מה זה ״סַף רַעַל״? אומר רש״י: ״כלי תרעלה; כמו: ׳[וּלְקַחְתֶּם אֲגֻדַּת אֵזוֹב וּטְבַלְתֶּם] בַּדָּם אֲשֶׁר בַּסַּף׳ (שמות י״ב כ״ב)״. אבל פירוש פשוט של ׳סף׳ הוא: מִפתַן הבית. לפי זה, ׳סַף רַעַל׳ הוא דימוי למִפתָן משוּחַ ברעל, ומי שעובר על המִפתָן נתפס ו׳מוחתם׳ בָּרעל; (אגב ישנן אגדות מסתורין דומות לזה בהווי העמים)... ובכן, ירושלים היא כאילו מִפתָן מן החוץ אל הפְּנים – פתח לַגויים הבאים לעבור בו – והרעל המשוּחַ על הסף מושך אותם מצד אחד, ומרעיל אותם מצד שני...

ושוב, בפסוק ג׳, כינוי נוסף לירושלים, בכלל לא סימפָּתי מבחינתם של הגויים: ״וְהָיָה בַיּוֹם הַהוּא אָשִׂים אֶת יְרוּשָׁלִַם אֶבֶן מַעֲמָסָה לְכָל הָעַמִּים, כָּל עֹמְסֶיהָ שָׂרוֹט יִשָּׂרֵטוּ, וְנֶאֶסְפוּ עָלֶיהָ כֹּל גּוֹיֵי הָאָרֶץ״.

מה פירוש ׳אֶבֶן מַעֲמָסָה׳? – כאילו יבקשו הגויים להרים את המשא של ירושלים, אבל האבן הזאת כבדה מכפי כוחם. הם ינסו לעמוס אותה על שִׁכמם – ויכרעו תחתיה. ומה קורה כאשר אין הם מצליחים להרים את האבן, לייצב אותה ולשאתה? – האבן נשמטת, מידרדרת עליהם, ו״כָּל עֹמְסֶיהָ שָׂרוֹט יִשָּׂרֵטוּ״...

ובכן, לכל העמים ירושלים היא ׳סַף רַעַל׳, ׳אֶבֶן מַעֲמָסָה׳, והכוונה כמובן היא לָעמים אשר מנסים לכבוש אותה. אין זה רק כיבוש פיזי, אלא הם מנסים גם **להשתלט על סגולתה של ירושלים**; אם תרצו – **לטמא אותה**, אם תרצו – **לנפץ אותה**, אם תרצו – כביכול – הם עולים עליה כדי לכבוש אותה ולמצוץ ממנה את נקודת קדושתה. זה דבר מדהים, תדעו לכם. מי שיודע מה שנעשֶׂה עכשיו בהר הבית, יודע אילו מאמצים אדירים משקיעים המוסלמים שם בחפירות, במסגדים חדשים, בהכשרת אולמות תת־קרקעיים... והמובילים הם דווקא אלה המכונים

״ערביי ישראל״, המוקד הוא בהתארגנות אום־אל־פאחם...[9] דברים מדהימים ומזעזעים – והכול כדי ״לכבוש את ירושלים״... ״וְנֶאֶסְפוּ עָלֶיהָ כֹּל גּוֹיֵי הָאָרֶץ״.[10]

9 חנן מתכוון כאן לסִדרת מפעלי שיפוץ ובניה בהר הבית, בהובלת התנועה האִסלָאמית אשר המוקד שלה היה אז בָעיירה אום־אל־פאחם, בהנהגתו של השיח׳ רַאאֶד סאלח. משנת 1996 עד שנת 1999 שופצו ׳אורוות שלמה׳ כמסגד ענקי מתחת לַרחבה אשר בדרום מזרח הר הבית, תוך חפירה ופינוי כמות עצומה של עפר רָווּי בפריטי עתיקות. בשנת 2001 פונו החללים מתחת למסגד אל אקצה, ואף שם נחנך מסגד ״אל אקצה אל קדימה״, בעוד אשר החללים הללו היוו נתיב כניסה תת־קרקעי מן ׳השער הכפול׳ – שערי חולדה – אל רום הר הבית, בימי הבית השני.

10 חנן ימשיך בשיעור הבא בנושא זה של ירושלים כמוקד עולמי לכל הגויים, וישוב לכך בשיעור מס׳ 11, כאשר ילמד את פרק י״ד. ראה זאת להלן מעמ׳ 282 ואילך.

## שיעור מס׳ 3 – י״ח בחשוון תשס״ז

# על דעת הזמן

### בל נבגוד איש באחיו, לחלל ברית אבותינו

אני רוצה לפתוח ולגלות לכם מִמחשבותי, מחשבות אשר מלוות אותי כבר יותר משנה, מאז הגירוש מגוש קטיף. הדברים הללו נוגעים, לאמיתו של דבר, גם לפרקי אחרית־הימים שאנו עוסקים בהם כעת בספר זכריה.

אחד הדברים שנראה עוד מעט קט מתוך העיון בפרק י״ב נוגע לַמתח הפנימי בתוך עם ישראל – ואפילו בתוך ממלכת יהודה – ביחס לַמלחמה החיצונית המתרחשת במהלך הגאולה. נראה עמידה של ״יֹשְׁבֵי יְרוּשָׁלִַם״ מול ״אַלֻּפֵי יְהוּדָה״, נגלה שישנם אנשים שֶׁיכונו ׳בוגדים׳, אשר עושים יד אחת עם האויב – מרצון או מאונס – במגמה להעמיד את ירושלים במצור ולהחריב אותה. דברים קשים מאד...

אנו זוכרים את ההיסטוריה, והיינו עדים לדברים שכאלה גם בהמשכם של דברי הימים – למשל בשלהי תקופת בית שני, בשעה שֶׁ״על קמצא ובר־קמצא חרבה ירושלים״.[1] הסיפור שם מדבר על כך שאותו אדם שאוהבו קמצא ושונאו בר־קמצא מגרש את שונאו מהתכנסות לסעודה שישבו בה גם חכמים, ואז הולך בר־קמצא ומלשין לרומאים על מזימת מרד כביכול, ומביא את הרומאים על ירושלים. ריב אחים... מתוך התיעוד ההיסטורי ידוע לנו הסיפור על כך שפומפיוס מגיע לירושלים

1 הסיפור מסופר במסכת גיטין דף נ״ה עמוד ב׳, וכן במדרש ׳איכה רבה׳ ד׳ ג׳.

בהזמנתו של הורקנוס אשר צר על אריסטובלוס – שניהם אחים, בני משפחת חשמונאי, וראו עד היכן הידרדרו יחסי האחווה... גם בחורבן הבית השני אנחנו פוגשים שוב את הדברים האלה, בעת שישנם אנשים אשר עושים יד אחת עם הרומאים, וביניהם יוסף בן מתתיהו עצמו – ההיסטוריון הגדול של ימי בית שני – אשר מעיד על עצמו כיצד הוא 'נופל אל הרומאים'...[2]

אבל הבעיה איננה רק הנכונות 'לעשות יד אחת' עם הרומאים או עם גויים אחרים. הבעיה העמוקה, החמורה יותר, היא בשורש הדברים – בַּמציאות הרוחנית־הפסיכולוגית שבה נתון עם ישראל, שישנם בו אנשים אשר ברוחם ובנפשם חיים בהוויה רחוקה מאד, נוכרית לעם ישראל.

גם בימינו אלה, אנחנו יודעים שהבעיה המרכזית שלנו היא בתוככי עם ישראל. גם אם יש לנו מאבק נוקב ומר עם הגויים, הרי בסופו של דבר – הבעיות הקשות ביותר הן מבית פנימה. היינו עדים לכך לפני קצת למעלה משנה בפרשת ההִתנתקות האומללה, העקירה והגירוש מגוש קטיף, אשר הכאב הגדול ביותר בה הוא על־כך שאנחנו מעוללים זאת לעצמנו, **שעם ישראל פוגע בעצמו.**

הרי כל תפילותינו ומעשינו מכוּוָנים לכך שבאמת נזכה להתחבר אל הארץ, שהיא תקבל אותנו כאֵם המקבלת את בניה הנאמנים השבים אליה, ואיך נעולל את הדבר ההפוך מזה – הִתנתקות במקום הִתחברות...

2 יוסף בן מתתיהו הכֹּהן שימש כמפקד המרד בַּגליל. הוא הסגיר את עצמו לָרומאים עם נפילת העיר יודפת (67 לספירה), תוך בגידה בחבריו הלוחמים, ומאז הוא עבר לְצד צבא רומא, והמשיך כל חייו להצדיק את עריקתו. הוא היה בן־לְווייתו של טיטוס בַּמצור על ירושלים עד חורבן המקדש ונפילת העיר, אחר־כך בילה ברומא את כל ימיו כבן חסותם של הקיסרים אספסיינוס וטיטוס, כאשר שמו – המעיד על זהותו – הוא: טיטוס פלַביוס יוסֵפוס.

## פתיחה שניה לפרק י״ב

אנחנו שבים וקוראים בתחילת פרק י״ב. אמנם כבר קראנו ולמדנו פסוקים אלה, אך נעבור שוב בקצירת האומר על נקודות מרכזיות, ואין בית המדרש בלא חידוש.

נקודה ראשונה, בפסוק א׳: ״מַשָּׂא דְבַר ה׳ עַל יִשְׂרָאֵל, נְאֻם ה׳, נֹטֶה שָׁמַיִם וְיֹסֵד אָרֶץ, וְיֹצֵר רוּחַ אָדָם בְּקִרְבּוֹ״.

הכול יודעים שריבון־העולמים הוא ״נֹטֶה שָׁמַיִם וְיֹסֵד אָרֶץ״, אבל החידוש בַּפסוק הוא שבאותה מידה הקב״ה הוא גם ״יֹצֵר רוּחַ אָדָם בְּקִרְבּוֹ״. הווה אומר שמעשים ומאורעות אשר מתחוללים על־ידי מנהיגים – שנִדמֶה כאילו הם מנווטים את ההיסטוריה – הרי שֶׁלאמיתו של דבר יד ה׳ היא המוליכה אותם, שהרי ריבון־עולם הוא ׳אבי ההיסטוריה׳.

הבה ניזכר באותה מחלוקת בין רבי אליעזר לבין רבי יהושע, בַּשאלה האם אפשרית גאולת ישראל בלא תשובה.[3] לדעת רבי אליעזר לא תהיה גאולה אם לא יחזרו ישראל בתשובה, ואומר לו רבי יהושע: האמנם סבור אתה שלא תבוא הגאולה אם לא יעשו ישראל תשובה? האם יכול להיות מצב שהגאולה לא תבוא אף פעם? חלילה חלילה! – אלא, מה עתיד להיות אם לא יעשו ישראל תשובה מרצונם? ״הקדוש־ברוך־הוא מעמיד להן מלך שגזֵרותיו קשות כהמן, וישראל עושין תשובה ומחזירן למוטב״, ונגאלים. ואכן, בימי מרדכי ואסתר בשושן הבירה, באה תשובתם של ישראל וקריאתם לצום ולתענית **לאחר** שנגזרה עליהם גזֵרה איומה ונוראה – כַּכתוב בַּמגילה (ג׳ י״ג): ״לְהַשְׁמִיד לַהֲרֹג וּלְאַבֵּד אֶת כָּל הַיְּהוּדִים מִנַּעַר וְעַד זָקֵן, טַף וְנָשִׁים, בְּיוֹם אֶחָד״ – ובגלל אותה גזֵרה. זוהי אפוא שיטתו של רבי יהושע: כשם שליבו של המן נתון ביד ה׳, ומתוך הרוע שלו התגלגלו הדברים לישועה, כך עתיד להיות גם באחרית־הימים.

---

3 מחלוקת זו מובאת במסכת סנהדרין דף צ״ז עמוד ב׳, ובתלמוד הירושלמי, במסכת תענית פרק א׳ הלכה א׳.

הרב קוק מקדיש פרקים שלֵמים לַהבנה של השילוב המופלא בין יד ה׳ המחוללת את ההיסטוריה והמניעה את בני האדם לבין בחירתם החופשית – וכל זה רמוז וגלום בפסוק הזה, פסוק א׳, כמו־גם בנבואת יחזקאל על גוג, אשר הקב״ה משובב אותו, עולות מחשבות בליבו, ואז הוא מוליך את חֵילותיו ועולה על ארץ ישראל.

הנקודה השניה – בפסוק ב׳ – שֶמוקד המלחמה יהיה בירושלים, שֶהמאבק הוא על הנקודה הפנימית של ירושלים, שמהלך הגאולה על כל סיבוכיו ונפתוליו אחוּז ואוחז בירושלים: ״הִנֵּה אָנֹכִי שָׂם אֶת יְרוּשָׁלַיִם סַף רַעַל לְכָל הָעַמִּים סָבִיב, וְגַם עַל יְהוּדָה יִהְיֶה בַמָּצוֹר עַל יְרוּשָׁלָיִם״.

ראינו מקבילות לַנבואה הזאת בנבואתם של יואל ויחזקאל – אך יש להוסיף לכך גם את נבואת ישעיהו (בפרק ל״ז), בזמן שסנחריב מלך אשור צר על ירושלים. ישנו אז איזשהו רגע, רגע אחד, שבו נדמה היה כי גאולה עומדת לבוא – אך ניצחה הקטגוריה של מידת הדין. כך מצאנו במסכת סנהדרין (דף צ״ד עמ׳ א׳): ״ביקש הקב״ה לעשות [את] חזקיהו משיח, ו[את] סנחריב גוג ומָגוג. אמרה מידת הדין לפני הקב״ה: ריבונו של עולם! ומה דָוִד מלך ישראל, שאמר כמה שירות ותשבחות לפניך, לא עשיתו משיח, חזקיה שעשית לו כל הניסים הללו ולא אמר שירה לפניך – תעשהו משיח?״.[4]

ובכן, לא באה אז הגאולה בגלל קלקולו או חולשתו של חזקיהו, ונדחה הדבר. אבל נבואתו של ישעיהו מִתמקדת בגאולתה של ירושלים: סנחריב צר עליה, נדמה שהיא נופלת בידו ועומדת להיחרב כרגע, ובסופו של דבר נושעת העיר באורח פלא: ״וַיֵּצֵא מַלְאַךְ ה׳ וַיַּכֶּה בְּמַחֲנֵה אַשּׁוּר מֵאָה וּשְׁמֹנִים וַחֲמִשָּׁה אָלֶף, וַיַּשְׁכִּימוּ בַבֹּקֶר, וְהִנֵּה כֻלָּם פְּגָרִים מֵתִים״ (ישעיהו ל״ז ל״ו). כך, בתבוסתו של צבא אשור, התקיימה הנבואה על ירושלים שנאמרה בַּפסוקים הקודמים: ״כִּי מִירוּשָׁלַיִם תֵּצֵא שְׁאֵרִית וּפְלֵיטָה מֵהַר צִיּוֹן, קִנְאַת ה׳ צְבָאוֹת תַּעֲשֶׂה זֹּאת. ... וְגַנּוֹתִי עַל הָעִיר הַזֹּאת לְהוֹשִׁיעָהּ, לְמַעֲנִי וּלְמַעַן דָּוִד עַבְדִּי״ (פסוקים ל״ב, ל״ה).

זו פרשה מדהימה בתולדות ישראל – פחות מכירים אותה ופחות עוסקים בה. אגב, האם ידוע לכם מתי התחולל האירוע המופלא הזה?

---

4 להלן – בעמ׳ 240 – ישוב חנן ויעסוק בַּמלך חזקיהו בהקשר אחר. ראה שם גם בהערה 10.

מתי ניצלה ירושלים מפני מצור סנחריב? – ובכן, על־פי מסורת חז״ל, ויש לזה רמזים בספר ישעיהו, הדבר אירע בליל פסח.[5] ועל־פי מסורת זו יסד הפייטן שורה אחת בַּפיוט "וּבְכֵן וַיְהִי בַּחֲצִי הַלַּיְלָה / אָז רֹב נִסִּים הִפְלֵאתָ בַּלַּיְלָה", שאנו אומרים אותו בסיום ליל הסדר: "יָעַץ מְחָרֵף לְנוֹפֵף אִוּוּי, הוֹבַשְׁתָּ פְגָרָיו בַּלַּיְלָה".[6]

כְּלָלוֹ של דבר: שוב אנו רואים שהמאבק התמקד אז סביב ירושלים – וכך יהיה באחרית־הימים.

איך יהיה ומה יהיה? איזה מקום יתפוס בָּעניין הזה **הר הבית**? כיפת הסלע הניצבת שם? מסגד אל־אקצה? הקבר הקדוש כביכול של הנוצרים? איך יתבררו הדברים ואיך תהיה ההתמודדות? – כל אלה, כדברי הרמב"ם: "לא יֵדע אדם איך יהיו, עד שיהיו". **אבל דבר אחד אנחנו יודעים: המוקד – ירושלים!**

---

5 כך מצינו במדרש שמות רבה פרשה י"ח (ה'): "היו ישראל וחזקיהו יושבין ואומרין את ההלל, שהיה ליל [ראשון] של פסח, והיו מתייראים לומר [את ההלל, כי] עכשיו ירושלים מִתְכַּבֶּשֶׁת בידו. כיוון שהשכימו בבוקר לעמוד ולקרות קריאת־שמע ולהתפלל – מצאו אויביהם פגרים מתים".

ולגבי הרמיזה בספר ישעיהו עצמו – מכוון חנן, אל נכון, אל הפסוק בפרק ל' (כ"ט): "הַשִּׁיר יִהְיֶה לָכֶם כְּלֵיל הִתְקַדֶּשׁ חָג, וְשִׂמְחַת לֵבָב כַּהוֹלֵךְ בֶּחָלִיל, לָבוֹא בְהַר ה' אֶל צוּר יִשְׂרָאֵל". החג שהתקדש הוא חג הפסח, ועל כך אמרו בתלמוד הירושלמי במסכת פסחים (פרק ט' הלכה ג'): "'הַשִּׁיר [עם מפלת סנחריב] יִהְיֶה לָכֶם כְּלֵיל הִתְקַדֶּשׁ חָג' – בא ליל פסח ללמד על מפלתו של סנחריב ונמצא לָמֵד ממנו: מה זה טעון הלל, אף זה טעון הלל".

6 מחברו של הפיוט הוא ינאי (יַנַּיי), מראשוני הפייטנים בארץ ישראל במאה החמישית או השישית.

"מְחָרֵף" הוא סַנחריב, על־ידי שָׂרוֹ רַב־שָׁקֶה, וכנגדו יוצא ישעיהו (במלכים־ב' י"ט כ"ב-כ"ג): "אֶת מִי חֵרַפְתָּ וְגִדַּפְתָּ? וְעַל מִי הֲרִימוֹתָ קּוֹל? וַתִּשָּׂא מָרוֹם עֵינֶיךָ עַל קְדוֹשׁ יִשְׂרָאֵל. בְּיַד מַלְאָכֶיךָ חֵרַפְתָּ אֲ־דֹנָי" וגו'.

"לְנוֹפֵף" משמעו להתגרות במגמת הריסה, כַּכתוב בישעיהו (י' ל"ב) על צבא אשור: "יְנֹפֵף יָדוֹ הַר בַּת צִיּוֹן, גִּבְעַת יְרוּשָׁלָיִם".

"אִוּוּי" הוא בית המקדש, כַּכתוב בתהלים (קל"ב י"ג-י"ד): "כִּי בָחַר ה' בְּצִיּוֹן, אִוָּהּ לְמוֹשָׁב לוֹ. זֹאת מְנוּחָתִי עֲדֵי עַד, פֹּה אֵשֵׁב כִּי אִוִּתִיהָ".

את הדבר הזה חשוב לדעת, כי פירושו של דבר הוא שֶׁבימינו אנו – באתחלתא דגאולה – עלינו להִתעצם בדבֵקותנו בירושלים. כי מֵעֵבר לעצם רצוננו להיאחז בה, הרי לַמאבק עליה ישנן ללא ספק השלכות לגאולתם של ישראל. גם השאלות הכבדות שעוטפות את ירושלים – ובכללן השאלות של טהרתה וטומאתה של עיר הקודש – הכול שייך לענייננו, כסיבוכים גדולים במהלך הגאולה.

עד כאן הנקודה השניה במכלול הנקודות המרכזיות, אשר מהוות בשבילנו נ״צ [=נקודת ציון] במהלך גאולתנו.

**הנקודה השלישית** שעמדנו עליה היא שלפני השלום העולמי – בַּמהלך המוביל אליו – תהיה מלחמה טוטלית, קשה ואיומה, כנבואת יואל המְהַפֵּךְ את חזון ישעיהו ואומר על הגויים: ״כֹּתּוּ אִתֵּיכֶם לַחֲרָבוֹת וּמַזְמְרֹתֵיכֶם לִרְמָחִים״. על־כן, כשאומרים חז״ל במסכת מגילה (דף י״ז עמ׳ ב׳): ״בַּשישית קולות, בַּשביעית מלחמות, במוצאי שביעית בן דָּוִד בא״, ומוסיפים כי ״מלחמה נמי אתחלתא דגאולה היא״, הרי יש להם על מה לסמוך בלשונו של מקרא, שהמלחמות תהיינה שלב מקדים לגאולתן של ישראל.

ומי שרוצה לעיין ולהעמיק בדברים, ילמד את פרקי ׳המלחמה׳ שבספר ׳אורות׳ של הרב קוק זצ״ל, שם הוא פותח במילים הנשמעות פרדוקסליות לכאורה, אבל רק לכאורה: ״כשיֵש מלחמה גדולה בָּעולם מתעורר כוח משיח. עֵת הַזָּמִיר הִגִּיעַ, זְמִיר עריצים, הרשעים נכחדים מן העולם והעולם מִתבַּסֵם, וְקוֹל הַתּוֹר נִשְׁמַע בְּאַרְצֵנוּ״.[7] זוהי אפוא

7 הרב קוק כתב קטעים אלה בהשראת מלחמת העולם הראשונה! במשפט שֶׁמצטט חנן, מקשר הרב בין הפסוק בשיר השירים ב׳ י״ב – ״הַנִּצָּנִים נִרְאוּ בָאָרֶץ, עֵת הַזָּמִיר הִגִּיעַ, וְקוֹל הַתּוֹר נִשְׁמַע בְּאַרְצֵנוּ״ – לבין נבואת ישעיהו (כ״ה ה׳ ואילך), בה מדובר על ״זְמִיר עָרִיצִים״ במובן של גדיעת האויבים וסילוקם, כאשר נבואת ישעיהו מפרשת את שיר השירים. הנבואה הזאת מתייחסת לַמלחמה הגדולה, והנה ציטוט נרחב יותר: ״כְּחֹרֶב בְּצָיוֹן שְׁאוֹן זָרִים תַּכְנִיעַ, חֹרֶב בְּצֵל עָב, זְמִיר עָרִיצִים יַעֲנֶה. וְעָשָׂה ה׳ צְבָאוֹת לְכָל הָעַמִּים בָּהָר הַזֶּה מִשְׁתֵּה שְׁמָנִים, מִשְׁתֵּה שְׁמָרִים, שְׁמָנִים מְמֻחָיִם, שְׁמָרִים מְזֻקָּקִים. וּבִלַּע בָּהָר הַזֶּה פְּנֵי הַלּוֹט הַלּוֹט עַל כָּל הָעַמִּים,

הנקודה השלישית – המאבק והמלחמה על החיים ועל המוות, מלחמה עולמית, אשר קודמת כָּאמור להוויית הגאולה של השלום העולמי.

## יד איש באחיו

ועכשיו ניגש לנקודה נוספת, שעליה עוד לא דיברנו:

הנה סופו של פסוק ב׳: ״וְגַם עַל יְהוּדָה יִהְיֶה בַמָּצוֹר עַל יְרוּשָׁלָיִם״. במבט ראשון היינו מפרשים שגם יהודה תהיה במצור, לאמור: לא רק ירושלים תהיה במצור, אלא גם שילֹה ובית־אל וגוש עציון וחברון, כל ארץ יהודה תהיה במצור. אך במבט שני, חברים יקרים, עלינו לקרוא את המשך הדברים ואז תעלה פרשנות אחרת לגמרי. זהו פסוק ה׳: ״וְאָמְרוּ אַלֻּפֵי יְהוּדָה בְּלִבָּם: אַמְצָה לִי יֹשְׁבֵי יְרוּשָׁלַיִם בַּה׳ צְבָאוֹת אֱ־לֹהֵיהֶם״. מכאן אנו לְמֵדים שישנו כאן איזשהו **מתח** בין יהודה לירושלים – וניתן לפרש שגם אנשי יהודה יהיו **שותפים** במצור על ירושלים. היינו אומרים בפשטות – הם בוגדים! ממש משתפי פעולה עם האויב...

האם השותפות הזאת באה מרצון או מאונס? אם נרצה ללמד זכות – נֹאמר שֶׁתהיה זו שותפות מאונס. דרך אגב, הִכרנו תופעה כזאת במלחמת הרומאים כנגדנו לקראת חורבן הבית השני, ואף לאחר מכן. בבניית מִתקני המצור על ירושלים, השתמשו הרומאים ביהודים שנלקחו בשבי, והם פעלו אפוא נגד אחיהם – אך ודאי עשו זאת כאנוסים, ודִמעתם על לֶחיים. כך היה גם במצדה, לפי תיאורו של יוסף בן־מתתיהו. אלעזר בן יאיר וחבריו – אחרוני הלוחמים לחֵרות ישראל – התבצרו בראש ההר, ומסתבר שגם שם בוני הדייק והסוללה היו יהודים שנתפסו והוחזקו כשבויים, והיתה זו עבודת כפִיָּה.

---

וְהַמַּסֵּכָה הַנְּסוּכָה עַל כָּל הַגּוֹיִם. בִּלַּע הַמָּוֶת לָנֶצַח, וּמָחָה אֲ־דֹנָי ה׳ דִּמְעָה מֵעַל כָּל פָּנִים, וְחֶרְפַּת עַמּוֹ יָסִיר מֵעַל כָּל הָאָרֶץ, כִּי ה׳ דִּבֵּר״.

מעין מקור לפרשנות זו של ״זְמִיר עָרִיצִים״ מובא ב׳זוהר׳ וַיקרא (דף ד׳ עמ׳ ב׳), ואלה דבריו בתרגום לעברית: ״׳עֵת הַזָּמִיר הִגִּיעַ׳ – הזמן לעקור את שלטונם של שרי העמים, שלא ישלטו על ישראל, בשעה שהוקם המִשכָּן״.

והנה, ראו את ׳תרגום יונתן׳ לפסוקֵנו: ״וְאַף דְבֵית יְהוּדָה יֵיתוּנוּן עַמְמַיָא בְּיַד אֲנִיסִין בְּצַיְרָא לִירוּשְׁלֵם״, כלומר: גם את בית יהודה יביאו העמים על־ידי אונס – ביד אֲנָסים – אל המצור על ירושלים. האויבים יהפכו את אנשי יהודה לשַמָשֵיהֶם לצורך המצור על אחיהם בירושלים. נורא... רש״י – בעקבות התרגום – כותב כך במפורש: ״׳וְגַם עַל יְהוּדָה׳ יטילו הגויים, אשר יהיו בַּמצור על ירושלים. [דהיינו] שֶיהיו בית־דָוִד מבפנים, וגויים יצורו עליהם, ויבואו גם בני יהודה על כורחם לצור על ירושלים. כן תרגם יונתן״. ראיתם?

שוב נזכיר לעצמנו – איננו יודעים איך יהיו הדברים בַּמציאות. אבל אנו יכולים לתת הדגמות והמחשות... אתם צעירים, אולי אינכם יודעים, אך בַּשנים שלפני מלחמת השחרור היתה כאן קבוצה שלֵמה של אנשי ׳ברית שלום׳, והם ממש עשו יד אחת עם אויבינו בַּמלחמה, ואמרו שאנחנו לא צריכים מדינה יהודית, ועדיף שלא תהיה...[8]

הרב קוק זצ״ל פִּרסם גילוי דעת שנקרא ׳על דבר הבגידה הלאומית׳ – בשנת תרע״ז (1917), ערב הצהרת בלפור – ובו הוא כותב דברים חריפים מאד כנגד יהודים נכבדים בבריטניה שעשו מאמצים גדולים כדי שהממלכה לא תצהיר על מחויבותה להקמת בית לאומי ליהודים בארץ ישראל ולא תפעל לכך.[9] היו ביניהם יהודים מתבוללים, והיו

8 למעשה, התקיימה ׳ברית שלום׳ משנת 1925 עד שנת 1933, ואז התפרקה. מספר החברים היה מצומצם מאד, אך בהיותם אינטלקטואלים בולטים, קיבלה התנועה משקל ציבורי, גם אם לא מכריע. כשאיפה, דגלה התנועה במדינה דו־לאומית, בה ייהנו היהודים והערבים משוויון אזרחי מלא, תוך פיתוח שתי התרבויות במקביל. בין מובילי התנועה היו הפילוסוף שמואל הוגו ברגמן (אחר־כך רֶקטור האוניברסיטה העברית), חוקר הקבלה והשבתָאות גרשום שלום, המחנך עקיבא ארנסט סימון, והעיתונאי יהושע רדלר־פלדמן המכונה ר׳ בנימין. תמכו בַּתנועה גם הפילוסוף מרטין בובר והנשיא הראשון של האוניברסיטה העברית, יהודה לייב מאגנס.

9 הרב קוק ישב באותן שנים בלונדון. גילוי הדעת כנגד המתנגדים לַהצהרה נכתב במקורו ביידיש, ונדפס – עם תרגום מאת הרב צבי־יהודה – בכרך ג׳ של ׳אִגרות ראי״ה׳, תתל״ב. (מופיע גם ב׳חזון הגאולה׳, עמ׳ קע״א-קע״ד).

גם – לא עלינו – חרדים, שטענו שזו אפיקורסות, ושאנחנו לא צריכים כלל התארגנות מדינית לאומית. את ההפרדה בין הצד הדתי לַצד הלאומי מכנה הרב קוק ״בגידה״, ולאלה המנסים להפריד בין הדבֵקים קורא הרב ״בוגדים״. מאמר מזעזע לבבות!

ומבחינות מסוימות, אנחנו יכולים לבוא ולומר שגם המעשים האיומים והשפֵלים של עקירת יישובים מאדמתם שייכים לאותו עניין.

יישובי גוש עציון נעקרו מאדמתם וחרבו בשנת תש״ח. 240 לוחמים, חלוצים, מתיישבים, נפלו על הגנת הגוש – 151 מתוכם נהרגו בקרב האחרון לבדו... בכפר עציון ניצלו רק ארבעה מִקרב הדמים הנורא.[10] גם אבי, יוסף, ניצל כי נשלח מן הגוש לירושלים בראשית ימי המערכה כדי לארגן את השיירות, וכבר לא יכול היה לחזור לַקיבוץ... תשע עשרה שנים חיכינו, עד שזכינו לחזור לגוש ולקיים ״וְשָׁבוּ בָנִים לִגְבוּלָם״ – ואנו מאד מקווים ומתפללים שבגוש קטיף זה יארך פחות זמן...

אבל מלבד ההרג הנורא, ישנו הבדל תהומי בין גוש עציון לבין גוש קטיף... הגוש חרב על־ידי ערבים, על־ידי הלִגיון הירדני, על־ידי פורעים ופושעים, ואילו כאן – אנחנו במו ידינו עוללנו לעצמנו את הרעה הזאת, וזהו הכאב הנורא מכול! ״עֵינִי עוֹלְלָה לְנַפְשִׁי מִכֹּל בְּנוֹת

---

ראוי לצטט משפט מִמאמרו של הרב ארי יצחק שבט: ׳תרומתו של הראי״ה קוק להצהרת בלפור וההגנה עליה׳, אשר נדפס בגיליון ׳לאורו׳, גיליון 8, תשע״ח. תוך סקירת התנגדותם של יהודים רמי דרג באנגליה, כותב הרב שבט: ״גם כאשר השאלה הועלתה לדיון בַּפרלמנט, לאחר שהועלו ההִתנגדויות של היהודים המתבוללים, קם לפתע הציר מר קיילי ושאל בזעם: ׳מי, לדעת חברי המכובד, מוסמך יותר לפסוק בשאלה זו – לורד סווייטלינג וסֶר מונטגיו [מראשי היהודים המתנגדים לַהצהרה], או הרב קוק?״. דבריו של השואל זכו למחיאות כפיים מצד כל חלקי הבית״.

10 באשר לקיבוץ כפר עציון כשלעצמו, נשלים את הדברים על־פי הספר ׳גוש עציון במלחמתו׳ מאת דב קנוהל, ועל־פי סיכומיו של יוחנן בן יעקב: הקרב האחרון בַּגוש ארך יומיים, ג׳ וְ־ד׳ באייר תש״ח. ביומיים אלה נפלו בכפר עציון 127 לוחמים ולוחמות. 79 מתוכם היו חברי וחברות כפר עציון, אשר בניהם־אחריהם חידשו את היישוב בסוף שנת תשכ״ז.

עִירִי" – כך הפסוק במגילת איכה (ג' נ"א) – וניתן לפרשו שבמו ידינו עוללנו לעצמנו את החורבן...

זהו עניינו של הפסוק בנבואת זכריה: "וְגַם עַל יְהוּדָה יִהְיֶה בַמָּצוֹר עַל יְרוּשָׁלָיִם". לא נימלט מן המציאות הזאת, שגם בתוך עמנו – בין מאונס ובין מרצון, שגם הוא במידה מסוימת אונס – ישנם המצטרפים לאויבינו במצור על ירושלים. ועוד נשוב אל הנקודה הזאת בהמשך, כי היא חוזרת בנבואתו של זכריה.[11]

## אֶבֶן בֹּחַן, פִּנַּת יִקְרַת

מכאן אנחנו ממשיכים אל פסוק ג', שכבר דיברנו בו, אך נוסיף בו דבר.

"וְהָיָה בַיּוֹם הַהוּא אָשִׂים אֶת יְרוּשָׁלִַם אֶבֶן מַעֲמָסָה לְכָל הָעַמִּים, כָּל עֹמְסֶיהָ שָׂרוֹט יִשָּׂרֵטוּ, וְנֶאֶסְפוּ עָלֶיהָ כֹּל גּוֹיֵי הָאָרֶץ". אמרנו שירושלים היא אבן כבדה מנשוא, ומי אשר ינסה **להרים אותה** – יימעך תחתיה. **לא יצליחו הגויים לעקור את ירושלים.**

אבל חשוב שנדע שדימויה של ירושלים **כאבן** מופיע כבר בישעיהו (כ"ח ט"ז): "לָכֵן כֹּה אָמַר אֲ-דֹנָי ה': הִנְנִי יִסַּד בְּצִיּוֹן אָבֶן אֶבֶן בֹּחַן, פִּנַּת יִקְרַת, מוּסָד מוּסָּד, הַמַּאֲמִין לֹא יָחִישׁ". פסוק מופלא! ירושלים כאבן־בוחן. אומר הגאון מווילנה – למה נקרא שמה 'אבן־בוחן'? – כי היא נקודת מבחן עבורֵנו: האם אנחנו מוכנים באמת לגשת לבנות את ירושלים, אפילו שאין בְּיָדֵנו אלא אבן אחת?.. אנחנו מתחילים לבנות – והקב"ה יסייע ויוליכֵנו אל המשך העבודה. כל הרעיון של 'קְמעא

11 אל־נכון, מתכוון כאן חנן לפסוק י"ד בפרק י"ד, לקראת סיום ספר זכריה. שם אומר הנביא: "וְגַם יְהוּדָה תִּלָּחֵם בִּירוּשָׁלָיִם, וְאֻסַּף חֵיל כָּל הַגּוֹיִם סָבִיב, זָהָב וָכֶסֶף וּבְגָדִים לָרֹב מְאֹד".
ואולם, סִדרת שיעוריו של חנן הסתיימה בלא שֶהגיע לדון בַּפסוק הזה. על־פי התיעוד שבידינו לימד חנן את פרק י"ד רק עד פסוק ט', בבחינת 'תם ולא נשלם' (ועם זאת, בַּשיעור הבא הוא יתייחס בהרחבה אל פסוק כ' בפרק י"ד).

קְמעא׳ בבניין ירושלים, בבניין ארץ ישראל, בא כאן לידי ביטוי בַּדיוק הזה של אבן־הבוחן; אפילו אבן אחת![12]

נזכור שגם בנבואותיו הראשונות של זכריה – בפרקים ג׳ וְ־ד׳ – מופיעה האבן בלב החיזיון,[13] והיא חוזרת ונשנֵית גם בפרק ב׳ בספר

---

12 א. חנן מביא זאת בשם הגר״א, והדבר לקוח מן הספר ׳קול התור׳ שנכתב בידי תלמידי תלמידיו. הספר – העוסק באתחלתא דגאולה בהשראת עליית תלמידי הגר״א לירושלים – היה חביב מאד על חנן, ובראשית ימי עפרה (תשל״ה, 1975) הוא לימד את פרקי הספר בסִדרת שיעורים של ׳חברים מקשיבים׳.
לא פעם, כאשר סיירנו בַּשומרון על־מנת לאתר מקומות ראויים להתיישבות, היה חנן נוהג – בשובבות ׳חננית׳ – להציב אבן בַּשטח ולקרוא עליה בקול גדול: ״אֶבֶן בֹּחַן, פִּנַּת יִקְרַת! הנה התחלנו בבניין היישוב, **אפילו מאבן אחת!**״.
**ב.** הנה אלה דברי ׳קול התור׳ בפרק א׳ (ט״ו): ״לדעת מראש כי אתחלתא דגאולה באה קְמעא קְמעא, מעט מעט, על־פי חז״ל (במסכת ברכות ב׳ירושלמי׳, פרק א׳ הלכה א׳): ׳כך היא גאולתן של ישראל, קְמעא קְמעא באה, כאיילת השחר, ׳כִּי אֵשֵׁב בַּחֹשֶׁךְ ה׳ אוֹר לִי׳ (מיכה ז׳ ח׳), ׳הוֹלֵךְ וָאוֹר עַד נְכוֹן הַיּוֹם׳ (מִשלֵי ד׳ י״ח).
לכן כל פעולה של האתחלתא יש להתחיל אפילו במעט, על־פי הכתוב (בירמיהו ג׳ י״ד): ׳[וְלָקַחְתִּי אֶתְכֶם] אֶחָד מֵעִיר וּשְׁנַיִם מִמִּשְׁפָּחָה [וְהֵבֵאתִי אֶתְכֶם צִיּוֹן]׳. כלל גדול הוא על־פי רבֵּנו, שכל הדברים שעתידים לבוא בשלֵמות הגאולה מתחילים קְמעא קְמעא גם בָּאתחלתא – וכן בניין ירושלים, להתחיל **אפילו מאבן אחת**, על־פי הכתוב (בישעיהו כ״ח טז): ׳הִנְנִי יִסַּד בְּצִיּוֹן אָבֶן, אֶבֶן בֹּחַן׳ וגו׳, כי האבן הזאת היא למבחן – להוכיח את הרצון לבנות ירושלים ולהרחיב מקום אוהֶלה, וה׳ יסייע בידינו״ וכו׳.
ועוד, הנה דברי ׳קול התור׳ בפרק ו׳ (ב׳) תחת הכותרת ׳בניין ירושלים׳: ״והתחלת בניינה **אפילו מאבן אחת** ככתוב ׳הִנְנִי יִסַּד בְּצִיּוֹן אָבֶן, אֶבֶן בֹּחַן׳ וגו׳ כי רוצה ה׳ להעמידנו בכור המבחן, בבניין ציון אפילו מאבן אחת, וזו תהא ׳פִּנַּת יִקְרַת, מוּסָד מוּסָּד׳ וכו׳. עבודתֵנו – מִצוַת הרחבה: ׳הַרְחִיבִי מְקוֹם אָהֳלֵךְ׳ (ישעיהו נ״ד ב׳), מִצוַת מרחביה, ׳הַרְחִיבִי ... אַל תַּחְשֹׂכִי׳, מכאן שאין לעמוד ולא לסגת חס־וחלילה מפני כל מכשול״.
**נספח י׳ לחלק זה של הספר, בעמ׳ 377, יוקדש לספר ׳קול התור׳.**

13 נזכיר את הפסוקים אשר חנן רומז אליהם: פרק ג׳ הינו נבואה על – וגם אל – יהושע (בן יוצדק) הכֹּהן הגדול, והחזון מסתיים בפסוק ט׳, לאמור: ➤

דניאל: זהו פרק מדהים, בַּאֲרָמִית, בו פותר דניאל את חלומו של נבוכדנצר אשר חלם על צֶלֶם עשוי קומות על קומות. דניאל מגולל בפִּתרונו את תולדות ההיסטוריה האנושית – כל קומה מסמלת נדבך בַּהיסטוריה ואת המלכות השַּׁלֶטֶת באותה תקופה – והנה מִמָּרום מגיעה אבן אשר לא בידי אדם חוצבה, היא מכה את הפסל האלילי על רגלי החרס שלו, הפסל מתמוטט, ונופלות עמו כל ממלכות האליל.

מהי האבן הזאת, אשר לא חוצבה ביד אנוש? – זוהי "אֶבֶן יִשְׂרָאֵל".

הלוא תדעו שיעקב אבינו אומר על עצמו, בברכתו ליוסף, "מִידֵי אֲבִיר יַעֲקֹב, מִשָּׁם רֹעֶה אֶבֶן יִשְׂרָאֵל" (בראשית מ"ט כ"ד). ואנו זוכרים כמובן גם את חלומו בבית־אל, בצאתו לחרן, ואת נִדרו אשר נדר: "וְהָאֶבֶן הַזֹּאת אֲשֶׁר שַׂמְתִּי מַצֵּבָה יִהְיֶה בֵּית אֱ־לֹהִים" (בראשית כ"ח כ"ב).[14]

ובכן, האבן מופיעה בצורות שונות, אבל ישנו מכנה משותף. מבלי שֶׁנבין ונפענח לָעומק את המושגים, הדימויים והסמלים האֱ־לוהיים המופיעים בתנ"ך – ומבלי שנערוך השוואות בין הדברים – יהיה קשה להבינם. גם כאן, זכריה מתייחס להיבט אחד – אבן המעמסה אשר הגויים ייכשלו בה – ואילו דניאל מתאר כיצד האבן הזאת מנפצת את ממלכות האליל. מה יש בה, בָּאבן? עוצמה, קושי, לכידות – זו אבן ישראל; וכך ירושלים – אבן!

"כִּי הִנֵּה הָאֶבֶן אֲשֶׁר נָתַתִּי לִפְנֵי יְהוֹשֻׁעַ, עַל אֶבֶן אַחַת שִׁבְעָה עֵינָיִם, הִנְנִי מְפַתֵּחַ פִּתֻּחָהּ נְאֻם ה' צְבָאוֹת, וּמַשְׁתִּי אֶת עֲוֹן הָאָרֶץ הַהִיא בְּיוֹם אֶחָד". פרק ד' הוא חזון מנורת הזהב ופיענוח רמזיה, והנמשל העיקרי הוא זרובבל המוליך את בניין המקדש. שתי אבנים אמורות שם, (ויש המפרשים שכל שלוש האבנים בשני הפרקים הינן אבן אחת): "מִי אַתָּה הַר הַגָּדוֹל לִפְנֵי זְרֻבָּבֶל לְמִישֹׁר, וְהוֹצִיא אֶת הָאֶבֶן הָרֹאשָׁה, תְּשֻׁאוֹת חֵן חֵן לָהּ. וַיְהִי דְבַר ה' אֵלַי לֵאמֹר: יְדֵי זְרֻבָּבֶל יִסְּדוּ הַבַּיִת הַזֶּה וְיָדָיו תְּבַצַּעְנָה... וְשָׂמְחוּ וְרָאוּ אֶת הָאֶבֶן הַבְּדִיל [=משקולת אנך הבנאים] בְּיַד זְרֻבָּבֶל, שִׁבְעָה אֵלֶּה עֵינֵי ה' הֵמָּה, מְשׁוֹטְטִים בְּכָל הָאָרֶץ" (פסוקים ז'-י').

14 בשבת פרשת וַיצא, בשנת תשס"ב, כתב חנן מאמר ב'מעט מן האור', המוכתר: 'האבן הזאת!'. כנספח א' לחלק זה של הספר נביא סעיף מתוך המאמר, אשר כותרתו היא: 'מֵאֶבֶן הַבֹּחַן עד אֶבֶן הָרֹאשָׁה'. ראה זאת להלן בעמ' 315.

## סוס בַּתימהון, רוכבו בַּשיגעון

ומכאן – לדימוי נוסף ומרכזי במהלך המערכה הזו, בַּדרך לַגאולה. אנו קוראים בפסוק ד׳: ״בַּיּוֹם הַהוּא נְאֻם ה׳, אַכֶּה כָל סוּס בַּתִּמָּהוֹן, וְרֹכְבוֹ בַּשִּׁגָּעוֹן, וְעַל בֵּית יְהוּדָה אֶפְקַח אֶת עֵינַי, וְכֹל סוּס הָעַמִּים אַכֶּה בַּעִוָּרוֹן״.

מה עניינו של הסוס הזה?

בימינו, הסוסים כבר אינם מהווים את כלי המלחמה האפקטיבי ביותר. זה היה נכון בימי קדם, אז קבעו גדודי הפרשים את גורל המערכה כולה, וכל סוס נחשב כמו טנק מודרני. אלכסנדר מוקדון, למשל, אפילו עשה מצבה גדולה לסוסו וקרא לו בשֵׁם,[15] גם אבירי ימי הביניים לחמו על סוסים, וכך גם הקוזָקים. היום הסוס לא נחשב כל־כך – הוא שָׂרַד רק על לוח השחמט – למרות שֶׁפָּרָשֵׁי המשטרה עשו לנו לא מעט צרות בהפגנות למען ארץ ישראל, וראו גם את סיפור ׳עמונה׳...[16]

אבל אם ננסה לעמוד על דימוי הסוס ועל תפקידו בימי קדם, הריהו מבטא איזושהי חִיוּת, עוצמה, פראות, תאווה בלתי מרוסנת, עד כדי טירוף!

---

15 סוסו של אלכסנדר – בוקֶפאלוס – מפורסם ביותר. אלכסנדר אילף אותו ורכב עליו מילדותו, עד שנהרג הסוס בַּקרב. לא רק קבורה מכובדת היתה לו, אלא שאלכסנדר גם ייסד עיר שנשאה את שמו – אלכסנדריה בוקֶפאליה, או בוקֶפאליה. היא מזוהה בדרך־כלל בתל עתיק הסמוך לעיר יהֵלוּם בפקיסטן של ימינו, כ־120 ק״מ דרומה לאיסלָמַבָּד, בָּאזור בו ניטש אותו קרב.

16 היישוב ׳עמונה׳ היה מעין יישוב־בת של עפרה בארץ בנימין, והוא הוקם ב״התקדמות זוחלת״ ללא החלטת ממשלה. בתחילת שנת 2006 – כתשעה חודשים לפני מועדו של השיעור הזה – בוצעה בעמונה הריסה של תשעה בתי קבע, ופינוי ההמונים שניסו למנוע זאת נעשָׂה בברוטליות יוצאת דופן. פרשי המשטרה הדהירו את סוסיהם אל תוך הקהל, דרסו במִתכוון כמה וכמה אנשים, ורבים הוכו באכזריות באלות השוטרים. כעבור אחת־עשרה שנים (2017) נהרס היישוב כולו. לאחר תלאות, נִבנָה עבור מפוני עמונה היישוב עמיחי בגוש יישובי שילֹה.

גם בשירת הים שמור לו, לַסוס, מקום מרכזי. "אָז יָשִׁיר מֹשֶׁה וּבְנֵי יִשְׂרָאֵל אֶת הַשִּׁירָה הַזֹּאת לַה', וַיֹּאמְרוּ לֵאמֹר: אָשִׁירָה לַה' כִּי גָאֹה גָּאָה, סוּס וְרֹכְבוֹ רָמָה בַיָּם". כך מתחילה שירת הים (שמות ט"ו א'). העובדה שֶׁהסוס מוזכר כבר בראש השירה אומרת דרשני: מה חשיבותו הגדולה? הרי העיקר הם האויבים, לא סוסיהם. ולא עוד, אלא שהכתוב מקדים את הסוס לרוכבו; לכאורה היה צריך לומר: 'רוכב וסוסו רמה בַיָּם', כי קודֵם העיקר לַטפל לו – ובכן מהו עניינו בַּסוס אשר הוטל אל הים?

ובכן, אלה דברי המדרש (שמות רבה, בשלח, פרשה כ"ג סימן י"ד, בשילוב מדרש שיר השירים רבה פרשה א'):

"'כִּי גָאֹה גָּאָה' – הדא הוא דכתיב: 'לְסֻסָתִי בְּרִכְבֵי פַרְעֹה דִּמִּיתִיךְ רַעְיָתִי' (שיר השירים א' ט') ... מיד הסיטָן הקב"ה" – דחף את הסוסים בכוח, כעין משב רוח – "והביאן מבין גלגלי המרכבה, והסיטָן על הים. מהו 'דִּמִּיתִיךְ רַעְיָתִי'? שנִדמו גלי הים לסוסיות נקבות, ומצריים הרשעים לסוסים זכרים מזוהמים" – כלומר, מלאֵי יצָרים – "והיו רצים אחריהם עד שנִשתקעו בַּיָּם, שנֶאמר: 'סוּס וְרֹכְבוֹ רָמָה בַיָּם', והיה המצרי אומר לסוסו: אתמול הייתי מושכךָ להשקותךָ מים ולא היית בא אחרַי" – סוס סרבן שכמותך, בקושי הצלחתי לגרור אותך – "עכשיו אתה בא לשקעֵני בים?" – עכשיו גורר אתה אותי? – "והיה הסוס אומר לו: 'רָמָה בַיָּם', ראֵה מה בים! רומוֹ של עולם אני רואה בַּיָּם". ובאמת מה ראה הסוס? סוסיוֹת! משמע, הסוס המזוהם אשר רץ אחרי הסוסות הנקבות – משתולל ומושך את הרוכב בעקבותיו.

כמובן, רבותי, אלה דימויים. חז"ל מדברים אלינו בשפת־'קודים', בשפת נסתרות. אין אנו צריכים לדמיין לעצמנו שאכן היו סוסות בים, או שגלי הים נִדמו כְּסוסות; הכול אילוסטרציה כדי לומר: כאשר קוראים אנו "סוּס וְרֹכְבוֹ רָמָה בַיָּם" – הכוונה היא שֶׁהסוס גרר בעקבותיו את הרוכב. או ביתר העמקה: **בחינת ה'סוס' שהיתה בתוך הרוכב גררה מטה את השכל שלו.** במילים אחרות: המצרים בעצמם נשטפו בתודעתם על־ידי היֵצֶר לתפוס את ישראל ולחסל אותם. לכן הם נמשלו לסוס מיוחם אשר רץ אחרי הנקבה – לא ניתן לעצור אותו ואין לו שום רסן – וכל כולו **השתוללות פראית, עיוורת.** זאת המשמעות של "סוּס וְרֹכְבוֹ רָמָה בַיָּם"; חז"ל מלמדים אותנו באמצעות משל, דרך

התמונה המוזרה הזאת, היאך סוחב הסוס את רוכבו אל התהום, דווקא משום שֶׁיָּרַד הרוכב עד לדיוטה תחתונה של הסוס.

לא זו אף זו, ראו עד היכן נאטמה חשיבתם ההגיונית של המצרים, אשר לקו בשיגעון ועיוורון, עד כדי תימהון: הרי הם רואים שהים נבקע לישראל – "וְהַמַּיִם לָהֶם חֹמָה מִימִינָם וּמִשְּׂמֹאלָם" (שמות י״ד כ״ט), "כִּי ה׳ נִלְחָם לָהֶם בְּמִצְרָיִם" (שם כ״ה) – ובכן איך הם העזו לקפוץ ולרוץ אחרי העם הזה? תארו לעצמכם אדם הרודף אחרי יריבו להורגו, היריב נמלט, קופץ מגג לגג, מגיע לגג אשר בינו לבין הגג השני יש 50 מטר, הקב״ה עושה לו כנפיים, והוא קופץ ומצליח! ובכן מה? – האם גם הרודף יקפוץ בעקבותיו? הוא לא רואה שנעשָׂה לו נס? מה חשבו להם המצרים? והתשובה היא – **הם לא חשבו בכלל!** גם בקצב השירה – כשַׁעַט הסוס בדהירה – ניתן לשמוע את תאוות היֵצָרים: "אָמַר אוֹיֵב: אֶרְדֹּף, אַשִּׂיג, אֲחַלֵּק שָׁלָל, תִּמְלָאֵמוֹ נַפְשִׁי, אָרִיק חַרְבִּי – תּוֹרִישֵׁמוֹ יָדִי!" (ט״ו ט׳). **התאווה והיֵצֶר שלטו בהם, עיוורו את עיניהם לחלוטין.**

מכאן נחזור אל נבואת זכריה, ונֹאמר שזהו **בדיוק** מה שכתוב כאן.

נקרא שנית את הפסוק: "בַּיּוֹם הַהוּא נְאֻם ה׳, אַכֶּה כָל סוּס בַּתִּמָּהוֹן, וְרֹכְבוֹ בַּשִּׁגָּעוֹן, וְעַל בֵּית יְהוּדָה אֶפְקַח אֶת עֵינַי, וְכֹל סוּס הָעַמִּים אַכֶּה בַּעִוָּרוֹן". הנה לפנינו **תימהון, שיגעון ועיוורון**. סוס עיוור – כִּסוּי עיניים – איננו רואה דבר. השיגעון, התימהון, אלה הם כוחות יצריים שֶׁהסוס מדביק בהם את רוכבו הנישא על גבו. וכפי שאמרנו, הסוס הוא גם 'בחינת הסוס' שבתוך הרוכב; לכן אומר הפסוק בתהִלים (ל״ב ט׳): "אַל תִּהְיוּ כְּסוּס, כְּפֶרֶד אֵין הָבִין, בְּמֶתֶג וָרֶסֶן עֶדְיוֹ לִבְלוֹם, בַּל קְרֹב אֵלֶיךָ" – זו היִצריוּת אשר נמצאת גם בנפש האדם פנימה, חלק מן היצר הרע, והיצר הזה מכה אותו בתימהון, בשיגעון.

ובכן, אומר לנו זכריה כי האויבים, אויבי ישראל, יהפכו להיות ממש משוגעים, מטורפים! כבר לא שולטת בהם תבונה. אתם רוצים כעין המחשה לכך? – הסתכלו על הג׳יהאד האִסלָאמי בימינו, על המשוגעים האלה, ותראו איזה עוצמות של יצריוּת, בלי שיקול דעת. כשאומר הנביא שזה יהיה המצב במהלך המערכה באחרית־הימים, פירושו של דבר הוא שֶׁכבר לא תשלוט בָּעמים כל תבונה! לא שיקול דעת יניע אותם, לא הבנה והיגיון, אלא רק עוצמה של יצריות מתפרצת.

אלה יהיו ׳הַמַּיִם הַזֵּידוֹנִים׳ – הכוחות הבלתי נשלטים – אשר יפרצו באחרית־הימים, ואשר זכריה מבליט אותם באמצעות הסוסים.

## פרש, אחוז בְּרֶסֶן!

הפסוק שקראנו כרגע מופיע בתוך פרק נפלא, מזמור ל״ב בספר תהִלים, וכדאי שנעיין בו. כמו פרקים רבים אחרים בתהִלים, עוסק המזמור במאבקו הפנימי של האדם מול יצריו.

״לְדָוִד מַשְׂכִּיל״ – פותח הפרק – ״אַשְׁרֵי נְשׂוּי פֶּשַׁע, כְּסוּי חֲטָאָה. אַשְׁרֵי אָדָם לֹא יַחְשֹׁב ה׳ לוֹ עָוֹן, וְאֵין בְּרוּחוֹ רְמִיָּה. כִּי הֶחֱרַשְׁתִּי, בָּלוּ עֲצָמָי בְּשַׁאֲגָתִי כָּל הַיּוֹם״. אני שואג, השאגה איננה נשמעת, ׳כִּי הֶחֱרַשְׁתִּי׳, אבל עצמותַי כבר בלו מעוצמת הצעקה הפנימית, מרוב ייסורי הנפש... ר׳ מנדלי מקוצק אומר שזו הצעקה הגדולה מכל הצעקות, צעקה שאיננה נשמעת, שהיא כולה כלואה בפנים. והמשורר ממשיך: ״כִּי יוֹמָם וָלַיְלָה תִּכְבַּד עָלַי יָדֶךָ, נֶהְפַּךְ לְשַׁדִּי בְּחַרְבֹנֵי קַיִץ סֶלָה. חַטָּאתִי אוֹדִיעֲךָ וַעֲוֹנִי לֹא כִסִּיתִי, אָמַרְתִּי: אוֹדֶה עֲלֵי פְשָׁעַי לַה׳, וְאַתָּה נָשָׂאתָ עֲוֹן חַטָּאתִי סֶלָה״. ישנה כאן סתירה לכאורה בין פסוק זה לבין ראש הפרק, כי שם קראנו: ״אַשְׁרֵי נְשׂוּי פֶּשַׁע, כְּסוּי חֲטָאָה״; וכאן מודיע האדם את חטאתו ואיננו מכסה את עוונו – אך הפשט הוא שאומר המשורר אל הקב״ה, כביכול: אין אני מגלה את חטאי לבני אדם, אבל כלפיך, ריבונו־של־עולם, ״אוֹדֶה עֲלֵי פְשָׁעַי״, ״וְאַתָּה נָשָׂאתָ עֲוֹן חַטָּאתִי״.

״עַל זֹאת יִתְפַּלֵּל כָּל חָסִיד אֵלֶיךָ לְעֵת מְצֹא, רַק לְשֵׁטֶף מַיִם רַבִּים אֵלָיו לֹא יַגִּיעוּ. אַתָּה סֵתֶר לִי מִצַּר תִּצְּרֵנִי, רָנֵּי פַלֵּט תְּסוֹבְבֵנִי סֶלָה״. הגמרא במסכת ברכות (דף ח׳ עמ׳ א׳) דורשת כמה וכמה דרשות־פיענוח על ׳עֵת מְצֹא׳ – אך הפשט הוא שֶׁבשעה בה נמצא האדם במצוקה – הוא ימצא אותך, ריבונו־של־עולם, ואתה יכול להיעָנות לעֱנותו,[17] לִרפוא

17 אל נכון, רומז כאן חנן אל הצירוף ״עֱנוּת עָנִי״ – צעקת הדל – אשר בתהִלים כ״ב כ״ה. הנה הפסוק כולו: ״כִּי לֹא בָזָה וְלֹא שִׁקַּץ עֱנוּת עָנִי, וְלֹא הִסְתִּיר פָּנָיו מִמֶּנּוּ, וּבְשַׁוְּעוֹ אֵלָיו שָׁמֵעַ״.

לְכאבו, להצילו ולפלטו, בטרם יגיע אליו ׳שֵׁטֶף מַיִם רַבִּים׳, ובטרם יילכד ברשת היֵּצֶר, הצר הצורר.

ועכשיו באה ההדרכה איך תתמודד, אתה הנִלכד, מול אותה הֶמְיָה של יצרים משתוללים: ״אַשְׂכִּילְךָ וְאוֹרְךָ בְּדֶרֶךְ זוּ תֵלֵךְ, אִיעֲצָה עָלֶיךָ עֵינִי. אַל תִּהְיוּ כְּסוּס, כְּפֶרֶד אֵין הָבִין, בְּמֶתֶג וָרֶסֶן עֶדְיוֹ לִבְלוֹם, בַּל קְרֹב אֵלֶיךָ. רַבִּים מַכְאוֹבִים לָרָשָׁע, וְהַבּוֹטֵחַ בַּה׳ חֶסֶד יְסוֹבְבֶנּוּ. שִׂמְחוּ בַה׳ וְגִילוּ צַדִּיקִים, וְהַרְנִינוּ כָּל יִשְׁרֵי לֵב״. עד כאן הפרק הנפלא הזה.

ובכן, מהי העצה? ״אַל תִּהְיוּ כְּסוּס, כְּפֶרֶד אֵין הָבִין״ – אל תתנו לַיצר לשלוט בכם כמו סוס ופֶרד, אשר שוטפים במרוצתם בלי שום רסן ומעצור. אלא: ״בְּמֶתֶג וָרֶסֶן עֶדְיוֹ לִבְלוֹם, בַּל קְרֹב אֵלֶיךָ״ – עליך לעצור את הסוסים מבעוד מועד, לפני שהם מגיעים לשלב של השתוללות. אתה חייב להבין, לשלוט ביצריך כל עוד הם ניתנים לשליטה, לפני שיגיע השלב שבו אתה כבר נתון בידם, ׳שָׁפוּט שלהם׳ כפי שאומרים, שאז – כביכול – שימו לב לַדימוי: ״תִּהְיוּ כְּסוּס״ – אתה עצמך כבר ׳סוס׳...

בשולי הדברים ישנה כאן גם אזהרה לאלה אשר מטִבעם מחפשים ניסיונות, או נֹאמר אחרת – אוהבים אתגרים. צריך לדעת שלפעמים האתגר הוא לא לרדוף אחרי האתגר, לא לחפש הרפתקאות, אלא להיות מאופק ומרוסן – ״בְּמֶתֶג וָרֶסֶן עֶדְיוֹ לִבְלוֹם!״.

דָּוִד עצמו שאף להִתנסוּת על־ידי הקב״ה – ובאמת אין ספק שהניסיון מחשל את האדם ומגביה את קומתו הרוחנית – אבל חז״ל מבקרים אותו על כך במדרש תהִלים (למזמור י״ח): ״אמר דָּוִד לפני הקב״ה: מפני מה אומרים [בתפילת העמידה] ׳מגן אברהם׳, ולא ׳מגן דָּוִד׳? אמר לו: בחנתיו בעשרה ניסיונות. אמר לפניו: ׳בְּחָנֵנִי ה׳ וְנַסֵּנִי, צָרְפָה כִלְיוֹתַי וְלִבִּי׳ (כ״ו ב׳). כיוון שניסה אותו בבת־שבע ולא עמד בו, מיד התפלל דָּוִד שיאמרו ׳מגן דָּוִד׳ [לא בתפילת העמידה אלא] בברכת ההפטרה: ׳כי בשם קודשךָ נשבעת לו שלא יכבה נרו לעולם ועד, ברוך אתה ה׳ מגן דָּוִד׳״. מכאן אמרו חז״ל שלא יביא אדם עצמו לידי ניסיון – ואנו אומרים זאת בַּתפילה: ״אל תביאנו לא לידי ניסיון ולא לידי ביזיון״ – ניסיון המביא לביזיון.

אם יחפוץ ה׳ לנסות אדם, אדרבה, צריך להתמודד! מקובלים אנו שהקב״ה מקיש כביכול על קנקנים שהוא יודע שלא יישברו – ידועים גם דברי הרמב״ן שהניסיון הוא ״למען המנוסֶה״[18] – אבל בכל זאת, ראוי שתהיה זו החלטתו של הקב״ה לבדו, כביכול, ואין האדם צריך לבקש או ליזום זאת.

18 הנה אלה דברי הרמב״ן בפתיחה של פרשת העקֵדה (בראשית כ״ב א׳): ״וְדַע כי ׳ה׳ צַדִּיק יִבְחָן׳ (תהִלים י״א ה׳); כשהוא יודע בַּצדיק שיעשה רצונו וחָפֵץ להצדיקו יְצַוֶּה אותו בניסיון, ולא יבחן את הרשעים אשר לא ישמעו. והנה כל הניסיונות שבַּתורה – לטובת המנוסֶה״.

**שיעור מס׳ 4 – כ״ה בחשוון תשס״ז**

## חמורו של משיח, וגאולה קִמעא־קִמעא

וכנגד הסוס, בכל המובנים שראינו, הולך לו לאיטו – בהקבלה ניגודית ברורה – החמור...

עכשיו נוכל להבין לְעומק מה טיבו של מלכנו שלנו, משיח ישראל, אשר זכריה מנבא עליו ועל בואו (ט׳ ט׳): ״גִּילִי מְאֹד בַּת צִיּוֹן, הָרִיעִי בַּת יְרוּשָׁלַיִם, הִנֵּה מַלְכֵּךְ יָבוֹא לָךְ, צַדִּיק וְנוֹשָׁע הוּא, עָנִי וְרֹכֵב עַל חֲמוֹר, וְעַל עַיִר בֶּן אֲתֹנוֹת״.

תרגום ׳יונתן׳ מפרש שֶ׳עני׳ הוא ענוותן. זהו אדם הרואה את עצמו כעני, בענווה כלפי עצמו, כלפי זולתו וכלפי שמים – ״תְּפִלָּה לְעָנִי כִי יַעֲטֹף, וְלִפְנֵי ה׳ יִשְׁפֹּךְ שִׂיחוֹ״ (תהלים ק״ב א׳) – ואז ׳לֵית לֵיה מִגַרמֵיה כלום׳, שאין לו דבר מִשֶׁל עצמו. גם רש״י כותב כאן שרכיבה על חמור ״מידת ענווה היא״. ואכן זהו היסוד של ׳מלכא משיחא׳, של מלכות בית דָוִד: ״וְאָנֹכִי תוֹלַעַת וְלֹא אִישׁ״ אומר דָוִד על עצמו (כ״ב ז׳), ומוסיף: ״אִם לֹא שִׁוִּיתִי וְדוֹמַמְתִּי נַפְשִׁי כְּגָמֻל עֲלֵי אִמּוֹ, כַּגָּמֻל עָלַי נַפְשִׁי״ (קל״א ב׳). כחמור כך רוכבו... הריהו מין סַנצ׳וֹ־פַּנסָה כזה, רוכב אֲתונות, כאשר דון קישוט יושב בָּאוכף על סוסו...

הפסוק הבא בפרק ט׳ – פסוק י׳ – מעיד היטב על הניגוד בין הסוס לבין החמור, באומרו: ״וְהִכְרַתִּי רֶכֶב מֵאֶפְרַיִם וְסוּס מִירוּשָׁלַיִם, וְנִכְרְתָה קֶשֶׁת מִלְחָמָה״. סוס דוהר בגֵאוּת לַמלחמה וחמור מהלך בצניעות לְשלום; ״וְדִבֶּר שָׁלוֹם לַגּוֹיִם, וּמָשְׁלוֹ מִיָּם עַד יָם וּמִנָּהָר עַד אַפְסֵי אָרֶץ״.

ונוסיף כאן עוד רמז לַקישור בין חמורו של משיח לבין הגאולה הבאה קִמעא קִמעא, צעד אחר צעד.

נקרא את המימרא המפורסמת ב'ירושלמי' בתחילת מסכת ברכות על רבי חייא רבה ורבי שמעון בן חלפתא, שהיו מהלכים בבקעת ארבל וראו איילת השחר שהפציע אורה. "אמר רבי חייא רבה לרבי שמעון בן חלפתא: בֵּי רבי! [בן גדולים שכמון], כך היא גאולתן של ישראל: בתחילה קִמעא קִמעא, כל מה שהיא הולכת היא רבה והולכת". כשם שאין השמש זורחת בבת אחת, אלא עולֶה אורה קִמעא קִמעא, צעד אחר צעד, 'כך היא גאולתם של ישראל'. זהו ביטוי נוקב, כי הוא בא לומר שהקצב הזה איננו בדיעבד אלא **לכתחילה! כך** ראוי שתהיה גאולתם של ישראל.

ובכן, מהו טעמו של דבר? אם רוצה הקב"ה להופיע – מדוע שלא יבוא בבת אחת? זו סוגיה שעליה נאבקו גדולי עולם... במידה רבה אפשר לומר שישנה כאן תפיסת הציונות הדתית לעומת התפיסה החרדית – לפחות אותה תפיסה חרדית אשר מציבה אמירה **ניגודית** לתפיסת קִמעא־קִמעא, מחכה שהכול יבוא משמים, בנס, וב'פִתְאֹם יָבוֹא'. עומדת אפוא שאלה עקרונית: מה הרעיון הפנימי שדווקא כך היא גאולתן של ישראל? מהו טעמו של דבר? האם זהו עונש המושת עלינו כי איננו ראויים, לכן מביאים לנו גאולה בפנים מצומצמות? והתשובה היא: לא! ישנו פה יסוד כפול, עמוק מאד.

הטעם הראשון של 'קִמעא־קִמעא' בא לאפשר לנו את **ההִסתגלות** אל מהלך הגאולה; כי אם יבוא האור בבת אחת לא תוכלנה העיניים לעמוד בו, ואנו נוכה חלילה בסנוורים.[1] גם ביציאת מִצְרַיִם – כשהיה

1 דבריו של חנן כאן הם דברי ספר ה'זוהר' לפרשת וַישלח, מאמר 'שַׁלְּחֵנִי כִּי עָלָה הַשָּׁחַר', אות צ'. הרב צבי־הירש קלישר הביא את המאמר הזה בראש ספרו 'דרישת ציון', כהסבר להדרגתיות הגאולה "מעט מעט" (ראה בעמ' 37 במהדורת 'מוסד הרב קוק' בעריכתי, י"ע). הנה אלה דברי ה'זוהר':

"רַבִּי יְהוּדָה פָּתַח וַאֲמַר: 'מִי זֹאת הַנִּשְׁקָפָה כְּמוֹ שָׁחַר? יָפָה כַלְּבָנָה, בָּרָה כַּחַמָּה, אֲיֻמָּה כַּנִּדְגָּלוֹת' (שיר השירים ו' י'). ... אִלֵּין אִינוּן יִשְׂרָאֵל. בִּזְמְנָא דְקֻב"ה יוֹקִים לוֹן, וְיַפֵּיק מִן גָּלוּתָא, כְּדֵין יִפְתַּח לוֹן פִּתְחָא דִנְהוֹרָא, דַּקִּיק זְעֵיר, וּלְבָתַר פִּתְחָא אַחֲרִינָא, דְּאִיהוּ רַב מִינֵיהּ, עַד דְּקוּדְשָׁא בְּרִיךְ הוּא יִפְתַּח לוֹן תַּרְעִין עִלָּאִין, פְּתִיחִין לְאַרְבַּע רוּחֵי עָלְמָא.

העם זרע עבדים – הביאה הגאולה הפתאומית למשברים, והיה צורך לשהות ארבעים שנה במדבר כדי שיקום דור שיהיה מסוגל למלחמה ולחיי גאולה, לאחר מהלך ההסתגלות.

אך הטעם השני עמוק מן הראשון, והוא: **השותפות**. כי אם תבוא הגאולה בבת אחת – לא יהיה האדם מסוגל, בכוחו האנושי, להיות שותף במהלכים אֱ־לֹהיים כל־כך גדולים, ואז ממילא יהיה המהלך כולו ב׳אִתערותא דלעילא׳, בלא שותפות שלנו מלמטה. כמובן, יכול היה הקב״ה לאחוז בציצית ראשנו ולהביאנו ארצה בתנופה אחת מארבע כנפות תבל; אך כדי שתהיה לנו יכולת להשתתף בגאולתנו באופן פעיל – כדי שההחלטה לעלות ארצה תהיה החלטה שלנו – צריך מהלך הגאולה להיות מותאם לַריתמוס האנושי, לַקצב ולַמידה שאנו יכולים להפיק מעצמנו. משל למה הדבר דומה? – אין כל אפשרות להצטרף לטיסת מטוס החולף בשמים ביעף, אך יכול אדם לקפוץ על עגלה תוך כדי נסיעתה, ואף להיות שותף בהובלתה. עֶקרון ה׳קִמעא קִמעא׳, גאולה במידת האנוש, נועד לאפשר את ההשתתפות, את יכולתנו לפעול עִם אֵ־ל.

הדברים הללו, הנאמרים בתכלית הקיצור, הם עולמות שלמים... כל הרעיונות הפנימיים של הגאולה מונחים בְּעניין של ׳קִמעא קִמעא׳ – וזה בא לידי ביטוי ב׳חמורו של משיח׳. אלא שהדימוי של החמור הוא אפילו יותר משוכלל מן הדימוי של ״כך היא גאולתן של ישראל״, על איילת השחר ועליית אורה של חמה. כי איילת השחר – על־אף שהיא עולה בהדרגה – עלייתה רצופה, האור מתגבר ומוסיף והולך, ללא בעיה ומכשול. ולעומת זאת, החמור, לא־רק שהילוכו איטי, אלא

---

ובתרגום (כפירוש ׳הסולם׳): ״׳מִי זֹאת הַנִּשְׁקָפָה כְּמוֹ שָׁחַר?׳ וגו׳ – אלו הם ישראל. בזמן שהקב״ה יקים אותם ויוציאם מן הגלות, אז יפתח להם פתח אור דַק־מִדַּק וקטן מאד. ואחר־כך יפתח להם פתח אחר מעט גדול ממנו, עד שהקב״ה יפתח להם את השערים העליונים הפתוחים לארבע רוחות העולם. פירוש, שלא תתגלה ישועתם בבת אחת, אלא בדומה אל ׳שַׁחַר׳, שהולך וָאור עד נְכון היום״ [בהתגברות האור בשלבים עולים, כהמשכו של הפסוק: ״יָפָה כַלְּבָנָה, בָּרָה כַּחַמָּה, אֲיֻמָּה כַּנִּדְגָּלוֹת״].

גם יודע הוא להתעקש לעיתים, להיתקע במקומו, ואף לרבוץ תחתיו. לפעמים צריך לחבוט בו, לפעמים הוא מטלטל כהוגן את רוכבו... דרך אגב, כל מה שאני אומר לכם עכשיו – כבר כתב הרב יחיאל-מיכל טיקוצ׳ינסקי בספרו ׳ספר השמיטה׳, שם הוא מדבר על ׳עָנִי וְרֹכֵב עַל חֲמוֹר׳, וזה היה יקר מאד בעינַי למצוא זאת שם...[2]

ולסיום העיון בבחינתו השלילית של הסוס נראה עוד נבואה אחת של זכריה, בפרק י׳, מפסוק ג׳ והלאה. שם אומר הנביא כי חרה אפו של הקב״ה באויבי ישראל וכי פקד את בית יהודה, ״וְשָׂם אוֹתָם כְּסוּס הוֹדוֹ בַּמִּלְחָמָה״. ואולם, בית יהודה לוחמים באויביהם כְּרַגלים מול פרשים! הם ׳חַפָּ״שים׳, מבוססים בַּבּוֹץ – ״בּוֹסִים בְּטִיט חוּצוֹת״ – ״וְנִלְחֲמוּ כִּי ה׳ עִמָּם, וְהֹבִישׁוּ רֹכְבֵי סוּסִים״. המשמעות היא שֶׁיַּד ה׳ הטובה על עמו מגבירה את חֵילם ללחום כנגד רוכבי הסוסים ולהובישם בַּקרב, מעצימה אותם בעוצמה ובהוד של סוסים – וכל זאת ללא סוסים, ובלא שיֵרדו הם עצמם לדרגת הסוסים.

---

2 הרב יחיאל מיכל טיקוצ׳ינסקי היה ראש ישיבת ׳עץ חיים׳, חיבר ספרים רבים בהלכה ובהשקפה, ונפטר בשנת תשט״ו (1955). היה ׳ירושַׁלְמֶר׳ המזוהה עם היישוב הישן, אך לא היה רחוק מן הציונות. הוא היה קרוב אל הרב קוק, וראה במדינת ישראל שלב עליה מובהק במהלך הגאולה. ספרו האחרון הוא ׳ארץ ישראל׳, אשר ראה אור בשנה האחרונה לחייו; הוא דן בו במִצוות הארץ, אסף את שבחיה כאוֺרֶה בסַלו והגישם לקוראיו בחיבה רבה.
׳ספר השמיטה׳ נדפס בשנת תשי״א (1951), שנה אחת לפני השמיטה הראשונה במדינת ישראל (תשי״ב, 1952), שאותה מכנה הרב טיקוצ׳ינסקי ׳שמיטה של חבלי משיח׳. אנו נביא את תת-הפרק הנ״ל, בדילוגין, **נספח ב׳** לחלק זה של הספר בעמ׳ 318, וכאן נצטט רק כמה שורות:
״ואם לא זכו [ישראל] – תהא [הגאולה] ׳בְּעִתָּהּ׳, כְּ׳עָנִי וְרֹכֵב עַל חֲמוֹר׳, מְשָׂרֶכֶת דרכה באיטיוּת, בהרים וגאיות, ולא פעם צונח הרוכב מעל החמור. ועל גאולה מסוג זה גילו חכמינו ז״ל שתבוא בזעזועים גדולים, מלחמות עמים בעמים, וגזֵרות ושמָדוֹת נוראות בעם ישראל, עד שגדולי האמוראים אמרו: ׳יֵיתי ולא אַחמינֵיה׳ [=יבוא, ואַל אֶראֶנו]״.

## מצילות הסוס – קודש לה׳

דווקא הביטוי הזה – ״כְּסוּס הוֹדוֹ בַּמִּלְחָמָה״ – מעביר אותנו, באופן מפתיע, מן הבחינה השלילית של הסוס אל הבחינה החיובית, הראויה לבוא אל הקודש פנימה.

אין להתכחש לעוצמתו, ליופיו ולהודו של הסוס האציל, מין יופי גבוה ומיוחד שכזה... ובאמת, אנו יכולים לעקוב אחרי תרבויות בעולם כולו ולראות שעניין הרכיבה על הסוס הפך למין ביטוי מרתק ומלהיב – מימי קדם, דרך אבירי ימי הביניים, האינדיאנים וסוסיהם, המונגולים באסיה, הקוזָקים בערבות רוסיה, ועד חילות הפרשים בצבאות אירופה.

עד כאן ראינו את הביקורת על הכוח הסוסי – כוח חייתי לא מרוסן, פרוע, ׳בַּתִּמָּהוֹן, בַּשִּׁגָּעוֹן, בַּעִוָּרוֹן׳ – וממילא מובן הצורך לרסן אותו: ״אַל תִּהְיוּ כְּסוּס, כְּפֶרֶד אֵין הָבִין, בְּמֶתֶג וָרֶסֶן עֶדְיוֹ לִבְלוֹם״ וגו׳, וראינו גם את הניגוד הגמור לבחינת הסוס, במשיחֵנו שלנו, אשר ״צַדִּיק וְנוֹשָׁע הוּא, עָנִי וְרֹכֵב עַל חֲמוֹר״.

ואולם, ישנו צד שני לַמטבע.

ידוע שיש לדכא את היצר הרע. זיהינו את הרוע בכוחו של הסוס ובאופיו ׳הסוסי׳ של רוכבו, ולכן גבורה היא לרסן כל זאת, בבחינת: ״איזהו גיבור, הכובש את יצרו״. אבל המדרגה הגבוהה יותר, הגבוהה באמת, באה לביטוי במאמר חז״ל בַּמִּשְׁנָה (במסכת ברכות ט׳ ה׳), שֶׁמִּצְוַת אהבת השֵׁם הינה ״׳בְּכָל לְבָבְךָ׳ – בשני יְצָרֶיךָ, ביצר טוב וביצר רע״. בענייננו, המדרגה הגבוהה היא בַּידיעה איך לתעל את כוח הסוס אל הקודש, איך לרתום אותו בדרך הסובלימציה, דרך העידון, ולא רק בדרך הדיכוי והריסון. כי ודאי ישנו צד חיובי בַּהתלהבות, בַּהתרגשות, בַּמרוצה ללא חת מול סכנה, ״כְּסוּס הוֹדוֹ בַּמִּלְחָמָה״. ואת העוצמות הללו עלינו **לנתב אל הטוב**, כלפי מעלה, ולרתום את הסוס – את כל מה שמקופל בַּדימוי של הסוס – אל עבודת ה׳ בקדושה.

ואת המעלה הזאת אנו מוצאים בפסוקי הסיום של ספר זכריה, כשהוא מתאר את מעמד אחרית־הימים – אנו קוראים את הנבואה הזאת בהפטרת היום הראשון של חג הסוכות – לאמור: ״בַּיּוֹם הַהוּא יִהְיֶה עַל מְצִלּוֹת הַסּוּס קֹדֶשׁ לַה׳, וְהָיָה הַסִּירוֹת בְּבֵית ה׳ כַּמִּזְרָקִים לִפְנֵי הַמִּזְבֵּחַ״ (י״ד כ׳).

על כך כתבתי מאמר בחג הסוכות האחרון, בגיליון ׳מעט מן האור׳: ׳הסוד הכמוס במצילות הסוס׳.[3] ליד התמונה של הסוס הדוהר הבאתי חלק מפסוק בנבואתו של חבקוק (ג׳ ח׳): ״כִּי תִרְכַּב עַל סוּסֶיךָ מַרְכְּבֹתֶיךָ יְשׁוּעָה״ – כאילו ריבונו־של־עולם בעצמו, כביכול, יש לו סוסים. ואם אתם מחפשים את הסוסים ׳החיוביים׳ הללו במקום מוכר יותר, הרי שנמצא אותם כאשר אליהו הנביא עולה השמיימה: ״וְהִנֵּה רֶכֶב אֵשׁ וְסוּסֵי אֵשׁ, וַיַּפְרִדוּ בֵּין שְׁנֵיהֶם – [בין אליהו לבין אלישע] – וַיַּעַל אֵלִיָּהוּ בַּסְעָרָה הַשָּׁמָיִם״ (מלכים־ב׳ ב׳ י״א). הלוא דבר הוא, **סוסי אש!** ה׳זוהר׳ הקדוש אומר, והרב מצטט זאת ב׳אורות התורה׳ (ה׳ ד׳): ״סוּסֵי אֵשׁ – אינון אַתְוָן דְאורייתא״, אותיות התורה שהן כסוסי־אש,[4] והדימוי הזה מגלה את ההיבט החיובי של הסוסים הללו.

אקרא כאן מעט מִסופו של מאמרי, אשר מוצב בו לַגויים היעד של קידוש החומר דווקא בעלייתם־לרגל לירושלים, בה נושקים ארץ ושמים. או־אז ילכו עמים רבים ויאמרו: ״׳כִּי מִצִּיּוֹן תֵּצֵא תוֹרָה וּדְבַר ה׳ מִירוּשָׁלָיִם׳ (ישעיהו ב׳ ג׳); ותורה זו, אשר במוקדה עומדת השאיפה הגדולה לקידוש המציאות כולה, ודאי עוד תצא מציון ותתגלה בכל העולם. או־אז, ישובו ׳מְצִלּוֹת הַסּוּס׳ השועט במרוצתו, משדות הציד הנצחי של האינדיאנים, וממִצהלות סוסי האבירים במסעי הצלב האפלים, ודהרות הקוזקים הפורעים ומתהוללים – כל אלה עוד ישובו מטומאת פראותם האלילית אל טהרת הקודש, כדברי הכתוב (חבקוק ג׳ ח׳): ׳כִּי תִרְכַּב עַל סוּסֶיךָ, מַרְכְּבֹתֶיךָ יְשׁוּעָה׳. ובעלות הגויים לחוג את חג הסוכות בירושלים, עוד יישָׁמעו ׳מְצִלּוֹת הַסּוּס׳ כפעמוני חג״ – אולי המצילות הן פעמונים, אולי מִצהלות הסוס – ״ויתרונן קולם; ׳כִּי שָׁם צִוָּה ה׳ אֶת הַבְּרָכָה, חַיִּים עַד הָעוֹלָם׳ (תהלים קל״ג ג׳)״.

---

3 כאן חילק חנן את דפי גיליון ׳מעט מן האור׳ לַתלמידים. קטעים מן המאמר הזה יובאו כנספח ג׳ לחלק זה של הספר, בעמוד 323.

4 מקור הדימוי הוא ב׳זוהר חדש / תיקונים׳ (כרך ב׳ דף פ״א עמ׳ א׳). מדובר שם על קרב הגנה כביכול, בו מסייעת התורה לָאוחזים בה, ואז נִמשלות אותיותיה לסוסי אש, הניקוד מָשול לַפרשים הרוכבים עליהן, והטעמים נִמשלים לכלֵי המלחמה.

נסכם אפוא כי הכתוב שֶׁתהיינה "מְצִלּוֹת הַסּוּס קֹדֶשׁ לַה׳" איננו סתם דוגמה בעלמא, אלא בא הוא לומר שגם השעטה הזו, גם הזריזות וההתלהבות וההוד שבַּדהרה – כל אלה צריכים להתעלות ולהיות מכוונים אל הקודש. אמור מעתה שלהדרכת חכמינו במסכת אבות (ה׳ כ׳), שחייב אדם להיות "עז כַּנמר וקל כַּנשר ורץ כַּצבי וגבור כַּארי", ניתן להוסיף גם: 'דוהר כַּסוס' "לעשות רצון אביך שבַּשמים".

ורק נוסיף, לקראת סיום, שבַּפרק האחרון בספר ישעיהו – פרק ס״ו שֶׁקוראים אותו בהפטרת שבת־ראש־חודש – מתאר הנביא איך ייקָבצו ויבואו כל בני ישראל אל הר הבית מכל ארצות העמים: "וְהֵבִיאוּ אֶת כָּל אֲחֵיכֶם מִכָּל הַגּוֹיִם מִנְחָה לַה׳, **בַּסּוּסִים** וּבָרֶכֶב וּבַצַּבִּים וּבַפְּרָדִים וּבַכִּרְכָּרוֹת, עַל הַר קָדְשִׁי יְרוּשָׁלִַם, אָמַר ה׳, כַּאֲשֶׁר יָבִיאוּ בְנֵי יִשְׂרָאֵל אֶת הַמִּנְחָה בִּכְלִי טָהוֹר בֵּית ה׳" (כ׳). פסוק זה משלים ומאיר את פסוקו של זכריה על "מְצִלּוֹת הַסּוּס קֹדֶשׁ לַה׳" באופן כזה: **הגויים יהיו עגלונים**, ומן הסתם גם יתגאו בסוסיהם האבירים – אולי יהיו הסוסים מכוניות יוקרה, אבל באמת אין כמו הסוסים לעוצמה מבחינת הדימוי – וכל הדברים הללו עולים אל המקדש, ועולים למעלה בַּקודש. מי יודע אם לא נחזֶה בתחרויות הסוסים האצילים, אשר רוכביהם יתחרו זה בזה מי יגיע ראשון, ויִזכה להביא את בנינו ואחֵינו אל פסגת הר הבית, בחסדי ה׳ יתברך...

**שיעור מס׳ 5 – ב׳ בכסלו תשס״ז**

# מותו של משיח בן יוסף

## פתיחה

חברים יקרים, אנחנו מגיעים עכשיו, בנבואות זכריה על אחרית־הימים (בפרק י״ב מפסוק ז׳ והלאה), אל אחת הפרשות הסתומות והקשות, אשר יש לה ללא ספק השלכות גם לימינו אלה, ימי אתחלתא דגאולה. כאמור, איננו יודעים לציין בדיוק באיזה שלב אנחנו עומדים – אבל ללא ספק אנחנו נמצאים בעיצומם של ימים אלה.

אני מִתחבט עִמכם אם להעמיק בסוגיה העומדת לפנינו, סוגיית משיח בן יוסף, או לצמצם בה – אך נדמה לי שדווקא בגלל ההשלכות הרלוונטיות של העיון הזה, נזדקק ללמוד את הדברים ביתר עיון, גם אם נחרוג מן ההיצמדות לגוף המקראות. הסוגיה הזאת הִסעירה ומַסעירה דורות רבים, ובדורנו שלנו היא קיבלה אינטרפרטציה חדשה, מיוחדת מאד, בעקבות הסכמי ׳קֶמפּ־דֵיוויד׳, בעקבות הנסיגה מסיני, ובעקבות ההִתנתקות האומללה שהיינו עדים לה בתקופה הזאת.[1] בעקבות כל

1 הסכמי ׳קֶמפּ דֵיוויד׳ (׳הסכמי המסגרת לשלום׳) נחתמו בסוף שנת תשל״ח (ספטמבר 1978) בין ראש ממשלת ישראל מנחם בגין לבין נשיא מִצרַים אנואר סאדאת, בחסות נשיא ארה״ב ג׳ימי קרטר, וכעבור זמן קצר הם אושרו בַּכנסת, יחד עם ׳תוכנית האוטונומיה׳ לַפלשתינים. כחצי שנה אחר־כך נחתם הסכם שלום בין ישראל למִצרַים. • פינוי חצי האי סיני

אלה עולָה שוב, באופן מסוים, הסוגיה של ׳מות משיח בן יוסף׳.[2] ננסה לברר את הדברים הללו, גם מעֵבר לפשט הכתובים, ואני מקווה שזה יהיה לרצון לכם.

נקרא את הנבואה בפרק י״ב מפסוק ז׳:

״וְהוֹשִׁיעַ ה׳ אֶת אָהֳלֵי יְהוּדָה בָּרִאשֹׁנָה, לְמַעַן לֹא תִגְדַּל תִּפְאֶרֶת בֵּית דָּוִיד וְתִפְאֶרֶת יֹשֵׁב יְרוּשָׁלִַם עַל יְהוּדָה״. עמדנו כבר על כך שבני ממלכת יהודה היו אנוסים בעל כורחם, ואולצו להשתתף במצור על ירושלים. לכך יש להוסיף את העובדה שלא רק ירושלים סובלת מן המצור – כאשר נאספים עליה הגויים – אלא גם כל סביבות ירושלים נתונות תחת המַתקפה. אם תרצו – גוש עציון וחברון כלפי דרום, בית אל, עפרה ושילֹה כלפי צפון, וכך גם כלפי מזרח ומערב.

פסוק ח׳ – ״בַּיּוֹם הַהוּא יָגֵן ה׳ בְּעַד יוֹשֵׁב יְרוּשָׁלִַם, וְהָיָה הַנִּכְשָׁל בָּהֶם בַּיּוֹם הַהוּא כְּדָוִיד, וּבֵית דָּוִיד כֵּאלֹהִים, כְּמַלְאַךְ ה׳ לִפְנֵיהֶם״. בית דָּוִד חי וקיים למרות כל הגלגולים והמשברים. אל נשכח שֶׁלנגד עיניו של זכריה, בנבואתו, נמצא זרובבל בן שאלתיאל שהוא קורא עליו: ״הִנֵּה אִישׁ צֶמַח שְׁמוֹ וּמִתַּחְתָּיו יִצְמָח״ (ו׳ י״ב), והוא מזרע בית־דָּוִד. גם אם לא נתקיימו התקוות המשיחיות אשר נִתלו בזרובבל – כבר

---

החל בתחילת שנת 1980 והסתיים באמצע שנת 1982, בגירוש תושבי חבל ימית והרס העיר עִם היישובים הסמוכים לה. • בין שני המועדים הנ״ל – כתגובת זעם לחתימת ההסכם עם ישראל – נרצח אנואר סאדאת בידי חוליית מתנקשים, במהלך מצעד צבאי לציון הניצחון, כביכול, במלחמת יום הכיפורים. • ההִתנתקות מגוש קטיף – גירוש התושבים, הרס היישובים והעברת השטח לידי הרשות הפלשתינית – נעשתה לאחר תשעה באב תשס״ה (אוגוסט 2005), כשנה וארבעה חודשים לפני מועד השיעור דנן.

2 אל נכון, רומז כאן חנן למאמרו של הרב שלמה אבינר משנת תש״ם (1980), שֶׁהוכתר בַּכותרת ׳הריגת משיח בן יוסף׳, ולתגובתו שלו על המאמר – שלא פורסמה – אשר הוכתרה: ׳עוד יוסף חי׳. בהמשך הדברים עוד ישוב חנן ויעסוק במאמרו של הרב אבינר. שני המאמרים הללו הובאו לעיל, בחלקו הראשון של הספר.

דיברנו על כך שישנם דברים שגם אם אינם מתקיימים באותה שעה – בגלל המשברים הפנימיים – הרי שֶׁייתקיימו לעתיד לבוא.[3] אנחנו מאמינים בני־מאמינים שֶׁמלכות בית־דָוִד לא תֹאבד לָנצח. "דָוִד מלך ישראל חי וקיים!".[4]

ובכן – 'בֵּית דָּוִיד כֵּאלֹהִים' – ו"אֱלֹהִים" האמור כאן איננו במטבע של קודש אלא כלשון חול, דהיינו: כמלאכי אֱ־לֹהים. כך, בדומה לַכתוב בתהִלים (פ"ב ו') על הדיינים: "אֲנִי אָמַרְתִּי אֱלֹהִים אַתֶּם, וּבְנֵי עֶלְיוֹן כֻּלְּכֶם" – ואכן זכריה מפרש כאן מיד את דבריו בעצמו: "וּבֵית דָּוִיד כֵּאלֹהִים, כְּמַלְאַךְ ה' לִפְנֵיהֶם". הווה אומר שֶׁבַּמערכה האחרונה על ירושלים נוצָקים בבית דָוִד כוחות אדירים, כוחות כבירים, אֱלֹהיים. מעין זה כותב הרב קוק בספרו 'אורות' (אורות התחיה ס"ו): "מֵרוחו של משיח זורמים ונושבים רוחות, והינם באים עָדֵינוּ" – והרוחות הללו מעוררות את הכוחות הפנימיים, הנסתרים, בנשמותיהם של לוחמי ירושלים בַּקְּרָב האחרון.

עכשיו נקרא הלאה, מפסוק ט' עד סופו של הפרק.

וְהָיָה בַּיּוֹם הַהוּא אֲבַקֵּשׁ לְהַשְׁמִיד אֶת כָּל הַגּוֹיִם הַבָּאִים עַל יְרוּשָׁלָיִם. וְשָׁפַכְתִּי עַל בֵּית דָּוִיד וְעַל יוֹשֵׁב יְרוּשָׁלַיִם רוּחַ חֵן

---

3 הדברים משתקפים בפירושו של רש"י לפסוק הנ"ל, כלהלן: "'צֶמַח שְׁמוֹ' – הוא זרובבל, האמור למעלה (ג' ח') 'הִנְנִי מֵבִיא אֶת עַבְדִּי צֶמַח' ... ויש פותרים אותו במלך המשיח, אבל כל העניין הזה מדבר בבית שני".
שורה אחת בַּפיוט 'קול מְבַשֵּׂר, מְבַשֵּׂר ואומר' – החותם את סדרת פיוטי יום 'הושענא־רבה' – היתה חביבה על חנן, והוא ציטט אותה לעיתים, לאמור: "קוֹל צֶמַח אִישׁ צֶמַח שְׁמוֹ, הוּא דָּוִד בְּעַצְמוֹ / מְבַשֵּׂר וְאוֹמֵר". ראה זאת גם לעיל, בחלק הראשון של הספר, בעמוד 63.

4 צירוף זה מופיע במסכת ראש השנה (דף כ"ה עמ' א') – כעין 'סיסמה מוצפנת' שתעיד על ביצוע קידוש החודש על־ידי בית דין בארץ יהודה (שהיו שלוחי הסנהדרין בגליל), לאחר שנִראָה החודש (היינו הירח החדש). היה זה בתקופת התַּנָּאים תחת שלטון רומא, כאשר אי אפשר היה לעשות זאת בגלוי. מן הסיסמה הזאת הִתקבע הצירוף "דָוִד מלך ישראל חי וקיים" אל תוך מעמד 'ברכת הלבנה' בציבור, ומשם פָּשַׁט אל שירי הפעוטות בגן הילדים...

> וְתַחֲנוּנִים, וְהִבִּיטוּ אֵלַי אֵת אֲשֶׁר דָּקָרוּ, וְסָפְדוּ עָלָיו כְּמִסְפֵּד עַל הַיָּחִיד, וְהָמֵר עָלָיו כְּהָמֵר עַל הַבְּכוֹר. בַּיּוֹם הַהוּא יִגְדַּל הַמִּסְפֵּד בִּירוּשָׁלַיִם כְּמִסְפַּד הֲדַדְ־רִמּוֹן בְּבִקְעַת מְגִדּוֹן. וְסָפְדָה הָאָרֶץ מִשְׁפָּחוֹת מִשְׁפָּחוֹת לְבָד, מִשְׁפַּחַת בֵּית דָּוִיד לְבָד וּנְשֵׁיהֶם לְבָד, מִשְׁפַּחַת בֵּית נָתָן לְבָד וּנְשֵׁיהֶם לְבָד. מִשְׁפַּחַת בֵּית לֵוִי לְבָד וּנְשֵׁיהֶם לְבָד, מִשְׁפַּחַת הַשִּׁמְעִי לְבָד וּנְשֵׁיהֶם לְבָד. כֹּל הַמִּשְׁפָּחוֹת הַנִּשְׁאָרוֹת, מִשְׁפָּחֹת מִשְׁפָּחֹת לְבָד וּנְשֵׁיהֶם לְבָד.

פסוקים כל־כך סתומים!

הכול סתום כאן – הן באשר לעצם המִספֵּד, הן באשר לציון שמות המשפחות הסופדות, הן בַּהבחנה הזאת בין הגברים לַנשים: ׳הם לְבָד וּנְשֵׁיהֶם לְבָד׳, כאשר המילה ׳לְבָד׳ היא מילה מַנחָה אשר חוזרת ומִצטלצלת כאן: לְבָד לְבָד לְבָד. אבל מעל לַכול אנחנו תוהים ותמֵהים: על מֶה ועל מָה המִספֵּד בירושלים? הלוא פסוק ט׳, שֶׁקראנו כרגע, אומר: ״וְהָיָה בַּיּוֹם הַהוּא אֲבַקֵּשׁ לְהַשְׁמִיד אֶת כָּל הַגּוֹיִם הַבָּאִים עַל יְרוּשָׁלָיִם״. ובכן, הרי צריכים אנו לשמוח על כך שבא קיצם של אותם מְצֵרים לישראל, אותם אויבים המבקשים לבוא על ירושלים, להרוג את יושביה ולהפוך אותה לעיֵי חורבות... והנה, במקום השמחה בא מִספֵּד, **השמחה הופכת לאֵבֶל**: ״וְשָׁפַכְתִּי עַל בֵּית דָּוִיד וְעַל יוֹשֵׁב יְרוּשָׁלַיִם רוּחַ חֵן וְתַחֲנוּנִים, וְהִבִּיטוּ אֵלַי אֵת אֲשֶׁר דָּקָרוּ״. הם יתבוננו אלַי, אל ריבון־העולמים, וכביכול יבקשו סליחה, או יצטערו על אשר דקרו. אבל את מי הם דקרו? האם נגיד שמדובר בַּגויים אשר יושבי ירושלים דקרו אותם? ודאי שלא, שהרי זה המעשה שנדרש לעשותו, ״הבא להורגך השכם להורגו״,[5] ובפרט גויים אלה האומרים: ״לְכוּ וְנַכְחִידֵם מִגּוֹי וְלֹא יִזָּכֵר שֵׁם יִשְׂרָאֵל עוֹד״ (תהלים פ״ג ה׳). ובכן למי הם סופדים ״כְּמִסְפֵּד עַל הַיָּחִיד״ וממררים בבכי ״כְּהָמֵר עַל הַבְּכוֹר״?

---

5 זהו כלל מוסרי שֶׁאמרוהו חז״ל בַּמדרשים ובַתלמוד פעמים רבות – והוא נלמד מדברי התורה על החובה להילחם בַּמדיינים ולהכותם, כמו גם על ההיתר לבעל הבית להרוג גנב הבא במחתרת.

ואחר־כך בא פסוק סתום אף יותר: "בַּיּוֹם הַהוּא יִגְדַּל הַמִּסְפֵּד בִּירוּשָׁלַ͏ִם כְּמִסְפַּד הֲדַדְ־רִמּוֹן בְּבִקְעַת מְגִדּוֹן". מה טיבו של אותו מִספד הֲדַדְ־רִמּוֹן בְּבִקְעַת מְגִדּוֹן? אנחנו עומדים כאן – ובאמת, איננו מוצאים את ידינו ואת רגלינו...

ובכן, חברים יקרים, בעניין הזה, נראה שאין אנו יכולים להבין דבר ללא מסורת חכמים, וללא גילוי סודות וסתָרים אשר מאירים לפנינו חכמינו – גם במסכת סוכה (דף נ"ב עמ' א') וגם במסכת מגילה (דף ג' עמ' א').[6]

אנו נעיין בַּסוגיה מתוך מדרש 'ילקוט שמעוני' לספר זכריה, אשר מקבץ עבורנו את הדברים (רמז תקפ"א):

"'וְשָׁפַכְתִּי עַל בֵּית דָּוִיד וְעַל יוֹשֵׁב יְרוּשָׁלַ͏ִם רוּחַ חֵן' – ארבעה שפיכוֹת הם לטובה, וארבעה שפיכוֹת הם לרעה.

לרעה: 'וַיִּשְׁפֹּךְ עָלָיו חֵמָה אַפּוֹ' (ישעיהו מ"ב כ"ה), 'בְּאֹהֶל בַּת צִיּוֹן שָׁפַךְ כָּאֵשׁ חֲמָתוֹ' (איכה ב' ד'), וביחזקאל (ט' ח') כתיב: 'בְּשָׁפְכְּךָ אֶת חֲמָתְךָ עַל יְרוּשָׁלָ͏ִם', 'כִּלָּה ה' אֶת חֲמָתוֹ שָׁפַךְ חֲרוֹן אַפּוֹ' (איכה ד' י"א).

לטובה: 'וְשָׁפַכְתִּי עַל בֵּית דָּוִיד' וגו' – [זה הפסוק דנן] – 'וְהָיָה אַחֲרֵי כֵן אֶשְׁפּוֹךְ אֶת רוּחִי עַל כָּל בָּשָׂר', 'וְגַם עַל הָעֲבָדִים וְעַל הַשְּׁפָחוֹת... אֶשְׁפּוֹךְ אֶת רוּחִי' (יואל ג' א'-ב'), 'וְלֹא אַסְתִּיר עוֹד פָּנַי מֵהֶם אֲשֶׁר שָׁפַכְתִּי אֶת רוּחִי [עַל בֵּית יִשְׂרָאֵל]' (יחזקאל ל"ט כ"ט)".

המילה 'לשפוך' מבטאת עוצמה, שיטפון, בשונֶה מִדברים אשר באים טיפין טיפין. השפיכה באה בסערה גדולה – ואכן גם לרעה... ולעומת זאת, לטובה, כאן אצלנו בזכריה: "וְשָׁפַכְתִּי עַל בֵּית דָּוִיד וְעַל יוֹשֵׁב יְרוּשָׁלַ͏ִם רוּחַ חֵן וְתַחֲנוּנִים". אחר־כך הפסוקים בספר יואל המתארים מין שפיכוּת שפע של נבואה שתבוא בלי הבחנה על כולם – גם על עבדים ושפחות, על בנים ובנות, זקנים ובחורים – בשונֶה מאשר בדרך־כלל, כשֶ"אין השכינה שורה אלא על חכם גיבור ועשיר".[7]

6 יש להוסיף שאִזכור הפסוק דנן ותרגומו מופיעים גם במסכת מועד קטן דף כ"ח עמ' ב'.

7 על־פי דברי רבי יוחנן במסכת נדרים (דף ל"ח עמ' א') נלמדות המידות הללו ממשה רבֵּנו, ונוספת עליהן מידה רביעית: הענווה. במסכת שבת (דף צ"ב עמ' א') נוספת מידה רביעית אחרת: "ובעל קומה".

ולבסוף, הפסוק ביחזקאל – גילוי פני ה׳ בסוֹפה של נבואת גאולה אחרי מלחמת גוג, שכבר הִזכַּרנוּהָ.

יש להוסיף ולומר שֶה׳שפיכוֹת׳ הללו נעשות על־ידי הקב״ה, לטובה ולרעה, אך תיאור האדם השופך את נפשו לפני ה׳ מצוי עוד כמה פעמים במקרא. למשל: ״תְּפִלָּה לְעָנִי כִי יַעֲטֹף, וְלִפְנֵי ה׳ יִשְׁפֹּךְ שִׂיחוֹ״ (תהִלים ק״ב א׳), או כדרך שאומרת חנה, אֵם שמואל, אל עֵלי הכֹּהן: ״לֹא אֲדֹנִי, אִשָּׁה קְשַׁת רוּחַ אָנֹכִי וְיַיִן וְשֵׁכָר לֹא שָׁתִיתִי, וָאֶשְׁפֹּךְ אֶת נַפְשִׁי לִפְנֵי ה׳״ (שמואל־א׳ א׳ ט״ו). ובכך התפילה נקראת גם ׳שפיכת נפש׳, מפני שהאדם כביכול משתפך ונמוג. חנה השופכת את נפשה נראית כאדם שפניו לְהָבים, שאיננו שולט בעצמו, שנפשו סוערת בלא רסן ובלא מידה, ולכן טעה עֵלי וחשב אותה לשיכורה. גם כאן, בנבואת זכריה, מתקבל רושם כזה – ״וְשָׁפַכְתִּי עַל בֵּית דָּוִיד וְעַל יוֹשֵׁב יְרוּשָׁלַיִם רוּחַ חֵן וְתַחֲנוּנִים, וְהִבִּיטוּ אֵלַי אֵת אֲשֶׁר דָּקָרוּ״ – כי דומה שאנשי ירושלים מבטאים מין זעזוע, כאב וצער, שהוא למעלה מן השיעור והאיפוק הנדרש: ׳וְשָׁפַכְתִּי... וְהִבִּיטוּ אֵת אֲשֶׁר דָּקָרוּ׳...

## גילויו של יונתן בן עוזיאל – שני מִספְּדים

נמשיך לקרוא בַּמדרש, ועכשיו הוא מביא את דברי הגמרא במסכת מגילה (דף ג׳ עמ׳ א׳):

״׳בַּיּוֹם הַהוּא יִגְדַּל הַמִּסְפֵּד בִּירוּשָׁלַיִם כְּמִסְפַּד הֲדַד־רִמּוֹן בְּבִקְעַת מְגִדּוֹן׳ – אמר רב יוסף: אלמלא תרגומא דהאי קרא, לא הווה יָדַענא מאי קאמר״. אילו לא היה פסוק זה מתורגם, לא הייתי יודע מה הוא אומר. והנה תרגומו של הפסוק לאֲרָמית: ״׳בְּעִדָּנָא הַהִיא יִסְגֵּי מִסְפְּדָא בִּירוּשְׁלֶם כְּמִסְפְּדָא דְאַחְאָב בַּר עָמְרִי דִּי קְטַל יָתֵיהּ הֲדַדְרִמּוֹן בַּר טַבְרִימּוֹן״ – ברמות גלעד – ״וּכְמִסְפַּד יֹאשִׁיָּה בַר אָמוֹן דִּי קְטַל יָתֵיהּ פַּרְעֹה חֲגִירָא בְּבִקְעַת מְגִדּוֹן׳״.

צריך להבין... הגמרא שם באה לדבר בשבחו של תרגום יונתן בן עוזיאל. זאת עליכם לדעת, ש׳תרגום יונתן׳ על התורה ועל הכתובים לא נכתב בידי יונתן בן עוזיאל. זהו תרגום אחר. לאמיתו של דבר, תרגום יונתן בן עוזיאל המקורי הינו רק על הנביאים. ועל יונתן בן עוזיאל מספרת הגמרא דברים מופלגים ומופלאים: הוא היה הגדול בשמונים

התלמידים שהיו להלל הזקן, וכשהיה יושב ועוסק בתורה, עוף שהיה פורח מעליו – היה נשרף מחמת להבת קדושתו. ובכן, עליו אומרת הגמרא שאלמלא תרגומו – שהוא בעצם פירוש – לא היינו מבינים כלל את הפסוק שאנו עוסקים בו.

וכשאנו קוראים את התרגום, אנו מבינים שלא במִספֵּד אחד מדובר כאן, אלא בשני מִספְּדים:

המִספֵּד האחד הוא על מות **אחאב מלך ישראל**, אשר נהרג על־ידי מלך ארם, הוא הֲדַדְרִמּוֹן בַּר טַבְרִימּוֹן.

בסוף ספר מלכים־א׳ (כ״ב ל״ד-ל״ה), מסופר על נפילתו של אחאב בַּמלחמה, כאשר הוא יוצא לכבוש את העיר רמות־גלעד מידו של בן־הדד מלך ארם, ואנו יודעים לזהות דֵי־טוב היכן היה הקרב הזה.[8] כך מסופר שם: ״וְאִישׁ מָשַׁךְ בַּקֶּשֶׁת לְתֻמּוֹ וַיַּכֶּה אֶת מֶלֶךְ יִשְׂרָאֵל בֵּין הַדְּבָקִים וּבֵין הַשִּׁרְיָן ... וְהַמֶּלֶךְ הָיָה מָעֳמָד בַּמֶּרְכָּבָה נֹכַח אֲרָם, וַיָּמָת בָּעֶרֶב, וַיִּצֶק דַּם הַמַּכָּה אֶל חֵיק הָרָכֶב״. ומלך ארם זה הוא אותו בן־הדד אשר כבר ניגף לפני אחאב פעמיים, ואחר־כך חס אחאב על חייו, העלה אותו אל מרכבתו והחניף לו, כפי שֶׁסּוּפַּר שם בפרק כ׳ – והוא זה אשר בסופו של דבר מביס את צבא ישראל בַּקרב בו נהרג אחאב. מכל־מקום, אחאב נקבר בשומרון, והמִספֵּד שנערך לו הוא הראשון האמור בתרגומו של יונתן בן עוזיאל: ״מִסְפְּדָא דְאַחְאָב בַּר עָמְרִי, דִּי קְטַל יָתֵיהּ הֲדַדְרִמּוֹן בַּר טַבְרִימּוֹן״.[9]

---

8 על־פי יוחנן אהרוני – ׳אטלס כרטא לתקופת המקרא׳, מפה 126 – שכנה רמות־גלעד בקו הרוחב של בית שאן, כ־40 ק״מ ממזרח לנהר הירדן.
יש להזכיר כי את העיר רמות־גלעד, בנחלת גד, הבדיל משה כעיר מקלט לרוצחים בשגגה (דברים ד׳ מ״ג), והיא נִקבעה גם כעיר לוויים (יהושע כ״א ל״ו).

9 על־פי חוקרי מקרא נהרג אחאב על־ידי בן־הדד השני, בנו או נכדו של בן־הדד הראשון אשר נזכר בדברי ימי המלכים אסא וּבַעְשָׁא, במלכים־א׳ ט״ו י״ח: ״בֶּן־הֲדַד בֶּן טַבְרִמֹּן בֶּן חֶזְיוֹן מֶלֶךְ אֲרָם הַיֹּשֵׁב בְּדַמֶּשֶׂק״.
ומכל־מקום, פירשו אחרונים כי הסיומת ׳רימון׳ היא שמו של אליל ממלכת ארם, אשר שמו הוצמד לשמות המלכים. את ״בֵית רִמּוֹן״ אנו מכירים מדברי נעמן אל אלישע במלכים־ב׳ (ה׳ י״ח); נעמן מבטיח לעבוד רק את אֱ־לֹהֵי ישראל, אך מבקש שֶׁתִּיסָּלַח לו הִשתחווייתו נוכח פסל רימון כאשר הוא נִלוֶה אל אדונו המלך.

וישנו מִספֵּד נוסף – והוא המִספֵּד על מות **יֹאשיהו מלך יהודה** אשר נפל בבקעת מגידו, למעלה ממאתיים שנה אחרי מות אחאב.

בשעה שמבקש פרעה נְכֹה – אחד הפַּרעונים המצריים האחרונים – לחצות את ארץ ישראל בדרכו לכַּרְכְּמִיש כדי להילחם נגד מלך בבל,[10] יוצא יֹאשיהו כנגדו כדי לחסום אותו. הוא נהרג בַּקרב, נקבר בירושלים, ובספר דברי הימים־ב׳ (ל״ה כ״ד-כ״ה) אנו קוראים: ״וְכָל יְהוּדָה וִירוּשָׁלִַם מִתְאַבְּלִים עַל יֹאשִׁיָּהוּ. וַיְקוֹנֵן יִרְמְיָהוּ עַל יֹאשִׁיָּהוּ, וַיֹּאמְרוּ כָל הַשָּׁרִים וְהַשָּׁרוֹת בְּקִינוֹתֵיהֶם עַל יֹאשִׁיָּהוּ עַד הַיּוֹם, וַיִּתְּנוּם לְחֹק עַל יִשְׂרָאֵל, וְהִנָּם כְּתוּבִים עַל הַקִּינוֹת״. בכאב גדול ונורא קונן ירמיהו על יֹאשיהו, וכל האומרים פיוטי קינות של האשכנזים בתשעה באב מכירים את הקינה: ׳וַיְקוֹנֵן יִרְמְיָהוּ עַל יֹאשִׁיָּהוּ׳.[11] זהו המִספֵּד השני האמור ב׳תרגום יונתן׳: ״מִסְפַּד יֹאשִׁיָּה בַר אָמוֹן, דִי קְטַל יָתֵיהּ פַּרְעֹה חֲגִירָא[12] בְּבִקְעַת מְגִדּוֹן״.

---

10 כַּרְכְּמִיש שוכנת במעלֵה הפרת, בגבול סוריה־תורכיה של היום, כ־170 ק״מ מזרחה ממפרץ איסכַּנדְרוּן (בעבר: מפרץ אלכסנדְרֵטה). תל כַּרְכְּמִיש מכונֶה ג׳ראבלוס.
הקרב ניטש בשנת 605 לפנה״ס בין פרעה נכו השני מלך מִצרַים, אשר יצא להילחם לצד אשור נגד נבוכדנצר השני מלך בבל. הוא ניגף במלחמה, ונפתחה הדרך לעלייתה של האימפריה הבבלית. הקרב מוזכר בתנ״ך פעמיים: בירמיהו מ״ו ב׳ ובדברי הימים־ב׳ ל״ה כ׳.
הנה פתיחת דבר ה׳ אל מִצרַים בפי ירמיהו: ״לְמִצְרַיִם – עַל חֵיל פַּרְעֹה נְכוֹ מֶלֶךְ מִצְרַיִם אֲשֶׁר הָיָה עַל נְהַר פְּרָת בְּכַרְכְּמִשׁ, אֲשֶׁר הִכָּה [אותו] נְבוּכַדְרֶאצַּר מֶלֶךְ בָּבֶל בִּשְׁנַת הָרְבִיעִית לִיהוֹיָקִים בֶּן יֹאשִׁיָּהוּ מֶלֶךְ יְהוּדָה״. (מכאן למדנו שמסעו של פרעה נכו נמשך עוד כארבע שנים לאחר שנפל המלך יֹאשיהו).

11 זו קינה שחיבר רבי אלעזר הקליר. בין היתר מתוארים בה רגעי מותו של מלך יהודה: ״וַיּוֹרוּ הַמּוֹרִים לַמֶּלֶךְ יֹאשִׁיָּה / עוֹדֶנּוּ עוֹצֵם עֵינָיו בְּגֵוָיו נוֹחֲצִים / חֵץ אַחַר חֵץ מוֹרִים וְלוֹחֲצִים / ... וַיִּזְרְקוּ בוֹ שְׁלֹש מֵאוֹת חִצִּים״.

12 ׳חֲגִירָא׳ – חיגר – הוא תרגום הכינוי ׳נְכֹה׳, כי היה נכֵה־רגליים. על־פי מדרש תנחומא לפרשת ואתחנן (א׳), ביקש פרעה זה להתיישב בכִסאו של שלמה המלך אך לא ידע את מנגנון הסתרים שלו, ואז הכישו הארי שהיה בַּכִּסֵא וגרם לו להיות צולע כל ימיו.

יֹאשיהו צדיק היה, ובעל תשובה. הוא בא לעשות תיקון לאחר אבותיו המלכים הרעים – מנשה ואמון – ונֶאמר עליו בספר מלכים־ב׳ (כ״ג כ״ה): ״וְכָמֹהוּ לֹא הָיָה לְפָנָיו מֶלֶךְ אֲשֶׁר שָׁב אֶל ה׳ בְּכָל לְבָבוֹ וּבְכָל נַפְשׁוֹ וּבְכָל מְאֹדוֹ, כְּכֹל תּוֹרַת מֹשֶׁה, וְאַחֲרָיו לֹא קָם כָּמֹהוּ״. לפי מסורת חז״ל (במסכת תענית דף כ״ב עמ׳ ב׳) היה לו להיוועץ בירמיהו הנביא בטרם יצא למלחמה כנגד מלך מִצרַים, והוא נענש מפני שלא עשה כך. הוא דרש את הכתוב בפרשת בחוקותַי (ויקרא כ״ו ו׳): ״וְחֶרֶב לֹא תַעֲבֹר בְּאַרְצְכֶם״, שאפילו אם זו ׳חרב של שלום׳ – שאין האויב מתכוון למלחמה בישראל אלא רק עובר בָּארץ – אסור לאפשר זאת, ויש לסמוך על הברכה המובטחת באותה פרשה. ואולם, אומרת הגמרא, יֹאשיהו לא ידע שאין דורו זכאי...

ובכן – **שני מִספֵּדים** לפנינו כאן, על שני מלכים שנפלו ביד אויב.

עכשיו נקרא קטע מן הגמרא במסכת מגילה (דף ג׳ עמ׳ א׳) שאיננו מובא במדרש ׳ילקוט שמעוני׳ שקראנו קודם. ישנו שם ביטוי מופלג ביותר. אומרת הגמרא כך:

״תרגום של נביאים – יונתן בן עוזיאל אֲמָרוֹ מפי חגי זכריה ומלאכי, ונִזדעזעה ארץ ישראל ארבע מאות פרסה על ארבע מאות פרסה. יָצתה בת קול ואמרה: מי הוא זה שגילה סְתָרַי לבני אדם? עמד יונתן בן עוזיאל על רגליו ואמר: אני הוא שגליתי סְתָרֶיךָ לבני אדם. גלוי וידוע לפניך שלא לכבודי עשיתי, ולא לכבוד בית אבא, אלא לכבודךָ עשיתי, שלא ירבו מחלוקת בישראל. ועוד ביקש לגלות תרגום של כתובים, יָצתה בת קול ואמרה לו: דַּיֶּיךָ! מאי טעמא? – משום דאית בֵּיה קץ משיח״. והיכן? – בעיקר בספר דניאל.

ובכן, תרגום דברי הנביאים לאֲרָמית גרם לזעזוע גדול וקשה – כשם שהיה זעזוע נורא בשעה שתרגמו את התורה ליוָנית – כי בכל תרגום יכול להיות סילוף. אמנם התרגום מֵקֵל, אבל מצד שני הוא עלול להשרות חולשה. והבעיה העיקרית היא שבתרגום ישנו גם גילוי של סתָרים, אשר בַּמקור הם היו חבויים ברמזים.

ומהו הדבר שמשיב רבי יונתן בן עוזיאל ״שלא ירבו מחלוקת בישראל״? – ניתן להסביר בפשטות, שהתרגום בא למנוע מחלוקת בין פירוש אפשרי אחד למִשנהו – אבל אנחנו עוד נראה בהמשך שהרב קוק זצ״ל נותן לכך משמעות עמוקה... גבוה מעל גבוה...

ובהמשך הסוגיה, שואלת הגמרא ומשיבה: ״מאי שְׁנָא דְאוֹרַייתא דְלָא אִזדעזעה, ואַדְנביאי אִזדעזעה? דְאוֹרַייתא – מְפַרשָׁא מילתא; דנביאי – איכא מילי דְמיפָרשָׁן, ואיכא מילי דְמסַתְמָן״.

דהיינו, מדוע לא הזדעזעה הארץ כשתרגם אונקלוס את התורה לאֲרָמית, והזדעזעה רק מתרגום יונתן בן עוזיאל לספרי הנביאים? – והתשובה היא שדברי התורה מפורשים, ואילו דברי הנביאים חלקם מפורשים, חלקם סתומים.

זאת לדעת, שגם בתורה רמוזים סודות וישנו גם קץ משיח... ראו למשל את פירושו של אונקלוס לברכת יעקב ליהודה בפרשת וַיחי (בראשית מ״ט י״א): ״אֹסְרִי לַגֶּפֶן עִירוֹ [כך יש לקרוא] וְלַשֹּׂרֵקָה בְּנִי אֲתֹנוֹ״, שהעַיר הנאסר לגפן הוא חמורו של משיח, ממש רמז לנבואת זכריה על המשיח אשר ״צַדִּיק וְנוֹשָׁע הוּא, עָנִי וְרֹכֵב עַל חֲמוֹר, וְעַל עַיִר בֶּן אֲתֹנוֹת״ (ט׳ ט׳).[13] כמו כן, ראו גם את התרגום לברכת בלעם: ״אֶרְאֶנּוּ וְלֹא עַתָּה אֲשׁוּרֶנּוּ וְלֹא קָרוֹב, דָּרַךְ כּוֹכָב מִיַּעֲקֹב וְקָם שֵׁבֶט מִיִּשְׂרָאֵל, וּמָחַץ פַּאֲתֵי מוֹאָב וְקַרְקַר כָּל בְּנֵי שֵׁת״ (במדבר כ״ד י״ז),[14] ועוד.

---

13 חנן לא דק פורתא, כי אונקלוס איננו מתרגם כך, אם כי תרגומו לפסוק זה מתאר את המציאות בימיו של המלך המשיח, כאשר יקיפו ישראל את ירושלים ויבנו בה את המקדש. עם זאת, בַּפסוק הקודם – ״עַד כִּי יָבֹא שִׁילֹה [כך יש לקרוא] וְלוֹ יִקְּהַת עַמִּים״ – מתייחס אונקלוס במפורש לַמשיח, והנה דבריו בתרגום חוזר לעברית: ׳עד שיבוא המלך המשיח, אשר שֶׁלו היא המלכות, ואליו יישָׁמעו העמים׳.

מכל-מקום, כדברי חנן, ישנם מדרשים הקושרים בין העַיר (״עִירוֹ״) והאתון שבפסוק י״א לבין המלך המשיח. כך הם דברי ׳רבנן׳ בבראשית רבה לפרשת וַיחי (צ״ח ט׳): ״׳עִירוֹ׳ וְה׳אֲתֹנוֹ׳ – לכשיבוא אותו שכתוב בו: ׳עָנִי וְרֹכֵב עַל חֲמוֹר, וְעַל עַיִר בֶּן אֲתֹנוֹת׳ (זכריה ט׳ ט׳)״, שהמלך המשיח יביא לְקשר אמיץ (כדרש המילה ׳אֹסְרִי׳) בין הקב״ה לבין עמו ישראל, המשולים לגפן.

14 הנה דברי אונקלוס לפסוק זה, בתרגום חוזר לעברית: ׳ראיתיו ולא עתה, צפיתי בו ואיננו קרוב, כאשר יקום מלך מיעקב, ויצמח משיח מישראל, ויהרוג שרי מואב, וישלוט בכל בני אנוש׳.

יצוין עוד שהרמב״ם מביא פסוק זה (בהלכות מלכים י״א א׳) כאחת מעדויות התורה על המלך המשיח: ״׳אֶרְאֶנּוּ וְלֹא עַתָּה׳ זה דָוִד, ׳אֲשׁוּרֶנּוּ

מכל־מקום, כדוגמה לדברים הסתומים בנבואות הנביאים, מביאה הגמרא שם את הפסוק שלנו – "בַּיּוֹם הַהוּא יִגְדַּל הַמִּסְפֵּד בִּירוּשָׁלַיִם כְּמִסְפַּד הֲדַדְ־רִמּוֹן בְּבִקְעַת מְגִדּוֹן" – ועליו אומר רב יוסף, כפי שכבר קראנו בַּמדרש, שאִלמלא תרגומו של הפסוק הזה לא היה אפשר להבין את הכתוב.

ואולם, גם אחרי התרגום הזה נותרים הדברים סתומים. מדוע נבחרו דווקא שני ההספדים האלה? ומה עניינם של ההספדים הללו לאותו אחד שעליו נֶאמר: "וְהִבִּיטוּ אֵלַי אֵת אֲשֶׁר דָּקָרוּ"? מי זה האיש הזה?

זאת ועוד: שני המִספְּדים הללו נערכו לשני אנשים שונים לחלוטין זה מזה:

על האחד נֶאמר (במלכים־א׳ ט״ז ל״ג): "וַיּוֹסֶף אַחְאָב לַעֲשׂוֹת, לְהַכְעִיס אֶת ה׳ אֱ־לֹהֵי יִשְׂרָאֵל מִכֹּל מַלְכֵי יִשְׂרָאֵל אֲשֶׁר הָיוּ לְפָנָיו" – שחטא והחטיא את ישראל בכך שהכניס את עבודת הבעל הטמֵאָה לממלכת ישראל – גרוע הרבה־יותר מירבעם בן נבט. ואם לא די בכך, הרי עוד – שֶאיזבל בת צידונים היתה לו לאִשה, וגם ניסה הוא לתפוס את אליהו הנביא ולהכרית אותו. אין פלא אפוא שבמסכת סנהדרין (דף ל״ט עמ׳ ב׳) יש מי שדורש את הכתוב (במלכים־א׳ כ״ב ל״ו) מיד לאחר מות אחאב: "וַיַּעֲבֹר הָרִנָּה בַּמַּחֲנֶה כְּבֹא הַשֶּׁמֶשׁ לֵאמֹר: אִישׁ אֶל עִירוֹ וְאִישׁ אֶל אַרְצוֹ" – שהרינה מכוּוֶנת אל הכתוב בספר מִשלֵי (י״א י׳): "וּבַאֲבֹד רְשָׁעִים רִנָּה". הנה, לפי זה, לכאורה, אכן באמת יש לשמוח על מותו של אותו רשע.

ואילו יֹאשיהו – לעומת זאת – הרי עליו נֶאמר, באופן קוטבי, ההיפך הגמור, כפי שכבר ראינו: "וְכָמֹהוּ לֹא הָיָה לְפָנָיו מֶלֶךְ אֲשֶׁר שָׁב אֶל ה׳ בְּכָל לְבָבוֹ וּבְכָל נַפְשׁוֹ וּבְכָל מְאֹדוֹ". ירמיהו, נביא ה׳, הוא הסופד לו ובוכה: "וַיְקוֹנֵן יִרְמְיָהוּ עַל יֹאשִׁיָּהוּ".

איך אפשר אפוא להשוות את שני המִספֵּדים הללו, ועוד לכרוך אותם יחד בחבילה אחת?[15]

וְלֹא קָרוֹב׳ זה מלך המשיח. ׳דָּרַךְ כּוֹכָב מִיַּעֲקֹב׳ זה דָוִד, ׳וְקָם שֵׁבֶט מִיִּשְׂרָאֵל׳ זה מלך המשיח. ׳וּמָחַץ פַּאֲתֵי מוֹאָב׳ זה דָוִד ... ׳וְקַרְקַר כָּל בְּנֵי שֵׁת׳ זה מלך המשיח" וכו׳.

הוא אשר אמרנו – שגם אחרי תרגום יונתן בן עוזיאל, עדיין אנו נזקקים להארה גדולה. את ההארה הזאת נותן לנו הרב קוק זצ״ל במאמרו ׳הַמִּסְפֵּד בירושלים׳ שֶׁעוד מעט קט נִראה אותו...

אבל לפני־כן חשוב להבין – מיהו זה אשר דקרו אותו, וסופדים לו ״כְּמִסְפֵּד עַל הַיָּחִיד, וְהָמֵר עָלָיו כְּהָמֵר עַל הַבְּכוֹר״?

נמשיך לקרוא ב׳ילקוט שמעוני׳ לזכריה (רמז תקפ״א), וכאן מביא המדרש את דברי הגמרא במסכת סוכה (דף נ״ב עמ׳ א׳):

״האי הספדא מאי עבידתֵיה? פליגי בה רבי יוסי ורבנן״ – [בַּגמרא: רבי דוסא ורבנן] – ״חד אמר: על משיח בן יוסף שנהרג, וחד אמר: על יֵצֶר־הרע שנהרג. בִּשלמא למאן דאמר על משיח בן יוסף שנהרג, היינו דכתיב: ׳וְהִבִּיטוּ אֵלַי אֵת אֲשֶׁר דָּקָרוּ, וְסָפְדוּ עָלָיו״ וגו׳. אלא למאן דאמר על יצר־הרע שנהרג, האי הספדא בעי למֶעבד? שמחה בעי למֶעבד! כך דרש רבי יהודה בר מערבא: לעתיד לבוא מביא הקב״ה ליֵצֶר־הרע ושוחטו לפני הצדיקים ולפני הרשעים. צדיקים, נדמה להם כהר גבוה, ורשעים – נדמה להם כחוט השערה. הללו בוכים והללו בוכים. צדיקים אומרים: היאך יכולנו לכבוש את הר גבוה הזה? ורשעים בוכים ואומרים: היאך לא יכולנו לכבוש את חוט השערה הזה? ואף הקב״ה תָּמֵהַּ עִמהם, שנֶאמר: ׳כִּי יִפָּלֵא בְּעֵינֵי שְׁאֵרִית הָעָם הַזֶּה, בַּיָּמִים הָהֵם, גַּם בְּעֵינַי יִפָּלֵא, נְאֻם ה׳ צְבָאוֹת׳״. זהו פסוק ו׳ בפרק ח׳ בנבואת זכריה, בנבואת גאולה ונחמה אשר בהמשכה הוא מבטיח: ״כֹּה אָמַר ה׳ צְבָאוֹת: צוֹם הָרְבִיעִי וְצוֹם הַחֲמִישִׁי וְצוֹם הַשְּׁבִיעִי וְצוֹם הָעֲשִׂירִי יִהְיֶה לְבֵית יְהוּדָה לְשָׂשׂוֹן וּלְשִׂמְחָה וּלְמֹעֲדִים טוֹבִים״ (ח׳ י״ט).

---

15 מבלי שנשיב בטרם עת על השאלה הזאת, ראוי לציין נקודת דמיון מעניינת בין שני ההספדים, אשר עמד עליה המהרש״א ב׳חידושי אגדות׳ למסכת מועד קטן דף כ״ח עמ׳ ב׳. הוא כותב שמתוך דברי זכריה – ״כְּמִסְפֵּד עַל הַיָּחִיד״ – הסיק יונתן בן עוזיאל שמדובר בשני הספדים אשר נערכו גם הם, כל אחד, ׳עַל הַיָּחִיד׳; כי רק אחאב נהרג במלחמתו בארם, ורק יאשיהו נהרג במלחמתו בפרעה נכֹה, ולא איש מִלבדם. גם משיח בן יוסף, וגם יצר הרע – אשר נראה מיד את דברי הגמרא שאחד מהם הוא ה׳הרוג׳ בנבואת זכריה – הריהם, כל אחד לעצמו, ׳יָחִיד׳ המוספד עם מותו.

איזה עולמות יש כאן... קודם כול, לפתע אנחנו שומעים כאן על איזשהו משיח נוסף. אנחנו יודעים על משיח בן דָוִד, שעליו נֶאמר (בישעיהו י"א א'): "וְיָצָא חֹטֶר מִגֵּזַע יִשָׁי, וְנֵצֶר מִשָּׁרָשָׁיו יִפְרֶה", והנה פתאום מגלָה לנו הגמרא שישנו גם משיח בן יוסף, ודווקא עליו מספידים, כי הוא נדקר ונהרג!

ואילו הדֵעָה האחרת היא שיֵצֶר־הרע נהרג – וזה קשה עוד יותר. מה יש לספוד על יצר־הרע? טוב מאד שהוא נהרג, ויש לעשות שמחה! וכך גם שואלת הגמרא: "הֶספֵּדא בעי למֶעבד? שמחה בעי למֶעבד!". ועל כך באה הדרשה של רבי יהודה בר מערבא, שגם הצדיקים וגם הרשעים בוכים כאשר יצר־הרע מוטל מת לפניהם כביכול – הללו בדמעות גיל, אך גם בהבנה איזו עוצמה היתה לַיצר הזה, והללו בדמעות צער ותהִיָה היאך לא התגברו על פיתוי כה פעוט.

כדי להבין את הדברים לעומקם – אנו צריכים עוד להפליג... עלינו לראות אם אפשר ליצור קשר בין שתי הדעות – בין הדעה שמדובר כאן על מות משיח בן יוסף, לבין הדעה שמדובר על מותו של היֵצֶר־הרע – אבל אנחנו נתמקד בַּדעה שמדובר כאן בהספד על מותו של משיח בן יוסף.

ושוב, אנחנו תוהים ושואלים: מה עניינו של משיח בן־יוסף? ולמה לנו בכלל שני משיחים? משיח בן־דָוִד ומשיח בן־יוסף? והגמרא באמת אומרת: "'אֲשֶׁר חֵרְפוּ עִקְּבוֹת מְשִׁיחֶךָ' (תהִלים פ"ט נ"ב) – תרֵין משיחין, משיח בן־יוסף ומשיח בן־דָוִד".[16]

---

16 לא מצאתי דרשה זו בַּגמרא, גם לא במקורות אחרים, וככל הנראה זו דרשה מקורית של הרב קוק במאמרו 'המִספֵּד בירושלים', אשר חנן 'העלה' אותה וייחס אותה בשגגה אל הגמרא. הרב כותב שם שֶׁראוי היה שֶׁשני כוחות הגאולה – יוסף ויהודה – ייתנו את חילם, כל אחד בשלמוּת עניינו. אבל "כשהם משמשים בערבוביה, מִצרת הגלות ומקוצר הדעת ופיזור הכוחות, [אזי] הם חבלי משיח, הכוללים חבלי שני משיחים, 'אֲשֶׁר חֵרְפוּ אוֹיְבֶיךָ ה', אֲשֶׁר חֵרְפוּ עִקְּבוֹת מְשִׁיחֶךָ' (תהִלים פ"ט נ"ב), שתי העקבות של תרֵין משיחין".

## הרב קוק מגלה את סתָרָיו של יונתן בן עוזיאל

את השאלות הללו – גם בנוגע לַגמרא במסכת מגילה וגם בנוגע לַגמרא במסכת סוכה, וכמובן באשר לפסוקים עצמם, שאנו מנסים לפענחם והם נותרים סתומים בעינינו – מאיר הרב קוק במאמרו ׳המִספֵּד בירושלים׳. אנחנו נתחיל עוד מעט ללמוד את המאמר – הדפים שצילמתי כבר מונחים לפניכם – ועלי לומר לכם, חברים יקרים, שבעינַי זהו אחד המאמרים **המופלאים** שנִכתבו על־ידי הרב!

מי לנו גדול כמו הרב קוק זצ״ל... בתוך דבריו בַּמאמר הזה נוכל ללמוד איך הרב **מפענח ומפצח את ה׳קודים׳** – את הצפָּנים הנסתרים – שֶׁבְּדִבְרֵי חֲכָמִים וְחִידוֹתָם, וגם בדברי המקרא. אפשר לומר שאחרי שבא יונתן בן־עוזיאל וגילה את סתָרָיו של הקדוש־ברוך־הוא לבני אדם, בא הרב זצ״ל ומגלה לנו את סתָרָיו של יונתן בן־עוזיאל... **פִּלְאֵי פְלָאִים**, ממש דברים מופלאים!

כפי שכתוב בדפי המאמר שלפניכם, בכותרת המשנה, אלה הם דברי הספד למותו של הד״ר בנימין זאב הרצל, חוזה הציונות, אשר הלך לעולמו ביום כ׳ בתמוז תרס״ד.

כידוע, היה הרצל רחוק משמירת תורה ומצוות, והיו כאלה שעִרערו עליו מאד בשל כך ודחו בְּבוז את כל בשורותיו... אכן, אי אפשר לראות את הרצל כאחד מגדולי הדור בַּהיבטים שאנחנו רגילים לדבר על גדולי־דור – כצדיקים, חסידים וישרים – ועם זאת, הוא היה אדם עם סערת נפש אדירה ובעל כוחות מופלאים. הוא הצליח לעורר את העם היהודי, הוא חזה את מדינת היהודים בַּמשמעות הריאלית שלה, והוא מסר את נפשו וגילה עוצמות של רצון שאין כמותן... הרצל ניחן, באמת, במבט חזוני! חברים יקרים, כאשר הוא כותב ביומנו: ״בְּבָזֶל ייסדתי את מדינת היהודים״, ומוסיף ואומר: אולי היום יבוזו לכך, אבל בעוד עשר, עשרים שנה, בוודאי בעוד חמישים שנה – יכירו הכול שצדקתי.

---

כאשר ילַמֵּד חנן את הפסקה הזאת בדברי הרב קוק – להלן בעמ׳ 234 – הוא יציין שאמנם הכתוב ׳מְשִׁיחֶךָ׳ מתייחס לַמשיח בלשון יחיד, אך חז״ל דרשו שאלה הם שני משיחים (אולי בשל צורת הריבוי בַּמילה: ׳עִקְּבוֹת׳).

**ובדיוק חמישים שנה אחרי הקונגרס בבָּזֶל – קמה מדינת ישראל! פְּלָאֵי פְלָאִים... רוח ה' עַל מִי נִגְלָתָה? לא דבר של מה בכך הוא.**

הרב קוק זצ"ל – יחסו אל כל המפעל הציוני צופן בתוכו לא מעט ביקורת, אבל מצד שני הוא רואה בו גילויים גדולים של 'אתחלתא דגאולה'. כך גם ביחס להרצל: הוא איננו מסיח את הדעת לא מִפגמיו ולא מֵחולשותיו, ויש מקומות שבהם הוא כותב דברי ביקורת חריפים מאד על הרצל.[17] אבל כאן – במאמר המִספֵּד על הרצל – מגלה הרב הֶעָזָה מופלאה. חברים יקרים, ההֶעָזָה לקשור בין מִספֵּד על מות הרצל לבין נבואת זכריה שֶׁ"בַּיּוֹם הַהוּא יִגְדַּל הַמִּסְפֵּד בִּירוּשָׁלַ‍ִם" – זה רק בתועפות רוחו של הרב! **אִלמלא הרב קוק, אינני רואה בין כל גדולי ישראל אדם שהיה מֵעֵז לכתוב דברים כגון אלה.** לגבי המשמעויות הרלוונטיות – עד לימינו אנו – אחד ויחיד הוא הרב.

ודרך אגב, אחד החברים הסב קודם את תשומת ליבי, והראה לי בין הספרים ספר חדש של הרב מָניטוּ – 'מספד למשיח?' – המוקדש כולו למאמר 'המִספֵּד בירושלים' של הרב קוק.[18] הרב מניטו היה איש מיוחד

17 נביא כאן אחת מן ההתייחסויות של הרב אל הרצל, כאשר הביקורת נסמכת מיד אל תיקונה הראוי, ברוח דבריו של הרב במאמרו 'המִספֵּד בירושלים', וברוח יוזמת תנועת 'דגל ירושלים' אשר הרב ניסה לייסד מאוחר יותר. מעניין שהרב מתייחס אל 'חלומו של הרצל', ואת כוחו של החלום יציין חנן – לחיוב – כמאפיין את עוצמת נפשו של הרצל. ראה זאת להלן בעמ' 262.
הנה אלה דברי הרב קוק, באיגרתו אל 'האגודה המזרחית' בימי הקונגרס הציוני ה־11, בווינה, בשנת תרע"ג (1913):
"האומה בכללה ... עם כל גאון־נשמתה, לא תוכל בשום־אופן להיות מְצֻמְצֶמֶת רק בְּהָעוגה הצרה של חלומו של ד"ר הרצל ז"ל, עם כל יופיו ועוזו, לפי־הערך. הציוניות ... וכל ענפיה יחד ... יש בהם עניינים נשגבים ונעלים ... אבל כל אלה יחד אינם כי־אם הגוף הציוני. אבל קרואים אנו מיד לזרוק את הנשמה בְּהַגְוִיָּה המחוטבת הזאת, כדי שתהיה ראויה באמת לשמה ... שֶׁמקור הציונות – הוא המקור הקדוש העליון, התנ"ך – נותן לה, בכל העומק וההוד המסורתי".

18 הרב יהודא ליאון אשכנזי – המכונה: 'מָניטוּ' – נפטר בשנת תשנ"ז (1996). את רוב תורתו והגותו מסר לשומעיו בצרפתית, ורק אחרי מותו

במינו, נאמן לרוחו של הרב קוק זצ״ל, אחד מרבני צרפת שהשפיעו מאד בדור האחרון. אני רואה את הספר לָראשונה, באמת מרתק אותי כי עסקתי בהעמקה במאמרו של הרב קוק ׳המִספֵּד בירושלים׳, ועוד מעט נלמד אותו יחד.

## לכו ונלכה עד הרא״ה!

הרב קוק עלה ארצה וכיהן בתחילה כרבה של יפו, וגם של המושבות הסמוכות. זה היה בסוף חודש אייר בשנת תרס״ד, פחות מחודשיים לפני מותו של הרצל (ביום כ׳ בתמוז), וניתן לשייך את מאמר המִספֵּד ל׳כִּתבֵי הביכורים׳ של הרב.[19]

התאריכים המרכזיים בחייו של הרב זצ״ל נמצאים על מצבתו בהר הזיתים; ודאי יש ביניכם כאלה שעלו לפקוד את קברו ב׳חלקת הנביאים׳, מתחת למלון ׳אינטר־קונטיננטל׳.

אשתף אתכם, ואקרא בפניכם כמה משפטים, כדי להאיר את הדברים... כתבתי מסה אשר שמה ׳לכו ונֵלכה עד הרֹא״ה׳ – (ראשי

---

החלו להופיע ספרים בעברית – מִשֶּׁלו ועליו – על־ידי ׳מכון מניטו׳ ואחרים. הספר ׳מִספֵּד למשיח?׳ ראה אור בשנת 2006. בַּספר שלושה חלקים, והחלק המוקדש לַמִספֵּד בנוי מארבעה שיעורים של הרב מָניטוּ, וכמה נספחים.

הרב מָניטוּ קרוב למחשבתו ולהבנותיו של חנן. ואולם, ישנו הבדל קונצפטואלי ביניהם: תחת הקטגוריות של ׳משיח בן יוסף׳ ו׳משיח בן דוד׳, מאיר הרב מָניטוּ את אירועי הדור האחרון של יציאה מגלות לגאולה, וגם מאפיין כך את ״שבָטֶיהָ״ של החברה הישראלית הכוללת דתיים וחילונים. זאת הוא עושה ב׳מיקוד גבוה׳ ובמשפטים חדים, לעומת דרכו של חנן בלימוד המאמר ומסקנותיו.

קטעים מספרו של הרב מָניטוּ יובאו **כנספח ד׳** לחלק זה של הספר, בעמ׳ 328.

19 בכתב יד קודשו של הרב, רשום המאמר הזה ב׳פנקס יפו הראשון׳. נראים הדברים שהרב כתב את מאמרו סמוך לַמועד שבו נשא דברי הספד להרצל בְּכינוס בבית הבנק ביפו. ראה על כך בַּפתיחה **לנספח ו׳**, להלן בעמ׳ 345.

תיבות: הרב אברהם הכֹּהן) – זו מסה עיונית בעיקרה, בה אני מספר על דמותו של הרב ומפליג ל"הרהורים על דבֵקות בגדולים לאור דמותו של הרב". כתבתי זאת כמה חודשים לאחר מלחמת ששת הימים, ביום ג' באלול תשכ"ז – שהוא יום הסתלקותו של הרב – זמן קצר אחרי שֶׁזכינו, חברַי ואני, חיילי חטיבת הצנחנים, להיות בין הראשונים שעלו להר הבית, לַכותל, וזכיתי גם לפגוש שם את מורֵנו ורבֵּנו הרב צבי־יהודה, עם הרב הנזיר רבי דָוִד הכֹּהן. אלו היו ימים סוערים מאד... באותו חודש – לפני ראש השנה – עלינו לכפר עציון, להקים מחדש את בית האבות שחרב.

ובכן, אני קורא קטע מאמצע המסה הזאת:[20]

"באחד מימי התכלת הזיוָנית של תמוז השַתָא, בשנת שחרור ירושלים, השכמתי להתפלל 'וָתיקין' ליד הכותל ומשם עליתי להר הזיתים, לפקוד את מצבת הרב זצ"ל. שומרי הקברים הראו לי את הכיוון, והוסיפו: אין צורך להרבות בחיפושים, זוהי המצבה השלֵמה ביותר שנותרה לפליטה לאחר מעשי ההרס והחילול של הערבים".

ובאמת, ישנם סיפורים מופלאים על כך שהערבים ניסו לחבל בַּמצבה, ולא הצליחו... היה שם הֶרֶס עצום! ממלכת ירדן "הנאורה" בראשותו של המלך חוסיין לקחה את המצבות והשתמשה בהן שימוש מְשני לצורך בניית מחנה צבאי על הר הזיתים. היה בהר חילול נורא של הקברים, אבל הקבר של הרב – לא נגעו בו.

"בלב ההר היתה קבועה המצבה, עשויה כולה אבן גולמית אחת, כה פשוטה, ללא עיטורים ותארים, ואוֹן יצוק בה. חרותות היו עליה מילים בודדות:

20 המסה 'לכו ונֵלכה עד הרא"ה' נִדפסה בגיליון 'פרוזה', סיוון תש"ם (יוני 1980), ונכללה גם בספרו של חנן 'את ענת אנכי מבקש' (ראה אור בהוצאת ספריית בית־אל, תשמ"ח 1988, ומהדורות נוספות). חלק מן המסה – מן המשפט בו מתחיל כאן חנן, עד סופה – יינתן כנספח ה' לחלק זה של הספר, בעמ' 341.

פה נגנז
הרב
ר׳ אברהם יצחק הכהן
קוק
נבג״מ[21]
בן הרב ר׳ שלמה זלמן ז״ל
עלה לאה״ק[22] כ״ח אייר התרס״ד
עלה ירושלימה
ג׳ אלול התרע״ט
עלה השמימה
ג׳ אלול התרצ״ה
ת׳נ׳צ׳ב׳ה׳ ״.

צריך לציין שהרב זצ״ל ציווה שלא יכתירו אותו בקבורתו בשום תארים. ולכן, כשבאו להכין את נוסח המצבה, עמדה הצַוָּאָה של הרב והכאיבה... מה עשה מורֵנו ורבֵּנו הרב צבי־יהודה? גנז את התארים בתאריכים.

שימו לב, הרב עלה ארצה ביום כ״ח באייר, זה התאריך שלנו, של יום ירושלים! והרב זצ״ל היה נוהג לחוג את היום הזה כיום חג, עוד הרבה לפני שידענו על יום ירושלים בכלל. למורֵנו ורבֵּנו הרב צבי־יהודה יש מכתב שאביו כותב לו, ובו הוא מדבר על יום החג שמקובל עלינו מיום שעלינו ארצה...

ימי הרב כשבעים שנה – באלול תרכ״ה הוא נולד, באלול תרצ״ה הוא נפטר. אתם יודעים שחז״ל אומרים שֶׁהקב״ה ממלא את שנותיהם של צדיקים, מלידתם לפטירתם, כמו משה שנולד בְּ־ז׳ באדר ונסתלק בְּ־ז׳ באדר. זה דבר שהתקיים אצל צדיקים נדירים ביותר, ואצל הרב קוק זה מתקיים בקֵירוב, כי הוא נולד ביום ט״ז באלול, ונפטר ביום ג׳

---

21 נשמתו בגנזי מרומים.
בַּמסה שכתב חנן הוא השמיט את השורה הבאה – שם אביו של הרב קוק – ו״חקק״ בעֵטו שורה שהיא נכונה עובדתית אך איננה על גבי המצֵבה: נולד ט״ז אלול תרכ״ה.

22 לארץ הקודש.

באלול. אבל, חברים, שימו לב לְמילוי שנותיו מיום שעלה לירושלים עד היום שעלה לַשמים – שני הדברים קרו ביום ג׳ באלול! – כי הרב זצ״ל היה ירושלמי בנִשמתו... עלייתו לירושלים היתה כלידתו, כמו שאומר הפסוק: ״וּלְצִיּוֹן יֵאָמַר אִישׁ, וְאִישׁ יֻלַּד בָּהּ, וְהוּא יְכוֹנְנֶהָ עֶלְיוֹן״ (תהִלים פ״ז ה׳), ודרשו חכמים על הפסוק הזה במסכת כתובות (דף ע״ה עמ׳ א׳): ״אחד הנולד בה, ואחד המצפה לראותה״. מי שמצפה לראותה הוא ירושלמי, וכשהרב עלה לירושלים – הוא נולד בה.

כשהייתי ליד המצבה, כך הרגשתי את הביטוי הזה... היה לי ברור שהציוּן של התאריכים הללו דווקא – זו מלאכת מחשבת של הרב צבי־יהודה. אחר־כך הלכתי אליו ואמרתי לו: הייתי אצל קברו של הרב, ואני רוצה לדעת אם כיוונתי נכון לעניין התאריכים שֶׁגנוזים באבן המצבה. אמרתי לו: כ״ח באייר? הרי זה יום שחרור ירושלים; וג׳ באלול מול ג׳ באלול? – והוא אמר: ״באמת לזה התכוונתי״, וחיבק ונישק אותי...

הנה כך כתבתי: ״עמדתי רְכון־ראש באותה שעת בוקר מוּפֶזֶת, אל מול המילים הפשוטות החצובות באבן, וקם בי רֶטֶט גדול ועלתה בי הֶמְיָה חרישית: ריבונו־של־עולם, כאלה סודות גנוזים בתאריכים ... וכזה ניגון בַּמילה הנִכפלת ומְשתַלֶשֶׁת במצבת האבן: עלה... עלה... עלה... ׳קול העולים, קול קולֵי קולות של עולָמים עולים; עולים בהווייתם, עולים בבניינם, עולים בשִׂכלולם, עולָה פנימיוּת חַיָּתָם גם בחורבנם וניתוצם, הכול עולה – – ׳ (׳אורות הקֹדש׳ חלק ב׳ עמ׳ תקט״ו)״.

# לימוד ׳הַמִּסְפֵּד בירושלים׳
## מאמרו של הרב קוק אחרי מיתתו של הרצל

### משיח בן יוסף ומשיח בן דוד – גוף ונשמה, חומר ורוח

ניגש עכשיו אל דברי הרב במאמרו ׳הַמִּסְפֵּד בירושלים׳[1] – נתחיל לקרוא ולהסביר – ושימו לב שלאחר קטע הפתיחה הרב מציג כמה שאלות.

״׳בַּיּוֹם הַהוּא יִגְדַּל הַמִּסְפֵּד בִּירוּשָׁלַםִ כְּמִסְפַּד הֲדַדְ־רִמּוֹן בְּבִקְעַת מְגִדּוֹן׳ (זכריה י״ב י״א). חז״ל אמרו (במסכת מגילה דף ג׳ עמ׳ א׳) שיונתן בן עוזיאל תרגם נביאים, ונזדעזעה ארץ ישראל ארבע־מאות פרסה על ארבע־מאות פרסה. משום דְאית מילי דלא מְפרשן, והיינו האי קרא, דְאמר רב יוסף דְאִלמלא תרגומֵיה לא ידע מאי הוא, ואמרו שֶׁעמד יונתן בן עוזיאל על רגליו ואמר: ׳אני הוא שֶׁגליתי סתָרֶיךָ לבני אדם; גלוי וידוע לפניך שלא לכבודי עשיתי, ולא לכבוד בית אבא, אלא לכבודך עשיתי שלא ירבו מחלוקת בישראל׳״.

״וצריך להבין״ – אומר הרב – ״מהו גודל ההסתר שיש בפסוק זה, שגילה תרגומו: ׳כְּמִסְפְּדָא דְאַחְאָב בַּר עָמְרִי דִי קְטַל יָתֵיהּ הֲדַדְרִמּוֹן בַּר טַבְרִימּוֹן, וּכְמִסְפַּד יֹאשִׁיָּה בַּר אָמוֹן דִי קְטַל יָתֵיהּ פַּרְעֹה חֲגִירָא בְּבִקְעַת מְגִדּוֹן׳. ולמה היה זה סייג שלא ירבה מחלוקת בישראל, ומה יחס הוא לעניין הסתָרים המיוחדים לַשֵּׁם־יתברך״.

ובכן, הנה עולות כמה וכמה שאלות, ואנו כבר רואים שדברי הגמרא סתומים... כי מהו כאן הסוד הנסתר? שואל הרב, ומהו הדימוי דווקא

1 מאמרו זה של הרב קוק – בשלמותו – ניתן כנספח ו׳ לחלק זה של הספר, בעמ׳ 345.

לשני המִספְּדים הללו? וכיצד תימָנַע המחלוקת בישראל על־פי דברי יונתן בן עוזיאל?

נמשיך.

"והנה, חז"ל אמרו (במסכת סוכה דף נ"ב עמ' א') שהספד זה יהיה על משיח בן יוסף שנהרג. וצריך להבין בכלל למה אנו צריכים לשני משיחים – משיח בן יוסף ומשיח בן דָּוִד – והרי התכלית המכוּוָן הוא שנשיא אחד יהיה לכולם, 'וְדָוִד עַבְדִּי נָשִׂיא לָהֶם לְעוֹלָם' (יחזקאל ל"ז כ"ה)".

הנבואה הזאת של יחזקאל עוד תלווה אותנו – כי פרק ל"ז הוא פרק מפתֵּחַ להבנת כל העניין של שני המשיחים.

כמובן, יש מקום לשאול שאלות נוספות, מעֵבר לַשאלות ששואל הרב. מה זה 'וְהִבִּיטוּ אֵת אֲשֶׁר דָּקָרוּ'? כאילו הם דקרו אותו בעצמם?.. ומשיח בן יוסף שנהרג – מי הרג אותו? האם בית דָּוִד הרגו אותו? כיצד נהרג? על מה ולמה?.. כל הנושא הזה, כל עלילותיו סתומות... פלאי פלָאים.

נקרא עוד כמה משפטים מדברי הרב, שמתחיל להאיר לנו את הדברים, לשם מה צריך גם את משיח בן יוסף, בנוסף לבן דָּוִד. הביאור הוא יסודי ועמוק, והרב מגיש לנו כאן מפתח למסורות רבות, בַּנִּגְלֶה ובַנסתר, שבלעדיו לא היינו יכולים להבינן כלל וכלל.

הנה כך אומר הרב, לאחר שהציב את השאלה:

"אמנם, כשם שֶׁיָּצַר השם־יתברך בָּאדם הגוף והנשמה, ולעומתם הכוחות הנוטים להחזיק קיום הגוף על מְכונו, לשכללו ולפתחו, וכן הכוחות המחזקים כוח הנשמה הרוחנית ומעדנים ומשכללים אותה – ותכלית השלֵמות הוא שיהיה הגוף חזק ואמיץ ומפותח כראוי, והנשמה בריאה וחזקה ומשוכללת, מושכת אחריה בכוחה האדיר את כל כוחות הגוף האמיצים והחזקים, לתכלית השֵׂכֶל הטוב והטהור, חֵפֶץ העליון־ברוך־הוא בעולמו" ...

זהו משפט מקדים, מעין משפט תנאי: כשם שֶׁיצר הקב"ה גוף ונשמה, ויצר כוחות שמחזיקים את הגוף: מזון בריא, תִּרגול נכון, תרופות ראויות, וכדומה, כמו־גם כוחות שמחזיקים את הנשמה: מזון

רוחני, הארה, שֵׂכֶל ושיטות ישרות, תבונה, תורה המאירה את נשמת האדם – כך יצר שני כוחות באומה, כלהלן:

"כן הכין בישראל בייחוד שני אלה הכוחות: הכוח המקביל לערך הגוף האנושי, השוקק לטובת האומה במעמדה ושִׁכלולה החומרי, שהוא הבסיס הנכון לכל התכניות הגדולות והקדושות שישראל מצוינים בהן, להיות ׳עם קדוש לה׳ אֱ־לֹהֵי ישראל׳, להיות ׳גּוֹי אֶחָד בָּאָרֶץ׳ ׳לְאוֹר גּוֹיִם׳ (דברים ז׳ ו׳, שמואל־ב׳ ז׳ כ״ג, ישעיהו מ״ב ו׳); והצד השני" – הכוח המקביל לערך הנשמה, הוא – "עצם הכוח לשִׁכלול הרוחניות בעצמה. וההבדל שביניהם, שֶׁלְּהַצַּד הראשון" – דהיינו שִׁכלול הגוף ובניינו – "יש דוגמה [ודִמיון] בין כל עמי הארץ לישראל, כמו שאנו שווים להם בַּגופניות, כאשר האדם שווה בכוח החיים שבו לאחד מבעלי־החיים; והצד השני הוא העניין המתייחד לישראל עצמם, שעל זה נֶאמר ׳ה׳ בָּדָד יַנְחֶנּוּ׳ ׳וּבַגּוֹיִם לֹא יִתְחַשָּׁב׳ (דברים ל״ב י״ב, במדבר כ״ג ט׳), מצד תורת ה׳ והקדושה העליונה המיוחדת לישראל, עַם קדוש".

אעיר, רק דרך אגב, במאמר מוסגר, לעניין הגוף הישראלי אשר דומה לגוף כל אומות העולם ולגוף בעלי החיים.

לכל אחד יש רגליים וידיים, פה ועיניים, לב ורֵאות, אבל מי שלומד את הרמב"ם בתחילת ׳שמוֹנֶה פרקים׳, רואה שם שֶׁלמרות הדמיון בין גוף בעלי החיים לגוף האדם, הנפש הגבוהה של האדם משפיעה ומקרינה גם על כך שהאכילה שלו, למשל – או השתיה שלו, השינה שלו ויצרי המין שלו – אי אפשר להשווֹתם לבהמה. משל למה הדבר דומה, אומר הרמב"ם? למקום חשוך שאתה מאיר אותו באור הנר, או באור החמה. אור החמה הוא אור אחר מאשר אור הנר, שהוא רק צללית. כך, הוא אומר, גם גוף האדם דומה אמנם לגוף בעלי החיים, וגם היצָרים נראים דומים, אך אלה **מְמַדים אחרים** והדמיון הוא חיצוני בלבד.

על־פי אותה אנלוגיה יש לומר כי: גוף ישראל וגוף אומות העולם, על־אף שהוא שווה בצורה החיצונית, הרי שמכוח ההארה הנִשמתית הוא מקבל משמעויות אחרות, ולכן גם כוחות הנפש והיצָרים הם שונים.

גם הרב קוק זצ"ל בעצמו אומר את הדברים האלה בכמה מקומות. עד כאן המאמר המוסגר.

ובכן, בַּקטע שקראנו, הרב מבחין בין שני כוחותיה של האומה. בנושא הגוף, תיקונו ושִׁכלולו, אכן קיים דמיון לאומות העולם. גם הן בונות את כל הצד הפיזי של מדינה ומלכות, צבא ומשטרה, פרנסה וכלכלה וכו׳. אבל בַּצד הנִשמתי המיוחד לישראל – "ה׳ בָּדָד יַנְחֶנּוּ" – זה דבר ייחודי ומיוחד רק לישראל. זוהי בחינת "יִהְיוּ לְךָ לְבַדֶּךָ וְאֵין לְזָרִים אִתָּךְ" (מִשלֵי ה׳ י"ז), סגולתם של ישראל, קדושת ישראל, אורם של ישראל. עובדה היא שרק ישראל מקיימים את התורה והמצוות אשר נמסרו להם – להם, ולא לאומות העולם.

מעין זה ניתן לראות גם בהבדלים בין אדם לאדם: הגופים דומים זה לזה, אבל בנשמות יכולים להיות פערים אדירים בין נשמה לנשמה, בין נשמה גדולה לקטנה, בין תבונה כזאת לתבונה אחרת וכו׳. ההבחנה הזאת בין בני האדם, כפרטים, היא ודאי נכונה גם בין עם ישראל לבין אומות העולם.

## יוסף ויהודה

נמשיך בדברי הרב:

"והנה, מִתחילה הוכנו שני הכוחות הכלליים בשני השבטים שהוכנו למלוך בישראל, אפרים ויהודה, שהוא כלל יוסף ויהודה" – יוסף מבניה של רחל, יהודה מבני לאה – "וכמו בַּתחילה, מעשה אבות סימן לבנים" – מה שהתברר מאוחר יותר בַּמלכויות, התברר מלכתחילה בתולדותיהם של האבות – "יוסף היה הַמַּשְׁבִּיר, שֶׁשלח אותו אֱ-לֹהִים לִפְלֵיטָה גְּדוֹלָה, לְהַחֲיוֹת עַם רָב, והֶחיה את יעקב ובניו בחיי החומר לֶחֶם לְפִי הַטָּף[2] בעת שֶׁגם-כן כל הארץ באו למִצרַים לשבור, והיה נבלע בין האומות, וידע שבעים לשון,[3] שהוא מורה על הצדדים שיש יחס שיווי בין ישראל לָעמים כולם, ומכל-מקום ידע כוח קדושתו.

---

2 אלה הפסוקים אשר הרב מצרף כאן את לשונם: בראשית מ"ב ו׳, מ"ה ז׳, נ׳ כ"ב, מ"ז י"ב.

3 מסכת סוטה דף ל"ו עמ׳ ב׳.

ודווקא על־ידי זה היתרון אין עֵשָׂו נופל כי־אם ביד בניה של רחל,[4] כעניין ׳מינֵיה וביה איבָּא נֵיזיל בֵּיה נַרגא׳. ויהודה מיוחד לכוח ישראל המיוחד, ׳הָיְתָה יְהוּדָה לְקָדְשׁוֹ׳ (תהלים קי״ד ב׳), ועל אוהל יוסף נֶאמר ׳אֹהֶל שִׁכֵּן בָּאָדָם׳ (תהלים ע״ח ס׳)״.

ובכן, יוסף הוא איש המעשה. ״וְכֹל אֲשֶׁר הוּא עֹשֶׂה ה׳ מַצְלִיחַ בְּיָדוֹ״ (בראשית ל״ט ג׳). הוא המשביר לכל הארץ, הוא בונה את הגוף הלאומי, הוא בונה את הצד החומרי, המעשי, ובעניין זה הוא דומה לאומות העולם, בָּאופן שאמרנו. לכן אומר הרב שיוסף היה נבלע בין האומות וידע שבעים לשון.

יוסף – הוא זה שֶׁמסוגל להתמודד עם אומות העולם, כיוון שהוא מכיר אותן. בכל התמודדות צריך שיהיה מכנה משותף כלשהו בין הצדדים היריבים. ולעניין זה נוקט הרב את המשל שהביאו חז״ל – ׳מינֵיה ובֵיהּ איבָּא נֵיזיל בֵּיהּ נַרגא׳. איבָּא הוא יער, נַרגא הוא גרזן. ובכן, איך כורתים את עצי הפרא? על־ידי גרזן; אבל ידית הגרזן היא מעץ! יוצא שלוקחים מן העץ כדי לגדוע את העץ. כוחותיו של הכורת נעזרים בַּכוחות שהוא נוטל מן היער הנִכרת... זהו יוסף.

הרב מוסיף ומביא את הפסוק מתהִלים ע״ח – זהו פרק היסטוריוסופי גדול – והפסוק המלא הוא: ״וַיִּטֹּשׁ מִשְׁכַּן שִׁלוֹ, אֹהֶל שִׁכֵּן בָּאָדָם״. שילֹה היא כידוע בנחלת יוסף, ובאמת, בשלב ראשון, נמצא המשכן בנחלתו של יוסף, שלוש־מאות שישים וחמש שנים. זה לא דבר של מה בכך! ודווקא בהקשר זה של השראת השכינה בַּמשכן, יוסף נקרא אדם.

ולעומת הביטוי הכללי – ׳אָדָם׳ – מתאפיין יהודה בְּכוח ישראל המיוחד, ״הָיְתָה יְהוּדָה לְקָדְשׁוֹ״. הוא בא לשכלל את עוצמת הרוח ויוסף בא לשכלל את עוצמת החומר.

ושני הכוחות הללו יחד, שתי המלכויות הללו, שני כוחות ההנהגה בישראל – אמורים לבנות יחד את הגוף השלם, ׳נפש בריאה בגוף בריא׳. זאת נקודת המוצא – והרב הולך ומפתח זאת בהמשך המאמר.

4 בראשית רבה ע״ג ז׳.

## שיעור מס' 6 – ט"ז בכסלו תשס"ז

# מלכות בית דוד כוללת את כוחותיהם של יוסף ויהודה גם יחד

ובכן, חברים יקרים, נמשיך בלימוד מאמרו של הרב קוק[1] – ועכשיו, לאחר שראינו את שני הכוחות, כוחותיהם של יוסף ויהודה, אנו עוברים אל ביטוי הדברים בעיצובה ובהנהגתה של המלכות.

אומר הרב כך: "והנה, תכלית בחירת מלכות בית דָוִד היה שֶׁיהיו שני הכוחות נכללים כאחד, ולא די שלא יהיו סותרים זה את זה כי־אם עוד עוזרים זה לזה".

חשוב לשים לב היטב לַפִּסקה הזאת בדברי הרב – [חנן מקיש באצבעותיו על השולחן כדי להדגיש את מילותיו] – כי טעו בה גדולים ויקרים מאִתנו, או שלא שמו לב אליה די הצורך, ואפילו מורי־ורבי הרב שלמה אבינר לא דק בַּפִּסקה הזאת, ועוד נגיע לזה...[2]

הרב כותב כאן כי כשנבחר דָוִד המלך – שהוא משבט יהודה – הוא היה אמור לכלול בתוכו את שני הכוחות, את כוחו שלו יחד עם כוח יוסף. הוא לא נשאר רק איש הרוח, הוא צריך לכלול גם את הצד המעשי. ואוסיף עוד על דברי הרב את ברכתם של זִקנֵי העיר בית־לחם

1 שיעור זה ניתן שבועיים לאחר קודמו, ב'דילוג' על המועד השבועי הקבוע. חנן חזר בהרחבה על רוב תוכנו של השיעור הקודם; לא כללנו זאת כאן, אך שילבנו אל תוך השיעור הקודם כמה נקודות שהִתחדשו בדברי החזרה.

2 נקודה זו תוסבר להלן בסמוך, בהערה 6 בעמ' 214.

לְבועז, בשעה שהוא לוקח את רות לאִשה, והרי מזרעם עתיד לצאת המלך דָוִד בן ישַי. ובכן מה אומרים לו הזקנים אשר בַּשער? – ״יִתֵּן ה׳ אֶת הָאִשָּׁה הַבָּאָה אֶל בֵּיתֶךָ כְּרָחֵל וּכְלֵאָה אֲשֶׁר בָּנוּ שְׁתֵּיהֶם אֶת בֵּית יִשְׂרָאֵל״ (רות ד׳ י״א). לאמור, שהזרע אשר יהיה לך מֵרות יכלול בתוכו שני כוחות, את כוח רחל יחד עם כוח לאה. כי רחל היתה יפת תואר ויפת מראה, היא מבטאת את עוצמת הגוף, החומר, ומִזרעה יצא יוסף. ולא עוד, אלא שאנשי בית־לחם־יהודה מקדימים את רחל לְלאה באומרם: ״כְּרָחֵל וּכְלֵאָה״; ואומרים חז״ל (ב׳ילקוט שמעוני׳ למגילת רות, תר״ו): ״אף־על־פי שיצא בועז וכל סנהדרין שלו מִלאה, היו מודים שעיקר הבית היתה רחל, שלא נִשתעבד יעקב בבית לבן אלא בשביל רחל״, ובזכות רחל – לאה.

ממשיך הרב ואומר: ״ואמרו זִכרם־לברכה בַּמדרש (בראשית רבה ס״ג ח׳), שנֶאמר בדָוִד ׳אַדְמוֹנִי׳, כמו שנֶאמר בעֵשָׂו, אלא שנוסף בו: ׳עִם יְפֵה עֵינַיִם׳, ומִדעת סנהדרין הורג. קיבוץ הגבורה החומרית, וכל התלוי בה לְתוקף עם וממלכה גדולה ואדירה רבתי בַּגויים, עִם העילוי הרוחני היותר מרום וקדוש״.

דָוִד הוא ׳יְפֵה עֵינַיִם׳ בזכות לאה, שעליה נֶאמר (בבראשית כ״ט י״ז): ״וְעֵינֵי לֵאָה רַכּוֹת״, ואונקלוס מפרש בתרגומו שהיו עיניה נאות. אבל ״אַדְמוֹנִי״, מה משמעו ומה טיבו? אומרים חז״ל בַּמדרש שהוא מעֵין עֵשָׂו, איש הסַיִף; בשמיעה ראשונה זוהי הקבלה מסמרת שֵׂעָר – ובאמת כשראה אותו לראשונה הנביא שמואל הוא חש רתיעה – אלא שמלחמתו ועוצמותיו כפופות לַסנהדרין,[3] לְכוחה והוראתה של תורה, ומתבטא כאן הקו הרוחני, השיפוט הטהור והגבוה.

גם בַּתיאור המוקדם של דָוִד, בשמואל־א׳ ט״ז פסוק י״ח, אנו רואים את ה׳סַפרא־וסַייפא׳ בדברי אחד מנערי שאול המכיר את דָוִד, והנה

3 במקומות רבים מדמים חז״ל את הסנהדרין לעיניים, ובעצם זהו פשוטו של מקרא. הנה למשל במדרש שיר השירים רבה (א׳) לפסוק ט״ו בפרק א׳: ״׳[הִנָּךְ יָפָה רַעְיָתִי, הִנָּךְ יָפָה] עֵינַיִךְ יוֹנִים׳ – ׳עֵינַיִךְ׳ הן סנהדרין, שהם עיניים לָעֵדָה, הדא־הוא־דכתיב (בבַּמדבר ט״ו כ״ד): ׳וְהָיָה אִם מֵעֵינֵי הָעֵדָה [נֶעֶשְׂתָה לִשְׁגָגָה]׳ וגו׳״.

הוא: "יֹדֵעַ נַגֵּן, וְגִבּוֹר חַיִל, וְאִישׁ מִלְחָמָה, וּנְבוֹן דָּבָר, וְאִישׁ תֹּאַר, וַה' עִמּוֹ". שישה תארים! הקשיבו אל **השילוב** בין ההיבט הרוחני של הנגינה והתבונה לבין ההיבט הגופני של הריאליה והגבורה.

אותם שני הכוחות מתבלטים שוב במלחמתו של דָּוִד מול גָּלְיָת. הוא ניגש אל הענק הזה, מצד אחד עם המיומנות והקֶלַע, האומץ והגבורה, ומצד שני – עם האמירה (בשמואל-א' י"ז מ"ה): "אַתָּה בָּא אֵלַי בְּחֶרֶב וּבַחֲנִית וּבְכִידוֹן, וְאָנֹכִי בָא אֵלֶיךָ בְּשֵׁם ה' צְבָאוֹת, אֱ-לֹהֵי מַעַרְכוֹת יִשְׂרָאֵל אֲשֶׁר חֵרַפְתָּ". שֵׁם שמים שגור בפיו – התמודדותו היא רוחנית – אבל לא כצדיק המתפלל ומייחל לישועה מִשמים, אלא כלוחם המחבר את עוצמתו שלו עם ההשראה הרוחנית העליונה.

מכל-מקום, כך עולֶה מדבריו של הרב, שמִלכתחילה היתה תכלית משיחתו של דָּוִד – שֶׁיהיו נכללים בו גם כוח יוסף וגם כוח יהודה. לכן, **באופן אורגָני, בתוך משיח בן דָּוִד, נמצא כבר גם כוחו של יוסף.**

ממשיך הרב הלאה, ואומר:

"וְלולֵא שֶׁגרמו עוונות, וישראל מאסו במלכות בית דָּוִד עד שנחלקה האומה – עשרת השבטים שֶׁאפרים [= שֶׁלְאפרים] שֶׁהוא כוח יוסף בפני עצמם, ויהודה בפני עצמו – היה הכול מאוחד בכוח אחד על-ידי 'עֵץ יְהוּדָה' (יחזקאל ל"ז י"ט) שהיה **כולל גם-כן כוחו של יוסף**, 'יַדְבֵּר עַמִּים תַּחְתֵּינוּ וּלְאֻמִּים תַּחַת רַגְלֵינוּ. יִבְחַר לָנוּ אֶת נַחֲלָתֵנוּ אֶת גְּאוֹן יַעֲקֹב אֲשֶׁר אָהֵב סֶלָה' (תהלים מ"ז ד'-ה'). ועל-ידי קיבוץ שני הכוחות יחדיו היו שניהם מִתעלים, הכוח החומרי היה מִתעדן ומִתקדש מצד קִרבתו אל הקדושה המיוחדת לישראל, והכוח הרוחני היה מתחזק ומתאמץ בכוח חיים מלא ואדיר, כדי לגלות הודו ותפארתו על ישראל, עד שֶׁקרני הודו היו מאירים גם-כן על העולם כולו, וכמו שיהיה לעתיד-לבוא: 'וְהָיָה [בַּיּוֹם הַהוּא] שֹׁרֶשׁ יִשַׁי אֲשֶׁר עֹמֵד לְנֵס עַמִּים אֵלָיו גּוֹיִם יִדְרֹשׁוּ, וְהָיְתָה מְנֻחָתוֹ כָּבוֹד' (ישעיהו י"א י'), לא מלחמה בין שני כוחות מתנגדים כי-אם מנוחה שלֵמה, שהיא הכבוד היותר עליון ונישא".

ובכן, אם אמרנו שמלכות בית דָּוִד תכלול גם את כוחו של יוסף, הרי שהדברים אמורים גם על ההקרנה וההשפעה על אומות העולם. אמנם זהו חלק מתכונתו של יוסף, כפי שראינו, אבל הנה, "שֹׁרֶשׁ יִשַׁי", גם הוא יהיה "לְנֵס עַמִּים", ולא יתייחד רק בתוך מעגל ישראל.

ומה שאמור לעתיד לבוא – ראוי היה שיהיה מִלכתחילה. ובאשר להמשך הפסוק על משיח בן דָוִד – ״וְהָיְתָה מְנֻחָתוֹ כָּבוֹד״ – מודגשת כאן ההרמוניה בין שני הכוחות המתחברים. תהיה כאן שלווה, דבר יציב ומבוסס, מנוחה בַּחיים ולא חלילה אחרי־מוֹת. ניתן לחבר לכאן פסוקים ממגילת רות: ״וּמְצֶאןָ מְנוּחָה אִשָּׁה בֵּית אִישָׁהּ״, ״הֲלֹא אֲבַקֶּשׁ לָךְ מָנוֹחַ אֲשֶׁר יִיטַב לָךְ״ (א׳ ט׳, ג׳ א׳) – כַּחיבור ההרמוני של האִשה עם בעלה בביתם המשותף.

וכאן, כמובן, תעמוד לפנינו השאלה: אם כך, מדוע יש צורך במשיח בן יוסף? אם בתוך דָוִד המלך כבר נכללים שני הכוחות – הרי דַי, לכאורה, במשיח אחד שיקפל בתוכו את כל המִכלול. דברים אלה – עוד נצטרך להבין אותם... ננסה להבין האם זהו מצב של ׳בדיעבד׳ – שיש צורך בהפרדת הכוחות – או שבהפרדת הכוחות ישנו ערך של ׳לכתחילה׳? בינתיים, הדברים נשארים עדיין ב׳צריך עיון׳.[4]

חברים יקרים, אם נדמה לכם שאנחנו עוסקים פה בדברים תֵאורֵטיים, נשגבים ונסתרים – עלי להקדים את המאוחר, ולומר לכם שעוד נִראה איך מוריד אותם הרב קוק – לקראת סופו של המאמר הזה – **עד... עד הציונות!** עד בנימין זאב הרצל שהרב רואה בו ׳ניצוץ של משיח בן יוסף׳, אך לא משיח בן יוסף בעצמו.[5] צריך להבין מהו המושג הזה, ׳ניצוץ׳, ואיך זה מסתדר מבחינה פרסונלית. אני אומר זאת רק כדי שתבינו שהרב זצ״ל רואה את הדברים הללו כבעלי משמעויוֹת חיוֹת ורלוונטיוֹת עד דור אחרון.

אבל אם אנו רוצים לרדת לעומקי הדברים, חשוב שלא ניחפז. כי אנו עוסקים כאן בשאלות היסודיות ביותר של בירור תהליכי הגאולה

---

4 את השאלה הזאת יחדד חנן גם בסוף השיעור הזה – להלן בעמ׳ 219 – ותשובתו תלך ותתפתח במהלך השיעורים הבאים. את מהירֵי הדִפדוף וקְצרֵי הרוח נוכל להפנות אל הפִּסקאות שלפני ואחרי הערה 11, להלן בעמ׳ 273.

5 למען הדיוק, נקדים גם אנו את המאוחר, ונציין את לשונו של הרב קוק בסוף המאמר בהתייחסו אל הרצל, כאל ״מי שנוכל לחשבו בתור עִקבא [=עָקֵב] למשיח בן יוסף״. עוד בנקודה זו, ראה בהערה 12 להלן בעמ׳ 242.

ובירור ההתמודדות בין הכוחות הריאליים, החומריים, עם הכוחות הרוחניים. מהי השותפות ביניהם, מהו הניגוד ביניהם, מהם **המשברים שֶׁביניהם**, ומה שיהיה לעתיד לבוא.

הנה, הבאתי בדפי המקורות שלפניכם את מאמרו של הרב שלמה אבינר: ׳הריגת משיח בן יוסף׳. הוא מקדים למאמרו קטע מאיגרת שהוא קיבל – וכך הוא כותב: ״באלול תשל״ח (1978), אחרי הסכמת הכנסת להצעת ׳קֶמפּ דֵיוויד׳ של ביתור ארצנו, קיבלתי מכתב ממורי ורבי, יו״ד־וא״ו״ – סָתַם רבי שלוימֶה ולא פירש מיהו אותו מורו־ורבו – ״וזו לשונו: ׳כל עולמנו מתמוטט ... כל הציונות עומדת לפני חיסולה ... שמא ייהרג עכשיו משיח בן יוסף׳״ וכו׳.[6] אני קורא זאת כדי להוכיח עד כמה אנחנו עוסקים בחומרים חיים, שיש להם משמעויות רלוונטיות מאד, כפי שאמרנו.

---

6 **א.** קטע האיגרת הזה מאת י״ו פותח את מאמרו של הרב אבינר – ׳הריגת משיח בן יוסף׳, אשר פורסם בעלון מושב קשת ׳קול ברמה׳ בכסלו תש״ם (1980) – ועליו הגיב חנן במאמר שלא פורסם, אשר כותרתו היא: ׳עוד יוסף חי׳. שני המאמרים ניתנו בחלקו הראשון של הספר, ושם גם גילינו את זהותו של כותב האיגרת, י״ו.

**ב.** לעיל, בעמ׳ 210, ׳הֵלין׳ חנן כי הרב אבינר – במאמרו הנ״ל – ״לא דק״ בדברי הרב, וכמוהו גם עוד גדולים ויקרים. אל־נכון, כוונתו היא ל׳חילופי המשמרות׳ במהלך הגאולה, בין משיח בן יוסף לבין משיח בן דָוִד, כפי שעולה מִדבריו של הרב אבינר בַּמאמר. מתוארת שם קריסתו של הראשון – הציונות החילונית אשר ייפול פִּגרה בַּמדבר – והופעתו של השני, המציל את המפעל ומַעלֵהו מִמדרגת החול אל מעלת הקודש. **לא** כן אומר חנן – בעקבות הרב קוק – כי ראויה היא מלכות בית דָוִד להכיל בקִרבה־היא את שני הכוחות, המעשי והרוחני **גם יחד**, בחוברת אחת. באופן כזה ׳נספג׳ כביכול משיח בן יוסף אל הוויית מלכות בית דָוִד לעתיד־לבוא, מִתעָרֵה בה, ואיננו ׳נהרג׳ כי עודנו חי ונותן את כוחו לשלֵמות חייה של האומה, בגופה ונִשמתה.

עוד על ׳הדִקדוק׳ אשר דורש חנן בכיוון זה – בעומק דבריו של הרב קוק – ראה להלן בעמ׳ 237 ובהערה 4. כמו כן ראה את דברי חנן על התפילה שלא ימות משיח בן יוסף, והערות 8 וְ־9, להלן בעמ׳ 271-272.

## משבר היפרדות כוח יוסף וכוח יהודה – הפיצול לשתי ממלכות

כך – בהוויה של הרמוניה בין שני הכוחות – אומר הרב שֶׁראוי היה להיות מִלכתחילה, אבל הוא ממשיך וכותב: ״אמנם, ׳עֲוֹנוֹתֵינוּ הִטּוּ אֵלֶּה׳ (ירמיהו ה׳ כ״ה), שנתחלקה מלכות בית דָּוִד, וכל אחד מן הכוחות השניים, שהיו ראויים להתאחד דווקא״ – על־ידי דָּוִד בעצמו – ״התחיל להתפתח בפני עצמו, כאילו דבר אין לו עם מִשנֵהו, ומזה יצא מה שיצא להפסד כללי לשני העניינים, בעוונותינו הרבים״.

הנה, יש עכשיו פיצול... המשבר של ההפרדה בין מלכות בית דָּוִד לבין מלכות ירבעם – בין יהודה ובנימין לבין עשרת השבטים – הוא איננו רק משבר לאומי המתבטא בָּעובדה שֶׁישנן כאן שתי ממלכות, שני מעגלים לאומיים בִּמקום שיהיו חֲבוּרים יחדיו; זה כמובן דבר רע בפני עצמו; אבל עומק המשבר הוא **בעצם הפיצול והפרדת הכוחות**. כי כאשר כל כוח – שהיה יכול להשפיע על חברו ולקבל ממנו – מתפתח רק בפני עצמו ולמען עצמו, או־אז, במקום שתיווצר הרמוניה, נוצרת התנגשות...

והרב ממשיך ומתאר בכאב את ההפסד לשני הצדדים, לכוח אפרים ולכוח יהודה, בהיפָּרדָם זה מזה:

״**אפרים**, שֶׁנוסד על־ידי ירבעם – שֶׁהופקד מִתחילה על סֵבֶל בֵּית יוֹסֵף מפני כישרונו המעשי, ׳וַיַּרְא שְׁלֹמֹה אֶת הַנַּעַר כִּי עֹשֵׂה מְלָאכָה הוּא וַיַּפְקֵד אֹתוֹ לְכָל סֵבֶל בֵּית יוֹסֵף׳ (מלכים־א׳ י״א כ״ח) – פנה לגמרי מהקדושה העליונה המיוחדת לישראל, ׳וְאוֹתִי הִשְׁלַכְתָּ אַחֲרֵי גַוֶּךָ׳ (מלכים־א׳ י״ד ט׳). ומזה יצא הסילון הממאיר, חטא עבודה זרה, שגרם להתפתחות הנטיה של השיווי שיש בישראל לָעמים לצד הרוע והגֵרָעון, עד מידת ׳אֶפְרַיִם בָּעַמִּים הוּא יִתְבּוֹלָל, אֶפְרַיִם הָיָה עֻגָה בְּלִי הֲפוּכָה׳ (הושע ז׳ ח׳)״.

עד היכן הידרדר אפרים... לא כ׳יוסף, צדיק יסוד עולם׳ אלא דווקא להיפך; מתוך הרצון להיות דומה לָעמים באה ההתבוללות בָּעמים, בתרבותם ובפולחנם.

וחשוב לציין שֶׁהפסוק "וְאוֹתִי הִשְׁלַכְתָּ אַחֲרֵי גַוֶּךָ" אמור בתוך נבואת אחיה השילוני לאשת ירבעם, כאשר מסר לה את דבר ה' על קריעת המלכות מירבעם בשל חטאות העבודה הזרה, "וְהֵקִים ה' לוֹ מֶלֶךְ עַל יִשְׂרָאֵל אֲשֶׁר יַכְרִית אֶת בֵּית יָרָבְעָם" (מלכים־א' י"ד י"ד), הלוא הוא בַּעְשָׁא.

"ויהודה" – ממשיך הרב וכותב – "בחסור לו הצד המעודדו בחומריותו – היה צריך להשלמה רוחנית גדולה ואדירה, שתספיק להמציא גם־כן את הצד החסר החומרי" – כמו שהיה אצל דָוִד המלך – "וכיוון שלא עלה למעלָה זו נתבזבז הכוח הרוחני גם־כן, עד שלא החזיק מעמד, ו'כָשַׁל גַּם יְהוּדָה עִמָּם', ו'לְשׁוֹנָם וּמַעַלְלֵיהֶם אֶל ה', לַמְרוֹת [=להמרות את] עֵינֵי כְבוֹדוֹ' (הושע ה' ה', ישעיהו ג' ח')".

יצוין שהפסוק אשר מביא הרב מנבואת הושע (בפרק ה') מתאר 'שרשרת כישלון' מאפרים ליהודה ושניהם נופלים כביכול: "וְיִשְׂרָאֵל וְאֶפְרַיִם יִכָּשְׁלוּ בַּעֲוֹנָם, כָּשַׁל גַּם יְהוּדָה עִמָּם". אמנם בפרק י"ב (פסוק א') אנו קוראים שיהודה נבדל מאפרים לטובה – "סְבָבֻנִי בְכַחַשׁ אֶפְרַיִם וּבְמִרְמָה בֵּית יִשְׂרָאֵל, וִיהוּדָה עֹד רָד עִם אֵ־ל וְעִם קְדוֹשִׁים נֶאֱמָן" – הוא מנסה לשמור על קדושתו, אבל גם אצלו הדברים מתמוטטים.

מלבד עצם החיסרון שֶׁבַּפירוד כשלעצמו, הרי תוצאתו היא שכל אחד משני חלקי האומה נותר קיטֵעַ – חסרים לו הכוחות שהוא נזקק להם על־ידי השלמתם מן הצד האחר. דומה הדבר לחבורה שחברים בה איש המעשה ואיש הרוח, איש הכישרון המדעי ואיש ההשראה הפיוטית; או, להבדיל, קבוצת כדורגל שחברים בה השוער, המגן האחורי והחלוץ הקדמי; הִפרדתָ והִרחקתָ אותם זה מזה – ומה קיבלתָ? – זה חסר וזה חסר.

ולהמשך המאמר: "והנה, גם אחרי הפירוד, אם היו על־כל־פנים מתאחדים לדעת שכל אחד יסגל לו את נטייתו הפרטית, אבל באופן שיקבלו זה מזה את הצדדים הטובים – **ויהודה יקבל מאפרים** את הדרכים והנטיות המוכשרות בו לשִׁכלול האומה בתוקף חומריותה ואנושיותה הכללית, **ואפרים יקבל מיהודה** את הכוח העליון המיוחד לישראל בדרכי קדושה, מִתורה ומידות קדושות והכשרה לנבואה ורוח הקודש לַמיוחדים לזה – [אזי] היה המַחַץ הולך ומתרפא".

אילו לפחות היה שיתוף פעולה בין אפרים ליהודה, אילו היה תיאום – אומר לנו הרב קוק – היינו הולכים בכיוון של ריפוי ויציאה מן המשבר...

אגב, מי הוא זה שמנסה ליצור את שיתוף הפעולה בין יהודה וישראל? זה יהושפט מלך יהודה. על־אף רשעותו הידועה של אחאב, מתייצב יהושפט לימינו ואומר לו: ״כָּמוֹנִי כָמוֹךָ, כְּעַמִּי כְעַמֶּךָ, כְּסוּסַי כְּסוּסֶיךָ״ (מלכים־א׳ כ״ב ד׳).

אלא מה החיסרון של יהושפט?

כשאתה רוצה לאחד כוחות, עליך לדעת ולקבוע ׳מי בָּראש׳, במובן החיובי: מיהו זה שנותן את הטון? כדאי ואפשר לנצל כישרונות מעשיים – ולאחאב ודאי היו כוחות מעשיים – אבל רק בתנאי שהעוצמה הרוחנית, המוסרית, היא שתהיה הכוח המנווט והמוביל, ולא ההימשכות אחרי אחאב. אמנם נכון הדבר שיהושפט ניגש בלב טהור אל השותפות עם מלכות ישראל, אבל אם ניתנת הבכורה למלכות זו – עם תרבותה החומרנית הירודה, המביאה עד טמיעה וכניעה לעבודת עץ־ואבן ולפולחן הבעל והאשרה – כי אז מדובר בהשפלה של הצד הנאמן לה׳ ולתורתו, וזהו דבר שאין הדעת סובלת.

מעין זה היה נוהג לומר מורֵנו ורבֵּנו הרב צבי־יהודה זצ״ל: ׳צִבּוּר׳, ראשי תיבות: צדיקים, בינוניים ורשעים. גם לרשעים יש מקום בתוך הכלל, ואפילו יש מקום, לעיתים, לעשות שימוש בַּכוחות החומריים של הרֶשַׁע – הכוחות העזים והגסים – לטובת הבניין. כבר הזכרנו את דברי חז״ל בּמִשנַת מסכת ברכות (ט׳ ה׳): ״׳בְּכָל לְבָבְךָ׳ – בשני יְצָרֶיךָ, ביצר טוב וביצר רע״. אבל – בתנאי שזה בַּסדר הזה: קודם הצדיקים, אחר־כך בינוניים ורשעים. אם מתהפך הסדר, מה נקבל בּמקום ׳צִבּוּר׳? – ׳רובץ׳, ״לַפֶּתַח חַטָּאת רֹבֵץ״ – כשהרשעים בָּראש, ואחרונים הצדיקים.

זאת היתה טעותו הגדולה של יהושפט. הוא המשיך בשיתוף פעולה גם עם אחזיהו בן אחאב שמלך זמן קצר. המקרא מעיד על אחזיהו שֶ״הִרְשִׁיעַ לַעֲשׂוֹת״ ושעבד עבודה זרה. ניסיונם המשותף של שני המלכים לבנות צי אניות בים סוף הסתיים בכישלון, כאשר עצם החיבור לָרשע הוא הסיבה לכך, ככתוב בספר דברי הימים־ב׳ (כ׳ ל״ז): ״וַיִּתְנַבֵּא

אֱלִיעֶזֶר בֶּן דֹּדָוָהוּ מִמָּרֵשָׁה עַל יְהוֹשָׁפָט לֵאמֹר: כְּהִתְחַבֶּרְךָ עִם אֲחַזְיָהוּ פָּרַץ ה׳ אֶת מַעֲשֶׂיךָ, וַיִּשָּׁבְרוּ אֳנִיּוֹת, וְלֹא עָצְרוּ לָלֶכֶת אֶל תַּרְשִׁישׁ״.

נחזור לדברי הרב. הוא אמר, בַּקטע שקראנו, שֶׁאילו היה כאן חיבור היה המַּחַץ נִרְפָּא. וממשיך וכותב:

״אלא שכיוון שנחלקו חילוק ממלכה, ועל־ידי ההשפעה המאחדת הלוא הדבר מחויב שהצד הגובר יהיה לו המצב העליון הרוחני המיוחד לישראל, שהיא הנשמה המאחדת ומחַיָּה את הגוף״ – שהנשמה שולטת על הגוף, ולא שהגוף משעבד את הנשמה – ״וזה לא רצה ירבעם [כלהלן]. על־כן היתה [מנועה] התוכנית הפנימית של ציור אפשרות ההתאחדות, עם [=בגלל] המניעה מצד חפץ ההִתנשאות שלא במשפט״. ובכן, לא־רק פירוד היה כאן, אלא לא היתה כלל נכונות של ירבעם להכיר בעליונוּת הצד הרוחני של מלכות בית דָּוִד.

״[וזהו] מה שאמרו חז״ל (במסכת סנהדרין דף ק״ב עמ׳ א׳), ׳שֶׁתְּפָסוֹ הקב״ה לירבעם בבִגדו ואמר לו: חזור בך, ואני ואתה ובן ישַׁי נטייל בגן עדן׳; יחדיו תשכללו את האומה הישראלית להביאה לתכליתה, להיות לעם לה׳ אֱ־לֹהֵי ישראל, להיות גם־כן ראויה להיות לאור גויים, שהצדדים השווים לכל האדם אשר על־פני האדמה גם־כן ראויים להיכנס בַּבניין. אמנם על שאלת ׳מי בָּראש?׳, מוכרחת התשובה לבוא: ׳בן ישַׁי בָּראש׳; כי מבלעדי הכרת השליטה העליונה של הצד הרוחני, ׳כִּי חֵלֶק ה׳ עַמּוֹ יַעֲקֹב חֶבֶל נַחֲלָתוֹ׳ (דברים ל״ב ט׳), אז אפסה כל תעודה [=ייעוד] לישראל, חלילה, והינם ׳הַמְעַט מִכָּל הָעַמִּים׳ (דברים ז׳ ז׳), וראויים יותר מכולם להרס וכיליון, חלילה. אבל שרירות הלב גרמה [לירבעם] שאמר: ׳אי הכי לא בָּעינא׳ [=אם כך, אינני רוצה]; ומזה נמשכה השלשלת של צרותיהן של ישראל ופיזורם, ותכלית מֵרוּק הגלות עד עת קץ״.

כמובן הגמרא שהרב מצטט כאן מדברת בשפת סתרים, בשפת־׳קודים׳; השאלה ״מי בָּראש״ היא באמת שאלה מכרעת. האם הכוח הרוחני – כוחו של בן ישַׁי – הוא שיוביל, או שמא להיפך? אומר הקב״ה לירבעם: ׳ודאי שבן ישַׁי יוביל וינהיג את העם׳ – אבל ירבעם איננו מוכן לזה. הוא רוצה להיות בָּראש! הוא מוכן לוותר על גן העדן, ובלבד שלא יראה את מלכותו של בן ישַׁי... ראו מה זו קנאה!

זהו הדבר שאמרו חז״ל במסכת שבת (דף קנ״ב עמ׳ ב׳) על הפסוק במִשלֵי (י״ד ל׳): ״׳וּרְקַב עֲצָמוֹת קִנְאָה׳ – כל מי שיש לו קנאה בליבו, עצמותיו מרקיבים״.

ובכן, כאן הוא השבר הגדול. בסופו של דבר, סוגיית הגאווה והקנאה – היא שלא אִפשרה את החיבור שבין שני הכוחות.

ועדיין אני רוצה לומר לכם, שֶהתמונה האידיאלית הזאת אשר הגמרא מציירת לפנינו בשפת ה׳קודים׳ שלה – שכביכול מציע הקב״ה לירבעם טיול נינוח בגן העדן, בהילוך יחד של שלושה חברים – מחזירה את השאלה שכבר העלינו קודם: למדנו שֶראוי היה שמלכות בית דָוִד תכלול ותאחד בתוכה גם את כוח יוסף, ואז הרי לא יהיה צורך בשתי מלכויות נפרדות; לכן לא ברור כעת – האם זהו ציור של ׳בדיעבד׳ או של ׳לכתחילה׳? לכאורה, הביטוי ״נטייל בגן עדן״ מבטא הוויה אידיאלית שהיא רצויה לכתחילה!

על השאלה הזאת יצטרך הרב קוק להשיב לנו. אני אומר שוב שאין זו שאלה תֵאורֵטית; היא נוקבת עד תהום, ונצטרך לברר אותה, כי היא קשורה היטב־היטב לשאלת טיבו של ׳המִספֵּד בירושלים׳ ולְנושא ׳משיח בן יוסף שייהרג׳.[7]

7 כפי שכבר הערנו לעיל (הערה 4 בעמ׳ 213), יְפַתֵּחַ חנן את התשובה לַשאלה הזאת בהמשך הלימוד. ראה את סיכום הדברים להלן בעמ׳ 272 ואילך, ובייחוד את דברי הרב קוק שהובאו בהערה 19 בעמ׳ 264 ובהערה 11 בעמ׳ 273.
יש לציין שהשאלה הזאת מהווה כותרת־מִשנֶה לעיון נרחב של חנן בתוך מאמר תגובתו למאמרו של הרב אבינר – עיון שכותרתו היא ׳עוד יוסף חי / עיבורו של המאמר׳ – ובו הוא מוליך את תשובתו בנתיבים אחרים. ראה זאת לעיל בַּחלק הראשון, מעמ׳ 83 ואילך.

**שיעור מס׳ 7 – ז׳ בטבת תשס"ז**

# על דעת הזמן

## פתרון חלום יוסף על שמש, ירח וכוכבים

לפני שנמשיך במאמר ׳המִספֵּד בירושלים׳, אולי אשתף אתכם בחידוש אחד שזכיתי להבין על חלומו של יוסף ופתרונו – כי הדבר הזה נוגע למאמרו של הרב זצ"ל.[1]

חלום האלומות המשתחוות לאלומת יוסף הוא מובן מתוכו, ואמנם התממש כאשר הִשביר יוסף לחם – מן הבר אשר צבר במִצרַים – והאכיל את אֶחָיו ואת כל בית אביו. מובן שהם היו תלויים ביוסף, אשר אלומתו שלו ׳קָמָה וְגַם נִצָּבָה׳, בעוד הם משתחווים לרגליו.

אבל כאן חשוב לנו חלומו השני – "וְהִנֵּה הַשֶּׁמֶשׁ וְהַיָּרֵחַ וְאַחַד עָשָׂר כּוֹכָבִים מִשְׁתַּחֲוִים לִי" (בראשית ל"ז ט׳) – ופתרונו צריך להארה גדולה... במשך שנים התחבטתי בכך, עד שמצאתי ׳מרגלית׳ יקרה במדרש בראשית רבה, והמרגלית מאירה ומפענחת את החלום אל־נכון. אבל כדי להבין זאת יש להרחיב את האופק, כי באמת לא יוסף הוא הפותר את חלומו שלו, אלא רק יעקב – ורק בערוב ימיו הוא מפענח את צפונות העתיד, לפחות ברמז – לאחר שנים ארוכות שעליהן נֶאמר (בפרק ל"ז פסוק י"א): "וְאָבִיו שָׁמַר אֶת הַדָּבָר"...

---

1 שיעור זה ניתן בשבוע שלאחר פרשת מִקֵּץ, אך בשבוע שקָדַם – לאחר פרשת וַיֵּשב – לא התקיים שיעור, כי היו אלה ימי חג החנוכה. לכן יש לראות את דבריו אלה של חנן כמוסבים על פרשת השבוע ונובעים ממנה, גם־אם באיחור מה.

ובכן, פתרון החלום איננו בחומשי התורה אלא בספר הנביאים הראשון, ספר יהושע, שהוא כידוע בן לשבט אפרים, בן יוסף. אם תרצו, כי־אז **משיח בן־יוסף הראשון הריהו יהושע בן נון**, כובש ארץ ישראל.

בפרק י׳ מסופר על המעמד הגדול ביותר בַּמקרא, אולי מיוחד יותר אפילו מקריעת ים סוף, כפי שמעיד הפסוק המסיים את התיאור (י״ד): ״וְלֹא הָיָה כַּיּוֹם הַהוּא לְפָנָיו וְאַחֲרָיו, לִשְׁמֹעַ ה׳ בְּקוֹל אִישׁ, כִּי ה׳ נִלְחָם לְיִשְׂרָאֵל״.

נזכיר את מהלך האירועים:

אנשי גבעון – אשר יהושע ובני ישראל כרתו להם ברית – מזעיקים את יהושע להגן עליהם מפני מלכי כנען. יהושע עולה במסע לילי נמרץ מבקעת הירדן עד העיר גבעון אשר בגב ההר, ליד נבי־סמואל, במה שקרוי בַּלשון הצבאית ׳יְזוּמָה עם שחר׳: ״וַיַּעַל יְהוֹשֻׁעַ מִן הַגִּלְגָּל, הוּא וְכָל עַם הַמִּלְחָמָה עִמּוֹ, וְכֹל גִּבּוֹרֵי הֶחָיִל. וַיֹּאמֶר ה׳ אֶל יְהוֹשֻׁעַ: אַל תִּירָא מֵהֶם כִּי בְיָדְךָ נְתַתִּים! לֹא יַעֲמֹד אִישׁ מֵהֶם בְּפָנֶיךָ. וַיָּבֹא אֲלֵיהֶם יְהוֹשֻׁעַ פִּתְאֹם, כָּל הַלַּיְלָה עָלָה מִן הַגִּלְגָּל״ (פסוקים ז׳-ט׳).

ואמנם מצליח צבא יהושע להכות את מלכי כנען מכה ניצחת, והוא יוצא למִרדף אחריהם במורד מעלה בית חורון עד עמק האלה: ״וַיְהֻמֵּם ה׳ לִפְנֵי יִשְׂרָאֵל וַיַּכֵּם מַכָּה גְדוֹלָה בְּגִבְעוֹן, וַיִּרְדְּפֵם דֶּרֶךְ מַעֲלֵה בֵית חוֹרֹן, וַיַּכֵּם עַד עֲזֵקָה וְעַד מַקֵּדָה״ (י׳). מעלה בית חורון מוכר לנו היטב, היום זהו כביש 443 העולה מהשפלה אל גב ההר, ושמות הכפרים הערביים – בית־ע׳וּר אל־פוקא ובית־ע׳וּר אל תַחתא – שומרים על השמות בית־חורון עליון ותחתון, והמִרדף נמשך דרומה עד עזֵקה אשר בעמק האֵלה.[2]

ובמהלכו של המרדף הזה מתרחש הנס הראשון, כאשר הקב״ה מסייע את ישראל מִשָּׁמַיִם, פשוטו כמשמעו: ״וַיְהִי בְּנֻסָם מִפְּנֵי יִשְׂרָאֵל,

2 אם נעקוב אחר מסלול המִרדף – מִגבעון דרך מורד בית חורון, ואז דרומה עד עזֵקה אשר בפאתֵי עמק האלה, ליד מושב זכריה – נראה שאורכו של הנתיב הוא כחמישים קילומטרים (!). מקומה של העיר מַקֵּדה שנוי במחלוקת; יש אומרים שהיא ליד עזֵקה, ויש אומרים שהיא מזרחית ללכיש, בַּמורדות המערביים של הרי חברון.

הֵם בְּמוֹרַד בֵּית חוֹרֹן, וַה׳ הִשְׁלִיךְ עֲלֵיהֶם אֲבָנִים גְּדֹלוֹת מִן הַשָּׁמַיִם, עַד עֲזֵקָה, וַיָּמֻתוּ רַבִּים אֲשֶׁר מֵתוּ בְּאַבְנֵי הַבָּרָד מֵאֲשֶׁר הָרְגוּ בְּנֵי יִשְׂרָאֵל בֶּחָרֶב״ (י״א).

אבל זה עוד לא הכול... כי אז בא הנס העצום אשר מחולל ה׳ בְּמענה לתפילת יהושע: ״אָז יְדַבֵּר יְהוֹשֻׁעַ לַה׳, בְּיוֹם תֵּת ה׳ אֶת הָאֱמֹרִי לִפְנֵי בְּנֵי יִשְׂרָאֵל, וַיֹּאמֶר לְעֵינֵי יִשְׂרָאֵל: שֶׁמֶשׁ בְּגִבְעוֹן דּוֹם וְיָרֵחַ בְּעֵמֶק אַיָּלוֹן! וַיִּדֹּם הַשֶּׁמֶשׁ, וְיָרֵחַ עָמָד, עַד יִקֹּם גּוֹי אֹיְבָיו, הֲלֹא הִיא כְתוּבָה עַל סֵפֶר הַיָּשָׁר״ – [חנן מקיש בכפו על השולחן כדי להדגיש כל מילה] – ״וַיַּעֲמֹד הַשֶּׁמֶשׁ בַּחֲצִי הַשָּׁמַיִם, וְלֹא אָץ לָבוֹא כְּיוֹם תָּמִים״ (י״ב-י״ג).

כזאת עוד לא היתה, שֶׁייתן ה׳ לאדם שליטה בגרמי השמים... (או, לפי הידוע לנו היום, זו שליטה בסיבוב כדור הארץ, היינו הך – המקרא מתאר את הנס כפי שראו זאת כל ישראל בעיניהם). נתן הקב״ה עוד זמן לצבאות יהושע, המשיך את אור היום, כדי שֶׁאפשר יהיה להשלים את המלאכה, ״עַד יִקֹּם גּוֹי אֹיְבָיו״...

עכשיו נראה, מהו ״סֵפֶר הַיָּשָׁר״ האמור כאן, אשר בו נכתב דבר הנס הזה על־ידי יהושע? אומרים חז״ל במסכת עבודה־זרה (דף כ״ה עמ׳ א׳) שזהו ספר בראשית, ספר אבות האומה: ״מאי ספר הישר? אמר רבי חייא בר־אבא אמר רבי יוחנן: זה ספר אברהם יצחק ויעקב, שנקראו ישרים״.

והאם בכלל נזכר הדבר בספר בראשית? – אהה... כאן זקוקים אנו למדרש בראשית רבה (פרשה ו׳ סימן ט׳), לאותה מרגלית המאירה בו ופותרת לנו את החלום: ״אמר רבי יצחק: אמר לו [יהושע לגלגל החמה]: עבדא בישא! לא זְבינא דְאבא את? – [=עבד רע! וכי לא קניינו של אבא אתה?] – לא כך ראה אותך אבא בחלום: ׳וְהִנֵּה הַשֶּׁמֶשׁ וְהַיָּרֵחַ [וְאַחַד עָשָׂר כּוֹכָבִים מִשְׁתַּחֲוִים לִי׳]? מיד, ׳וַיִּדֹּם הַשֶּׁמֶשׁ, וְיָרֵחַ [עָמָד, עַד יִקֹּם גּוֹי אֹיְבָיו׳] וגו׳״.

הנה לכם פתרונו של החלום: עומד יהושע, מזרעו של יוסף, והשמש והירח עומדים ועושים רצונו! ואחד עשר שבטי ישראל – ככוכבים – עומדים, נפעמים ורואים. ובשעה שכל זה מתרחש, כאילו נזכר יהושע ואומר: ״הֲלֹא הִיא כְתוּבָה עַל סֵפֶר הַיָּשָׁר״, הלוא כבר בספר בראשית ניתן החלום מִשָּׁמַיִם ליוסף – והנה עתה בא פתרונו...

וכאמור, מי שמגלה זאת – לפחות ברמז – הלוא הוא יעקב אבינו בערוב ימיו. כי הרי את כל ברכות יעקב לבניו אמר יעקב ברוח הקודש, וכן גם לאפרים ומנשה שהוא קיבל כבנים. וכשיעקב מְשַׂכֵּל את ידיו כדי להניח את ימינו דווקא על ראשו של אפרים הצעיר – אם נלך בעקבות רש״י (בפרק מ״ח פסוק י״ט) – הוא מנמק זאת כך: אכן גם מנשה הבכור יגדל, ועתיד לצאת ממנו גדעון השופט, ״וְאוּלָם אָחִיו הַקָּטֹן [=אפרים] יִגְדַּל מִמֶּנּוּ, וְזַרְעוֹ יִהְיֶה מְלֹא הַגּוֹיִם״. הנה זהו פירושו של רש״י (בעקבות הגמרא שראינו במסכת עבודה זרה): ״׳וְאוּלָם אָחִיו הַקָּטֹן יִגְדַּל מִמֶּנּוּ׳ – שעתיד יהושע לצאת ממנו, שֶׁינחיל את הארץ וילמד תורה לישראל. ׳וְזַרְעוֹ יִהְיֶה מְלֹא הַגּוֹיִם׳ – כל העולם יתמלא בצֵאת שִׁמעוֹ, כשֶׁיעמיד חמה בגבעון וירח בעמק איילון״.

ובכן, יעקב מפענח עכשיו את פתרון חלומו של בנו – הרי בדיוק לשם כך הוא ״שָׁמַר אֶת הַדָּבָר״ – וברוח קודשו הוא רואה את יהושע ואת הנפלאות שמחולל לו הקב״ה בכיבוש ארץ ישראל, שמעמיד לו חמה ולבנה. הפירוש הזה של חז״ל – פִּלְאֵי פְלָאִים!

ומה זה חשוב לענייננו כאן, למאמרו של הרב זצ״ל? – כי נחשף כאן **יוסף השולט באיתני הטבע**. גם במובן הפשוט, הכלכלי – האלומות המשתחוות לאלומתו – וזה עדיין בדרך הטבע, וגם במובן של שליטה באיתני הטבע ממש – השמש והירח והכוכבים אשר משתחווים לו ועושים רצונו. זהו כוחו של יוסף, **זהו כוחו של משיח בן יוסף**, וזה כוחו של יהושע בן־נון, מנהיגם של ישראל, הכובש את הארץ **פיזית** ומנחיל אותה לישראל – שבע שנות כיבוש ושבע שנות חלוקה לשבטים.

## חזון יחזקאל – סוד ההרכבה

חברים יקרים, זהו הדבר שאומר הרב קוק: יוסף הוא המנהיג בצד המעשי־הפיזי, ויש לו זיקה כללית לאומות העולם, לטוב ורע, וגם לעולם ומלואו; ויהודה – ״הָיְתָה יְהוּדָה לְקָדְשׁוֹ״ – כי הוא מבטא את העוצמה הפנימית המיוחדת לישראל, הוא המנהיג בצד הרוחני.

וכמו שאמרנו, כפי שכותב הרב קוק, אצל דָּוִד המלך – דָּוִד מלכא משיחא – נמצאים שני הכוחות הללו בבת אחת, באדם אחד. וכדי להאיר את עניין איחוד הכוחות – עלינו להעמיק בחזון יחזקאל.

כוונתי לפרק ל״ז ביחזקאל, בחלקו השני. מיד לאחר חזון תחיית העצמות היבשות, חוזה הנביא חזון נוסף, חזון משלים, הוא חזון האיחוד בין עץ יוסף לעץ יהודה, ואנו קוראים את החזון הזה כהפטרת פרשת ׳וַיִּגַּשׁ׳, זו הפרשה הפותחת בכמעט־עימות בין יהודה ליוסף בְּמִצְרַיִם, וממשיכה בהתוודעות יוסף אל אֶחָיו.

הרב קוק מזכיר את חזון יחזקאל רק בעקיפין, אבל חזון זה הוא המפתח להבנת כל עניין שני המשיחים. בואו, נקרא את דבריו, מפסוק ט״ו והלאה:

״וַיְהִי דְבַר ה׳ אֵלַי לֵאמֹר: וְאַתָּה בֶן אָדָם קַח לְךָ עֵץ אֶחָד, וּכְתֹב עָלָיו לִיהוּדָה וְלִבְנֵי יִשְׂרָאֵל חֲבֵרָיו, וּלְקַח עֵץ אֶחָד, וּכְתוֹב עָלָיו לְיוֹסֵף עֵץ אֶפְרַיִם וְכָל בֵּית יִשְׂרָאֵל חֲבֵרָיו״. אל נשכח, יחזקאל מקבל ומוסר את דבר ה׳ כבר לאחר חורבן הבית, שנים רבות מאד לאחר שנחלקה מלכות יהודה־וישראל לשתי ממלכות. ובעצם יש לומר שהמשבר הגדול הזה – הפילוג והקֶרַע בָּעם – הוא שהביא בסופו של דבר גם לְחוּרְבָּנוֹת: חורבן מלכות ישראל וגלות עשרת השבטים, וחורבן מלכות יהודה, עם חורבן המקדש וגלות בבל. הפצע הפתוח הזה של הפירוד בעם ישראל לשתי ממלכות היה שבר גדול בָּאומה![3] יחזקאל מְצֻוֶּוה בחזונו לקחת עץ אחד, ועוד עץ, ולכתוב על כל אחד מהם למי הוא שייך. ואז:

״וְקָרַב אֹתָם אֶחָד אֶל אֶחָד לְךָ לְעֵץ אֶחָד, וְהָיוּ לַאֲחָדִים בְּיָדֶךָ. וְכַאֲשֶׁר יֹאמְרוּ אֵלֶיךָ בְּנֵי עַמְּךָ לֵאמֹר: הֲלוֹא תַגִּיד לָנוּ,

---

3 הכתוב במלכים־א׳ ט״ו ו׳־ז׳ מוסר בקצרה שֶׁמלחמת־אחים היתה נטושה בין רחבעם לבין ירבעם כל ימי רחבעם, וגם בנו אֲבִיָּם המשיך במלחמה מול ירבעם. ואולם בספר דברי הימים־ב׳ בפרק י״ג מתוארת בהרחבה מלחמתו של אֲבִיָּה (כך שמו על־פי דברי־הימים) נגד ירבעם, מלחמה המנומקת במרד ירבעם ובעזיבתו את ה׳ אשר שכינתו בַּמקדש בירושלים. הנה פסוקי הסיכום (ט״ו־י״ז): ״וְהָאֱ־לֹהִים נָגַף אֶת יָרָבְעָם וְכָל יִשְׂרָאֵל לִפְנֵי אֲבִיָּה וִיהוּדָה. ... וַיַּכּוּ בָהֶם אֲבִיָּה וְעַמּוֹ מַכָּה רַבָּה, וַיִּפְּלוּ חֲלָלִים מִיִּשְׂרָאֵל חֲמֵשׁ־מֵאוֹת אֶלֶף אִישׁ בָּחוּר״. לקרוא ולא להאמין! אין ספק שחצי מיליון חללים – הנופלים במלחמת אחים – זהו פצע פיזי ונפשי איום ונורא, לְדורות רבים.

מָה אֵלֶּה לָּךְ? דַּבֵּר אֲלֵהֶם: כֹּה אָמַר אֲ־דֹנָי ה׳: הִנֵּה אֲנִי לֹקֵחַ אֶת עֵץ יוֹסֵף אֲשֶׁר בְּיַד אֶפְרַיִם וְשִׁבְטֵי יִשְׂרָאֵל חֲבֵרָיו, וְנָתַתִּי אוֹתָם עָלָיו אֶת עֵץ יְהוּדָה וַעֲשִׂיתִם לְעֵץ אֶחָד, וְהָיוּ אֶחָד בְּיָדִי. וְהָיוּ הָעֵצִים אֲשֶׁר תִּכְתֹּב עֲלֵיהֶם בְּיָדְךָ לְעֵינֵיהֶם״.[4]

שואלים בני העם את יחזקאל: מה פשר הדבר הזה? והוא מראה להם את המשל – את חיבור שני העצים – ואז מפרש את הנִמשל:

״וְדַבֵּר אֲלֵיהֶם: כֹּה אָמַר אֲ־דֹנָי ה׳: הִנֵּה אֲנִי לֹקֵחַ אֶת בְּנֵי יִשְׂרָאֵל מִבֵּין הַגּוֹיִם אֲשֶׁר הָלְכוּ שָׁם, וְקִבַּצְתִּי אֹתָם מִסָּבִיב, וְהֵבֵאתִי אוֹתָם אֶל אַדְמָתָם. וְעָשִׂיתִי אֹתָם **לְגוֹי אֶחָד** בָּאָרֶץ, בְּהָרֵי יִשְׂרָאֵל, **וּמֶלֶךְ אֶחָד** יִהְיֶה לְכֻלָּם לְמֶלֶךְ, וְלֹא יִהְיוּ עוֹד לִשְׁנֵי גוֹיִם, וְלֹא יֵחָצוּ עוֹד לִשְׁתֵּי מַמְלָכוֹת עוֹד. וְלֹא יִטַּמְּאוּ עוֹד בְּגִלּוּלֵיהֶם וּבְשִׁקּוּצֵיהֶם וּבְכֹל פִּשְׁעֵיהֶם, וְהוֹשַׁעְתִּי אֹתָם מִכֹּל מוֹשְׁבֹתֵיהֶם אֲשֶׁר חָטְאוּ בָהֶם, וְטִהַרְתִּי אוֹתָם, וְהָיוּ לִי לְעָם וַאֲנִי אֶהְיֶה לָהֶם לֵא־לֹהִים. **וְעַבְדִּי דָוִד מֶלֶךְ עֲלֵיהֶם, וְרוֹעֶה אֶחָד יִהְיֶה לְכֻלָּם**, וּבְמִשְׁפָּטַי יֵלֵכוּ וְחֻקֹּתַי יִשְׁמְרוּ וְעָשׂוּ אוֹתָם. וְיָשְׁבוּ עַל הָאָרֶץ אֲשֶׁר נָתַתִּי לְעַבְדִּי לְיַעֲקֹב, אֲשֶׁר יָשְׁבוּ בָהּ אֲבוֹתֵיכֶם, וְיָשְׁבוּ עָלֶיהָ הֵמָּה וּבְנֵיהֶם וּבְנֵי בְנֵיהֶם עַד עוֹלָם, **וְדָוִד עַבְדִּי נָשִׂיא לָהֶם לְעוֹלָם**. וְכָרַתִּי לָהֶם בְּרִית שָׁלוֹם, בְּרִית עוֹלָם יִהְיֶה אוֹתָם, וּנְתַתִּים וְהִרְבֵּיתִי אוֹתָם, וְנָתַתִּי אֶת מִקְדָּשִׁי בְּתוֹכָם לְעוֹלָם. וְהָיָה מִשְׁכָּנִי עֲלֵיהֶם

4 הרב יעקב מדן, בשיעורו על הפרק הזה (הפטרת פרשת וַיגש), מצביע על נבואותיהם של ישעיהו, הושע וירמיהו, אשר חוזים גם הם את איחוד שבטי ישראל כמרכיב עיקרי בגאולת העם. הנה אלה דבריהם:
...״וְאָסַף נִדְחֵי יִשְׂרָאֵל וּנְפֻצוֹת יְהוּדָה יְקַבֵּץ מֵאַרְבַּע כַּנְפוֹת הָאָרֶץ. וְסָרָה קִנְאַת אֶפְרַיִם וְצֹרְרֵי יְהוּדָה יִכָּרֵתוּ, אֶפְרַיִם לֹא יְקַנֵּא אֶת יְהוּדָה וִיהוּדָה לֹא יָצֹר אֶת אֶפְרָיִם״ (ישעיהו י״א י״ב-י״ג). • ״וְנִקְבְּצוּ בְּנֵי יְהוּדָה וּבְנֵי יִשְׂרָאֵל יַחְדָּו, וְשָׂמוּ לָהֶם רֹאשׁ אֶחָד וְעָלוּ מִן הָאָרֶץ, כִּי גָדוֹל יוֹם יִזְרְעֶאל״ (הושע ב׳ ב׳). • בַּיָּמִים הָהֵמָּה יֵלְכוּ בֵית יְהוּדָה עַל בֵּית יִשְׂרָאֵל וְיָבֹאוּ יַחְדָּו מֵאֶרֶץ צָפוֹן עַל הָאָרֶץ אֲשֶׁר הִנְחַלְתִּי אֶת אֲבוֹתֵיכֶם״ (ירמיהו ג׳ י״ח).

וְהָיִיתִי לָהֶם לֵא־לֹהִים, וְהֵמָּה יִהְיוּ לִי לְעָם. וְיָדְעוּ הַגּוֹיִם כִּי אֲנִי ה׳ מְקַדֵּשׁ אֶת יִשְׂרָאֵל, בִּהְיוֹת מִקְדָּשִׁי בְּתוֹכָם לְעוֹלָם״.
אחר־כך באה פרשת גוג ומָגוג...

נבואה מופלאה, אך במה עיקרה? ומה נקודת המוצא שלה? מהו עומק המשל כאן?

יחזקאל לוקח שני עצים. על אחד הוא כותב: ליהודה ולבני ישראל חבריו, ועל השני: ליוסף ולבית ישראל חבריו – ואז הוא הופך אותם לעץ אחד. אני רוצה לומר הערה מאירה, דבר שלא עמדו עליו ראשונים, לא עמדו עליו כל הפרשנים הקלאסיים, ואפילו לא תרגום יונתן. יונתן מתרגם: ״לוּחָא חדא״ – כלומר: **לוח** עץ אחד, כי צריך לכתוב עליו. אבל זאת נראית המחשה בנָלית, אפילו פרימיטיבית, והמשל נראה חלש. כביכול, הנביא משתמש בשני קרשים מכיוון שהוא צריך לכתוב עליהם. ואיך הוא מחבר אותם? בדבק? במסמרים? זאת המחשה של נגרים... ומה החידוש כאן? הרי ישנו פער בין המשל לנמשל.

אבל, חברים יקרים, רק מי שיודע פרק בבוטניקה – [חנן מקיש בכפו על השולחן ומדגיש כל מילה] – מבין מה עושה פה יחזקאל. **יחזקאל מבצע הרכבה! זו הרכבה של שני עצים חיים!** ועכשיו דעו לכם: הרכבה של שני עצים ממשפחות שונות – זה איסור כלאיים; הרכבה של שני עצים מאותה משפחה – זאת השבחת הפרי!! עבדתי בזמנו במטעים בכפר עציון ועסקתי לא מעט בהרכבות. יש כמה שיטות של הרכבה, בעיקר – הרכבת ראש, שהיא נעיצה של ענף ה׳רוכב׳, זהו הזן הרצוי, אל תוך הגזע התחתון, זו ה׳כַּנָּה׳. ברור שהכוונה כאן **לשני עצים חיים**. לכן ההדגשה היא שעץ יהודה הוא ״עָלָיו״, על עץ יוסף.

צריך להבין לְעומק את המשמעות. מדוע עושים הרכבה? למה יש בה צורך? – מפני שהיא מאפשרת לעץ המורכב לקבל את היתרונות של שני הזנים. נדגים זאת בפרי הדר: ישנו זן מובחר של תפוז – שָׁמוּטי או וָלֶנסיה – שמרכיבים אותו על חושחש, שהוא ממשפחת התפוז אבל פירותיו מרים ולא אכילים. מה היתרון של החושחש? – שהוא עץ עמיד מאד, מִשתָרֵש טוב מאד בָאדמה, וחסין ממחלות ומפִּטריות קרקע. העצים האצילים יותר – הם גם עדינים יותר, מפונקים, ועלולים לקבל מחלות. כאשר אתה רוצה לקחת את היתרונות של שני הזנים

אתה מרכיב אותם זה על זה. ואז אתה מקבל מצד אחד שורשים חזקים, זו הכַּנָּה, ומצד שני פרי מובחר, זה הרוכב, אשר ממנו יגדל כל הנוף היפה של העץ.

ועכשיו, אם אנחנו משליכים זאת על יהודה וישראל, אנו רואים: **יוסף הוא הכַּנָּה ויהודה הוא הרוכב.**

ודרך אגב, המילה כַּנָּה מופיעה במקרא רק פעם אחת – בפרק פ׳ (פסוק ט״ז) בתהִלים: ״וְכַנָּה אֲשֶׁר נָטְעָה יְמִינֶךָ, וְעַל בֵּן אִמַּצְתָּה לָּךְ״. זהו פרק שמתחיל בַּמילים: ״נֹהֵג כַּצֹּאן יוֹסֵף״, וממשיך: ״לִפְנֵי אֶפְרַיִם וּבִנְיָמִן וּמְנַשֶּׁה עוֹרְרָה אֶת גְּבוּרָתֶךָ״ (פסוקים ב׳-ג׳) – כולם בניה של רחל אִמֵּנו. וצריך להבין את תפקידו המיוחד של בנימין בתוך המערך הזה.[5] לא רק משיח בן־יוסף ומשיח בן־דָּוִד יש לנו, אלא שקיים גם תפקיד מיוחד לבנימין. וכאן – סודות גדולים, וחידוש מופלא שעמד עליו הרמח״ל זצ״ל ברוח קודשו, וכתב: ״כי בנימין הוא המחבר ביניהם״, מחבר בין יוסף ליהודה.[6] אבל על כך עוד נדבר בַּהמשך בעזרת השם...[7]

חברים, **משל ההרכבה הוא משל מפליא!** כי בדרך־כלל אנו חושבים שחיבור כוחות – ׳אחדות ישראל׳, ׳כלל ישראל׳ – משמעותו שכולם יהיו ביחד. גם ידוע המשל המפורסם שֶׁקרש אחד קל לשבור, אבל כשאתה מרכז את כל הקרשים יחד לאגודה אחת – קשה מאד לשבור אותם. אבל כל זה הוא רק חצי מן העניין. החצי השני, העמוק יותר,

5 בנקודה זו העיר אחד התלמידים, שֶׁשמע מן הרב יואל בן נון שהמילים ״וְעַל בֵּן אִמַּצְתָּה לָּךְ״ מכוּוָנוֹת לבנימין. חנן מתפעל מכך, אומר שאכן זו אמת, ומוסיף שהוא הגיע לפרשנות זאת בעצמו. ראה עוד בַּהערה שאחרי ההערה הבאה.

6 המשפט אשר מצטט כאן חנן מאיגרתו של הרמח״ל אל רבו, רבי ישעיהו בָּסָן, יעמוד במוקד החלק השלישי בספר זה, אשר יובאו בו שיעוריו של חנן על מִשְׁנָתוֹ של רמח״ל בנושאי הגאולה ושני המשיחים, משיח בן יוסף ומשיח בן דָּוִד.

7 חנן עמד בדיבורו; בַּשיעור העשירי הוא שב לעסוק בשבט בנימין כמחבר בין יהודה ליוסף, וגם פירט את הפרשנות לפסוקי פרק פ׳ בתהִלים. ראה זאת להלן בעמ׳ 276 ואילך.

מלמד אותנו שאין מדובר רק בהפיכת מעטים לרבים – כדי ליצור יותר כוח – אלא שֶׁבָּ'רבים' הללו **כל אחד נותן את כישרונותיו שלו**, ואז נוצר מִגוון של איכויות שונות המצטרפות יחד באופן אורגָני. זהו הנמשל של 'חזון העצים',[8] ובנבואת יחזקאל ניתן אפילו לזהות את התהליך, כי בַּתחילה נֶאמר: "וְהָיוּ לַאֲחָדִים בְּיָדֶךָ", כשהם עדיין פרודים, ואחר־כך נֶאמר: "וַעֲשִׂיתִם לְעֵץ אֶחָד, וְהָיוּ אֶחָד בְּיָדִי".[9] פִּלְאֵי פְלָאִים...

הווה אומר שֶׁחיבור כל הכוחות השונים בעם ישראל הוא אשר בונה את אחדות האומה. איש וָאיש יביא את כישרונו שלו – כישרון רוחני ומוסרי, כישרון מעשי של מרץ ועשיה, כישרון פיוטי, כישרון טכנולוגי,

---

8 **א.** כַּדברים הללו כתב חנן גם בגיליון 'מעט מן האור' לפרשת וַיִגש בשנת תש"ס (סוף 1999), תחת הכותרת: **'סוד ההרכבה'**. הגיליון יינתן **כנספח ז'** לחלק זה של הספר, בעמ' 363.

**ב.** בשיעור העשירי עתיד חנן לקרוא בפני הלומדים מתוך הגיליון הנ"ל, ואז הוא גם יספר ממי שמע לָראשונה את ההבנה המחודשת בנבואת יחזקאל. מכיוון שאנו עתידים להשמיט שם את הקטעים הללו, כדי שלא לכפול את הסוגיה, נקדים את המאוחר. הנה אלה דבריו של חנן שם:

"וכאן אני חושב שאנו מפענחים דברים שפוענחו רק בדור האחרון. אני זכיתי לשמוע מיהודי יקר אחד, שהוא לפי דעתי הראשון שהאיר את עינַי בעניין הזה. הוא היה בפן מסוים תלמיד שלי, אחר־כך תלמיד שֶׁהורה את רבו, אחר־כך תלמיד שקצת מָרַד בְּרבו... הלוא־הוא חברֵנו היקר יהודה עציון. הוא למד בישיבת הר עציון, והיה קצת תלמידי... הוא אשר פתח את עינַי בַּמשל הזה שבספר יחזקאל, ופה אני מפתח אותו ... [אלה הם] **דברים חשובים ביותר**".

9 זיהוי התהליך הזה – תחילה 'אחדים' ואחר־כך 'אחד' – נתון בספר 'קול התור', אשר נכתב בידי תלמידי תלמידיו של הגר"א והיה נר לרגליו של חנן. הנה קטע מפרק א' של הספר (כ"ד): "במעשינו ובתפילותינו נבוא לעזרתו של משיח בן יוסף, ועל־ידי הפעולות בכל כוחֵנו באִתערותא דִלְתַתָּא נגיע לייחוד [=איחוד] שני המשיחין – משיח בן יוסף ומשיח בן דָּוִד – שהם 'עֵץ יוֹסֵף' ו'עֵץ יְהוּדָה'. תחילה יהיו 'לַאֲחָדִים בְּיָדֶךָ', ואחר־כך יהיו ל'אֶחָד בְּיָדִי'. ייחוד שני המשיחין הם היסוד לייחוד קודשא־בריך־הוא ושכינתֵיה, שהיא שלֵמות הגאולה".

**נספח י'** לחלק זה של הספר, בעמ' 377, יוקדש לספר 'קול התור'.

ועוד ועוד – כי כלל ישראל זקוק לכל הכוחות כדי לבנות יחד, בבחינת ׳וכולם מקבלים זה מזה, ונותנים רשות זה לזה׳.

זהו **אור חדש** בהבנת משל העצים, ואור חדש בהבנת דבריו של הרב קוק. אף־על־פי שהוא לא אומר זאת במפורש על נבואת יחזקאל, בכל־זאת ברורים ומאירים דבריו על תפקידיהם של הכוחות השונים – משיח בן יוסף ומשיח בן דָוִד – כאשר זה נותן את הכוח החומרי וזה נותן את הכוח הרוחני. אבל **פרי ההילולים** של העץ האחד, עץ כלל ישראל, כבר מקפל בתוכו **בו־זמנית** את שני הכוחות השונים. מהיכן הוא יונק את כוחותיו? מִשורשֵי הכַּנָּה; ואת האופי שלו? – מן הרוכב! ומיהו פרי ההילולים הזה? – כמובן משיח בן דָוִד, דָוִד המלך, אשר בקומתו השלֵמה הוא מקבל וכולל בתוכו את כוחות יוסף ויהודה גם יחד, Built in כפי שאומרים, לכן ״וְדָוִד עַבְדִּי נָשִׂיא לָהֶם לְעוֹלָם״ – ולא צריכים להיות שני מלכים.

## סוד הענווה בתוך סוד ההרכבה

אלא מאי? להצלחת ההרכבה ישנם תנאים... ראשית, צריכים שני העצים – גם הכַּנָּה וגם הרוכב – לגלות ולמַצות כל־אחד את כוחו המיוחד שלו, ורק אחר־כך ניתן לחבר ביניהם. ושנית, ישנו תנאי נוסף, יש צורך בעוד דבר־מה – [חנן מקיש בכפו על השולחן] – **בענווה!**

כי לכאורה, יש לַכַּנָּה יסוד להתלונן. המילה ׳כַּנָּה׳ באה מן המילה כֵּן, בסיס, כדבריו של שר המשקים בפרשת מִקֵּץ שקראנו עכשיו בפרשת השבוע: ״אֹתִי הֵשִׁיב עַל כַּנִּי״ (בראשית מ״א י״ג),[10] ובכן יכולה הכַּנָּה להרגיש נחותה, הרי ״רוכבים עליה״...

זה היה עומק **זעקתו** של ירבעם בן נבט, כפי שכבר קראנו במאמרו של הרב קוק את דברי הגמרא, כאשר מציע הקב״ה לירבעם הילוך יחד בגן־עדן עם בן ישַי, והוא שואל: ״מי בָּראש?״ מי למעלה? מי מוביל? וכשמשיב לו הקב״ה: ״בן ישַי בָּראש״ הוא מגיב מיד: ״אי הכי לא

10 ביתר בהירות אנו רואים זאת בַּציווי להכנת כלי המשכן: ״וְאֶת הַכִּיּוֹר וְאֶת כַּנּוֹ״ (שמות ל״א ט׳), ומתרגם אונקלוס: ״וְיַת כִּיוֹרָא וְיַת בְּסִיסֵיהּ״.

בְּעינא!״ – אינני מעוניין, אני גם מוותר על גן העדן, וביידיש אומרים: ׳מוֹיחֶל טויבֶעס׳, אני מוחל על הטובות...

בואו נעמיק עוד בתגובתו זו של ירבעם. הציטוט המלא של דברי ה׳ אליו לא הִסתַכֵּם רק בשיתוף פעולה עם בן ישַי, אלא – כפי שכבר ראינו – אומרת הגמרא (במסכת סנהדרין דף ק״ב עמ׳ א׳) בזו הלשון: ״שֶתפָסוֹ הקב״ה לירבעם בבִגדוֹ ואמר לו: חזור בך, ואני ואתה ובן ישַי נטייל בגן עדן״. תגובתו של ירבעם ״מי בָּראש?״ מתפרשת לפי הפשט כקנאה תוססת בין ירבעם לבין בית דָוִד, שכביכול הוא אומר: ׳או הוא, או אני׳. אבל בהקשבה עמוקה יותר, ירבעם רוצה להיות בָּראש – להיות גם מעל הקב״ה בעצמו כביכול! כי אם ממאן הוא לשמוע לפניית ה׳ יתברך – משמע שלדעתו, דעתו קודמת לַכול.

ישנו הסבר בחסידוּת, המאיר את העניין שאנו עוסקים בו – פְּלָאֵי פְלָאִים...

כידוע, נבראו ביום הרביעי ״שְׁנֵי הַמְּאֹרֹת הַגְּדֹלִים״ ומיד מתברר שאין שניהם שווים: ״אֶת הַמָּאוֹר הַגָּדֹל לְמֶמְשֶׁלֶת הַיּוֹם וְאֶת הַמָּאוֹר הַקָּטֹן לְמֶמְשֶׁלֶת הַלַּיְלָה״ (בראשית א׳ ט״ז). אם מלכתחילה נבראו שניהם באותו גודל – מה גרם לַשינוי? אומרים חז״ל במסכת חולין (דף ס׳ עמ׳ ב׳): ״אמרה יָרֵחַ לפני הקב״ה: ריבונו־של־עולם, אפשר לשני מלכים שישתמשו בכתר אחד? אמר לה: לכי ומעטי את עצמך! אמרה לפניו: ריבונו־של־עולם, הואיל ואמרתי לפניך דבר הגון, אמעיט את עצמי?״, וכך נמשך שם הדו־שיח.

אנו מבינים את תשובתו של הקב״ה, שאמר לַלבנה: אם את אומרת שאין שני מלכים משמשים יחד – לכי, תהיי את הקטנטונת. אבל שואלים בחסידוּת: הלוא באמת צדקה הלבנה! אין שני מלכים משתמשים בכתר אחד, כפי שאמר הקב״ה ליהושע בן נון (במסכת סנהדרין דף ח׳ עמ׳ א׳): ״דַבָּר אחד לדור ולא שני דַבָּרים לַדור״. וכי בגלל שהיא אמרה את האמת היא צריכה להִתמעט? ומשיבים בחסידוּת שיש להבין מה השיב הקב״ה לַלבנה; כך הוא אמר לה: תסלחי לי גברתי היקרה, ממתי את מלכה? את בסך־הכול משרתת! את משרתת, והחמה משרתת. **שניכם משרתים שלי!** – ואני מצַוֶּה על השמש בַּיום, ועלייך בלילה. ואם את חושקת ב׳כתר עליון׳? – כי־אז לכי ומעטי את עצמך! באמת, אין שני

**מלכים** משתמשים בכתר אחד, אבל שני **משרתים** יכולים להשתמש בכתר אחד – לכל אחד תפקידו מטעם המלך, ואין הם מְתקנאים זה בזה אם התפקיד גדול או קטן. אבל אם משהו אחר מסתתר כאן – אם יש לך שאיפה ׳לעשות קַרייֵרה׳, להתחרות במלך עליון – לא לא, זה לא ילך.[11]

וחברים, מה שהקב״ה אומר ללבנה – זה מה שנֶאמר כאן לירבעם כשהוא אומר ׳מי בָּראש׳: אתה רוצה להציב את עצמך לפני רצון השם־יתברך? – **זה לא ילך!** כאן המשבר. **בלי ענווה אי אפשר לבנות את בית ישראל.** כל אחד חייב להכיר את מקומו – בלי הִתנשאות... ובעומק העניין, ענווה איננה התבטלות, אלא להיפך – עליך לשמוח בתפקידך, לתת ככל יכולתך בַּכוח המעשי המיוחד שלך, לשאת על כתפיךָ, ברצון, את זה אשר תפקידו מחייב להיות בָּראש, כי גם הוא עושה רצונו של מקום.[12]

אילו רק היה ירבעם אוחז במידתו של יוסף הצדיק... רמז לַדבר יש בברכת משה לפני מותו: ״וּלְיוֹסֵף אָמַר ... בְּכוֹר שׁוֹרוֹ הָדָר לוֹ״ (דברים ל״ג י״ז), כמו השור הנושא בָּעול; כאילו אומר יוסף: כמה טוב לי

11 חנן מרחיב בהסבר, אשר מקור קרוב לו נמצא בדבריו של רבי יעקב־יוסף הכֹּהן (כ״ץ) מפולנאה, תלמידו הגדול של הבעש״ט, בספרו ׳תולדות יעקב יוסף׳ (לפרשת בֹּא). שם הוא מסביר, בשם גדול אחד, ״שהלבנה סברה שיש לה אור מֵעצמה, לכך אמרה: ׳וכי אפשר לשני מלכים שישמשו בכתר אחד?׳, והשיב הקב״ה: ׳לכי לעצמֵך, אז תראי שתִתמעט אורֵך, שאין לך אור מצד עצמֵך, אם־כן אין זה ׳שני מלכים׳ וכו׳״.

12 נצביע כבר עכשיו על כך שחנן ׳מצטרף׳ בנקודה זו אל בית מדרשו של רמח״ל, כפי שנֶאמר בַּספר ׳רזין גניזין׳ (אשר נכתב בידי תלמידיו של רמח״ל). מודגשת שם דרישת הענווה כדי לתקן את הגאווה והקִנאה שהיתה בין רחבעם לירבעם, ולאפשר את ההרמוניה בין שני המשיחים לעתיד לבוא. חשוב לציין שֶׁמחבר ׳רזין גניזין׳ מטיל את עיקר האחריות לפילוג הממלכה דווקא על רחבעם שהִתנשא בגסות על העם, ומכל מקום – כדברי חנן – החזון לעתיד הוא שמידת הענווה והאהבה ההדדית בין שני הכוחות, הן שתהיינה רִקמת החיבור והאיחוי ביניהם. ראה זאת להלן בחלקו השלישי של הספר, בהערה 12 עמ׳ 417.

שרוכבים עלי...[13] אשא על כתפַי את יהודה, כי יודע אני את תפקידי, ויהודה יודע את תפקידו. ואולי רמז נוסף גם בברכת בנימין, אשר עליו אומר משה (ל״ג י״ב): ״יְדִיד ה׳ יִשְׁכֹּן לָבֶטַח עָלָיו ... וּבֵין כְּתֵפָיו שָׁכֵן״; כי גם הוא בבחינת כַּנָּה, שאין השכינה בראשו אלא ׳בֵּין כְּתֵפָיו׳, ולא הוא בָּראש, אלא מכין הוא את הדרך לבן־דָּוִד איש יהודה.[14]

את כל זאת הקדמתי להמשך הלימוד המסודר במאמרו של הרב קוק זצ״ל, כדי להאיר את דברי הרב על דָּוִד המלך **שהוא מקפל בתוכו כבר את שני הכוחות.**

אנחנו עוד נִראה איך מתחברים הדברים הללו אל סיפור שני המִספֵּדים: על אחאב שהוא מזרע יוסף ועל יֹאשיהו שהוא מִמלכות בית דָּוִד, ההספד על שני הצדדים גם יחד, אשר הפירוד ביניהם גרם למשבר. את כל זאת יסביר הרב לאחר מכן.

---

13 ואולי – מִשֶּׁבאנו לדרשות חסידות – ראוי לצרף לכאן את דבריו של ר׳ קלונימוס קלמן הלוי אפשטיין (תלמידם של רבי אלימלך מליז׳נסק ושל החוזה מלובלין) בספרו ׳מאור וָשמש׳, לפרשת כי־תצא: ״ידוע שֶׁיוסף הצדיק נקרא ׳שור׳ (דברים ל״ג י״ז), ו׳חמור׳ רומז על משיח בן־דָּוִד כאמור (בזכריה ט׳ ט׳): ׳עָנִי וְרֹכֵב עַל חֲמוֹר׳. וזהו: ׳לֹא תַחֲרֹשׁ בְּשׁוֹר וּבַחֲמֹר יַחְדָּו׳ (דברים כ״ב י׳), ׳לֹא תַחֲרֹשׁ׳ פירוש לשון שתיקה, כמו (בשמות י״ד י״ד) ׳וְאַתֶּם תַּחֲרִשׁוּן׳, שֶׁצריך שלא ישתוק מִלהתפלל ... שיבואו במהרה הַשנֵי מְשיחין, משיח בן יוסף ומשיח בן דָּוִד, במהרה בימינו אמן״.

יסוד הדרשה הוא במדרש תנחומא לפרשת וַישלח (ה׳), וביתר בהירות במדרש ׳שכל טוב׳ לאותה פרשה (י״ז), שם נדרשים דברי יעקב אבינו על שני המשיחים, לעתיד לבוא, באומרו אל עֵשָׂו אחיו (בבראשית ל״ב ו׳): ״וַיְהִי לִי שׁוֹר וַחֲמוֹר״.

14 כאמור לעיל, תפקידו של בנימין כמחבר בין משיח בן יוסף לבין משיח בן דָּוִד יילָמֵד בהרחבה בחלקו השלישי של הספר, על פי דבריו של הרמח״ל. ראה זאת להלן, עמ׳ 411 ואילך.

**שיעור מס׳ 8 – י״ד בטבת תשס״ז**

# חבלי משיח, גאולה חומרנית ומותו של משיח בן יוסף

נחזור עכשיו אל דברי הרב, ונמשיך ללמוד אותם כסֵדרם. זִכרו, חברים, שאנו עומדים לאחר קריאת הקטע על סירובו של ירבעם בן נבט לשתף פעולה ולהתחבר למלכות בית דָוִד. ראינו שיֵצֶר הגאווה, יֵצֶר השלטון, הורס כל חלקה טובה – בכך נכשל ירבעם – ובעקבות כך נפרדה הממלכה המאוחדת לשתי ממלכות.

ממשיך כאן הרב:

״על-כן עומד בכל משך זמן הגלות המצב הכללי של האומה בדרך ניגוּדִי של אלה שני הכוחות: שלפעמים מתגלָה נטיה לַחוזק הלאומי החומרי ויתר הצרכים האנושיים הכוללים – שנובע בעיקרו מיסוד הנטיה המיוחדת ליוסף ואפרים – ולפעמים מִתנעֶרת הנטיה הרוחנית לקיומה של תורה והפרחת הצד הרוחני המיוחד לישראל, להרים קרן בִּיראת ה׳, באהבתו, ובאהבתה של תורה ודרכיה״.

וכבר אמרנו שבניין החומר, בניין המציאות, הוא בעל ערך גדול, אבל כשהחומר בְּראש – זה רע מאד. וגם אם – להיפך – מתרוממת הקרן הרוחנית, ללא הבניין הריאלי, אין זו מציאות בריאה, כי ׳נפש בריאה בגוף בריא׳.

״ובאשר שֶׁ׳כְּמוֹ פוֹלֵחַ וּבוֹקֵעַ בָּאָרֶץ נִפְזְרוּ עֲצָמֵינוּ לְפִי שְׁאוֹל׳ (תהִלים קמ״א ז׳), וְ[הִתפזר] הכוח המאחד המקיף את [המנהיגים] פועלי הנטיות ליסוד אחד, להיות משפיעים ומושפעים ביחד כל אחד לפי ערכו, ולאחד ההנהגה בהגברת הצד הרוחני באופן שהוא יהיה המחזק

והנותן חיים לכל יתר החלקים, ככוח חיי הנשמה המחַיָה את הגוף לכל חלקיו" – בן־ישַי נשמה, ובן־יוסף הוא הגוף – "ובאשר אי אפשר לאומָתֵנו שתבוא לתעודתה הָרוֹמֵמָה לִישָׂא בגאון עוז שם ה' הנקרא עליה כי־אם בהִשתלמה בְּתכלית הֶכְשֵר בשני חלקיה: הכללי, חלק יוסף" – כללי, במובן זה שהוא קשור גם לאומות העולם – "והפרטי, חלק יהודה" – פרטי, במובן זה שהוא מיוחד לישראל – "מלכות בית דָוִד, שֶׁמְחוזָק כוחו הפרטי כולל הוא גם־כן את הצד הכללי, 'אַדְמוֹנִי עִם יְפֵה עֵינַיִם' (שמואל־א' ט"ז י"ב) – הנה מִתנערים בָּאומה כוחות לכל צד";

כפי שכבר אמרנו, אצל דָוִד המלך נמצאים שני הכוחות: "אַדְמוֹנִי" מצד אחד – כמו עֵשָׂו, איש מעשה, איש גבורה – ומצד שני: "יְפֵה עֵינַיִם", אשר לפי חז"ל זוהי הסנהדרין.

וממשיך הרב:

"וכמו שהכוחות המגבירות את הרוחניות הם מכשירים למידת משיח בן דָוִד, שהתעודה התכליתית היא עיקרו ויסודו – כי באמת מרכז החיים הוא ההִתעלות הרוחנית, אלא שאי־אפשר שתהיה הרוחניות מפותחת כראוי אם לא יהיו שלֵמים עמה כל הקניינים החומריים הנדרשים לאומה שלמה ומשוכללת – כן ההִתנערות לבקש חוזק לאומי, חומרי, ויתר מכשירי החיים הכלליים הם הכשרת משיח בן יוסף. וכשהם משמשים בעִרבוביה, מִצרת הגלות ומִקוצר הדעת ופיזור הכוחות" – ואז נוצרת התנגשות ביניהם, כי כל אחד מושך לצידו שלו – "הם חבלי משיח, הכוללים חבלי שני משיחים, 'אֲשֶׁר חֵרְפוּ אוֹיְבֶיךָ ה', אֲשֶׁר חֵרְפוּ עִקְּבוֹת מְשִׁיחֶךָ' (תהִלים פ"ט נ"ב), שתי העִקבות של תרֵין משיחין".

על הפסוק שהרב מצטט, מפרק פ"ט בתהִלים, דורשים חז"ל: 'מְשִׁיחֶךָ' – אלה שני משיחים, וזאת על־אף שהמילה כתובה בלשון יחיד, ללא יו"ד.[1] מכל־מקום, כאמור, משתקפים כאן מתח והתמודדות בין שני הכוחות השונים הללו, הכוח הרוחני של בניין האומה והכוח החומרי, הלאומי, הריאלי.

---

1 כאמור לעיל – ראה הערה 16 בעמ' 198 – חנן סבר שזו דרשת חז"ל, אך לעניות דעתי (י"ע) זוהי דרשה מקורית של הרב קוק בעצמו, אולי בשל צורת הריבוי בַּמילה: 'עִקְּבוֹת'.

"והנה, פעולת משיח בן יוסף, שתהיה ההכשרה הכוללת – אף־על־פי שוודאי תהיה עם־זה ממולאת בדעת ויראת ה׳ שנמצאת הרבה גם־כן – לתכלית הכשרת **כלל האנושיות**; מכל־מקום, כיוון שהיסוד העיקרי המרובה באיכותו, שהוא התייחדות הצורה הפרטית הישראלית בהִתגברה, אינו בולט בו כל־כך" – כי לא קיימת בו הנקודה המיוחדת של ׳הָיְתָה יְהוּדָה לְקָדְשׁוֹ׳ – "[לכן] אי אפשר לו להתקיים; על־כן עתיד משיח בן יוסף להיות נהרג".

ואם ארצה לתת כאן סיכום ביניים – וגם להקדים קצת את דברי הרב שייכָּתבו בַּהמשך – אומַר כך:

הרב מקצר כאן מאד... אבל זהו הדבר שהוא מתכוון לומר: האומה תתחיל לבנות את חייה הריאליים, החומריים: קיבוץ גָלויות, בניין הארץ, תקומה מדינית, שפה ואפילו תרבות. והמדינה שֶׁתקום בַּמהלך הזה תהיה, באופן מסוים, דומה לשאר מדינות הגויים, ותהיה משפיעה ומושפעת. אבל הנקודה היהודית המיוחדת – "הָיְתָה יְהוּדָה לְקָדְשׁוֹ", "רוּחַ אַפֵּינוּ מְשִׁיחַ ה׳" – לא תהא ניכרת בה. ועל כן, הציונות הזאת – אשר באה לידי ביטוי בְּניצוץ של משיח בן יוסף – לא תחזיק מעמד. לכן עתיד כביכול משיח בן יוסף להיות נהרג, דהיינו שהמציאות הריאלית הזאת, בלא נשמת הקודש הייחודית לישראל, עתידה להישבר.

וממשיך הרב:

"אמנם כשייהרג [משיח בן יוסף] יכירו **הכול** [את] העיוות, שאמנם לא היה הדור ראוי להכיר הערך של הנטיה לתְגבורת כוללת, איך לקבל ממנה רק הטוב – ואת הטוב באמת לקבל – ולשעבדה לתוקף הצד העליון שבתעודת ישראל, למשיחות בן דָוִד. והנה, ׳יִסְפְּדוּ עָלָיו כְּמִסְפֵּד עַל הַיָּחִיד, וְהָמֵר עָלָיו כְּהָמֵר עַל הַבְּכוֹר׳ (זכריה י״ב י׳)".

ובכן, ׳כשייהרג משיח בן יוסף יכירו הכול בַּעיוות׳, ויִבכו בכי מר... הרי בכל זאת הוא עשה תפקיד חשוב כל־כך, הוא בנה את המציאות, הוא עסק בקיבוץ גָלויות, עסק בבניין הארץ, מסר נפשו למען ארץ ישראל...

כלומר, יהיה צער גדול על מפעל הציונות של משיח בן יוסף, אשר חזונו נהרס. הכול יצטערו על כך שֶׁבִּמקום למשוך את מפעל הציונות כלפי מעלה, לרומם אותו, להביא לכך שהוא יהיה הבסיס ומעליו תקום מלכות בית דָוִד – לא **במשבר** אלא במסלול טבעי, כחזון יחזקאל על

הַכַּנָּה והרוכב – הנה יבוא שבר גדול, כאשר משיח בן יוסף מנסה כביכול להרים לבדו את המשא, אך נכשל ואיננו מצליח...

אז יהיה המִספֵּד בירושלים, כי גדול הכאב... "בַּיּוֹם הַהוּא יִגְדַּל הַמִּסְפֵּד בִּירוּשָׁלַיִם". אז יכירו גם יראֵי השֵׁם את ערכו של משיח שֶׁנפל! "וְסָפְדוּ עָלָיו כְּמִסְפֵּד עַל הַיָּחִיד, וְהָמֵר עָלָיו כְּהָמֵר עַל הַבְּכוֹר"...[2]

## תפילה שלא ייהרג משיח בן יוסף (1)

### "יוֹסֵף ה' לִי בֵּן אַחֵר"

עכשיו נשאלת השאלה: איך מתפללים עליו, על משיח בן יוסף, שלא ייהרג?[3]

---

2 העובדה ששני הצדדים יכירו בטעותם וישתתפו בַּמִּספֵּד – גם אלה הנוטים אל הצד המעשי־החומרי, וגם יראֵי השם הנוטים לָרוחניות – היא מהותית ביותר. חנן מקצר כאן, אך הרב קוק במאמרו הדגיש זאת היטב. דא עקא, חנן דילג (כנראה בטעות) דווקא על הפִּסקה בה אומר זאת הרב. נעיר על כך להלן בהערה 2 עמ' 246, תוך הפניה אל הפִּסקה המופיעה **בנספח ו'** עמ' 354. הנה, נגיש כאן חלק מן הפסקה החסרה:
"אמנם, אחרי הניסיון האחרון של סיבת מניעת הקיום של משיח בן יוסף, יתבוננו הכול שבאמת אין כאן כוחות מתנגדות, ושֶׁראוי להכניס הכול בחוברת אחת, ולסדר דרכי האומה באופן שכל שִׂכלול **כללי** יהיה בסיס לַשִּׂכלול הישראלי **המיוחד**, ותהיה ההכרה בחֶסרון ההצטרפות משני הצדדים: בין מן הנוטים אחרי החומריות והכלליות, בין מֵהנוטים אחרי הרוחניות והפרטיות. על־כן יהיה המִספֵּד גדול **משני הצדדים**, שיכירו שיש טעות ביסוד הנטיות שהן בנויות להיות מתאחדים, וכל־כך גרמו קלקולים בִּנטוֹתם לפירוד, לְחַבֵּל איש מעשה רעהו".

3 את השאלה הזאת שואל חנן, אל־נכון, ברוחו של הספר 'קול התור' אשר כתבוהו תלמידי הגר"א. הוא משיב עליה מתוך דברי הרב קוק על מותו של הבן הבכור – שאיננו אובדן מוחלט – כי עוד ישנם, ויהיו, ילדים 'בני יוסף' שֶׁיחיו אחריו וימשיכו במִפעלות הגאולה. להלן בעמ' 271 ישוב חנן אל התפילה הזאת, ושם תינָתן גם הפניָה **לנספח י'** ובו נוסח של תפילה זו מתוך 'קול התור'.

השאלה קשה מאד, שהרי על־פי האמור במסכת סוכה, כפי שלמדנו, ועל־פי הפסוקים בספר זכריה, כבר ׳סָפְדוּ עָלָיו׳, וכבר הוא דקור... ובכל זאת, את השאלה הזאת – של התפילה על משיח בן יוסף שלא ייהרג – מבקש הרב להבהיר בַּשורות הבאות, בעומק העניין, ואלה הם דברים יקרים מאד... ועלי לומר לכם, גם אלה שלמדו וחזרו ושנו את המאמר הגדול הזה, המִספֵּד בירושלים, לא דִקדקו בַּנקודה הזאת, וחשוב לדקדק בה.[4] הנה אנו באים להאיר את הנושא הזה.

מיד נקרא את ההמשך, ושימו לב לדברי הרב בַּקטע הזה: הרב מבחין בין שתי הבחינות בַּפסוק: ״וְסָפְדוּ עָלָיו כְּמִסְפֵּד עַל הַיָּחִיד״, זו בחינה אחת, ״וְהָמֵר עָלָיו כְּהָמֵר עַל הַבְּכוֹר״, זו בחינה שניה. הבחינה הראשונה היא קשה ביותר, כשם שסופד אב על בנו יחידו; כך גם אומר רש״י שם, ואכן זהו המִספֵּד הנורא מכול.[5] לעומת זאת, האֵבֶל המר על בן בכור שנפטר – זו הבחינה השניה – הוא בדרגה פחותה, שהרי ישנם, או יהיו, לַהורים הללו עוד ילדים נוספים. בדיוק בזה מדקדק הרב מאד, ומאיר את שני הדימויים הללו, שלכאורה הם מנוגדים זה לזה:

4 שוב, אל־נכון, מתכוון חנן אל הרב שלמה אבינר, ואל רוח הדברים שביטא במאמרו ׳הריגת משיח בן יוסף׳, כפי שכבר הערנו לעיל, בהערה 6 עמ׳ 214.
שם הלין חנן על הרב אבינר שלא דקדק בכך שֶׁמשיח בן דָּוִד כולל גם את כוחו של משיח בן יוסף, לכן יוכל משיח בן יוסף לחיות בתוך מלכות דָּוִד ולא ייהרג ויֹאבד.
כאן הוא מלין שהרב אבינר איננו פותח שערי חיים למשיח בן יוסף – כי גם אם אכן ייפול וימות איש, או שלב, במפעלו של בן־יוסף, הרי אפשר שלא יהיה זה מוֹת ׳יחיד׳ שאין לו תחליף, אלא מוֹת ׳בכור׳ אשר יקום אחיו הצעיר תחתיו, וימשיך את מפעלו של קודמו תוך תיקון פגמיו.
ראה גם את דברי חנן על התפילה שלא ימות משיח בן יוסף, והערות 8 וְ־9, להלן בעמ׳ 271-272.

5 ביטוי דומה לזה גם בפי ירמיהו (ו׳ כ״ו), בתוך נבואת חורבן קשה על גוי אכזר מצפון העומד לבוא על ירושלים: ״בַּת עַמִּי חִגְרִי שָׂק וְהִתְפַּלְּשִׁי בָאֵפֶר, אֵבֶל יָחִיד עֲשִׂי לָךְ מִסְפַּד תַּמְרוּרִים, כִּי פִתְאֹם יָבֹא הַשֹּׁדֵד עָלֵינוּ״.

"המִסְפֵּד הוא התרגשות לשעתה ממחזה מדאיב, המכניס קוֹדֵר [=קַדרוּת] וייאוש בַּלב, דומה כמִספּד על היחיד שאין תקווה נשקפת להיבנות עוד, כמו הורים זקנים שאיבדו [את בנם] יחידם, לא־עלינו". – זו הבחינה הראשונה, כפי שאמרנו, ומכאן והלאה ידבר הרב על הבחינה השניה – "אמנם, המרירות היא באה כבר בסיוע השֵׂכֶל המתבונן את ערך המצב, הַשֵּׂכֶל יַשְׂכִּיל כי אמנם כוח האומה בכללה מוציא מִכללה נשמת המשיחין; על־כן אמנם במרירות אֲבֵדת **הבכור** – המזדמן לְרוב אצל הורים צעירים שלא חונכו בדעת גידול בנים, ומחסרון הכרה לא שמָרוּם כראוי ממחלה ועל־כן מתו – כן האומה מתבוננת: כי לא הכירה את ערך הנטיה של ההִשתלמות **הכללית**" – של משיח בן יוסף – "איך להשתמש בה בתור דבר גדול המִצטרף ומִסתעף ליסוד התכלית העליון" – של משיח בן דוד – "שֶׁעִמּוֹ היתה התעודה הלאומית מתמלאת, וממילא היתה זוכה לקיום והצלחה של הפרחה".

אסביר מה אומר פה הרב: "וְהָמֵר עָלָיו כְּהָמֵר עַל הַבְּכוֹר" – בוכים עליו, מְמַרְרים על הבכור, אך לַהורים הצעירים עוד יש תקווה שיהיו להם ילדים אחרים, אף אם מת בכורם, ובַילדים הבאים הם כבר יֵדעו לטפל טוב יותר כדי שלא ימותו. ולכן המרירות על הבכור לא באה להחריף את הכאב – **אלא לְמַתֵּק אותו**. היא באה **להקל ולמתן**, לעומת הדימוי הראשון שהוא אובדן מוחלט.

*

כאן, לפני שֶׁנמשיך, יש להזכיר את עניין **בכוֹרָתו** של יוסף. אמנם הוא בכור לרחל, אך יעקב בערוב ימיו מכפיל את בכורתו – גם בברכות בניו, אפרים ומנשה, גם בַּברכה המוקדשת לו – כי־אז ניתנת הבכורה המלאה ליוסף, והיא־היא המפתח להבנת עניינו של משיח בן יוסף.

ובכן, על מיטת חוליו אומר יעקב ליוסף (בבראשית מ"ח ה'): "וְעַתָּה, שְׁנֵי בָנֶיךָ הַנּוֹלָדִים לְךָ בְּאֶרֶץ מִצְרַיִם עַד בֹּאִי אֵלֶיךָ מִצְרַיְמָה – לִי הֵם; אֶפְרַיִם וּמְנַשֶּׁה כִּרְאוּבֵן וְשִׁמְעוֹן יִהְיוּ לִי". בכורת בני יוסף כראובן ושמעון קשורה לדחיית בכורתו של ראובן (בן לאה) בשל חטאו, והעברתה אל יוסף בן רחל, כפי שכתוב בדברי הימים־א' (ה' א'):

״וּבְנֵי רְאוּבֵן בְּכוֹר יִשְׂרָאֵל, כִּי הוּא הַבְּכוֹר, וּבְחַלְּלוֹ יְצוּעֵי אָבִיו נִתְּנָה בְּכֹרָתוֹ לִבְנֵי יוֹסֵף בֶּן יִשְׂרָאֵל, וְלֹא לְהִתְיַחֵשׂ לַבְּכֹרָה״.[6]

אחר־כך מגביר יעקב את ברכותיו ואומר (בבראשית מ״ט כ״ו): ״תִּהְיֶיןָ לְרֹאשׁ יוֹסֵף, וּלְקָדְקֹד נְזִיר אֶחָיו״. נֵזֶר הוא כתר, היינו שֶׁיוסף מוכתר מכל אחיו, אבל אין זה כתר מלוכה אלא נֵזֶר בכורה,[7] שהיא עניינו של משיח בן יוסף, בעוד אשר המלכות היא ביד יהודה. גם החלוקה הזאת אמורה בדברי הימים־א׳, בַּפסוק הסמוך לזה שראינו: ״כִּי יְהוּדָה גָּבַר בְּאֶחָיו, וּלְנָגִיד מִמֶּנּוּ – וְהַבְּכֹרָה לְיוֹסֵף״.

*

ומהי המשמעות של כל הלימוד הזה? הרי הכול נמסר כאן באמצעות דימויים... צריך ׳להחזיק ראש׳ היטב בתוך הדימויים, כדי להבין: כאשר אנו מדברים על משיח בן יוסף ועל משיח בן דָּוִד, אין אנו עוסקים בַּהיבט הפרסונָלי, האישי, אלא מדובר פה על **תקופה**, על **דרך**, על **רוח** – אשר באה לידי ביטוי, כמובן, גם בדמויות מעשיות.

למשל, יכול להיות מצב שבו יש למישהו פוטנציאל של משיח, **ניצוץ** של משיח, והוא בסופו של דבר לא עולה יפה – אבל **הכוח המשיחי** הזה נמשך והולך, וּמִתגלֶה אחר־כך באיש אחר. אפשר למשל לראות דבר מדהים בדברי חז״ל במסכת סנהדרין (דף צ״ד עמ׳ א׳): ׳ביקש

6 וראויים לציון דברי הפרשנים לפסוק זה – ה׳מצודות׳ והמלבי״ם – שֶׁשני בניו של יוסף נוחלים בָּארץ כשאר בני יעקב, ובכך מתקיים עֶקרון ׳פי שניים׳ לנחלת הבכור, יוסף, לעומת אֶחָיו. דבר זה אמור כבר במדרש ׳ספרֵי׳ לפרשת כי־תצא (רי״ז), ובסוגיית הגמרא במסכת בבא־בתרא (דף קכ״ג עמ׳ א׳); שם נלמד מתן הנחלה הכפולה ליוסף מדברי יעקב־עצמו אליו, מיד לאחר ברכות שני בניו: ״וַאֲנִי נָתַתִּי לְךָ שְׁכֶם [=חֵלֶק] אַחַד [יָתֵר] עַל אַחֶיךָ״ (בראשית מ״ח כ״ב).
ראה עוד על כך בדברי חנן בחלקו השלישי של הספר, להלן בעמ׳ 401.

7 באופן דומה מברך גם משה לשבטו של יוסף, לפני מותו, ושם מוזכרת הבכורה בפירוש: ״תָּבוֹאתָה לְרֹאשׁ יוֹסֵף וּלְקָדְקֹד נְזִיר אֶחָיו. בְּכוֹר שׁוֹרוֹ הָדָר לוֹ״ וגו׳ (דברים ל״ג ט״ז-י״ז).

הקב"ה לעשות חזקיהו משיח, אלא שלא אמר לפניו שירה׳.[8] משמע – שהיה לו **פוטנציאל משיחי**! אלא מה? – הוא קלקל, כפי שכתוב שם (בדברי הימים-ב׳ ל"ב כ"ה): "כִּי גָבַהּ לִבּוֹ" ולכן זה לא הצליח. בַּדברים האלה מעמיק מאד מורֵנו ורבֵּנו הרב צבי־יהודה במאמר מיוחד שהוא כותב בספרו ׳לנתיבות ישראל׳.[9] כך אומר הרב צבי־יהודה גם בקשר לבר כוכבא, שהיה לו פוטנציאל משיחי, ולכן אמר עליו ר׳ עקיבא "דֵין מלכא משיחא", יש בו כוחות של משיח![10]

---

8 הנה אלה דברי הגמרא שם, המביאה דרשה של בר קפרא בציפורי: "ביקש הקב"ה לעשות חזקיהו משיח וסנחריב גוג ומגוג. אמרה מידת הדין לפני הקב"ה: ריבונו של עולם! ומה דָוִד מלך ישראל שאמר כמה שירות ותשבחות לפניך לא עשיתוֹ משיח – חזקיה שעשיתָ לו כל הניסים הללו ולא אמר שירה לפניך, תעשהו משיח?".
שוב וראה לעיל את דבריו של חנן על חזקיהו בהקשר אחר, בעמ׳ 164 ובהערה 5.

9 הרב צבי־יהודה מזכיר את חזקיהו בהקשר זה במאמר שכתב בעיתון ׳הצֹפה׳ בשנת תש"ה, תחת הכותרת: ׳התורה והגאולה (תשובה לשאלה על היחס שבין ׳הדתיות׳ ו׳המשיחיות׳ ביהדות)׳. הוא מזכיר שם גם את רבי עקיבא אשר תמך בשמעון בר כוסבא. מאמר זה הובא בספרו של הרצי"ה ׳לנתיבות ישראל׳, חלק א׳, מאמר שישי – ומפאת חשיבותו הוא יובא **כנספח ח׳** לחלק זה של הספר, עמ׳ 366.
עם זאת, כאשר חנן כותב כאן שהרב צבי־יהודה הקדיש מאמר מיוחד לחזקיהו, שביקש הקב"ה לעשותו משיח, הוא מתכוון למאמר אחר, ולא דייק בהפנייתו. המאמר על חזקיהו מופיע בַּספר ׳מתוך התורה הגואלת׳, חלק ב׳, ׳כי אֱ־להים יושיע ציון׳, ג׳. הרב צבי־יהודה מחדד שם את חסרונו של חזקיהו, אשר בגינו הוא נפסל מִלהיות משיח, במידת הגאווה וההחשבה-העצמית, בעוד אשר המלך המשיח צריך שֶׁיבטל את עצמו אל כלל האומה ויהא עניו ושפל בֶּרֶך.

10 ראוי לצרף לכאן את דברי הרמב"ם בהלכות מלכים פרק י"א הלכה ג׳, בזו הלשון: "ואל יעלה על דעתך שהמלך המשיח צריך לעשות אותות ומופתים, ומחדש דברים בָּעולם, או מְחַיֶּה מתים וכיוצא בדברים אלו. אין הדבר כך! שהרי רבי עקיבא חכם גדול מחכמי משנה היה, והוא היה נושא כֵּליו של בן כוזיבא המלך, והוא היה אומר עליו שהוא המלך

ממילא מובן עכשיו, שגם אם אנו מדברים על מות משיח בן יוסף – איננו מדברים על מות **המשיחיות** של בן־יוסף, אלא על ניסיונו של משיח בן יוסף לבנות את הדברים הריאליים, ניסיון אשר הוא כשלעצמו לא עלה יפה. ואז, אכן, יש כאן בֶּכִי... מצד אחד זהו בֶּכִי על אובדן האיש, שהוא כבן יחיד שאין לו תחליף, אבל מצד שני, ״וְהָמֵר עָלָיו כְּהָמֵר עַל הַבְּכוֹר״, ישנה כאן הבנה שיוכל לצמוח בעתיד כוח אחר, נוסף, אשר יהיה מתוקן יותר.

אם אפשר לומר כך, הרי שזהו האיזון בין הכאב על **ניצוץ** של משיח בן יוסף – אשר כבה ונפל, ולא עלה יפה באותה שעה – לבין האפשרות של התיקון, ״כְּהָמֵר עַל הַבְּכוֹר״, שהבן הבא אשר יבוא אחריו אכן יוכל לחיות.

כי אם לא כך הוא, חברים יקרים – אם מדובר באובדן שאין לו תקנה – כי־אז תופרך, חלילה, נבואת יחזקאל! שהרי יחזקאל חוזה את

---

המשיח, ודימה הוא וכל חכמי דורו שהוא המלך המשיח, עד שנהרג בַּעֲווֹנוֹת. כיון שנהרג – נודע להם שאינו״.

הרמב״ם מרחיב כאן את דברי הגמרא בפרק ד׳ של מסכת תענית ב׳ירושלמי׳ (הלכה ה׳). מן הסוגיה שם ניתן להבין שגם חטאו של שמעון בר כוסבא – שהרמב״ם מצניעוֹ באומרוֹ: ״בַּעֲווֹנוֹת״ – היה במידת הגאווה והיהירות כלפי שמיא. הנה כך אמוּר שם: ״וכַד דַהֲוָה נָפֵק [שמעון] לִקְרָבָא, הֲוָה אמר: ריבּוֹניה דְעלמא, לָא תִסעוֹד וּלָא תִכסוֹף! ׳הֲלֹא אַתָּה אֱ־לֹהִים זְנַחְתָּנוּ וְלֹא תֵצֵא אֱ־לֹהִים בְּצִבְאוֹתֵינוּ׳ (תהלים ס׳ י״ב)״. ובתרגום: ׳וכשהיה [שמעון] יוצא לַקרב, היה אומר: ריבונו של עולם, אל תעזור ואל תוביש!׳ וכו׳.

עוד לעניין הפוטנציאל המשיחי של בר כוסבא, העשוי לנבוט מחדש ולהתגלות בדורותינו, ראוי לצטט מדברי הרב קוק באיגרת ברכה לכינוס מדריכי ׳בני עקיבא׳ בשנת תרצ״ד (1934):

״מידת רבי עקיבא המיוחָדָה, שהיא מתעוררת עכשיו בזמן צמיחת הישועה ... [הינה] התלהבות ומסירות לחזק כל חזון של גאולה ותחיה לישראל וארצו. ודווקא מפני שהחזון בשעתו נכשל, ובר כוכבא נפל, ועִמו נפל ישראל בבחינת חֵרותו הלאומית, בטוחים אנו כי תורת אמת אשר בפה קדוש **יבוא תור לה**, והתור הזה **הולך ובא**, ולא תקום פעמיים צרה, ולא לחינם לחם ישראל מלחמת קיומו ונִצחוֹ עד דור אחרון ועד בכלל״ (נִדפס ב׳מאמרי הראיה׳ א׳ עמ׳ 210).

איחוד שני המשיחים, "וַעֲשִׂיתִם לְעֵץ אֶחָד", וממילא לא ייתכן שֶׁה'כַּנָּה' – אשר מבטאת את כוחו החומרי של משיח בן יוסף – תיבש ותלך לאיבוד. לא ולא! אלא מה כן יהיה? תיגָרם דחיה, יהיה עיכוב, יידרש תהליך שיֶאֱרַךְ זמן, עד שֶׁיקום משיח בן יוסף **אשר יכיר** בכך שהוא ה'כַּנָּה' ויש מעליו 'רוכב' שהוא – משיח בן דָוִד.

הרי זו בדיוק היתה הצעתו של הקב"ה לירבעם, שֶׁתהיה הרמוניה בין שני המשיחים ובן ישַׁי בְּראש. הוא סירב, ואת הסירוב הזה צריך לתקן... כמובן, זהו תהליך מורכב, לעיתים כואב, אבל **ברור לי במאה אחוז שֶׁזאת כוונתו של הרב בדבריו!** נראה עכשיו את התרגום המעשי של הדברים הללו.

## התנועה הציונית כעֲקֵבו של משיח בן יוסף

### מותו של בנימין זאב הרצל (1) ומשבר הציונות כַּיום (1)

בואו נהפוך דף, ונקרא קטע מדברי הרב לקראת סוף המאמר. אחר־כך נשוב אל המקום שאנו עומדים בו.[11]

"והנה, בתור עִקבא דְמשיח בן יוסף" – **לא משיח בן יוסף עצמו אלא ניצוץ שלו**[12] – "נִתגלָה חזיון הציוניוּת בדורנו, הנוטֶה לַצד הכללי

11 כאשר יגיע חנן שנית אל הקטע הזה, בְּלימוד המאמר כסֵדרו, הוא ישוב ויסביר את דברי הרב בְּיֶתֶר הרחבה. ראה זאת להלן בעמ' 260 ואילך.

12 בְּמאמר המִספֵּד אין הרב קוק נוקט את ההגדרה 'ניצוץ' אלא את ההגדרה 'עִקבא' – עָקֵב – כדי לתאר את היחס בין חזיון הציונות לבין משיח בן יוסף. ראה על כך בהערה הבאה. עם זאת, ניתן למצוא התבטאויות של הרב בהן הוא מזהה את יסוד הקודש החבוי בַּציונות כניצוץ מאורו של משיח.

הנה למשל קטע מן המאמר 'שובו לבִצָּרון' אשר נכתב מיד לאחר פרעות תרפ"ט ('מאמרי הראיה' ב', עמ' 360): "אותו הזיק הקדוש מיסוד הגאולה, מקודשת שמו של משיח ... החל להתלהב מתחת גלי אֶפרוֹת הגלות המרה אשר רבצו עליו מאות בשנים. ורוח ה' אשר על עמו, ודברו הנאמן לְעולם ... הופיע על המפעל הקדוש הזה בכל חלקיו החומריים והרוחניים, עד כדי ההִתעוררות הנפשית הגדולה ... בעזרתה של התנועה הציונית לזרְמֶיהָ. ... אותו היסוד הקדוש, שהוא הנושא העיקרי של כל

ביותר״ – כללי, כתכונת משיח בן יוסף הקשור לאומות העולם. הגאון מווילנה נותן רמז גדול לַקשר הזה, עוד לפני היות הציונות, כאשר הוא כותב בַּספר ׳קול התור׳ כי ׳ציון׳ בגימטריה = ׳יוסף׳ (156)[13]; בעקבותיו אומר הרב כי זוהי הציונות הריאלית. – ״ומצד חסרון הכשרתֵנו אין הכוחות מתאחדים, להשכיל מעֵבר מזה [=מצד אחד] איך שההֶכשֵר הכללי לישראל אינו כי־אם בסיס ליסודו המיוחד, ועל־כן צריך שתהיה ההנהגה מכוּוֶנת לתכלית ההתעלות המיוחדת״ – ׳הָיְתָה יְהוּדָה לְקָדְשׁוֹ׳ – ״ולהיות [=ושֶתהיה] מושפעת הרבה מהסגולה של יחידֵי הדור, צדיקים וחכמי תורה״ – זה, לצערנו הגדול, לא היה בַּציונות – ״ולעומת

החזון הגדול הזה, יש בו משום ניצוץ טמיר [=חבוי] של אורו של משיח, הגואל שנִגלֶה ונִכסֶה וחוזר ונִגלֶה״.

13 בנקודה זו, שוב וראה בהערה 3, לעיל בעמ׳ 149. **נספח י׳** לחלק זה של הספר, בעמ׳ 377, יוקדש לספר ׳קול התור׳.

חשוב ללמוד בספרו החשוב של רפאל ב׳ שוח״ט על תורת הגאולה של הגר״א – ׳עולם נסתר בממדי הזמן׳ (בהוצאת אוניברסיטת בר־אילן) – עד כמה הילך הרב קוק בעקבותיו של הגאון מווילנה כאשר הִתווה את תפיסת הגאולה בדורו ואת חזונו לעתיד. (ראה זאת שם בעמ׳ 295 ואילך, וסיכום בעמ׳ 324).

מעניין אפוא לראות ציטוט אחד מדברי הגר״א על ׳עִקבא דמשיחא׳ – זה הביטוי שנוקט כאן הרב קוק – ועוד ציטוט אחד מדברי הרב קוק בעצמו, לחידוד הבנת העניין.

כותב הגר״א: ״והתחלת גילוי העקב **שהוא עִקבות משיחא**, שאז קליפה קודם לַפרי, והוא סוד הערלה שעל פום אמה. ... והן ׳דרגין דחציפין׳ כמו שכתוב בַּ׳זוהר׳, וזהו שכתוב (בסוף מסכת סוטה): ׳בעקבות משיחא חוצפא יסגֵי׳. ואחר־כך יכרתו הערלה ויתגלה החסד״.

וכותב הרב קוק: ״שכל בנינו, אפילו הנידחים והאובדים לפי מראית־עין ... הרע שבהם איננו כי־אם חיצוני, ובתוכיות הנשמה הכל טוב וקדוש ... אף־על־פי שהם תועים בדרכם ולא זו הדרך ולא זו העיר, מכל־מקום הרבה מהם דבֵקים בָּאומה בכללה ומתפארים בשם ישראל, אף־על־פי שאינם יודעים בעצמם מפני מה ולמה. ... וזהו סוד ׳עָנִי וְרֹכֵב עַל חֲמוֹר׳ שאמרו ב׳תיקוני־זוהר׳ **שהוא דָרָא דְעִקבא דמְשיחא**, דהוא ׳טָב מִלְגַו וביש מִלְבַר׳״.

(ראה הפניות למקורות אלה בספרו הנ״ל של רפאל שוח״ט, עמודים 199, 307 ואילך).

זה, [מצד שני] ההכרה שהחֵפֶץ לחוזקם של ישראל והתנערותם בתור אומה חיה, עם כל צרכיה החומריים – שהוא דבר נכון כשמצטרף לכל התכונה הראויה – גרמה עד כה שלא הצליחה [הציונות] במעשיה, עד שחסרון ההצלחה גרם לסכסוכי דֵעות וריב אחים שהלכו בדרך מסוכָּנָה כזאת, עד שהמנהיג הראשי – [בנימין זאב הרצל] – נפל חלל ׳מֵעֹצֶר רָעָה וְיָגוֹן׳ (תהלים ק״ז ל״ט)״.

ובכן, התנועה הציונית לא הצליחה במעשיה – לא הצליחה להרים את הקרן כראוי – בגלל החיסרון של ההכרה הרוחנית. החיסרון הזה גרם לה לנפילות, כפי שהרב מתאר, עד שלבסוף נפל חלל גם, ודווקא, המנהיג הראשי. זהו כמובן **בנימין זאב הרצל**, אשר הרב כותב את המאמר הזה מיד עם פטירתו, ומזהה אותו **כניצוץ** של משיח בן יוסף.

היתה בהרצל איזו ראשוניות, בהתחלת הציונות. עם כל הבוסריוּת הניכרת בגישָׁתו, הרי גם מי שמבקר אותה – גם מי שמנסה להטיל בה שיקוצים – איננו יכול להתעלם מן העוצמה, מן המפעל אשר צמח ממנה, מן הדברים הגדולים שהיא **בנתה**... זה דבר גדול מאד. אבל **המשבר** הציוני – אשר הרב רואה אותו במות הרצל – אנחנו חווים אותו, לצערנו, כַּיום הזה ממש, אוהו! בדברים קשים ביותר...

בַּבניין החומרי הגדול הזה מתגלים בקיעים – ובאמת הלב חרד מאד... גם גילויים של שחיתות אשר פושים בכל מקום גורמים לריקבון גדול במבנה החומרי, אשר התיימר כביכול להעמיד חזון בצד החומרי הריאלי, ובו בלבד. כל אלה הינם מעין סימנים למותו של משיח בן יוסף... אבל שוב, הרב מדגיש: **זהו רק ניצוץ של משיח בן יוסף**. לכן אין פירוש הדבר שכל המבנה הריאלי ייהרס עכשיו – ׳ילך קַפּוּט׳ כפי שאומרים – ויִצטרכו לבנות הכול מחדש על הבסיס הרוחני, אלא תיווצר חולשה, ונצטרך להפיק את הלקחים כדי להמשיך בַּבּניה. לאחר שנִשׂבַּע מרורים – ״וְהָמֵר עָלָיו כְּהָמֵר עַל הַבְּכוֹר״ – יהיה צורך ללמוד איך לבנות את הדברים בצורה נכונה יותר, מתוקנת יותר.

**איך** לבנות? מה לבנות? ואחר־כך – חברים יקרים – איך להתמודד עם המציאות שאנחנו עוברים בימינו שלנו, כולל המהפך מִמשיח בן יוסף שבא לקיים את צַוָּאַת אִמו – ״וְשָׁבוּ בָנִים לִגְבוּלָם״ (ירמיהו ל״א ט״ז) – עד לבני בניו כביכול, אשר מתיימרים לדבר בשם הציונות, **ועוקרים בנים מגבולם!** אוי, ריבונו־של־עולם...

כל זאת עלינו ללמוד, איך להתמודד עם הדברים?.. איך להבין?..

הנה דברים שכותב מורֵנו ורבֵּנו הרב שלמה אבינר כפתח להבנת מצבֵנו, והדברים הללו צריכים בירור... אקרא את פתיחת מאמרו (ראינו זאת כבר קודם בקצרה), והדברים הללו נכתבים **לא** לְאחרונה – אחרי העקירה מגוש קטיף – אלא בשנת תשל״ח (1978), כשנחתמו הסכמי ׳קֶמפּ־דֵיוויד׳ שלאחריהם באה עזיבת ימית ויישובי סיני:

״כל עולמנו מתמוטט. לא נסיגה ועזיבת שטחים ויישובים, לא רק נסיגה ביטחונית, לא רק חששות לעתיד, **אבל פשוט כל עולמנו מתמוטט**. ודווקא על־ידי מנהיג שעלה לשלטון בזכות הקולות של הדואגים להמשך קיומנו החלוצי!״ – כאן הוא מדבר על מנחם בגין – ״**כל הציונות עומדת לפני חיסולה** ... שמא ייהרג עכשיו משיח בן יוסף ... והריגת משיח בן יוסף בשִׁלטוננו – פירושה חיסול המפעל הציוני. אבל משיח בן דָוִד צריך להציל את משיח בן יוסף!״.

״דברי אותו צדיק נסתר אשר זכיתי להיות תלמידו – אינם צריכים תוספת״, כותב הרב אבינר. את הצדיק הנסתר שכתב את הקטע שקראנו הוא איננו חושף – וגם אני לא אגלה... אבל כאמור, יש מקום לקצת בירור בדברי הרב שלמה אבינר, תישארו במֶתַח, ונעשה זאת בהמשך הדברים.[14]

---

14 לצערי ולצער הקוראים – חנן לא עמד בהבטחתו זו, ולא שב לעסוק במאמרו של הרב אבינר בסִדרת השיעורים דנן; עם זאת, ראה את דברי חנן על התפילה שלא ימות משיח בן יוסף, והערות 8 וְ־9 להלן בעמ׳ 271-272.

כפי שכבר כתבנו לעיל (בהערות 6 ו־4 בעמודים 214 ו־237), מדובר במאמר שנשא את הכותרת ׳הריגת משיח בן יוסף׳, אשר נכתב בשנת תש״ם (1980), ונפתח בציטוט המכתב הנ״ל אשר קיבל הרב אבינר כשנה־ורבע קודם לכן, מאת מורו ורבו המסומן באותיות י״ו. באותה עת, החל חנן לכתוב שתי טיוטות של מאמר תגובה, תחת הכותרת ׳עוד יוסף חי׳ – אך לא פרסם זאת.

שני המאמרים הובאו בַּחלק הראשון, ושם נחשף גם מיהו אותו צדיק, הנִסתר מאחורי ראשי התיבות הנ״ל... (ראה זאת לעיל בעמ׳ 39, וכן בנספח ב׳ לַחלק הראשון, עמ׳ 115 ואילך.)

**שיעור מס' 9 – כ"ח בטבת תשס"ז**

# אחאב ויֹאשיהו – שתי בחינות, שני כוחות

## המלך אחאב, מהותו ומותו

חברים יקרים, נמשיך בלימוד 'המִסְפֵּד בירושלים', מאמרו הגדול והנוקב של הרב קוק.[1]

אתם זוכרים שדילגנו קדימה כדי לראות את הקטע בו מתייחס הרב אל הרצל – 'שֶׁנפל חלל' – כאל ניצוץ משיח בן יוסף, ועמדנו על מה שמִשתמע מן הקטע הזה. עכשיו נשוב לאחור אל הנקודה בה הפסקנו,[2] ונראה כיצד מגיע הרב קוק זצ"ל להבהרת דבריו של יונתן בן עוזיאל, אשר מצרף כאן שני מִספְּדים שונים – ומתוך כך יוביל אותנו הרב עד לְיָמֵינו אנו, ועד ההתייחסות אל התנועה הציונית.

---

1 שיעור זה התקיים לאחר 'דילוג' על המועד השבועי הקודם, ביום כ"א בטבת. חנן הודיע לתלמידיו מראש שלא יוכל ללמד ביום הנ"ל, בשל אזכרה לסבו. היתה זו התכנסות משפחתית קבועה – בחיפה – ביום פטירתו של ר' אריה בן צבי, אבי אמו של חנן. הוא נפטר בשנת תשמ"ג (1983) בן תשעים-ואחת, וחנן קיבל ממנו הרבה בתורה ובמידות.

2 כפי שכבר הערנו לעיל בהערה 2 עמ' 236 , יושם לב כי חנן דילג על פִּסקה קודמת, חשובה, בה מסכם הרב קוק את דבריו – לפני שהוא ממשיך אל פרשת אחאב ויֹאשיהו. הפִּסקה החסרה פותחת בַּמילים: "והנה, כל זמן שמִתדַמֶּה, מפני הפירוד השׁוֹרר בַּגלות" וכו', ומסיימת בַּמילים: "וכל-כך גרמו קלקולים בִּנטוֹתם לפירוד, לְחַבֵּל איש מעשה רעהו". כדי להשלים את החסר – כדאי לעיין בעמ' 354 בתוך **נספח ו'**, אשר בו ניתן מאמר המִספֵּד בשלֵמותו.

נזכיר שוב את שני ההספדים האמורים באותו פסוק:

המִספֵּד האחד הוא: ״בַּיּוֹם הַהוּא יִגְדַּל הַמִּסְפֵּד בִּירוּשָׁלַ͏ִם כְּמִסְפַּד הֲדַדְ־רִמּוֹן״, ומתרגם יונתן: ״בְּעִדָּנָא הַהִיא יִסְגֵי מִסְפְּדָא בִּירוּשְׁלֵם כְּמִסְפְּדָא דְאַחְאָב בַּר עָמְרִי, דִי קְטַל יָתֵיהּ הֲדַדְרִמּוֹן בַּר טַבְרִימּוֹן״.

והמִספֵּד השני, בהמשך הפסוק: ״בְּבִקְעַת מְגִדּוֹן״, ובתרגום יונתן: ״וּכְמִסְפַּד יֹאשִׁיָּה בַּר אָמוֹן, דִי קְטַל יָתֵיהּ פַּרְעֹה חֲגִירָא בְּבִקְעַת מְגִדּוֹן״.

כבר למדנו על נסיבות נפילתם בַּקרב של שני המלכים הללו – אחאב מלך ישראל שנהרג ברמות גלעד במלחמה יזומה כנגד ארם; ויֹאשיהו מלך יהודה אשר נפל בבִקעת מגידו, כאשר יצא לחסום את פרעה נְכֹה אשר עבר בָּארץ בדרכו לקרב כַּרְכְּמִיש נגד מלך בבל. בין שני האירועים הללו – וממילא בין שני ההספדים – מפרידות מאתיים שנים ויותר.[3]

ובכן, כך כותב הרב: ״והנה, התכונה של החיבה הלאומית בתור כלליות וחומריות נתגלתה באחאבֿ, שחיבב מאד את ישראל ואחז מעשה אבותיו – עמרי – שהוסיף עיר אחת בארץ ישראל״.

הגמרא במסכת סנהדרין (דף ק״ב עמ׳ ב׳) שואלת: ״מפני מה זכה עמרי למלכות?״, והרי גם עמרי היה רחוק מאד מללכת בדרך ישראל סבא, וגם עליו נֶאמר שהוא מַתעיב ומַרשיע. ובכל זאת, משיבה הגמרא: ״מפני שהוסיף כרך אחד בארץ ישראל, שנֶאמר: ׳וַיִּקֶן אֶת הָהָר שֹׁמְרוֹן מֵאֵת שֶׁמֶר בְּכִכְּרַיִם כָּסֶף, וַיִּבֶן אֶת הָהָר, וַיִּקְרָא אֶת שֵׁם הָעִיר אֲשֶׁר בָּנָה עַל שֵׁם שֶׁמֶר אֲדֹנֵי הָהָר – שֹׁמְרוֹן׳ (מלכים־א׳ ט״ז כ״ד)״.

הדבר מלמד על ערכה הגדול של מִצוַת יישוב הארץ: הנה לפנינו אדם שאיננו כשר בהתנהגותו המוסרית והתורנית, ובכל זאת הוא זוכה למלכות, בזכות עיסוקו במִצוַת בניינה ויישובה של ארץ ישראל. הרב קוק כותב שֶאחאב ״אחז מעשה אבותיו״ והמשיך בקו הזה.[4]

---

3 לריענון הזיכרון באשר לשני האירועים ונסיבותיהם, ראה לעיל בעמ׳ 193-192, עם הערות השוליים שם.

4 הנה לשון המדרש (ילקוט שמעוני מלכים־א׳ ר״ז) בנקודה זו: ״תנא דבי אליהו: פעם אחת הייתי יושב בבית המדרש בירושלים לפני חכמים, אמרתי להם: רבותי! מה נשתנה אחאב בן עמרי שר צבא ישראל מכל

דרך אגב, אוסיף לכם משהו בתוך סוגרַיים: פעם אמרנו את זה על אריק שרון, מפני מה זכה? מפני שהקים כמה וכמה כרכים בארץ ישראל... לצערנו הגדול, הבונה הוא גם היה ההורס... עמרי לפחות לא הרס... ומעניין הדבר שאריק קרא לבנו עמרי, לא מן השמות הכי צדיקים...[5]

וממשיך הרב קוק: "וְ'דורשי רשומות אמרו: כולם באים לחיי העולם הבא, לי גלעד, זה אחאב שנפל בְּגלעד', וכְדְתנא דבֵי אליהו[6] שהיה מעמיד פָּנים בַּמלחמה, גם אחר שניחתו בו החִצים, כדי שלא להבעית את ישראל.[7] אומץ רוח כזה בא מאהבה יתֵרה ונפלאה".

הרב זצ"ל – אשר מכיר כמובן את כל התנ"ך ומדרשי חז"ל – מגלגל אותנו בניסיון לעמוד על דמותו של אחאב ולמצוא לו נקודת זכות, כדי שיהיה ראוי לַמִסְפֵּד הגדול שנערך לו. הרב יציין בהמשך דבריו את רִשעותו הידועה של אחאב שֶ"הלך בדרכי איזבל ובחוקות

---

המלכים שהיו לפניו, שלא הושיבו מלך בן מלך, עד שבא עמרי והושיבו לו שלושה מלכים על כִּסאו? אמרו לי: לא שמענו. אמרתי להם: רבותי! על שהותיר עיר גדולה בישראל".

5 בכינוי "ההורס" מתכוון חנן להרס כל יישובי גוש קטיף וגירוש תושביהם (אב תשס"ה, אמצע 2005), במימוש 'תוכנית ההִתנתקות' שהוביל אריאל שרון כראש הממשלה.
יצוין שמועדו של שיעור זה – סוף טבת תשס"ז – הוא בדיוק שנה לאחר ששרון לקה באירוע מוחי ונכנס לתרדמת. עקב 'נִבצרותו' הועברו סמכויות ראש הממשלה לאהוד אולמרט. שרון היה שרוי בתרדמת שמונה שנים תמימות (!) עד מותו בשבט תשע"ד (תחילת שנת 2014).

6 שלוש המילים האחרונות אינן מופיעות בדפוסים, והוספו לפי בדיקת כתב ידו של הרב. במדרש 'תנא דבֵי אליהו' לא מצאתי איזכור כזה. אם מותר לשער, אולי זכר הרב את המדרש המובא ב'ילקוט שמעוני' (מלכים-א' רמז ר"ז), אשר ציטטנו מתוכו עתה בהערה 4; מובאת שם דרשה ארוכה על אחאב הפותחת: "תנא דבֵי אליהו", זוקפת לזכותו – בעקבות אביו – את בניין העיר שומרון, כפי שכתב כאן הרב, אך איננה מתייחסת לַדבר שעליו כותב הרב בהמשך המשפט.

7 ראה בהערה 9 להלן בסמוך (עמ' 250) – ואולי נוקט הרב את המילה "מעמיד" ברוחו של הכתוב בספר דברי-הימים המובא שם.

התועבות של גויי הארץ״ – עבודה זרה במלוא התגלמותה; איום ונורא! – אך בכל זאת יש לתת טעם לַסנגוריה של ״דורשי רשומות״. בואו נרד לשורשו של דבר:

המשנה הפותחת את פרק ׳חֵלֶק׳ במסכת סנהדרין (דף צ׳ עמ׳ א׳) אומרת כי ״שלושה מלכים וארבעה הדיוטות אין להם חלק לעולם הבא. שלושה מלכים: ירבעם אחאב ומנשה״ וכו׳. על המשנה הזאת אומרים ״דורשי רשומות״ – אלה הם חכמים נסתרים, אשר יש להם **הבנות סודיות** – שכל שלושת המלכים הללו (ועוד אחרים המנויים שם) באים בסופו־של־דבר לחיי העולם הבא, כי חזרו בתשובה בטרם יצאו מן העולם הזה, כיפרו על תועבותיהם, ונרשמה להם נקודת זכות.

הדרשה הזאת אמורה במסכת סנהדרין דף ק״ד עמ׳ ב׳. נדרשים שם שני פסוקים בפרק ס׳ בתהִלים – שכך אומר דָוִד המלך ברוח קודשו, כביכול מפיו של הקב״ה – ולענייננו יספיק רובו של פסוק ט׳: ״לִי גִלְעָד וְלִי מְנַשֶּׁה וְאֶפְרַיִם מָעוֹז רֹאשִׁי״. דורשי הרשומות מפענחים את הרמזים ואומרים: ״כולן באין לעולם הבא. ... ׳לִי גִלְעָד׳ זה אחאב שנפל ברמות גלעד, ׳[וְלִי] מְנַשֶּׁה׳ – כמשמעו, ׳[וְ]אֶפְרַיִם מָעוֹז רֹאשִׁי׳ זה ירבעם דְקאָתי [=אשר בא] מאפרים״.

ובכן, מה היתה זכותו של אחאב? – לשם כך ניקח את התנ״ך ונקרא את הפסוקים שאליהם רומז הרב:

בסוף מלכים־א׳ (כ״ב ל״ד ואילך) אנו קוראים את תיאור המערכה בין אחאב ויהושפט – מלכי ישראל ויהודה אשר חָברו יחדיו – לבין מלך ארם. מערכה קשה מאד, עקובה מִדם, על העיר רמות גלעד, בעֵבר הירדן המזרחי בנחלת חצי שבט המנשה. וכך נֶאמר שם: ״וְאִישׁ מָשַׁךְ בַּקֶּשֶׁת לְתֻמּוֹ״ – אחד מלוחמי ארם ירה חץ, חז״ל אומרים שהיה זה נעמן שר צבא ארם[8] – ״וַיַּכֶּה אֶת מֶלֶךְ יִשְׂרָאֵל בֵּין הַדְּבָקִים וּבֵין הַשִּׁרְיָן, וַיֹּאמֶר [אחאב] לְרַכָּבוֹ: הֲפֹךְ יָדְךָ וְהוֹצִיאֵנִי מִן הַמַּחֲנֶה כִּי הָחֳלֵיתִי.

8 כך נֶאמר במדרש מאוחר, וכך פירש רש״י בַּפסוק דנן. מעניין גם פיענוחו של הכתוב במלכים־ב׳ (ה׳ א׳): ״וְנַעֲמָן שַׂר צְבָא מֶלֶךְ אֲרָם הָיָה אִישׁ גָּדוֹל לִפְנֵי אֲדֹנָיו וּנְשֻׂא פָנִים, כִּי בוֹ נָתַן ה׳ תְּשׁוּעָה לַאֲרָם״ וגו׳; ופירש רש״י: ״׳תְּשׁוּעָה לַאֲרָם׳ – הוא ׳מָשַׁךְ בַּקֶּשֶׁת לְתֻמּוֹ׳ והרג את אחאב״.

וַתַּעֲלֶה הַמִּלְחָמָה בַּיּוֹם הַהוּא, וְהַמֶּלֶךְ הָיָה מָעֳמָד בַּמֶּרְכָּבָה נֹכַח אֲרָם, וַיָּמָת בָּעָרֶב״ וגו׳.[9]

מה פירושו של האירוע הזה? דורשים חכמים – והדבר נראה גם מִפשַט הכתובים – שהחץ תקוע בבשרו של אחאב, כי חדר ״בֵּין הַדְּבָקִים וּבֵין הַשִּׁרְיָן״, דמו שותת ויורד כל היום, הוא גוסס והולך, אבל מבקש להעמידו בַּמרכבה. אחאב משתדל ומתאמץ ׳לשמור פָּסון׳ כפי שאומרים – להתייצב על־עומדו בַּמרכבה כאילו הוא בריא – כדי לא להפיל את ליבם של ישראל, שלא יראו בְּמַפֶּלֶת מלכם ויחשבו שהמלחמה אבודה.[10] ראו איזו גבורה, איזו מסירות!

ובכן, על־אף שמעשהו של אחאב לא הצליח להציל את המערכה, הרי שמסירות נפשו, גילוי הגבורה הלאומית בעומדו זקוף כל שעותיו האחרונות, עד שנפח את נפשו – ״וַיִּצֶק דַּם הַמַּכָּה אֶל חֵיק הָרָכֶב״ – זהו הדבר אשר עומד לזכותו. ״אומץ רוח כזה בא מאהבה יתֵרה ונפלאה״, כותב הרב קוק. למי נתונה אהבתו זו של המלך? כמובן, לכבוד האומה. לכן מעלים אותו ׳דורשי רשומות׳ לחיי העולם הבא. עם כל קלקוליו וחטאיו – אשר בגללם אמרו חכמים ראשונים שלא יהיה לו חלק לָעולם הבא – באו ׳דורשי רשומות׳ והפכו את מידת הדין למידת רחמים. הסנגוריה הזאת דומָה לדברי הגמרא (בדף ק״ג עמ׳ א׳) על המלך מנשה, ״שֶׁעשה לו הקב״ה כמין מחתרת בָּרקיע כדי לקבלו בתשובה״ – וכל זאת כי נמצא באחאב יסוד של עוצמה

---

9 כך פירש כאן רש״י: ״׳מָעֳמָד בַּמֶּרְכָּבָה׳ – מתחזק ועומד כדי שלא יכירו ישראל במַכָּתו ויברחו, ותחילת נפילה ניסה״.
מעניין לציין שֶׁהפסוק המקביל בדברי הימים ב׳ (י״ח ל״ד) מדגיש עוד יותר את הִתאמצות־גבורתו של אחאב, כַּכתוב: ״וּמֶלֶךְ יִשְׂרָאֵל הָיָה מַעֲמִיד בַּמֶּרְכָּבָה נֹכַח אֲרָם עַד הָעָרֶב, וַיָּמָת לְעֵת בּוֹא הַשָּׁמֶשׁ״.

10 מעשהו זה של אחאב מצוין לשבח בפי רבי עקיבא – בקיצור לשון – במסכת מועד קטן דף כ״ח עמ׳ ב׳, ורש״י מפרש לשֵׁם־מה התאמץ אחאב: ״שלא ייכשלו״ ישראל. ראוי לציטוט משפט מִפירושו של רי״ף (רבי יֹאשיהו פינטו) על ׳עין יעקב׳ לָעמוד הנ״ל (אות כ״ד): ״אחאב, שֶׁהִרבה לפשוע, בשביל דבר אחד שעשה – שלא הפיל ליבן של ישראל בַּמלחמה וְינוסו וְיהרגו אותם – סָפדו לו כל ישראל״.

לאומית, של אִכפתיות לכבוד ישראל, של דבֵקות במשימה למען העם, עד נשימה אחרונה...

כאן מוסיף הרב קוק נימוק נוסף לזכות אחאב: ״גם כיבד את התורה, מפני שעל־כל־פנים כבוד האומה תלוי בה, על־כל־פנים כלפי חוץ, לפני בן־הדד״.

לְמה רומז כאן הרב? היכן אנו מוצאים שאחאב כיבד את התורה? – גם זו דרשה מופלאה של חז״ל. נלמד אותה עכשיו, ואולי נוכל להבין מדוע כואבת האומה את מותו של אחאב – מדוע הוא נִספָּד – לַמרות כל חסרונותיו וקלקוליו האיומים, על־אף כל חטאיו, עד כדי עבודה זרה.

נקרא במלכים־א׳ בתחילת פרק כ׳:

> ״וּבֶן־הֲדַד מֶלֶךְ אֲרָם קָבַץ אֶת כָּל חֵילוֹ, וּשְׁלֹשִׁים וּשְׁנַיִם מֶלֶךְ אִתּוֹ, וְסוּס וָרָכֶב, וַיַּעַל וַיָּצַר עַל שֹׁמְרוֹן וַיִּלָּחֶם בָּהּ״. – זאת מלחמת בן־הדד הראשונה. – ״וַיִּשְׁלַח מַלְאָכִים אֶל אַחְאָב מֶלֶךְ יִשְׂרָאֵל הָעִירָה. וַיֹּאמֶר לוֹ: כֹּה אָמַר בֶּן־הֲדַד: כַּסְפְּךָ וּזְהָבְךָ לִי הוּא, וְנָשֶׁיךָ וּבָנֶיךָ הַטּוֹבִים לִי הֵם״. – תביעה איומה ונוראה... לא רק כספך וזהבך אלא גם נָשֶׁיךָ וּבָנֶיךָ! מסכים או לא מסכים? – ״וַיַּעַן מֶלֶךְ יִשְׂרָאֵל וַיֹּאמֶר: כִּדְבָרְךָ אֲדֹנִי הַמֶּלֶךְ, לְךָ אֲנִי וְכָל אֲשֶׁר לִי״. – אחאב מבין שיחסי הכוחות אינם מאפשרים לו להתמודד מול בין הדד. – ״וַיָּשֻׁבוּ הַמַּלְאָכִים וַיֹּאמְרוּ: כֹּה אָמַר בֶּן־הֲדַד לֵאמֹר: כִּי שָׁלַחְתִּי אֵלֶיךָ לֵאמֹר כַּסְפְּךָ וּזְהָבְךָ וְנָשֶׁיךָ וּבָנֶיךָ לִי תִתֵּן. כִּי אִם כָּעֵת מָחָר אֶשְׁלַח אֶת עֲבָדַי אֵלֶיךָ, וְחִפְּשׂוּ אֶת בֵּיתְךָ וְאֵת בָּתֵּי עֲבָדֶיךָ, וְהָיָה כָּל מַחְמַד עֵינֶיךָ יָשִׂימוּ בְיָדָם וְלָקָחוּ״.

מהו ההבדל בין מה שהבין אחאב לפני־כן, לבין מה שמבהיר לו בן־הדד בגסות רוחו בַּפעם השניה? על־פי הפשט, בתחילה סבר אחאב שבן־הדד יכבוש ויבטל את שלטונו, וממילא יעבור כל רכושו לרשות בן־הדד ויהיה משועבד לו, אך הוא לא ייטול רכוש ונפש בלקיחה פיזית. בפעם השניה מובהר לו שמדובר בנטילת הרכוש בפועל ממש, ומלך ארם גם ישכב עם נשיו וישעבד את בניו.

אבל ישנו כאן ביטוי נוסף: "וְהָיָה כָּל מַחְמַד עֵינֶיךָ יָשִׂימוּ בְיָדָם וְלָקָחוּ". מהו הדבר הזה, מַחְמַד עֵינֶיךָ? עוד לפני שנמצא תשובה – נמשיך לקרוא:

> "וַיִּקְרָא מֶלֶךְ יִשְׂרָאֵל לְכָל זִקְנֵי הָאָרֶץ וַיֹּאמֶר: דְּעוּ נָא וּרְאוּ כִּי רָעָה זֶה מְבַקֵּשׁ, כִּי שָׁלַח אֵלַי לְנָשַׁי וּלְבָנַי וּלְכַסְפִּי וְלִזְהָבִי וְלֹא מָנַעְתִּי מִמֶּנּוּ. וַיֹּאמְרוּ אֵלָיו כָּל הַזְּקֵנִים וְכָל הָעָם: אַל תִּשְׁמַע **וְלוֹא תֹאבֶה!** וַיֹּאמֶר לְמַלְאֲכֵי בֶן־הֲדַד: אִמְרוּ לַאדֹנִי הַמֶּלֶךְ: כֹּל אֲשֶׁר שָׁלַחְתָּ אֶל עַבְדְּךָ בָרִאשֹׁנָה אֶעֱשֶׂה, **וְהַדָּבָר הַזֶּה** – לֹא אוּכַל לַעֲשׂוֹת" וגו'.

מתוך הדברים, משתמע ברמז שישנו כאן דבר־מה נסתר: "וְהַדָּבָר הַזֶּה – לֹא אוּכַל לַעֲשׂוֹת".

על כך דורשת הגמרא (במסכת סנהדרין דף ק"ב עמ' ב') בזו הלשון: "אמר רבי יוחנן: מפני מה זכה אחאב למלכות עשרים ושתים שנה? מפני שכיבד את התורה שניתנה בעשרים ושתים אותיות. שנֶאמר 'וַיִּשְׁלַח מַלְאָכִים אֶל אַחְאָב מֶלֶךְ יִשְׂרָאֵל הָעִירָה. וַיֹּאמֶר לוֹ: כֹּה אָמַר בֶּן־הֲדַד: כַּסְפְּךָ וּזְהָבְךָ לִי הוּא, וְנָשֶׁיךָ וּבָנֶיךָ הַטּוֹבִים לִי הֵם. ... כִּי אִם כָּעֵת מָחָר אֶשְׁלַח אֶת עֲבָדַי אֵלֶיךָ, וְחִפְּשׂוּ אֶת בֵּיתְךָ וְאֵת בָּתֵּי עֲבָדֶיךָ, וְהָיָה כָּל מַחְמַד עֵינֶיךָ יָשִׂימוּ בְיָדָם וְלָקָחוּ. ... וַיֹּאמֶר לְמַלְאֲכֵי בֶן־הֲדַד: אִמְרוּ לַאדֹנִי הַמֶּלֶךְ: כֹּל אֲשֶׁר שָׁלַחְתָּ אֶל עַבְדְּךָ בָרִאשֹׁנָה אֶעֱשֶׂה, וְהַדָּבָר הַזֶּה – לֹא אוּכַל לַעֲשׂוֹת'. **מאי מַחְמַד עֵינֶיךָ? לאו ספר תורה?**".

ומי שמביא את הדברים הללו, הלוא הוא בעל 'מסילת ישרים' בפרק י"ט, בביאור חלקי החסידות, בעניין כבוד התורה.[11]

---

11 הרמח"ל מביא את דברי הגמרא על אחאב שכיבד את התורה, בתוך מכלול המובאות שבהן הוא מדגים את חלקיה השונים של מידת החסידות. בחלוקת מידת החסידות למידות־מִשְׁנֶה, בונה הרמח"ל, כדרכו, 'עץ' – מעין 'הירַרכיה' של השתלשלות היורדת מלמעלה למטה. נעקוב אחרי ה'עץ' הזה, במסלול אשר יביאנו עד הדוגמה של המלך אחאב: חלקי החסידות הם שלושה: האחד במעשה, **השני באופן העשיה**, השלישי בַּכַּוָּנָה. / החלק האחד יֵחָלֵק לשני חלקים אשר לא נפרטם כאן, וגם החלק השני – **אופן העשיה** – נֶחלַק לשני עניינים: **היראה והאהבה**. / בכלל

ובכן – שימו לב, חברים – לפי הפירוש הזה של חז״ל, אחאב היה מוכן לַתנאי של מסירת נשיו ובניו, כספו וזהבו; אבל בן־הדד לא מסתפק בכל אלה... הוא דורש את ׳החמדה הגנוזה׳ בביתו של אחאב, **וזהו – ספר התורה**. ידוע שהמלכים היו מקבלים בירושה מאבותיהם ספר תורה, שהיה גנוז בביתם, על־כן לא ייפָּלא שהיה לאחאב ספר תורה.

עכשיו, שַׁווּ בנפשכם: האם למד אחאב בספר התורה הזה? קשה להניח. האם קיים משהו מן הכתוב בו? – ודאי שלא. אבל, הנה רואות עינינו, יש פה עניין של כבוד. התורה מבטאת את כבוד ישראל ואת מורשת ישראל, ועל כבוד ישראל – אחאב שומר!

ודרך אגב, הביטוי הייחודי הזה ״מַחְמַד עֵינֶיךָ״ נמצא בספר יחזקאל (כ״ד ט״ז ואילך), בנבואה הנמסרת לו ביום עשרה בטבת, בעצם היום אשר בו סמך מלך בבל אל ירושלים והחל בַּמצור. בתחילה מכוּוָן הביטוי אל אשת הנביא, היקרה לו ביותר, אשר נגזר מותה, כאילו חָרַב מקדשו הפנימי של יחזקאל: ״בֶּן אָדָם! הִנְנִי לֹקֵחַ מִמְּךָ אֶת **מַחְמַד עֵינֶיךָ** בְּמַגֵּפָה, וְלֹא תִסְפֹּד וְלֹא תִבְכֶּה וְלוֹא תָבוֹא דִּמְעָתֶךָ. ... וַתָּמָת אִשְׁתִּי בָּעָרֶב״. ובהמשך, מתברר שֶׁהמוות הזה הוא רק משל מקדים לחורבנו של המקדש היקר מכול לָאומה, לבית ישראל: ״וָאֹמַר אֲלֵיהֶם, דְּבַר ה׳ הָיָה אֵלַי לֵאמֹר: אֱמֹר לְבֵית יִשְׂרָאֵל: כֹּה אָמַר אֲ־דֹנָי ה׳: הִנְנִי מְחַלֵּל אֶת מִקְדָּשִׁי גְּאוֹן עֻזְּכֶם **מַחְמַד עֵינֵיכֶם** וּמַחְמַל נַפְשְׁכֶם, וּבְנֵיכֶם וּבְנוֹתֵיכֶם אֲשֶׁר עֲזַבְתֶּם בַּחֶרֶב יִפֹּלוּ״. ניתן אפוא להרגיש קִרבה בין הדברים הפנימיים הללו, ספר התורה ובית המקדש, אשר נשמת האומה תלויה בהם.

כדי להמחיש את הנקודה של כבוד האומה, אספר סיפור שמספרים על הרב זצ״ל. פעם בא אליו חלוץ אחד, אמר שהוא אפיקורס גמור, ושֶׁאֵינֶנּוּ מבין בכל התורה ובערכים הדתיים של היהדות. הוא מאמין רק בערכים האנושיים, המוסריים והחברתיים. בעקבות זאת, ערך הרב

---

היראה ישנן שלוש דרכים של יחס בין האדם לבין הקב״ה: ההכנעה, הבושת, **והכבוד**.

עניין **הכבוד** כולל גם את **כבוד התורה** ולומדיה – ״ואמרו ז״ל ... מפני מה זכה אחאב למלכות כ״ב שנה? לפי **שכיבד את התורה** שניתנה בכ״ב אותיות, שנֶאמר: ׳וְהַדָּבָר הַזֶּה – לֹא אוּכַל לַעֲשׂוֹת׳״.

איזו מין ׳הצגה׳, כאילו באה אליו שמועה שהערבים הולכים להרוס את הכותל. לפתע נזעק אותו חלוץ: ״איפה, איפה? אני יוצא להגן על הכותל!״. שאל אותו הרב: מדוע אִכפת לך מהכותל? הרי טענתָ שאינך דתי... ענה לו החלוץ שאין זה עניין דתי, זהו עניין לאומי. אלה ערכים לאומיים – כבוד האומה!

ואכן, כשהרב מדבר על דרכי התשובה, הוא מדבר על תהליך: השיבה הראשונה היא אל כבוד הדת, אחר־כך אל חיבת הדת, אחר־כך אל הכרת הדת, ולבסוף – תהיה תשובה אל קיומה אל הדת.[12]

על־כל־פנים, ראינו מה מקופל ברגשי הכבוד הלאומי של המלך אחאב, אבל הרב ממשיך ומאזן את דבריו, שלא נחשוב שקיבלנו את אחאב בבחינת ׳כולו זכאי׳: ״ועם כל זה, לא הכיר ערכה של תורה וקדושת השם־יתברך המיוחדת שבה כל יתרונם של ישראל, על־כן הלך בדרכי איזבל ובחוקות התועבות של גויי הארץ, לפי המידה שהיתה שולטת אז ברוח הזמן״.

## המלך יֹאשיהו, מהותו ומותו

עכשיו עובר הרב וכותב על המלך יֹאשיהו בן אָמון, בבחינת ״גַּם אֶת זֶה לְעֻמַּת זֶה עָשָׂה הָאֱ־לֹהִים״ (קהלת ז׳ י״ד):

״לעומת זה, יֹאשיהו הגביר את הצד הרוחני עד אין דומֶה בכל המלכים, כעדות הכתוב, ׳וְכָמֹהוּ לֹא הָיָה לְפָנָיו מֶלֶךְ, אֲשֶׁר שָׁב אֶל ה׳

12 דברים אלה אמורים במאמרו של הרב קוק ׳פרקי ההתקרבות של תשובת הדור׳ (׳אורות התשובה׳, עמ׳ קל״ט במהדורת אור עציון). הנה ציטוט חלקי:
״ארבעת הפרקים, שהחינוך של הדור שנתרחק מקדושתה של תורה, צריך שֶׁיתקרב על ידם אל מקור הקודש, הם: כבוד הדת / חיבת הדת / הכרת הדת / וקיום הדת. ... אחרי שחובת הכבוד תתמלא, יבוא התור לפתח את רגש החיבה לדת, אשר היא דבר נמנע אם הכבוד לא יהיה קודם לה. ואחרי שהכבוד והחיבה יבואו, אז יבוא זמן לעסוק בהכרת הדת ... ורק אחרי ההכרה ... יכולים אנו לקוות לקיום הדת, לאור של תשובה שתופיע על כל אחינו, ובזה המַפְתֵּחַ של הגאולה הוא גנוז״.

בְּכָל לְבָבוֹ וּבְכָל נַפְשׁוֹ וּבְכָל מְאֹדוֹ׳ (מלכים־ב׳ כ״ג כ״ה), עד שלא רצה כלל להיות [=שיהיה] יחס ישראל עִם אומות העולם, ובזה ויתר על דברי ירמיהו הנביא שציווה מפי ה׳ להניח לעבור בארץ ישראל את חֵיל מִצְרַיִם״.

יֹאשיהו הוא בעל התשובה הגדול בכל תולדות מלכי יהודה וישראל.

אמנם קודם לו דָּוִד המלך, שעליו דורשים חז״ל (במסכת מועד קטן דף ט״ז עמ׳ ב׳) שהיה מעין אב לכל בעלי התשובה, באומרם (לפי קטע מפסוק א׳ בשמואל־ב׳ כ״ג): ״׳נְאֻם דָּוִד בֶּן יִשַׁי וּנְאֻם הַגֶּבֶר הֻקַם עָל׳ – נאום דָּוִד בן ישַׁי, שהקים עולה של תשובה״. ואמנם כולנו מתרפקים על דָּוִד המתחטא לפני ה׳ בפרק נ״א בתהִלים ״בְּבוֹא אֵלָיו נָתָן הַנָּבִיא כַּאֲשֶׁר בָּא אֶל בַּת שָׁבַע. ... תְּחַטְּאֵנִי בְאֵזוֹב וְאֶטְהָר ... לֵב טָהוֹר בְּרָא לִי אֱ־לֹהִים, וְרוּחַ נָכוֹן חַדֵּשׁ בְּקִרְבִּי״. אבל, יש לזכור שיסודו של דָּוִד הוא בבית ישַׁי בית הלחמי – הוא בא מִ׳בֵּית אֱמוּנִי׳ (אם ניתן לקרוא לזה כך), בית של תורה ומצוות – ואילו יֹאשיהו בא מבית אחר לגמרי...

אחרי חזקיהו המלך הגדול בא בנו מנשה, אשר הורג ורוצח – ״וְגַם דָּם נָקִי שָׁפַךְ מְנַשֶּׁה הַרְבֵּה מְאֹד, עַד אֲשֶׁר מִלֵּא אֶת יְרוּשָׁלִַם פֶּה לָפֶה״ (מלכים־ב׳ כ״א ט״ז) – ממלא את כל הארץ גילולים, ומַתעיב בעבודה הזרה את ממלכת יהודה. גם אמון בנו הלך בדרכו, עזב את ה׳ אֱ־לֹהֵי אבותיו, והומת בידי עבדיו. ואז עולה יֹאשיהו הצעיר, נכד מנשה, למלוך ביהודה.

ברגע האחרון שֶׁחשב יֹאשיהו כי ניתן עוד לעצור ולמנוע את החורבן הקרב ובא – החורבן שעליו מנבאים חולדה הנביאה (מלכים־ב׳ כ״ב) ואחר־כך גם ירמיהו – הוא קם בסערת נפש אדירה, עושה מהפך, ושב בתשובה גמורה!

יֹאשיהו מסיר את העבודה הזרה, מחזיר את עם ישראל לאביהם שֶׁבשמים, נוטל את שרידי שבטי ישראל אשר נותרו בנחלתם לאחר גלות אשור ומביאם לירושלים, עושה את קרבן הפסח בַּמקדש ברוב עם ״וְלֹא נַעֲשָׂה פֶסַח כָּמֹהוּ בְּיִשְׂרָאֵל מִימֵי שְׁמוּאֵל הַנָּבִיא״ (דברי הימים־ב׳ ל״ה י״ח), ועוד ועוד... אין פלא כי הפסוק אשר הביא הרב קוק על יֹאשיהו, אשר שב אל ה׳ בכל ליבו, מסתיים בַּמילים: ״וְאַחֲרָיו לֹא קָם כָּמֹהוּ״.

ואולם, הסתבר שלא היה די בכל זה... העם לא קיבל את השינוי הרדיקלי אשר ניסה המלך לחולל, לא היה בָּשֵׁל לַתנודה החריפה הזאת, והחורבן כבר עומד בַּפתח... מכאן מְשתלשלת המלחמה עם פרעה נְכֹה כַּכתוב בספר דברי הימים-ב׳ (ל״ה כ׳ ואילך) ונחתך דינו של יֹאשיהו (פסוקים כ״ב-כ״ה): ״וְלֹא שָׁמַע אֶל דִּבְרֵי נְכוֹ מִפִּי אֱ-לֹהִים, וַיָּבֹא לְהִלָּחֵם בְּבִקְעַת מְגִדּוֹ. וַיֹּרוּ הַיֹּרִים לַמֶּלֶךְ יֹאשִׁיָּהוּ, וַיֹּאמֶר הַמֶּלֶךְ לַעֲבָדָיו: הַעֲבִירוּנִי כִּי הָחֳלֵיתִי מְאֹד! וַיַּעֲבִירֻהוּ עֲבָדָיו מִן הַמֶּרְכָּבָה וַיַּרְכִּיבֻהוּ עַל רֶכֶב הַמִּשְׁנֶה אֲשֶׁר לוֹ, וַיּוֹלִיכֻהוּ יְרוּשָׁלַ͏ִם, וַיָּמָת, וַיִּקָּבֵר בְּקִבְרוֹת אֲבֹתָיו, וְכָל יְהוּדָה וִירוּשָׁלַ͏ִם מִתְאַבְּלִים עַל יֹאשִׁיָּהוּ. וַיְקוֹנֵן יִרְמְיָהוּ עַל יֹאשִׁיָּהוּ, וַיֹּאמְרוּ כָל הַשָּׁרִים וְהַשָּׁרוֹת בְּקִינוֹתֵיהֶם עַל יֹאשִׁיָּהוּ ... וְהִנָּם כְּתוּבִים עַל הַקִּינוֹת״. היה זה שבר גדול ונורא, גם לירמיהו הנביא עצמו, כי אם אמנם היה עדיין סיכוי כלשהו לעצור את החורבן – ׳צַ׳אנס אחרון׳ כפי שאומרים – הרי שֶׁבִּיּוּם המר ההוא כבתה גם הגחלת הזאת...[13]

בעקבות דברי הגמרא במסכת תענית (דף כ״ב עמ׳ ב׳) אומר הרב קוק כי יֹאשיהו ״ויתר על דברי ירמיהו הנביא שציווה מפי ה׳ להניח לעבור בארץ ישראל את חֵיל מִצרַים״. יֹאשיהו ודאי הרגיש את ייחודו של עם ישראל, כבִרכת בלעם: ״הֶן עָם לְבָדָד יִשְׁכֹּן וּבַגּוֹיִם לֹא יִתְחַשָּׁב״ (במדבר כ״ג ט׳). לכן הוא היה בטוח שגם מול מעצמה גדולה חייבת לחול הברכה האידיאלית אשר בורַכנו בה: ״וְחֶרֶב לֹא תַעֲבֹר בְּאַרְצְכֶם״ (ויקרא כ״ו ו׳) – גם חרב שאיננה מופנֵית כנגדנו. אלא, דא עקא, הדור לא היה ראוי לכך, ויֹאשיהו לא קרא את מפת המציאות, ולא ידע להוליך-ולהביא את הדברים באופן הדרגתי.

## שני הספדים לשני מלכים

הרב זצ״ל ביאר לנו אפוא את בחינת-דמותו של אחאב ואת בחינת-דמותו של יֹאשיהו: האחד לאומי, אולי אפשר לומר ״חילוני״, אבל רגיש לכבוד ישראל ולבניין ארץ ישראל, והשני רוחני, בעל

13 שוב וראה את דברי חנן על הקרב ומפלתו של יֹאשיהו לעיל בעמ׳ 193, וההערות השוליים שם.

תשובה, הפורץ לעשות צעדים שאינם ריאליים מתוך אמונה כי יש בכוחה של תשובה לשנות את הכול. עכשיו ממשיך הרב ומבאר את המהלך, לקראת פיענוח סוד תרגומו של יונתן בן עוזיאל:

״על־כן באחאב ויֹאשיהו הִתכנסו שתי הנקודות, של יוסף ושל יהודה, כוח משיח בן יוסף ובן דָוִד. על־כן בהסרת העיוות הבא מחֶסרון הכנת האומה – שלא תשתמש ב[שני] כוחותיה המתגלים ביחידי הסגולה לטובה, כראוי לעת קץ״ – מתי ׳לעת קץ׳? בַּיום בו **יגדל המִספֵּד בירושלים, אז יבינו הכול במבט לאחור את השבר הגדול**, עם מותו של אחאב מזה ויֹאשיהו מזה – ״תכיר [האומה] כי היה אפשר לאַחֵד שני הכוחות יחד, בהיות ההכרה שלֵמה״ – אילו היו באים כוח־יוסף וכוח־יהודה בחוברת אחת, עץ־יוסף ועץ־יהודה בהרכבה **אורגָנית**[14] – ״אם־כן יגדל ההספד בצירוף שתי הנטיות. כפי תכלית רִיחוקן בפועל, כן תהיה קִרבתן והכרת זיקוקן [=זקיקותן] זה לזה, ויִכפַּל כמִספֵּד אחאב ויֹאשיהו גם יחד, **ליתן לֶקַח להבא לאחד את הכוחות**, להשכיל להעמידם בְּמערכה הגונה המביאה לטובה כללית״.

כאשר כותב הרב: ״ליתן לֶקַח להבא לאחד את הכוחות״, הריהו מאיר לעינינו כי המִספֵּד אינו רק בוכֶה על העבר שחלף – כמו שאומרים ׳אִלִי פַּאת מַאת׳ [=מה שֶׁעבר מֵת] – אלא אדרבה, **עלינו ללמוד מן העבר איך נוכל לתקן להבא**. וכבר ראינו את הבחנתו של הרב בין המִספֵּד על היחיד לבין המרירות על הבכור, המותירה פתח לתיקון בעתיד.

14 בשלב זה שאל חנן את התלמידים האם הם זוכרים את לימוד חזון יחזקאל על שני העצים המורכבים יחדיו ונהיים לעץ אחד (שוב וראה זאת לעיל בעמ׳ 223). ייתכן ששמעו את השיעור הנוכחי גם תלמידים שלא השתתפו בַּלימוד הקודם, לכן חזר חנן על עיקרי הדברים באשר לַהרכבה של הרוכב (עץ יהודה) על גבי הכַּנָּה (עץ יוסף), לשם קבלת פרי ההילולים של מלכות דָוִד. כמו־כן מסר לתלמידים דף ובו הטקסט שכתב לְגיליון ׳מעט מן האור׳ (לפרשת וַיִגש בשנת תש״ס), תחת הכותרת: **׳סוד ההרכבה׳**. גם בשיעור הבא (השיעור העשירי) חזר חנן לאותו נושא, והקריא קטעים נרחבים מן הגיליון הנ״ל. את כל זאת לא כללנו – כדי שלא לכפול את הסוגיה – לא כאן, ולא בשיעור העשירי להלן. המאמר ׳סוד ההרכבה׳ יובא **כנספח ז׳** לחלק זה של הספר, בעמ׳ 363.

ממשיך הרב וכותב:

"והנה באמת, כל זמן הפירוד – שהאומה אינה מוכשרת לאחד הכוחות וכל אחד מחליש את חברו – ההנהגה הולכת [כך] שאין כל נפש מסוגלת לקבל כי־אם נטיה אחת, על־כן לפעמים יבוא הפסד מוסרי או מדעי אם נעמול להכניס [את] שתי הנטיות בבת אחת".

לפעמים הדבר מסוכן, כאשר מנסים לאחד שני כוחות שעדיין אינם בשלים לזה. צריך זהירות! כמו למשל אם ננסה לאחד איש ואִשה כשעדיין אינם בשלים, כעניינה של האזהרה: "אִם תָּעִירוּ וְאִם תְּעוֹרְרוּ אֶת הָאַהֲבָה עַד שֶׁתֶּחְפָּץ" (שיר השירים ב' ז') – עד שתימָצא היכולת, שיהיה חֵפֶץ לחול עליו. כל זה מצד אחד. אבל מצד שני –

"אבל ההִתפרדות העמוקה, הלוא היא שורש המחלוקת בישראל, על־כן אף־על־פי שהנביא דיבר ברמז, מכל־מקום תרגם יונתן בן עוזיאל וגילה הדבר יותר, ועל־ידי זה נִזדעזעה ארץ ישראל ארבע־מאות פרסה על ארבע־מאות פרסה, כי כל זמן שלא הוכשר הדור להשוות הנטיות ולכוללם, כל אחד נִכוָה מחבֵרו".

הנביא זכריה דיבר ברמז, לא הזכיר את הדברים במפורש, כדי שיהיה הדבר שמור ליודעי חֵן, מחשש שמא יהיו מי שינסו לעשות את האיחוד שלא כראוי – בצורה בוסרית, כשהמצב איננו בשל – וכך יגרמו לנזק שיהיה גדול מנִזקוֹ של עצם הפירוד.

נתרגם זאת למושגים של ימינו: אם ניקח את הציבור החרדי, ובבת־אחת נגייס את כולו לַצבא, ייגָרֵם משבר איום ונורא... רבים מאד מהם לא יתרגלו לכך, אחרי שהורגלו להיות ספונים כל היום בבית המדרש. וכן גם להיפך: אם תיקח ציבור חילוני, וביום אחד נושיב את כולו ללמוד בבית המדרש, נגלה שאחרי ימים ספורים יברחו האנשים החוצה וידיהם על ראשם...

הוא אשר אמרנו: הניסיון לאחד כוחות על־ידי מיזוג מלאכותי כפוי – כרוכה בו סכנה. דבר דומה אירע במהלך קיבוץ הגָלויות בימינו, כאשר נערך ניסיון להכניס את כולם־כולם אל "כור ההיתוך" הישראלי. הדבר נעשה בצורה בוסרית, לא צלח, גרם נזק לַעדות השונות ועורר גם ריאקציה חזקה – כל זאת, כי התהליך לא הגיע לנקודת מוכָנוּת ובְשֵׁלוּת.

אתם שואלים ״איך כן?״, מה נכון לעשות... אלה הן שאלות גדולות ולא פשוטות כלל... קודם־כל צריך הרבה חכמת לב ובעיקר – גבורת הסבלנות. יש לדעת שלא כל דבר בא בבת אחת. ישנו כאן תהליך אשר יביא בעזרת השם לכך שכל כוח יקבל מחברו – אבל ניסיון לזרז את הדברים באופן כפייתי, ואפילו דרסטי, יכול להביא לריאקציה קשה מאד. מהלך האיחוד בין כוח רוחני וכוח מעשי הוא עדין ואיטי.

נזכיר שוב את מְשַׁל העצים של יחזקאל, מְשַׁל ההרכבה בין שני זנים שהם קרובים אך שונים: בַּהכנה לַהרכבה אנחנו בעצם פוצעים את שני החלקים, גם את הכַּנָּה וגם את הרוכב. אם לא נרכיב בדיוק כפי שצריך – ולא נחבוש היטב את אזור המגע בין הפצעים כדי שיהיה איחוי – אזי החתך לא יגליד, לא תהיה הבראה של רִקמת־החיבור, וההרכבה לא תצלח. זהו הדבר אשר כתבתי בגיליון ׳מעט מן האור׳ (טבת תש״ס) על ׳סוד ההרכבה׳: ״מורכב ורגיש הוא מעשה ההרכבה, והוא תובע תשומת לב וחכמת לב רבה״ – ממש כמו הזיווג בין איש לאִשה – ״אך בו צפון סוד אחדות האומה והגשמת היעד האֱ־לֹהי המובטח לה, כַּמבואר בהמשך נבואת יחזקאל: ׳וְקִבַּצְתִּי אֹתָם מִסָּבִיב, וְהֵבֵאתִי אוֹתָם אֶל אַדְמָתָם. וְעָשִׂיתִי אֹתָם לְגוֹי אֶחָד בָּאָרֶץ בְּהָרֵי יִשְׂרָאֵל ... וְדָוִד עַבְדִּי נָשִׂיא לָהֶם לְעוֹלָם׳ (ל״ז כ״א ואילך)״.

ובכן, על־אף כל הסיבוכים, על־אף הפצעים והייסורים הכרוכים בַּדבר, חש יונתן בן עוזיאל צורך להעביר את המֶסֶר – לגלות את הסוד הצפון בנבואת זכריה – מפני שהדבר נדרש כפי שמסביר הרב:

״ומכל־מקום התחזק יונתן בן עוזיאל ואמר: ׳גלוי וידוע לפניך שלא לכבודי עשיתי, ולא לכבוד בית אבא, אלא לכבודך עשיתי שלא ירבו מחלוקת בישראל׳, והפתח השִׂכלי יכשיר הדֵעות לבקש עצות איך ללכת בעקבות שתי ההכנות, שֶׁשתיהן נחוצות״.

לכאורה לא מובן הקשר בין תרגום יונתן לבין הנימוק הניתן לו: ״שלא ירבו מחלוקת בישראל״. מה זה שייך לענייננו? אך התשובה היא ברורה: אין מדובר כאן בסתם חילוקי דֵעות שיש ליישבם; מדובר בַּכוחות החֲלוּקים באומה – כוח המעשה, כוח הרוח – אשר יש לשלב ביניהם, להרכיבם זה בזה, ולאחדם יחד־כאחד.

גילוי הסוד הזה נעשה על־ידי שילובם של שני הֶספֵּדים שונים, על שני אישים שונים, אחאב ויֹאשיהו. החיבור ביניהם מלמד אותנו על הצורך במשיח בן יוסף ובמשיח בן דָוִד; תחילה במיצוי כוחו של כל אחד מהם בפני עצמו, ולבסוף יבוא המיזוג ביניהם, אשר ימנע מחלוקת בישראל ויביא לאחדות האומה. אמנם עלול המהלך הזה להיות כרוך בסיבוכים, בייסורים וגם במשברים, אך הרב מסיים את הפִּסקה בתקווה להצלחה: ״והפתח השִׂכלי יכשיר הדֵעות לבקש עצות איך ללכת בעקבות שתי ההכנות, שֶׁשתיהן נחוצות״.

## משבר התנועה הציונית (2)

### מהותו ומותו של הרצל (2)

עכשיו נוחת הרב אל הקרקע של מציאות ימיו, לפני כמאה שנה. כפי שזכור לכם, הקדמנו וקראנו את הקטע הבא כבר בַּשיעור הקודם,[15] ועתה נראה אותו שוב:

״והנה, בתור עִקבא דְמשיח בן יוסף, נִתגלָה חזיון הציוניוּת בדורנו״ – ׳עִקבא׳, אומר הרב; עָקֵב! אמנם אין זו עדיין משיחיוּת בן יוסף במובנה השלם, אבל הציונות מבטאת גילוי של משיח בן יוסף, ונִגלים בה סימניו.[16] הכוונה היא לְגילוי התקומה הלאומית בצידה המעשי, צד הבניין, בניין הארץ ובניין הגוף – ״הנוטֶה לַצד הכללי ביותר״ – דהיינו, לאו־דווקא הדברים המיוחדים לישראל – ״ומצד חֶסרון הכשרתֵנו אין הכוחות מתאחדים״ – כוחותיהם של הציונים הלאומיים עם הכוחות התורניים החרדיים – ״להשכיל מעֵבר מזה [=מצד אחד] איך שההֶכשֵר הכללי לישראל״ – בניין הגוף – ״אינו כי־אם בסיס ליסודו המיוחד, ועל־כן צריך שתהיה ההנהגה מכוּוֶנת לתכלית ההתעלות המיוחדת, ולהיות [=ושֶתהיה] מושפעת הרבה מהסגולה של יחידֵי הדור, צדיקים וחכמי תורה״ – וזהו דבר שאי אפשר לומר שהציונות הצטיינה בו.

15 שוב וראה זאת לעיל בעמ׳ 242.

16 שוב וראה לעיל בהערה 12, עמ׳ 242.

מראשית דרכה לא היתה לה הנהגה רוחנית־תורנית שֶׁתנחה ותנווט את התנועה מתוך עוצמה של אמונה – ״ולעומת זה, [מצד שני], ההכרה שהחֵפֶץ לחוזקם של ישראל והתנערותם בתור אומה חיה, עם כל צרכיה החומריים – שהוא דבר נכון כשמְצטרף לכל התכונה הראויה – גרמה עד כה שלא הצליחה [הציונות] במעשיה, עד שחֶסרון ההצלחה גרם לסכסוכי דֵעות וריב אחים שהלכו בדרך מסוכָּנָה כזאת, עד שהמנהיג הראשי – [בנימין זאב הרצל] – נפל חלל ׳מֵעֹצֶר רָעָה וְיָגוֹן׳ (תהִלים ק״ז ל״ט)״.

חברים יקרים, העובדה היא **שלא הצלחנו** – עד ימינו שלנו – ליצור את הסינתזה, את **השילוב** של הכוחות המעשיים והרוחניים, כדי לבנות את האומה ביחד, כאשר ההנהגה הרוחנית בראשה.

ובוודאי גם אז – בתקופתו של הרב – היה מתח ושבר גדול, כי הציונות החדשה התייחסה בזלזול לכל הדור הישן. מצד אחד עמדו גדולי תורה ופסלו את הציונות, כי מובילים אותה אנשים שאין בהם תורה ואמונה, ומצד שני עמדו הציונים המעשיים והמדיניים, ולא החשיבו כלל את גדולי התורה. כך נוצרו כבר אז שני מחנות, נוצר ניגוד. הרב כותב את הדברים בשנת תרס״ד, **לפני מאה ושלוש שנים**. כבר אז הוא רואה את הדברים, נוגע בשורש הבעיה – וראו כמה זה אקטואלי!

משתקף כאן היטב יחסו של הרב אל הציונות, שהוא טעון מאד, ובמידה מסוימת אַמבִּיוָלֶנטי, דו־ערכי. מצד אחד – לנגד עיניו מפעל גדול של אנשים אשר עושים בפועל לטובת עמם, חותרים לישועת ישראל, לכן צריך לטפח ולעודד אותם. אבל, מצד שני – שֵׁם־שמים לא נקרא עליהם, הם אינם מזכירים את שם ה׳, ואף להיפך: הם מעירים את **כוחות החיים** של האומה בלי להזכיר את **מקור חייה**, בהשם־יתברך.

לכן, קובע כאן הרב, לא הצליחה התנועה הציונות במעשיה עד כה. ואי ההצלחה גרמה לקיטוב, אשר פגע דווקא במנהיג הראשי – בנימין זאב הרצל. אכן, הרצל נפטר בגיל צעיר, ספג בחייו הרבה מאד ייסורים מכאן ומכאן, ובאמת מיררו את חייו גם אלה וגם אלה... אף־אם, כמובן, הוא עשה גם טעויות – בכל־זאת הוא מסר את נפשו ואת תמצית דם ליבו!

חברים, הרצל היה אדם בעל עוצמות אדירות! לא רק כאלה הקשורות לעולם העשיה, אלא גם כאלה שהן בבחינת כנפי רוח. אתן לכם דוגמה לזה:

הרצל רשם ביומנו הִרהורים על 'הרומן הציוני' שהוא עתיד לכתוב. תחילה חשב לקרוא לו 'ארץ הבחירה', לבסוף בחר בשם 'אַלטנוילנד' בהשראת בית הכנסת המפורסם בפראג 'אַלט־נוי שול'. זהו ספר של חלום – חלומו של הרצל על התגשמות הציונות. איך תיראה ארץ ישראל? איך היא עתידה להתפתח? הרצל מתאר את קיבוץ הגָלויות ואת בניין הארץ, רכבות, טלגרף, ועוד ועוד... הוא שם דגש נרחב על הצדדים המעשיים ועל הפרטים הטכניים.[17] אבל בשעה שהספר כבר כתוב, כותב הרצל ביומנו, כמדבר אל ספרו, את הדברים הללו:

"אני שולח אותך ספר, ואלה שהדברים ידברו אל ליבם צריכים לדעת שהחלום אינו רחוק מהמציאות כפי שחושבים אנשים רבים, חיי האדם יסודם בחלום וסופם בחלום". ובַמשפט האחרון הוא כותב: "והאדם – בנפשו יביא חלומו!". כמובן, זו פרפרָזה על הביטוי מן הפיוט 'ונתַנֶה תוקף' אשר בלב תפילת הימים הנוראים, "בנפשו יביא לחמו"... פְּלָאֵי פְּלָאִים ממש... ואנו רואים איך הרצל, כמו יוסף הצדיק – גם בעל־החלומות וגם איש־המעשה – בנפשו הביא חלומו.[18] מי שיש לו אוזן רגישה שומע איזו עוצמה יש בדברים הללו. זה היה הרצל...

ובכן, הרב מתייחס למותו של הרצל כאל מותו של ניצוץ משיח בן יוסף. זהו שבר בדרכה של הציונות המעשית, והמשבר נובע מן ההִתנתקות מדרך של תורה ואמונה.

---

17 בכל זאת, חשוב לציין שב'אלטנוילנד' מתאר הרצל – בתחילת החלק החמישי – גם את בית המקדש, אשר נִבנָה מחדש ליד הר הבית... לא נתייחס כאן לפרטי התיאור, ונצטט רק כמה שורות מסופו של אותו פרק, כאשר מדבר הרצל על העם וא־להיו: לאחר המצוקה בַּגֶטָאות, ולאחר שזכו היהודים לשוויון זכויות בארצות אירופה (דבר שלא פתר את 'שאלת היהודים'), הנה רק פה, בפלשתינה, הם "יכלו לבנות בית לְאֵ־ל כביר לא־נִראֶה, שהילדים מתארים אותו בדמיונם בתואר אחר מן החכמים, ואולם הינֶהו בכל מקום בתור הרצון אל הטוב בכל יש וְנמצא".

## האיזון והחיבור הנדרש בין כוחות החומר והרוח

ומכאן ממשיך הרב אל האיזון הנדרש:

"על־כן ראוי לנו לשים אל לב להשתדל לנטיית ההתאחדות של עץ יוסף ועץ יהודה, לשמוח בהתנערות חֵפֶץ החיים הבריאים החומריים המפעם בכלל בָּאומה" – מצד אחד; זהו צד כוחה של הציונות המעשית: העליה וקיבוץ הגָלויות, ההתיישבות בארץ ובניית כוח המגן העברי. אבל מצד שני יש להכיר – "ולדעת שהתכונה הזאת אינה תכליתם של ישראל" – זו איננה חזות־הכול – "כי־אם הכשר הגון כשֶׁיגודל על־פי דרכו, ו[אילו] כשאינו מתנהל למטרת ההכנעה לַצד הרוחני והשאיפה אליו, הלוא ערכו נחשב כערך מלכות אפרים שנעשו ׳עֻגָה בְּלִי הֲפוּכָה׳, מפני שֶׁעזבו ׳מְקוֹר מַיִם חַיִּים׳ ו׳מִצְרַיִם קָרָאוּ אַשּׁוּר הָלָכוּ׳ (הושע ז׳ ח׳, ירמיהו ב׳ י״ג, הושע ז׳ י״א).

על־כן תהיה תועלת המרירות, שראוי גם־כן למי שנוכל לחשבו בתור עִקבא למשיח בן יוסף [=בנימין זאב הרצל], מצד השפעתו על

18 חנן נקרא לישיבה של מעלה בתוך עשרת ימי התשובה בשנת תשע״ב, כארבע וחצי שנים לאחר מתן השיעור הזה. שלוש המילים הללו – "בנפשו יביא חלומו" – חקוקות על מצבתו בכפר עציון. בכך נמשכת גם עליו, על חנן, ההגדרה שהוא מגדיר כאן את יוסף הצדיק ואת בנימין־זאב הרצל יחד־כאחד: "גם בעל־החלומות וגם איש־המעשה". בנספח ט׳ לחלק זה של הספר, להלן בעמ׳ 373, נביא הרחבת דברים מעטו של חנן על הצירוף המאיר הזה, "בנפשו יביא חלומו".

החפץ הגדול הכללי של תחיית האומה במובן החומרי והכללי" – ואתם זוכרים את אשר אמרנו על משמעות הכתוב 'וְהָמֵר עָלָיו כְּהָמֵר עַל הַבְּכוֹר'. לכן עכשיו, כאשר אנו סופדים להרצל, 'תועלת המרירות' שאומר הרב היא שלא נבכה רק על העבר אלא נפיק לקחים לעתיד. – "מכל־מקום אם לא היה כוח זה נעזב, לא מצד הִתגברות ההפקרות ושנאת התורה בעוונותינו הרבים, עד שמִתגרשים יראי ה' וחושבי שמו מנחלת התנועה [הציונית, מצד אחד]" – כביכול אומרים לַחרדים ולַדתיים: 'אין לכם מקום פה' – "ולעומת זה [מצד שני, הוא נעזב], מחסרון אומץ הלב לבקש שכל כוח שהוא מצד עצמו טוב יתחזק; ואם חסר לו השלמתו הרוחנית, עלינו להשתדל על הִתרבוּת אור הדעת ויִראת ה' במעלָה רמה, עד שיוכל לכבוש ביותר כוח חיים אדיר ולהיבנות ממנו" – אם נצליח לשלב את הכוחות – "אז יתקיים בנו מקרא שכתוב: 'וְנָתַתִּי בְצִיּוֹן תְּשׁוּעָה לְיִשְׂרָאֵל תִּפְאַרְתִּי' (ישעיהו מ"ו י"א), כי הכנת התשובה הלוא צריכה להיות מצִדנו, ואין התשובה מתקיימת באמת כי־אם כשֶהכוחות המצויות באומה – ושֶאפשר להם להיות נמצאים – יהיו בכל תוקפם, ועם עוז החיים יהיו מוסַבים אל הטוב,[19] ואז נהיה מוכשרים לַחפץ העליון להיות 'עֲטֶרֶת תִּפְאֶרֶת בְּיַד ה' וּצְנִיף מְלוּכָה בְּכַף אֱ־לֹהָיִךְ' (ישעיהו ס"ב ג')".[20]

---

19 לחידוד דבריו של הרב, נצטט כאן קטע אשר הוא כתב עוד בטרם עלה ארצה, בערך בשנת תר"ס, כאשר כיהן כרב העיירה בויסק. זהו קטע מביאורו לאגדות הש"ס 'עין איה', לסוף מסכת ברכות (דף ס"ד עמ' א', סעיף שס"א). הרב מבאר שם את המאמר המובא בגמרא: "תלמידי חכמים מרבים שלום בעולם" וכו', על־פי רצף פסוקים שמביאה הגמרא ממקומות שונים.

הנה ציטוט דבריו בדילוגין – ויושם לב לַביטוי 'עוז החיים' אשר נוקט הרב במאמר המִספֵּד, בהשוואה להסברו כאן על מהותם של חיים שהם עוז:

"'יְהִי שָׁלוֹם בְּחֵילֵךְ' (תהלים קכ"ב ז') ... הכוחות העובדים, הם מתברכים בבִרכת שלום. ומה שלומם? לא שיהיו כולנו [כנראה צ"ל: כולם] כוח שווה, דְאִם־כן מנַיִן תהיה פעולת החיים? כי דווקא על־ידי ריבוי הכוחות והִתנגדותם, ייִמָּצֵא החיים. אלא שנערך ההבדל וההתנגדות בערך מתאים, שכולם מובילים למטרה אחת. ...

ובכן, על־פי הדברים הללו, הנה מתברר מהו תפקידנו עכשיו.

**תפקידנו לחבר יחד את הכוחות!** מאז בואו ארצה, בשנת תרס״ד (1904), ראה הרב בזה את ייעודו הגדול. הוא בא לקרב זה לזה את היישוב החדש ואת היישוב הישן, את אנשי התורה ואת אנשי ההתיישבות הציונית בָּעֵמֶק. כל ׳מסע המושבות׳ שלו, כל תחושת השליחות הגדולה שלו – הכול היה מכוּוָן לַייעוד הזה – לעורר את הלבבות, לחבר את הישן והחדש, ״הישן יתחדש והחדש יתקדש!״.[21]

ראו, איך הצליח הרב לצרף לַמסע אל מתיישבי העֵמֶק את הרב חיים זוננפלד, ה׳איש על החומה׳, החרדי המובהק, אשר אמר דברים קשים חמורים מאד נגד היישוב החדש. היה פה ניסיון אמיתי לראות איך מחברים את הקצוות וקושרים אותם יחד. אמר על כך יהודי גדול, איש חשוב מאד, קדיש לוז איש דגניה: ״קטונתי לעמוד בְּמקום שנקרא על שם רב גדול וקדוש. לא הִכרתי הרבה את הרב, אך כשהוא ביקר לפני כחמישים שנה בדגניה, הרגשנו שֶׁגוש אש נעקר מהר סינַי וירד

---

׳ה׳ עֹז לְעַמּוֹ יִתֵּן׳ (תהִלים כ״ט י״א), ייתן להם **חיים מלאים עניין**, שהם ׳עוֹז׳, וכשהחיים מלאים עניין, **מלאים הם צדדים רבים ונִבנים מֵהרכבות של כוחות רבים**. ... ׳ה׳ יְבָרֵךְ אֶת עַמּוֹ בַשָּׁלוֹם׳ (שם), וברכת השלום הבאה מֵהעוז היא השלום של התאחדות כל ההפכים. **אבל צריך שיימָּצאו הפכים כדי שיהיה מי שֶׁיעבוד ומה שֶׁיתאחדו**, ואז הברכה ניכרת על־ידי כוח ׳אֵלו ואֵלו דברי אֱ־לֹהים חיים׳. על־כן ׳שָׁלוֹם׳ הוא שמו של הקב״ה, שהוא בעל הכוחות־כולם, הכול־יכול וכוללם יחד״. ...

20 הרב כתב בכתב ידו: אלקֵינו. כך מופיע במהדורת ׳קבצים מכתי״ק׳. • בַּדפוסים שובש ומופיע: אלקים. • לשון הפסוק היא: ״בְּכַף אֱ־לֹהָיִךְ״.

21 את המשפט הזה כתב הרב באיגרת מתחילת שנת תרס״ט (1908), כרך א׳ של ׳אִגרות הראיה׳, איגרת קס״ד. הנה כמה שורות מן האיגרת:
״הרוח הגדול, שחיי עולמים שרוי בתוכו, הינֶהו עדיין מקופל כעוּבָּר במעי אמו, אבל יגיע הזמן, וימיו לא ייִמָּשכו, ותנועת לידה תישָּׁמַע, אחרי צעקת חבלים, קול חדש ומרנין של ילד נולד. ... **הישן יתחדש, והחדש יתקדש**, ויחדיו יהיו לאבוקות אודים על ציון, ובמשיכת חן תחל אז ציון למשוך אל תוכה את בחירי בָּנֶיהָ בּוֹנֶיהָ, ומשכללי הבניין, הנֶטַע והמִזרָע, התעשיה והמִסחָרים, יהיו במשך הזמן גם הם זלוּפים מטל חיי נצח ... בארץ חמדת עולמים״.

אלינו״...[22] זכינו אז בְּמתנה של שאַר־רוח, באותן שנים שהוא שימש יושב־ראש הכנסת; הוא היה איש בעל נשמה.

אם נֹאמר זאת במילים אחרות: מַשׂאַת נפשו של הרב – ׳הכֹּהן הגדול מאֶחָיו׳ – היתה לחבר את עץ יוסף עם עץ יהודה. כמוהו כיחזקאל בן בוזי, כי הכהונה הגדולה יש לה תפקיד: לחבר את הכוחות! אהרון הכֹּהן נשא את החושן על ליבו תמיד, ועליו חקוקים שמותיהם של כל שנים־עשר שבטי ישראל. לכל שבט היה צבעו המיוחד לו, ויחד הם היו מִשתקפים ומאירים באבני החושן, מכוח ליבו של הכֹּהן הגדול.

*

כאן מסיים הרב קוק את דבריו על מה שעלינו ללמוד. אבל בהמשך ישנו עוד קטע שבו מדבר הרב על הסבל והייסורים שעוברים על צדיקי עליון, דווקא בגלל שהם צריכים לרדת לעולם המעשה, צריכים להתחבר לכוחות החומר, צריכים להבין את כל הסיבוכים ולהתאמץ כדי לבנות את הדברים בצוותא. את הפִּסקה האחרונה הזאת, ואת ההשלכות שלה לדורֵנו אנו, כפי שהדברים באים ליד ביטוי גם במאמרו של הרב שלמה אבינר שצירפתי כאן[23] – עוד נראה בַּהמשך בעזרת השם.

22 קדיש לוז אמר את המשפט הזה במהלך נאומו בטקס הנחת אבן הפינה לַבניין החדש של ישיבת ׳מרכז הרב׳ בקריית משה בירושלים, בשנת 1960.

23 חנן כלל בדפי המקורות לסִדרת השיעורים הזאת את צילום מאמרו של הרב אבינר. שוב וראה בהערה 14, לעיל בעמ׳ 245. שם הרחבתי מעט בעניינו של המאמר, וגם כתבתי כך: ״לצערי ולצער הקוראים – חנן לא עמד בהבטחתו זו, ולא שב לעסוק במאמרו של הרב אבינר בסִדרת השיעורים דנן״. עם זאת, ראה להלן בעמ׳ 272-271 את דברי חנן על תפילה שלא ימות משיח בן יוסף, והערות 8 וְ־9 שם.

**שיעור מס׳ 10 – ד׳ באדר תשס״ז**

# סיום לימוד מאמרו של הרב קוק
# ׳הַמִּסְפֵּד בירושלים׳

### האמורא רב יוסף, ואנו תלמידיו המטפסים בחבלי משיח

ננסה לסיים ולסכם את מאמרו הגדול של הרב קוק זצ״ל.[1] עכשיו מגיע הרב אל ׳רַב יוֹסֵף׳ עצמו – זהו האמורא רב יוסף אשר אמר במסכת מגילה (דף ג׳ עמ׳ א׳) שאִלמלֵא תרגומו של יונתן בן עוזיאל לא יכול היה להבין את הכתוב בנבואת זכריה: ״בַּיּוֹם הַהוּא יִגְדַּל הַמִּסְפֵּד בִּירוּשָׁלַ͏ִם כְּמִסְפַּד הֲדַדְ־רִמּוֹן בְּבִקְעַת מְגִדּוֹן״.

כותב הרב קוק:

״ורב יוסף עצמו, שאמר שֶׁעמד על מקרא זה [רק] על־ידי תרגומו, קיבל על עצמו (במסכת סנהדרין דף צ״ח עמ׳ ב׳) לראות בחבלי משיח, תחת אשר אחרים מחכמי ישראל אמרו: ׳יֵיתי ולא אַחמינֵיה׳ [יבוא, ואל אראנו], בתִגבורת החבלים הרוחניים, שֶׁבהכרח יבואו בתִגבורת התביעות לבצר את החומריות שנעזבה הרבה במשך הגלות, שעיקרו [= עיקר עניינו של משיח] בא לחזק ולהציל את הרוחניות, ׳לְכַלֵּא הַפֶּשַׁע וּלְהָתֵם חַטָּאת׳ (דניאל ט׳ כ״ד). על־כן אמר [רב יוסף]: ׳יֵיתי, ואזכי

---

1 שיעור זה התקיים לאחר דילוג על כמה מועדים קבועים – בכל חודש שבט לא התקיימו שיעורים. חנן מזכיר לשומעיו שבשבוע שעבר התקיימה במכון אזכרה ולכן בוטל השיעור, וקודם לכן הוא העביר שיעור מיוחד ליום ט״ו בשבט, מחוץ לסִדרת השיעורים דנן. אשר־על־כן, הקדיש חנן זמן ל״חזרה על הראשונות״, וכדי שלא לכפול את הדברים לא כללנו זאת.

דְאֵיתִיב בְּטוּלָא דְכוּפִיתָא דְחַמְרֵיה׳ [=יבוא, ואזכה לשבת בצל גללי חמורו]; ׳חַמְרֵיה׳ [משמעו] הנטיה לענייני החומר הלאומי [שֶׁ]הוא גם־כן מחשיך ומונע, לפי המצב הנהוג, את ההִתעלות הרוחנית. אמנם, לא [=לולֵא][2] היתה הנטיה [הציונית] יוצאת בזעף גדול, עד כדי להתפשט בנטיה חומרית יְתֵרה ובלתי הגונה כלל לישראל, היה נוח לקבלה, ואם לא הנטיה הקיצונה [=ואלמלא היא הקצינה], לא היה רוח התורה מעיק לה, ולא היתה יוצאת [ממנה] התנגדות חוצפנית על [=כנגד] יסודה של תורה, לבקש לְסַמּות עינו של עולם.[3] אבל ה׳כּופיתא׳ [=הגְלָלים], הנטיות הגסות שהן חרפת האדם גם באומות העולם, הם גורמות לעשות ׳טולא׳ [=צֵל], להחשיך את המאורות הצחות השִׂכליות הנובעים ממקורה של תורה״.

אתם ודאי מבינים שבַּגמרא הכול נֶאמר בשפת הַצְּפֻנָה, בשפת ׳קודים׳. הרב מפענח כי ׳חמור׳ מבטא את החומריות, ׳כּופיתא׳ מבטא את התולדות הגסות של החומריות, וה׳צֵל׳ מבטא את החושך המתנגד לַהארה.

בניין האומה המתחדשת דורש הִתמסרות אל החומריות – בניין הארץ, כלכלה, משטרה, צבא, וכן הלאה – עם כל הקשיים שבכך, עם כל הירידה בהוויה החומרית, עד תחתית ה״גְלָלים״. הרב כותב כי הבעיה איננה העיסוק בַּחומריות – זהו עיסוק נחוץ בהחלט – אבל ההִתמקדות רק בַּחומר יכולה לנתק את האדם ואת האומה מן הרוחניות, ותוך כדי השיקוע בַּחומריות – כל הנשמה מִתקַטֶּנֶת...

מדובר כאן במציאות של מהלך דיאלקטי, כמו שאומר הרב – כי הנטיה אל ענייני החומר מתגלה אחרי שעניינים אלה ׳נֶאֶפסו מן האומה

2 לעניות הבנתי (י״ע), כך התכוון הרב זצ״ל לכתוב. בדפוסים ובמהדורת ׳קבצים מכתי״ק׳ נוספה המילה ׳אִם׳ – שאיננה בכתב היד – לפני המילה ׳לא׳.

3 אל נכון, רומז כאן הרב אל הסוגיה במסכת בבא בתרא דף ד׳ עמ׳ א׳. שם מסופר כי המלך הורדוס ״סימא עינו של עולם״ – הרג את החכמים הנקראים בתורה ״עֵינֵי הָעֵדָה״ – וכשביקש דרך תשובה, יעצו לו החכמים לעסוק בבניין המקדש.

תקופות ארוכות׳... זוהי בעצם ריאקציה למצב הגלות שֶיהודים הסתובבו בָּעולם בלי עוגן, זמן ארוך, במין רוחניות מנותקת מהחומריות. לכן עכשיו תגובת ההיפוך היא לבנות **דווקא את הגוף**, לפתח את החומר **ולא** את הרוח... זהו המצב הדיאלקטי, כמו מטוטלת אשר נעה מצד לצד, תנודות הֵנָה וחזור, עד שהיא מוצאת את האיזון שלה.[4]

ובשלב הזה של הנטיה הקשה לַחומריות – אנשי הרוח סובלים סבל גדול. בצדק הם סובלים, כי הם מרגישים ששֵם ה׳ נשכח, והם מרגישים מצוקה... כמובן, כולם סובלים, אבל לא כולם מודעים לזה, ואילו סִבלם של אנשי הרוח – אשר מבינים ומרגישים את מחנק הנשמה – הוא סבל נורא. זהו **עומק הייסורים של חבלי־משיח**! לא רק חבלי משיח במובן של צרות וקרבנות ומשבר כלכלי וכדומה, אלא ״ייסורי החֶנֶק״ כמו שהרב קורא להם,[5] הייסורים הרוחניים־הפנימיים, הלופתים את אלה אשר מריחים את **סירחונה** של החומריות. ואנשים אלה, הם

---

4 בפִסקה זו דובר חנן – וכמעט מצטט – את דברי הרב קוק בספרו ׳אורות׳ (אורות התחיה מ״ד). דברי הרב שם מדהימים בעוצמתם ובתנופת חזונם, והוא צופה־לעתיד ב׳תנודות המטוטלת׳ – צעד אחד נוסף לעומת דבריו של חנן כאן – את מרידת הסער של הרוח כנגד ההִשתקעות החומרית. הנה אלה דבריו של הרב שם:
״מקובלים אנו שֶמרידה רוחנית [כנגד החומריות] תהיה בארץ־ישראל ובישראל בַּפרק שהתחלת תחיית האומה תתעורר לבוא. השלווה הגשמית שֶתבוא לחלק מהאומה אשר יָדמו שכבר באו למטרתם כולה תקטין את הנשמה, ויבואו ימים אשר תאמר אין בהם חֵפֶץ. השאיפה לְאידיאלים נישאים וקדושים תחדל, וממילא יֵרֵד הרוח ויִשקע, עד אשר יבוא סער ויהפוך מהפיכה, וייֵרָאה אז בעליל כי חוסן ישראל הוא בקודש עולמים, באור ה׳ ובתורתו. ... הצורך למרידה זו היא הנטיה לצד החומריות, שמוכרחת להיוולד בכללות האומה בצורה תקיפה, אחַר אשר עברו פרקי שנים רבות שנֶאֶפסו לגמרי מכלל האומה הצורך והאפשרות להתעסקות חומרית. וזאת הנטיה [הרוחנית, הנגדית] כשֶתיוָלֵד, תדרוך בזעם ותחולל סופות, והם הם חבלי משיח אשר יְבַסמו את העולם כולו על־ידי מכאוביהם״.

5 שוב שואב חנן את הגדרותיו של הרב מן הספר ׳אורות׳ (׳ישראל ותחייתו׳, י״ד). הנה אלה דברי הרב שם:

האומרים "יֵיתי ולא אַחמינֵיה", איננו יכולים לעבור את השלב השפל והנמוך הזה...

אבל 'רֶב יוֹיסף' – זה הרואה למרחקים ארוכים – רוח אחרת עִמו, והוא אומר: אני מוכן לעבור גם את עמק־הבכא הזה! אוכל לסבול גם את כל הירידה החומרית הזו, ואעמוד בכך. וזאת, על־אף שבאמת מדובר בחוצפה ובהתרסה של החומריות הגסה, אשר 'מושכת עד הקצה' ומזעזעת את ההוויה הרוחנית.

## חיתום מאמרו של הרב קוק

### מעט מן האור דוחה הרבה מן החושך

והרב ממשיך ומסיים:

"אמנם, התחזק רב יוסף שֶׁסוף כל אלה הוא להיכנע מאורהּ של תורה ודעת אֶ־לֹהִים, על־כן 'יֵיתיב בטוּלא דְכוּפיתא דְחַמרֵיה', ובעצם חושך הצֵל [אשר שם הוא יֵשֵׁב] – דְ'שָׁת [=אשר שָׁת] כַּלַּיִל צִילו בְּתוֹךְ צָהֳרָיִם' (על־פי ישעיהו ט"ז ג') – ידליק הוא" – 'רֶב יוֹיסף' – "נר מִצְוָה ואור תורה, ומעט מן האור דוחה הרבה מן החושך" – **זהו משפט חשוב!**[6] – "וייהפך גם־כן הרע לטוב, והקללה לברכה. על־כן

"הירידה למעמקי הסיבות של כל 'מוחין דקַטנוּת' הם הם ייסורי חֶנֶק לְרוּחא דְמַלכּא מְשיחא דבְגָלוּתא בַּתְרָאָה בסֵיפֵיה [=לרוחו של המלך המשיח אשר בסוף גלות אחרונה], המתקן את הצעדים האחרונים. ... ייסורי חֶנֶק הם הם הייסורים האחרונים של ירידת האור לַמעמקים ... לעורר גם קטני רוח, שאין להם כי־אם מטרות קרובות מגושמות ומצומצמות, והקַטנוּת מחוללת את החוצפה, וחבל המחנק אחוז על הצוואר, מונע את הדיבור וסותם את האוויר. רק רוח ה' אשר על עמו, אור התורה הפנימית, יופיע להשיב רוּחא דמְשיחא [=להנשיב, לחולל, את רוחו של המשיח], ומתוך האפֵלה יבוא אור גדול".

6 אכן, זהו משפט כה חשוב בעיני חנן, עד שנטל אותו לשמו של גיליון פרשת השבוע – 'מעט מן האור' – אשר הופיע מדי שבת בשבתו, במשך שנים ארוכות, תחת ידה של מזכירתו הנאמנה, מיכל רוזיליו (כַּיום: אזרחי). רשימותיו של חנן בְּגיליונות העלון כונסו לסִדרת ספרים הנושאת אותו שֵׁם, בהוצאת 'ספריית בית אל'. כמה מאמרים מגיליונות 'מעט מן האור' משולבים כנספחים בספר זה.

אמרו ב׳זוהר׳ בראשית, דְרב מתיבתא אשר בהיכלא דמשיחא אמר: מאן דלא הפיך מְרירו למתיקא וחשוכא לנהורא לא יֵיתי הכא [= שאמר ראש הישיבה בהיכלו של המשיח: מי שאינו הופך מר למתוק וחושך לאור – אל יבוא הֵנָה],[7] כי יסוד הֶכשֵר דורו של משיח הוא להשתמש בכל הכוחות היותר גסות לצד הטוב והקדושה היחידית [= הייחודית], שֶנִתעטרו בה ישראל״.

ובכן, מי יכול לשבת בהיכלו של משיח? – רק זה אשר יכול **לגלות בתוך החושך את האור**, להפוך חושך לאור, מר למתוק, לגלות את הנקודה הפנימית אשר בַחומריות, ולהעלות אותה אל הקודש. כך מסיים הרב את מאמרו.

*

## תפילה שלא ייהרג משיח בן יוסף (2)

ומִמעמקים, תפילתֵנו היא ׳שלא ימות משיח בן יוסף׳: שלא יתמוטט כל המפעל הזה – המפעל הלאומי בצידו החומרי – אלא שמתוכו, עם כל המשברים והצרות, יתגלה האור, תִתגלה הקדושה. זהו עומקה של התפילה שלא ימות משיח בן־יוסף.[8]

---

7 הרב מעבד כאן את האמור בהקדמה לספר ה׳זוהר׳ דף ד׳ עמ׳ א׳. ראה בפירוש ׳הסולם׳, הקדמה, מאמר ׳חֶזוָא דְרבי חייא׳, אות נ״ד: ...״והם הנשמות דאצילות. ... שאֵלו הנשמות שזכו לאור האצילות, מהפכות כל חושך להיות אור, וכל מר למתוק״.

8 תפילה זו היא תפילת חנן, מכל ליבו, בכל מאודו. שלוש המילים ״עוד יוסף חי״ היו מעין ׳קריאת קודש׳ אשר הנחתה אותו בכל מעגלי דבריו ומעשיו, וכך גם הכתיר את מאמר התגובה שלו למאמרו של הרב אבינר – ׳הריגת משיח בן יוסף׳ – אשר נכתב בשנת תש״ם (1980). שני המאמרים הובאו לעיל בחלקו הראשון של הספר. ראה עוד בָהערה הבאה.

עם זאת, אין ספק שחנן שואב כאן מן הספר ׳קול התור׳ – מבית מדרשו של הגר״א, אשר נכתב בידי תלמידי תלמידיו – וניתנת בו תפילה ארוכה שלא ייהרג משיח בן יוסף. **בנספח י׳** לחלק הזה של הספר (עמ׳ 377), הבאנו מדברי חנן על ׳קול התור׳, וכן ציטוט של אותה תפילה, תחת הכותרת: ׳תפילת עוד יוסף חי׳.

היום ניתן לראות דברים רבים, קשים וחמורים, משברים שמאפיינים את מפעל הציונות ואת שיבת ציון – והכול בגלל ניתוקו מהרוח, בגלל ניתוקו מן השורשים החיים. אך התפילה הגדולה היא שלא נֹאמר: "הִתמוטט המפעל, ועכשיו נקים משהו חדש". כך שרו שָׂרֵי ה'אינטרנציונל': 'עולם ישן עדי היסוד נחריבה!'; אבל לא! התפילה הגדולה היא לגלות את האור ואת הקודש בתוך כל אלה, ומתוך המשברים להצמיח צמיחה בריאה, בבחינת "וּמִתַּחְתָּיו יִצְמָח", שתעלה מנהיגות חדשה: "וְדָוִד עַבְדִּי נָשִׂיא לָהֶם לְעוֹלָם", מבלי שֶׁייפול וימות חלילה משיח בן יוסף. ואם דיברנו על הכַּנָּה והרוכב, יוסף ויהודה, הרי התפילה היא שלא תתייבש הכַּנָּה, עלינו לשמור ולטפח אותה שלא תמות, אלא שתִחיה ותצמח, תְחַיֶּה ותצמיח את עץ יהודה, את מלכות בית דָוִד.

כדי להעמיק בהבנת התפילה הזאת הכנתי כאן דפי מקורות, אלא שלא נותר לנו זמן עכשיו, ואולי עוד נשוב לזה בפעם אחרת...[9]

## כוח החומר וכוח הרוח חייבים להבשיל לפני הרכבתם זה בזה

ושוב נחזור, בסיכום המאמר, לנקודה שכבר דיברנו עליה:

לַכַּנָּה, ל'עץ יוסף', נועד תפקיד גדול: לגדל ולשאת את הרוכב, את 'עץ יהודה'. אפשר לראות את יוסף כ'מסכן', אשר צריך לסחוב על כתפיו את יהודה, אך רק אנשים קטנים יראו בכך פחיתות כבוד. אדרבה, אם באים בענווה אזי מבינים את חשיבותה העצומה של

9 אין ספק שחנן מתכוון כאן למאמרו של הרב אבינר שהוזכר בַּהערה הקודמת, והמאמר הנ"ל אכן צולם וחולק לַתלמידים בין דפי המקורות. הפִּסקה הקודמת היא תמצית מחלוקתו של חנן על הרב אבינר: בעוד אשר בַּמאמר 'הריגת משיח בן יוסף' משתמע כי בן־יוסף נופל ומת, תם זמנו ותפקידו ובן־דָוִד מחליפו, הרי חנן טוען שחייב להיות מעין 'מנגנון תיקון' פנימי בתוך משיח בן יוסף עצמו, בו ובימיו. לכן, גם אם שלב אחד בּמִפעלו של בן יוסף אכן מָט לִנפול, יבוא השלב הבא וְיעמידנו – יבצע בו מעין 'הַחיָאָה' ויתקן את פגמיו – וכך תתקבל התפילה שלא ייהרג משיח בן יוסף.

הכַּנָּה, את תפקידו הגדול של משיח בן יוסף. אנשים קטנים חושבים על עצמם, כמו שמספרים – לא עלינו – על אריק שרון: פעם אחת, בשעת התגלות, הוא אמר לראשי המתיישבים ביש״ע בהקשר לתוכנית ההִתנתקות: ״אני יודע שאתם חושבים שאני החמור שלכם ואתם רוכבים עלי, אז פעם אחת החמור גם יודע לבעוט ולהעיף אתכם״. מי שכך רואה את הדברים – נו, רחמנות, רַחמוּנֶעס [חנן מכה בשתי ידיו על השולחן, ומניף שמאל דוחָה כלפי שרון]...[10]

אבל, חברים יקרים, חשוב לשים לב לכך שעוד לפני ההרכבה בין עץ יוסף לבין עץ יהודה, חשוב שכל כוח יבשיל בפני עצמו, ימצה את עצמו, כדי ששניהם יהיו ראויים ומוכנים לאותה הרכבה, להיות לעץ אחד. ישנם פרקים שלֵמים ב׳אורות׳ על הכוחות השונים והשפעתם הברוכה אלה על אלה – למשל, על־פי נבואת ירמיהו (ל״א כ״ו): ״הִנֵּה יָמִים בָּאִים נְאֻם ה׳, וְזָרַעְתִּי אֶת בֵּית יִשְׂרָאֵל וְאֶת בֵּית יְהוּדָה זֶרַע אָדָם וְזֶרַע בְּהֵמָה״. הרב כותב ב׳אורות התחיה׳ (י״ט) שסדר הדברים מתחיל ב״זרע אדם לחוד, זרע בהמה לחוד״, הווה אומר שאנו זקוקים לַכוחות השונים, כוחות רוחניים לחוד וכוחות גופניים לחוד, כי דווקא כוחות עם עוצמות רוחניות גדולות משפיעים לטובה זה על זה.[11] אם ניקח ונערבב קצת מזה וקצת מזה, לא נקבל דבר ראוי, לא מבחינה

10 שוב וראה לעיל בעמ׳ 248, הערה 5, על כך שבמועד מתן השיעורים הללו היה אריאל שרון שרוי בתרדמת ממושכת.

11 בַּפסקאות הללו נשלמת התשובה לַשאלה שהציב חנן בשלב מוקדם של המהלך, והניח אותה אז ב׳צריך עיון׳... (שוב וראה זאת לעיל בעמ׳ 213). הנה ציטוט קטע מדברי הרב, שאליו מתייחס כאן חנן:
״סדר הגאולה ותחיית האומה בארץ־ישראל צריך ללכת על־פי סְדרי הנבואה של ׳וְזָרַעְתִּי אֶת בֵּית יִשְׂרָאֵל וְאֶת בֵּית יְהוּדָה זֶרַע אָדָם וְזֶרַע בְּהֵמָה׳ (ירמיהו ל״א כ״ו) – זרע אדם לחוד וזרע בהמה לחוד. שלֵמות הצורה מוכרחת להיברא. הנפשות הנוטות לבניין מעשי, ליישוב ארצי ולשאיפה מדינית, מוכרחות להִתייצר בכל הגוונים החזקים הצריכים למידה זו; והאנשים בעלי הנפשות האציליות, מְחַיֵּי הרוח ומְעַדְּנֵי הנשמה ... גם הם יֵצאו אל הפועל בכל מילואיהם. דווקא טיפוסים מלאים משפיעים יפה אלו על אלו, ומתחברים יחד ליצירת גוויה לאומית אורגנית גדולה, שאור חיי נשמה קדושה כבירת כוח זורח עליה. ... כעת כבר הקיץ הקץ, ביאה שלישית הוּחַלָּה, הטיפוס של ׳זרע בהמה׳ הולך ונוצר לעינינו,

גופנית ולא מבחינה רוחנית. לכן צריכים, בתחילה, כוחות שונים, כדי שישפיעו זה על זה – ובאמת אלה הם תהליכים שאנו עֵדים להם במהלך שיבת ציון.

כך כתבתי גם בעלון ׳מעט מן האור׳, תחת הכותרת ׳סוד ההרכבה׳: ״הכוחות המיוחדים ליוסף וליהודה, ולכל שבט משבטי י־ה הנדרש לגלות את הגוון המיוחד שלו באבני החושן – בתחומי הרוח והמעשה, הנוי והמדע, החסד והגבורה – כולם חיוניים לבניינה השלם של האומה, ועל כולם לקבל זה מזה ולתת זה לזה באהבה״. אנחנו אומרים כאן דבר יסודי. שילוב הכוחות לא נועד רק לקבץ אותם יחד, כי ״יחד״ כזה יכול להיות שטחי, יוניפורמי, ׳כֻּלוֹ וָ׳חַד׳ כפי שאומרים, כאילו כולם אותו דבר. אנחנו אומרים את ההיפך מזה: נחוצה השלמה בין כוחות שונים מבלי לטשטש את השוני, באופן קומפלֶמֶנטָרִי [=ממלא ומשלים] כפי שזה מכונה בלשון פילוסופית־מדעית. השילוב הפורֶה יתקבל מן ההשלמה ההדדית בין אנשי המעשה לאנשי הרוח, בין אנשי הספרות, המתמטיקה, הפועלים הפשוטים ומנהיגי האומה. לכל אחד תפקידו בָּאחדות הכוללת!

אפשר להסביר זאת כצלילים שונים במנגינה או ביצירה מוסיקלית, אך בואו נראה הסבר אחר. לקראת השבת הקרובה – שבה נקרא בפרשת תרומה – כתבתי מאמר בגיליון ׳מעט מן האור׳, ובו העזתי לעסוק בסודות וניסיתי להאיר משהו מן הקטע בספר ה׳זוהר׳ שאנו אומרים בליל שבת קודש (בנוסח ספרד) בין ׳קבלת שבת׳ לבין תפילת ערבית, זה הקטע הפותח: ״כְּגַוונא דְאִינוּן מִתייחדין לעֵילא באחד״.[12]

הראיתי שם שֶׁבַּמשכן משתתפים יסודות שונים וגוונים שונים ב״סולם הצבעים הרבגוני: מהזהב והכסף, התכלת והארגמן, ועד עורות האֵילים המְאוּדָמים ועורות התחשים הססגוניים״. כתבתי גם שכל

---

אבל לא יוכל לבוא לשלֵמות גבורתו ... כי־אם על־ידי ׳זרע אדם׳, שהם קרואים להיווצר על־ידי גדולת עוז קודש״.

12 חלק מן המאמר הזה יינתן בסוף סִדרת השיעורים הזאת, כמעַין שִׁחזור של שיעור אחרון אשר חנן תכנן למסור, ולא מסר. ראה זאת להלן, עמ׳ 307 ואילך.

הספקטרום של צבעי הקשת הוא פירוט של האור הלבן. על־כן, ״כשם שהגוונים העליונים מתאחדים למעלה באחד, כך גם בעולמֵנו עתידים הגוונים השונים – שֶהתפצלו לְכוחות הנלחמים זה בזה לעיתים – לשוב ולהתאחד לאור אחד, טהור וזך, הנוטל את אורו מ׳אור אֵין סוף׳״.

ומי לדעתכם גילה מבחינה מדעית שכל הגוונים מקורם בצבע הלבן? – אלה דברים שלא ידעו קדמונֵינו, אולי ידעו זאת ברוח הקודש, אך זהו גילוי של אייזיק ניוטון, המדען הדגול.[13]

ובכן, המיצוי והשיתוף של הכוחות השונים זהו השילוב האמיתי; ממש כמו אחדות איש ואִשה המתקיימת על־ידי מיצוי הכוח של כל אחד משניהם, בחיבור המתאפשר דווקא בזכות השוני שביניהם: ״עַל כֵּן יַעֲזָב אִישׁ אֶת אָבִיו וְאֶת אִמּוֹ וְדָבַק בְּאִשְׁתּוֹ, וְהָיוּ לְבָשָׂר אֶחָד״ (בראשית ב׳ כ״ד).

חברים, זהו עומק העניין של קיבוץ הגָלויות. זה עומק עניינה של החברה אשר פועלים בה הכוחות השונים. מי שחושב שרק כוח אחד יוביל, וידכא את הכוח השני – איננו מבין כלום בָּעניין הזה! ועם זאת, המַפתֵחַ הוא בַּהכרה שהנקודה הרוחנית, האֱמונית, היא הניצבת בָּראש, ממש כשם שֶהשֵׂכֶל, הראש, הוא המַנחֶה את הגוף. שני הדברים שאמרנו כאן חייבים לעמוד יחדיו, כי רק כך נוצר השילוב הנכון בין שני הכוחות, שילוב שהוא קריטי וחיוני לעמידתו של הבית המשותף. אם הופכים את היוצרות – אם בִּמקום ׳עָנִי וְרוֹכֵב עַל חֲמוֹר׳ מקיימים ׳חמור הרוכב על עני׳ [חנן צוחק וסופק כפיים אך מרצין מיד] – אזי באמת ישנו שבר גדול מאד...

13 לא מיותר להזכיר כאן שֶאייזיק ניוטון – (אשר נפטר בשנת 1727, כשהיה הרמח״ל בן עשרים והגר״א ילד בן שבע) – הִרבָּה לעסוק בַּ׳מקדש היהודי׳, במשמעות מידותיו, ובתכנים רוחניים ודתיים הקשורים בו. רשימותיו אלה שמורות כיום בספריה הלאומית בירושלים, אחרי דיונים משפטיים מורכבים שנמשכו שנים ארוכות.

## כוחו המיוחד של בנימין, המחבר בין יוסף ליהודה

מכאן נעבור וניגע בדמות אחת, משמעותית מאד, שעליה לא דיברנו עד כה, והיא: **בנימין**.

בנימין הוא זה אשר נמצא בתווך, בין יוסף לבין יהודה. אם תשימו לב, תוכלו להבחין כי ישנו כאן משהו מן הסוד.

נראה זאת תחילה על־פי מהלך ההיסטוריה – בשלוש המצוות הממלכתיות שֶׁנִצטוו בהן ישראל בכניסתן לארץ.

מהן שלוש המצוות הללו? – להעמיד להם מלך, להכרית זרעו של עמלק, ולבנות את בית־הבחירה. כך אומרת הגמרא בסנהדרין (בדף כ׳ עמ׳ ב׳) וכך פוסק הרמב״ם בראש הלכות מלכים. את המלחמה בעמלק ניתן להרחיב ולראות בה מִצוַת מלחמה בכל הגויים העומדים כנגד ישראל. ובכן, שימו נא לב כי בשלוש המצוות המיוחדות, הלאומיות, הממלכתיות הללו – מלכות, מלחמה ומקדש – פותח בקיומן מנהיג מזרע אפרים, הלוא הוא יהושע אשר מוגדר כמלך, אחריו בא שאול בן שבט בנימין, ובהמשך – דָוִד, מלכא משיחא.

**בַּמלכות**: פותח יהושע כובש הארץ, אחריו שאול, ואחריו דָוִד, בן שבט יהודה.

**בהכרתת זרעו של עמלק**: תחילה אומר משה ליהושע: ״בְּחַר לָנוּ אֲנָשִׁים וְצֵא הִלָּחֵם בַּעֲמָלֵק״ (שמות י״ז ט׳) – אנחנו נקרא זאת בפורים[14] – ואחר־כך, עם תום הקרב, אומר ה׳ אל משה (שם בפסוק י״ד): ״כְּתֹב זֹאת זִכָּרוֹן בַּסֵּפֶר וְשִׂים בְּאָזְנֵי יְהוֹשֻׁעַ, כִּי מָחֹה אֶמְחֶה אֶת זֵכֶר עֲמָלֵק מִתַּחַת הַשָּׁמָיִם״.

והשלב הבא במלחמת עמלק מוטל על שאול, איש בנימין, אך הוא לא משלים את המלאכה... ומי משלים? – מרדכי היהודי, מבנימין, בשעה שהוא עומד ומנצח את המן בן המדתא האגגי, צורר היהודים.[15]

---

14 השיעור הזה ניתן ביום ד׳ באדר, וימי הפורים כבר קרובים.

15 חנן מכוון כאן למדרש ידוע, אשר מקורו אינו ידוע. הוא מובא לָראשונה (בפתיחה: ״בַּמדרש״), בספר ׳מושב זקנים׳ (לפרשת בְּשַׁלַּח י״ז ח׳) שהוא

ישנו פסוק שרומז לכך בשירת דבורה: ״מִנִּי אֶפְרַיִם שָׁרְשָׁם בַּעֲמָלֵק [על-ידי יהושע], אַחֲרֶיךָ בִנְיָמִין בַּעֲמָמֶיךָ״ (שופטים ה׳ י״ד). ולאחר הדברים הללו ממשיך דָוִד ומכה את הגדוד העמלקי אשר שרף את צִקלג, כַּמסופר בסוף ספר שמואל-א׳ (פרק ל׳).

ובבניין בית-הבחירה: בתחילה מוקם המִשכָּן בשילֹה אשר בנחלת אפרים. זמן ארוך עמד שם המִשכָּן – 369 שנים – בסך-הכול ארבעים-ואחת שנים פחות מימי המקדש בירושלים, אשר עמד 410 שנים. ומקרא מלא הוא, לאחר חורבן שילֹה, בדברי משורר התהִלים (ע״ח ס״ז): ״וַיִּמְאַס בְּאֹהֶל יוֹסֵף וּבְשֵׁבֶט אֶפְרַיִם לֹא בָחָר״. אחר-כך עבר המִשכָּן אל נוב וגבעון אשר בנחלת בנימין, ורק אחר-כך – לירושלים שביהודה, כדברי הפסוק הסמוך בתהִלים ע״ח: ״וַיִּבְחַר אֶת שֵׁבֶט יְהוּדָה, אֶת הַר צִיּוֹן אֲשֶׁר אָהֵב״. ודרך אגב, כפי שאומרת הגמרא (במסכת זבחים דף נ״ג עמ׳ ב׳), בהר הבית נושקות זו לזו נחלות בנימין ויהודה – המקדש בחלקו של יהודה, והמזבח בחלקו של בנימין.

ובכן, אתם רואים כאן מהלך אֱ-לֹהי גדול, אשר מוביל את הדברים אל הנהגת האומה דרך המצוות המרכזיות המוטלות עליה – החל מאפרים, דרך בנימין, ועד שבט יהודה. אמרתי את הדברים רק על קצה המזלג, לאחר שעסקתי בהם הרבה ולא מצאתי אותם מוצגים בצורה שיטתית שכזו בשום מקום אחר. אלה הם דברים הראויים להעמקה רבה, וצריך להבין את ייחודם של השבטים ואת התפקיד המיוחד לכל אחד מהם. במאמר המִספֵּד האיר לנו הרב את היחס שבין יוסף ויהודה – בבניין החומר והרוח, גוף האומה ונִשמתה – ואנו מוסיפים כאן ביניהם את שבט בנימין.

בואו, התבוננו בפרק פ׳ בתהִלים, ראו שכל כולו נֶאמר על בניה של רחל – ובתוכם נמצא גם את בנימין.

---

אסופת דברים של בעלי התוספות, ואחר-כך גם בדברי מפרשים ודרשנים אחרים. על פי המדרש אומר אגג לשמואל ״אָכֵן סָר מַר הַמָּוֶת״ (שמואל-א׳ ט״ו ל״ב), רגע אחד לפני ששמואל מְשַׁסֵּף אותו, לאחר שבַּלילה הקודם הוא הטיל את זוהמתו בשִפחה אחת – כך ״זכה״ להמשך זרעו – ומצאצאיה של אותה שפחה נולד המן האגגי.

נקרא את המזמור:

> ״לַמְנַצֵּחַ אֶל שֹׁשַׁנִּים, עֵדוּת לְאָסָף מִזְמוֹר. רֹעֵה יִשְׂרָאֵל הַאֲזִינָה, נֹהֵג כַּצֹּאן יוֹסֵף, יֹשֵׁב הַכְּרוּבִים הוֹפִיעָה! לִפְנֵי אֶפְרַיִם וּבִנְיָמִן וּמְנַשֶּׁה עוֹרְרָה אֶת גְּבוּרָתֶךָ, וּלְכָה לִישֻׁעָתָה לָּנוּ״. – הנה הם שלושת השבטים, בניה של רחל הנבחרים מכל שבטי ישראל. ועכשיו ניתן כאן תיאור כואב... – ״אֱ־לֹהִים הֲשִׁיבֵנוּ, וְהָאֵר פָּנֶיךָ וְנִוָּשֵׁעָה! ה׳ אֱ־לֹהִים צְבָאוֹת, עַד מָתַי עָשַׁנְתָּ בִּתְפִלַּת עַמֶּךָ? הֶאֱכַלְתָּם לֶחֶם דִּמְעָה, וַתַּשְׁקֵמוֹ בִּדְמָעוֹת שָׁלִישׁ. תְּשִׂימֵנוּ מָדוֹן לִשְׁכֵנֵינוּ, וְאֹיְבֵינוּ יִלְעֲגוּ לָמוֹ. אֱ־לֹהִים צְבָאוֹת הֲשִׁיבֵנוּ, וְהָאֵר פָּנֶיךָ וְנִוָּשֵׁעָה. גֶּפֶן מִמִּצְרַיִם תַּסִּיעַ, תְּגָרֵשׁ גּוֹיִם וַתִּטָּעֶהָ״. – כנסת ישראל אשר הִסַּעְתָּ ממִצְרַיִם, ׳תְּגָרֵשׁ גּוֹיִם וַתִּטָּעֶהָ׳; ומי היה זה שֶׁעמד בראש המפעל של גירוש גויים ונטיעת העם בארצו? יהושע בן נון. – ״פִּנִּיתָ לְפָנֶיהָ, וַתַּשְׁרֵשׁ שָׁרָשֶׁיהָ וַתְּמַלֵּא אָרֶץ. כָּסּוּ הָרִים צִלָּהּ, וַעֲנָפֶיהָ אַרְזֵי אֵל. תְּשַׁלַּח קְצִירֶהָ עַד יָם, וְאֶל נָהָר יוֹנְקוֹתֶיהָ. לָמָּה פָּרַצְתָּ גְדֵרֶיהָ וְאָרוּהָ כָּל עֹבְרֵי דָרֶךְ? יְכַרְסְמֶנָּה חֲזִיר מִיָּעַר, וְזִיז שָׂדַי יִרְעֶנָּה. אֱ־לֹהִים צְבָאוֹת שׁוּב נָא, הַבֵּט מִשָּׁמַיִם וּרְאֵה, וּפְקֹד גֶּפֶן זֹאת! וְכַנָּה אֲשֶׁר נָטְעָה יְמִינֶךָ, וְעַל בֵּן אִמַּצְתָּה לָּךְ״.

מי זו ה׳כַנָּה אֲשֶׁר נָטְעָה יְמִינֶךָ׳? זה יוסף. ומיהו ׳בֵּן אִמַּצְתָּה לָּךְ׳? זהו בנימין. רחל, אם הבנים, היא היא הגפן אשר שורשיה, בָּנֶיהָ, מָלאו ארץ. זו הפעם היחידה שמופיעה המילה ׳כַּנָּה׳ בכל התנ״ך. והנה לנו ה׳כַּנָּה׳ הזאת אשר עליה דיבר יחזקאל בחזון שני העצים, ועליה ה׳רוכב׳ שאיננו אמור כאן, הלוא־הוא עץ־יהודה, וכבר הראינו שהנביא מדייק בִּמְשָׁלוֹ באומרו: ׳וְנָתַתִּי אוֹתָם עָלָיו אֶת עֵץ יְהוּדָה וַעֲשִׂיתִם לְעֵץ אֶחָד׳, משמע שעץ־יוסף הוא הבסיס, והרוכב הוא מִמַּעַל. ובדילוג על פסוק אחד, שוב אנו נרמזים: ״תְּהִי יָדְךָ עַל אִישׁ יְמִינֶךָ, עַל בֶּן אָדָם אִמַּצְתָּ לָּךְ״. ׳אִישׁ יְמִינֶךָ׳ הוא בנימין, ו׳אָדָם׳ הוא כינוי ליוסף, אשר מבטא, כדברי הרב קוק, את דמות האדם בישראל, בביטוי כללי שֶׁמתאים גם לָאדם באומות העולם. גם בפרק ע״ח בתהִלים, שני פרקים לפני הפרק

שאנו קוראים בו, נֶאמר בפסוק ס׳: ״וַיִּטֹּשׁ מִשְׁכַּן שִׁלוֹ אֹהֶל שִׁכֵּן בָּאָדָם״, ובפסוק ס״ז כתוב: ״וַיִּמְאַס בְּאֹהֶל יוֹסֵף״. יוסף הוא ה׳אָדָם׳ בַּממד הכללי של ישראל, ואילו ׳בֶּן אָדָם׳ – זהו משיח בן יוסף.

ובכן, תפקידו של בנימין בישועת ישראל – זהו סוד גדול; להבנת הנקודה המיוחדת של בנימין צריך שיעור בפני עצמו... אולי זהו נושא מתאים לקראת פורים, כי הישועה של פורים נעשית על־ידי בנימין. מרדכי ואסתר הם כמובן בני בנימין, ומעניינת זיקתו של מרדכי גם ליהודה – שני הייחוסים כתובים בראשו ובסופו של הפסוק במגילת אסתר (ב׳ ה׳): ״אִישׁ יְהוּדִי הָיָה בְּשׁוּשַׁן הַבִּירָה וּשְׁמוֹ מָרְדֳּכַי בֶּן יָאִיר בֶּן שִׁמְעִי בֶּן קִישׁ אִישׁ יְמִינִי״. מי שעמד על הבנת תפקידו המיוחד של בנימין בַּתָּוֶךְ – בין שני הכוחות של יוסף ויהודה – הוא הרמח״ל, רבי משה חיים לוצאטו, אשר כותב באיגרת לרבו: ״ודע כי בנימין הוא המחבר אותם״, היינו מחבר בין יוסף ליהודה. תפקיד החיבור נעוץ בבנימין.[16] זה סוד גדול, אשר כדי להבין אותו צריך לרדת עד שורש נשמתו של יהונתן בן שאול, שֶׁאהב את דָּוִד כאהבת נפשו!

16 כפי שכבר הערנו לעיל (בהערה 6 עמ׳ 227), עסק חנן בהרחבה בתפקידו של בנימין, בשיעוריו על מִשנָתו של הרמח״ל בנושאי הגאולה ושני המשיחים, משיח בן יוסף ומשיח בן דָוִד. שיעורים אלה יובאו להלן, כחלק שלישי בספר זה, וראה שם בעמ׳ 411 ואילך.
נקדים את המאוחר ונגלה כי **נספח ב׳** לחטיבת שיעורי הרמח״ל, יובא מאמרו של חנן בגיליון ׳מעט מן האור׳, אשר הוכתר: ׳סודו של בנימין׳. ראה זאת להלן בעמ׳ 517.

**שיעור מס' 11 – י"ח באדר תשס"ז**

# פרק י"ד והרחבותיו

## פתיחה וקריאת הפרק

חברים יקרים, נקרא את תִשעת הפסוקים הראשונים בפרק י"ד, והדברים עמוקים עד מאד... בהמשך השיעור נרחיב בעיקר בנושא אחד, אשר מתקשר גם לַטהרה שאליה אנחנו נדרשים לקראת הכניסה לחג הפסח – וכוונתי לנביעת המים החיים מירושלים.[1]

הִנֵּה יוֹם בָּא לַה', וְחֻלַּק שְׁלָלֵךְ בְּקִרְבֵּךְ. וְאָסַפְתִּי אֶת כָּל הַגּוֹיִם אֶל יְרוּשָׁלַ͏ִם לַמִּלְחָמָה, וְנִלְכְּדָה הָעִיר, וְנָשַׁסּוּ הַבָּתִּים, וְהַנָּשִׁים תִּשָּׁכַבְנָה, וְיָצָא חֲצִי הָעִיר בַּגּוֹלָה, וְיֶתֶר הָעָם לֹא יִכָּרֵת מִן הָעִיר. וְיָצָא ה' וְנִלְחַם בַּגּוֹיִם הָהֵם, כְּיוֹם הִלָּחֲמוֹ בְּיוֹם קְרָב. וְעָמְדוּ רַגְלָיו בַּיּוֹם הַהוּא עַל הַר הַזֵּתִים אֲשֶׁר עַל

1 השיעור הזה מתקיים ביום י"ח באדר, בתוך שלושים הימים לפני חג הפסח, וכידוע אלה הם ימים אשר דורשים בהם בהלכות המועד הקרוב. השיעור ניתן לאחר דילוג על המועד השבועי הקבוע; בסוף השיעור הקודם הודיע חנן שלא יוכל לתת שיעור בשבוע הבא, כי "אנו עוסקים במצווה גדולה, ביישוב יהודים ביפו".
זהו השיעור האחרון אשר יש בידינו תיעוד שלו, אך חנן 'מבטיח' מיד להלן כי "בשבוע הבא" הוא ימסור את השיעור האחרון בַּסִדרה, ואף קובע במה הוא יעסוק. על-פי 'הבטחותיו' בנינו 'שיעור משוער' אחרון, אשר ניתנים בו דבריו של חנן הלקוחים ממקום אחר – וראה זאת להלן בהמשך.

פְּנֵי יְרוּשָׁלַיִם מִקֶּדֶם, וְנִבְקַע הַר הַזֵּיתִים מֵחֶצְיוֹ מִזְרָחָה וָיָמָּה, גֵּיא גְּדוֹלָה מְאֹד, וּמָשׁ חֲצִי הָהָר צָפוֹנָה וְחֶצְיוֹ נֶגְבָּה. וְנַסְתֶּם גֵּיא הָרַי, כִּי יַגִּיעַ גֵּי הָרִים אֶל אָצַל, וְנַסְתֶּם כַּאֲשֶׁר נַסְתֶּם מִפְּנֵי הָרַעַשׁ בִּימֵי עֻזִּיָּה מֶלֶךְ יְהוּדָה, וּבָא ה׳ אֱ־לֹהַי כָּל קְדֹשִׁים עִמָּךְ. וְהָיָה בַּיּוֹם הַהוּא לֹא יִהְיֶה אוֹר יְקָרוֹת וְקִפָּאוֹן. וְהָיָה יוֹם אֶחָד, הוּא יִוָּדַע לַה׳, לֹא יוֹם וְלֹא לָיְלָה, וְהָיָה לְעֵת עֶרֶב יִהְיֶה אוֹר. וְהָיָה בַּיּוֹם הַהוּא יֵצְאוּ מַיִם חַיִּים מִירוּשָׁלַיִם, חֶצְיָם אֶל הַיָּם הַקַּדְמוֹנִי וְחֶצְיָם אֶל הַיָּם הָאַחֲרוֹן, בַּקַּיִץ וּבָחֹרֶף יִהְיֶה. וְהָיָה ה׳ לְמֶלֶךְ עַל כָּל הָאָרֶץ, בַּיּוֹם הַהוּא יִהְיֶה ה׳ אֶחָד וּשְׁמוֹ אֶחָד.

נעצור כאן... אתם כבר רואים – לפי העוצמות והגובה של הפסוקים הללו – שֶׁבאמת אנו עומדים ומקשיבים לחיזיון מופלא ומדהים, חציו במושגים ריאליים, וחציו במושגים גבוהים מהשָּׂגָתֵנו. נזכיר רק כמה ביטויים, במיוחד בפסוקים האחרונים שקראנו. למשל בפסוק ז׳: ״וְהָיָה יוֹם אֶחָד, הוּא יִוָּדַע לַה׳, לֹא יוֹם וְלֹא לָיְלָה״ – מוכר לכם? – כן, מן ההגדה של פסח, זו שורה בְּפיוט שאנו עתידים לומר בליל הסֵדֶר: ״קָרֵב יוֹם אֲשֶׁר הוּא לֹא יוֹם וְלֹא לַיְלָה״... אולי בשבוע הבא נקדיש את השיעור האחרון לַביטוי המיוחד הזה: ״לֹא יוֹם וְלֹא לָיְלָה, וְהָיָה לְעֵת עֶרֶב יִהְיֶה אוֹר״. מה עניינו של האור בליל הסֵדֶר דווקא, בלֵיל הִתְקַדֵּשׁ חג? ומה זה: ״קָרֵב יוֹם אֲשֶׁר הוּא לֹא יוֹם וְלֹא לַיְלָה״? אולי באמת נעמוד על ההקבלה שבין הפיוט לבין המקור שלו, כאן אצלנו בספר זכריה.[2]

2 ובהמשך להערה הקודמת, הנה קובע כאן חנן כי בשיעור הבא, האחרון, הוא יעסוק בְּפיוט־ליל־הסדר אשר חיבר ינאי, ׳וּבְכֵן וַיְהִי בַּחֲצִי הַלַּיְלָה׳, הכולל את השורה: ׳קָרֵב יוֹם׳ וכו׳, ובמקורו־של־דבר בנבואת זכריה.
בַּפִּסקאות הבאות מוסיף חנן כי ״בשבוע הבא״ יעמוד על פירוש הפסוק ״בַּיּוֹם הַהוּא יִהְיֶה ה׳ אֶחָד וּשְׁמוֹ אֶחָד״. כאמור, השיעור האחרון כנראה לא התקיים כלל, ולהלן אנסה לרשום לו שִׁחזור חלקי.

אבל שימו לב לַביטוי הזה, פסוק ט׳, אשר עומד במוקד תפילָתֵנו וגם חותם את תפילותֵינו: ״וְהָיָה ה׳ לְמֶלֶךְ עַל כָּל הָאָרֶץ, בַּיּוֹם הַהוּא יִהְיֶה ה׳ אֶחָד וּשְׁמוֹ אֶחָד״.

כך אנו חותמים את תפילת ׳עלינו לשבח׳ שלוש פעמים בכל יום; כך בראש השנה, בין עשרת הפסוקים של ׳מלכויות׳ בתפילת העמידה, מופיע הפסוק: ״וְהָיָה ה׳ לְמֶלֶךְ עַל כָּל הָאָרֶץ״ וגו׳; וכך אנו חותמים גם את פרק שירת הים בתפילת שחרית: ״וְעָלוּ מוֹשִׁעִים בְּהַר צִיּוֹן לִשְׁפֹּט אֶת הַר עֵשָׂו, וְהָיְתָה לַה׳ הַמְּלוּכָה״ (עובדיה א׳ כ״א). ״וְהָיָה ה׳ לְמֶלֶךְ עַל כָּל הָאָרֶץ, בַּיּוֹם הַהוּא יִהְיֶה ה׳ אֶחָד וּשְׁמוֹ אֶחָד״. כלומר, זהו פסוק שחכמים נטלו אותו ועשאוּהוּ עטרה **לפִסגת השאיפות ופִסגת הייעודים של הגאולה.**

גם על פסוק זה ארצה לעמוד, אולי, בעזרת השם, בשבוע הבא. כהכנה לַשיעור – למי שמעוניין – כתבתי על הפסוק הזה בגיליון ׳מעט מן האור׳ לפרשת תרומה, לפני כשבועיים, בביאור לתפילת ״כְּגַוונא״ שאנו אומרים בערב שבת. זהו קטע מן ה׳זוהר׳ לפרשת תרומה, והוא מסתיים כך: ...״לְמֶהֱוֵי [להיות] אחד באחד, והא אוֹקִימְנָא רָזָא [ובזה העמדנו את הסוד] של ׳ה׳ אֶחָד וּשְׁמוֹ אֶחָד׳״. ובכן, גם ה׳זוהר׳ הקדוש רואה בפסוק הזה את תמצית הגאולה – צריך התבוננות בזה – והדברים שכתבתי יוכלו להיות דברי רקע. אבל על כל זאת נדבר בעזרת השם בשבוע הבא.[3]

## מלחמת הגויים על ירושלים (2)

בשיעור הזה אני רוצה להסב את תשומת הלב בעיקר אל פסוק ח׳ שֶׁאומר: ״וְהָיָה בַּיּוֹם הַהוּא יֵצְאוּ מַיִם חַיִּים מִירוּשָׁלַיִם״ וגו׳ – אבל עלינו להקדים לכך עוד כמה דברי רקע:

3 כאמור, חנן כתב את מאמרו על ׳כְּגַוונא׳ רק כשבועיים לפני מתן השיעור הזה, משמע שעיסוקו בהבנת עומק הפסוק היה אז בבחינת ׳לֶחֶם חֹם בְּיוֹם הִלָּקְחוֹ׳. שִׁחזור השיעור המובטח ״בשבוע הבא״ – שיעור שלא ניתן – נעשָׂה על־פי המאמר הזה.

תראו, לַנבואה הזו שלפנינו אנחנו יכולים למצוא סימוכין ואותות גם בכמה אירועים שעברו עלינו בדור האחרון, ואם תרצו – אולי אפילו במלחמת השחרור. אף־על־פי שאני חוזר ומזהיר – ואמרנו זאת גם בראשית הלימוד בַּנבואות הללו – שכל ניסיון לאתר דברים באופן מדויק או לִצפות דברים על־פי הנבואה – צריך הרבה מאד זהירות. בכלל, יש בַּנבואות פעמים רבות מה שניתן לכנות ׳דחיסת תהליכים׳; כלומר, תהליכים שמתרחשים על פני עשרות או מאות שנים יכולים להתרכז ולהימסר בנבואה תמציתית אחת.

ובכל־זאת, כשאנחנו קוראים למשל בפסוק ב׳: ״וְאָסַפְתִּי אֶת כָּל הַגּוֹיִם אֶל יְרוּשָׁלַיִם לַמִּלְחָמָה, וְנִלְכְּדָה הָעִיר״, ואחר־כך: ״וְיָצָא חֲצִי הָעִיר בַּגּוֹלָה, וְיֶתֶר הָעָם לֹא יִכָּרֵת מִן הָעִיר״. מה זה מזכיר לכם? באמת, במלחמת השחרור, בעת כיבושה של העיר העתיקה על־ידי הלִגיון הירדני, יצא חצי העיר בַּגולה – תושבי הרובע היהודי נלקחו בַּשֶּׁבי – וחצי העם לא נכרת מן העיר. ירושלים הופרדה לשניים בקו של גבול, עד שזכינו במלחמת ששת הימים והיא שבה להיות ״כְּעִיר שֶׁחֻבְּרָה לָּהּ יַחְדָּו״ (תהלים קכ״ב ג׳).

ויחד עם זאת, הביטוי של ״וְאָסַפְתִּי אֶת כָּל הַגּוֹיִם אֶל יְרוּשָׁלַיִם לַמִּלְחָמָה״ מלמד אותנו שאנו לא עוסקים כאן רק במלחמה מול הלִגיון הערבי, אלא – נפתח אוזן לדברי הנבואה – ניצבת לפנינו, מאחורי הדברים הללו, **ממש מלחמת עולם!**

זכריה הנביא, ובמקביל לו גם נביאים אחרים, משרטטים לפנינו תמונה שאי־אפשר לומר שכבר התקיימה, וגם איננו יודעים כיצד תתקיים. אבל דבר אחד ברור: ירושלים בַּמוקד. **ירושלים – לב העניין!** וכבר קראנו בפרק י״ב (פסוק ג׳): ״וְהָיָה בַיּוֹם הַהוּא אָשִׂים אֶת יְרוּשָׁלַיִם אֶבֶן מַעֲמָסָה לְכָל הָעַמִּים, כָּל עֹמְסֶיהָ שָׂרוֹט יִשָּׂרֵטוּ, וְנֶאֶסְפוּ עָלֶיהָ כֹּל גּוֹיֵי הָאָרֶץ״. הגויים מנסים להרים אותה, כביכול, ואינם מצליחים... ובפסוק הקודם לזה ישנו עוד ביטוי נורא: ״הִנֵּה אָנֹכִי שָׂם אֶת יְרוּשָׁלַיִם סַף רַעַל לְכָל הָעַמִּים סָבִיב״ – ירושלים מרעילה את כל הלבבות...

ואכן אנחנו רואים במו עינינו כיצד ירושלים הופכת למוקד. ראו את ׳הפלג הצפוני׳ של המנוול הזה, המוסלמי... מהי ירושלים בשביל הערבים? הרי היא איננה מוזכרת בַּקוראן – אפילו לא פעם אחת –

ופתאום הרימו את ירושלים על נס, עוד יותר מאשר מֶכָּה ומַדינה...[4] והנצרות – אין מה לדבר – הפכה את ירושלים לראש מאווייה. ומנגד, אנו רואים גם גויים אוהבי ישראל, למשל חברי כת המָקוֹיָה אשר באים ממרחקים – מִיַּפָּן – לקיים עליה לָרגל בריקודים לירושלים... איך אפשר להסביר את התופעה הפלאית הזו, שירושלים הקטנה – שאיננה בין מרכזֵי הפעילות כמו אמריקה, בירות אירופה, או המזרח הרחוק – הפכה למוקד העולם? איך היא נהייתה למשאת נפש? הלוא דבר הוא! יש כאן **חיוב ושלילה**, אמת ושקר – כל מינֵי עיוותים, דברים עקומים, כל מינֵי 'שְׁטיקים' – אבל עצם הדבר הזה מלמד אותנו משהו על סודה של ירושלים.[5]

הדברים הללו אשר מצוינים כאן בספר זכריה, אמורים גם בספר יואל – בביטוי רחב עוד יותר, ובעוצמה מוגברת – בואו נקרא בינתיים רק שני פסוקים בראש פרק ד': "כִּי הִנֵּה בַּיָּמִים הָהֵמָּה וּבָעֵת הַהִיא, אֲשֶׁר אָשִׁיב אֶת שְׁבוּת יְהוּדָה וִירוּשָׁלִָם. וְקִבַּצְתִּי אֶת כָּל הַגּוֹיִם, וְהוֹרַדְתִּים אֶל עֵמֶק יְהוֹשָׁפָט, וְנִשְׁפַּטְתִּי עִמָּם שָׁם עַל עַמִּי וְנַחֲלָתִי יִשְׂרָאֵל אֲשֶׁר פִּזְּרוּ בַגּוֹיִם, וְאֶת אַרְצִי חִלֵּקוּ".

לגבי זיהויו של 'עֵמֶק יְהוֹשָׁפָט' ישנן כמה דעות בין המפרשים, אך הדעה המקובלת היא שזהו נחל קִדרון – מִמזרח לחומות העיר העתיקה – זה הנחל הגדול המפריד בין העיר העתיקה, הר הבית ועיר־דָוִד, מצד אחד, לבין רכס הר הצופים, הר הזיתים וכפר השילוח, מצד שני.

---

4 חנן מכוון אל השֵיח' ראאד סאלח, ראש הפֶּלֶג הצפוני של התנועה האִסלָאמית. הפֶּלֶג הִתפלג מתנועת האֵם כי דגל בדֶה־לגיטימציה של מדינת ישראל ובאִי השתתפות בבחירות לַכנסת. סאלח הפך את הר הבית למוקד פעילותו כנגד "הכיבוש", נקט ביטויים קשים ומתריסים ואף נידון למאסרים בגין התפרעות ותמיכה בטרור. כחודש לפני מועד השיעור הזה עמדו ראאד סאלח ואנשיו במוקד המאבק נגד חידוש 'גשר המוגרבים' המוביל להר הבית, ואכן – עד היום הזה (2022) – ניצב שם "הגשר הזמני"...

5 יש להזכיר כי בשיעור מס' 2 כבר דן חנן בנושא ירושלים כמוקד עולמי לכל הגויים – כאשר לימד את פרק י"ב – וראה זאת לעיל מעמ' 154 ואילך.

הביטוי האחרון בַּפסוק ידוע מנאומו של הרב צבי־יהודה ערב מלחמת ששת הימים – זה היה בלֵיל יום העצמאות – והרב עמד וזעק: ״וְאֶת אַרְצִי חִלֵּקוּ!״... חברים, זה היה הנאום הגדול ביותר ששמעתי בימי חיי! הרב צבי־יהודה דיבר על שעת ההחלטה באו״ם על ׳תוכנית החלוקה׳, ביום כ״ט בנובמבר [1947] – חלוקת ארץ ישראל לשתי מדינות, יהודית וערבית – כשהעם יצא לשמוח בְּרחובות. ״לא יכולתי לשמוח״, אמר הרב צבי־יהודה, ״ישבתי ואמרתי לעצמי: איך נתקיים בנו הכתוב: ׳וְאֶת אַרְצִי חִלֵּקוּ׳? איפה חברון שלנו? איפה שכם שלנו? איפה יריחו שלנו?״...[6] כולנו עמדנו שם תמֵהים: מאיפה זה בא לו פתאום? מי חשב אז על חברון, על שכם, או על יריחו? המקומות הללו נראו בסוף העולם... ולמחרת היום, ביום העצמאות עצמו, באמצע מְצעַד צה״ל, פתאום הגיעה ההודעה שֶׁנאצר, שליט מִצרַים, סגר את מְצָרֵי טירָן, שהוא מגרש את משקיפי האו״ם ושהוא מכניס את צבאו לסינַי... התחילו לדבר אז על הג׳יהאד, על כך שצבאות ערב הולכים להשמיד את מדינת ישראל, וכעבור שבועיים של המתנה, חזרנו אל חברון, אל שכם, ואל יריחו...

בהמשך נבואתו ממשיך יואל וקורא לַגויים, כביכול, לעלות על ירושלים לַמלחמה. במידה של אירוניה הוא אף הופך את נבואת השלום של ישעיהו וקורא אליהם (ד׳ י׳-י״א): ״כֹּתּוּ אִתֵּיכֶם לַחֲרָבוֹת וּמַזְמְרֹתֵיכֶם לִרְמָחִים! הַחַלָּשׁ יֹאמַר גִּבּוֹר אָנִי. עוּשׁוּ וָבֹאוּ כָל הַגּוֹיִם מִסָּבִיב״ וכו׳. כבר ראינו את הנבואה הזאת בתחילת הלימוד שלנו,[7] והנה כך מסתיימת המלחמה שם: ״וַה׳ מִצִּיּוֹן יִשְׁאָג וּמִירוּשָׁלַיִם יִתֵּן קוֹלוֹ, וְרָעֲשׁוּ שָׁמַיִם וָאָרֶץ, וַה׳ מַחֲסֶה לְעַמּוֹ וּמָעוֹז לִבְנֵי יִשְׂרָאֵל. וִידַעְתֶּם

6 נאומו זה של הרב צבי־יהודה קיבל לימים את הכותרת ׳מזמור י״ט של מדינת ישראל׳. חנן מצטט מזיכרונו, ומקצר את דברי הרב. ניתן לראות טקסט מלא של הנאום הזה – ואף להאזין בהקלטה לקולו של הרב צבי־יהודה – באתר האינטרנט ׳ישיבה׳, לפי הכתובת:
https://www.yeshiva.org.il/midrash/2022
הקטע שחנן מדבר עליו כאן – בַּדקה הרביעית של ההקלטה.

7 שוב וראה זאת לעיל, בעמ׳ 156.

כִּי אֲנִי ה׳ אֱ־לֹהֵיכֶם שֹׁכֵן בְּצִיּוֹן הַר קָדְשִׁי, וְהָיְתָה יְרוּשָׁלַיִם קֹדֶשׁ, וְזָרִים לֹא יַעַבְרוּ בָהּ עוֹד״ (פסוקים ט״ז-י״ז).

ובכן, לפי הפסוקים הללו עתידה להיות מלחמה בירושלים. **מלחמת עולם!** כך בנבואותיהם של יואל וזכריה, כך גם בנבואת יחזקאל על מלחמת גוג בארצנו (פרקים ל״ח-ל״ט), אם־כי שם פחות מודגשת ירושלים. איך תהיה המלחמה? מתי תהיה? איזה אופי היא תישא? מה בַּנבואה הוא פיזי וממשי, ומה בה הוא חיזָיון רוחני?... כל אלה הם סימני שאלה.

ומה עוד לפנינו? מה צפוי לנו?... עלינו להיות זהירים מאד בלימוד הנבואות, לא נשרטט פה את מפת הקרב או את לוח הזמנים המדויק. אבל כללו של דבר – נֹאמר שוב – **נקודת המוקד זו ירושלים**. מי שחושב, למשל, שנוכל להגיע להסדרים עם הפלשתינאים – שמדובר רק על בעיות קטנות שֶׁניתן לפתור במשא־ומתן – שֵׁידע מראש שירושלים היא לב העניין! עוד לא ראיתי פלשתינאי אחד שמוכן לוותר על ירושלים. רק **אנחנו** יכולים באִיוַּלתֵּנו לעשות דברי הבל כאלה – כמו שגירשנו ועקרנו את עצמנו מגוש קטיף במו ידינו, וכמו שהחרבנו בעצמנו יישובים בצפון השומרון, בלי שום הסכם.

חברים, עלינו לדעת ולהפנים שאנו ניצבים לפתחו של הר געש גדול, אם נרצה או לא נרצה. ירושלים היא שורש ההִתמודדות מול הפלשתינאים וגם מול העולם המוסלמי הערבי כולו. ראו, למשל, אפילו בדבר של מה־בכך: כשרצו לבנות את גשר המוגרבים – איזו השתוללות היתה![8]

אנו מקווים, בכל ליבנו, שֶׁנחזֶה בבואן של הנבואות הללו – ונזכה לראות גם בסופן הטוב. התגשמות הנבואות תיכרך ודאי בקשיים ובייסורים, וכבר למדנו שהיו מחכמינו זיכרונם־לברכה אשר אמרו על המשיח: ״יֵיתי ולא אַחמִינֵיה״ – אינני רוצה לראות בבואו, מִפחד עוצמת הייסורים... אבל אנחנו תלמידיו של ׳רַב יוֹסף׳ בעניין הזה – כפי שכבר ראינו בסיום מאמרו של הרב קוק על ׳המִספֵּד בירושלים׳ – והוא חָלַק על חבריו ואמר: ״יֵיתי, וְאִזכֵּי דְאֵיתִיב בְּטוּלָא דְכוּפִיתָא דְחַמָרֵיה״: הלוואי שֶׁיבוא, ואזכה לשבת בצל הגללים של חמורו, עם כל המשמעויות הפיזיות והרוחניות הנִלוות לכך.

8 שוב וראה בהערה 4 לעיל בסמוך.

## ביום קרב ייבָּקע הר הזיתים לשניים
## דרך למוצָאֵי מים
## ומלחמת ששת הימים בירושלים

בפסוקים ג׳ וְ־ד׳ אנו רואים שבַּמלחמה על ירושלים תהיה משמעות גדולה ומופלאה להר הזיתים: ״וְיָצָא ה׳ וְנִלְחַם בַּגּוֹיִם הָהֵם, כְּיוֹם הִלָּחֲמוֹ בְּיוֹם קְרָב. וְעָמְדוּ רַגְלָיו בַּיּוֹם הַהוּא עַל הַר הַזֵּתִים אֲשֶׁר עַל פְּנֵי יְרוּשָׁלַיִם מִקֶּדֶם, וְנִבְקַע הַר הַזֵּיתִים מֵחֶצְיוֹ מִזְרָחָה וָיָמָּה, גֵּיא גְּדוֹלָה מְאֹד, וּמָשׁ חֲצִי הָהָר צָפוֹנָה וְחֶצְיוֹ נֶגְבָּה״.

ובכן, מה יהיה כאן בדיוק? – אנחנו מתקשים לדעת. לפי פשוטם של מִקראות – אם מדובר בַּמישור הפיזי – תהיה רעידת אדמה גדולה בירושלים, אשר זכריה מכנה אותה ״רַעַשׁ״ (בפסוק ה׳): ״וְנַסְתֶּם גֵּיא הָרַי, כִּי יַגִּיעַ גֵּי הָרִים אֶל אָצַל״ – נחל אָצַל הוא מדרום לעיר דָוִד, ואָצַל הוא מבני בנימין – ״וְנַסְתֶּם כַּאֲשֶׁר נַסְתֶּם מִפְּנֵי הָרַעַשׁ בִּימֵי עֻזִּיָּה מֶלֶךְ יְהוּדָה״ וגו׳.

ואכן בימי עוזיה היתה ככל הנראה רעידת אדמה גדולה שהרעידה יסודות בירושלים, הסימוכין לה נמצאים בספר עמוס ובישעיהו,[9] ויש ללמוד את העניין מכל מקורותיו.

חז״ל אומרים שהמעמד הנשגב של הקדשת ישעיהו התרחש תוך כדי רעש האדמה הזה – כַּמתואר בפרק ו׳ (א׳־ד׳): ״בִּשְׁנַת מוֹת הַמֶּלֶךְ עֻזִּיָּהוּ, וָאֶרְאֶה אֶת אֲ־דֹנָי יֹשֵׁב עַל כִּסֵּא רָם וְנִשָּׂא, וְשׁוּלָיו מְלֵאִים אֶת הַהֵיכָל. ... וַיָּנֻעוּ אַמּוֹת הַסִּפִּים מִקּוֹל הַקּוֹרֵא, וְהַבַּיִת יִמָּלֵא עָשָׁן״. על פי המדרש, היה זה בַּשנה שבה נִצטָרַע עוזיהו, ומצורע חשוב כמת.[10]

---

9 לגבי נבואת עמוס, הכוונה היא לַפסוק הראשון בַּספר, המציין את מועד תחילת נבואתו, בזו הלשון: ״דִּבְרֵי עָמוֹס אֲשֶׁר הָיָה בַנֹּקְדִים מִתְּקוֹעַ, אֲשֶׁר חָזָה עַל יִשְׂרָאֵל בִּימֵי עֻזִּיָּה מֶלֶךְ יְהוּדָה וּבִימֵי יָרָבְעָם בֶּן יוֹאָשׁ מֶלֶךְ יִשְׂרָאֵל, שְׁנָתַיִם לִפְנֵי הָרָעַשׁ״. לגבי נבואת ישעיהו – חנן מתייחס אליה, כאן מיד.

10 המקור העיקרי לכך הוא במדרש תנחומא לפרשת צַו (י״ג), וראה גם ׳תרגום יונתן׳, רש״י ואבן־עזרא לַפסוקים הללו. החיזָיון אשר רואה ישעיהו בַּמקדש קשור לחטאו של עוזיהו (בן־דודו), אשר גבה לבו והחליט להקטיר קטורת על גבי המזבח, על־אף אזהרת הכוהנים שזהו תפקידם ולא לו העבודה בַּמקדש (דברי הימים־ב׳ כ״ו). יש שֶׁאמרו ◄

יש ללמוד את הפרקים המספרים על עוזיהו – על חטאו, על עונשו ועל קבורתו – בספר מלכים־ב׳ (ט״ו) ובַמקבילה בדברי הימים־ב׳ (כ״ו). ישנם שם סודות גדולים... ניתן לראות גם משהו מהתגליות הארכיאולוגיות שאישרו באופן מופלא את מה שמסופר שם על כך שעוזיהו נִצטָרַע ״וַיֵּשֶׁב בְּבֵית הַחָפְשִׁית״. סוגיות מרתקות...[11]

אבל נחזור לפסוקים שלפנינו: מתחולל רעש, הר הזיתים נבקע, מָש חציו צפונה וחציו דרומה, ואז נוצר בֶּקַע, ״גֵיא גְּדוֹלָה מְאֹד״. בבדיחותא אומַר שֶיש לחשוב מה יהיה גורלו של ׳בית אורות׳, שנמצא בדיוק בַּתָּוֶךְ... בדיוק שם נלחמנו במלחמת ששת הימים... כבשנו את ׳אוגוסטה ויקטוריה׳, על גב הרכס בין הר הזיתים להר הצופים, ואז זכיתי – אני

---

שהרעש היה בבחינת ׳תגובה מיידית׳ מִשמים לחטאו של המלך, ויש שֶאמרו שֶהמקדש עצמו נִבקע ברעש האדמה. הנה קטע ממדרש תנחומא: ״׳וַיָּנֻעוּ אַמּוֹת הַסִּפִּים מִקּוֹל הַקּוֹרֵא׳, הם מזוזות ההיכל ... הוא היה יום הרעש שנֶאמר בו (בזכריה י״ד): ׳וְנַסְתֶּם כַּאֲשֶׁר נַסְתֶּם מִפְּנֵי הָרַעַשׁ בִּימֵי עֻזִּיָּה מֶלֶךְ יְהוּדָה׳, כי ביום שֶעמד עוזיה להקטיר בַּהיכל – רעשו שמים וארץ. ... אף הצרעת זרחה במִצחו, והיה נחשב כמת״.

על פי ׳סדר עולם׳ התרחש האירוע הזה בשנת עשרים ושבע למלכותו של עוזיהו, ויתר שנות מלכותו – עשרים וחמש שנים – היו בבחינת ׳מלכות מנוגעת׳.

11 אל נכון, מתכוון כאן חנן ללוח אבן שהיה ׳ציון׳ על אתר קבורה מִשני של המלך עוזיהו, אשר אליו הועברו עצמותיו בימי הבית השני, כאשר פונה קברו המקורי.

לוח האבן התגלה בשנת 1931 על־ידי ליפא סוקניק, לאחר שפורק מאתר הקבורה, שאיננו ידוע. הכיתוב הוא באֲרָמית, והנה תרגום עברי: ״לכאן הובאו עצמות עוזיה מלך יהודה ואין לפתוח״. בספר דברי הימים־ב׳ (כ״ו כ״ג) נֶאמר שֶעוזיהו נקבר במקום מיוחד בגלל שהיה מצורע – ״וַיִּקְבְּרוּ אֹתוֹ עִם אֲבֹתָיו בִּשְׂדֵה הַקְּבוּרָה אֲשֶׁר לַמְּלָכִים, כִּי אָמְרוּ מְצוֹרָע הוּא״ – ׳שְׂדֵה הַקְּבוּרָה׳ הזה פוּנָה כנראה בימי בית שני, ונחצב קבר חדש לעוזיהו באתר אחר. ישנם חוקרים שֶשיערו כי האתר החדש הוא המכונֶה ׳קבר זכריה׳ בנחל קִדרון, ואחרים סוברים שמערת הקבורה היתה באתר הבניה של הכנסיה הרוסית בראש הר הזיתים, אשר שם מצא סוקניק את הלוח, ושם מזוהה גם ״בית החופשית״ בתעודה מן הגניזה הקָהירית. כיום מוצג הלוח במוזיאון ישראל.

וחברַי הצנחנים – לרדת מ׳אוגוסטה ויקטוריה׳ ברחוב שנקרא ׳שמואל בן עֲדָיָה׳ אל נחל קִדרון, ולעלות ממנו אל שער האריות... באזור הזה מדובר על רעידת האדמה.[12]

אבל מדוע תהיה רעידת אדמה? מה עניינה של רעידת אדמה שם? למה צריך ההר להיבקע צפונה ונגבה כדי שתיווצר גֵּיא גְּדוֹלָה מְאֹד?

התשובה פשוטה, חברים יקרים, והיא ניתנת בפסוק ח׳, בהמשך לאותם פסוקים שאנו עוסקים בהם. רעידת האדמה מתרחשת כדי לאפשר את החיזיון הבא: ״וְהָיָה בַּיּוֹם הַהוּא יֵצְאוּ מַיִם חַיִּים מִירוּשָׁלִַם, חֶצְיָם אֶל הַיָּם הַקַּדְמוֹנִי וְחֶצְיָם אֶל הַיָּם הָאַחֲרוֹן, בַּקַּיִץ וּבָחֹרֶף יִהְיֶה״.

בספר יואל, בהמשך לַנבואה שכבר ראינו קודם, כתוב: ״וּמַעְיָן מִבֵּית ה׳ יֵצֵא, וְהִשְׁקָה אֶת נַחַל הַשִּׁטִּים״ (ד׳ י״ח). הווה אומר שֶׁמהר הבית ינבעו מים חיים, שֶׁטֶף מים הזורמים במישרין אל ׳הַיָּם הַקַּדְמוֹנִי׳ – קֶדֶם זהו כיוון המזרח – כלומר אל ים המלח. לכן נבקע הגיא במקום ההר, כדי לאפשר את זרימתם של המים. בה בָּעֵת, יֵרדו מים גם אל הים התיכון – הוא ׳הַיָּם הָאַחֲרוֹן׳, כי כיוון ה׳אחור׳ של הצופה קֵדמָה הוא מערב – והנביעה מן המקדש תהיה, כביכול, בדיוק על קו פרשת המים.

והחיזיון המופלא הזה מתרחש דווקא לאחר שתהיה המלחמה בַּגויים, או על־כל־פנים כאשר תבוא מציאות אשר תרעיד את ליבותם של כל אלה הצרים על ירושלים.

12 נבואתו זו של זכריה התחברה בנפשו של חנן אל אירועי מלחמת ששת הימים, ״כְּיוֹם הִלָּחֲמוֹ בְּיוֹם קְרָב״, ואל היותו־הוא לוחם לַחיבורה־לה־יחדיו של העיר, באותו מקום ממש. הנה הוא במרומי הר הזיתים אשר ייבָּקַע ל״גֵיא גְּדוֹלָה מְאֹד״, והגיא נמשך והולך ״כִּי יַגִּיעַ גֵּי הָרִים אֶל אָצַל״. חנן דיבר אל חבריו החיילים, ואמר להם: ״היום אנחנו כאילו כותבים פרק בתנ״ך״; אולי זה הפרק הזה...
בַּשנים שֶׁתבואנה יבחר לו חנן שם עֵט: ׳גֵיא בן אָצַל׳, והשם הזה מקפל בתוכו את המשכו של יהונתן בן שאול, את נבואת זכריה, את מפקדו האהוב של חנן אשר נפל חלל בהר הזיתים, ואת חנן עצמו. על כל זאת ראה בנספח י״א להלן בעמ׳ 381 – ׳על מה ולמה גֵיא בן אָצַל?׳ – קטעים מִמאמר שכתבתי (י״ע) בְּעיתון ׳מקור ראשון׳, סמוך לאחר הילקחו של חנן.

וכעת, הרשו לי לומר זאת: לא ננסה עכשיו לפענח אילו שינויים מופלגים מבחינה גיאוגרפית וטופוגרפית עתידים להתחולל. ברור הדבר שגם אם לפנינו דברים אשר עתידים להתרחש בַּשטח, עיקר עניינם הוא מתחת לפני השטח, או – אם תרצו – בתחום הרוחני, מִמַּעַל לפני השטח. זהו כאן העיקר: המשמעויות הרוחניות, המסרים שעלינו ללמוד. וגם אם יתחוללו שינויים בַּקרקע ממש – באופן חיצוני – הריהם בעצם מסמנים ומאותתים לשינויים רוחניים כבירים!

אמרתי כבר לא אחת, לגבי הדימויים בַּמקרא: מה שאתה רואה בתיאור החיצוני, הוא רק עשירית הקרחון אשר בולטת מעל פני המים. **תשע עשיריות** של הקרחון נמצאות מתחת לפני המים. ומי שלא מבין מה יש שם למטה, בָּעומק, משול לקברניטים של האניה טיטָניק, שֶׁהתנגשה בקרחון שמתחת לפני המים... **שם הדבר הגדול, שם העוצמות!** ולענייננו, אנו קוראים בַּנבואה מסרים מנוסחים ב'קודים', אשר גם אם הם מתחוללים בפועל, עיקר עניינם הוא להעביר לנו בַּדרך המיוחדת הזאת מסרים רוחניים. עלינו להבין אפוא מהי משמעותו של המֶסֶר הזה על הנחל האיתן: "וְהָיָה בַּיּוֹם הַהוּא יֵצְאוּ מַיִם חַיִּים מִירוּשָׁלַיִם"...

## ירושלים מוצָא מים – בפי שלושה נביאים

הנבואה הזאת איננה בלעדית לזכריה. יש לה כמה וכמה רמזים בַּמקרא, אבל היא אמורה ומובלטת בעוד שני מקומות: האחד בספר יואל, בפסוק יחיד, כפי שכבר ראינו, והשני בספר יחזקאל, בתיאור רחב ומפורט.[13]

---

13 בקיץ תשס"ו (2006) – חודשים ספורים לפני סדרת השיעורים ב'מכון מאיר' – מסר חנן שיעור מקביל לשיעור זה בימי-העיון לתנ"ך במכללת הרצוג. השיעור ההוא – שהוכתר: 'ההר והמעיין' – הוקלט ונכלל בַּספר 'תנ"ך שבעל פה' (בהוצאת ידיעות ספרים), המאגד את שיעוריו של חנן במסגרת הנ"ל. מפעם לפעם – החל מהערה זו, וגם הלאה – נעשיר את דבריו של חנן כאן ב'יבוא' של קטעים שהוא אמר בַּשיעור המקביל:
"נראה, שאותו נהר – [ואולי גם רעש האדמה] – מופיע גם בספר תהִלים (מ"ו א'-ה'): 'לַמְנַצֵּחַ לִבְנֵי קֹרַח, עַל עֲלָמוֹת שִׁיר. אֱ-לֹהִים לָנוּ מַחֲסֶה וָעֹז, עֶזְרָה בְצָרוֹת נִמְצָא מְאֹד. עַל כֵּן לֹא נִירָא בְּהָמִיר אָרֶץ, וּבְמוֹט הָרִים בְּלֵב יַמִּים. יֶהֱמוּ יֶחְמְרוּ מֵימָיו, יִרְעֲשׁוּ הָרִים בְּגַאֲוָתוֹ סֶלָה. נָהָר פְּלָגָיו יְשַׂמְּחוּ

חשוב שנִפרוש לפנינו את כל היריעה – ואז נראה מהו המֶסֶר הייחודי לכל אחד משלושת הנביאים, מֶסֶר אשר נובע מנביעת המים החיים מירושלים. אבל ודאי קיים מכנה משותף לכל שלוש הנבואות, ואין ספק שלפנינו כאן בְּראש וָראשונה מֶסֶר רוחני־שמֵימי, מֶסֶר פנימי כביר.

אם בנבואת זכריה – מיד לאחר תיאור שני נחלֵי־האיתן היוצאים מירושלים – ניתן הפסוק הגבוה הזה: ״וְהָיָה ה׳ לְמֶלֶךְ עַל כָּל הָאָרֶץ, בַּיּוֹם הַהוּא יִהְיֶה ה׳ אֶחָד וּשְׁמוֹ אֶחָד״, אזי ברור שמגמת הנבואה היא החיבור בין חזיון המים החיים לבין ייחוד השֵם ושמו. ה׳גֵיא הַגְּדוֹלָה׳ אשר תיווצר בהר הזיתים – כדי לפתוח ערוץ לזרימת המים – קשורה גם היא לאותו חיבור ולאותו מֶסֶר רוחני. עכשיו, כשאנחנו יורדים לַפרטים, ניתן לראות איך המֶסֶר הוא מורכב ופשוט גם יחד. המים החיים הם ביטוי למֵי־תורה, מֵי־חכמה, בשׂוֹרת אֱ־לֹהים חיים אשר נובעת ויוצאת מירושלים. בנבואת ישעיהו (ב׳ ב׳-ג׳) אנחנו רואים את תנועת הגויים מן החוץ פנימה, אל הר ה׳ ואל הגילוי האֱ־לֹהי בירושלים: ״וְהָיָה בְּאַחֲרִית הַיָּמִים נָכוֹן יִהְיֶה הַר בֵּית ה׳ בְּרֹאשׁ הֶהָרִים וְנִשָּׂא מִגְּבָעוֹת, וְנָהֲרוּ [כלשון נהר] אֵלָיו כָּל הַגּוֹיִם. ... וְאָמְרוּ: לְכוּ וְנַעֲלֶה אֶל הַר ה׳ אֶל בֵּית אֱ־לֹהֵי יַעֲקֹב, וְיֹרֵנוּ מִדְּרָכָיו וְנֵלְכָה בְּאֹרְחֹתָיו״; ואילו כאן יוצאים מים חיים מירושלים, מן הפְּנים החוצה, ומטהרים את המציאות. מעיינותיה ואורה של תורה מקדשים את המציאות... אלה הם נהרות המים אשר מְחַיים את כל העולם המתפתל במכאוביו, בייסוריו, באליליו, בכפירתו – אַ־מְחַיֶה! – תורת אֱ־לֹהים חיים אשר מְחַיָה תבל ומלואה!

זהו המֶסֶר המרכזי המשותף לכל שלוש הנבואות על יציאת המים מירושלים. עכשיו נראה את השלוש הללו, אחת־אחת, וננסה להבין את המֶסֶר הייחודי לכל אחת.

---

עִיר אֱ־לֹהִים, קְדֹשׁ מִשְׁכְּנֵי עֶלְיוֹן׳. ממתי שמענו שבירושלים ישנו נהר ופלגיו משמחים את הירושלמים, שֶׁכְּלל אינם יודעים לִשְׂחות? ובכן, הנה, עתיד הנהר לשוב לירושלים, ׳נָהָר פְּלָגָיו יְשַׂמְּחוּ׳״.

בספרו ׳לחיות תהִלים׳ (הוצאת ידיעות אחרונות) כתב חנן ׳נקודת אור׳ לפרק זה, פרק מ״ו, ובקצירת האומר הוא מקשר שם בין הפרק לבין הנבואות שהוא מלמד כאן על מוצָא־המים מירושלים.

## נבואת יחזקאל ותיקון חטא סדום

נתחיל בנבואת יחזקאל, בראש פרק מ"ז.

עוד בטרם ניגש אל הפסוקים עצמם, נזכיר שחלקו האחרון של ספר יחזקאל – מפרק מ' ואילך – הינו תיאור של בית המקדש השלישי, שלעתיד לבוא. כביכול, אוחזת יד ה' את יחזקאל בציצית ראשו ומביאה אותו אל הר הבית בירושלים – הכול במראות הנבואה – כאילו הכול כבר קיים ובנוי לתפארת.[14] אלה פרקים מופלאים, שצריך להבין אותם גם כפשוטם, כי ישנם כאן תיאורים אדריכליים ממש, עם מפרט טכני מדויק לפִרטי פרטים. בצורת ההגשה הזאת שונה הנביא יחזקאל מרבים מן הנביאים האחרים – לכן עלינו להבין את הפרקים בשני המישורים: גם כפשוטם וגם במשמעותם הנוספת.

הבה נקרא:

"וַיְשִׁבֵנִי אֶל פֶּתַח הַבַּיִת" – מלאך ה' מוליך את הנביא בחזונו אל פתחו של המקדש – "וְהִנֵּה מַיִם יֹצְאִים מִתַּחַת מִפְתַּן הַבַּיִת קָדִימָה, כִּי פְנֵי הַבַּיִת קָדִים, וְהַמַּיִם יֹרְדִים מִתַּחַת מִכֶּתֶף הַבַּיִת הַיְמָנִית, מִנֶּגֶב לַמִּזְבֵּחַ". – מה פירוש 'קָדִימָה'? לַמזרח. כי פתח האולם פונה מזרחה, לכיוון הר הזיתים. – "וַיּוֹצִאֵנִי דֶּרֶךְ שַׁעַר צָפוֹנָה, וַיְסִבֵּנִי דֶּרֶךְ חוּץ אֶל שַׁעַר הַחוּץ, דֶּרֶךְ הַפּוֹנֶה קָדִים, וְהִנֵּה מַיִם מְפַכִּים מִן הַכָּתֵף הַיְמָנִית". – יחזקאל איננו יורד עם המים מזרחה. הוא יוצא החוצה דרך השער הצפוני, משם הוא סובב ובא אל שער המזרח מצידו החיצוני, אל הדרך ההולכת מזרחה –

14 בַּשיעור המקביל הוסיף כאן חנן את הפִּסקה הזאת:
"יחזקאל עצמו משוטט בהר, בחזונו, ולפנינו דוגמה מפורשת שלא גופו של יחזקאל נמצא בהר בֵּית ה', אלא מדובר במראות אֱ־לֹהים כפי שאומר הכתוב במפורש. אך מראות אֱ־לֹהים אלה ממלאים את כל יֵשותו. וכך אומר רבי צדוק הכֹּהן מלובלין: 'במקום שהוא המחשבה של אדם, שם הוא כל האדם' ('צִדקת הצדיק' קמ"ד); על אחת כמה וכמה כאשר מדובר בנבואה הכובשת את כל מחשבתו והווייתו של הנביא".

״בְּצֵאת הָאִישׁ קָדִים וְקָו בְּיָדוֹ, וַיָּמָד אֶלֶף בָּאַמָּה, וַיַּעֲבִרֵנִי בַמַּיִם, מֵי אָפְסָיִם״. – מים רדודים, קרוב לאפס – ״וַיָּמָד אֶלֶף, וַיַּעֲבִרֵנִי בַמַּיִם, מַיִם בִּרְכָּיִם, וַיָּמָד אֶלֶף, וַיַּעֲבִרֵנִי מֵי מָתְנָיִם. וַיָּמָד אֶלֶף, נַחַל אֲשֶׁר לֹא אוּכַל לַעֲבֹר כִּי גָאוּ הַמַּיִם, מֵי שָׂחוּ, נַחַל אֲשֶׁר לֹא יֵעָבֵר״. ובכן, לאט־לאט, עם המורָד – בכל קטע אשר מלאך ה׳ מודד אותו לעיני הנביא – המים הולכים וגואים, הולכים ומתרבים...[15]

שימו לב לדבר מופלא, גם מבחינה לשונית; כיום ישנן הגדרות בבריכות־שחיה: ׳מים רדודים׳ ו׳מים עמוקים׳. ואילו כאן, ליחזקאל הנביא, ישנו לקסיקון שלם: ׳מֵי אָפְסָיִם׳, ׳מַיִם בִּרְכָּיִם׳, ׳מֵי מָתְנָיִם׳, ׳מֵי שָׂחוּ׳ – שאפשר לִשׂחות בהם – ו׳נַחַל אֲשֶׁר לֹא יֵעָבֵר׳. אבל החזון איננו מסתיים כאן...

15 בשיעור המקביל התייחס כאן חנן לעדויות במשנה ובגמרא על קיומו של מעיין בבית קודשי הקודשים בימי בית שני, כפי שהובאו בפירוש ׳דעת מקרא׳ ליחזקאל. הנה עיקרי הדברים:
במִשנַת מסכת מידות (ב׳ ו׳) מדובר על ׳שער המים׳ כאחד משערי העֲזָרה: ״ולמה נקרא שמו שער המים? ... רבי אליעזר בן יעקב אומר: ובו המים מְפַכִּים, ועתידין להיות יוצאין מִתַּחַת מִפְתַּן הַבָּיִת״ [כלשון יחזקאל בפסוק א׳].
במסכת יומא (דף ע״ז עמ׳ ב׳) מובאת עדות בשמו של רב הונא מציפורי: ״מעיין היוצא מבית קודשי הקודשים, בתחילה דומֶה לקרני חגבים, כיוון שהגיע לפתח היכל נעשָׂה כחוט [דק] של שְׁתִי, כיוון שהגיע לאולם נעשה כחוט [עבה] של עֵרֶב, כיוון שהגיע אל פתח עזָרה נעשָׂה כפי פך קטן״.
עוד מובא שם פירושו של הגאון מווילנה לַמשנה הנ״ל, וזו לשונו: ״׳ובו המים מְפַכִּים׳ – פירושו, **עכשיו** בו היו המים מְפַכִּים, דהיינו בשעת בית שני, אבל עתידין להיות יוצאים מִתַּחַת מִפְתַּן הַבַּיִת״.
וחנן חותם ואומר: ״מחקרים שנעשו גילו מעיין מטפטף, שעדיין מוצאים את השפעותיו על החמאם התורכי הסמוך. מכל־מקום, מסתבר שגם לדברי הנבואה על המים השופעים היה בסיס כלשהו בַּמציאות. אפשר שהמעיין נסתם כתוצאה מכיסוי – אנו מכירים מעיינות רבים שאינם קיימים כתוצאה מהרס וחורבן – ולוואי שֶׁעוד נִזכה לחקור את הדברים עד תום״.

"וַיֹּאמֶר אֵלַי: הֲרָאִיתָ בֶן אָדָם? וַיּוֹלִכֵנִי, וַיְשִׁבֵנִי שְׂפַת הַנָּחַל. בְּשׁוּבֵנִי, וְהִנֵּה אֶל שְׂפַת הַנַּחַל עֵץ רַב מְאֹד, מִזֶּה וּמִזֶּה". – על שפת הנחל גְדלים עצים; במדבר יהודה, רבותַי! באזור שממה, ומיד נראה שאֵלֶּה הם עצי פרי. – "וַיֹּאמֶר אֵלַי: הַמַּיִם הָאֵלֶּה יוֹצְאִים אֶל הַגְּלִילָה הַקַּדְמוֹנָה, וְיָרְדוּ עַל הָעֲרָבָה וּבָאוּ הַיָּמָּה, אֶל הַיָּמָּה הַמּוּצָאִים, וְנִרְפּוּ הַמָּיִם". – המים החיים אשר יֵצאו מן המקדש ימתיקו את מי ים המלח. – "וְהָיָה כָל נֶפֶשׁ חַיָּה אֲשֶׁר יִשְׁרֹץ אֶל כָּל אֲשֶׁר יָבוֹא שָׁם נַחֲלַיִם יִחְיֶה, וְהָיָה הַדָּגָה רַבָּה מְאֹד, כִּי בָאוּ שָׁמָּה הַמַּיִם הָאֵלֶּה וְיֵרָפְאוּ, וָחָי כֹּל אֲשֶׁר יָבוֹא שָׁמָּה הַנָּחַל". – ים המוות יהפוך להיות ים החיים. – "וְהָיָה עָמְדוּ עָלָיו דַּוָּגִים מֵעֵין גֶּדִי וְעַד עֵין עֶגְלַיִם, מִשְׁטוֹחַ לַחֲרָמִים יִהְיוּ, לְמִינָה תִּהְיֶה דְגָתָם כִּדְגַת הַיָּם הַגָּדוֹל, רַבָּה מְאֹד" – ים המלח יהיה מקום לצַיד דגים – "בִּצֹּאתָיו וּגְבָאָיו וְלֹא יֵרָפְאוּ, לְמֶלַח נִתָּנוּ". – תהיינה פינות מסוימות שבהן המים יישארו מלוחים, מעין שמורות טבע, כדי שֶׁיִּשָּׁמרו יתרונותיו וסגולותיו של ים המלח, כל אותם כימיקלים ואוצרות של חומרים מיוחדים המיועדים לרפואה – "וְעַל הַנַּחַל יַעֲלֶה עַל שְׂפָתוֹ מִזֶּה וּמִזֶּה כָּל עֵץ מַאֲכָל, לֹא יִבּוֹל עָלֵהוּ וְלֹא יִתֹּם פִּרְיוֹ, לָחֳדָשָׁיו יְבַכֵּר" – בכל חודש יתנו העצים פירות חדשים – "כִּי מֵימָיו מִן הַמִּקְדָּשׁ הֵמָּה יוֹצְאִים, וְהָיָה פִרְיוֹ לְמַאֲכָל וְעָלֵהוּ לִתְרוּפָה".

על הפסוק האחרון אומרים חז"ל: 'וְעָלֵהוּ לִתְרוּפָה' זו שיחת חולין של תלמידי חכמים שֶׁצריכה לימוד, ו'פִרְיוֹ לְמַאֲכָל' זה פרי עץ חיים, זו התורה. כי העלים, שהם לא למאכל, זו שיחת חולין של תלמידי חכמים שֶׁצריכה גם היא לימוד.[16] ובכן, אתם רואים איך חכמים לוקחים

16 חנן 'מעתיק' ומחיל על הפסוק דנן דרשה המבוססת על פסוק דומה בספר תהִלים. הדרשה מופיעה במסכת עבודה זרה (דף י"ט עמ' ב'): "שֶׁאפילו שיחת חולין של תלמידי-חכמים צריכה תלמוד, שנֶאמר (בתהִלים א' ג'): 'וְעָלֵהוּ לֹא יִבּוֹל'". אכן, מדרַשו המרחיב של חנן ז"ל – גם הוא חז"ל – הוא טבעי, כי גם בַּפסוק שֶׁבתהִלים שָׁתול העץ על מים, וגם שם משתבחים הפירות והעלים גם יחד: "וְהָיָה כְּעֵץ שָׁתוּל עַל פַּלְגֵי מָיִם, אֲשֶׁר פִּרְיוֹ יִתֵּן בְּעִתּוֹ וְעָלֵהוּ לֹא יִבּוֹל, וְכֹל אֲשֶׁר יַעֲשֶׂה יַצְלִיחַ".

את דבריו של יחזקאל ונותנים להם מְמַדים רוחניים, בפיענוח שפת ה׳קודים׳ של הנבואה, כפי שאמרנו.

אנחנו רואים איך יחזקאל פורש לפנינו מין פנורמה, ממש סרט! איך המים זורמים, גואים ועולים, והעצים מכאן ומכאן... "וָחָי כֹּל אֲשֶׁר יָבוֹא שָׁמָּה הַנָּחַל". כאן אני מוכרח לשבח איזה תלמיד חכם אלמוני: כשהגעתי פעם אל אחת מהיאחזויות הנח"ל, ראיתי שם שלט ענק שאומר: "וחי כל אשר יבוא שמה הנח"ל". אמרתי בליבי: איזה יהודי יקר שהגיע לכאן, לַהיאחזות, ידע את הפסוקים העלומים הללו בספר יחזקאל, והשתמש באסוציאציה כדי לומר שכל מקום שיגיע אליו הנח"ל – ׳נוער חלוצי לוחם׳ – יחיֶה! כל־כך נהניתי מֵהאסוציאציה הזאת...[17]

טקס איזרוח היאחזות הנח"ל ׳חֶמדת׳, בצלע ההר מעל בקעת הירדן תשמ"ז, 1987

17 אולי עלה בידינו להבין היכן ראה חנן את השלט הזה... היאחזות הנח"ל ׳חֶמדת׳, בצפון בקעת הירדן, אוזרחה בשנת תשמ"ז (1987) ובטקס האיזרוח נפרש למרגלות הבמה שלט גדול שעליו הודפס הפסוק הזה. האיזרוח לא צלח, המקום שב להיות היאחזות נח"ל, והוא התאושש רק כאשר הוקמה בו מכינה קדם צבאית בשנת תשנ"ז (1997). ייתכן אפוא שהשלט הנ"ל נשאר בַּהיאחזות, ושם ראה אותו חנן.

ובכן, מה מקופל בנבואת יחזקאל? הנבואה מסבירה לנו מהי מגמתם ומהו תפקידם של המים החיים: "וּבָאוּ הַיָּמָּה, אֶל הַיָּמָּה הַמּוּצָאִים" – מי ירושלים באים אל מי ים המלח, שהם מים 'מוּצָאִים', בדומה ל'מוֹצָאוֹת' שהם מי ההפרשות, מי פסולת, אשר מרחיקים אותם מן היישוב – "וְנִרְפּוּ הַמָּיִם". המים הזכים אשר יֵצאו מן המקדש ירפאו את מי ים המלח, ואף יְחַיּוּ את כל חבל הארץ הצחיח שהם עוברים בו בדרכם, "יוֹצְאִים אֶל הַגְּלִילָה הַקַּדְמוֹנָה, וְיָרְדוּ עַל הָעֲרָבָה" וכו'.

ואם אנו מבינים שלפנינו כאן מֶסר מורכב, שגם אם הוא מתקיים באופן פיזי הריהו מבטא – כְּמשל לְנִמשל – מֶסר רוחני עמוק, הרי שזהו הדבר: יבוא כאן תיקון **לַחטא אשר בעטיו חרבה סדום**, שהיתה לפני־כן גן פורח לחופי הים.

מלכתחילה, הרי מתוארת כל חלקת־הארץ הזאת בפרשת לֶך־לְךָ (י"ג י'): "כִּי כֻלָּהּ מַשְׁקֶה, לִפְנֵי שַׁחֵת ה' אֶת סְדֹם וְאֶת עֲמֹרָה, כְּגַן ה' כְּאֶרֶץ מִצְרַיִם בֹּאֲכָה צֹעַר", ואילו בדיעבד הפכה סדום להיות משל ושנינה: "גָּפְרִית וָמֶלַח שְׂרֵפָה כָל אַרְצָהּ, לֹא תִזָּרַע וְלֹא תַצְמִחַ וְלֹא יַעֲלֶה בָהּ כָּל עֵשֶׂב, כְּמַהְפֵּכַת סְדֹם וַעֲמֹרָה אַדְמָה וּצְבוֹיִם, אֲשֶׁר הָפַךְ ה' בְּאַפּוֹ וּבַחֲמָתוֹ" (דברים כ"ט כ"ב).

המקרא יודע לספר לנו על מה ולמה נגזר הדבר על סדום. בבראשית (י"ח כ'-כ"א) אומר הקב"ה: "זַעֲקַת סְדֹם וַעֲמֹרָה כִּי רָבָּה, וְחַטָּאתָם כִּי כָבְדָה מְאֹד". [חנן מקיש בחוזקה על השולחן להדגשת כל מילה]. "אֵרֲדָה נָּא וְאֶרְאֶה הַכְּצַעֲקָתָהּ הַבָּאָה אֵלַי עָשׂוּ – כָּלָה, וְאִם לֹא – אֵדָעָה". ובהמשך אנו מתוודעים לחטאת סדום: ליחסם כלפי אורחים, לאכזריותם יוצאת הדופן כלפי עוברי אורח. איך הם אומרים אל לוט?: "אַיֵּה הָאֲנָשִׁים אֲשֶׁר בָּאוּ אֵלֶיךָ הַלָּיְלָה? – הוֹצִיאֵם אֵלֵינוּ וְנֵדְעָה אֹתָם!" (י"ט ה'); משכב זְכוּר הם רוצים. אבל לאנשי סדום הללו – אין זו תאווה, או יֵצֶר של עריות... הא ראָיה, כאשר לוט מציע להוציא אליהם את בנותיו הם אומרים לו: "גֶּשׁ הָלְאָה! וַיֹּאמְרוּ: הָאֶחָד בָּא לָגוּר וַיִּשְׁפֹּט שָׁפוֹט? עַתָּה נָרַע לְךָ מֵהֶם" (ט'). אתה חושב שיש עניין של יצָרים אצלנו? עניין מיני? לא ולא. חוק, משפט וערכים יש לנו כאן! אורחים מבחוץ אתה מכניס לביתך? במקום הזה לא תדרוך כף רגלו של עובר־אורח עני. **תפיסת עולם יש כאן**, השקפת עולם ספרטָנית או נאצית, 'תורת האדם העליון',[18] אשר אומרת: לַחזקים יש מקום בעולם; **החלשים – דינם להישמד!** חז"ל מתארים את הדברים הללו

כשהם מספרים על פלוטית בת לוט, שֶׁנִּכמרים רחמיה על עני, ואיך לבסוף מורחים את גופה בדבש כדי שהדבורים יעקצו אותה לַמוות;[19] זוכרים?.. אלה אינן סתם דרשות, זהו ביטוי לפשוטו של מקרא.

ובאמת, דווקא הנביא יחזקאל מחדד ומגלה מה היה עוונה של סדום. אנו מתקרבים אל חג הפסח – כשאנו מזמינים לַסעודה כל רעב: ״כל דִּכפין יֵיתי וְיֵיכוּל״ – הזמנה העומדת בניגוד חריף לחטאת סדום. נעיין ביחזקאל פרק ט״ז, שהוא תוכֵחָה על חטאי ירושלים, ונקרא בפסוק מ״ט: ״הִנֵּה זֶה הָיָה עֲוֹן סְדֹם אֲחוֹתֵךְ: גָּאוֹן שִׂבְעַת לֶחֶם וְשַׁלְוַת הַשְׁקֵט הָיָה לָהּ וְלִבְנוֹתֶיהָ, וְיַד עָנִי וְאֶבְיוֹן לֹא הֶחֱזִיקָה. וַתִּגְבְּהֶינָה וַתַּעֲשֶׂינָה תוֹעֵבָה לְפָנָי, וָאָסִיר אֶתְהֶן כַּאֲשֶׁר רָאִיתִי״. הנה, יחזקאל ׳שם את האצבע׳ ומציין מהיכן התחיל עוון סדום: לא רצו להכניס עניים ולתמוך בהם, לא ראו בצרתם של אחרים, אמרו: ׳העולם שייך לעשירים׳. ראיתי פעם בָּאוטובוס סיסמה שקרעה את ליבי, כמידת סדום: ׳תהיה אגואיסט!׳.[20]

מכאן תִּתבָּרר משמעותם של המים החיים הנובעים מירושלים ״אֶל הַגְּלִילָה הַקַּדְמוֹנָה, וְיָרְדוּ עַל הָעֲרָבָה וּבָאוּ הַיָּמָּה ... וְנִרְפּוּ הַמָּיִם״. המים

18 כפי שהוסבר בהערה 13, לעיל בעמ׳ 290, אנו מעשירים לפעמים את דבריו של חנן ב׳יבוא׳ של קטעי משפטים שהוא אמר בשיעור מקביל. גם בפִסקה זו משולבים ביטויים אשר נלקחו משם.

19 המדרשים הקדומים דרשו על ״ריבה״ (נערה) שפרנסה עני והמיתוהָ אנשי סדום במיתה משונה, כפי שחנן מתאר בַּמאמר. מדרשים מאוחרים דרשו על פלוטית בת לוט שפִּרנסה עני ושרפוהָ אנשי סדום. אחד המדרשים המאוחרים – (מדרש אגדה לבראשית מהד׳ בובר, י״ח כ״א) – מאחד את שני הרכיבים, כדבריו של חנן כאן, אך מְכַנֶּה את בת לוט בשם ׳כלה׳. זו לשון המדרש:

״פעם אחת היה שם עני והיה מת ברעב, והיתה בת לוט ושמה ׳כלה׳, והיתה הולכת לשאוב מים, והיתה מְשימה פת בכַדָּה ונותנת לאותו עני. אמרו אנשי סדום: מאין הוא חי זה העני? בדקו בַּדברים והבינו שֶׁבִּתּוֹ של לוט היתה מפרנסת אותו. ומה עשו? הלכו והפשיטוה וטָשׁוּהָ [=מרחו את גופה] דבש, והיו הדבורים והזבובים אוכלים את הדבש ונושכין אותה עד שהמיתוהָ, ולכך אמר [כעילה לגזר הדין אשר הושת על סדום]: ׳עָשׂוּ כָּלָה׳״.

20 סיסמה זו מזוהה בדרך־כלל עם פילוסופיית האובייקטיביזם של הסופרת אַיין ראנד – מחברת ׳מרד הנפילים׳ ו׳כמעיין המתגבר׳ – אשר ערך האנוכיות תופס בה מקום מרכזי.

הזורמים מבטאים את החסד אשר שופע מראש צורים, מבית המקדש. הם באים להשיב את החסד מול הֶרשע, מול הקמצנות, מול 'אֲנִי וְאַפְסִי עוֹד',[21] מול ההתאכזרות ושפיכות הדמים שֶׁבסדום – לעומת כל אלה באים המים החיים מירושלים וממתיקים את מי ים המלח.

כי המים מניחים מקום גבוה וזורמים אל מקום נמוך. הם יורדים וּמַשקים את החלש, את הזקוק, את ההֵלֶך הצמא ומושיט את ידו לעזרה... זהו **תיקון מידת החסד בָּעולם**. המים משקים את השממה, ובכך ממתקים את המרירות, את האכזריות, את הסדומיוּת שעשתה לה צו פנימי שלא להיטיב, שלא לעשות חסד. ולאחר התיקון – בִּמקום המים הסדומיים הארורים – שוב חיים, שוב דגים, שוב עצים, שוב פריחה; לא עוד המוות אשר מאפיין את חטאיה של סדום.

זהו המֶסֶר של נבואת יחזקאל.

## נבואת יואל ותיקון חטא הזימה בבעל פעור

מכאן, נחזור אל ספר יואל – אשר נבואתו מקבילה לנבואת זכריה, עם הבדלי גוונים.

לקראת סוף הנבואה בפרק ד' אומר הנביא: "וְהָיָה בַיּוֹם הַהוּא יִטְּפוּ הֶהָרִים עָסִיס וְהַגְּבָעוֹת תֵּלַכְנָה חָלָב, וְכָל אֲפִיקֵי יְהוּדָה יֵלְכוּ מָיִם, וּמַעְיָן מִבֵּית ה' יֵצֵא וְהִשְׁקָה אֶת נַחַל הַשִּׁטִּים" (י"ח). מהו נַחַל הַשִּׁטִּים? – אנו מכירים את השם הזה, זהו האזור הנמצא ממזרח לירדן, מול יריחו, ונציין כי 'נחל', בַּלשון המקראית, פירושו לפעמים מישור – כתרגום יונתן כאן: "מֵישַׁר שִׁטַּיָּא".

---

21 את הביטוי הזה נקט ישעיהו כלפי בת בָּבֶל (או כַּשְׂדִּים), ושוב נקט צפניה כלפי העיר נינוֵה, ושניהם האשימו את מוֹשְׂאֵי־הנבואה ביהירות ובגובה־לב. (ראה בישעיהו מ"ז פסוקים ח' וְ־י', ובצפניה ב' ט"ו). בנבואת צפניה, פסוקים אחדים קודם לכן (ט־י'), ניתֶכֶת תוכחתו על מואב ועמון, לאמור: "לָכֵן חַי אָנִי נְאֻם ה' צְבָאוֹת אֱ־לֹהֵי יִשְׂרָאֵל, כִּי מוֹאָב כִּסְדֹם תִּהְיֶה וּבְנֵי עַמּוֹן כַּעֲמֹרָה ... וּשְׁמָמָה עַד עוֹלָם ... זֹאת לָהֶם תַּחַת גְּאוֹנָם, כִּי חֵרְפוּ וַיַּגְדִּלוּ עַל עַם ה' צְבָאוֹת".

ואנו זוכרים כמובן מה אירע באותו אזור: ״וַיֵּשֶׁב יִשְׂרָאֵל בַּשִּׁטִּים, וַיָּחֶל הָעָם לִזְנוֹת אֶל בְּנוֹת מוֹאָב״ (במדבר כ״ה א׳). ולימים מזכיר לנו הנביא מיכה (ו׳ ה׳): ״עַמִּי! זְכָר נָא מַה יָּעַץ בָּלָק מֶלֶךְ מוֹאָב וּמֶה עָנָה אֹתוֹ בִּלְעָם בֶּן בְּעוֹר, מִן הַשִּׁטִּים עַד הַגִּלְגָּל, לְמַעַן דַּעַת צִדְקוֹת ה׳״.

מדוע מזכיר יואל דווקא את נחל השיטים? כי שם היתה הזנות הגדולה, בעצתו של בלעם הרשע, שֶׁכמעט הביא אז את ישראל לידי כיליון. שם נצמד ישראל אל בעל פעור, שם חטא זמרי בן סלוא עם המדיינית כזבי בת צור – ואלמלא בא פינחס ביד חזקה, קינא לה׳ ועצר את הנגע – מי יודע עד היכן היתה גְזֵרָתָהּ של מידת הדין...

ובכן, החטא בַּשיטים הוא חטא תאוות־הבּשָׂרים והניאוף. אם קודם דיברנו על חטא האכזריות והקמצנות שבסדום – הרי כאן אנחנו עוסקים בתחום גילוי העריות. ״וּמַעְיָן מִבֵּית ה׳ יֵצֵא״ – מְקור מים חיים, מים של טהרה, של צניעות, של קדושה, של קדושת הברית. אלה הם המים הבאים מירושלים, מתוך טהרתו של בֵּית ה׳ – כדי לתקן ולטהר גם את חטא הניאוף והזוהמה אשר אחוז בנחל השיטים.

צאו וראו את פירושו המופלא של רש״י על־פי המדרש: ״׳וְהִשְׁקָה אֶת נַחַל הַשִּׁטִּים׳ – כמשמעו: ׳וּמַשְׁקֵי יַת מֵישַׁר שִׁטִּין׳ [תרגום יונתן]; ומדרשו: יכפר על עוון פעור״. **המדרש הזה, אשר מקורו עלום, הוא עומק פשוטו של מקרא,** והוא מאיר בפנינו באור פנימי את משמעות נבואתו של יואל.[22]

22 פירושו של רש״י בפסקה זו ׳יוּבָא׳ מדברי חנן בַּשיעור המקביל, כפי שהוסבר לעיל בהערה 13 בעמ׳ 290.
הנה כאן גם תוכן נוסף מדבריו של חנן בַּשיעור המקביל:
״ראינו בנבואת יחזקאל שֶׁהמים מבטאים את מידת החסד, כנגד חטאת סדום. אבל, החסד המתפרץ יכול גם להיות לרועץ. לכן מְכַנֶּה המקרא לעיתים את הזנות בשם ׳חסד׳, למשל על גילוי עריות בין אח ואחות נֶאמר: ׳חֶסֶד הוּא׳ (ויקרא כ׳ י״ז). כשם שהחסד צריך להיאבק כנגד היפוכו, הסדומיוּת, כך צריך החסד להיאבק גם נגד צד הקלקול שלו־עצמו; עלינו לטהר את החסד. מירושלים – עיר האמת והטהרה – יֵצֵא מעיין; המעיין הוא מקור המים שבו טובלים ונִטהרים; המעיין הזה יַשְׁקֶה את נחל השיטים – יטהר את טומאת הזנות עם בנות מואב״.

## נבואת זכריה ותיקון תרבות פלֶשֶׁת

עכשיו אנחנו מגיעים אל נבואת זכריה.

שתי בשורות אנו שומעים מפי זכריה. האחת: ״בַּיּוֹם הַהוּא יֵצְאוּ מַיִם חַיִּים מִירוּשָׁלַיִם, חֶצְיָם אֶל הַיָּם הַקַּדְמוֹנִי״, והשניה: שזרם המים אינו הולך רק מזרחה אלא גם מערבה, ״וְחֶצְיָם אֶל הַיָּם הָאַחֲרוֹן״, שהוא הים התיכון, כפי שאמרנו. חברים יקרים, **גם בחוף הים התיכון יש מה לתקן!** וכי לא צריכים להגיע מים חיים מירושלים אל תל אביב? אל יפו? מיד נראה את הדברים בַּנבואה עצמה, אבל הרמיזה וההרחבה אל תיקון ׳תרבות המערב׳ היא מובנת מאליה...

בעיקרו של דבר – ׳הים האחרון׳ הוא ים פלִשתים. אנו כבר מכירים את רצונם המיוחד של הפלִשתים להשמיד את ישראל. קראנו בספר זכריה, בפרק ט׳, איך יבוא תיקון לכל מגמתם של הפלִשתים. הנה פסוקים ה׳-ו׳: ״תֵּרֶא אַשְׁקְלוֹן וְתִירָא, וְעַזָּה וְתָחִיל מְאֹד, וְעֶקְרוֹן כִּי הֹבִישׁ מֶבָּטָהּ, וְאָבַד מֶלֶךְ מֵעַזָּה, וְאַשְׁקְלוֹן לֹא תֵשֵׁב. וְיָשַׁב מַמְזֵר בְּאַשְׁדּוֹד, וְהִכְרַתִּי גְּאוֹן פְּלִשְׁתִּים״. עריהם של חמשת סרני פלִשתים מוכות כאן – והַכרָתַת גאונם היא השלב הראשון של התיקון. הרב צבי טאו כתב על כך דברים עמוקים, יפים וחזקים מאד, והראה שכל עניינם של הפלִשתים – כל ייעודם – הוא ״התנגדות לַשלטון הלאומי שלנו בארץ ישראל״.[23]

אחר־כך, בפסוק ז׳, בא השלב השני שהוא גבוה יותר: ״וַהֲסִרֹתִי דָמָיו מִפִּיו וְשִׁקֻּצָיו מִבֵּין שִׁנָּיו, וְנִשְׁאַר גַּם הוּא לֵא־לֹהֵינוּ, וְהָיָה כְּאַלֻּף בִּיהוּדָה וְעֶקְרוֹן כִּיבוּסִי״.

23 הרב טאו ייחד לנושא זה שיעור אשר שוכתב למאמר בשם ׳נֵהַלְתָּ בְעָזְּךָ׳, בתוך כרך א׳ של הסִדרה ׳לאמונת עִתנו׳, עמ׳ קכ״ה ואילך, ועניין הפלִשתים מעמ׳ ק״ל ואילך. הוא מפתח שם הקבלה בין הפלִשתים בתקופת המקרא לבין ה׳ניאו־פלִשתים׳ שהם ה״פלשתינאים״ דְהיום. אלה כאלה, כל עניינם הוא בהתנכלות לעם ישראל העולֶה לייסד את מלכותו בָּארץ, ואלה כאלה מקדמים את צמיחת המלכות ואת גבורת ישראל, דווקא על־ידי התנגדותם ומלחמתם כנגדנו.

אומרים חכמינו שאין משמידים את הפלִשתים, אלא מסירים את הרעה שבהם, מְמַתקים את ארסם, ואז: ״וְנִשְׁאַר גַּם הוּא לֵא-לֹהֵינוּ״. מגמתנו היא לתקן את הפלִשתים. על כך אמרו חז״ל: ׳מכאן שעתידים אלופי יהודה ללמד תורה בתיאטראות של גויים׳.[24] בתי הקולנוע יהפכו להיות בתי מדרש, וכל התיאטראות יהפכו לתיאטרון של אַספקלַריה בַּקודש, אַספקלַריה דקדושה.[25] אני נותן קצת המחשות פיקנטיות כדי לקרב זאת לַמציאות של ימינו... סיכום הדברים הוא בקריאה לתיקונן של ארץ פְּלֶשֶׁת ושפֵלַת החוף, לתיקון קלקולי הגויים ושיקוציהם – הכפירה והעבודה הזרה.

לבסוף באה ההדגשה הנוספת: ״בַּקַּיִץ וּבָחֹרֶף יִהְיֶה״. כי לא מדובר בטיפול חד פעמי, אין זה שֶׁטֶף מים שבא פתאום – כמו בָּ׳אפיקים בַּנגב׳ – כשהמים גואים לרגע ומיד נעלמים; כאן זהו נחל איתן. אלה הם מים חיים הזורמים ובאים דרך קֶבַע, מים שֶׁיתקנו, שיטהרו ויַמתיקו את המציאות.

וגם כאשר אני מרחיב זאת אל בתי הקולנוע והאִצטַדיונים של היום, אין הכוונה ״לעשות דווקא״ ולקיים שם כינוסי לימוד תורה, שאפשר

24 אל נכון, מכוון חנן אל המֵימרא במסכת מגילה דף ו׳ עמ׳ א׳: ״אמר רבי יוסי בר חנינא: מאי דכתיב: ׳וַהֲסִרֹתִי דָמָיו מִפִּיו וְשִׁקֻּצָיו מִבֵּין שִׁנָּיו, וְנִשְׁאַר גַּם הוּא לֵא-לֹהֵינוּ׳? – ׳וַהֲסִרֹתִי דָמָיו מִפִּיו׳ זה בית בָּמיא שלהן, ׳וְשִׁקֻּצָיו מִבֵּין שִׁנָּיו׳ זה בית גַּליא שלהן, ׳וְנִשְׁאַר גַּם הוּא לֵא-לֹהֵינוּ׳ אלו בתי כנסיות ובתי מדרשות שֶׁבֶּאֱדוֹם. ׳וְהָיָה כְּאַלֻּף בִּיהוּדָה וְעֶקְרוֹן כִּיבוּסִי׳ – אלו תיאטריות וקרקסיות שֶׁבֶּאֱדוֹם, שעתידין שרי יהודה ללמד בהן תורה בָּרַבִּים״. [הדרשן מקשר את המילה אַלֻּף אל השורש הלשוני אל״ף המציין את ההוראה והלימוד].

25 אל נכון, רומז כאן חנן לקבוצת התיאטרון היהודי ׳אַספקלריה׳ [=ראי] אשר נוסדה בשנת 1999, במגמת סיסמתו של הרב קוק ״הישן יתחדש והחדש יתקדש״. הנה כמה שורות מאתר האינטרנט של ׳אַספקלַריה׳:
״תיאטרון אַספקלַריה עוסק ביצירה יהודית מתוך הזדהות ואהבה. ... לאחר אלפיים שנה של יניקה מתרבויות זרות, העם היהודי המתחדש בארצו, חייב להציב לו – כמטרת-על – לחדש וליצור מתוך עולם הערכים הייחודי לו״.

לקיימם גם במקומות אחרים. ישנו כאן עניין עמוק מאד... הכוונה היא להוציא את **הנקודה הפנימית** של הקולנוע ולהעלות אותה בַּקודש. על־אף שיש שם רִשעָה עצומה – חבויה בָּעומק גם נקודה של קדושה, ואותה עלינו לגלות, להעלות ולפתח. והדברים האלה אמורים גם לגבי נבואת יואל: עלינו לגשת אל השיטים, לקחת את היִצְרָא דְעָרָיוֹת, את יצר המין – ולהעלות אותו בַּקודש, לרומם אותו למקורו. זוהי המשמעות העמוקה של התיקון והמיתוק, שאיננו בא רק לנצח, לִדחות ולִמחות את הדבר הפסול, אלא ניגש אליו במגמה של העלאת הנקודה הפנימית בַּדבר־הזה־עצמו, מתוכו, כלפי מעלה!

## ירושלים מוצָא מים – חיתום שלוש הנבואות

עכשיו יובן לעומקו הכתוב: "וַהֲסִרֹתִי דָמָיו מִפִּיו וְשִׁקֻּצָיו מִבֵּין שִׁנָּיו, וְנִשְׁאַר גַּם הוּא לֵא־לֹהֵינוּ" – שעניינו הוא להוציא את הנקודה הפנימית שֶׁבָּרִשעָה ולרומם אותה מעלה, אל מקורה.[26] כך סיים הרב קוק את מאמרו הגדול שֶׁלמדנו, 'המִספֵּד בירושלים', על־פי ספר 'הזוהר': "דְרב מתיבתא אשר בהיכלא דמשיחא אמר: מאן דלא הפיך מְרירוּ למתיקא וחשוכא לנהורא לא ייתי הכא [=שאמר ראש הישיבה בהיכלו של המשיח: מי שאינו הופך מר למתוק וחושך לאור – אל יבוא הֵנָּה], כי יסוד הֶכשֵׁר דורו של משיח הוא להשתמש בכל הכוחות היותר גסות לצד הטוב והקדושה היחידית [=הייחודית], שֶׁנִתעטרו בה ישראל".

ומתוך התיקונים הללו – המתקת מי ים המלח, תיקון חטא נחל השיטים, ותיקון הוויית ארץ פלשת והים האחרון – תהפוך כל הארץ הזאת לארץ שהיא מְקור־מים־חיים, שיש בה משום תיקון עולם

26 העיקרון הזה משיק לדבריו של חנן על הפסוקים הבאים בפרק י"ד של נבואת זכריה – פסוק כ' האומר כי "בַּיּוֹם הַהוּא יִהְיֶה עַל מְצִלּוֹת הַסּוּס קֹדֶשׁ לַה'" (בכך עסק חנן לעיל מעמ' 183 ואילך) – והפסוקים הקודמים לו, המדברים על עליית הגויים אל המקדש בחג הסוכות. על כל זאת ראה בַּמאמר 'הסוד הכמוס במצילות הסוס', אשר ניתן **כנספח ג'** לחלק זה של הספר, בעמ' 323.

במלכות שדי.[27] והמציאות המתוקנת הזאת היא שֶתאיר לנו את פסוק ט׳ שעוד נעסוק בו בשיעור הבא: ״וְהָיָה ה׳ לְמֶלֶךְ עַל כָּל הָאָרֶץ, בַּיּוֹם הַהוּא יִהְיֶה ה׳ אֶחָד וּשְׁמוֹ אֶחָד״.

״יִהְיֶה ה׳ אֶחָד״ – ייחוד עליון. ״וּשְׁמוֹ אֶחָד״ – ההתגלות. השֵם הוא הביטוי, ההִתגלות, לכן לריבון־העולמים שמות שונים, כיוון שכל שֵם מבטא הִתגלות אחרת. המים החיים היוצאים מירושלים, הממתיקים את המציאות הגדולה ונוסכים אור בכל ההוויה, מבטאים את שמו של הקב״ה המִתגלֶה בכל המרחב, עד אפסי ארץ.[28]

27 שוב וראה בהערה 1, לעיל בעמ׳ 146.

28 גם פִּסקה זו לקוחה מן השיעור המקביל, כַּמוסבר לעיל בהערה 13, עמ׳ 290.

# א. אור בחמישה עשר
# ב. ה׳ אחד ושמו אחד

## שיעור משוער

### אמר העורך:

שיעוריו של חנן ב׳מכון מאיר׳ אמורים היו להתקיים מדי שבוע, בימי חמישי, במשך ׳זמן החורף׳ המתחיל אחרי חגי תשרי ומסתיים בראש חודש ניסן. בפועל, כמחצית מן השיעורים ניתנו לאחר ״דילוג״ של שבוע, ולפעמים אף יותר. בכל זאת הצליח חנן לשמור על רצף תוכני: בכל שיעור פתח ב׳חזרה על הראשונות׳, וכך התקדם עד שהגיע לַ׳הבטחות׳ שֶׁראינו בשיעור הקודם (מס׳ 11) – כאשר תִּכנן את תכניו של השיעור הבא, שהיה אמור להיות האחרון (מס׳ 12), ביום כ״ה באדר תשס״ז – ושיעור זה לא התקיים כלל.

שתי ׳הבטחות׳ – שלא מומשו – היו לחנן באשר לשיעורו הצפוי:

האחת התייחסה לפיוטו של ינאי הנֶאמר בליל הסדר ׳קָרֵב יום אשר הוא לֹא יוֹם וְלֹא לָיְלָה׳, אשר מקורו בזכריה י״ד ז׳: ״וְהָיָה יוֹם אֶחָד, הוּא יִוָּדַע לַה׳, לֹא יוֹם וְלֹא לָיְלָה, וְהָיָה לְעֵת עֶרֶב יִהְיֶה אוֹר״. כאן נשארנו חסרים, כי לא

מצאתי התייחסות מפורשת של חנן אל הפסוק הזה בכתביו או בשיעוריו המתועדים. עם זאת, חנן אכן השיב לַשאלה אשר הציב בגוף השיעור לעיל: ״מה עניינו של האור בליל הסֵדר דווקא?״. תשובתו ניתנה במאמרו ב׳מעט מן האור׳ לפרשת בֹּא בשנת תשס״ד: ׳חושך וצלמוות, בין חושך לבכורות׳ (המאמר כוּנַס גם אל ההגדה־של־פסח ׳אור ודרור׳, עמ׳ 164 ואילך).

על־פי המאמר הזה ישוער כאן חלקו הראשון של ׳השיעור שלא ניתן׳.

ה׳הבטחה׳ השניה של חנן התייחסה לפסוק ט׳, המסיים את קטע הנבואה שחנן הקריא בפתיחת השיעור הקודם: ״וְהָיָה ה׳ לְמֶלֶךְ עַל כָּל הָאָרֶץ, בַּיּוֹם הַהוּא יִהְיֶה ה׳ אֶחָד וּשְׁמוֹ אֶחָד״. חנן ביאר את הכתוב הזה בכמה ׳נגיעות׳ לאורך השיעור הקודם, אך התכוון לפתח זאת בשיעור הבא, שלא ניתן. הוא אף אמר שֶׁמאמרו ׳כְּגַוונא׳ – אשר נכתב כשבועיים קודם־לכן בגיליון של ׳מעט מן האור׳ – מתאים לשמש כדברי רקע לַשיעור המתוכנן.

חלקו השני של ׳השיעור המשוער׳ דנן מחזיק קטעים נרחבים מן המאמר הזה, בהם מעפיל חנן – שלא כדרכו – אל גבהֵי הנִסתרות, עד מגע בכתר הייחוד, בסוד ״ה׳ אֶחָד וּשְׁמוֹ אֶחָד״.

דבריו אלה של חנן נכתבו לפרשת תרומה (תשס״ז),[1] וממילא הקשרם העיקרי הוא אל המִשכָּן וגילויי השכינה, ואין הם מקושרים בגלוי אל נבואת זכריה אשר בה נטוע הפסוק הזה. את מערך הקשרים הללו מוזמנים אתם הקוראים לִטוות ולֶאֱרוג בעצמכם, ׳מַעֲשֵׂה חוֹשֵׁב׳, ברוחו של מורֵנו חנן.

---

1 המאמר המלא כלול בכרך ספר שמות בסִדרת ספרֵי ׳מעט מן האור׳, אשר קובצו בהם מאמריו של חנן לפרשיות השבוע. ראה שם בעמ׳ 271.

## א. אור בחמישה עשר

### על־פי מאמרו של חנן: 'חושך וצלמוות, בין חושך לבכורות'

במאמרו, עומד חנן על כך שֶמכות מצרים באו בזוגות, לכן מכת החושך ומכת הבכורות הינן תאומות. במכת החושך לקה האֵל 'רַע', אֵל השמש, בבחינת "וּבְכָל אֱלֹהֵי מִצְרַיִם אֶעֱשֶׂה שְׁפָטִים" (שמות י"ב י"ב), וממילא התבלט גילויו של אֱ־לֹהֵי ישראל, "יוֹצֵר אוֹר וּבוֹרֵא חֹשֶׁךְ, עֹשֶׂה שָׁלוֹם וּבוֹרֵא רָע" (ישעיהו מ"ה ז'). זאת ועוד: גלות מצרים כולה היתה חשֵכה גדולה, כגילוי ה' אל אברהם מראש: "וְהִנֵּה אֵימָה חֲשֵׁכָה גְדֹלָה נֹפֶלֶת עָלָיו. וַיֹּאמֶר לְאַבְרָם: יָדֹעַ תֵּדַע כִּי גֵר יִהְיֶה זַרְעֲךָ בְּאֶרֶץ לֹא לָהֶם, וַעֲבָדוּם וְעִנּוּ אֹתָם אַרְבַּע מֵאוֹת שָׁנָה" (בראשית ט"ו י"ב-י"ג). לכן מַהפַּך הגאולה הוא היציאה מן החושך אל האור: "וּלְכָל בְּנֵי יִשְׂרָאֵל הָיָה אוֹר בְּמוֹשְׁבֹתָם" (שמות י' כ"ג). זהו אפוא מקורו של אור הגאולה דווקא בלֵיל הסדר. עד כאן תורף דברי חנן.

ייתכן שהיה ממשיך את האבחנה הזאת אל הגאולה העתידה, ברוח דברי רבי יהושע האומר כי "בניסן נגאלו, בניסן עתידין להיגאל" (מסכת ראש־השנה דף י"א עמ' ב'). אולי גם היה מפרש כך את הפסוק דנן על יום הגאולה שיהיה "לֹא יוֹם וְלֹא לָיְלָה, וְהָיָה לְעֵת עֶרֶב יִהְיֶה אוֹר" – בדומה לשלושת ימי החושך במצרים אשר בהם היה אור לישראל במושבותָם גם בַּלילות.[2] כך יאירו גם פסוקי ישעיהו החוזה בפרק ס' את גאולתנו השלֵמה, לאמור: "קוּמִי אוֹרִי כִּי בָא אוֹרֵךְ, וּכְבוֹד ה' עָלַיִךְ זָרָח. כִּי הִנֵּה הַחֹשֶׁךְ יְכַסֶּה אֶרֶץ וַעֲרָפֶל לְאֻמִּים, וְעָלַיִךְ יִזְרַח ה' וּכְבוֹדוֹ עָלַיִךְ יֵרָאֶה. ... לֹא יִהְיֶה לָּךְ עוֹד הַשֶּׁמֶשׁ לְאוֹר יוֹמָם, וּלְנֹגַהּ הַיָּרֵחַ

---

2 הנה זהו פירושו של בעל 'כלי יקר' למכת החושך (שמות י' כ"א): ..."מִטבע הבריאה שכל אדם יש לו יום אף לילה. מה עשה הקב"ה? – הסיר חֶשכַת סתם לילה מן גבול ישראל ונתן אותו על ארץ מצרים, ועל כן היה למצרים חושך כפול, ובסיבה זו גם בַּיּוֹם 'רְשָׁעִים בַּחֹשֶׁךְ יִדָּמּוּ' ... ובסיבה זו היה לבני ישראל אור במושבותם גם בַּלילה. ... שגם לילה היה אור לישראל, כמו שנֶאמר (בתהִלים קל"ט י"א): 'וְלַיְלָה אוֹר בַּעֲדֵנִי'". והפסוק הבא ממשיך ואומר: "גַּם חֹשֶׁךְ לֹא יַחְשִׁיךְ מִמֶּךָּ, וְלַיְלָה כַּיּוֹם יָאִיר, כַּחֲשֵׁיכָה כָּאוֹרָה".

לֹא יָאִיר לָךְ, וְהָיָה לָךְ ה׳ לְאוֹר עוֹלָם וֵא־לֹהַיִךְ לְתִפְאַרְתֵּךְ. לֹא יָבוֹא עוֹד שִׁמְשֵׁךְ וִירֵחֵךְ לֹא יֵאָסֵף, כִּי ה׳ יִהְיֶה לָּךְ לְאוֹר עוֹלָם, וְשָׁלְמוּ יְמֵי אֶבְלֵךְ״ (פסוקים א׳-ב׳, י״ט-כ׳).

לבסוף אוסיף עוד נקודה משוערת: לעיל, בעמ׳ 165, עסק חנן במפלת צבא סנחריב בלֵיל פסח בירושלים, ובַשורה המוקדשת לכך בפיוטו של ינאי; ובעת שהציב (בעמ׳ 281) את השאלה: ״מה עניינו של האור בליל הסֵדר דווקא?״ הוא הוסיף את הצירוף: ״בְּלֵיל הִתְקַדֶּשׁ חָג״. מילים אלה לקוחות מפסוקו של ישעיהו (בפרק ל׳ כ״ט) אשר חז״ל מקשרים אותו למפלת סנחריב בלֵיל פסח, כפי שהוסבר לעיל בהערה 5 עמ׳ 165. פסוקים אחדים קודם לכן (בפסוק כ״ו), מנבא ישעיהו על גאולת ישראל המִתבטאת בהִתעצמות המאורות – בדומה לנבואת זכריה כי ״לְעֵת עֶרֶב יִהְיֶה אוֹר״ – לאמור: ״וְהָיָה אוֹר הַלְּבָנָה כְּאוֹר הַחַמָּה, וְאוֹר הַחַמָּה יִהְיֶה שִׁבְעָתַיִם כְּאוֹר שִׁבְעַת הַיָּמִים, בְּיוֹם חֲבֹשׁ ה׳ אֶת שֶׁבֶר עַמּוֹ וּמַחַץ מַכָּתוֹ יִרְפָּא״. כולֵי הַאי ואולַי...

## ב. ה׳ אחד ושמו אחד

### מתוך מאמרו של חנן: ׳כְּגַוְנָא׳

אפתח בנימה אישית: בדרך־כלל משתדל אני לעסוק בפשוטו של מקרא ואיני מתיימר להעפיל לתורת הנסתר, שהרי כבר אמרו חכמים: ״במה שהורשֵיתָ התבונן, ואין לך עסק בַּנִסתרות״. ברם, בפרשת תרומה אחרוג ממנהגי וארהיב עוז בנפשי להציץ מאחורי הפרגוד ולחשוף מעט מן האור הנסתר מעֵבר ליריעות המשכן.

היתר זה שאני נוטל לעצמי, נעוץ בַּמסורת הנהוגה בנוסח ספרד, לומר לאחר ׳קבלת שבת׳ ולפני ׳ברכו׳ של ערבית, קטע מה׳זוהר׳ הקדוש לפרשת תרומה, הפותח בַּמילים: ״כְּגַוְנָא דְּאִנּוּן״.

מאמר מעולף סוד זו הילך עלי קסם עוד מימי ילדותי, בשעה שהייתי מזמר עם אנשי כפר עציון את המילים החותמות את ׳כְּגַוונא׳: ״וְאַנְפָּהָא נְהִירִין בִּנְהִירוּ עִלָּאָה״ (ופניה מאירות באור עליון), במנגינה צובטת לב שהובאה מחצרות חסידים שֶׁבפולין. וכל אימת שהיינו מגיעים למילות הסיום – ״וְכֻלְּהוֹן מִתְעַטְּרִין בְּנִשְׁמָתִין חַדְתִּין״ (וכולם

מתעטרים בנשמות חדשות) – הייתי נפעם כולי נוכח התעוזה לבטא בפשטות כזו את התחושה שהנה ברגע זה ממש יורדת הנשמה היתֵרה ועוטפת כל אחד מהמתפללים בהינומת כלה. ...

## מי הם 'אִנוּן' ומי היא 'אִיהִי'?

ראשית דבר, הבה נביא את מאמר ה'זוהר' 'כגוונא' לפרשת תרומה, כפי שהוא מופיע בסידור התפילה:[3] "כְּגַוְנָא דְאִנּוּן מִתְיַחֲדִין לְעֵלָּא בְּאֶחָד, אוּף הָכִי אִיהִי אִתְיַחֲדַת לְתַתָּא בְּרָזָא דְאֶחָד, לְמֶהֱוֵי עִמְּהוֹן לְעֵלָּא חַד לָקֳבֵל חַד. קֻדְשָׁא בְּרִיךְ הוּא אֶחָד, לְעֵלָּא לָא יָתִיב עַל כֻּרְסַיָּא דִיקָרֵהּ, עַד דְּאִיהִי אִתְעֲבִידַת בְּרָזָא דְאֶחָד כְּגַוְנָא דִילֵהּ, לְמֶהֱוֵי אֶחָד בְּאֶחָד. וְהָא אוֹקִימְנָא רָזָא דַה' אֶחָד וּשְׁמוֹ אֶחָד".

מימרת 'כְּגַוונא' נפתחת במילים סתומות ... ותרגומן: "כשם שהם מתייחדים למעלה באחד, כך אף היא מתייחדת למטה בסוד האחד, להיות עִמהם למעלה – אחד כנגד אחד".

מי הם 'אינון' המתייחדים למעלה באחד? ומי היא 'איהי' המתייחדת לעומתם למטה באחד? ...

ה'אינון' וה'איהי' שֶׁבַּ'זוהר' מבטאים שלוש מערכות של מושגים, זו לפנים מזו. [כאן אנו מדלגים על הסבריו של חנן לגבי שתי מערכות: מערכת חומרי המשכן וצבעיו, ומערכת החגים והמועדים, משכן הזמן]. ... **המערכה השלישית** שבה מרחיב ה'זוהר' באופן מיוחד נוגעת לַיחס שבין 'הייחוד העליון' ל'ייחוד התחתון'.

הייחוד העליון מגלה את מלכות ה' בָעליונים, ובא לידי ביטוי בשש תיבות 'שמע ישראל': "שְׁמַע יִשְׂרָאֵל ה' אֱ־לֹהֵינוּ ה' אֶחָד". ואילו הייחוד התחתון הוא המלכת ה' וגילוי שמו בתחתונים, והוא בא לידי ביטוי בְּמשפט שאינו מופיע בַּמקרא אלא בלשון חכמים: "ברוך שֵׁם כבוד מלכותו לְעולם וָעֵד" – ובו שש תיבות של מטה, המכוונות כנגד שש תיבות של מעלה. ...

---

3 בַּמאמר המלא עסק חנן בהרחבה בעניינה של השבת, מתוך הקטע הסמוך בספר ה'זוהר' הפותח בַּמילים: "רזא דְשבת". אנו דילגנו כאן הן על הקטע הזה והן על דבריו אלה של חנן.

## המלך והמטרוניתא

ה׳זוהר׳ הקדוש מעמיק להבחין בין ׳שְׁמַע יִשְׂרָאֵל׳ – שהוא הייחוד העליון ובו כל המידות והספירות ששורשן ב׳אֶחָד׳ מאירות באור יקרות ללא כל חציצות – לבין הייחוד התחתון שבו ״אַתָּה אֵ־ל מִסְתַּתֵּר״, ויש צורך במאמץ מיוחד לגלות את האחדות הכוללת ולחשוף את מלכות ה׳ בעולם הזה.

אך גם בכך לא די: המשימה אינה נשלמת באיחוד הכוחות עלי אדמות, אלא עיקרה באיחוד שבין המלכות העליונה למלכות התחתונה, למען יהיו ׳אֶחָד בְּאֶחָד׳.

מלכות תחתונה זו מכונה בַּ׳זוהר׳ בשם ׳מַטרוניתא׳ (הגבירה), והיא זו שעליה נֶאמר בּ׳כְּגוונא׳: ״אוּף הָכִי אִיהִי אִתְיַחֲדַת לְתַתָּא בְּרָזָא דְאֶחָד ... כְּגַוְנָא דִילֵהּ״ – דהיינו: כך היא מתייחדת למטה כמותו (כמו האיחוד העליון), למען יהיו אחד באחד. ובכך תתקיים במילואה בשורת הנבואה לעתיד לבוא: ״בַּיּוֹם הַהוּא יִהְיֶה ה׳ אֶחָד וּשְׁמוֹ אֶחָד״ (זכריה י״ד ט׳).

דבֵקות זו שבין המלך והמטרוניתא משולה לְייחוד חתן וכלה, ולפיכך לדעת ה׳זוהר׳ יש לומר ״ברוך שם כבוד מלכותו״ בלחש – למען יתייחדו המלך והמלכה בקול דממה דקה, ולא יתערב זר בשִׂמחתם.

*

מכל־מקום, יש לעמוד על נקודה אחת המודגשת ב׳כְּגַוונא׳ הדגשה יתֵרה: לא רק הייחוד התחתון זקוק לַייחוד העליון, גם ייחודו של מלך עליון וגילוי מלכותו בָּעליונים אינו בא לידי מיצוי מלא אלא בשעה שנִשלם הייחוד התחתון ונושק לַייחוד העליון.

דבר זה בא לידי ביטוי נחרץ בהמשך דברי ה׳זוהר׳ – ותרגומם: ״הקב״ה שהוא אחד, לא יֵשֵׁב למעלה על כִּסֵא כבודו, עד שתהיה היא (מלכות של מטה) בסוד האחד כמותו, כדי שיהיו אחד בְּאחד (ויהא הזיווג שלם). ובזה העמדנו את הסוד של ׳ה׳ אֶחָד וּשְׁמוֹ אֶחָד׳״.

דבר מעֵין זה מוצאים אנו בדברי חכמים במסכת תענית (דף ה׳ עמ׳ א׳) בקשר לירושלים של מעלה וירושלים של מטה: ״אמר ר׳ יוחנן:

אמר הקב"ה: לא אבוא בירושלים של מעלה עד שאבוא לירושלים של מטה ... 'יְרוּשָׁלַיִם הַבְּנוּיָה כְּעִיר שֶׁחֻבְּרָה לָּהּ יַחְדָּו' (תהלים קכ"ב ג')".

זהו סוד המִשכָּן העומד במוקד פרשת תרומה. המִשכָּן אינו רק 'צורך הֶדיוט', אלא הוא 'צורך גבוה', כדברי הרמב"ן בסוף פרשת תְּצַוֶּה (כ"ט מ"ו), והמפתח להשלמת הייחוד בין עליונים לתחתונים תלוי ב'אִתעָרוּתא דלְתַתָּא', כדברי הפסוק בפתח פרשתנו: "וְעָשׂוּ לִי מִקְדָּשׁ, [ואז] וְשָׁכַנְתִּי בְּתוֹכָם". ...

## "כְּמַרְאֵה הַקֶּשֶׁת אֲשֶׁר יִהְיֶה בֶעָנָן"

... ראה זה פלא: במילות הסיום של מעשה המרכבה ביחזקאל מוצאים אנו את תיאור מראה כבוד ה' המתגלה בשלל צבעי הקשת וכך נֶאמר שם: "כְּמַרְאֵה הַקֶּשֶׁת אֲשֶׁר יִהְיֶה בֶעָנָן בְּיוֹם הַגֶּשֶׁם כֵּן מַרְאֵה הַנֹּגַהּ סָבִיב, הוּא מַרְאֵה דְּמוּת כְּבוֹד ה'" (יחזקאל א' כ"ח).

צבעי הקשת, שבדרך־כלל נוטים לסמנם בשישה צבעים עיקריים – סגול, כחול, ירוק, צהוב, כתום ואדום – משמשים אפוא כדימוי לגילוי שכינה. לפיכך אמרו חכמים במסכת חגיגה (דף י"ד עמ' ב'), שֶׁכאשר פתח ר' יהושע ודרש במעשה מרכבה – [והיה זה בתקופת תמוז] – "נִתקשרו שמים בֶּעבים ונִראָה כמין קשת בענן".

ברם, מעֵבר לַיופי ולַהוד שבצבעי הקשת, יש בהם דבר־מה מופלא שנתגלה בְּמדע האופטיקה המודרנית. היה זה המדען הדגול סֵר אייזיק ניוטון שגילה לָראשונה את 'תופעת הנפיצה' – שלפיה כל צבעי הקשת הם הִשתקפויות מִזוויות שונות של האור הלבן – שהוא הצבע השביעי, הכולל את שׁשת צבעי הקשת.[4] ...

ואני הקטן מתבונן לתומי בתופעה מופלאה זו, ואומר לעצמי: הֵא לךָ דימוי יקר מאין כמוהו, להמחשת היחס שבין המקור הָאֱ־לֹהִי היחיד והמיוחד – 'אור אין סוף' – לבין גילויו באין־ספור גוונים וביטויים בעולמנו.

---

4 על אודות ניוטון, שוב וראה בהערה 13 לעיל בעמ' 275.

על־כן, לעניות דעתי, זכתה הקשת ב׳מעשה המרכבה׳ של יחזקאל להיות דימוי לַהתגלות האֱ־לֹהית, שכן בהופעתה הופך מְקור האור הנִראֶה לָראשונה כצבע לבן לספקטרום רחב "הַשָּׁשׁ בִּגְוונָיו".

## לבן ותכלת

ובכן, "אִנּוּן מִתְיַחֲדִין לְעֵלָּא" – אותם אלה המתייחדים למעלה – הלוא הם ששת צבעי הקשת העליונים (הרומזים למידות ולספירות שונות), המתאחדים למעלה באור הלבן, ונִשקפים אלינו מִמרחקים באור התכלת הזכה, שהיא הִשתקפות האור הלבן בעוברו במרחבי האטמוספרה. ...

אך כשם שהגוונים העליונים מתאחדים למעלה באחד, כך גם בעולמנו עתידים הגוונים השונים – שֶהתפצלו לְכוחות הנלחמים זה בזה לעיתים – לשוב ולהתאחד לאור אחד, טהור וזך, הנוטל את אורו מ׳אור אין סוף׳: "כִּי עִמְּךָ מְקוֹר חַיִּים, בְּאוֹרְךָ נִרְאֶה אוֹר" (תהִלים ל"ו י׳).

מפגש אורות זה בין אור עליון לאור תחתון, שכל מגמתו "לְמֶהֱוֵי אֶחָד בְּאֶחָד", עתיד להשיב לָעולם את מאור פניו בחדווה וגיל עדֵי־עד, בשעה שֶייבָּנה בית המקדש ויתייחדו בחוּפַּת־דודים כנסת־ישראל וריבון־העולמים – להיות אחד באחד – "וְהָא אוֹקִימְנָא רָזָא דַ׳ה׳ אֶחָד וּשְׁמוֹ אֶחָד׳".

## אמר העורך:

עד כאן נרשם ה׳שיעור המשוער׳ בעֵטו של חנן. אך הנני הקטן מתיר לעצמי להוסיף השערה – בבחינת ׳אילו׳ ובבחינת ׳אולַי׳ – שלא היה חנן מסיים את שיעורו מבלי שֶקישר וארג את דבריו אל הקטע דלהלן אשר כתב הרב קוק זצ"ל על מדינת ישראל, שנים הרבה בטרם נוסדה. אולי אף היה מסיים את השיעור בהקראת הקטע הזה, כגולת הכותרת לַמהלך שאותו חפץ להסביר.

מכל־מקום, הרב קוק זצ"ל הגדיר בקטע הזה את מדינת ישראל הראויה להיות, אשר תעלה־ותבוא, אף־על־פי שחזון העתיד מנוסח כבר בלשון הווה... הפסוק דנן, שהוא נושא השיעור, הריהו "כל חֶפצה" של המדינה, לדברי הרב. אולי ניתן לחדד ולומר שזהו כל תפקידה וייעודה, שתהיה היא־עצמה גילוי בָּארץ – שֵׁם ה' – של אחדות ה' העליונה אשר בשמי מרומים, בבחינת: מַלכותא דְאַרעָא מעֵין מַלכותא דרקיעָא.

את משפטו האחרון של הרב בַּקטע הזה, היה חנן מבאר בוודאי בהקשר למצבה של מדינת ישראל דהאידנא, ברוח דבריו של רב יוסף המוכן לשבת בצל גללי חמורו של משיח. אמת, עדיין אין אור ה' מאיר בציון במלוא תוקפו – היה אומר חנן – אבל גם בימי החושך אוחזים אנו בתִקוַת חוט השָני, בַּתפילה ובַמעשה לקראת מילוי ייעודה של המדינה, בגילוי השכינה.

ובכן – הנה אלה דברי הרב קוק, אשר נכתבו בארץ־ישראל בימי כהונתו ביפו:

"אין המדינה האושר היותר עליון של האדם. זה ניתן להיאמר במדינה רגילה, שאינה עולָה לְערך יותר גדול מחברת אחריות גדולה. ... מה־שאין־כן מדינה שהיא ביסודה אידיאלית, שֶׁחקוק בהווייתה תוכן האידיאלי היותר עליון, שהוא באמת האושר היותר גדול של היחיד. מדינה זו היא באמת היותר עליונה בסולם האושר. ומדינה זו היא מדינָתֵנו, מדינת ישראל, יסוד כִּסֵא ה' בָּעולם, שֶׁכל **חפצה הוא שיהיה 'ה' אֶחָד וּשְׁמוֹ אֶחָד'**, שֶׁזהו באמת האושר היותר עליון. אמת שֶׁאושר נשגב זה צריך הוא לְביאור ארוך, כדי להעלות אורו בימי חושך, אבל לא מפני זה יֶחדַל מִלהיות האושר היותר גדול".

('שמונה קבצים', קובץ א', קפ"ו / 'אורות', 'אורות ישראל' ו' ז' / 'אורות הקודש' חלק ג' עמ' קצ"א).

# נספחים לשער השני

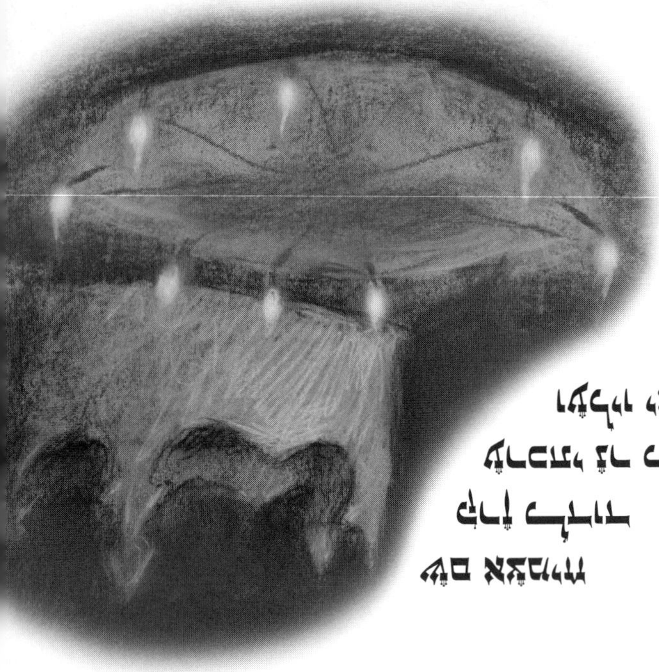

[illegible]

... [illegible]

[illegible]

[illegible]

# נספח א׳
לעמ׳ 172

## מ׳אֶבֶן הַבֹּחַן׳ עד ׳אֶבֶן הָרֹאשָׁה׳
**חנן פורת**

להלן יובא סעיף אחד מתוך מאמרו של חנן ב׳מעט מן האור׳ לשבת פרשת וַיצא, בשנת תשס״ב. כותרתו הראשית של המאמר היתה: ׳האבן הזאת!׳. חנן עומד על כך שאבנים רבות ממלאות תפקידים בקורותיו של יעקב בַּפרשה – וגם בהמשך חייו של יעקב – למִן האבן אשר שם כמצֵבה בבית־אֵל, ועד דברי ברכתו ליוסף, הנתונים לו ״מִידֵי אֲבִיר יַעֲקֹב, מִשָּׁם רֹעֶה אֶבֶן יִשְׂרָאֵל״ (בראשית מ״ט כ״ד). ואז מציב חנן את השאלה: ״מה אפוא יש בה, בָּאבן, שהפכה להיות לְ׳אֶבֶן יִשְׂרָאֵל׳?״

הסעיף המובא בזה חותם את המאמר, ובצידו שירו של יהודה קרני, כדרכו של חנן ללוות את מאמריו בשירים ואף לכתוב עבורם ׳מִדרָשיר׳. יוער כי בַּגיליון המודפס קוצרו דבריו של חנן, מִקוצר המצע, אך לפנינו היה כתב היד המקורי – והנה אלה הדברים:

[לאחר שחנן ביאר את פִּשרו של הדימוי, שֶ'אֶבֶן יִשְׂרָאֵל' מצטיינת בקַשיותה ובחוזקה, ביציבות משקלה, בהתמדת עמידתה ללא פגע במשך אלפי שנים, הוא ממשיך וכותב]:

אך בַּהישרדות כשלעצמה לא די! ייעודה של אבן ישראל להיות בניין שלם, בית שוקק חיים, אליו ינהרו כל הגויים: "וְהָאֶבֶן הַזֹּאת אֲשֶׁר שַׂמְתִּי מַצֵּבָה יִהְיֶה בֵּית אֱ-לֹהִים" (בראשית כ"ח כ"ב). נקודה זו מפורשת אף היא בחלומו של נבוכדנֶצר [המסופר ונפתר על־ידי דניאל], המתאר את המשך מהלכה של האבן שנחצבה בידי שמים: 'והאבן אשר הִכּתה את הצֶלֶם היתה להר גדול ומָלְאָה את כל הארץ' (דניאל ב' ל"ה, בתרגום לעברית).

חיזיון זה דומה עד מאד לנבואות זכריה בימי שיבת ציון, שגם אם לא התקיימו באותם ימים במלואן, עתידות הן להתקיים לעתיד לבוא, עד תומן. "מִי אַתָּה הַר הַגָּדוֹל לִפְנֵי זְרֻבָּבֶל לְמִישֹׁר, וְהוֹצִיא אֶת הָאֶבֶן הָרֹאשָׁה, תְּשֻׁאוֹת חֵן חֵן לָהּ" (זכריה ד' ז').

בית זה לא ביום אחד ייבָּנֶה ולא בפעם אחת. פעם ופעמיים ייפול – וקם. ואף בשלישית ייבָּנֶה קִמעא קִמעא, בגבורת הסבלנות האופיינית לָאבן, עד אשר יהיה לבניין עדי עד. לכך מכוּוֶנֶת נבואת הגאולה הפּלאית של ישעיה: "הִנְנִי יִסַּד בְּצִיּוֹן אָבֶן, אֶבֶן בֹּחַן פִּנַּת יִקְרַת, מוּסָד מוּסָּד, הַמַּאֲמִין לֹא יָחִישׁ" (ישעיה כ"ח ט"ז).

ועל יסוד פסוק זה הורו תלמידיו של הגאון מווילנה הלכה למעשה: "להתחיל את בניין ירושלים אפילו מאבן אחת, כי האבן הזאת היא 'אֶבֶן בֹּחַן' להוכיח את רצוננו לבנות את ירושלים ולהרחיב מקום אוהלה, בסוד דרכו של יעקב: 'וַאֲנִי אֶתְנָהֲלָה לְאִטִּי'" ('קול התור' א' ט"ו). תלמידי הגר"א פירשו אפוא את הביטוי 'אֶבֶן בֹּחַן' כדרך שאנו נוהגים להשתמש בו כיום – בְּמשמעות של קריטריון, נקודת מבחן, שעל־פיה ניתן לשפוט אדם ועם.

אכן, אנשים נִמהרים וקצרֵי רוח אין בכוחם לעמוד באבן בֹּחן זו, והם מִתקצפים ומתייאשים עד מהרה, כשֶמִתברר להם שאין "שלום עכשיו" ואף לא "משיח עכשיו"... אבל היודעים להפנים את בשורת הנבואה: "הַמַּאֲמִין לֹא יָחִישׁ" – זוכים ליטול את אבן ישראל ולבנותה קִמעא קִמעא מן המסד עד הטפחות, בגבורת הסבלנות, ואוזניהם עוד

תְשמענה שירת גאולים מתרוננת ועולה: הנה ׳אֶבֶן הַבֹּחַן׳ אשר היתה ל׳אֶבֶן הָרֹאשָׁה׳ – תְּשֻׁאוֹת חֵן חֵן לָהּ.

*

שירו של יהודה קרני[1] ׳שִׂימוּנִי בַּפִּרְצָה׳ מביא לידי ביטוי נוקב את נכונותו להיות ׳אבן אנושית׳, שֶׁתונח כנִדבך בחומות ירושלים, ותכפר את "עֲוֹן הָעָם, אֲשֶׁר לֹא סָתַם הֶחֳרָבוֹת".

בשיר זה יוקדת אש של מסירות נפש, אשר בערה בקרב ראשוני העולים ארצה – מִתלמידי הגר"א וחסידי הבעש"ט, דרך הביל"ויים והתימנים אנשי העליה הראשונה בתרמ"ב – ועד חלוצי העליה השניה והשלישית שֶׁעִמהם נִמנָה יהודה קרני. אש קודש זו אינה יכולה לנבוע אלא ממקור הקודש, ויהודה קרני אינו בוש לחשוף מהיכן נוטל הוא כוח: "וּמֵחוֹמַת הַקִּיר יְרַנְּנוּ עַצְמוֹתַי הַכָּלִים / לִקְרַאת הַמָּשִׁיחַ".

### שִׂימוּנִי בַּפִּרְצָה / יהודה קרני

עִם כָּל אֶבֶן מִתְגּוֹלֶלֶת שִׂימוּנִי בַּפִּרְצָה
וְחַזְּקוּנִי בַּמַּקָּבוֹת,
אוּלַי אֲכַפֵּר פְּנֵי מוֹלַדְתִּי, וְנִרְצָה
עֲוֹן הָעָם, אֲשֶׁר לֹא סָתַם הֶחֳרָבוֹת.
מַה טּוֹב וְיָדַעְתִּי, כִּי אֶבֶן אֲנִי כְּכָל אַבְנֵי יְרוּשָׁלַיִם
וּמָה אֻשַּׁרְתִּי בְּהִתְקַשֵּׁר עַצְמוֹתַי עִם הַחוֹמָה,
לָמָּה יִדַּל גּוּפִי מִנַּפְשִׁי, אֲשֶׁר בְּאֵשׁ וּבְמַיִם
הָלְכָה עִם הָעָם בִּזְעָקָה אוֹ דְּמוּמָה.
קָחוּנִי עִם הָאֶבֶן הַיְּרוּשַׁלְמִית וְשִׂימוּנִי בַּכְּתָלִים
וְטוּחוּ עָלַי טִיחַ,
וּמֵחוֹמַת הַקִּיר יְרַנְּנוּ עַצְמוֹתַי הַכָּלִים
לִקְרַאת הַמָּשִׁיחַ.

1 יהודה קרני, איש תנועת ׳פועלי ציון׳, עלה ארצה בשנת 1921, כשהיה בן שלושים-ושבע. היה חבר מערכת עיתון ׳הארץ׳, ונפטר בטבת תש"ט (1949). מחזור השירים ׳משירי ירושלים׳ נכתב עם עלותו ארצה, והשיר המובא כאן הוא החותם את המחזור הזה.

# נספח ב׳
## לעמוד 182

# השמיטה בתקופת חבלי משיח

### מתוך ׳ספר השמיטה׳, מאת הרב יחיאל מיכל טוקצינסקי

הכותרת כאן היא מקורית; כך הכתיר הרב יחיאל מיכל טוקצינסקי – רבים אומרים: טיקוצ׳ינסקי – את סעיף ה׳ בפרק א׳ בחלקו השני של ׳ספר השמיטה׳, עמ׳ ס״ג והלאה. הספר ראה אור בהוצאת מוסד הרב קוק בשנת תשי״א (ובהדפסות חוזרות). בספרו דן הרב בהלכות שמיטה, ונזקק גם להיבטים מחשבתיים של ׳השקפה׳ (במלעֵיל, כפי שכּוּנָה הדבר בחוגי היישוב הישן).

הרב טוקצינסקי היה שמרן וחדשן כאחד, והייחוד הזה ניכר היטב בקטעים המובאים כאן. הדברים מובאים בדילוגין – בבחינת ׳כללו של דבר׳, בסוגיית הגאולה – ולא כללנו את כל אשר הסיק המחבר, מן הכלל אל הפרט, לענייניה השונים של מִצוַת השמיטה.

בעריכה שונו לפעמים סימני הפיסוק, ונעשו התאמות אל הכתיב המקובל בספר זה: כתיב מלא וניקוד חלקי.

בשמיטה האחת-עשרה [1] הבאה עלינו לטובה – שנת ה׳תשי״ב, הראשונה במדינת ישראל המחודשת – נכנסת שאלת השמיטה לתקופה חדשה.

1 הרב טוקצינסקי כתב בראש הפרק הזה שֶׁעשר שמיטות כבר עברו על היישוב החקלאי החדש בארץ ישראל – משנת תרמ״ב עד שנת תש״ה –

חדשה לגמרי בחיי עמנו. עם ישראל עתיק היומין, בעל ספר הספרים, מורה העולם, אשר הלך ונדד מִגולה אל גולה קרוב לאלפיים שנה – ולמרות פזוריו הרבים בין מַלכויות אדירות, אויבים ומענים, הן שֶׁכָּלוּ ולא הוא – לפתע החל להופיע חזון התחיה שלו, והִתנער להיות שוב עם עצמאי בארצו, והחלו נִדחי ישראל להתכנס למדינת ישראל, וקיבוץ הגָלויות אסף מערבולת [של] טיפוסים שונים, בהם עקורים משורשם, אלה שהגלות גרפתם לְאטמוספֵרות זרות וקלטו תורות חומרניות, באֵין להם עוד מושג מֵערכֵי ישראל הנצחיים והנשגבים, המרוממים את החיים לדרגות עילאיות. ומתוך כך [באה] ההִתנגשות בין ישן לחדש, בין קודש לחול, רוח וחומר. ומאבק זה – הנוגע לציפור הנפש של האומה ולכל מהות חייה ומטרתם – לא על נְקַלָּה יעבור. ...

ודאי שלא כולם תופסים את אשר התרחש ומתרחש אִתנו כיום. לא הכול משיגים מה אומרים לנו המאורעות הגדולים והתמורות העצומות שהתחוללו סביבנו ובקִרבנו בַּשנים הללו. תמורה בְּאופנים מרעישים ומפתיעים: השואה האיומה שהשמידה שליש של עם ישראל, שואה שלא היתה ולא נשמעה דוגמתה בכל הטרגדיות אשר קרו מעולם, אפילו בין האומות הברבריות ופּראֵי אוכלי־אדם, עד שהמשמידים המטורפים, שרצחו ושרפו באופן מֵכָני, לא ידעו בעצמם להסביר על מה ולמה עשו ככה. ואחרי הזוועה – הכרת האומות במדינת ישראל. ומיד – ההתקוממות של שבע אומות מזוינות המצוידות על האוכלוסיה היהודית הארצי־ישראלית, לכלותה ולהשמידה.

ולגודל התימהון נוצחו הלוחמים הרבים המזוינים על־ידי האוכלוסיה המעטה הבלתי מצוידת, וישראל עשה חַיל וכבש ערים בצורות ופרזות רבות, ושטחים גדולים ורחבים בארץ הבטוחה [=המובטחת] לו מיוצר העולם. ולמרבה הפלא דווקא השטח של ירושלים העתיקה – שטח לא

ועתה אנו עומדים לפני השמיטה האחת־עשרה, בשנת תשי״ב. בשמיטה הראשונה בשנת תרמ״ב – כותב הרב – היו רק חקלאים מעטים בכל הארץ: איכרים אחדים בפתח תקווה שנוסדה ארבע שנים לפני־כן, עוד כמה במוצָא (׳בית יֶלין׳ נרכש בשנת תר״ך, והמושבה נוסדה בשנת תרנ״ה), ובודדים ב׳מִקוֵה ישראל׳ (אשר נוסד בשנת תר״ל).

גדול כלל בכמות וכה גדול באיכות, הכולל בתוכו [את] הר בית קודשנו אשר קנה דָוִד מלך ישראל בכסף מלא מאת [אֲרַוְנָה] מלך היבוס, ושֶנִתקדש על־ידי מלכי ישראל ונביאיו בכל־כך פאר והוד קדושה – דווקא שטח זה לא יכלו חיילי ישראל לכבשו. ומה שיותר מפליא: אפילו הרובע הפעוט "שֵיך־ג'ראח", שגודלו כאחד הרחובות שבערים הגדולות שנכבשו – לא יכלו לו בשום אופן למרות הקרבנות שהביאו לכיבושו – משום מה? משום שֶרובע קטן זה משמש מגן על העיר הקדושה ועל מקום המקדש.

איש האדמה המסתכל על כל חוקי הטבע כעל "דבר פשוט", איננו מסוגל להכיר בכל המאורעות שבָעולם שהם ממלאים איזה תפקיד שיטתי. אבל זה שיש לו מְסורה, ויודע שכל היצירה היא חלל אין סופי מלא פלָאות לאין־מספר ... הוא גם רגיל להתבונן בכל המאורעות – בייחוד של עם ישראל היחיד במינו – ורואה בהם מְתהליך הנהגת בעל־הבירה, ומשוכנע שכל ההרפתקאות שבַשנים הללו הן מְשרשרת החזון שחזו נביאינו וחוזֵינו ושראו חכמינו ז"ל, וככל אשר דיבּרו בַּתלמודים ובַמדרשים ובַ'זוהר' ועוד:

א) משני מיני גָלויות סבלנו: גלות ישראל וגלות השכינה. גלות השכינה, שֶקדמה, היא שגרמה לְגָלוּת ישראל ולהסתר הפנים ולכל סִבלותיו. כל הצומות, הקינות והתחינות הן בייחוד על "שכינתא בגָלותא". ומשום שפרֵדתה [של השכינה] היתה קשה ביותר – גלתה בעשרה שלבים, זה אחר זה, וביציאתה יצא מִציון כל הדרה וגלה ישראל, נתפזר בין האומות ואירע לו מה שאירע. וכן תהא השיבה – באותן הדרכים ובאותם השלבים. מי שגלה לאחרונה ייגָאֵל ראשונה. תחילה קיבוץ נידחי ישראל, ואחריו החזרת שכינת ישראל לָאָרץ ולירושלים ולמקום המקדש. ראשונה תחזור [השכינה] לַתחנה האחרונה, ואחר לשאר התחנות, עד לַתחנה הראשונה המרכזית. (ראה במסכת ראש־השנה דף ל"א עמ' א').

ב) בשני אופנים עתידה להיות הגאולה, או "בְּעִתָּהּ" או "אֲחִישֶׁנָּה". [אם] זכו [ישראל] – "אֲחִישֶׁנָּה", וכל יום זמנה, "הַיּוֹם אִם בְּקֹלוֹ תִשְׁמָעוּ", ותופיע בפתאומיות ("וּפִתְאֹם יָבוֹא [אֶל הֵיכָלוֹ] הָאָדוֹן"),

בנִסים גלויים ונפלאות גדולות ״כעֲנָנֵי שְׁמַיָּא״ וכו׳. ואם לא זכו – תהא ״בְּעִתָּהּ״, כ״עָנִי וְרוֹכֵב עַל חֲמוֹר״, משרכת דרכה באיטיות, בהרים וגאיות, ולא פעם צונח הרוכב מעל החמור. ועל גאולה מסוג זה גילו חכמינו ז״ל שתבוא בזעזועים גדולים, מלחמות עמים בעמים, וגזֵרות ושמָדות נוראות בעם ישראל, עד שגדולי האמוראים אמרו: ״יֵיתי ולא אַחמינֵיה״ [=יבוא משיח, ואַל אֶראֶנו].[2]

כי אם ״לא זכו״ יצטרך העם לְכוּר מְצָרֵף, וכשתגיע השואה אז יתגלו חבלי המשיח. יתחיל קיבוץ גלויות. ואז גם יתחיל המאבק הפנימי על גילוי השכינה. התנגשות [בין שני הצדדים] – סיטרא דשמאלא עם סיטרא דימינא. וגם בזו יראה המסתכל חזיונות מוזרים: בני אדם שאינם יודעים את הקשר הנפשי שלהם לעמם ולארצם – מוסרים נפשם על עם ישראל ועל ארץ ישראל, ומהם נופלים לקרבן על מזבח אהבת ישראל והארץ, ככל אינסטינקט נפשי שהבעלים מרגישים ואינם מבינים אותו. וכאותה סיטרא דמסאבותא [=צד הטומאה] שאינה יכולה להתקיים בלא יניקה מסיטרא דקדושא, והיא נמשכת אליה, ועם כל זה הריהי מתקוממת להכריע את הסיטרא דקדושא.

ג) לגאולה זו הבאה ״בְּעִתָּהּ״ שלוש תקופות: ראשונה – חבלי הלֵידה, ״חבלי משיח״, שקראו לה חכמינו ז״ל: ״עִקבא דמשיחא״, לֵידה הבאה דרך העקב, לא כרגיל דרך הראש. תקופה שניה – קץ שיעבוד מלכויות, ושוב בשלבים שלבים: ״כִּי אֱ־לֹהִים יוֹשִׁיעַ צִיּוֹן״ (תואר לישראל), ״וְיִבְנֶה עָרֵי יְהוּדָה״, ״וְיָשְׁבוּ שָׁם וִירֵשׁוּהָ״, ואחר־כך ״וְזֶרַע עֲבָדָיו יִנְחָלוּהָ״, ״וְאֹהֲבֵי שְׁמוֹ יִשְׁכְּנוּ בָהּ״, ולאחרונה ״לַמְנַצֵּחַ לְדָוִד לְהַזְכִּיר״ (משל לרועה שצֹאנו נתפזר

---

2 הנה מקורות ההסתמכות לפִּסקה זו, כסדרם: ישעיהו ס׳ כ״ב, מסכת סנהדרין דף צ״ח עמ׳ א׳ (ותהִלים צ״ה ז׳), מלאכי ג׳ א׳, דניאל ז׳ י״ג, זכריה ט׳ ט׳, מסכת סנהדרין דף צ״ח עמ׳ ב׳.

והדיר נחרב, כשנִבנֵה הדיר וחזרו הצאן – מחזירים את הרועֶה).[3]
התקופה השלישית – הייעוד השלם והמקוּוֶה לתיקון העולם, "כִּי מָלְאָה הָאָרֶץ דֵּעָה אֶת ה' כַּמַּיִם לַיָּם מְכַסִּים" (ישעיהו י"א ט').

אנו עומדים כיום בשלב הראשון, בהתחלת בקיעת האור אחרי חשכת הלילה. כאותו המראֶה שהראה רבי חייא רבא לרבי שמעון בן חלפתא, בעלוֹת איילת השחר וכו', ואמר לו: "כך היא גאולתן של ישראל, בתחילה קִמעא קִמעא, כל מה שהיא הולכת – היא רבה והולכת" בהופעת אורה וכו' (תלמוד ירושלמי מסכת ברכות פרק א' הלכה א').

ואילו זכינו, עכשיו כשיש לנו ברוך־השם ממשלת ישראל על ארצנו, היינו יכולים לשוב אל מקורות ישראל בחֵרות גמורה, ולחדש ימינו כקדם [כפי] שהיו, לאור עולם. ואם עדיין לא זכינו, ועלינו לצפות עד לשלבים האחרים, להופעת רוח ה' על התועים בדרכי החיים, יתמשך כמובן המאבק על כמה מהערכים הרוחניים אשר עליהם מסרו אבותינו את נפשם בהיותם בין האומות. ...

הבה נצפה לשלבים הבאים של הייעוד, ויחזיר [הקב"ה את] שכינתו לציון, ויושלם הייעוד לשלום ותקומת העולם, שזוהי מְתעודת ישראל.

---

3 הנה מקורות ההסתמכות לפִסקה זו, כסדרם: מִשנַת מסכת סוטה ט' ט"ו, ובגמרא שם דף מ"ט עמ' ב', מסכת סנהדרין דף צ"ט עמ' א', תהִלים ס"ט ל"ו-ל"ז, תהִלים ע' א', מדרש תהִלים ע'.
ראוי לצטט את הקטע ממדרש תהִלים לפרק ע', וכך מתברר מדוע בחר המחבר בַּפסוקים הנ"ל מן הפרק הקודם לזה (ס"ט):
"ולמה היה דָוִד דומה? לְמלך שהיה לו צאן וכעס עליה, סר את הצאן, ומתיר את הדיר, והוציא את הרועֶה. אחר זמן כנס את הצאן, ובנה את הדיר, ולָרועה לא הזכיר. אמר הרועה: הרי הצאן מכונסות, והדיר בנויה, ואני איני נזכר? כך אמר דָוִד למעלה מן הפרשה [בסוף הפרק הקודם]: 'כִּי אֱ-לֹהִים יוֹשִׁיעַ צִיּוֹן וְיִבְנֶה עָרֵי יְהוּדָה' – הרי הדיר בנויה – 'וְיָשְׁבוּ שָׁם וִירֵשׁוּהָ, וְזֶרַע עֲבָדָיו יִנְחָלוּהָ, וְאֹהֲבֵי שְׁמוֹ יִשְׁכְּנוּ בָהּ' – הרי הצאן מכונסות – אמר הרועֶה: ואני איני נזכר? לכך: 'לַמְנַצֵּחַ לְדָוִד לְהַזְכִּיר'".

# נספח ג׳
## לעמוד 184

# הסוד הכמוס ב״מְצִלּוֹת הַסּוּס״
### חנן פורת

### עיון בַּהפטרה לחג הסוכות

הנה, בדילוגין, מאמרו של חנן בגיליון ׳מעט מן האור׳ אשר נדפס בסוכות תשס״ז, זמן קצר ביותר לפני שהחל בסִדרת השיעורים ב׳מכון מאיר׳.
כתום שנה למותו של חנן נדפס המאמר שנית בחוברת ׳מעט מן האור: לימים הנוראים ולחגי תשרי׳ בעריכת מיכל אזרחי.

״בַּיּוֹם הַהוּא יִהְיֶה עַל מְצִלּוֹת הַסּוּס קֹדֶשׁ לַה׳ ... וְהָיָה כָּל סִיר בִּירוּשָׁלַיִם וּבִיהוּדָה, קֹדֶשׁ לַה׳ צְבָאוֹת״ (זכריה י״ד כ׳-כ״א).
הגמרא במסכת מגילה (דף ל״א עמ׳ א׳) קובעת: ״ביום טוב ראשון של חג [=סוכות] מפטירין: ׳הִנֵּה יוֹם בָּא לַה׳׳ (זכריה י״ד א׳) ... ובשבת שֶׁחל להיות בחולו של מועד מפטירין: ׳בְּיוֹם בּוֹא גוֹג׳ (יחזקאל ל״ח י״ח)״.

שתי הפטרות יחידות ומיוחדות אלה עוסקות בנבואות אחרית־הימים, ועל הקשר ביניהן עומד רש״י בפירושו למסכת מגילה: ״׳בְּיוֹם בּוֹא גוֹג׳ – והיא אותה המלחמה האמורה בזכריה בְּ׳הִנֵּה יוֹם בָּא לַה׳׳״.
ואכן, בשתי הנבואות אנו מוצאים את הגויים הנאספים לַמלחמה על

עם ישראל השב לארצו, ובשתיהן נלחם ה׳ בַּגויים בהרי ציון וירושלים ומקַדֵש את שמו בעולמו.

## סוכות – לַגויים?

אך מה הקשר בין מלחמות אחרית־הימים לחג הסוכות?

דבר זה מפורש בַּמקרא גופו, בסוף ההפטרה שבנבואת זכריה: ״וְהָיָה כָּל הַנּוֹתָר מִכָּל הַגּוֹיִם הַבָּאִים עַל יְרוּשָׁלָיִם, וְעָלוּ מִדֵּי שָׁנָה בְשָׁנָה לְהִשְׁתַּחֲוֹת לְמֶלֶךְ ה׳ צְבָאוֹת וְלָחֹג אֶת חַג הַסֻּכּוֹת״ (זכריה י״ד ט״ז).

ובכן, הקשר שבין ההפטרה לחג הסוכות ברור לחלוטין – אלא שעדיין יש לִתהות על המקרא גופו: מה ראה ה׳ יתברך לתבוע מן הגויים באחרית־הימים לחוג דווקא את חג הסוכות מכל הזמנים והמועדים?

הגמרא במסכת עבודה זרה (דף ג׳ עמ׳ א׳) מתמודדת עם שאלה זו בדרך דרשנית, ומביאה מעין דיאלוג מתוח בין הקב״ה לבין אומות העולם, שֶׁבסופו מציע להן הקב״ה – כאתגר – לקיים מִצְוַת סוכה, ״שהיא מצווה קלה ואין בה חסרון כיס״. מיד כל אחד נוטל והולך, ועושה סוכה בראש גגו. אלא שהקב״ה מַקדיר עליהם חמה – וכל אחד מְבַעֵט בסוכתו ויוצא.

דרשה זו מקפלת בתוכה ללא ספק מסרים ו׳קודים׳ מוצפנים המחייבים עיון מעמיק, וברור שהדברים רחוקים מפשוטו של מקרא. מה גם שהתביעה כלפי הגויים בנבואת זכריה אינה לבנות סוכה בראש הגג, אלא לעלות לירושלים בחג הסוכות.

## גם הגויים זקוקים לגשמים

רש״י בפירושו לספר זכריה קושר את התביעה מאומות העולם לחוג את חג הסוכות לָאזהרה הבאה בַּפסוק שלאחריה: ״וְהָיָה אֲשֶׁר לֹא יַעֲלֶה מֵאֵת מִשְׁפְּחוֹת הָאָרֶץ אֶל יְרוּשָׁלַיִם לְהִשְׁתַּחֲוֹת לְמֶלֶךְ ה׳ צְבָאוֹת, וְלֹא עֲלֵיהֶם יִהְיֶה הַגָּשֶׁם״ (זכריה י״ד י״ז).

וכך כותב רש״י שם: ״ומה ראה לגזור עליהם עצירת גשמים? לפי שֶׁמִּצְווֹת החג על הגשמים הם: ארבעת המינים שֶׁבלולב וניסוך המים,

לְרַצות על המים, לפי שהחג – זמן גשמי שנה הוא. ואלו המפקפקים בחג הסוכות, ׳לֹא עֲלֵיהֶם יִהְיֶה הַגָּשֶׁם׳״.

דברי רש״י אכן הולמים את קביעת המִשנָה במסכת ראש השנה (א׳ ב׳): ״וּבחג נידונים על המים״. והואיל ואף הגויים זקוקים לגשמים, הרי גם הם מְצֻטווים באחרית־הימים להכיר בריבון־העולמים כמי שבידו מַפְתֵּחַ של גשמים, ולָחוג לפניו את חג הסוכות שבו העולם נידון על המים.

פירוש זה אכן קרוב יותר לפשט הכתובים, אך יש לציין שבַּמקרא עצמו אין בקשת הגשמים עומדת במוקד חג הסוכות, וגם ניסוך המים שנָחוג בַּמקדש ברוב עם אינו מפורש בַּמקרא אלא ׳הלכה למשה מסיני׳. זאת ועוד: הכתוב בזכריה מוסיף לאחר גזֵרת עצירת הגשמים: ״וְאִם מִשְׁפַּחַת מִצְרַיִם לֹא תַעֲלֶה וְלֹא בָאָה וְלֹא עֲלֵיהֶם, תִּהְיֶה הַמַּגֵּפָה, אֲשֶׁר יִגֹּף ה׳ אֶת הַגּוֹיִם אֲשֶׁר לֹא יַעֲלוּ לָחֹג אֶת חַג הַסֻּכּוֹת״. ... נמצא אפוא שהתביעה לעלות לירושלים בחג הסוכות חורגת מההיבט של שאלת הגשמים בלבד, וכוחה יפה גם לאלה שאינם זקוקים לגשם [כי נהר הנילוס עולה ומשקה את ארצם].

שמא תאמרו: מה לנו לעסוק בנבואות רחוקות וסתומות אלה, שפתרונן יִוָּדַע רק באחרית־הימים?

לפי מיטב הכרתי גנוזה ׳קריאת כיוון׳ רבת משמעות בנבואת זכריה, ושׂוּמָה עלינו לנסות לפענחה כמֶסֶר רלוונטי הנוגע לא רק לאחרית־הימים, אלא גם לנו – כאן ועכשיו.

## מ׳ציץ הקודש׳ ועד ׳מצילות הסוס׳

אפשר שהמַּפְתֵּחַ להבנת סודו של חג הסוכות נמצא בַּפסוקים החותמים את ספר זכריה, בצמוד לחג הסוכות של הגויים: ״בַּיּוֹם הַהוּא יִהְיֶה עַל מְצִלּוֹת הַסּוּס קֹדֶשׁ לַה׳, וְהָיָה הַסִּירוֹת בְּבֵית ה׳ כַּמִּזְרָקִים לִפְנֵי הַמִּזְבֵּחַ. וְהָיָה כָּל סִיר בִּירוּשָׁלַיִם וּבִיהוּדָה קֹדֶשׁ לַה׳ צְבָאוֹת״ (י״ד כ׳-כ״א). יושם לב: הביטוי הנשגב ״קֹדֶשׁ לַה׳״, נֶאמר בַּתורה על ציץ הזהב שהיה על מצח הכֹּהן הגדול, ובו היה חקוק השם המפורש: ״וְעָשִׂיתָ צִּיץ זָהָב טָהוֹר, וּפִתַּחְתָּ עָלָיו פִּתּוּחֵי חֹתָם – קֹדֶשׁ לַה׳״ (שמות כ״ח ל״ו).

והנה, בנבואת זכריה הופכים מצילות הסוס וסירי הבישול – קודש לַה׳. האין בכך זילוּת חלילה של הקודש והורדתו מִמעלתו העליונה לְחולֵי חולין? אכן, זהו בדיוק המסר הגדול שבחתימת נבואת זכריה: **קידוש החומר והעלאתו למעלה בַּקודש!**

אפשר אמנם שהמדרגות שבַּקדושה לא יתבטלו, וההבחנה בין הקודש לקודש־הקודשים תישאר, אך המציאות בכללותה תתרומם ותִתקדש, עד שאפילו מצילות הסוס המצלצלות בגאווה ובתרועת מלחמה – וסירי הבישול הממלאים את הכֶּרֶס בשר – ייהפכו לכלֵי קודש, וגם עליהם ייקָרֵא שם ה׳. ...

אין לךָ חג העומד כל כולו בסימן קידוש המציאות – כחג הסוכות, והדבר בולט דווקא בַּניגוד שבינו לבין יום הכיפורים: ביום הכיפורים מצוּוים אנו להיטהר מעֲוונותֵינו באמצעות עינוי נַפשותֵינו והִתנזרוּת מאכילה ושתיה, רחיצה וסיכה, נעילת הסנדל ותשמיש המיטה. אך מיד בתום עבודת יום הכיפורים – הדומָה לטבילה במִקוֶה טהרה שלמענה עלינו ׳להתפשט׳ מכל ענייני החומר – אנו שבים אל מציאות החיים בְּשִׂמְחָה וּבְטוּב לֵבָב מֵרֹב כֹּל. ...

זוהי אפוא הנקודה הפנימית של חג הסוכות: **קידוש המציאות** בשמחה וברננה, ועל כן יָאים דווקא לחג הסוכות פסוקי החתימה שבספר זכריה על מצילות הסוס והסירים ההופכים קודש לה׳.

וכשם שבנקודת הציון של הזמן אין כחג הסוכות כדי לבטא את הקדושה הבאה לשכון בזה העולם, כך גם בנקודת הציון של המקום – אין כבית המקדש אשר בירושלים עיר הקודש כדי לבטא את החיבור בין השמים והארץ, ולגלות "כִּי הַאֻמְנָם יֵשֵׁב אֱ־לֹהִים עַל הָאָרֶץ" (מלכים־א׳ ח׳ כ"ז).

על־כן, לא בכדי נחנך בית המקדש הראשון "בְּיֶרַח הָאֵתָנִים – בֶּחָג – הוּא הַחֹדֶשׁ הַשְּׁבִיעִי" על־ידי שלמה המלך "וְכָל יִשְׂרָאֵל עִמּוֹ, קָהָל גָּדוֹל, מִלְּבוֹא חֲמָת עַד נַחַל מִצְרַיִם" (שם, פסוקים ב׳ וְ־ס"ה) – כדי לבטא את קדושת החיים במקום הנכון ובזמן הנכון. ובְמפגש זה שבין קדושת המקום לקדושת הזמן, יָדַע העולם חֶמדה שלא היתה כמוה מעולם. ...

נקודה זו של קידוש החומר, היא היא ׳אבן הבּוחַן׳ הניצבת לפני הגויים באחרית־הימים. ... [כאן סוקר חנן – בשמו של הרב קוק –

שלוש גישות שונות, בַּגויים השונים, אל העולם הגשמי] ... לעומת כל אלה, עומדת גישתה של תורת ישראל, אשר כדברי הרב, מגמתה ״להציל את הגוף כמו [את] הנשמה ... ולהעלות את העולם ומלואו בכל צדדיו ... בכל ערכיו החומריים, ואת העולם החברותי בכל סְדָרָיו, להעמיד את הכול על בְּסיס הטוב״ (׳אורות הקודש׳ ב׳ עמ׳ תפ״ח).

## ׳הבו לנו סוסים אבירים׳

דברים גדולים אלה של הראי״ה מחייבים העמקה, ורק מעט מזעֵיר מהם הובאו כאן, אך מכל־מקום יש בהם כדי לבאר את האתגר המוצב לפני הגויים באחרית־הימים, להתמודד עם הַיַּעַד של קידוש החומר, דווקא בחג הסוכות, ודווקא בעליה לרגל לירושלים, בה נושקים ארץ ושמים.

היעמדו הגויים בַּיַּעַד זה שֶׁנועד בעצם למענם, או שמא לא יזכו לחסות ב׳צילא דְהימְנותא׳?

נבואות אחרית־הימים אכן מבשרות: ״וְהָיָה בְּאַחֲרִית הַיָּמִים נָכוֹן יִהְיֶה הַר בֵּית ה׳ בְּרֹאשׁ הֶהָרִים, וְנִשָּׂא מִגְּבָעוֹת, וְנָהֲרוּ אֵלָיו כָּל הַגּוֹיִם. וְהָלְכוּ עַמִּים רַבִּים וְאָמְרוּ: לְכוּ וְנַעֲלֶה אֶל הַר ה׳ אֶל בֵּית אֱ־לֹהֵי יַעֲקֹב, וְיֹרֵנוּ מִדְּרָכָיו וְנֵלְכָה בְּאֹרְחֹתָיו. כִּי מִצִּיּוֹן תֵּצֵא תוֹרָה וּדְבַר ה׳ מִירוּשָׁלָיִם״ (ישעיה ב׳ ב׳-ג׳).

ותורה זו, אשר במוקדה עומדת השאיפה הגדולה לקידוש המציאות כולה, ודאי עוד תצא מציון ותִתגלה בכל העולם.

או אז, ישובו ׳מְצִלּוֹת הַסּוּס׳ השועט במרוצתו, ׳מִשדות הצַּיִד הנצחי׳ של האינדיאנים,[1] ומִמצהלות סוסי האבירים במסעי הצלב האפֵלים, ודהרות הקוזָקים הפורעים ומִתהוללים – כל אלה עוד ישובו מטומאת פראותם האלילית אל טהרת הקודש, כדברי הכתוב (חבקוק ג׳ ח׳): ״כִּי תִרְכַּב עַל סוּסֶיךָ – מַרְכְּבֹתֶיךָ יְשׁוּעָה״.

ובעלות הגויים לחוג את חג הסוכות בירושלים, עוד יישָׁמעו ׳מצילות הסוס׳ כפעמוני חג, ויתרונן קולם; ״כִּי שָׁם צִוָּה ה׳ אֶת הַבְּרָכָה, חַיִּים עַד הָעוֹלָם״ (תהלים קל״ג ג׳).

---

1 הצירוף ׳שדות הצַּיִד הנצחיים׳ מציין בפולקלור האינדיאני הוויה שהיא מעין ׳גן עֵדֶן׳.

# נספח ד׳
לעמוד 201

## ׳מְספֵּד לַמשיח?׳
### הרב יהודא ליאון אשכנזי
#### קטעים מסִפרו

נביא כאן קטעים נבחרים מן השער הראשון בסִפרו של הרב יהודא ליאון אשכנזי (המכונה: ׳מָניטוּ׳) – ׳מִספֵּד לַמשיח?׳ – אשר ראה אור בשנת תשס״ו (2006) על־ידי ׳מכון מָניטוּ׳, כעשר שנים לאחר שהלך הרב מָניטוּ לעולמו. החלק הזה של הספר הופק מהקלטות של ארבעה שיעורים שניתנו בשנת תשמ״ג (1983). הרב מָניטוּ מלמד את מאמרו של הרב קוק ׳המִספֵּד בירושלים׳ (נספח ו׳ בספר זה), מסביר אותו ומפיק ממנו תובנות מקוריות, על־פי דרכו שלו.

אבחנותיו וניתוחיו של הרב מָניטוּ קרובים לאלה של חנן פורת, אך הם מוגשים באופן ייחודי המשתלב בשיטתו שלו. הרב מָניטוּ מגיע להֶסקים, לאיפיונים ולזיהויים חדים באשר לאירועי הדור האחרון ולַחברה הישראלית בימינו, כאלה שחנן נמנע מהם בדרך־כלל.

שני הבדלים ראויים לְציוּן בין השנַיים:

ההבדל האחד נוגע לַתובנות לגבי מהותו ותפקידו של שבט בנימין. חנן רואה בו את ׳רקמת החיבור׳ בין יוסף ליהודה, דהיינו גורם מאחד מובהק. הרב מָניטוּ מבחין ב׳תחרות׳ בין יוסף ליהודה על ליבו של בנימין, אשר אותו הוא מזהה עִם צעירי עַם ישראל החותרים אל עתידו וייעודו של העם, ואשר החלטתם למי להתחבר – ליוסף או ליהודה – היא אשר קובעת לכלל־ישראל את הכיוון והדרך.

ההבדל השני הוא באופן ההתייחסות אל גזֵרת מותו של משיח בן יוסף. בניתוחו המוּשׂגי, ״משלים״ הרב מָניטוּ עם העובדה שֶׁמשיח בן יוסף נהרג, והוא מסביר זאת על־פי דרכו (כלהלן). חנן, לעומתו, מתקומם בכל יֵשותו כנגד האפשרות שאכן ייהרג משיח בן יוסף. ״עוד יוסף חי!״ הוא קורא, ועושה מאמץ עילאי – בכל חייו ומעשיו, כמו־גם בדרך לימודו – להצילו, להגן עליו על־ידי תוספת אורה, בבחינת הכתוב (בירמיהו י״ג ט״ז): ״תְּנוּ לַה׳ אֱ־לֹהֵיכֶם כָּבוֹד בְּטֶרֶם יַחְשִׁךְ, וּבְטֶרֶם יִתְנַגְּפוּ רַגְלֵיכֶם עַל הָרֵי נָשֶׁף״...

*

הנה כמה הערות עריכה:

הקטעים שנבחרו הינם בבחינת ׳כפית מן החבית׳, ויש לראות בנספח זה עידוד לקריאת הספר כולו, כמו־גם לביקור באתר האינטרנט של ׳מכון מָניטוּ׳. • לכל הסבר הִקדים הרב מָניטוּ קריאה של קטע ממאמרו של הרב קוק. לא כללנו כאן את הציטוטים הללו. • הקטעים הנבחרים אינם ניתנים דווקא כסדר הופעתם בַּספר, וכותרותיהם ניתנו על ידי (י״ע). • הדגשות המילים בנספח זה אינן במקור.

## חשיבותו וייחודו של מאמר 'המִספֵּד בירושלים'

'המִספֵּד בירושלים', אותו נשא הראי"ה קוק זצ"ל לכבוד הד"ר בנימין זאב הרצל ז"ל,[1] הוא מַפתֵּחַ להבנת תהליך הגאולה המִתחולל לנגד עינינו. בַּמִספֵּד, החל הרב לנתח את תהליך הגאולה ולזהות את הופעתו בַּמציאות. יסוד המאמר הוא תורת המשיחיות העברית, ובפרט עניין שני המשיחים, על־פי מקורות חז"ל.

...

נושא המשיחיות כמעט שאינו מוכר לַציבור בימינו. ... אחד מן המקורות החשובים ביותר לדורֵנו הוא מאמרו זה של הרב קוק, המבאר מה בין משיח בן יוסף למשיח בן דָוִד. לימוד המאמר עשוי להאיר מאד את מצבה של החברה הישראלית בימינו.

## תרגום יונתן בן עוזיאל

[ביחס לתרגומו של יונתן בן עוזיאל, העומד ביסוד מאמר 'המִספֵּד בירושלים']: כַּיום, אין כמעט מילה בַּמקרא שאנו מבינים את משמעותה כפי שעם ישראל הבין בתקופת הנבואה, ולכן יש צורך בתרגום ובפירוש. פסוקי התנ"ך נאמרו **לָעם העברי**, דהיינו, לעם ישראל בעידן הנבואה. מלאכת הפירוש מסבירה את משמעות הפסוקים **לָעם היהודי**, דהיינו, לְעם ישראל שלאחר עידן הנבואה.

1 מניסוחו של הרב מָניטוּ ניתן להבין שדברי הרב קוק במאמרו 'המִספֵּד בירושלים' נישׂאו גם בעל פה, בנאום של הספד. לעניות הבנתי (י"ע) לא סביר שהרב האריך ואמר בעל פה את כל אשר כתב, ומן־הסתם הוא אמר רק את עיקרי הדברים. בידינו דיווח עיתונאי קצר על דברי הרב בַּהספד, וכן איגרת של הרב קוק לחותנו – אשר הובאה כנספח לספרו של הרב מָניטוּ (בעמ' 106) – ובה הוא סיפר על נאומו. הן הציטוט מן העיתון והן קטע מן האיגרת יינתנו להלן בעמ' 346-345, כפתיחה לנספח ו'.

## יסוד עניינם של יהודה ויוסף בַּתורה שבכתב, בַּנבואה, ובַתורה שבעל פה

בהמשך לתורת השל״ה[2] והגאון מווילנה,[3] הרב קוק מזהה את הציונות כהגדרה במושגים פוליטיים של מה שמכונֶה במקורות חז״ל ׳משיח בן יוסף׳.[4] נֶאמר במדרש תנחומא (וַיגש י״א): ״כל מה שאירע ליוסף אירע לציון״, ודייק הגאון מווילנה כי ׳ציון׳ שווה בגימַטריה ל׳יוסף׳ [156]. דהיינו, על מנת להבין את המשיחיוּת של הציונות יש להבין מהי

2 השל״ה (על־שם ספרו ׳שני לוחות הברית׳) – רבי ישעיהו הלוי הורוביץ, אשר עלה ארצה בשנת שפ״ב (1622) ונפטר בשנת ש״ץ (1630) – עסק בכמה מִדרשותיו במשיח בן יוסף ובמשיח בן דָוִד, והדגיש כי בן יוסף לוחם עבור מלכות בן דָוִד.
כך הוא דורש את דברי יוסף לאֶחָיו ״וְעַתָּה אַל תֵּעָצְבוּ״ (בראשית מ״ה ה׳): ״רמז להם ׳וְעַתָּה אַל תֵּעָצְבוּ׳ כי הוא לטובה, אבל בהיחלק מלכות בית דָוִד יש עצב. ויתוקן על־ידי משיח בן יוסף, שֶיִּלחם להחזיר המלוכה למשיח בן דָוִד״. זאת ועוד: ״כי לא יבוא משיח בן יוסף לצורך עצמו, רק יבוא בשביל משיח בן דָוִד, כי הוא ימסור נפשו והערה נפשו למות, ודמו יכפר על עם ה׳, באופן שיהיה אחר־כך מלכות בית דָוִד בעם ישראל נצחיית״. זאת ועוד: ״׳שְׁתֵּי צִפֳּרִים חַיּוֹת׳ (וַיקרא י״ד ד׳) הם שני משיחים; אף הציפור השחוטה – משיח בן יוסף שֶייהרג – יחזור ויחיה, ועליהם רמוז (בישעיהו ל״א ה׳): ׳כְּצִפֳּרִים עָפוֹת כֵּן יָגֵן ה׳ צְבָאוֹת [עַל יְרוּשָׁלָיִם]׳״ (שתי הדרשות הראשונות בספר השל״ה לפרשיות וַישב מִקֵץ וַיגש, והאחרונה בַּדרוש השלישי למסכת פסחים, א׳).

3 חשוב ללמוד בספרו החשוב של רפאל ב׳ שוח״ט על תורת הגאולה של הגר״א – ׳עולם נסתר בממדי הזמן׳ (בהוצאת אוניברסיטת בר־אילן) – כדי להבין עד כמה הילך הרב קוק בעקבותיו של הגאון מווילנה כאשר הִתווה את תפיסת הגאולה בדורו ואת חזונו לעתיד (ראה זאת שם בעמ׳ 295 ואילך, וסיכום בעמ׳ 324). כ׳קומה שניה׳ על גבי הנֶאמר שם, מונח לפנינו הספר ׳קול התור׳ אשר כתבו תלמידי תלמידיו של הגר״א. לספר זה יוקדש **נספח י׳** להלן בעמ׳ 377.

4 תמיהה היא, מדוע לא הזכיר הרב מָניטוּ את הרמח״ל, אשר עיסוקו בשני המשיחים – על דרך הקבלה – היה משמעותי עד מאד, והרב קוק דלה והִשקה מתורתו.

המשיחיות של יוסף. לשם כך יש להתחיל בסיפורו של יוסף הצדיק בַּתורה, ואחר־כך ללמוד את תפקידו של משיח בן יוסף על־פי התלמוד והמדרש. ... נושא שני המשיחים נשכח, וכאשר החלו המאורעות להתרחש היה קשה לזהות במה מדובר.

...

צריך לחזור לְפרשנות התורה לפי הכלל שמלמד הרב: "מעשה אבות סימן לבנים". ... הדברים צריכים להתרחש כפי שהתורה מספרת ומלמדת: יציאת אברהם מֵאוּר כשדים ויציאת ישראל מִמִּצְרַיִם על־ידי משה הן דגם ברור מאד לַדרך בה הקב"ה מתגלה לישראל. השלב הראשון הוא יוזמה הבאה מעם ישראל – **ורק אחר־כך יש גילוי מלמעלה**, למי שיש לו עיניים לראות. לכן אנחנו מתפללים "ותחזֶינה עינינו".

...

בַּתורה, יהודה ויוסף הם אבות הטיפוס של שתי דרכים לגאולת העולם. מבֵּין בני יעקב, יוסף הוא הבן הבוחר לו לְייעוד את החדרת הערכים העבריים לַציוויליזציה החיצונית וקידושה, ולשם כך הוא מתגייס לשירות מִצְרַיִם. מֵמַד ראשון זה של משיחיוּת עברית קרוי 'משיח בן יוסף'. יוסף מצניע את זהותו העברית על־אף שאינו מתכחש לה. הוא לובש לבוש מצרי ומתגייס לשירות הציוויליזציה המצרית, בכדי לרומם אותה. כוונתו להציל את העולם בהתאם לחזון הגאולה העברי, אך באמצעות מִצְרַיִם.

לעומתו, יהודה מסרב לשוב לדרך זו מכיוון שהוא כבר חָוָה את תוצאותיה ההרסניות בתקופת שהותו של יעקב אצל לבן. ... הגלות של יעקב אצל לבן הסתיימה בכישלון. כל מה שהיה ניתן לעשות בכדי לתקן את התרבות של לבן, נעשָׂה; והתוצאה היתה האנטישמיות, שאילצה את משפחת יעקב לברוח מחשש שמא ייכָּחֲדוּ.

...

התורה עצמה מעידה על כך שהנטיה של יוסף היא כישלון, בעצם העובדה שהיא כה מאריכה בסיפור יציאת מִצְרַיִם. על־פי הלוח העברי, ההיסטוריה של עם ישראל מתחילה ביציאת מִצְרַיִם, שהיא ההצלה מאותו כישלון.

## העקירה מן הגלות והנטיעה בַּגאולה

לאחר הגלות מגיע שלב הגאולה, השיבה לארץ ישראל, שהוא המשיחיות של יהודה. כמו שרומז הרב קוק: ״בְּצֵאת יִשְׂרָאֵל מִמִּצְרָיִם, בֵּית יַעֲקֹב מֵעַם לֹעֵז. הָיְתָה יְהוּדָה לְקָדְשׁוֹ״ וגו׳ (תהלים קי״ד א׳-ב׳). זהו זמן שצריך לנתק את עם ישראל מן הגלות, כתוצאה מהופעת המשבר של התרבות בה הוא שהה. את כישלון המשיחיות של יוסף ניתן לסכם באופן פשוט: אנשי הגלות שוכחים שיש שלב שני, דהיינו, גאולה. אין כוונתי לשִׁכחה בבחינת אמונה, אלא לשִׁכחה של **המשמעות המציאותית** של האמונה. תוך זמן קצר מתחיל תהליך הדרגתי [של תחליף לַמציאות], המגיע למעֵין אמונה מיסטית ואפילו מיתית ומָאגית.

כך מסביר רבי יהודה הלוי בַּ׳כּוּזָרי׳ (ב׳ ל״ו ואילך): ישראל הוא לב העולם; ופעימות הלב הן שני המשיחים. משיח בן יוסף הוא הדם שזורם **אל** אומות העולם, ומשיח בן דָוִד הוא **החֲזָרָה** לַלב. כשֶׁשוכחים שיש שני שלבים – גלות וגאולה – ומחמיצים את הזמן של הקץ, מתחיל המֵמַד השלילי של הגלות ההופכת לְשיעבוד. זו בחינת יעקב השוכח, כביכול, לשוב מהגלות.

...

לפני שאנחנו מגיעים למדרגה זו [של דָוִד, המאחד את שני הכוחות], ישנו שלב אשר בו כוחותיהם של יוסף ושל יהודה מצויים כל אחד לחוד, ובכך הסכנה לעימות ביניהם. הנטיה של יוסף היא להתבוללות, והנטיה של יהודה היא לדתיוּת במובן השלילי, דתיוּת שבה בתי הכנסת עשויים להיות דומים לכנסיות.

...

הרב קוק מסביר שיש לאחד את יוסף־לפי־התורה, ואת יהודה־לפי־התורה, כדי שהתקופה של דָוִד, המאחד את שניהם, תופיע. כשיהודה לחוד הוא עדיין אינו ישראל, אלא הוא רק תקווה להופעת ישראל. גם כשיוסף לחוד הוא עדיין אינו ישראל, אלא רק תקווה להופעת ישראל. האחד בבחינת ראש, והשני בבחינת גוף, אבל כל עוד שאין ייחוד [=איחוד] – אין ״נֶפֶשׁ חַיָּה״.

...

החמצנו את השעה, הִפסדנו את האפשרות שבזכותנו תבוא תקופת המשיח, בבחינת "אֲחִישֶׁנָּה" במהרה בימינו. זאת מכיוון שלא היה לנו מספיק כוח בבחינת העם היהודי, המֵמַד של יהודה, להיות 'אור לַגויים' בַּמדרגה העליונה. נראה שהרבנים התייאשו מזה בשלב מוקדם מאד וחיכו לאחרית־הימים, לַזמן הקצוב, לַקץ המגולֶה, מאחר שראו כי בהיעדר כוחו של יוסף, אין בעם ישראל הכוח להיות במדרגה הרוחנית הדרושה.

מיד אחרי מלחמת ששת הימים יכולנו להגיע לאותה מדרגה, או לפחות להתחיל בכך. באותו זמן היה בארץ נוער נפלא. אבל זה לא הצליח, וכנראה יש להכין דור חדש שֶׁיגשים זאת, מכיוון שאי אפשר לתקן את מה שלא הצליח ולמרוח טיחַ על כישלונות העבר. לכך אנחנו צריכים את אליהו הנביא.

## איפיון שני המשיחים

בלשון הרב קוק, מלכות יהודה נקראת "ראש", ובית אפרים, בית יוסף, נקרא "גוף". במושגים אלו, ישועת הגוף היא האיחוד בין האיברים ולא יותר. אם יש איחוד בין האיברים אז הגוף מתקיים. לעומת זאת, ישועת הראש היא החכמה. ראש ללא חכמה איננו ראש אלא איבר כאחד האיברים. לכן בני יהודה אינם יכולים להתקיים בלי תורה, אבל עשרת השבטים, 'הגוף', מתקיימים כְּישראל אפילו בלי התורה. חלוקה זו היא אמנם החלוקה בין היהודים לעשרת השבטים, אך צריך לזכור שגם בין היהודים שהם 'ראש', כביכול, ישנה הנטיה להיות ה'גוף', ולכן נוצר עימות דומה בקרב היהודים עצמם. לְפתרון אותו עימות יש תקווה, מכיוון שבְּפרספקטיבה היסטורית מתברר שהתורה כבר נתנה הסבר למצבים מעין אלו.

## יסוד משיחיות בן־יוסף בבניין האומה עם עשרת השבטים אשר אבדו, וישובו

בדברי הנביא יחזקאל יש רמז חשוב לכך שֶׁמשיח בן יוסף, בחינת מלכות עשרת השבטים, קודם בזמן למשיח בן דָּוִד, בחינת מלכות יהודה.

הציפיה למשיח בן יוסף היא הציפיה להחזרת הייחוד [= איחוד] של עם ישראל, כולל אלו שנאבדו במרוצת הזמן מכלל ישראל. המושג ׳משיח בן יוסף׳ שייך לָאומה, והמושג ׳משיח בן דָוִד׳ שייך לַתורה, ובתהליך הופעתם יש סדר: קודם כל תופיע המשיחיות השייכת לשבטי יוסף, בית אפרים, ואחר־כך המשיחיות המאפיינת את העצמות הישראלית של יהודה.

...

עשרת השבטים המקוריים התמידו בזהותם מבחינה לאומית ושכחו את הכול. נשאר להם רק הזיכרון שהם משתייכים לְאומה הנקראת ישראל. ... ההיסטוריה מעידה על כך שאין שום מצב שבו היהודים התקיימו בלי התורה. אך שבטי ישראל כן יכולים להתקיים בלעדיה, מכיוון שהם שייכים לַגוף ולא לָראש. הדבר מובלע בתורת הרב, בבחינת ׳קרי ולא כתיב׳, ויש לחשוף אותו.

...

עלינו להבין, שהציונות של ימינו מכונה בלשון החכמים ׳משיח בן יוסף׳. אלא שכדי להבין זאת עלינו להבין, קודם כל, שעם ישראל מצפה לשני משיחים, על כל הרבדים של העניין: פילוג עשרת השבטים, וקדימוּת הכוח של ׳בן יוסף׳, המחזיר את האומה כאומה. יש להדגיש, שלא רק שבטי מלכות יהודה הם האומה הישראלית. כל עוד שאנחנו רק היהודים השייכים לירושלים של התורה, היהדות, איננו [= אין אנו] ׳ישראל׳ עדיין מכיוון שהעיקר חסר: ׳בית אפרים׳, ׳בית יוסף׳. בתפילת ראש השנה אנו אומרים את הפסוק: ״הֲבֵן יַקִּיר לִי אֶפְרַיִם אִם יֶלֶד שַׁעֲשֻׁעִים״ (ירמיהו ל״א י״ט). פסוק זה לא נֶאמר על יהודה, אלא דווקא על אפרים.

היהודים שכחו שכבר בחורבן בית ראשון הם קיבלו על עצמם בנוסף למשיחיוּת של מלכות יהודה, גם את המשיחיות של יוסף, שאבדה עם עשרת השבטים. כפי שרמזתי לעיל, הנטיה להיות כיוסף קיימת גם אצל יהודה, כלומר, גם בקרב היהודים יש אנשים השייכים למלכות בן יוסף. אותה חלוקה בקרב היהודים מכונה בלשוננו ׳דתיים׳ ו׳חילונים׳, אבל בשורש הדברים משיחיוּת בן יוסף שייכת לעשרת השבטים.

## מהותו של שבט בנימין

**שאלת תלמיד:** האם שבט בנימין אמור להיות בצד שבט יהודה?

**תשובת הרב:** כן, אך בנימין הוא בדיוק נושא התַחֲרוּת בין יהודה ויוסף. בַּמחנה שבו נמצא בנימין – שם האחרית, העתיד של עם ישראל: אם בנימין נמצא עִם יוסף, עַם ישראל בגלות. ואם בנימין נמצא עם יהודה, אז עם ישראל בארץ ישראל.

בנימין זה, הוא הצעיר והשומר של המשפחה (ולא אמרתי שהוא 'השומר הצעיר'...). בן הזקונים, הוא בעת ובעונה אחת הצעיר במשפחה, וגם עתידה של המשפחה, הסיכוי האחרון. בבנימין טמון הכוח של ההיסטוריה שלנו, מֵמַד נצח ישראל, שכן מבין השבטים, הוא היחיד שנולד בארץ ישראל ולא בַּגלות. בנימין הוא האחרית של ישראל, הישראלי של אחרית־הימים.

כשבנימין בוחר ביוסף, מתחיל עידן הגלות, החושך, הלילה, מראות הלילה. בשלב ראשון הצליח יוסף לכפות על בנימין לבוא אליו לְמִצְרַיִם. ... אבל במהלך ההיסטוריה, אחרי הפילוג בין מלכות יהודה ומלכות ישראל, בחר בנימין דווקא ביהודה, ועתידו של עם ישראל התפתח בכיוונו של יהודה. ...

אמנם אין לי מקורות לכך, אבל לפי דעתי, ה'בנימין' של ימינו הוא תנועות הנוער. כבר מאז מלחמת העולם השניה, ואפילו מעט לפני־כן, נובע כל כוחן של הקהילות מתנועות נוער ולא מִזִּקְנֵי ישראל. ... משמעו של דבר שהנוער של עם ישראל כבר בחר. בנימין של ימינו בחר ביהודה ולא ביוסף.

## היסוד המשיחי בתנועה הציונית, ובציונות החדשה שמֵעֵבר לה

**שאלת תלמיד:** לפני כמה שנים נכתב באחד העיתונים מאמר שנועד לתאר את פשיטת הרגל של הציונות החילונית: משיח בן יוסף מת, יחי משיח בן דָוִד.[5]

---

5 אין ספק שהתלמיד מכוון למאמרו של הרב שלמה אבינר 'הריגת משיח בן יוסף', אשר נדפס ב'נקודה', ביטאון היישובים ביש"ע, בשנת תש"ם (1980) – כשלוש שנים לפני שיעוריו אלה של הרב מָניטוּ.

**תשובת הרב:** ... עד מלחמת ששת הימים, היתה זו התקופה הראשונה של הציונות, ציונות בלי תורה. עד אז המוטיבציה הציונית היתה פוליטית־מדינית, והספיקה כדי להצדיק את המפעל הציוני לעיני העמים וגם לעיני עם ישראל. היו כמה ״משוגעים״ שהיו מניחים תפילין, אוכלים כשר, אבל זה לא היה שייך לַציונות. באותה תקופה, לא היה הבדל ממשי בין איש מפד״ל [=מפלגה דתית לאומית], כלומר איש ׳מזרחי׳, ובין איש של המפא״י [=מפלגת פועלי ארץ ישראל]. באותה תקופה, ציוני דתי פירושו היה ציוני כמו המפא״יניקים אבל עם כמה מצוות. לפתע, אחרי מלחמת ששת הימים, הכול השתנה והתחילה תקופה אחרת: **הציונות לפי התורה. שלב זה של הציונות היה החזון של הרב הגדול, מרן הרב [קוק], אותו הגשים בנו [הרב צבי־יהודה].**

ההסבר לַמעבר בין התקופות מובא בַּ׳זוהר׳: לעֵשָׂו אין אחיזה בארץ ישראל, אך לישמעאל יש אחיזה בָּארץ בזכות ברית המילה (׳זוהר׳ שמות דף פ״ז עמ׳ א׳). [לפני קום המדינה, ובתשע־עשרה השנים] עד מלחמת ששת הימים, כל עוד מדינת ישראל היתה בתחומי הקו הירוק, התמודדנו רק עם הבריטים. בהיותם נוצרים השייכים לעֵשָׂו, לא היתה להם אחיזה בארץ ישראל, ולכן לא היה צורך בזכות התורה כדי להילחם נגדם. אבל כאשר הגיעה מדינת ישראל ליהודה ושומרון שהיו בידי המוסלמים, בידי ישמעאל, השתנה המצב. לישמעאל יש אחיזה בארץ ישראל בזכות ברית המילה, אף־על־פי שזו זכות לא שלֵמה. על מנת להילחם בָּאחיזה של הנימולים האלו, נִצְרַכְנוּ לַכוח ולַזכות של התורה עצמה. באותו זמן הופיעה תנועת ׳גוש אמונים׳, אשר גם חילונים רבים השתייכו אליה. מסיבה זו ההתיישבות ביהודה ושומרון החלה דווקא בהנהגת [ישיבת] ׳מרכז הרב׳. הציונות של היום כבר איננה עוד הציונות הראשונה, שֶׁ״פשטה את הרגל״ לפי אותו מאמר, אלא ציונות אחרת לגמרי. אותו שינוי מהותי מסביר את הכאב והשנאה שֶׁחשים הראשונים כלפי האחרונים, שהרי מרגע שאנשי ׳גוש אמונים׳ הם ״הציונים״, הרי שאנשי השלב הקודם כבר אינם ציונים, באופן מסוים.

---

מאמר זה – ותגובתו של חנן פורת במאמרו: ׳עוד יוסף חי׳ – הובאו בחלקו הראשון של הספר.

ניתן לומר שכבר אחרי מלחמת ששת הימים החל המעבר בין תקופת משיח בן יוסף החילונית לתקופת משיח בן דָוִד, לפי התורה. וגם בזה יש בירור: רבים השתייכו בתחילה לאותו מהלך אך עזבו את החזון. והנה, הולך ומִתגַלֶה שהעולם כולו היה מוכן לקבל את הצורה של משיח בן יוסף, כי היא דומָה להם במידת מה. אבל כשהפנים החדשים מתגלים – העולם אינו מקבל אותם.

## משיח בן יוסף נהרג – מאי משמע?

לדבריו [של הרב קוק], המשמעות של הריגת משיח בן יוסף היא פעולה של הכוח הלאומי של עם ישראל בַּגלות, בלי השם של ייחוד עם ישראל, דהיינו, המשיחיוּת של עם ישראל לפי התורה. זהו מצב שבו הכוחות של משיח בן יוסף מתפקדים, בלי משיח בן יוסף עצמו, כאילו הוא נהרג. במילים אחרות: כוחות משיח בן יוסף פועלים 'לא לִשמה', דהיינו לא לשם משיח בן יוסף עצמו. החידוש של הרב הוא בכך שהבחין, כבר לפני זמן רב, שתופעה זו היא התוצאה של הגלות, [כדבריו]: "מפני הפירוד השורר בַּגלות, שֶשני הכוחות הם באמת נפרדים זה מזה".

...

[הרב קוק כותב] "שֶראוי להכניס הכול בחוברת אחת ולסדר דרכי האומה באופן שכל שִכלול כללי [בבחינת משיח בן יוסף] יהיה בסיס לַשִכלול הישראלי המיוחד [בבחינת משיח בן דָוִד]". בדברים אלו מסכם הרב קוק את כל מה שֶלמדנו. האם כבר הגענו לאותו גילוי, שלאמיתו של דבר לא רק שאין התנגדות ושֶצריך שיתוף פעולה, אלא גם שֶצריכה להיות **פעולת איחוד**? זו השאלה הראשונה שכדאי לחשוב עליה. כשֶשני המחנות יגלו כי לא זו בלבד שכל המלחמה בין החילוניוּת והדתיוּת היתה חסרת משמעות, אלא שבינתיים גם איבדנו משהו חשוב שנקרא "משיח בן יוסף", יהיה מִספֵד גדול.

חזרנו מן הגלות מִזה זמן רב, והתחילה תחיית האומה, ואנו רואים שמשיח בן יוסף מתַפקד, אך לא לִשמה. כלומר, משיח בן יוסף נהרג, ואף־על־פי־כן כוחו מתַפקד. הכוחות האלו מתַפקדים אבל לא לִשמה, בלי השם המפורש, בַּמובן הפשוט של משיח בן יוסף. ... וסוף סוף

יהיה הספד על זה שֶׁמשיח בֶּן יוסף בשיעור קומתו האמיתי נהרג – ״שיכירו שיש טעות״ [כלשון הרב קוק] – וגם הצד השני יהיה באֲבֵלוּת כשיגלה שעוד יוסף חי, דווקא בזמן שֶׁ[הוא] כבר לא חי, דווקא בזמן שזה כבר מאוחר. הגילוי הזה יהיה ׳מִספֵּד גדול בירושלים׳.

״על־כן״ – כותב הרב קוק במאמרו – ״יהיה המִספֵּד גדול משני הצדדים, שיכירו שיש טעות ביסוד הנטיות שהן בנויות להיות מתאחדים, וכל־כך גרמו קלקולים בנטותם לפירוד, לְחַבֵּל איש מעשה רעהו״.

**היכן אנו עומדים כיום?**
**איפיון החברה והמצב במדינת ישראל**

לימודנו עוסק בתקופה הנוכחית, שהיא תחילת קץ הגלות והתחלת הגאולה. אנו חיים, פחות או יותר, בתקופה שֶׁנקראת בַּמקורות ״משיח בן יוסף״.

...

מובנת השאלה: ׳למה אנו צריכים לשני משיחים?׳, הרי הנביא [יחזקאל] מודיע שהפילוג הזה זמני, ולאחריו תהיה התאחדות, ומלך אחד ימלוך על כולם.

בתקופתנו דומה הדבר לַפילוג הקיים בין דתיים וחילונים. אנחנו עם אחד ובו זרמים שונים, וביניהם קיימת קוטביוּת המגיעה עד לְעימות. אך למרות הפילוג, ישנו בכל זאת נשיא אחד לכולם. טרם הגענו למצב אידיאלי, אבל ישנה התקדמות ביחס לתקופת בית ראשון [אשר] בה היו שתי ממלכות נפרדות, ומלחמה ביניהן.

...

כדי להבין את הבעיה של החברה הישראלית צריך לדעת שלמרות שכולנו פחות או יותר ממוצא ׳יהודי׳, ולא מעשרת השבטים, מתבטאות בקרבנו אותן הנטיות, של יוסף מֵחַד גיסא, ושל יהודה מאידך. בלשון ימינו האחד נקרא חילוני והשני דתי. ... בכך היתה גדלותו של הרב קוק, שכן הוא אמר את הכול לפני קרוב לתשעים שנה בלי לכסות דבר. לדאבוננו, רבים ממפרשי תורת הרב, ובפרט בקרב החרדים־הציונים, מפרשים את דבריו בצורה מעוּותת, בצורה ״מוסרית־דתית״.

...

יתכן שהיום אנו נמצאים בעיצומו של אותו תהליך שבו, למרות הקשיים, בכל זאת יוסף מכיר באֶחָיו, אבל אֶחָיו עדיין אינם מכירים בו. חידוש זה נלמד עוד בספרו של השל״ה ובמאמר ׳קול התור׳ (פרק ב׳ סימן ל״ט) מבית מדרשו של הגאון מווילנה. האופן שבו זיהה הרב קוק את הדברים, עוד בתקופתו, הוא בבחינת חוש נבואי. הוא לא ראה את עצמו גם ״דתי״ וגם ״ציוני״, כשני דברים נפרדים, אלא זיהה מיד את הצד התורני של הציונות החילונית.

...

יש סברה אצל הדתיים, שהלאומיות צריכה לקבל את שלטון התורה. זאת טעות. בהרבה חוגים דתיים מתייחסים אל החילונים כמעין ״ילדים טובים״, מתוך תקווה שיהיו דתיים. הניתוח של הרב בַּמאמר הוא במדרגה אחרת לגמרי. יש שני כוחות בעם ישראל: כוח התורה, שאנו קוראים ״הדת״, וכוח הלאום, כוח האומה. מכיוון שבמשך אלפיים שנה בַּגלות התרגלנו להגדיר את היהודי רק בפרופיל של שבט לוי, שכחנו את כל המידות האחרות בַּזֶהוּת ׳ישראל׳.

...

עלינו לקוות שעוד בדורנו נזכה לחזות בתחילת הסימנים לסימפתיה הדדית בין האנשים השייכים לַבניין החומרי של האומה, לְאלה השייכים לְבניינה הרוחני. מכל־מקום, בדורכֵם אין ספק שהדבר יקרה. כבר התחיל תהליך של ׳נישואי תערובת׳ בין אלו לאלו.

...

כפי הנראה, **אנו חיים כיום את תום המעבר בין תקופת משיח בן יוסף לתקופת משיח בן דָוִד**. אף־על־פי שֶׁבמבט על הפרטים נִדמֶה כי הכול אבוד – הכול כבר בהישג יד. אלא שכדי לראות זאת, אנו זקוקים לאמונה פשוטה לגמרי. מצד הכלל, הדברים מתנהלים יפה. בַּפרטים – הכול תוהו ובוהו. אבל יש סימנים רבים מאד לכך שלמרות כל התוהו ובוהו שאנחנו עדים לו, התקדמנו מהר מאד בַּתהליך. על מנת לראות זאת עלינו רק להיזכר בַּמצב שהיה לפני חמישים שנה.

# נספח ה׳
**לעמ׳ 202**

# לכו ונלכה עד הרֹא״ה

## חנן פורת

### קטע מתוך המאמר

המסה הזאת נדפסה בגיליון ׳פרוזה׳ (סיוון תש״ם / יוני 1980), אך היתה קיימת כחוברת דקה גם קודם לכן, ונִכללה בספרו של חנן ׳את ענת אנכי מבקש׳ (תשמ״ח 1988, ומהדורות נוספות).
כפי שאומר חנן בשיעורו, הוא כתב את הדברים ביום ג׳ באלול תשכ״ז, יום הסתלקותו של הרב קוק. כאן מובא חלק מן המאמר, בתיקוני עריכה קלים.

**לנוכח קברו, בבוקר של תכלת**

באחד מימי התכלת הזיוָנית של תמוז, בשנת שחרור ירושלים, השכמתי להתפלל ׳וָתיקין׳ ליד הכותל ומשם עליתי להר הזיתים, לפקוד את מצבת הרב זצ״ל. שומרי הקברים הראו לי את הכיוון והוסיפו: אין צורך להרבות בחיפושים, זוהי המצבה השלמה ביותר שנותרה לפלֵטה לאחר מעשי ההרס והחילול של הערבים.

בלב ההר היתה קבועה המצבה, עשויה כולה אבן גולמית אחת, כה פשוטה, ללא עיטורים ותארים, ואון יצוק בה. חרותות היו עליה מילים בודדות:

פה נגנז
הרב
ר׳ אברהם יצחק הכהן קוק נבג״מ[1]
בן הרב ר׳ שלמה זלמן ז״ל
עלה לאה״ק[2] כ״ח אייר התרס״ד
עלה ירושלימה ג׳ אלול התרע״ט
עלה השמימה ג׳ אלול התרצ״ה
ת׳נ׳צ׳ב׳ה׳

עמדתי רְכון־ראש באותה שעת בוקר מופֶּזֶת, אל מול המילים הפשוטות החצובות בָּאבן, וקם בי רטט גדול ועלתה בי הֶמיה חרישית: ריבונו־של־עולם, כאלה סודות גנוזים בַּתאריכים (ואין כאן המקום לפרט...), וכזה ניגון בַּמילה הנִכפלת ומִשתַּלֶשֶת במצבת האבן: עלה... עלה... עלה... ״קול העולים, קול קולֵי קולות של עולָמים עולים; עולים בהווייתם, עולים בבִניינם, עולים בשכלולם, עולָה פנימיוּת חַיָּתָם גם בחורבנם וניתוצם, הכול עולה – –״ (׳אורות הקֹדש׳ חלק ב׳ עמ׳ תקט״ו).

אמת, כל אימת שהייתי מעיין בכתבי הרב זצ״ל הייתי חש בַּ״חִיוּת העולמית״ התוססת במִשנתו, בַּדינמיקה הרוננת העצורה בספריו. אבל אותה שעה היתה הכרה זו מוחשית כל־כך, עד שעלה הרצון לאחוז בכף ידו של מורה־הדרך, שעדיין עומד הוא ומשמש, ולעלות עמו...

׳הנזיר הירושלמי׳, ר׳ דָוִד הכֹּהן זצ״ל, סיפר פעם בשעת־רצון, בעת שיעור ב׳אורות הקֹדש׳, על הקול הפלאי שֶשמע בעת הִסתלקותו של הרב זצ״ל, ודברים אלה רמוזים גם בסוף המבוא ל׳אורות הקֹדש׳ שנערך על־ידו. וכה דבריו שם:

״׳כִּי שָׁם צִוָּה ה׳ אֶת הַבְּרָכָה, חַיִּים עַד הָעוֹלָם׳ (תהלים קל״ג ג׳). בהילולא דְרבי שמעון בר יוחאי, בסוף אִדרא זוטא, לא סיים בוצינא

1 נשמתו בגנזי מרומים.

2 לארץ הקודש.

קדישא [הוא רשב״י] למֵימר: ׳חיים׳, שמַעְנא קָלָא דְקָרֵי ואמר: ׳אֹרֶךְ יָמִים וּשְׁנוֹת חַיִּים וְשָׁלוֹם יוֹסִיפוּ לָךְ׳ (מִשְלֵי ג׳ ב׳). וכן בהילולא של הרב זללה״ה, שמַעְנא קלא דקרי ואמר: ׳חַיִּים עַד הָעוֹלָם׳. גם לאחר סיום החיים בָּעולם, הם נמשכים ומִתוֹספים, בברכה, בחיים עד העולם״.

## הקטנוניות המַטעה

מבט שבקַטנוּת על כל נושא שבעולם טומן בחובו סכנה של טעות ועיווּת, אבל כשתופסים בקטנוּת־מוחין דבר שהגדלוּת טבועה במהותו, הרי עצם תפיסה זו גופה הינה כבר מוטעית ומעוּותת.

״אילו זכינו״ – כותב הרב נריה בַּחוברת ׳רַבֵּנו׳ – ״אילו בקולו [של הרב קוק] היו שומעים, אילו לאורו המלא היו הולכים, היתה נוצרת תנועת תחיה דתית, תנועה בעלת כוחות מוסריים כבירים, אשר נגדה לא היו עומדות שום מחיצות מעשיות. ברשפי אהבתה היתה מלהיטה לבבות, היתה מתיכה את האומה ויוצקת אותה לגוף אחד, איתן ומוצק. עכשיו שלא זכינו, באו ציבורים דתיים ולקחו מתורתו רק את הצד החיצוני, את ה׳הֶכשֵר׳ לשיתוף פעולה עם היהודים הלא דתיים, מבלי לְמַצות את עומק תוכנה המחייב, מבלי להִתעלות על־ידה ומבלי להעלות... לא קם הכוח הציבורי הרוחני האדיר, הנושא בפנימיותו את החזון המצרף והמזקק, המאחד והמלכד. ׳דָבָר אמר רחמנא ולא חצי דָבָר׳ – אין תורתו של המורֶה ניתנת לחצאין. יחופשו הדברים וייחקרו. ישוטו משכילים מזהירים בתורתו של המורֶה, וישלימוה במחשבתם ובמעשיהם. תורת אמת יבקשו מפי כֹּהן אמת. תורת התחיה, תורת בניין האומה, תורה שתחילתה במסד המדינה וסופה בַּטפחות, בַּתפוצה, תורה שהגשמתה הנאמנה תביא לנו את הגאולה השלמה. – לִמְדוּ הֵיטֵב, דִרשו דעת מִשְׂפְתֵי כֹהֵן, כִּי מַלְאַךְ ה׳ צְבָאוֹת הוּא״.

## לכו ונלכה עד הרא״ה

הגדיר פעם מישהו, בדרך ההלצה, את הימים בעִקבתא דמשיחא כ״ימים גדולים – ואנשים קטנים״. ודומה שאין כביטוי זה להגדיר את תקופתנו שלנו, אשר המאפיין אותה יותר מכול הוא הפער הנורא בין תהליכי גאולת העם והארץ המתחוללים לנגד עינינו, לבין רִפיון רוח,

בלבול וריחוק מא־לֹהים חיים בחלקים גדולים של העם, וגם בין אלה המתיימרים לדעת קרבת אֱ־לֹהים. "נְגַשְׁשָׁה כַעִוְרִים קִיר וּכְאֵין עֵינַיִם נְגַשֵּׁשָׁה, כָּשַׁלְנוּ בַצָּהֳרַיִם כַּנֶּשֶׁף, בָּאַשְׁמַנִּים כַּמֵּתִים" (ישעיה נ"ט י').

אחד אני יודע, אשר חזה את הדברים בעודם באיבָּם, ואשר הבין את פשר המהלך האֱ־לֹהי לעומקו, ואף ידע להורות דרך ולהתוות כיוון ב"גן המבוכה" הזה.[3] ואנו, "יקִירֵי לבבו של הרב",[4] הנכספים ל"אורות הקדש" ולאור הגאולה, נִתבעים גם היום לדבוק בדמותו ובאורח חייו של זה שעדיין הוא עומד ומורה לנו דרך. נתבעים אנו להתקשר ולדבוק בממשיכי דרכו באמונה; נתבעים לשקוד על מִשנתו בכל עומקה והיקפה, לפתוח חוגים לעיון בספריו בדרך סדורה, "דבר דבור על אופניו"; ועיקר העיקרים – לקבל בְּיַשרוּת ובתום לבב את דרכי תורתו בהלכה ובמחשבה, על כל המסקנות העיוניות והמעשיות המתבקשות מהם.

וכ"לְפָנִים בְּיִשְׂרָאֵל, כֹּה אָמַר הָאִישׁ בְּלֶכְתּוֹ לִדְרוֹשׁ אֱ־לֹהִים – לְכוּ וְנֵלְכָה עַד הָרֹאֶ"ה"![5]

3 "גן המבוכה" הוא מָשָׁל אשר מַמשיל רמח"ל בפרק ג' של ספרו 'מסילת ישרים': "שֶׁהנטיעות עשויות כתלים [כ'גדר חיה'], וביניהם שבילים רבים נבוכים ומעורבים, כולם דומים זה לזה, והתכלית בם הוא להגיע אל אכסדרה אחת שֶׁבאמצעם. ... כן הדבר הזה: מי שעדיין לא משל בְּיִצרו הוא בתוך השבילים ... אך המושלים בְּיִצרם – שכבר הגיעו אל האכסדרה – הם יכולים לייעץ למי שֶׁירצה לשמוע, ואליהם צריכים אנו להאמין".

4 אל נכון, רומז כאן חנן למכתב של הרב קוק משנת תרצ"ד, אשר נכתב לכינוס מדריכים של תנועת 'בני עקיבא'. כך פותח הרב את מכתבו: "יקִירֵי לבבי, 'בני עקיבא', עוז לכם ויִפעת נשמה ממקור ישראל" וכו'. (המכתב פורסם ב'מאמרי הראי"ה' א' עמ' 210).

5 שמואל-א' ט' ט'.

# נספח ו'

**לעמוד 205**

# מאמרו של הרב קוק 'המִספֵּד בירושלים'

## פתיחה

כהקדמה למאמרו הגדול של הרב, נביא שתי התייחסויות אל ההספד אשר נשא הרב על הרצל בבית הבַּנק ביפו. האחת היא כַּתָּבָה בָּעיתון 'השקפה' שערך אליעזר בן יהודה, מיום י"ד באב תרס"ד, והשניה היא איגרת של הרב זצ"ל אל חותנו, האדר"ת.

על-פי שני מקורות אלה דומה שניתן לקבוע שהרב אמר בהספֵּדו רק את עיקרי הדברים אשר כתב במאמרו.

### משא ההספד להרצל בבית הבַּנק ביפו

הנה זהו הדיווח בָּעיתון 'השקפה':

"יפו היא כמרכז תנועת היישוב ורעיון התחיה, ועל-כן לא ייפלא כי לאבלו של הרצל התייחסה כאל 'אבל יחיד', כאל צער הנוגע לכל נימי הלב. ... קרוב למאה איש נאספו על-פי הזמנות המנהל מר ליונתין לאולם הבַּנק [אנגליה-פלשתינה] ... האנחה, הבכיה היתה כללית ומקפת, על-כל-פנים ניכר היה שנקרע בפנים הלב איזו קריעה עמוקה, הגורמת כאב נורא.

המספידים היו: הרב־הגאון קוק, הרב־החשוב אַרואץ, ד״ר יפה ומר איזנשטד. ... הראשון אמר כי התנועה הנוכחית היא בבחינה של משיח בן יוסף, כי העומדים לצד התנועה של משיחות בן דָוִד צריכים לדעת כי הרבה עליהם ללמוד בנוגע לסֵדֶר ובינה מֵהראשונים, וכי נגד זה [=לעומת זאת] צריכים בעלי התנועה [של] המשיחוּת היוסֵפית לזכור מה שאמר הקב״ה כי ׳בן דָוִד בָּראש׳, לאמור: התורה קודמת לכול״.

והנה קטע מן האיגרת של הרב קוק אל חותנו, האדר״ת [=הרב אליהו דָוִד רבינוביץ־תאומים] מיום כ״ט בתמוז תרס״ד:

״והנה, באו אלי שני נכבדים ... וביקשו ממני... באשר הם מתאספים בבית הבַּאנק פה לעשות כבוד לד״ר הרצל, והם מוצאים שגם המתנגדים על הציונות לא יכחשו כי מחשבות לטובה על ישראל היו בליבו, ואף־על־פי שלדאבון לבבֵנו לא מצא הדרך הישרה, מכל־מקום אי־אפשר לקפח אפילו שכר שיחה נאה, ואין מהנימוס שלא לעשות זֵכֶר של אֵבֶל לכבודו בְּבֵית של פומבי כְּה׳בַּאנק אנגליא פלשתינא׳ דְפֹה. על־כן הִבטחתים לבוא. ... כי בדברַי יהיה תועלת בעזרת־השם, שלא יעיזו יתר המדברים לדבר סרה על השם־יתברך ותורתו ועל חכמי ישראל, ותודה לָאֵ־ל יתברך שכן היה.

ודיברתי דברַי כמובן בנחת ובנימוס, אבל גיליתי את היסוד של חֶסרון ההצלחה שבכל המבוקש שלהם [=של התנועה הציונית], מפני שאינם שמים את יסוד היסודות בָּראש, קדושת השם־יתברך ושמו הגדול, שהוא הכוח המקיים את ישראל. ... ולאידך גיסא, מוטל גם־כן על יראי ה׳ להתייחס אל כל מי שרוצה לעשות איזֶה דבר טוב לישראל – אפילו באופן חומרי ורחוק – באהבה ושלום, ולהמשיכו לדרך ה׳ הטובה, לא בטענה כללית להפריעֵהו מִמעשיו, כי־אם בטענה מפורשת, לתבוע את הקירוב לשם ה׳ ותורתנו הקדושה, שאז אפשר שכל הכוחות המשתמשים [=המשמשים] עתה לרעה – ייהפכו לטובה״.

בהמשך האיגרת כותב הרב שהוא הזכיר בַּהספד את דברי ספר ה׳זוהר׳ על היפוך מר למתוק – היפוך הכוחות הגסים אל צד הקדושה – וזהו גם משפט הסיום של מאמר ׳המִספֵּד בירושלים׳.

(האיגרת נדפסה בכרך ג׳ של ׳גִנזי ראי״ה׳ בעריכת הרב בן ציון שפירא, עמ׳ ס״ט. היא הובאה כנספח גם בספרו של הרב מָניטוּ ׳מִספֵּד למשיח?׳, עמ׳ 106).

# המִספֵּד בירושלים

## מאת אברהם יצחק הכֹּהן קוק זצ״ל

### בפטירת הד״ר בנימין זאב הרצל ז״ל, כ׳ בתמוז תרס״ד

הרב קוק כתב את הדברים בפנקסו, ללא כותרת, וזו ניתנה על־ידי הרב צבי־יהודה. המאמר נדפס לראשונה בגיליון ׳סינַי׳, כרך מ״ז, באלול תש״ך (שנת המאה להולדתו של הרצל). הובא ב׳מאמרֵי הראי״ה׳ א׳ עמ׳ 98 ואילך. גִרסה מנוקדת ומפורשת ראתה אור על־ידי הרב אליעזר אלינר בַּספר ׳בְּאורו׳, ירושלים תשמ״ו, עמ׳ 257 ואילך. בשנת תשס״ו יצא כרך ראשון של ׳קבצים מכתב יד קודשו / כתבי הרב ר׳ אברהם יצחק הכֹּהן קוק׳ על־ידי המכון להוצאת גנזי הראי״ה (בעריכת בעז אופן), ונכלל בו המאמר דנן, תוך דיוקים על־פי כתב היד אשר תיקנו לא־מעט שגיאות בַּדפוסים.

כתב יד קודשו של הרב – לפי צילום באיכות טובה – נבדק מחדש בעבודה זו. הערות נוסח (בציוּנֵי אותיות) תובאנה כהערות־סיום בסופו של המאמר.

המאמר מובא כאן בשינויי עריכה, כלהלן: שם שמים יופיע ה׳, כמקובל, ולא ד׳ כפי שכתב הרב קוק. • נוספו מילות הסבר והבהרה בסוגריים רבועים, כמו־גם הדגשת מילים לחידוד העניין. • דויקו פסוקים וציטוטים. • נוספו סימני פיסוק, והכתיב הותאם לַמקובל בספר זה: כתיב מלא וניקוד חלקי. • חלוקת הקטעים נעשתה, בדרך־כלל, בעקבות הרב אלינר בַּספר ׳בְּאורו׳. • הכותרות הפנימיות הן מִשֶּׁל העורך, אך נעזרנו בכותרותיו של הרב אלינר.

## נבואת זכריה, תרגומה בידי יונתן בן עוזיאל, דברי חז"ל שֶׁמשיח בן יוסף ייהרג, והצגת שאלות הפתיחה

"בַּיּוֹם הַהוּא יִגְדַּל הַמִּסְפֵּד בִּירוּשָׁלַיִם כְּמִסְפַּד הֲדַד־רִמּוֹן בְּבִקְעַת מְגִדּוֹן" (זכריה י"ב י"א). חז"ל אמרו (במסכת מגילה דף ג' עמ' א') שיונתן בן עוזיאל תרגם נביאים, ונִזדעזעה ארץ ישראל ארבע־מאות פרסה על ארבע־מאות פרסה. משום דאית מילי דלא מְפרשן, והיינו האי קרא, דְאמר רב יוסף דְאִלמלא תרגומֵיה לא ידע מאי הוא, ואמרו שֶׁעמד יונתן בן עוזיאל על רגליו ואמר: "אני הוא שֶׁגליתי סתָרֶיךָ לבני אדם; גלוי וידוע לפניך[א] שלא לכבודי עשיתי, ולא לכבוד בית אבא, אלא לכבודך עשיתי שלא ירבו מחלוקת בישראל".

וצריך להבין מהו גודל ההסתר שיש בפסוק זה, שגילה תרגומו: "כְּמִסְפֵּדָא דְאַחְאָב בַּר עָמְרִי דִי קְטַל יָתֵיהּ הֲדַדְרִמּוֹן בַּר טַבְרִימּוֹן, וּכְמִסְפֵּד יֹאשִׁיָּה בַר אָמוֹן דִי קְטַל יָתֵיהּ פַּרְעֹה חֲגִירָא בְּבִקְעַת מְגִדּוֹן". ולמה היה זה סייג שלא ירבה מחלוקת בישראל, ומה יחס הוא לעניין הסתָרים המיוחדים[ב] לַשֵׁם־יתברך.

והנה, חז"ל אמרו (במסכת סוכה דף נ"ב עמ' א') שהספד זה יהיה על משיח בן יוסף שנהרג. וצריך להבין בכלל למה אנו צריכים לשני משיחים – משיח בן יוסף ומשיח בן דָוִד – והרי התכלית המכוּוָן הוא שנשיא אחד יהיה לכולם, "וְדָוִד עַבְדִּי נָשִׂיא לָהֶם לְעוֹלָם" (יחזקאל ל"ז כ"ה).

## כוחות החומר והרוח בישראל, המונהגים בידי יוסף ויהודה

אמנם, כשם שיָצַר השם־יתברך בָּאדם הגוף והנשמה, ולעומתם הכוחות הנוטים להחזיק קיום הגוף על מְכונו, לשכללו ולפתחו, וכן הכוחות המחזקים[ג] כוח הנשמה הרוחנית ומעדנים ומשכללים אותה – ותכלית השלֵמות הוא שיהיה הגוף חזק ואמיץ ומפותח כראוי, והנשמה בריאה וחזקה ומשוכללת, מושכת אחריה בכוחה האדיר את כל כוחות הגוף האמיצים והחזקים, לתכלית השֵׂכֶל הטוב והטהור, חֵפֶץ העליון־ברוך־הוא בעולמו – כן הכין בישראל בייחוד שני אלה הכוחות: הכוח המקביל לערך הגוף האנושי, השוקק לטובת האומה

במעמדה ושִׂכלולה החומרי, שהוא הבסיס הנכון לכל התכניות הגדולות והקדושות שישראל מצוינים בהן, להיות ׳עם קדוש לה׳ אֱ־לֹהֵי ישראל׳, להיות ״גּוֹי אֶחָד בָּאָרֶץ״ ״לְאוֹר גּוֹיִם״ (דברים ז׳ ו׳, שמואל־ב׳ ז׳ כ״ג, ישעיהו מ״ב ו׳); והצד השני [=הכוח השני, המקביל לערך הנשמה, הוא] עצם הכוח לשִׂכלול הרוחניות בעצמה. וההבדל שֶׁביניהם, שֶׁלְּהַצַּד הראשון יש דוגמה [ודמיון] בין כל עמי הארץ לישראל, כמו שאנו שווים להם בַּגופניות, כאשר האדם שווה בכוח החיים שבו לאחד מבעלי־החיים; והצד השני הוא העניין המתייחד לישראל עצמם, שעל זה נֶאמר ״ה׳ בָּדָד יַנְחֶנּוּ״ ״וּבַגּוֹיִם לֹא יִתְחַשָּׁב״ (דברים ל״ב י״ב, במדבר כ״ג ט׳), מצד תורת ה׳ והקדושה העליונה המיוחדת לישראל, עַם קדוש.

והנה, מִתחילה הוכנו שני הכוחות הכלליים בשני השבטים שהוכנו למלוך בישראל, אפרים ויהודה, שהוא כלל יוסף ויהודה. וכמו בַּתחילה, מעשה אבות סימן לבנים. יוסף היה הַמַּשְׁבִּיר, שֶׁשלח אותו אֱ־לֹהִים לִפְלֵיטָה גְּדוֹלָה, לְהַחֲיוֹת עַם רָב, והֶחיה את יעקב ובניו בחיי החומר לֶחֶם לְפִי הַטָּף[1] בעת שֶׁגם־כן כל הארץ באו לְמִצְרַיִם לשבור, והיה נבלע בין האומות, וידע שבעים לשון,[2] שהוא מורה על הצדדים שיש יחס שיווּי בין ישראל לָעמים כולם, ומכל־מקום ידע כוח קדושתו. ודווקא על־ידי זה היתרון אין עֵשָׂו נופל כי־אם ביד בניה של רחל,[3] כעניין ׳מִינֵּיה וּבֵיה אִיבָּא נֵיזִיל בֵּיה נַרְגָא׳.[4] ויהודה מיוחד לכוח ישראל המיוחד, ״הָיְתָה יְהוּדָה לְקָדְשׁוֹ״ (תהלים קי״ד ב׳), ועל אוהל יוסף נֶאמר ״אֹהֶל שִׁכֵּן בָּאָדָם״ (תהלים ע״ח ס׳).

---

1 אלה הפסוקים אשר הרב מצרף כאן את לשונם: בראשית מ״ב ו׳, מ״ה ז׳, נ׳ כ״ב, מ״ז י״ב.

2 מסכת סוטה דף ל״ו עמ׳ ב׳.

3 בראשית רבה ע״ג ז׳.

4 מסכת סנהדרין דף ל״ט עמ׳ ב׳ – ותרגומו: ממנו עצמו, מן היער, [נתקין קת עץ, ואז] נביא עליו את הגרזן – לכן תיפולנה אומות העולם דווקא ביד יוסף, הקרוב אליהן ודומה לתכונָתן.

## מלכות בית דָוִד אמורה לכלול את שני הכוחות, והנזק שבַּפירוד בין יוסף לבין יהודה

והנה, תכלית בחירת מלכות בית דָוִד היה שֶׁיהיו שני הכוחות נכללים כאחד, ולא די שלא יהיו סותרים זה את זה כי־אם עוד עוזרים זה לזה. ואמרו זכרם־לברכה בַּמדרש (בראשית רבה ס"ג ח'), שנֶאמר בדָוִד "אַדְמוֹנִי", כמו שנֶאמר בעֵשָׂו, אלא שנוסף בו: "עִם יְפֵה עֵינַיִם",[ד] ומִדעת סנהדרין הורג. [לכן מתאפיין דָוִד המלך בחיבור שני הכוחות]: קיבוץ הגבורה החומרית, וכל התלוי בה לְתוקף עם וממלכה גדולה ואדירה רבתי בַּגויים, עִם העילוי הרוחני היותר מרום וקדוש.

וְלולֵא שֶׁגרמו עוונות, וישראל מאסו במלכות בית דָוִד עד שנחלקה האומה – עשרת השבטים שֶׁאפרים [=שֶׁלְאפרים] שהוא כוח יוסף בפני עצמם, ויהודה בפני עצמו – היה הכול מאוחד בכוח אחד על־ידי "עֵץ יְהוּדָה" (יחזקאל ל"ז י"ט) שהיה כולל גם־כן כוחו של יוסף, "יַדְבֵּר עַמִּים תַּחְתֵּינוּ וּלְאֻמִּים תַּחַת רַגְלֵינוּ. יִבְחַר לָנוּ אֶת נַחֲלָתֵנוּ אֶת גְּאוֹן יַעֲקֹב אֲשֶׁר אָהֵב סֶלָה" (תהילים מ"ז ד'-ה'). ועל־ידי קיבוץ שני הכוחות יחדיו היו שניהם מִתעלים, הכוח החומרי היה מִתעדן ומִתקדש מצד קרבתו אל הקדושה המיוחדת לישראל, והכוח הרוחני היה מתחזק ומִתאמץ בכוח חיים מלא ואדיר, כדי לגלות הודו ותפארתו על ישראל, עד שֶׁקרני הוֹדוֹ היו מאירים גם־כן על העולם כולו, וכמו שיהיה לעתיד־לבוא: "וְהָיָה [בַּיּוֹם הַהוּא] שֹׁרֶשׁ יִשַׁי אֲשֶׁר עֹמֵד לְנֵס עַמִּים אֵלָיו גּוֹיִם יִדְרֹשׁוּ, וְהָיְתָה מְנֻחָתוֹ כָּבוֹד" (ישעיהו י"א י'). לא מלחמה בין שני כוחות מתנגדים כי־אם מנוחה שלֵמה, שהיא הכבוד היותר עליון ונישא.

אמנם, "עֲוֹנוֹתֵינוּ הִטּוּ אֵלֶּה" (ירמיהו ה' כ"ה), שנִתחלקה מלכות בית דָוִד, וכל אחד מן הכוחות השנַיים, שהיו ראויים להתאחד דווקא, התחיל להתפתח בפני עצמו, כאילו דבר אין לו עם מִשנֵהו, ומזה יצא מה שיצא להפסד כללי לשני העניינים, בעוונותינו הרבים. אפרים, שֶׁנוסד על־ידי ירבעם – שֶׁהופקד מִתחילה על סֵבֶל בֵּית יוֹסֵף מפני כישרונו המעשי, "וַיַּרְא שְׁלֹמֹה אֶת הַנַּעַר כִּי עֹשֵׂה מְלָאכָה הוּא וַיַּפְקֵד אֹתוֹ לְכָל סֵבֶל בֵּית יוֹסֵף" (מלכים־א' י"א כ"ח) – פנה לגמרי מהקדושה העליונה המיוחדת לישראל, "וְאֹתִי הִשְׁלַכְתָּ אַחֲרֵי גַוֶּךָ" (מלכים־א' י"ד ט'). ומזה יצא

הסילון הממאיר, חטא עבודה זרה, שגרם להתפתחות הנטיה של השיווי שיש בישראל לְעמים לצד הרוע והגֵרָעון, עד מידת ״אֶפְרַיִם בָּעַמִּים הוּא יִתְבּוֹלָל, אֶפְרַיִם הָיָה עֻגָה בְּלִי הֲפוּכָה״ (הושע ז׳ ח׳). **ויהודה** – בחסוֹר לו הצד המעודדוֹ בחומריותו – היה צריך להשלמה רוחנית גדולה ואדירה, שתספיק להמציא גם־כן את הצד החסר החומרי, וכיוון שלא עלה למעלָה זו נִתבזבז הכוח הרוחני גם־כן, עד שלא החזיק מעמד, ו״כָשַׁל גַּם יְהוּדָה עִמָּם״, ו״לְשׁוֹנָם וּמַעַלְלֵיהֶם אֶל ה׳, לַמְרוֹת [=להמרות את] עֵינֵי כְבוֹדוֹ״ (הושע ה׳ ה׳, ישעיהו ג׳ ח׳).

והנה, גם אחרי הפירוד, אם היו על־כל־פנים מתאחדים לדעת שכל אחד יסגל לו את נטייתו הפרטית, אבל באופן שיקבלו זה מזה את הצדדים הטובים – **ויהודה יקבל מאפרים** את הדרכים והנטיות המוכשרות בו לשִכלול האומה בתוקף חומריותה ואנושיותה הכללית, **ואפרים יקבל מיהודה** את הכוח העליון המיוחד לישראל בדרכי קדושה, מִתורה ומידות קדושות והכשרה לנבואה ורוח הקודש לַמיוחדים לזה – [אזי] היה המַחַץ הולך ומתרפא. אלא שכיוון שנחלקו חילוק ממלכה, ועל־ידי ההשפעה המאחדת הלוא הדבר מחויב שהצד הגובר יהיה לו המצב העליון הרוחני המיוחד לישראל – שהיא הנשמה המאחדת ומחַיָּה את הגוף – וזה לא רצה ירבעם [כלהלן]. על־כן היתה [מנועה] התכנית הפנימית של ציור אפשרות ההתאחדות, עם [=בגלל] המניעה מצד חפץ ההִתנשאות שלא במשפט.

[וזהו] מה שאמרו חז״ל (במסכת סנהדרין דף ק״ב עמ׳ א׳), ״שֶׁתְּפָסוֹ הקב״ה לירבעם בבִגדו ואמר לו: חזור בך, ואני ואתה ובן יִשַׁי נטייל בגן עדן״; יחדיו תשכללו את האומה הישראלית להביאה לתכליתה, להיות לעם לה׳ אֱ־לֹהֵי **ישראל**, להיות גם־כן ראויה להיות לאור **גויים**, שהצדדים השווים לכל האדם אשר על־פני האדמה גם־כן ראויים להיכנס בַּבניין. אמנם על שאלת ״מִי בָּרֹאשׁ?״, מוכרחת התשובה לבוא: ״בן ישַׁי בָּראש״; כי מבלעדי הכרת השליטה העליונה של הצד הרוחני, ״כִּי חֵלֶק ה׳ עַמּוֹ יַעֲקֹב חֶבֶל נַחֲלָתוֹ״ (דברים ל״ב ט׳), אז אפסה כל תעודה [=ייעוד] לישראל, חלילה, והינם ״הַמְעַט מִכָּל הָעַמִּים״ (דברים ז׳ ז׳), וראויים יותר מכולם להרס וכיליון, חלילה. אבל שרירות הלב גרמה [לירבעם] שאמר: ״אי הכי לא בָעינא״ [=אם כך, אינני רוצה];

ומזה נמשכה השלשלת של צרותיהן של ישראל ופיזורם, ותכלית מֵרוּק הגלות עד עת קץ.

## פירוד הכוחות וניגודם כל ימי הגלות, עד מותו של משיח בן יוסף

על־כן עומד בכל משך זמן הגלות המצב הכללי של האומה בדרך ניגודִי של אלה שני הכוחות: שלפעמים מתגלָה נטיה לַחוזק הלאומי החומרי ויתר הצרכים האנושיים הכוללים – שנובע בעיקרו מיסוד הנטיה המיוחדת ליוסף ואפרים – ולפעמים מִתנוערת הנטיה הרוחנית לקיומה של תורה והפרחת הצד הרוחני המיוחד לישראל, להרים קרן בִּיראת ה׳, באהבתו, ובאהבתה של תורה ודרכיה.

ובאשר שֶׁ"כְּמוֹ פוֹלֵחַ וּבוֹקֵעַ בָּאָרֶץ נִפְזְרוּ עֲצָמֵינוּ לְפִי שְׁאוֹל" (תהלים קמ"א ז׳), וְ[הִתפזר] הכוח המאחד המקיף את [המנהיגים] פועלי הנטיות ליסוד אחד, להיות משפיעים ומושפעים ביחד כל אחד לפי ערכו, ולאחד ההנהגה בהגברת הצד הרוחני באופן שהוא יהיה המחזק והנותן חיים לכל יתר החלקים, ככוח חיי הנשמה המחַיָּה את הגוף לכל חלקיו; ובאשר אי אפשר לאומָתֵנו שתבוא לתעודתה הָרוֹמֵמָה לִישָּׂא בגאון עוז שם ה׳ הנקרא עליה כי־אם בהִשתלמה בְּתכלית ההֶכשֵׁר בשני חלקיה – הכללי, חלק יוסף, והפרטי, חלק יהודה, מלכות בית דָוִד, שֶׁמֵּחוזֶק כוחו הפרטי כולל הוא גם־כן את הצד הכללי, "אַדְמוֹנִי עִם יְפֵה עֵינַיִם" (שמואל־א׳ ט"ז י"ב) – הנה מִתנעֲרים בָּאומה כוחות לכל צד; וכמו שהכוחות המגבירות את הרוחניות הם מכשירים למידת **משיח בן דָוִד**, שהתעודה התכליתית היא עיקרו ויסודו – כי באמת מרכז החיים הוא ההִתעלות הרוחנית, אלא שאי־אפשר שתהיה הרוחניות מפותחת כראוי אם לא יהיו שלֵמים עמה כל הקניינים החומריים הנדרשים לאומה שלמה ומשוכללת – כן ההִתנערות לבקש חוזק לאומי, חומרי, ויתר מכשירי החיים הכלליים הם הכשרת **משיח בן יוסף**. וכשהם משמשים בערבוביה – מִצרת הגלות ומִקוצר הדעת[ה] ופיזור הכוחות – הם **חבלי משיח**, הכוללים **חבלי שני משיחים**, "אֲשֶׁר חֵרְפוּ אוֹיְבֶיךָ ה׳, אֲשֶׁר חֵרְפוּ עִקְּבוֹת מְשִׁיחֶךָ" (תהלים פ"ט נ"ב), שתי העִקבות של תרֵין משיחין.

והנה, פעולת משיח בן יוסף, שתהיה ההכשרה הכוללת – אף־על־פי שוודאי תהיה עם־זה ממולאת בדעת ויראת ה׳ שנמצאת הרבה גם־כן

– לתכלית הכשרת **כלל האנושיות**; מכל־מקום, כיוון שהיסוד העיקרי המרובה באיכותו, שהוא התייחדות הצורה **הפרטית הישראלית** בהִתגברה, אינו בולט בו כל־כך, [לכן] אי אפשר לו להתקיים; על־כן עתיד משיח בן יוסף להיות נהרג.[5]

**המספד אחרי מות משיח בן יוסף**
**שני הכוחות הפרודים מכירים בטעותם ופונים אל יִעוד איחודם**

אמנם כשייהרג [משיח בן יוסף] יכירו הכול העיוות, שאמנם לא היה הדור ראוי להכיר הערך של הנטיה לתִגבורת כוללת, איך לקבל ממנה רק הטוב – ואת הטוב באמת לקבל – ולשעבדה לתוקף הצד העליון שבתעודת ישראל, למשיחוּת בן דָּוִד.

והנה,[ו] ׳יִסְפְּדוּ עָלָיו כְּמִסְפֵּד עַל הַיָּחִיד, וְהָמֵר עָלָיו כְּהָמֵר עַל הַבְּכוֹר׳ (לפי זכריה י״ב י׳).

**המִספֵּד** הוא ההִתרגשות לשעתה ממחזה מדאיב, המכניס קוֹדר [= קַדרוּת] וייאוש בַּלב, דומה כמִספֵּד על **היחיד** שאין תקווה נשקפת להיבנות עוד, כמו הורים זקנים שאיבדו [את בנם] יחידם,[ז] לא־עלינו. אמנם, **המרירות** היא באה כבר בסיוע השֵׂכֶל המתבונן את ערך המצב, הַשֵּׂכֶל יַשְׂכּיל כי אמנם כוח האומה בכללה מוציא מִכּללה נשמת המשיחין; על־כן אמנם במרירות אֲבֵדַת **הבכור** – המזדמן לָרוב אצל הורים צעירים שלא חונכו בדעת גידול בנים, ומחסרון הכרה לא שָׁמְרוּם כראוי ממחלה ועל־כן מתו – כן האומה מתבוננת: כי לא הכירה את ערך הנטיה של ההִשתלמות **הכללית**, איך להשתמש בה בתור דבר גדול המִצטרף ומִסתעף ליסוד התכלית העליון, שֶׁעִמו היתה התעודה **הלאומית** מתמלאת, וממילא היתה זוכה לקיום והצלחה של הפרחה.

5 בשלהי כהונתו של הרב קוק בְּעיירה בויסק, טרם עלותו ארצה, הוא כתב פִּסקה על משיח בן יוסף שנהרג – ולכאורה אמורים דבריו שם בהיגיון ובנימוקים מנוגדים לאלה הניתנים כאן. נביא את הקטע הנ״ל כהערה – אך בשל אורכה היא תינתן בסופו של המאמר, להלן בעמ׳ 359.
הנה כתבתי כרגע שהסתירה בדבריו של הרב הינה רק ״לכאורה״, ובמגמת יישובה של הסתירה יובאו להלן – בתוך ההערה – גם דבריו של הרב יואל בן נון.

והנה, כל זמן שמִתדַמֶה, מפני הפירוד השׂורר בַּגלות, ששני הכוחות הם באמת נפרדים זה מִזה – עד שֶׁמי שנחלץ והגביר את **הצד הכללי** בָּאומה נעשָׂה בעוונותינו הרבים צר ואויב לַתורה ולקיום המצוות ולכל דרכי הקדושה המיוחדים לסגולת ישראל **הפרטית**, וכן מי שֶׁשָּׂם מגמתו ליסוד ההתייחדות הישראלית נעשה על־ידי זה עצמו מְנַגֵּד ומפריע לכל תיקון חומרי **כללי** – שעל־ידי זה, מעֵבר מזה [=מצד אחד] נעשה פְּרָצים, ומעבר מזה [=ומצד שני] מתגלָה חולשה ועִצָּבוֹן[ח] ודכאוּת לב. אמנם, אחרי הניסיון האחרון של סיבת מניעת הקיום של משיח בן יוסף, יתבוננו הכול שבאמת אין כאן כוחות מתנגדות, ושֶׁראוי להכניס הכול בחוברת אחת, ולסדר דרכי האומה באופן שכל שִׂכלול **כללי** יהיה בסיס לַשִׂכלול הישראלי **המיוחד**, ותהיה ההכרה בחֶסרון ההצטרפות **משני הצדדים**: בין מן הנוטים אחרי **החומריות והכלליות**, בין מֵהנוטים אחרי **הרוחניות והפרטיות**. על־כן יהיה המִספֵּד גדול **משני הצדדים**, שיכירו שיש טעות ביסוד הנטיות שהן בנויות להיות מתאחדים, וכל־כך גרמו קלקולים בִּנטוֹתם לפירוד, לְחַבֵּל איש מעשה רעהו.

## אחאב ויאשיהו, כוחות משיח בן יוסף ומשיח בן דָּוִד, והמִספֵּד על מותם הוא לֶקַח לקראת איחודם

והנה, התכונה של החיבה הלאומית בתור כלליות וחומריות[ט] נתגלתה באחאב, שחיבב מאד את ישראל ואחז מעשה אבותיו – עמרי – שהוסיף עיר אחת בארץ ישראל, ו"דורשי רשומות אמרו: כולם באים לחיי העולם הבא, 'לי גלעד', זה אחאב שנפל בַּגלעד", וכְדְתנא דבֵי אליהו[י] שהיה מעמיד פנים בַּמלחמה, גם אחר שניחתו בו החִצים, כדי שלא להבעית את ישראל. אומץ רוח כזה בא מאהבה יתֵרה ונפלאה. גם כיבד את התורה מפני שעל־כל־פנים כבוד האומה תלוי בה,[יא] על־כל־פנים **כלפי חוץ**, לפני בן־הדד.[6] ועם כל זה, לא הכיר ערכה של תורה וקדושת השם־יתברך המיוחדת שבה כל יתרונם של ישראל,

---

6 הרב מסתמך בפִסקה זו על המקורות דלהלן: מסכת סנהדרין דף ק"ב עמ' ב', דף ק"ד עמ' ב', ומסכת מועד קטן דף כ"ח עמ' ב'.

על־כן הלך בדרכי איזבל ובחוקות התועבות של גויי הארץ, לפי המידה שהיתה שולטת אז ברוח הזמן.

לעומת זה, יאשיהו הגביר את הצד הרוחני עד אין דומֶה בכל המלכים, כעדות הכתוב, ״וְכָמֹהוּ לֹא הָיָה לְפָנָיו מֶלֶךְ, אֲשֶׁר שָׁב אֶל ה׳ בְּכָל לְבָבוֹ וּבְכָל נַפְשׁוֹ וּבְכָל מְאֹדוֹ״ (מלכים־ב׳ כ״ג כ״ה), עד שלא רצה כלל להיות [=שיהיה] יחס ישראל עִם אומות העולם, ובזה ויתר על דברי ירמיהו הנביא שציווה מפי ה׳ להניח לעבור בארץ ישראל את חֵיל מִצְרַיִם.[7]

על־כן באחאב ויאשיהו הִתכנסו שתי הנקודות, של יוסף ושל יהודה, כוח משיח בן יוסף ובן דָּוִד. על־כן בהסרת העיוות הבא מחֶסרון הכנת האומה – שלא תשתמש ב[שני] כוחותיה המתגלים ביחידי הסגולה לטובה, כראוי לעת קץ – תכיר[כ] [האומה] כי היה אפשר לאַחֵד שני הכוחות יחד, בהיות ההכרה שלֵמה, אם־כן יגדל ההספד בצירוף שתי הנטיות. כפי תכלית רִיחוקן בפועל, כן תהיה קִרבתן והכרת זיקוקן [=זקיקותן] זה לזה, ויִכפַּל כמִספַּד אחאב ויאשיהו גם יחד, **ליתן לֶקַח להבא** לאחד את הכוחות, להשכיל להעמידם בְּמערכה הגונה המביאה לטובה כללית.

והנה באמת, כל זמן הפירוד – שהאומה אינה מוכשרת לאחד הכוחות וכל אחד מחליש את חברו – ההנהגה הולכת [כך] שאין כל נפש מסוגלת לקבל כי־אם נטיה אחת, על־כן לפעמים יבוא הפסד מוסרי או מדעי אם נעמול להכניס [את] שתי הנטיות בבת אחת. אבל ההִתפרדות העמוקה, הלוא היא שורש **המחלוקת** בישראל, על־כן אף־על־פי שהנביא דיבר ברמז, מכל־מקום תרגם יונתן בן עוזיאל וגילה הדבר יותר, ועל־ידי זה נִזדעזעה ארץ ישראל ארבע־מאות פרסה על ארבע־מאות פרסה, כי כל זמן שלא הוכשר הדור להשוות הנטיות ולכוללם, כל אחד נִכוָה מחבֵרו. ומכל־מקום התחזק יונתן בן עוזיאל ואמר: ״גלוי וידוע לפניך שלא לכבודי עשיתי, ולא לכבוד בית אבא, אלא לכבודך עשיתי שלא ירבו מחלוקת בישראל״, והפתח השִׂכלי יכשיר הדֵעות לבקש עצות איך ללכת בעקבות שתי ההכנות, שֶׁשתיהן נחוצות.

---

7 מסכת תענית דף כ״ב עמ׳ ב׳.

### הציונות כהופעת כוח החומר בלא כוח הרוח, מותו של הרצל אשר ניתן לראות בו עָקֵב למשיח בן יוסף, וההִשתדלות הנדרשת באיחודם של שני הכוחות לטובה

והנה, בתור עִקבא דְמשיח בן יוסף, נִתגלָה חזיון הציוניוּת[יג] בדורנו, הנוטֶה לַצד הכללי ביותר, ומצד חֶסרון הכשרתֵנו[יד] אין הכוחות מתאחדים, להשכיל מעֵבר מזה [=מצד אחד] איך שההֶכשֵר **הכללי** לישראל אינו כי־אם בסיס ליסודו **המיוחד**, ועל־כן צריך שתהיה ההנהגה מכוּוֶנת לתכלית ההתעלות **המיוחדת**, ולהיות [=ושֶתהיה] מושפעת הרבה מהסגולה של יחידֵי הדור, צדיקים וחכמי תורה.[טו] ולעומת זה, [מצד שני], ההכרה שהחֵפֶץ לחוזקם של ישראל והתנערותם בתור אומה חיה, עם כל צרכיה החומריים – שהוא דבר נכון כשמִצטרף לכל התכונה הראויה – גרמה עד כה שלא הצליחה [הציונות] במעשיה, עד שחֶסרון ההצלחה גרם לסכסוכי דֵעות וריב אחים שהלכו בדרך מסוּכָּנָה כזאת, עד שהמנהיג הראשי – [בנימין זאב הרצל] – נפל חלל "מֵעֹצֶר רָעָה וְיָגוֹן" (תהלים ק"ז ל"ט).

על־כן ראוי לנו לשים אל לב להשתדל לנטיית **ההתאחדות** של עץ יוסף ועץ יהודה, לשמוח בהתנערות חֵפֶץ החיים הבריאים **החומריים** המפעם בכלל בָאומה, ולדעת שהתכונה הזאת אינה תכליתם של ישראל, כי־אם הכשר הגוּן כשֶיגודל על־פי דרכו, ו[אילו] כשאינו מתנהל למטרת ההכנעה **לַצד הרוחני** והשאיפה אליו, הלוא ערכו נחשב כערך מלכות אפרים שנעשו "עֻגָה בְּלִי הֲפוּכָה", מפני שֶעזבו "מְקוֹר מַיִם חַיִּים" ו"מִצְרַיִם קָרָאוּ אַשּׁוּר הָלָכוּ" (הושע ז' ח', ירמיהו ב' י"ג, הושע ז' י"א).

על־כן תהיה תועלת המרירות [בבחינת "וְהָמֵר עָלָיו כְּהָמֵר עַל הַבְּכוֹר" כנ"ל], שראוי גם־כן למי שנוכל לחשבו בתור עִקבא למשיח בן יוסף [=בנימין זאב הרצל], מצד השפעתו על החפץ הגדול הכללי של תחיית האומה במובן **החומרי והכללי** – מכל־מקום אם לא היה כוח זה נעזב, לא מצד הִתגברות ההפקרות ושנאת התורה בעוונותינו הרבים, עד שמִתגרשים יראי ה' וחושבי שמו מנחלת התנועה [הציונית, מצד אחד], ולעומת זה [מצד שני], מחסרון אומץ הלב לבקש שכל כוח שהוא מצד עצמו טוב יתחזק; ואם חסר לו השלמתו **הרוחנית**, עלינו להשתדל על הִתרבוּת אור הדעת ויִראת ה' במעלָה רמה, עד שיוכל

לכבוש ביותר כוח חיים אדיר ולהיבנות ממנו. אז יתקיים בנו מקרא שכתוב: ״וְנָתַתִּי בְצִיּוֹן תְּשׁוּעָה לְיִשְׂרָאֵל תִּפְאַרְתִּי״ (ישעיהו מ״ו י״א), כי הכנת התשובה הלוא צריכה להיות מצִדנו, ואין התשובה מתקיימת באמת כי־אם כשֶהכוחות המצויות באומה – ושאפשר להם להיות נמצאים – יהיו בכל תוקפם, ועם עוז החיים יהיו מוסַבים אל הטוב, ואז נהיה מוכשרים לַחפץ העליון להיות ׳עֲטֶרֶת תִּפְאֶרֶת בְּיַד ה׳ וּצְנִיף מְלוּכָה בְּכַף אֱ־לֹהַיִנוּ׳[ט״ו] (ישעיהו ס״ב ג׳).

## מאמרו של רב יוסף ומגמתו להיפוך הקללה לברכה

ורב יוסף עצמו, שאמר (במסכת מגילה דף ג׳ עמ׳ א׳) שֶעמד על מקרא זה [רק] על־ידי תרגומו, קיבל על עצמו (במסכת סנהדרין דף צ״ח עמ׳ ב׳) לראות בחבלי משיח, תחת אשר אחרים מחכמי ישראל אמרו: ״ייתי ולא אַחמינֵיה״ [= יבוא, ואל אראנו], בתִגבורת החבלים הרוחניים, שֶבהכרח יבואו בתִגבורת התביעות לבצר את החומריות שנעזבה הרבה במשך הגלות, שעיקרו [= עיקר עניינו של משיח] בא לחזק ולהציל את הרוחניות, ״לְכַלֵּא הַפֶּשַׁע וּלְהָתֵם חַטָּאת״ (דניאל ט׳ כ״ד).[ט״ז] על־כן אמר [רב יוסף]: ״יֵיתי, ואזכי[י״ז] דְאֵיתיב בטוּלא דְכוּפיתא דְחַמרֵיה״ [= יבוא, ואזכה לשבת בצל גללי חמורו]; ״חַמרֵיה״ [משמעו] הנטיה לענייני החומר הלאומי [שֶ]הוא גם־כן מחשיך ומונע, לפי המצב הנהוג, את ההִתעלות הרוחנית. אמנם, לא [= לולֵא][8] היתה הנטיה [הציונית] יוצאת בזעף גדול, עד כדי להתפשט בנטיה חומרית יתֵרה ובלתי הגונה כלל לישראל, היה נוח לקבלה, ואם לא הנטיה הקיצונה [= ואלמלא היא הקצינה], לא היה רוח התורה מעיק לה, ולא היתה יוצאת [ממנה] התנגדות חוצפנית על [= כנגד] יסודה של תורה, לבקש לְסַמות עינו של עולם.[9] אבל ה״כופיתא״ [= הגללים], הנטיות הגסות שהן חרפת האדם

8 לעניות הבנתי (י״ע), כך התכוון הרב זצ״ל לכתוב. בַּדפוסים ובמהדורת ׳קבצים מכתי״ק׳ נוספה המילה ׳אִם׳ – שאיננה בכתב היד – לפני המילה ׳לא׳.

9 אל נכון, רומז כאן הרב אל הסוגיה במסכת בבא בתרא דף ד׳ עמ׳ א׳. שם מסופר כי המלך הורדוס ״סימא עינו של עולם״ – הרג את החכמים הנקראים בתורה ״עֵינֵי הָעֵדָה״ – וכשביקש דרך תשובה, יעצו לו החכמים לעסוק בבניין המקדש.

גם באומות העולם, הם גורמות לעשות "טולא" [= צל], להחשיך את המאורות הצחות השִׂכליות הנובעים ממקורה של תורה.

אמנם, התחזק רב יוסף שֶׁסוף כל אלה הוא להיכנע מאורה של תורה ודעת אֱ־לֹהִים, על־כן 'יֵיתִיב בטולא דְכופיתא דְחַמְרֵיה', ובעצם חושך הצל [אשר שם הוא יֵשֵׁב] – דְ'שָׁת[10] כַּלַּיִל צִילו בְּתוֹךְ צָהֳרָיִם' (על־פי ישעיהו ט"ז ג') – ידליק הוא נר מִצְוָה ואור תורה, ומעט מן האור דוחה הרבה מן החושך, וייהפך גם־כן הרע לטוב, והקללה לברכה. על־כן אמרו ב'זוהר' בראשית, דְרב מתיבתא אשר בהיכלא דמשיחא אמר: מאן דלא הפיך מְרִירוּ[ט] למתיקא וחשוכא לנהורא לא יֵיתי הכא [= שֶׁאמר ראש הישיבה בהיכלו של המשיח: מי שאינו הופך מר למתוק וחושך לאור – אל יבוא הֵנָּה],[11] כי יסוד הֶכשֵׁר דורו של משיח הוא להשתמש בכל הכוחות היותר גסות לצד הטוב והקדושה היחידית [= הייחודית], שֶׁנִתעטרו בה ישראל.

*

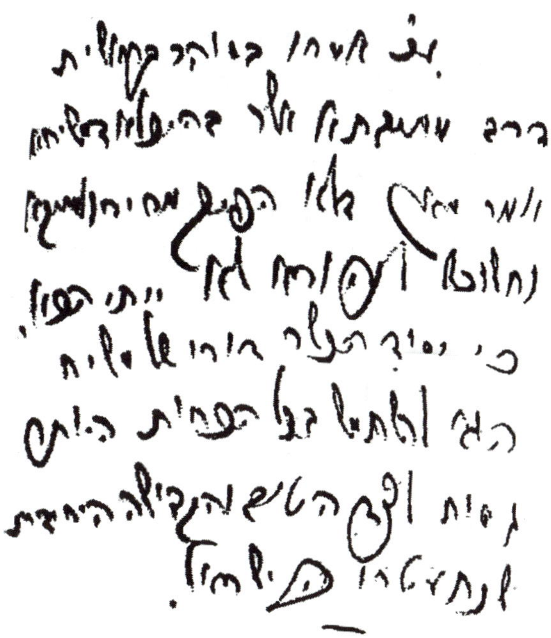

תצלום כתב יד קודשו של הראי"ה קוק בסיום מאמרו זה לפיענוח, ראה כאן מִסוף שורה שביעית מלמטה

**המשך הערה 5 השייכת לעמוד 353 לעיל:**

הנה דבריו של הרב קוק זצ״ל על משיח בן יוסף שנהרג, מתוך ׳קבצים מכתב יד קדשו׳ חלק א׳ / פנקס ׳אחרון בְּבויסק׳ (ה׳) / (נערך ונכלל גם בתוך: ׳אורות׳, אורות ישראל, ו׳ ו׳).

״משיח בן יוסף היא התכונה של לאומיות ישראל מצד עצמם. ובאשר התכלית האחרון אינו הִתגדרות לאומיות, כי־אם השאיפה לאחד כל באי עולם למשפחה אחת – שֶׁעִם שֶׁזֶּה צריך גם־כן מרכז מיוחד, מכל־מקום אין הכוונה כולה רק המרכז כי־אם פעולתו גם־כן על הכלל הגדול – על־כן כשצריך העולם לעבור מעניין הלאומיות אל הכללוּת, צריכה להיות גם־כן כעֵין הריסה אל הדברים שהושרשו מצד הלאומיות הצרה, שיש עִמה המגרעות של אהבה הפרטית היתֵרה. על־כן עתיד משיח בן יוסף להיות נהרג, ומלכות אמיתית וקיימת, תהיה משיח בן דָוִד. נמצא שֶׁביטול יצר־הרע והריגת משיח בן יוסף קרובים זה לזה, שֶׁבְּבִיטול ההתייחדות הלאומיות מצד הכוסף של טוב הכללי, עוד צעד אחד והרע יהיה מבוער גם־כן מחיי היחידים. על־כן פליגי חז״ל בפרק ׳החליל׳ (מסכת סוכה דף נ״ב עמ׳ א׳) על פירוש ׳וְהִבִּיטוּ אֵלַי אֵת אֲשֶׁר דָּקָרוּ׳ (זכריה י״ב י׳), אם הוא על משיח בן יוסף שנהרג, או על יצר־הרע שנהרג״.

כאמור, ניכרת סתירה לכאורה בין פִּסקה זו לבין דבריו של הרב בַּמאמר דנן – והנה אלה דברי הרב יואל בן נון במגמת יישובה של הסתירה, ותודתי לו:

״הרב קוק, בעומק הבנתו, פירש שהאוניברסליות המאמינה של יוסף – אשר הופיעה בַּגלויות בדמויות של יהודים משרתי מלכים (כחסדאי

---

10 המילה תוקנה על־פי בדיקת תצלום כתב היד, ומשמעה: אשר שָׁת • בַּדפוסים ובמהדורת ׳קבצים מכתי״ק׳ מופיע: השית.

11 הרב מעבד את האמור בַּהקדמה לספר ה׳זוהר׳ דף ד׳ עמ׳ א׳. ראה בפירוש ׳הסולם׳, הקדמה, מאמר ׳חֶזווא דרבי חייא׳, אות נ״ד: ...״והם הנשמות דאצילות. ... שאֵלו הנשמות שזכו לאור האצילות, מהפכות כל חושך להיות אור, וכל מר למתוק״.

אבן שפרוט בספרד המוסלמית, ובנימין דִישראלי בבריטניה) – מתגלָה כיום מחדש בלאומיות הטבעית. לנגד עיניו של הרב, חזרה הלאומיות והיתה לתופעה אוניברסלית, בהגדרה עצמית של עמים ומדינות, כ׳שבעים הלשון׳ של העולם העתיק. לאומיות זו חזרה והתכנסה ב׳חבר הלאומים׳ (בימי הרב קוק), ובְאו״ם (בימינו) בעקבות מלחמות העולם הנוראות, שגם פתחו מחדש את שערי ארצנו לריבונות יהודית בהסכמת האומות לפי חזונו של בנימין־זאב הרצל.

הנה, נושאים העמים המתחדשים בימינו את דגליהם, שאינם אלא צורת הפשטה של צלמי העמים העתיקים, וכבר מתכנסים כל דגלי האומות יחד וחזון ישעיהו חקוק שם, אף כי ירושלים טרם עלתה על לבבם...

לכן, יכול היה הרב קוק לראות בַּלאומיות הטבעית המתחדשת בימינו, ודווקא בַּהקשר האוניברסלי, ראשית תיקון של אלילות העמים העתיקים. ועם זאת, עצם הרצון הציוני להשתית את גאולתנו על הכרת העמים בדגל ישראל – ועל בית לאומי ומדינה ריבונית אשר דגלה מִתנופף בין דגלי האומות – מעמידה בעיה עמוקה. כי לא זה הוא ייעודו של ישראל בעולם, אלא שיהא נושא את שֵם ה׳ כבורא העולם כולו, ומקדש ישראל למען העולם כולו ב׳דגל ירושלים׳, ועל כן ראה הרב קוק הכרח להרים את ׳דגל ירושלים׳ מול ׳דגל ציון׳ של התנועה הציונית, ולחתור לאיחודם השלם.

אשר־על־כן, אינני רואה סתירה בין שני הקטעים. הכלליוּת בַּקטע המוקדם היא ׳דגל ירושלים׳ מנבואת ישעיהו, כדִגלו של דָוִד, בעוד אשר ׳הכשרת כלל האנושות׳ על־ידי משיח בן יוסף (בַּ׳מִספֵּד בירושלים׳) היא הלאומיות החדשה לדגליה לפי משפט העמים. אחרי מלחמת העולם הראשונה חזה הרב זצ״ל, ׳בְּאור הישועה הזרוּחה׳, את הִתקבצות הלאומים לדִגליהם – עִם הכרתם גם בדגלו של ׳הבית הלאומי היהודי בארץ ישראל׳. ומכל־מקום זוהי רק קומה ראשונה, ונבואת יחזקאל מחייבת אותנו לשאוף ולחתור לאיחוד שני העצים לעץ אחד, ׳וְדָוִד עַבְדִּי נָשִׂיא לָהֶם לְעוֹלָם׳ (ל״ז כ״ה)״.

## הערות לנוסח המאמר

א הנוסח תוקן כאן על־פי לשון הגמרא. במקום המילה ״לפניך״ כתב הרב: ״לפני מי שאמר והיה העולם״ וכו׳. מעניין שבציטוט נוסף של אותו קטע, להלן בעמ׳ 355, כתב הרב כלשון הגמרא ללא שינוי.

ב המילה תוקנה לפי בדיקת תצלום כתב היד. בַּדפוסים מופיע: המיוחסים. התיקון מופיע בַּמהדורה: ׳קבצים מכתב יד קודשו / כתבי הרב ר׳ אברהם יצחק הכֹּהן קוק׳ (להלן: מהדורת ׳קבצים מכתי״ק׳).

ג תוקן על־פי בדיקת כתב היד. בַּדפוסים מופיע: המחזיקים. התיקון מופיע במהדורת ׳קבצים מכתי״ק׳.

ד בכתב היד: וטוב עינַים • הנוסח תוקן על־פי המדרש. במהדורת ׳קבצים מכתי״ק׳ מופיע: יפה עינים

ה הנוסח תוקן על־פי בדיקת תצלום כתב היד. בַּדפוסים ובמהדורת ׳קבצים מכתי״ק׳ מופיע: הדֵעות

ו המילה הוספה לפי בדיקת תצלום כתב היד, ונשמטה בַּדפוסים. כמו־כן תוקנה המילה הבאה אשר בַּדפוסים היא מופיעה: וספדו • התיקונים קיימים במהדורת ׳קבצים מכתי״ק׳.

ז שתי המילים שֶׁבסוגרים רבועים אינן בכתב היד, ונוספו בַּדפוסים.

ח הנוסח תוקן על־פי בדיקת תצלום כתב היד. בַּדפוסים ובמהדורת ׳קבצים מכתי״ק׳ מופיע: ועצבות.

ט שלוש המילים האחרונות הוספו לפי בדיקת תצלום כתב היד. בַּדפוסים הן נשמטו ואינן. התיקון מופיע במהדורת ׳קבצים מכתי״ק׳.

י שלוש המילים האחרונות אינן בַּדפוסים. במהדורת ׳קבצים מכתי״ק׳ מופיע: וכדברי תנא דבֵי אליהו • במדרש ׳תנא דבֵי אליהו׳ לא מצאתי איזכור כזה. אם מותר לשער, אולי זכר הרב את המדרש המובא ב׳ילקוט שמעוני׳ (מלכים־א׳ רמז ר״ז); מובאת שם דרשה ארוכה על המלך אחאב הפותחת ״תנא דבֵי אליהו״, זוקפת לזכותו – בעקבות אביו – את בניין העיר שומרון, כפי שכתב כאן הרב, אך איננה מתייחסת לַדבר שעליו כותב הרב בהמשך המשפט. ראה את דברי המדרש לעיל בגוף הספר, הערה 4 בעמ׳ 247.

יא ארבע המילים האחרונות הוספו לפי בדיקת תצלום כתב היד. בַּדפוסים הן נשמטו והמשפט שובש. התיקון מופיע במהדורת ׳קבצים מכתי״ק׳.

יב המילה תוקנה על־פי בדיקת תצלום כתב היד. בַּדפוסים מופיע: הכיר • התיקון מופיע במהדורת ׳קבצים מכתי״ק׳.

יג המילה תוקנה על־פי בדיקת תצלום כתב היד. בַּדפוסים ובמהדורת ׳קבצים מכתי״ק׳ מופיע: הציונות.

יד המילה תוקנה על־פי בדיקת תצלום כתב היד. בַּדפוסים מופיע: הכשרתו • התיקון מופיע במהדורת ׳קבצים מכתי״ק׳.

טו בכתב היד מופיעה כאן מילה נוספת: הרבה • יתכן שבהכנת הדברים לדפוס הושמטה המילה בכוונה, מתוך הנחה שזו כפילות עם הכתוב לפני־כן: ״מושפעת הרבה״ וכו׳. גם במקום אחר בַּמאמר כתב הרב פעמיים אותה מילה, בתוך שטף הכתיבה. שם לא הערנו על כך – אך כאן מצאנו לנכון להעיר, כי אולי יש להחזיר את המילה אל גוף המאמר, וצריך עיון. התיקון מופיע במהדורת ׳קבצים מכתי״ק׳.

טז הרב כתב בכתב ידו: אלקֵינו. כך מופיע במהדורת ׳קבצים מכתי״ק׳. • בַּדפוסים שובש ומופיע: אלקים. • לשון הפסוק היא: ״בְּכַף אֱ־לֹהָיִךְ״.

יז המילה תוקנה על־פי בדיקת תצלום כתב היד, והיא תואמת את צורת ה׳קרי׳ בַּפסוק. בַּדפוסים מופיע כצורת ה׳כתיב׳: חטאות. • התיקון מופיע במהדורת ׳קבצים מכתי״ק׳.

יח מילה זו איננה בכתב היד, והיא הוספה (גם בַּדפוסים ובמהדורת ׳קבצים מכתי״ק׳) על־פי לשון הסוגיה בַּגמרא.

יט המילה תוקנה על־פי בדיקת תצלום כתב היד. בַּדפוסים מופיע: מרירא • התיקון מופיע במהדורת ׳קבצים מכתי״ק׳.

# נספח ז׳
## לעמוד 228

# סוד ההרכבה
## חנן פורת

הנה, במלואו, מאמרו של חנן בגיליון ׳מעט מן האור׳, אשר נכתב בטבת תש״ס (סוף שנת 1999), כשבע שנים לפני סדרת השיעורים ב׳מכון מאיר׳.

״וְאַתָּה בֶן אָדָם, קַח לְךָ עֵץ אֶחָד וּכְתֹב עָלָיו לִיהוּדָה וְלִבְנֵי יִשְׂרָאֵל חֲבֵרָיו, וּלְקַח עֵץ אֶחָד וּכְתוֹב עָלָיו לְיוֹסֵף עֵץ אֶפְרַיִם וְכָל בֵּית יִשְׂרָאֵל חֲבֵרָיו. וְקָרַב אֹתָם אֶחָד אֶל אֶחָד לְךָ לְעֵץ אֶחָד, וְהָיוּ לַאֲחָדִים בְּיָדֶךָ״. (יחזקאל ל״ז ט״ז-י״ז, מתוך הפטרת פרשת וַיִּגַּשׁ).

בפרשת וַיִּגַּשׁ מתחולל מפגש הפיוס הנרגש בין יוסף לאֶחָיו: ״וַיְנַשֵּׁק לְכָל אֶחָיו וַיֵּבְךְּ עֲלֵהֶם״ (בראשית מ״ה ט״ו). תחת שתיקת המַשְׂטֵמָה בעבר – ״וַיִּשְׂנְאוּ אֹתוֹ וְלֹא יָכְלוּ דַּבְּרוֹ לְשָׁלֹום״ (בראשית ל״ז ד׳) – באה הידברות גלוית לב: ״וְאַחֲרֵי כֵן דִּבְּרוּ אֶחָיו אִתּוֹ״ (המשך הפסוק, מ״ה ט״ו).

בנקודת מִפְנֶה זו נכרתה ברית אחים לנצח נצחים.

אך האין ברית אחים זו עלולה לטשטש את הזהות המיוחדת של כל שבט ולהביא להתבטלות כלפי השבט המנהיג?

נקודה זו, שֶעמדה ביסוד קנאת האחים ביוסף – ״הֲמָלֹךְ תִּמְלֹךְ עָלֵינוּ?״ (בראשית ל״ז ח׳) – חזרה בנסיבות שונות במאבק ירבעם, מבית יוסף, כנגד מלכות בית דָוִד, והביאה לשתי ממלכות יריבות, ׳מלכות יהודה׳ ו׳מלכות ישראל׳ לאורך מרבית ימי בית ראשון.

ואכן, השאלות הנוקבות: כיצד יישָמר צִביונם המיוחד של כל שבט ועֵדה? ו״מי בָּראש?״, מלוות אותנו, כמתח בלתי פוסק, מני קדם ועד ימינו אלה, ימי ״כור ההיתוך״ של שיבת ציון.

## ׳כַּנָּה׳ וְ׳רוכב׳

משל העצים שביחזקאל מתמודד עם סוגיות אלה בדרך יסודית ועמוקה.

יחזקאל מצטווה לקחת שני עצים – ׳עֵץ יוֹסֵף׳ וְ׳עֵץ יְהוּדָה׳ – ולקרב אותם אחד אל אחד, למען יהיו לעץ אחד. מה טיבם של העצים במשל מוחשי זה, וכיצד יהפכו לעץ אחד?

׳תרגום יונתן׳ מתרגם: ״׳עֵץ אֶחָד׳ – לוּחָא חדא (לוח אחד)״, ובעקבותיו הלכו שאר המפרשים וביארו שלפנינו מעשה ׳נַגָּרוּת׳ של שני קרשים העתידים להתחבר בדבק ובמסמרים או בדרך נס (מצודות ורד״ק שם). אך מה מוסיף – על־פי פירוש זה – המשל לנמשל, מלבד עצם ההמחשה הבנָלית משהו, אֶתמהה!

נראים הדברים, על־פי פשוטו של מקרא, שאיננו עוסקים כאן בקרשים דוממים אלא בעצים חיים, ומעשהו של יחזקאל הינו מעשה **הרכבה חקלאית** בין העץ התחתון – ה׳כַּנָּה׳ – ובין העץ העליון, ה׳רוכב׳, ההופכים במרוצת הזמן להיות עץ אורגָני אחד.

מגמת ההרכבה בין שני זנים – שאינם כלאיים, אלא בני משפחה אחת (כגון תפוז וחושחָש) – הינה למַצות את הכוח המיוחד בכל זן, ולהביאו לידי ביטוי בעץ שלם אחד.

ה׳כַּנָּה׳ נלקחת מעץ בעל כוח חיוּת עז, העמיד בפני פגעים ומחלות, והיא מעמיקה שורשים ומעצבת גזע איתן. ואילו ה׳רוכב׳, העדין והמפונק יותר, מניב פרי הילולים משובח. הכנה והרוכב נזקקים זה לזה ואין האחד יכול להתפאר על חברו ולומר ״אֲנִי וְאַפְסִי עוֹד״, כי ללא כוח החיוּת של הכַּנָּה ופרי ההילולים של הרוכב לא יהיה עץ שלם.

### בסוד היחיד והיחד

משל ההרכבה ביחזקאל מאיר את הנמשל: יוסף, היסוד האיתן לְכלכלה ופִריון בעם ישראל, נמשל לַכַּנָּה, ולא בכדי מופיעה מילה נדירה זו פעם אחת בַּמקרא בְּהִתייחסות לבית יוסף: ״וְכַנָּה אֲשֶׁר נָטְעָה יְמִינֶךָ״ (תהלים פ׳ ט״ז). לעומת זאת יהודה, המנהיג ״בעל התשובה״, היסוד למלכות בית דָּוִד, הינו ה׳רוכב׳ – ולא בכדי מדייק הכתוב ביחזקאל: ...״עָלָיו אֶת עֵץ יְהוּדָה ... וְעַבְדִּי דָוִד מֶלֶךְ עֲלֵיהֶם״ (יחזקאל ל״ז י״ט-כ״ד).

אך גם דָּוִד – פרי ההילולים, מבית לאה – זקוק לבית רחל, ולפיכך מתברכים זקניו בועז ורות: ״יִתֵּן ה׳ אֶת הָאִשָּׁה הַבָּאָה אֶל בֵּיתֶךָ כְּרָחֵל וּכְלֵאָה, אֲשֶׁר בָּנוּ שְׁתֵּיהֶם אֶת בֵּית יִשְׂרָאֵל״ (רות ד׳ י״א).

ומכאן סוד האהבה המופלאה בין דָּוִד – מיהודה – לבין יהונתן, מבנימין, כי בנימין הוא המחבר בין יוסף ויהודה (הרמח״ל באיגרותיו).

הכוחות המיוחדים ליוסף וליהודה, ולכל שבט משבטי יָ־ה הנדרש לגלות את הגוון המיוחד שלו באבני החושן – בתחומי הרוח והמעשה, הנוי והמדע, החסד והגבורה – כולם חיוניים לבניינה השלם של האומה, ועל כולם לקבל זה מזה, ולתת זה לזה באהבה.

מורכב ורגיש הוא מעשה ההרכבה, והוא תובע תשומת־לב וחכמת־לב רבה, אך בו צפון סוד אחדות האומה והגשמת היעד האֱ־להי המובטח לה, כַּמבואר בהמשך נבואת יחזקאל (ל״ז כ״א-כ״ה): ״וְקִבַּצְתִּי אֹתָם מִסָּבִיב, וְהֵבֵאתִי אוֹתָם אֶל אַדְמָתָם. וְעָשִׂיתִי אֹתָם לְגוֹי אֶחָד בָּאָרֶץ בְּהָרֵי יִשְׂרָאֵל ... וְדָוִד עַבְדִּי נָשִׂיא לָהֶם לְעוֹלָם״.

# נספח ח׳

## לעמוד 240

# התורה והגאולה

### הרב צבי־יהודה הכהן קוק

**תשובה לַשאלה על היחס שבין ׳הדתיוּת׳ ו׳המשיחיוּת׳ בַּיהדות**

**(נדפס בעיתון ׳הַצּׂפֶה׳: י״ג בטבת – כ׳ בטבת תש״ה)**

הרב צבי־יהודה כתב את מאמרו זה בעיתון ׳הצׂפה׳, בשני המשכים, בשנת תש״ה. לימים, כונס המאמר אל ספרו של הרצי״ה ׳לנתיבות ישראל׳, חלק א׳, מאמר שישי.

בשל חשיבותו של המחבר, אשר חנן היה תלמידו הנאמן – ובשל חשיבותו של התוכן לעניינו של הספר הזה – הנה מובא כאן המאמר כנספח, בדילוגין.

נזכיר כי כל הוספה בין סוגריים רבועים היא מִשֶׁל העורך [י״ע].

כדי להגיע אל בירור היחס האמיתי שבין ׳הרעיון הדתי׳ ו׳הרעיון המשיחי׳, או ׳המשיחיוּת והדתיוּת׳ בַּיהדות, יש לעמוד על הבחנת התפיסה האורגָנית, החיונית־הפנימית, והתפיסה האי־אורגָנית, המדולדלת, החיצונית, המַפרֶדֶת, ומתוך־כך על בירור עניינן המיוחד של הדתיוּת והמשיחיוּת הישראליוֹת.

...

מובנה היסודי הכללי של גאולת ישראל מהגלות, ועלייתו [של העם] משִׁפלותה החומרית והרוחנית [של הגלות], שהוא נקבע בַּתורה, נִתפרש ונִתפרט בהִתגשמותה של גאולה, ועליה זאת, והוצאתה־לפועל על־ידי אישיות מסוּיֶמֶה, מיוחדת ומיועדת לכך, [חזוי] בנבואות הנביאים ובדברי תלמוד־התורה־שבעל־פה וגדולי רבותינו חכמי ישראל, מעתיקי התורה וממשיכיה. הרעיון המשיחי, הכולל את שני צדדי המובנים האלה כאחד – של הגאולה והגואל – מופיע הוא באחדות־עניינו זה בכל מערכת התורה כולה ומיוסד ביסודה, ״וכל מי שאינו מאמין בו, או שאינו מחכה לְביאתו, לא בשאר נביאים בלבד הוא כופר, אלא בַּתורה ובמשה רבנו״ (רמב״ם, הלכות מלכים י״א א).

...

דווקא גדולי התורה ועמודי הוראת הלכותיה בישראל הם המטפלים בו [=בעניינו של משיח], ומבססים את הֶחלֵטיוּתו ומאירים את תוכנו.

מבין התַנָאים, רבי עקיבא הדורש תִּלֵי־תִלים של הלכות, וכל סתמֵי ההלכות הן על־פיו, הוא העומד בראש התנועה המשיחית הראשונה על־ידי שר צבא ישראל [=שמעון בר כוסבא, אשר הוביל מרד נגד שלטון רומא בארץ].[1]

מבין האמוראים, רב יוסף ראש ישיבת פומבדיתא, הנקרא בשם ״סִינַי״ ושֶ״הכל צריכים לו״ בידיעת התורה, הוא העומד על משמר הוַדָאוּת והחיובִיוּת של משיח לישראל,[2] ומתאווה לו עם כל מְרוֹרוֹת־חבליו.[3]

הרמב״ם, סַדרנה ופַסקנה של ההלכה בישראל, הוא הקובע את הלכות המשיח, אמונתו וסידורו (בהלכות מלכים, פרקים י״א-י״ב).

הרמב״ן, בראש מבררי ההלכה ופותחי מַשָׂאָה־ומַתָנָה, הוא הקובע את חיובה ההלכתי, ״בכל הדורות״, של מִצוַת ׳כיבוש־ארץ־ישראל׳,

---

1 ׳ירושלמי׳ מסכת תענית פרק ד׳ הלכה ה׳, רמב״ם הלכות מלכים י״א ג׳.

2 מסכת סנהדרין דף צ״ט עמ׳ א׳, שֶׁמתנגד, בהתקפה של ״שרא ליה מָרֵיה לרב הלל״ שאמר: ״אין משיח לישראל״.

3 מסכת סנהדרין דף צ״ח עמ׳ ב׳, שֶׁאמר על ביאת המשיח: ״יֵיתֵי ואזכי דְאֵיתיב בְּטוּלא דְכוּפיתא דְחַמרֵיה״ [=יבוא, ואזכה לשבת בצל גללי חמורו].

״שלא נעזבנה ביד האומות״ (בהוספותיו ל׳ספר המצוות׳, מִצוַת־עשה ד׳), והמתחיל הגשמתה בפועל (בעלייתו ארצה לתחילת ייסוד הִתחדשות היישוב בארץ־ישראל), והמברר את היסוד והאופי של עניין הגאולה והמשיח הגואל (בספרו ׳ספר הגאולה׳).

׳מחבר׳ ה׳שולחן־הערוך׳ לישראל מרן ר׳ יוסף קארו, הוא העולה ארצה־ישראל על־פי הגדת החזון המופלא [מפי ה׳מגיד׳ שהתגלה אליו תדיר], עם בני־חבורתו אנשי הקודש, כי ״עֵת הַזָּמִיר הִגִּיעַ״. ...

ובאחרונה, [רבי ישראל מאיר הכהן מֵראדין] בעל ה׳חפץ־חיים׳, ה׳משנה הברורה׳, פוסק ההלכה ב׳אורח חיים׳ ומסדר מַשָּׂאָה־וּמַתָּנָה מִמקורו התלמודי בענייני מקדש וקודשיו, ב׳ציפייתו לישועה׳[4] וראייתו את צמיחתה ביישובה הממשי של ארץ־ישראל.

וה׳שַׁבַּת־הארץ׳, מרא דְארעא דְישראל [=הראי״ה קוק], הפוסק העיקרי במצוות התלויות בארץ ומברר מַשָּׂאָן־וּמַתָּנָן ב״שמַעתתא אליבא דְהִלכתא״ (בספריו: ׳שבת־הארץ׳, ׳משפט־כֹּהן׳), בהארתו ׳אורו של משיח׳ בחכמת קודשו ממקור התורה ושפע קדושתה בישראל,[5] ובהדרכתו המעשית והערכתו לְאתחלתא־דגאולה שֶׁבתנועת תחיית האומה ובניין הארץ.[6]

...

וכשחרב בית המקדש נולד משיח (׳ירושלמי׳ מסכת ברכות פרק ב׳ הלכה ד׳). והמשיח האמיתי המקוּוֶה והמובטח הוא ״בר נַפלֵי״ (מסכת סנהדרין דף צ״ו עמ׳ ב׳), הבא בלידתו והִתגלותו אחרי כל הנפָלים

---

4 מאמרו: ׳ציפִּיתָ לישועה׳ (החוברת האחרונה שלו באחרית שנותיו), לחיזוק אמונת הגאולה בזמן הזה.

5 ׳אורות׳, ׳אורות מאופל׳, ׳אורות התחיה׳, ׳זרעונים׳, ׳אורות התשובה׳, ׳אורות ישראל׳, ׳אורות התורה׳. [לענ״ד, רומז הרב צבי־יהודה בשורה האחרונה אל ׳אורות הקֹדש׳. חלקה הראשון של מערכת ׳אורות הקֹדש׳ הוא ׳חכמת הקֹדש׳, וכך מציג זאת העורך – הרב דוד כהן (׳הנזיר׳) – בפתח הספר: ״חכמת הקודש היא שיטה אֱ־להית שלמה, בתכונה מוסרית, פיוטית, וסודית. ... ויסוד היסודות: אור תורה בישראל. וגולת הכותרת: אורו של משיח״].

6 ׳חזון הגאולה׳, ׳קריאות גדולות׳, ׳אִגרות הראיה׳.

שקדמו לו,[7] לכל צורותיהם השונות. משיחיוּת זו, יש בה מחאה תמיד נגד עצם מציאות הגלות, נגד שיעבודה וחֶשכָתָה, טומאתה וריקבונה, והשפעתה על דלדול החיים היהודיים – ולא נגד האפשרות של המשך היניקה החיונית, מִמקור התורה וסגולת מקומה, גם במשך זמני הגלות ומקומותיה הארעיים.

...

המלך המשיח, המקוּוֶה והמובטח, נַעשֶׂה מוחזק ומוכר לְמשיח בהיותו ״הוגה בתורה ועוסק במצוות, כדָוִד אביו, כפי תורה שבכתב ותורה שבעל־פה, וְיָכוף את כל ישראל לֵילֵך בה ולחזק בִּדְקֶיהָ, וְיילחם מלחמות ה׳״ (רמב״ם, הלכות מלכים י״א ד׳).

...

בַּשבתאיות באה, שוב, לא התנגדות לַתורה ולדַתיוּת בכלל, אלא סילוף היחס והדמות של התורה והדתיוּת מתוך רָמוּת הרוח וגסותו האישית [של שבתי צבי] וטירוף הנפש, בזוועות ייסוריה ואימת מורדותיה בפִּרפּורי הפִּרכוסים ונפילת התחתיוּת. וכשמגיעה בה ההִתפרצות המובלטת של פריקת מצוות, הרי היא באה ומכוּוֶנֶת עם התהליך של הפרישה הגמורה מכלל־ישראל והיציאה לַחוץ לרשות הגויים, בגמר בירור הידיעה הכללית כי ״משיח״ זה אינו לישראל.

אבל אחר לגמרי הוא מהלך הדברים אצל הרצל, וכל עניין הציוניוּת המעשית והמדינית. כאן המהלך הוא מלמטה למעלה, מירידת הטמיעה הגָלותית ותִסבוכתה אל מול העליה המוּסֶפֶת והולכת,[8] דרך כל מיני מירוקֵי ייסורים, כלליים ופרטיים, רוחניים וחומריים, נפשיים וגופניים, לשלֵמות היהדות ולאמיתת חייה, באור אוויר ארצה וקדושת אדמתה, המִתנערת לתקומתה הממשית. הזָרות לַיהדות והשיעבוד לסביבת הגויים

---

7 מפי כבוד־קדושת אדוני אבי מורי ורבי, הרב זכר צדיק לברכה.

8 [אל־נכון, רומז הרב צבי־יהודה בַּמילים האחרונות אל המראֶה שהראה רבי חייא רבא לרבי שמעון בן חלפתא בעלוֹת איילת השחר בבקעת ארבל, ואל דבריו אלה: ״כך היא גאולתן של ישראל, בתחילה קִמעא קִמעא, כל מה שהיא הולכת – היא רבה והולכת״. (תלמוד ירושלמי מסכת ברכות פרק א׳ הלכה א׳).]

ומִנהָגֶיהָ שייכים לתקופת הגישוש שלפני ההִתבררות הרוחנית, אשר אַתה הולך ומתפרש יותר ויותר ערכה של "השיבה אל היהדות, שהיא קודמת לשיבה אל היהודים", "אין אומתנו אומה אלא באמונתה",[9] ו"אנו מכירים את עצמוּתֵנו ההיסטורית אך רק באמונת אבותינו"; [אלה הן אמירותיו של הרצל].

אמנם תנועת הציונות והאתחלתא־דִגאולה שֶבָּה, לא ממנו [=מהרצל] היא מתחילה, אלא אף הוא הינֵהו המשך גילויָם של אותם אנשי־הקודש, אשר לפני כמאה שנה ויותר, ברוח ה' עליהם, חזרו וייסדו את פעילויותה של צְפיית־הישועה שֶבכנסת־ישראל וקבעו את חיובה המעשי של מִצוַת יישוב ארץ־ישראל, את עניינו התורני להשלמת קיום המצוות ושִכלולו, את ערכו המשיחי, למקדש ולמדינה, ברוחניות ובחומריות, למעלה ולמטה, כלפי פנים וכלפי חוץ, בהכנת הקרקע לְאיש הצֶמח שֶ'מִתַחְתָּיו יִצְמָח' (זכריה ו' י"ב).[10]

אבל הפרק הזה, של מתן הצורה המדינית הפומבית במעוף הדרה ויצירתם הנמרצת של המכשירים הדרושים במסגרת האומה לַמנוף הכביר של בניין הארץ ויישובה, אשר יחד הם מביאים את ההתקדמות הגדולה של ההִתנערות הציבורית המַקֶפֶת בכלל ישראל, ביודעים ובלא־יודעים, מן החוץ אל הארץ, מן החורבן אל הבניין, מן ההרס אל התקווה, מן הפירוד אל הארגון, מן הנכריוּת אל היהדות, מן הגלות אל הגאולה – הוא הקובע את תפקיד השליחות המיוחדת, את המִפנֶה הנֶאדר באותו ההמשך של דרישת ציון[11] הישראלית, שֶיסודו

9 [באחד מימי מזיכרון להרצל ציטט הרב צבי־יהודה את אמירתו זו, והוסיף: "מי שחושב, מדבר וכותב ככה הוא איש אמונה ולא אפיקורוס". ('לנתיבות ישראל', מאמר מאה וחמש־עשרה, 'להצדיק צדיקים'. בהמשך גם לימד הרב צבי־יהודה סנגוריה על נורדאו, שעשה תשובה באחרית ימיו)].

10 [הרב צבי־יהודה כותב על המלך־המשיח אשר יעמוד לנו, בלשונו של זכריה אשר ניבא על זרובבל: "הִנֵה אִיש צֶמַח שְמוֹ, וּמִתַחְתָּיו יִצְמָח, וּבָנָה אֶת הֵיכַל ה'"].

11 כשם ספרו של הגאון ר' צבי הירש קלישר. [במקום אחר בַּמאמר מנה הרב צבי־יהודה את הגדולים הללו כנושאי התנועה המשיחית, בַּקודש, בדורות האחרונים: "והאחרונה מיסודם של הרבנים הגאונים והצדיקים,

ושורשו בַּקודש, הנמשך אף הוא ומופיע בשלשלת היד הנטויה, והחֵמָה השפוכה וזרוע העוז החזקה של שלטון ההנהגה האֱ־לֹהית, של מנהיג עולמו ועם־עולמו.[12]

וכשֶׁאנו משתדלים ועוסקים להאיר בתוך הציוניוּת את אור היהדות המקורית, את עוז האמונה השלֵמה וטוהר החיים הישראליים, בקדושת דְּבַר ה׳ שבְּדרך התורה והמצווה, הרי אנו באים בזה, כּדַיָּנֵי אמת לאמיתה ושותפים לְהקדוש־ברוך־הוא במעשה בראשית, לכונן את תנועת האומה הישראלית, בהֶמשֵׁכָה ממקור צְפיית ישועתה ועסק גאולתה, על מהלכה הטבעי, על אמיתת עניינה, לגלות את ערכה הפנימי ואת כוח חייה ומעשיה, מתוך מהותה העצמית, של "קֹדֶשׁ יִשְׂרָאֵל לַה׳, רֵאשִׁית תְּבוּאָתֹה" (ירמיהו ב׳ ג׳), קישור נִשמתו וכיוונוֹ בבית חייו.

...

ולְכשֶׁתִּמצָא לאמור: המשיחיות היא הדינָמיות, שִׁכלול האידאליוּת, של התורה ודתיותה, בממשיוּת קדושתה – והתורה הזאת היא הנשמה, התוכן הפנימי, יסוד העצמיות של אותה הדינָמיות והאידאליוּת. ... אשר כדבר [ישעיהו] החוזה שֶׁבימי יחזקיהו, שֶׁ"ביקש הקדוש־ברוך־הוא לעשותו משיח",[13] ינהרו כל הגויים ויֵלכו עמים רבים לעלות להר ה׳ ול"בֵּית אֱ־לֹהֵי יַעֲקֹב", לדרוש תורתו ודברוֹ מִציון וירושלים, שֶׁלפיכך נקראים בית יעקב ללכת באור ה׳ (ישעיהו, תחילת פרק ב׳).

...

"ועתידים כל הנביאים שאומרים שירה בקול אחד, שֶׁנאמר: ׳קוֹל צֹפַיִךְ נָשְׂאוּ קוֹל יַחְדָּו יְרַנֵּנוּ, כִּי עַיִן בְּעַיִן יִרְאוּ בְּשׁוּב ה׳ צִיּוֹן׳ (ישעיהו נ״ב ח׳)".[14] "וְלָקַחְתִּי אֶתְכֶם מִן הַגּוֹיִם, וְקִבַּצְתִּי אֶתְכֶם מִכָּל הָאֲרָצוֹת,

---

ר׳ צבי קלישר, ר׳ אליהו (גוטמכר) מגרַיידץ, ר׳ יהודה אלקלעי, ר׳ נתן פרידלַנד".]

12 [הרב צבי־יהודה צועד כאן בנתיב נבואת יחזקאל (כ׳ ל״ג-ל״ד) בשם ה׳, לאמור: "חַי אָנִי, נְאֻם אֲ־דֹנָי ה׳, אִם לֹא בְּיָד חֲזָקָה וּבִזְרוֹעַ נְטוּיָה וּבְחֵמָה שְׁפוּכָה אֶמְלוֹךְ עֲלֵיכֶם. וְהוֹצֵאתִי אֶתְכֶם מִן הָעַמִּים, וְקִבַּצְתִּי אֶתְכֶם מִן הָאֲרָצוֹת אֲשֶׁר נְפוֹצֹתֶם בָּם, בְּיָד חֲזָקָה וּבִזְרוֹעַ נְטוּיָה וּבְחֵמָה שְׁפוּכָה".]

13 מסכת סנהדרין דף צ״ד עמ׳ א׳.

14 מסכת סנהדרין דף צ״א עמ׳ ב׳.

וְהֵבֵאתִי אֶתְכֶם אֶל אַדְמַתְכֶם. ... וְאֶת רוּחִי אֶתֵּן בְּקִרְבְּכֶם, וְעָשִׂיתִי אֵת אֲשֶׁר בְּחֻקַּי תֵּלֵכוּ, וּמִשְׁפָּטַי תִּשְׁמְרוּ וַעֲשִׂיתֶם. ... וְיָדְעוּ הַגּוֹיִם אֲשֶׁר יִשָּׁאֲרוּ סְבִיבוֹתֵיכֶם כִּי אֲנִי ה׳ בָּנִיתִי הַנֶּהֱרָסוֹת, נָטַעְתִּי הַנְּשַׁמָּה, אֲנִי ה׳ דִּבַּרְתִּי וְעָשִׂיתִי" (יחזקאל ל"ו כ"ד-ל"ו).

# נספח ט'
## לעמוד 263

# בנפשו יביא חלומו!
## חנן פורת

בעמ' 262 – בדבריו על בנימין זאב הרצל – לימד חנן את הביטוי "בנפשו יביא חלומו", אשר כתב הרצל כמעין 'משפט פרֵדה' בו הוא חותם את ספרו 'אלטנוילנד', שראה אור כשנתיים לפני מותו. (הספר נכתב בגרמנית, ותורגם בידי נחום סוקולוב).

בהערה 18 שם, הערנו שהמילים הללו – "בנפשו יביא חלומו" – חקוקות על מצבתו של חנן, אשר נטמן בתשרי תשע"ב. הוא לא ביקש זאת, אבל בני משפחתו ידעו אותו ואת רִגשות־לבבו, ידעו את חלומו ואת מגילת כל חייו אשר הוקדשו להגשמתו של אותו חלום... (שוב וראה שם את תצלום מצבתו של חנן בבית העלמין בכפר עציון).

הנה כאן שתי מובאות מדברי חנן, המבארות ומאירות עומק נוסף בחשיבותו של הצירוף הזה בנפשו – כי בנפשו הוא הביא חלומו.

### א.

חנן כתב את הקטע הזה כשהיה בן תשע־עשרה, תלמיד בישיבת 'כרם ביבנה', בשנת תשכ"ג (1963), כחמש שנים לפני מלחמת ששת הימים. יצויין שהוא היה ילד בן חמש וחצי כאשר נפל כפר עציון לידי הלֵגיון הירדני, סמוך להכרזת מדינת ישראל, ובַקרב האחרון נהרגו בַּקיבוץ 127 מתיישבים ומגינים.
הנה אלה הדברים:

**תמונות מאלבום הילדות**

... יד נעלמה מוסיפה לדפדף ב'אלבום', ובחֲטָף עוברים שבריֵרי תמונות: מטע, סלע, יער, בית קטן, רפת בקר, כפר ערבי בסֵתֶר ההר. הרים שחורים רְבוצים להם בבִטחה מֵאופק עד אופק, "כְּהַר צִיּוֹן לֹא יִמּוֹט לְעוֹלָם יֵשֵׁב".

למעלה, בקצה התמונה, נִצנוצי אור, בתים קטנים בהר. אורות שמחים קוראים כי טוב. אני עוצם את עינַי וקול בתוכי שואל ותוהֶה: ואולי אם נלך על הכביש בדרך אפרתה, מבית לחם בואכה חברון, נוכל גם היום לראות את האורות?

אישונים קטנים דולקים ואומרים: אנו עוד כאן! כל פקוחֵי העין אמרו לנו שהם כבו מזמן, אבל מדוע אני עוצם עינַי ורואה אותם ברור כל-כך? מדוע אני אוטם אוזנַי ושומע שם ניגון חליל רחוק (בפי ישעיהו ל' כ"ט): "הַשִּׁיר יִהְיֶה לָכֶם כְּלֵיל הִתְקַדֶּשׁ חָג / וְשִׂמְחַת לֵבָב כַּהוֹלֵךְ בֶּחָלִיל / לָבוֹא בְהַר ה' אֶל צוּר יִשְׂרָאֵל"?

האם חלום בלבד חלמתי? ואולי בנפשי אביא חלומי?

## ב.

הקטע הבא נכתב ליום כ"ב באלול תשס"ז, במלאת ארבעים שנה להקמת כפר עציון מחדש, כארבע שנים לפני שחנן נלקח, ונטמן באדמת כפר עציון.

מדהים להיווכח איך מתוך אותו ביטוי – "בנפשו יביא חלומו" – משקיף חנן אל קיבוץ כפר עציון פעמיים: פעם אחת (בַּקטע הקודם) בעודו חלום, ופעם שניה, בקטע זה, שנים רבות לאחר שהוגשם. וכמובן, לומד חנן 'מן הפרט אל הכלל', אל המשך חזון שיבת ציון שעודנו כחלום עד עתה...

הנה אלה הדברים:

## "בנפשו יביא חלומו!"

לפני למעלה ממאה שנה כתב בנימין זאב הרצל – חוזה המדינה – את סִפרו ׳אלטנוילנד׳ (ארץ ישנה־חדשה), ובחתימתו הוסיף כמה משפטי פרֵדה מֵהספר, הראויים להיקבע כאבני יסוד בתולדות התנועה הציונית.

וכך כתב הרצל:

"הנה הגיעה השעה בה עלינו להיפרד, ועתה מתחילים ייסוריך – ספרי האהוב. מִבַּעַד לָאֵיבה ולַסילופים, יהא עליך לאחוז דְרָכֶיךָ כְּמִבַּעַד ליער אפל. אבל אם אל אנשים טובים תבוא, שא נא ברכה להם מאת אביך מחוללךָ. אמור להם כי הוא מאמין שגם בחלומות יש משום מילוי צבא הימים אשר מוּנוּ לָאדם עלי אדמות.

אין החלום נבדל כל־כך מן המעשה כפי שסבורים הבריות. כל מעשה האדם – **יסודו מחלום וסופו לחלום: בנפשו יביא חלומו!**".

הביטוי "בנפשו יביא חלומו" הינו פרפרָזה לַמילים הידועות מתפילת ׳וּנתַנֶה תוקף׳ שאנו אומרים בַּימים הנוראים: "אדם, יסודו מעפר וסופו לעפר / בנפשו יביא לחמו, משול כַּחֶרֶס הנִשבר".

והנה נטל הרצל (או מתרגמו הגאוני...) מילים אלה, המתארות את מצבו השפל והאומלל של האדם המוסר נפשו להביא לחמו, והֲפָכָן בסיכול אותיות (לחמו / חלומו) לְמֶסֶר רב הוד על גדולת האדם, המוסר נפשו למען הגשמת חלומו.[1]

1 לנקודת הפלא של ׳הרצל החולם׳ יש לצרף חלום ילדות מדהים – מעין הקדשה משיחית – שהוא חלם בהיותו בן שתים עשרה. הנה אלה דבריו: "באחד הלילות חלמתי חלום נפלא: מלך המשיח בא, והוא זקן מלא הוד ותפארת, וַייקחֵני על זרועותיו וַידאֶה אִתי על כנפי רוח. על אחד העננים המלאים זוהר פגשנו בתמונתו של משה רבֵּנו, ומשיח קרא אל משה: ׳אל הילד הזה הִתפללתי!׳. ולי אמר: ׳לך בַּשֵּׂר לַיהודים כי עוד מעט בוא אבוא, וגדולות ונפלאות אעשה לעמי ולכל העולם!׳. הקיצותי והנה חלום. את החלום הזה שמרתי בלבי, אך לא עָרַבתי לספרו לְאיש".
הציטוט מסִפרו של ראובן בריינין ׳חיי הרצל׳ (1919), עמ׳ 16-18; והובא בסִפרו החשוב של מרדכי (מוטי) פרידמן ׳הסנֶה בוער ואוּכָּל׳ (תשע"ו 2015), בהוצאת הספריה הציונית, עמ׳ 304.

ואכן, חלום שיבת ציון, שֶׁיָּקַד כיקוד אש בנפשו הגדולה של הרצל, על־אף כל משוגותיו, הוא שהביא להקמת התנועה הציונית, והוא שהיה לעמוד אש אשר הִתווה את דרכה למעלה ממאה שנה,[2] חרף כל משבריה וכישלונותיה.

*

ביטוי מופלא זה: "בנפשו יביא חלומו", שֶׁכוחו יפה לכל חלום שיבת ציון, יש לו משמעות מיוחדת עבור בני כפר עציון אשר שבו לפני ארבעים שנה, בכ"ב באלול תשכ"ז, להקים את בית האבות שחרב ולקיים את הבשורה: "וְשָׁבוּ בָנִים לִגְבוּלָם". ...

במרוצת תשע־עשרה שנה – מִמלחמת השחרור ועד מלחמת ששת הימים – טוּפַּח חלום השיבה באמצעות ספרים ותמונות, ימי זיכרון וקייטנות, עד שבחסדי ה', עם שחרור גוש עציון – יחד עם ירושלים הבירה – במלחמת ששת הימים, זכינו להגשים את חלומֵנו ולשוב הביתה לכפר עציון.

**אין ביטוי ההולם יותר את פרשת גוש עציון, מאשר הביטוי: "בנפשו יביא חלומו".**

ברם, חלום השיבה לכפר עציון אינו חלום פרטי שלנו – ילדי כפר עציון – וחלום זה לא על עצמו יצא ללמד אלא על הכלל כולו: מה שחשנו אנו – קומץ קטן של בנים, כלפי כִּברת ארץ אחת, בדרך אפרת היא בית לחם, במשך עשרים שנה – אם נכפיל פי מאה, פי אלף, או פי מיליון, נקבל את תחושתו של עם שלם, לְארץ שלֵמה, במשך אלפיים שנה.

אכן, חלום השיבה לגוש עציון מיטיב להמחיש באופן קונקרטי את חלום שיבת ציון כולו, אבל החלום בכללו – אחד הוא. ועל כן השמחה במלאת ארבעים שנה לקיום הבשורה "וְשָׁבוּ בָנִים לִגְבוּלָם" היא שמחת כל אוהבי העם והארץ, ואנו שותפים לשמחת כולם.

---

2 מֵהִתכנסות הקונגרס הציוני הראשון (1897) עד מועד כתיבת הדברים חלפו 110 שנים.

# נספח י׳
**לעמוד 271**

## ספר ׳קול התור׳
### ותפילה על משיח בן יוסף שלא ימות

בטרם נביא את תפילת ׳עוד יוסף חי׳ מתוך הספר ׳קול התור׳, הנה פִּסקה מדבריו של חנן על הספר הזה. הדברים לקוחים מן השיעור המוקדש למִשנַת הגאולה של הגר״א, בתוך סִדרת השיעורים על מִשנַת הגאולה של הרמח״ל, אשר מהווה את חלקו השלישי של ספר זה. פִּסקה זו תופיע להלן בעמ׳ 478.

״בַּספר הזה, הלשון אינה בדיוק לשונו של הגאון, אלא לשונו וסגנונו של ר׳ הלל [ריבלין] משקלוב. לא ניכנס כעת למקורותיו של הספר, אך אין ספק שהוטמעו בו תוספות עריכה של ר׳ שלמה-זלמן ריבלין [אשר הוציא לאור את הספר, לראשונה בסוף שנות ה־40 של המאה הקודמת], ה׳דורש ציון׳ [כשם אחד מספריו ובו דרשות המיוחסות לסב-רבא שלו, ר׳ משה מגיד], מִשושלת תלמידי הגאון ומשפחת ריבלין שעלתה לארץ כולה במִצוַת הגאון. ואולם, ברור שדברי הספר הזה, כולם יסודות תורתו של הגאון! ניתן להיווכח בכך כאשר משווים את האמור ב׳קול התור׳ עם חיבוריו האחרים של הגר״א. מכל-מקום, חלקים מן הספר דנן נכתבו בידי ר׳ הלל [ריבלין] משקלוב, וחלקים אחרים נמסרו כתורה

שבעל-פה לתלמידיו של הגר"א אשר עלו לָארץ במִצְוָתו.[1] מדהימה ההקבלה ליסודות הציונות הדתית. לא בכדי הוסתרו והוחרמו עותקי הספר על-ידי הציבור החרדי, ונשארו רק עותקים בודדים ונדירים, עד לעריכת הספר מחדש בתוך הספר 'התקופה הגדולה' [אשר חיבר הרב מנחם-מנדל כשר, לאחר מלחמת ששת הימים]".

*

בפרק א' של ספר 'קול התור' (כ"ד) נֶאמר כי עלינו להתפלל על משיח בן יוסף – "שלא ימות לפני שהוא מוציא לַפועל את שליחותו הקדושה בשלֵמות, שֶׁיחזיק מעמד נגד ארמילוס המבקש להכשילו בכל דרכיו,[2] שֶׁיחזיק באמונתו את שליחותו הקדושה והאדירה עד יומו האחרון". ובפרק ה' מובאת התפילה המתוקנת, המיוחדת להצלתו והצלחתו של משיח בן יוסף, תחת הכותרת: 'תפילת עוד יוֹסֵף חַי'. בחלקו השלישי של הספר יעסוק חנן בהרחבה בַּיסודות הרוחניים הבונים את התפילה הזאת.

הנה ניתנת כאן התפילה כלשונה, בדילוגים קלים:

1 ל'מיטיבי לכת' אשר יחפצו להעמיק בַּפרשה הסבוכה של מקורות הספר 'קול התור', מומלץ מאד ללמוד את פרק ז' בספרו של רפאל שוח"ט 'עולם נסתר בממדי הזמן / תורת הגאולה של הגר"א מווילנה, מקורותיה והשפעתה לדורות'. כותרת הפרק היא: 'ספר קול התור והפולמוס סביבו', עמ' 262 ואילך. כמו כן כדאי לקרוא את המאמר 'המסתורין של קול התור' בבלוג האינטרנט 'המולטי יקום של אלי אשד'.
לאחרונה ראה אור ספרו של ד"ר אריה מורגנשטרן 'משיח בן יוסף ובניין ירושלים מחוץ לחומות, מיסטיקה ריבלינית ומציאות היסטורית'. בנספחי הספר מתפלמס מורגנשטרן עם החוקרים ה'מאחרים' את 'קול התור' ואף טוענים שֶׁזיוף על-ידי שלמה-זלמן ריבלין. הוא סבור שהרב יצחק צבי ריבלין (אשר נפטר בשנת תרצ"ד, 1934) – נינו של ר' הלל – הוא שֶׁכִּינס את חומרי הספר שבאו לידיו כמסורות ורישומים מזקני משפחת ריבלין, ושלמה-זלמן ריבלין הוציאם לאור.

״אבינו שֶבשמים, רחם נא על שארית יוסף עמךְ. אב הרחמן, גואל ישראל וירושלים, מצמיח קרן ישועה, הושיעה נא והצליחה נא ציר אמונים, מְשיחא דְאתחלתא, משיח בן יוסף, נושא חולָיֵנו וסובל מכאובינו במלחמתו נגד צורר ישראל ארמילוס הרשע, וכמו שנֶאמר: ׳וְהָיָה בֵית יַעֲקֹב אֵש וּבֵית יוֹסֵף לֶהָבָה וּבֵית עֵשָׂו לְקַש׳ וגו׳; ׳וְעָלוּ מוֹשִׁעִים בְּהַר צִיּוֹן לִשְׁפֹּט אֶת הַר עֵשָׂו, וְהָיְתָה לַה׳ הַמְּלוּכָה׳; ׳וְהָיָה ה׳ לְמֶלֶךְ עַל כָּל הָאָרֶץ׳ וגו׳. (עובדיה א׳ פסוקים י״ח וְ־כ״א, זכריה י״ד ט׳).

׳עוֹד יוֹסֵף חָי׳ (בראשית מ״ה כ״ו), יוסף עוד חי, חי יוסף עוד. בן דָוִד חי וקיים.

אבינו האב הרחמן, הבוחר בירושלים ושוכן בציון, בטובךָ הגדול ישוב נא חרון אפך מעמך ומעירך ומנחלתך. ...

צור מִשגבנו מגן ישעֵנו, הגן בעד ׳עֵץ יוֹסֵף אֲשֶׁר בְּיַד אֶפְרַיִם׳ (יחזקאל ל״ז י״ט), הרם קרנוֹ, קרן מְשיחֶךָ בן־יוסף, כאמור: ׳וְקַרְנֵי רְאֵם קַרְנָיו בָּהֶם עַמִּים יְנַגַּח׳ (דברים ל״ג י״ז), השגיבה כוחו לעמוד איתן, כאמור: ׳וַתֵּשֶׁב בְּאֵיתָן קַשְׁתּוֹ׳ (בראשית מ״ט כ״ד) במלחמתו הקשה נגד אויבי עמך צוררֵינו, כדברי הבטחתך על נפילת גוג ומגוג: ׳עַל הָרֵי יִשְׂרָאֵל תִּפּוֹל אַתָּה וְכָל אֲגַפֶּיךָ וְעַמִּים אֲשֶׁר אִתָּךְ ... וְיָצְאוּ יֹשְׁבֵי עָרֵי יִשְׂרָאֵל וּבִעֲרוּ וְהִשִּׂיקוּ בְּנֶשֶׁק וּמָגֵן ... וְהָיָה בַיּוֹם הַהוּא אֶתֵּן לְגוֹג מְקוֹם שָׁם קֶבֶר בְּיִשְׂרָאֵל ... וְקָבְרוּ שָׁם אֶת גּוֹג וְאֶת כָּל הֲמוֹנֹה וְקָרְאוּ גֵּיא הֲמוֹן גּוֹג. ... וְנָתַתִּי אֶת כְּבוֹדִי בַּגּוֹיִם וְרָאוּ כָל הַגּוֹיִם אֶת מִשְׁפָּטִי אֲשֶׁר עָשִׂיתִי וְאֶת יָדִי אֲשֶׁר שַׂמְתִּי בָהֶם. וְיָדְעוּ בֵּית יִשְׂרָאֵל כִּי אֲנִי ה׳ אֱ־לֹהֵיהֶם ... עַתָּה אָשִׁיב אֶת שְׁבוּת יַעֲקֹב וְרִחַמְתִּי כָּל בֵּית יִשְׂרָאֵל וְקִנֵּאתִי לְשֵׁם קָדְשִׁי׳ (יחזקאל ל״ט).

שגבֵנו ועזרֵנו צור משגבנו להגיע במעשה ידינו על נחלת קודשנו לדרגת מספרו הגדול והמקודש [של] ׳מטטרון שר הפנים׳ [בגימטריה 999], שרו של משיחא דְאתחלתא, ׳טצ״ץ [=999] ביסוד׳, אחוז בשני ׳צבאות׳, ימינא ושמֹאלא [צבאות = 499 / כפול שניים] – וראו כל עמי הארץ את ישועת אֱ־לֹהֵינו מהרה.

אבינו האב הרחמן, תהא השעה הזאת שעת רחמים ועת רצון מלפניך וכו׳, בזכות העוסקים בתיקוני צפנת פענח וכוונותיהם לביעור רוח

---

2 על־אודות ארמילוס, מעלליו ומותו, ראה בחלקו השלישי של הספר, עמ׳ 480-479 והערה 6 שם.

הטומאה ולקידוש שמך הגדול והקדוש, בזכות העוסקים ביישוב ארצנו הקדושה ובבניין ירושלים, בזכות בניך יושבי נחלתך הסובלים ייסורי ארץ ישראל ומקבלים את הייסורים באהבה, למען קידוש שמך וקירוב גאולת עמך ונחלתך במהרה.

בזכות כל זאת יחיה בן יוסף מְשיחא דְאתחלתא ולא ייפול, כתפילתו של רעיא מהימנא משה-רבֵּנו עליו-השלום, ודָוִד המלך עליו-השלום, ותפילתם של עוד ראשונים-כמלאכים בעד חיי והצלחת מְשיחא דְאתחלתא משיח בן יוסף. ... והיו 'עֵץ יוֹסֵף' וְ'עֵץ יְהוּדָה' לאחד ביד ה', 'וְכֹל אֲשֶׁר הוּא עֹשֶׂה ה' מַצְלִיחַ בְּיָדוֹ' (בראשית ל"ט ג').

'הֲבֵן יַקִּיר לִי אֶפְרַיִם אִם יֶלֶד שַׁעֲשֻׁעִים, כִּי מִדֵּי דַבְּרִי בּוֹ זָכֹר אֶזְכְּרֶנּוּ עוֹד, עַל כֵּן הָמוּ מֵעַי לוֹ, רַחֵם אֲרַחֲמֶנּוּ נְאֻם ה'' (ירמיהו ל"א י"ט). 'וִיהִי נֹעַם אֲ-דֹנָי אֱ-לֹהֵינוּ עָלֵינוּ וּמַעֲשֵׂה יָדֵינוּ כּוֹנְנָה עָלֵינוּ' וגו' (תהלים צ' י"ז) ... בסוד הכתוב: 'הַקָּטֹן יִהְיֶה לָאֶלֶף וְהַצָּעִיר לְגוֹי עָצוּם, אֲנִי ה' בְּעִתָּהּ אֲחִישֶׁנָּה' (ישעיהו ס' כ"ב). 'מִן הַמֵּצַר קָרָאתִי יָּהּ עָנָנִי בַמֶּרְחָב יָהּ' (תהלים קי"ח ה')".

*

בשולי הדברים נוסיף שֶתפילה על משיח בן יוסף שלא ימות כבר נִתבעה על-ידי האר"י בדבריו אל גוריו-תלמידיו. הנה כך כתב רבי חיים ויטָל בפרק י"ט של 'פרי עץ חיים / שער [כוונות תפילת] העמידה':

"במילת 'וכסא דָוִד עבדך' [בברכת בניין ירושלים], הזהיר לנו מורי [=האר"י] זלה"ה מאד, ביום אחד שהלכנו על ציוּן שמעיה ואבטליון בהתפללֵנו שם, והכפיל שם לנו לומר, שנזכיר בכל תפילה ותפילה לכוון במילת 'דָוִד עבדך', שֶיחיה משיח בן יוסף, ולא ימות על-ידי ארמילוס הרשע, והוא נקרא 'כסא דָוִד עבדך'. וזה סוד 'חַיִּים שָׁאַל מִמְּךָ' (תהלים כ"א ה'), כמו שכתוב ב'רעיא מהֵימנא' שֶעתיד משיח בן יוסף למות".[3]

---

3 הנה המשפט מתוך ה'זוהר', 'רעיא מהֵימנא' לפרשת כי-תצא, בתרגום לעברית: "ואתה, רעיא מהֵימנא, הוא 'בַּעַל הַבּוֹר' [אשר עליו נֶאמר]: 'יְשַׁלֵּם, כֶּסֶף יָשִׁיב לִבְעָלָיו, וְהַמֵּת יִהְיֶה לּוֹ' (שמות כ"א ל"ד) – זה משיח בן יוסף, שֶעתיד להיהרג".

# נספח י"א
## לעמוד 289

# על מה ולמה, גַיא בן אָצַל?
### יהודה עציון

בחג החנוכה תשע"ב – כמה חודשים אחרי שנלקח מאִתנו אהובנו חנן – ארגתי בכתב מסכת הבאה להסביר ולהרחיב את בחירתו של חנן בשם העט 'גַיא בן אָצַל'. סיפרתי את המעט שהיה ידוע על כך, ושיערתי את העיקר שלא היה ידוע...

היתה זו מסה נרחבת, וכאן היא מובאת בדילוגין גדולים – מְקוצר המצע – תוך חתירה אל העיקר והשמטת דברי רקע חשובים.

זיקתו של השם הזה אל נבואת זכריה בפרק י"ד תתברר מיד. אבל חשוב עוד יותר: הנה תתברר כאן גם הארה עמוקה בחֶביון נפשו של חנן, החייל בקרבות חיבורה של ירושלים. חנן – אז כבן כ"ג שנים – מבליע את עצמו אל תוך הנבואה, ככותב פרק תנ"ך עם חבריו הלוחמים, אשר אחד מהם נפל בראש הר הזיתים ונתן את חותָמו בַּשם שבחר לו חנן.

## בשער הגיא

כאשר גברה מחלתו של חנן פורת, הוא שוחח עם בני ביתו על נושא שהיה כמוס עמו, ורק מעטים ידעוהו: "ישנם כמה שירים" – כך אמר – "אשר פורסמו בחתימת המשורר 'גַיא בן אָצַל', ובכך דעו כי אני הוא שחיברתי אותם".

מכאן המשיכה השיחה וחנן שאל: "ומדוע לדעתכם בחרתי בשֵם העט הזה?"

הבן אמיתַי שיער שהדבר נעוץ בנבואת זכריה, בפרק י"ד, שם נֶאמר "כִּי יַגִּיעַ גֵּי הָרִים אֶל אָצַל" והרי לנו גיא ואָצַל במקום אחד. "נכון", השיב חנן, "אך מאחורי הדברים מסתתר כאן סוד גדול – ואגלה לכם בבוא היום". אחר־כך באו ימי הרעה, ושבו העבים אחר הגשם, ובא יומו, ולא גילה...

מעניין סיפורה של מיכל, עוזרתו הנאמנה של חנן. היא לא ידעה מיהו "גיא בן אָצַל" אשר חנן הביא חמישה שירים שלו בגיליונות 'מעט מן האור' – משנת תש"ס עד שנת תשס"ה – ודרש עליהם 'מִדְרָשִיר' כדרכו בכל פרשיות השבוע. כאשר הוכנו הספרים לדפוס היא שאלה את חנן מיהו הגיא הזה, כי בדעתה לפנות לְאקו"ם ולהסדיר את תשלום זכויות היוצרים כדי לצטט את שיריו. חנן חייך את החיוך הגדול שלו ואמר לה רק זאת: "הוא לא בְּאקו"ם, את לא צריכה לפנות אליהם"...

בדיעבד התברר שכמה תלמידים קרובים ידעו שחנן מתעטף לפעמים בַּשֵם 'גיא בן אָצַל'. אחד שמע ממנו על הפסוקים בספר דברי הימים (אשר יצוטטו בהמשך), אחרים שמעו על נבואת זכריה, אך את הסיבה המהותית לכל העניין הזה – דומה שחנן לא גילה לאיש, ושמר את הדבר בחדרי לבבו. במאמר זה אָהין לגשת אל מאחורי הפרגוד ולהאיר את נקודת הסוד.

...

[כאמור, הושמטו כאן קטעים נרחבים מאד מן המאמר המקורי. בנקודה זו בַּמאמר נסקרו ופורשו חמשת השירים שכתב חנן בשם העט שלו – והתוכן הזה הושמט כאן.]

בגיליונות ׳מעט מן האור׳ דרש חנן ׳מִדרָשִיר׳ על שירי משוררים שבחר, כתואמים לנושאי מאמריו. לחמישה מִמאמריו הוא כתב את השיר הנִלווה, ובוודאי חש אי נוחות לדרוש בגלוי על שיריו שלו. ומִשעה שכבר נזקק להליט את פניו באדרת, הוא העמיק בסרעפיו כדי לבחור ולשאת שֵם שתהא בו משמעות מהותית עבורו, שֵם אשר יביע אַדני יסוד באישיותו, שֵם ״ראוי לשמו״.

נתחיל מן ההתחלה: חנן החל לחתום בשֵם העט בשנת תש״ס, אך זה מזמן צדה עינו את פסוקי רשימת היחס של שבט בנימין בספר דברי הימים א׳ (ח׳ ל״ג ואילך), כלהלן: ״וְנֵר הוֹלִיד אֶת קִישׁ, וְקִישׁ הוֹלִיד אֶת שָׁאוּל, וְשָׁאוּל הוֹלִיד אֶת יְהוֹנָתָן וְאֶת מַלְכִּי שׁוּעַ וְאֶת אֲבִינָדָב וְאֶת אֶשְׁבָּעַל [הוא איש בושת]. וּבֶן יְהוֹנָתָן מְרִיב בָּעַל [הוא מפיבושת], וּמְרִיב בַּעַל הוֹלִיד אֶת מִיכָה. וּבְנֵי מִיכָה פִּיתוֹן וָמֶלֶךְ וְתַאְרֵעַ וְאָחָז. וְאָחָז הוֹלִיד אֶת יְהוֹעַדָּה, וִיהוֹעַדָּה הוֹלִיד אֶת עָלֶמֶת וְאֶת עַזְמָוֶת וְאֶת זִמְרִי, וְזִמְרִי הוֹלִיד אֶת מוֹצָא. וּמוֹצָא הוֹלִיד אֶת בִּנְעָא, רָפָה בְנוֹ, אֶלְעָשָׂה בְנוֹ, אָצֵל בְּנוֹ. וּלְאָצֵל שִׁשָּׁה בָנִים וְאֵלֶּה שְׁמוֹתָם: עַזְרִיקָם, בֹּכְרוּ וְיִשְׁמָעֵאל וּשְׁעַרְיָה וְעֹבַדְיָה וְחָנָן – כָּל אֵלֶּה בְּנֵי אָצַל״.

חנן בן אָצַל הריהו אפוא דור אחד־עשר לשאול המלך, וחשוב מזה – דור עשירי ליהונתן. אפשר שחנן הרהר על אחדות האומה ועל שלֵמות המלכות, שֶאילו התקיימה ברית הרֵעות בין דָוִד ליהונתן גם בין בניהם ובני בניהם, אזי היתה השושלת הזאת – הבאה עד חנן – שושלת נאמנה ונכבדה בבית מלכות בני דָוִד. אולי אף השתעשע במחשבה שאם מתחברים שני ה״חנָנִים״ לאחד, כי אז יהא הוא – חנן פורת – איש ימיני היושב ביהודה, ויד לו בשני השבטים החובקים את ירושלים. ומכל־מקום, אם הרהר בזה ואם לאו, יש לראות בַּפסוקים הללו את ה״וָו״ שעליו תלה חנן את שֵם העט שאימץ לו – שהנה מרמז עליו הכתוב כבן אָצַל, אָצַל האיש הנקרא גם על שם מקומו, כפי שמוצאים אנו ברשימה זו ערים נוספות בנחלת בנימין אשר יושביהן נושאים את שמן.[1]

1 בשלבי ההכנה של הספר הזה, נמסרה לי הקלטת שיעור של חנן, בַּיישוב עפרה, בחורף שנת תש״ע. חנן הקדיש את שיעורו לנושא אחר, אך פתח

[כאן הושמט תוכן נרחב העוסק בהאצלת רוח הקודש ובהאצלת הברכה בַּמקרא – ובמשמעויותיהן.]

## אחרי גיורא

עתה נסב את מבטנו אל 'גיא בן אָצַל' – אל הצירוף כולו – ואל נבואת זכריה בפרק י"ד (ג'-ט'). כאן יתגלה לנו רובד חדש, מפתיע ממש, בהחלטת חנן לשאת את השם 'גיא' – ועם ההפתעה גם תעלה ההבנה מדוע טמן חנן את הסוד הזה כה עמוק בחביון לבבו.

הנביא מנבא על הופעת ה' בירושלים בהילחמו בַּגויים אשר לְכָדוּהָ, כאשר מְכוּבד ומְכבוד נוכחותו ייבקע ההר אשר תחתיו וייפָּעֵר גיא גדול, גיא המגיע עד העיר אָצַל אשר בנחלת בנימין (כנראה במורדותיו המזרחיים או הצפוניים של הר הזיתים, הכולל גם את 'הר הצופים' דְהיום). וזה דבר הנבואה: "וְיָצָא ה' וְנִלְחַם בַּגּוֹיִם הָהֵם כְּיוֹם הִילָּחֲמוֹ בְּיוֹם קְרָב. וְעָמְדוּ רַגְלָיו בַּיּוֹם הַהוּא עַל הַר הַזֵּיתִים אֲשֶׁר עַל פְּנֵי יְרוּשָׁלִַם מִקֶּדֶם, וְנִבְקַע הַר הַזֵּיתִים מֵחֶצְיוֹ מִזְרָחָה וָיָמָּה גֵּיא גְּדוֹלָה מְאֹד, וּמָשׁ חֲצִי הָהָר צָפוֹנָה וְחֶצְיוֹ נֶגְבָּה. וְנַסְתֶּם גֵּיא הָרַי, כִּי יַגִּיעַ גֵּי הָרִים אֶל

---

בהערה שהתייחסה לשושלת בית שאול, בעקבות שיעור קודם שניתן באותו מקום מפי חיים פלק, תלמידו הקרוב של חנן.

הנה חלק מן ההקלטה, ויושם לב היאך חיים פלק "מתגרה" בחנן בדיוק בנקודה בה אנו עוסקים כאן... חנן איננו מגיב ישירות, אך בכל זאת "מתחבר" להערתו של חיים, תוך מתיחת גשר חי של דורות בני יהונתן, מן העבר העתיק אל ההווה והעתיד, ובעתיד – עוד "הכול פתוח!"...

הנה אלה דברי חנן:

"דבר אחד כדאי לדעת, שלאור ספר דברי הימים, זרעו של מפיבושת לא בטל ועבר מן העולם. יש שם תיאור של שושלת מופלאה אשר נמשכת והולכת מִמפיבושת, הווה־אומר מיהונתן. זאת אומרת, שזרעו של יהונתן לא אבד מן העולם, ואולי הוא משוטט בינינו באיזה־שהוא מקום...

הפסוקים בספר שמואל-ב' (ט' י"ב) ובספר דברי הימים-א' פרק ח', אומרים שֶׁלמפיבושת היה בן קטן ושמו מיכא. וממנו והלאה ... מוֹצָא, שעל שמו העיר מוצא, והוא הוליד את בִּנְעָא, רָפָה, אֶלְעָשָׂה, וְאָצֵל בנו – ואת אָצֵל אנחנו מכירים: זהו גיא, 'כִּי יַגִּיעַ גֵּי הָרִים אֶל אָצַל' (זכריה י"ד ה'). ואחר־כך: עַזְרִיקָם, יִשְׁמָעֵאל, עֹבַדְיָה, 'וְחָנָן – כָּל אֵלֶּה בְּנֵי אָצַל'"...

אָצַל ... וְהָיָה יוֹם אֶחָד הוּא יִוָּדַע לַה׳, לֹא יוֹם וְלֹא לָיְלָה, וְהָיָה לְעֵת עֶרֶב יִהְיֶה אוֹר. וְהָיָה בַּיּוֹם הַהוּא יֵצְאוּ מַיִם חַיִּים מִירוּשָׁלַיִם, חֶצְיָם אֶל הַיָּם הַקַּדְמוֹנִי וְחֶצְיָם אֶל הַיָּם הָאַחֲרוֹן, בַּקַּיִץ וּבָחוֹרֶף יִהְיֶה. וְהָיָה ה׳ לְמֶלֶךְ עַל כָּל הָאָרֶץ, בַּיּוֹם הַהוּא יִהְיֶה ה׳ אֶחָד וּשְׁמוֹ אֶחָד״.

אל נכון, דרש חנן את ׳יום הקרב׳, ונתן אותו עניין למלחמת ששת הימים – וליתר דיוק אל ׳היום האחד אשר יִוָּדַע לַה׳׳, יום כ״ח באייר תשכ״ז, היום שבו שוחררה ירושלים.

חנן היה אז לוחם במילואים בחטיבה 55. הוא וחבריו לפלוגה – בפיקודם של גיורא אשכנזי וסגנו מיכה חורין – כבשו את בית הספר לשוטרים, אחר־כך השתתפו בקרבות כיבוש ׳המושבה האמריקאית׳ ושכונת שייח׳־ג׳ראח. ביום כ״ח באייר, עם שחר, הם עלו אל רכס הר הצופים בואךְ ׳אוגוסטה ויקטוריה׳.

פעמים הרבה סיפר חנן על השעות הללו – הוא זכר שאמר לחבריו ״כאילו אנו כותבים פרק בתנ״ך״ – ותמיד התרגש מאוד כאשר שחזר את אירועי היום. בַּחורשה ליד ׳אוגוסטה ויקטוריה׳ היה מוצב של חיילי הלגיון הירדני. חנן היה ׳רץ מ״פ׳, צמוד לגיורא אשכנזי אשר הסתער בראש הכוח, מקפיד שאף חייל לא יעבור אותו. ההתנגדות לא היתה חזקה אך לפתע נורה צרור קצר, היישר לראשו של גיורא. תוך־כדי

---

[חיים פלק בקריאת ביניים]: ״הנה כתוב פה ׳חָנָן׳! – יכול להיות שאתה נשמה שלו״...

[חנן לא מתייחס בינתיים, וממשיך]: ״היו כולם ׳אַנְשִׁים גִּבֹּרֵי חַיִל דֹּרְכֵי קֶשֶׁת וּמַרְבִּים בָּנִים וּבְנֵי בָנִים, מֵאָה וַחֲמִשִּׁים, כָּל אֵלֶּה מִבְּנֵי בִנְיָמִן׳. זאת אומרת שהיתה פה שושלת רצינית מאד!

רק רציתי שתדעו, שלא רק מבחינה רוחנית אלא אפשר שגם מבחינה ביולוגית, נותר נין וָנכד ליהונתן. והברית הזאת [בין דָוִד ליהונתן] עודֶנה עומדת. חז״ל אומרים (במסכת אבות ה׳ ט״ז) על אהבת דָוִד ויהונתן שהיא אהבה שאינה תלויה בְּדבר. וכל אהבה שאינה תלויה בדבר – אף על פי שבטל דבר, לא בטלה אהבה; היא חיה וקיימת לעולם. ואם היא חיה – אנחנו עוד עתידים למצוא את עקבותיה לעתיד לבוא. והקשר הזה הוא קשר שלא יינתק. אולי עוד בימינו, בחיינו, נזכה ונראה איך היא תתגלה... רֶמֶז לכך חיים [פלק], ׳הכול פתוח!׳״.

הריצה הוא נפל, מתבוסס בדמו. חנן קפא לרגע – "לא ידעתי את נפשי", כך תיאר זאת – ומיכה חורין לקח פיקוד והאיץ בחנן להמשיך עם כולם, "לשטוף את היעד", להשאיר לַחובשים לטפל בַּפצוע. כאשר הסתיימה ההסתערות ונכבשה החלקה ההיא, כבר לא היה גיורא בין החיים.

גיורא היה איש 'השומר הצעיר', הבן הבכור בקיבוץ ניר דָוִד (תל עמל). היה איש ספר ועבודה, ישר ונקי־נפש, "איש חצוב מן הסלע", אמר עליו חנן שהעריך אותו מאוד – והשניים נקשרו לאהבה, בשיחות נפש בשעות מנוחה בין האימונים. והנה, בסערת הקרב על ירושלים – בראש הר הזיתים – נפל גיורא כאשר חנן היה רק "מטר לידו". האם לא חש חנן שכאשר המשיך לרוץ, המשיך במעשה המלחמה – יורד קדרון, עולה להר, משם לכותל – הוא עושה זאת גם בשמו של גיורא?...

ישיבת 'בית אורות' בהר הזיתים הוקמה לאחר שנים רבות – וחנן היה שותף פעיל בגאולת הקרקע ובשיפוץ הבניין, וגם לימד שם תורה בַּשנים הראשונות. הוא חזר וסיפר ש"נדלק" באחת לַפעילות הזאת כי הבית ניצב כה קרוב לַמקום שבו נפל מפקדו האהוב, גיורא אשכנזי. בעצם, אל חֶלקת האדמה הזאת המשיך הכוח לנוע, שם הבחין חנן בג'יפ התול"ר של יורם זָמוש מסיע את מורו ורבו הרב צבי יהודה עם הרב הנזיר דָוִד הכֹּהן, ואז הוא עזב את חבריו ורץ אחרי הרכב לכיוון הר הבית...

עם גמר השיפוצים, ביקש חנן שֶׁ'בית אורות' ייקרא גם על שמו של גיורא אשכנזי – וכך היה. מעמד חנוכת הבניין התקיים בסוכות תש"ן; חנן סיפר על המעמד ההוא בריאיון מצולם המופיע באתר האינטרנט של 'בית אורות', ומשולבות בו הקלטות מקוריות מן הטקס. הנה, נאזין לדבריו:

"במשך שנים ידעתי שצריך להציב יד, ולא רק יד אלא זֵכֶר עמוק, לגיורא האהוב עלינו. ולא ידעתי מה וכיצד. ... לא אשכח את חנוכת 'בית אורות', ובאמת המעמד הזה יכול היה להתרחש רק בזכותה של ירושלים. כחבר כנסת, הזמנתי את מוטה גור מפקד הצנחנים, את ראש

הממשלה יצחק שמיר. ... יקרה מכול היתה לי עֵרה, אלמנתו של גיורא, וביקשתי ממנה לשאת כמה דברים״.

[דבריה של עֵרה אשכנזי נשמרו בהקלטה מקורית, וכך אמרה]: ״גיורא נפל במקום הזה, כאשר רץ בראש פלוגתו לאחר שנלחם בגבעת התחמושת. כאן הוא נפגע, ונפל, ולא זכה. זה קרה לפני עשרים ושלוש שנים. ... גיורא נולד בקבוץ ניר דוד וקיבל חינוך חילוני, אך הערכים אותם מימש בחייו הם סמל לאיכות האדם. ובברכתי היום אני סוגרת שלושה מעגלים המחברים את גיורא אל המקום המכובד הזה:

אני מברכת את האנשים שילמדו כאן, שֶׁיַרבו דעת וחכמה. ואם יתווספו ויופנמו גם הערכים שאפיינו את גיורא כאדם – רודף צדק, ישר דרך, עוזר לחברים, נאמן ואוהב האדם – כי אז ייסגר מעגל ראשון. הערכים אותם מימש בחייו יֵצאו לָאור מן הבית הזה. המעגל השני הוא הנכד של גיורא, הנושא את שמו, בן בנֵנו דני. הוא נולד כאן על הר הצופים לפני שנתיים. ההר הזה, שראה בנופלו, זכה גם בהולדת אדם חדש הנושא את שמו וחי כאן בירושלים. המעגל השלישי, בִּתנו אורנה ובעלה יואב, הם חיים במסגרת דתית, ואולי בניהם, נכדיו של גיורא, יזכו ללמוד במקום הזה – ובכך ייסגר מעגל נוסף״.

עד כאן מן ההקלטה. חנן, באותו סרטון, מוסר את המשך דבריה של ערה: ״ואני מאמינה שיום אחד יבוא נכדי לכאן ויֹאמר קדיש לזכרו של גיורא״.

״שעה שאמרה את הדברים״, סיים חנן כשהוא מתרגש ובוכה, ״זלגו עיניה דמעות וכל הציבור פרץ בבכי. ראֵה, צדיקה גוזרת והקב״ה מקיים! ומאוחר יותר הגיע נכדו של גיורא לבית אורות ואמר שם קדיש לזכרו. ... מכאן [מבית אורות] אנו צופים ומצפים אל מקור הקודש, אל הר הבית אשר ׳נָכוֹן יִהְיֶה בְּרֹאשׁ הֶהָרִים וְנִשָּׂא מִגְּבָעוֹת׳. וכשנזכה לרדת מן ההר [הזה אל נחל קִדרון], בַּדרך של הצנחנים, לשוב אל ירושלים ואל מקדש מלך עיר מלוכה, או אז נזכה בכל הרבדים ... ב׳יְרוּשָׁלַיִם הַבְּנוּיָה – כְּעִיר שֶׁחֻבְּרָה לָּהּ יַחְדָּו׳ – ויתקיים בנו מקרא שכתוב: ׳כִּי שָׁם צִוָּה ה׳ אֶת הַבְּרָכָה, חַיִּים עַד הָעוֹלָם׳״.

ובכן, חנן מספר כאן כי כבר שנים הוא חש צורך ״להציב יד״ לגיורא – ״ולא רק יד אלא זֵכֶר עמוק״ – והנה באה עת, ונמצא לכך המקום.

אני נוטל רשות לשער כי בַּשנים שֶׁתבואנה חלף במחשבתו הכתוב "וְנָתַתִּי לָהֶם בְּבֵיתִי וּבְחוֹמֹתַי יָד וָשֵׁם", וכאשר נזקק לבחור שֵׁם־עט לעצמו, הוא החליט לשאת אִתו את שמו ואת זִכרו העמוק של גיורא. 'גַיא' הוא כינה את עצמו, בראשי התיבות של ג'י'ורא א'שכנזי...

## עיר שֶׁחוּבְּרָה ועושה חבֵרים

**הכול התחבר כאן ביחד: גיורא נפל בַּמקום שבו ייבקע הר הזיתים על־פי נבואת זכריה – ממש בַּמקום שבו ייווצר הגיא הגדול – ובכן, גיורא הוא הגַיא, גֵיא־הרים אשר יגיע עד אָצַל, חנן הינו 'בן אָצַל' כפי שכבר ראינו, וכך מותכים כאן השניים לאחד, בקישור נשמות המובע בקישור שֵׁמות, בעיר שחוברה לה יחדיו.**

ועניינו של החיבור הזה הוא עמוק ביותר. פעמים רבות ציין חנן כי ירושלים שחוברה לה יחדיו היא העושה את כל ישראל חבֵרים, כמדרש חז"ל, והוסיף גם זאת – שרק החיבור בין כל חלקי העם אפשר את שחרור ירושלים, ורק בְּחיבור אשר כזה, כשֶׁיבוא מועדו ויופיע, נזכה לַגאולה השלֵמה ולבניין המקדש. לדעתי, ראה חנן בַּחיבור אשר בין גיורא לבינו את "המיקרו של הַמָּקרו", את הסימול הקטן של הדבר הגדול, אשר ממנו עולה התפילה: כשם שחָבַרנו יחדיו, איש 'השומר הצעיר' ואנכי, הצעיר בבני אָצַל, כך יתגדל ויתקדש החיבור הזה בהיגלות יפעָתו בכל שדרות העם, ובכל חבליה של ארץ חמדה, טובה ורחבה.

...

כאמור – ככל הידוע לי עד עתה (תשפ"ג) – חנן לא פירש מעולם את ההסבר הזה, והוא היה כמוס עִמו וחתום באוצרותיו. אך בנאומו הפומבי האחרון, יָשוּב בכיסא גלגלים, הוא שב אל גיורא, אהוב נפשו, וגילה כי קשר הנשמות ביניהם הינו כה עמוק ונשגב, עד שלא אחת מופיע גיורא בחלומותיו, על משכבו בלילות, והנה הוא עוטה אור, אורהּ של ירושלים אשר חוברה לה יחדיו...

בהתרגשות עצומה הוא נשא את דבריו, במורד עיר־דָּוִד, בלֵיל יום כ"ז באייר תשע"א – לקראת יום ירושלים – בַּמעמד שבו קיבל את 'פרס מוסקוביץ לְציונות', רק כארבעה חודשים לפני הילקחו. כל

השומעים התרגשו יחד עִמו, בדמעות חמות, גם אני בתוכם, מִשתָאֶה נוכח איש הפלא הזה... בסיום דבריו המרטיטים הללו של חנן – גיא בן אָצַל, אציל הנפש הנִלבב אשר חי בתוכֵנו – גם נחתום את דברינו. הוא דיבר לאט, בקושי, בקול סדוק, וכל מילה ניתנה כמשקלה בזהב:

"גיורא לא זכה, אבל מאז, קשר עמוק נרקם בינינו, ואני יודע: זו זכותה של ירושלים, עיר שחוברה לה יחדיו. ובַלילות, על משכבי, אני רואה – לא אחת – את גיורא אשכנזי, שעל שמו הוקם בית אורות, שהיום אורות מְפַכִּים ממנו, הולך – ופניו אל האור, אל האורות הגדולים שעוד יאירו, בְּאוֹר חדש על ציון. ואור גדול נסוך עליו, אורו של גיורא, אורה של ירושלים הבנויה, כעיר שחוברה לה יחדיו.

לאור גדול זה אנו מצפים, לאור חדש אשר יאיר על ציון אנו נכספים, ואורו של גיורא לא ייתם ולא יֶחדל. ולו אני רוצה להקדיש את הפרס הזה, הפרס היקר הזה, שכולנו שותפים בו. אור חדש על ציון יאיר.

רק אציב את המשפט הזה, על משכבי בַּלילות: 'כי יש יום בו יוּנַף אל־על דִגלֵנו, ויעטוף כטלית אומה נֶאספת אל צור לבבה. לבן ותכלת דִגלָה, כלִבנַת הסַפיר וכעצם השמים לָטוהר. ועליו רִבְבות פָּנים ושֵמות, ודִגלוֹ עלי אהבה'. תודה".[2]

---

2 בַּמשפט האחרון מצטט חנן מתוך קטע שהוא כתב בעצמו, והקריא אותו בציבור בטקסֵי יום הזיכרון לחללי צה"ל ולחללי גוש עציון.
גם בכמה גיליונות של 'מעט מן האור' – לקראת ימי העצמאות – ניתן המשפט הזה כשיר, בשינויי נוסח, כלהלן:
"כִּי יֵשׁ יוֹם בּוֹ יוּנַף דִּגְלֵנוּ / בְּזֹךְ וּבְזֹהַר / וְיַעֲטֹף כְּטַלִּית אֻמָּה נֶאֱסֶפֶת / אֶל צוּר לְבָבָהּ. //
לָבָן וּתְכֶלֶת דִּגְלָהּ, / כְּלִבְנַת הַסַּפִּיר וּכְעֶצֶם הַשָּׁמַיִם לָטֹהַר, / וְעָלָיו צִבְאֵי צְבָאוֹת פָּנִים וְשֵׁמוֹת – –
וְדִגְלוֹ עָלַי אַהֲבָה. //".

# שער שלישי

## פרקים במשנת הגאולה של רמח"ל

עם שורשים בַּמקרא
וענפים בספר 'קול התור' ובדברי הרב קוק

מצבתו של רמח"ל בבית העלמין בכפר יאסיף, שם נהגו יהודי עכו לקבור את מתיהם. רמח"ל דר בעכו מאז שעלה ארצה (תק"ג, 1743), וכעבור שנה וכמה חודשים – ביום השבת כ"ו באייר תק"ד (1744), בספירת 'יסוד שביסוד' בספירת העומר – הוא נִספה שם בַּמגיפה, עם אשתו ובנו.

ידועה מצבתו של רמח"ל בטבריה, אך רגליים לַדבר שאין רגליים לַדבר, וקיימת עדות כתובה של הרב משה מלכי (מלאכי) שהביא את רמח"ל לקבורה בכפר יאסיף.

(אגב, שנת הפטירה החקוקה על לוח המצבה בַּתמונה היא שגויה; הלוח הוחלף לאחרונה ונחקק בו התאריך הנכון כנ"ל. התצלום נדפס באדיבות הרב דויד שלם, 'קהילת הרמח"ל').

# שער שלישי

# שיעורים בְּמִשְׁנַת הגאולה של רמח״ל

## בַּמכון הגבוה להכשרת מורים שליד ישיבת הר עציון

### חורף תשנ״ד (1993/4)

### בפתח השער

בשנת תשנ״ד לימד חנן קורס שנתי במכון הגבוה להכשרת מורים בישיבת הר עציון (לְימים, ׳המִכללה האקדמית הרצוג׳), אשר הוקדש לעיונים ברחבֵי הגותו וכתביו של הרמח״ל. השיעורים התקיימו מדי יום ראשון בַּשבוע (אם כי נרשמו גם ׳דילוגים׳ במועדים שֶׁבהם נבצר מחנן ללמד את השיעור הקבוע).

חנן לימד קטעים מן הספרים ׳קל״ח פתחי חכמה׳ ו׳דעת תבונות׳, ובסופו של הקורס גם קטעים מ׳מסילת ישרים׳. באמצע השנה – מחודש טבת עד אדר, במהלך תשעה שיעורים – עסק חנן בְּמִשְׁנַת הגאולה של הרמח״ל, ומשיעורים אלה נערך השער השלישי בסִפרנו זה. השיעורים הוקלטו (ללא צילום וידאו), ההקלטה שימשה להקלדת הטקסט, ולאחר עבודת העריכה מוגשים בזאת עיקרי הדברים, בהוספת הערות ונספחים.

השתדלנו לשמור על ׳אווירת השיעור׳ ועל זרימת הדברים שבעל־פה – הדגשנו בסדַר־הדפוס מילים

ומשפטים שחנן אמר בהרמת קול או בהתרגשות מיוחדת – אך יש להודות מראש שלא נצליח להעביר את החִיוּת, את החן והניגון האופייניים כל־כך לחנן. בעריכה מן הדיבור אל הכתב כרוכה ׳גזֵרת־הפיחות׳ של האיכויות הללו – ומה־גם כאשר נאלצנו לקצר בכפליים: הן בהשמטת תכָנים אשר חנן ׳הִסתעף׳ אליהם, והן במיצוי ׳דחוס׳ של דברים אשר חנן מסר בהרחבה, כאומר ושונֶה ומשַלֵש. סימנים גרפיים – ⁂ – יציינו את נקודות המעבר משיעור למִשנֵהו, אך לא יינתנו תאריכיהם של השיעורים; זאת משום שעבודת העריכה חייבה ׳הסעות׳ של תכָנים מהכא להתם – גם ׳קידום׳ של המאוחר אל המוקדם, וגם ׳דחיה׳ של המוקדם אל המאוחר.

*

בתִשעת השיעורים הללו לימד חנן איגרת חשובה שכתב רמח״ל אל רבו, רבי ישעיהו בָּסָן, וכן קטעים מן החיבור ׳קנאת ה׳ צבאות׳ – ושני המקורות הללו יובאו גם כנספחים. (יצוין כי חנן לימד מתוך מהדורות ישנות אשר כללו לא מעט שיבושים. אנו נגיש את הדברים על־פי מהדורות חדשות שראו אור על־ידי הרב מרדכי שריקי במסגרת ׳מכון רמח״ל׳ בירושלים). שני הכתבים האלה חוברו בשנת ת״ץ (1729-1730), זו השנה בה החל הפולמוס החריף כנגד רמח״ל וכתביו הקבָּליים שֶׁנכתבו על־פי ׳מגיד׳ אשר נִתגלה אליו ומסר לו ברוח־הקודש סודות עמוקים ורחבי יריעה. גם הספר ׳תיקונים חדשים׳ ו׳מאמר הגאולה׳ נִתחברו בשנה זו ובקודמתה, וקטעים מהם יובאו כנספחים לַשער השלישי דְנָן.

נסקור את סדר הדברים:

בַּשיעורים על האיגרת, הנושא העיקרי הוא שני המשיחים – משיח בן יוסף ומשיח בן דָוִד – ובנימין אשר

מְמַצֵּעַ ומחבר ביניהם. חנן מרחיב את דברי רמח״ל בעיון מעמיק בפרקי נביאים ראשונים, ובייחוד במערך היחסים בין דָוִד ליהונתן ולבנו מפיבושת. בהרחבות נוספות מלמד חנן פרקים מדברי הרב קוק ותלמידו רבי דָוִד כהן (׳הנזיר׳) העוסקים בשורשיהם וענפיהם של נושאי הגאולה והתיקון. (לימוד במאמרו של הרב קוק ׳המספד בירושלים׳ הושמט בעריכה, כי בחלקו השני של ספר זה לימד חנן את המאמר בהרחבה רבה).

בהמשך, לימד חנן את דבריו של רמח״ל כנגד השַׁבְּתָאים והשַׁבְּתָאות, בסִפרו ׳קנאת ה׳ צבאות׳. כאן פורס רמח״ל – וחנן בעקבותיו – עיון מעמיק ומקיף, מראשית עד אחרית: העיון פותח בשורשי עץ החיים ועץ הדעת, נמשך אל יוסף במצרים, יורד אל ירבעם בן נבט, עולה אל רבי עקיבא בן יוסף ואל עשרת הרוגי מלכות, ונוגע בצַמֶּרֶת התיקון שֶׁלעתיד־לבוא. להשלמת דברי רמח״ל מלמד חנן גם כאן מפִּרקי ׳הִתעלות העולם׳, מפִּסגת הגותו של הרב קוק, אשר נערכו בידי תלמידו רבי דָוִד כהן (׳הנזיר׳) במפעל ׳אורות הקודש׳.

מכאן ממשיך חנן בלימוד של הקשבה לפעמֵי משיח בן יוסף בבית מדרשו של הגר״א – בַּספר ׳קול התור׳ אשר דולֶה ומַשקֶה מתורתו של הגאון – עד התגשמות הדברים בדורותֵינו־אנו, בבחינת ׳בְּעִתָּהּ אֲחִישֶׁנָּה׳.

מן הדיון הקדום בין חכמים שֶׁאמרו ׳יבוא המשיח ואל אֶראֶנו׳ לבין האחד שֶׁאמר ׳יבוא ואזכה לַחוות את חבליו׳, יבנה חנן דיון עכשווי מרתק, כאשר גם הוא עצמו מעורב בו. שוב יובא מבט העומק של הרב קוק, יובאו דבריהם של משוררי החלוצים, תיבחן האפשרות של ׳גאולה בידי מצורעים׳ (על־פי שיר של המשוררת רחל), ולבסוף יעניק חנן לַמחלוקת העתיקה גם פרשנות מִשֶּׁלו.

בכל אלה מעורָה ושזורה אישיותו של חנן, איש הלימוד המעמיק, איש מעשה־הגאולה, אשר כולו תפילה לחייו

של משיח בן יוסף – ב׳קריאת־כיוון׳ לעליה מן הציונות החילונית, מקרקע המציאות, אל חזון הופעתה של גאולתֵנו השלֵמה. או אז בוא תבוא עִתו של משיח בן דָוִד, נושא פרי ההילולים של חיבור יוסף ויהודה, כהתגשמות נבואת יחזקאל (ל״ז כ״ה): ״וְדָוִד עַבְדִּי נָשִׂיא לָהֶם לְעוֹלָם״.

# פתיחה לסִדרת השיעורים

מורַי ורבותַי, בַּשיעורים הבאים ננסה לעסוק במִשנַת הגאולה של רמח״ל, בכתביו המוקדמים. בתוך כך נִתוודע אל הגותו הנטועה כולה בתורת הסוד – עם הזהירות המופלגת שלא להציץ במה שֶׁסתום מֵעִמנו – ונערוך גם ניסיון לקשור בין נושאי הדיון לבין נושאים אקטואליים וסוגיות אקוטיות בימינו־אנו.

**הסוגיה הראשונה** שנעסוק בה הינה חשיפה וניתוח של תהליך הגאולה – או ׳התיקון׳ – אשר הרמח״ל העמיק בו וְ׳חַי אותו׳ באופן נפשי. ננסה להאיר את מהלכו של הרמח״ל על־פי שני מקורות שנעיין בהם: האחד באיגרת שֶׁכתב אל רבו, הרב ישעיהו בָּסַן, והשני בחיבור מיוחד בשם ׳קנאת ה׳ צבאות׳. בלימודֵנו, נתבונן מקרוב בהבנותיו העמוקות, המיוחדות, של רמח״ל בסוגיית שני המשיחים, משיח בן יוסף ומשיח בן דָוִד. בתוך הדברים נקשיב גם לתלמיד גדול של הרמח״ל – הלוא הוא הרב קוק זצ״ל – וגם לתלמידו של התלמיד, ׳הנזיר׳ רבי דָוִד הכֹּהן.

אקדים את המאוחר, ואומַר משהו על דרך כתיבתו של הרמח״ל בתורת הסוד, לעומת כתיבתו של הרב זצ״ל:

הרמח״ל – בלשונו של הגאון מווילנה – מאיר לנו את הנִמשל שבדברי האר״י ומקלף אותו מדימויָיו; ואילו הרב זצ״ל הולך עוד צעד נוסף ומאיר לעינינו את צד הנִמשל שֶׁבַּקבלה במושגי הנפש. הרב מגיש לנו את הדברים בלשון מובנת יותר, אשר מחברת את הסוד עם הפְּשָׁט שבַּנפש, עם הפְּשָׁט שבלב. אם נסתכל בַּהשתלשלות של גילויי תורת הסוד, נראה כי החסידות היתה הראשונה לתרגם את מושגי הקבלה הגבוהים, המופשטים והטרנסצנדנטליים, אל מושגי הנפש ומידותיה הנוגעים לכל אדם. הרב קוק – בעקבות מהלך של מאות שנים, אשר לַחסידות יש בו משקל גדול – מאיר לנו את הפְּשָׁט שבַּסוד!

**הסוגיה השניה** שֶׁנלמד – הנמשכת וקשורה אל הראשונה – היא דברי הגר״א בְּספר שכתבו תלמידיו אשר קיבלו מידו, הלוא הוא הספר ׳קול התור׳. הגאון מווילנה חי בימיו של הרמח״ל ואחריו, הוא הושפע מכתביו – אלה שנדפסו באותם ימים – אך השניים לא נפגשו. ניתן

לראות בַּגאון את ׳תלמידו הקרוב׳ של רמח״ל בתורת הגאולה, וכך הוא ניצב כגדול בין גדולים, בין הרמח״ל לבין הרב קוק זצ״ל.[1]

**הסוגיה השלישית**, שבה נחתום, היא המחלוקת הידועה במסכת סנהדרין, בין החכמים שאמרו שֶׁיבוא המשיח והם לא יראוהו, לבין רב יוסף שהתפלל לכך שֶׁיזכה לשבת בצל גללי חמורו של משיח. נראה את דברי הרב קוק ז״ל בסוגיה הזאת, נבחן את עמדתם של משוררי העליה השניה, ונגיע גם לְהבנות הקשורות לדורֵנו שלנו.

---

1 **א.** לעניין ׳שרשרת המסירה׳ בין הרמח״ל לבין הגר״א והרב קוק, יש ללמוד בספרו של רפאל שוח״ט על תורת הגאולה של הגר״א ׳עולם נסתר בממדי הזמן׳ (בהוצאת אוניברסיטת בר-אילן). פרק ד׳ בַּספר מוכתר: ׳הפרשנות ההיסטוריוסופית-הקבלית של הגר״א והשפעתו של רמח״ל עליו ועל בית מדרשו׳ (עמ׳ 113 ואילך), ופרק ח׳ מוכתר: ׳השפעת תורת הגאולה של הגר״א על הרב קוק׳ (עמ׳ 295 ואילך).
לעניין ידיעת הנִמשל של קבלת האר״י, ראה שם בעמ׳ 134.
**ב.** באותו הֶקשֵׁר (ללא התייחסות אל הרב קוק), נצביע גם על שני ספריו של הרב אריה שפירא: ׳אחרית כראשית / ענייני וסדרי גאולת ישראל על-פי רמח״ל והגר״א׳ (ירושלים תשע״ז), וכן: ׳מגדיל ישועות מלכו / ענייני שני המשיחין על-פי רמח״ל והגר״א׳ (תשע״ח). הספרים עשירים מאד במקורות ובתובָנות – וראה עוד בהמשך הדברים: הערה 9 בעמ׳ 414 והערה 2 בעמ׳ 477.
**ג.** לעניין הערצת הרב קוק את רמח״ל, נצטט כאן קטע מספרו של הרב משה-צבי נריה ׳טל הראי״ה׳, בעמ׳ קכ״ב: ״נפשו הפיוטית של הרמח״ל, יושר מסילתו ותום דרכו בחייו הצנועים בתוככי חבוּרָתו הנבחרת, וכן כתיבתו הפרשנית לסִתרֵי תורה שהיו בה גילויים – כתיבה שעוררה קִטרוגים על הכותב והביאה עליו סבלות ותלאות – כל אלה הביאו את הרב לידי תחושה עמוקה של הזדהות, תחושה שנִשמתו היא גלגול חדש של נשמת הרמח״ל, שֶׁהוטלה עליה שליחות מחודשת, והיא חזרה ובאה לעולמנו בדמותו ובצלמו. ובסוד שיח עם צעיר מקשיב, מבריק בְּתורה ובמחשבה – רבי יצחק הוטנר – גילה את תחושתו ואמר: ׳סבורני שהנני גלגולו של רבי משה חיים לוצאטו׳״.

# על דעת הזמן
# עם סיום הקריאה בחומש בראשית

### מדוע שָׂטמו האחים את יוסף?

מורַי ורבותַי, בטרם ניגש אל עיקר הלימוד בכתבי רמח"ל, אשתף אתכם במחשבותַי על חלקו האחרון של ספר בראשית. קראנו השבת את פרשת וַיחי[2] – הפרשה החותמת את החומש כאשר יוסף הולך לעולמו לאחר כל תהפוכות היחסים בינו לבין אֶחָיו – ונוסיף כאן עוד דבר להבנת הפרשיות הללו.

הגורם המניע, שהביא את שבטי ישראל למסקנה איומה ונוראה כל־כך – "לְכוּ וְנִמְכְּרֶנּוּ לַיִּשְׁמְעֵאלִים", ועוד קודם לכן: "לְכוּ וְנַהַרְגֵהוּ... וְנִרְאֶה מַה יִּהְיוּ חֲלֹמֹתָיו" (בראשית ל"ז פסוקים כ"ז וְ־כ') – לא היה סתם קנאה פרטית. אין זו תגובה כלפי האח המועדף, לְבוש כתונת הפסים, חולם החלומות, או אפילו זה שמביא את דיבתם רעה; מדובר כאן במשהו מהותי יותר... היתה זו תחושה עמוקה של השבטים שמעשיו של יוסף מכוּוָנים למנוע מהם להיות שייכים ושותפים לבניין בית ישראל. יוסף המתנשא למלוך עליהם, אשר כותונתו אינה אלא כתונת מלכות, הריהו כאומר להם: **לא אתם** תמשיכו את הבשורה ואת ההבטחה האֱ־לֹהית של "וְאֶעֶשְׂךָ לְגוֹי גָּדוֹל" אשר ניתנה לאברהם, נִשנתה ליצחק ונִשלְשָׁה ליעקב. אתם תידָּחו החוצה, כדרך שנִדחה ישמעאל מעל בית אברהם, וכדרך שעֵשָׂו נִדחה מבית יצחק.

אחֵי יוסף מתקוממים כנגדו בכל ישותם! הם אומרים: גם לנו יש חלק בַּבית הזה! לא נצא רֵיקָם! וממילא, כשהם מרגישים בעומק ליבם שגם הם זכאים ושותפים בבניין בית ישראל, הם ראו את יוסף כרודף. 'רודף' במובן הרוחני, אשר מנסה להדיח את אֶחָיו מן ההבטחה ומן הייעוד. זהו פחד עמוק, שהרי באמת כבר נִדחו הבנים הגדולים בשני

---

2 השיעור הזה – הראשון בסִדרת השיעורים דנן – ניתן ביום ראשון בַּשבוע, י"ב בטבת תשנ"ד (בַּימים האחרונים של שנת 1993 למניינם). כאמור לעיל, מוגשים בזה תשעה שיעורים שלימד חנן, והאחרון שבהם נמסר ביום כ"ג באדר.

הדורות הקודמים, והנה אולי מתקרבת ובאה 'סלקציה' נוספת... אולי הם יידָחֲקו מן הפרי אל הקליפה, אולי הם יוסרו כשם שמסירים סוּרים מגזעו של העץ, 'סוּרֵי הַגֶּפֶן נָכְרִיָּה'... על-כן הם מהפכים את הפחד לפעולה, כאומרים: אם רוצה יוסף לדחות אותנו – הוא שֶיידחה!

[במענֶה לשאלת תלמיד:] אמנם יש בדברי הרב קוק כמה רמזים לַכיוון הזה, אך אין לזה מקור מפורש בדברי חז"ל. גם מן הגמרא במסכת סוטה (דף ל"ו עמ' ב') האומרת שֶ"היה ראוי יוסף לצאת ממנו י"ב שבטים כדרך שֶיצאו מיעקב אביו" אנו לומדים על פוטנציאל שהוחמץ, אבל לא מבואר שמעשה האחים כלפי יוסף נובע מהרגשתם שהוא רוצה לדחות אותם מבית ישראל.

מכל-מקום, הפירוש שהצגתי בפניכם כבש את מקומו בדור האחרון, ואני חושב שזהו עומק פשוטו של מקרא! כשהדברים עוברים מן התחום המגודר של הפרט אל המישור הכללי – אנשים מסוגלים לעשות דברים קיצוניים ומזעזעים, מתוך הכרה שהם פועלים למען עניין כללי ולא לטובת עצמם.

אביא כדוגמה את דָוִד בן גוריון, שיש לו זכות גדולה בתקומת מדינת ישראל; איש עם כוחות גדולים ומסירות נפש לעם ישראל – אבל גם בעל יצָרים גדולים... כשאני שואל את עצמי איך יכול היה האדם הזה להגיע למעשה כל-כך מזעזע של ירי על 'אלטלנה' – מה שהוא קרא "התותח הקדוש" – הרי זו באמת שאלה נוראה! הכיצד? ריבונו-של-עולם, להרוג את אֶחָיו?? ממש כמעשיהם של הבריטים שֶירו על ספינות מעפילים... אי אפשר למחול ולסלוח על ההחלטה ועל המעשה. אבל כשאנחנו מנסים להבין מה עמד מאחורי פקודת האש, הרי בן גוריון חשב ופעל למען כלל האומה ולמען המדינה שזה-עתה נולדה. הוא סבר, לפי תומו, שהִנֵה עומדים להקים פה צבא נפרד, שיהיה כאן פירוד – שני מחנות – תוך כדי המלחמה. ואז הוא ראה את עצמו מחויב, בַּשעה הזאת, לעשות מעשה דרסטי שֶימנע זאת, גם במחיר דם אחים.

# לימוד איגרתו של רמח"ל אל רבו

ישעיהו בָּסָן

## פתיחה

מתוך השהִיה בעומק פשוטו של מקרא – נוכל להגיע לסוגיה שעומדת במרכז שיעורֵנו והיא: סוגיית שני המשיחים. שני כוחות מרכזיים מִתבלטים בבית ישראל, והם עומדים זה לעומת זה: כוחו של יהודה 'הגובר באחיו' ונבחר למלוכה – "כִּי יְהוּדָה גָּבַר בְּאֶחָיו, וּלְנָגִיד מִמֶּנּוּ" – וכוחו של יוסף, "וְהַבְּכֹרָה לְיוֹסֵף", כפי שכתוב בדברי הימים-א' (ה' ב'). לכן זוכה יוסף בפרשת-השבוע שלנו, פרשת וַיחי (מ"ח ה'), לשני חלקים בנחלת הארץ, כבכור: "אֶפְרַיִם וּמְנַשֶּׁה כִּרְאוּבֵן וְשִׁמְעוֹן יִהְיוּ לִי". בין כוחותיהם של יהודה ויוסף קיים מתח, ואילו האיחוד ביניהם – תוך שמירת ייחודו של כל אחד מן השניים – זהו חזון הגאולה.

לַסוגיה הזאת נדרש הרמח"ל בכמה וכמה מקומות.

לפני הכול – אזכיר לכם שהרמח"ל חי רק ארבעים שנה. בגיל ארבע-עשרה כבר ידע את כל קבלת האר"י בעל-פה, בגיל עשרים התגלה אליו 'מגיד' וסודות נפלאים בפיו. בשנת ת"ץ (1729), כשהוא בן עשרים-ושתיים, בעודו כותב בפרץ יצירה ובהיקפים אדירים, הוא מעורר סביבו סערת חֵמָה ורבים קמים עליו, על חבורתו ועל כתביו, להחרימם.[1]

1 א. חנן סקר את עיקרי הפולמוס, כפי שהוא משתקף באיגרותיו של רמח"ל ובאלה של מתנגדיו, בראש ספרו 'אֹהֵב טְהָר לֵב', המוקדש לַספר 'מסילת ישרים'. הספר ראה אור בהוצאת 'ספריית בית אל' בשנת תשפ"א (2021), בעריכתו של הרב יעקב פישר. חשוב לציין שכל אוסף האיגרות – לרבות איגרות מתנגדיו ורודפיו של רמח"ל – נשמר "בזכות" הפולמוס,

בחרתי לעסוק במקור שכתב רמח״ל בצעירותו, בשנת ת״ץ הנ״ל, עוד בימי ׳תוּמָּתו׳, לפני שהִתגורר על ראשו הסער הגדול, קנאתו ורדיפותיו של רבי משה חגיז.[2] זוהי איגרת אל רבו, רבי ישעיהו בָּסָן,

---

בידי רבו של רמח״ל רבי ישעיהו בָּסָן, שהגן על תלמידו ופעל ככל יכולתו בניתוב האירועים.

ב. אוסף כמעט שלם של האיגרות ראה אור מחדש במהדורה מורחבת ומוערת של ׳מכון רמח״ל׳ על־ידי הרב מרדכי שריקי, בשנת תשס״א. סקירת עומק של הפולמוס, שורשיו והשלכותיו – בתוך ביוגרפיה רעיונית מקיפה של רמח״ל – ניתנה על־ידי פרופ׳ יהונתן (יוני) גארב בספרו: ׳מקובל בלב הסערה, משה חיים לוצאטו׳, בהוצאת אוניברסיטת תל אביב תשע״ד (2014).

ג. מעניין לציין שהביטוי ״סערת חֵמָה״ אשר נוקט חנן, הוא ביטויו של רמח״ל עצמו, באיגרתו אל רבני וֶנֶציה (איגרת ל״א במהדורת שריקי). כך הוא מתאר בפניהם את מעשיהם־שלהם כלפיו: ״הנה קול רעש גדול ... וההמולה רבה והולכת ... וגם רוח מבֵּינותיכם, רבותַי, יוצא בחמת כוחו ... להרוס לִנתוץ ולהפיל בסערת חֵמָה ושֶׁטֶף אף, ונמצא שם שמים מִתחלל״. כדרכו, בונה הרמח״ל את משפטיו מקִטעֵי פסוקים, ובתוך כך גם מבליע רמז לא־דק... הנה שני הפסוקים: ״הִנֵּה סַעֲרַת ה׳ חֵמָה יָצְאָה וְסַעַר מִתְחוֹלֵל, עַל רֹאשׁ רְשָׁעִים יָחוּל״ (ירמיהו כ״ג י״ט). / ״אַכְזְרִיּוּת חֵמָה וְשֶׁטֶף אָף, וּמִי יַעֲמֹד לִפְנֵי קִנְאָה״ (משלי כ״ז ד׳).

2 יש לתקן כאן את דבריו של חנן. איגרת זו – שסומנה באות י״ד – נכתבה באותם שבועות אשר בהם החל הפולמוס, והנה סדר התאריכים באותם ימים:

איגרתו הראשונה של משה חגיז נגד הרמח״ל נכתבה ביום ג״ט מרחשוון שנת שק״ץ – כך הוא כתב! – היינו י״ב בחשוון שנת ת״ץ. היא סומנה בספר האיגרות (מהדורת שריקי) באות ה׳. רמח״ל השיב לְרב חגיז כחודש אחר־כך, ביום י״א בכסלו, ותשובתו מסומנת באות י׳. באיגרת י״ד דְנן מספר רמח״ל לרבו – הרב ישעיהו בָּסָן – על התשובה שכתב אל חגיז, ואף צירף העתק כדי להוכיח שהוא כתָבָה ״כְּבורח מן המָדון״.

עכשיו נראה מהו תאריך כתיבתה של האיגרת דְנן. במהדורת שריקי השתבש התאריך לחלוטין, בשגיאה של ממש, אבל שמעון גינצבורג, במהדורתו הישנה (1937), דייק כלהלן: ״פאדובה, יום ו׳, סֶדֶר [=פרשה] ושנת ׳אֲשֶׁר חָנַן אֱ־לֹהִים אֶת עַבְדֶּךָ׳ (בראשית ל״ג ה׳)״. גינצבורג מסביר כי האותיות הסופיות בַּמילים ׳חָנַן אֱ־לֹהִים אֶת׳ – נ׳, מ׳, ת׳ – הן נקודות

ולפי דברי הרמח"ל מתגלים לו דברים אלו מפי אליהו.[3] זו איגרת י"ד בספר האיגרות [עמ' מ"ב במהדורת שריקי] – ונקרא בה מתוך הספר:[4]

## שני המשיחים ושורשיהם

"הנה אני שולח לכבוד תורתו חידוש אחד מֵאשר נֶאמר לי אתמול, ובהיותו דבר עָרֵב מאד על־כן אכתוב אותו, ואבארֵהו בקיצור מאֶפֶס זמן ומקום, ובו מתבארים סודות רבים מדרכי החכמה. על פסוק '[וַיֹּאמֶר לוֹ

---

מעליהן, וצירופן הוא שנת ת"ץ. הווה אומר שהאיגרת נחתמה ביום ו', ערב שבת וַישלח בשנת ת"ץ, הוא יום י"ח בכסלו (הפיענוח הסופי הזה לא נדפס בַּספר).

חמישה שבועות עברו אפוא מאז הפיץ חגיז את 'קריאת הקרב' שלו נגד רמח"ל, אז החלה האש לִלחוך מסביב, והדבר נודע לרמח"ל מן הסתם כעבור שבועיים או שלושה. לא ברור אפוא מדוע סבר חנן שֶהאיגרת נכתבה עוד לפני פרוץ הפולמוס – וייתכן כי אי־ההבנה נגרמה בשל כתיבת התאריך, כנ"ל, באופן כה מורכב.

3 רבי ישעיהו בָּסָן היה מחכמי איטליה, וגם משורר. היה תלמידו של הרב משה זכות (הרמ"ז) וחתנו של רבי בנימין הכהן ויטלי (הרב"ך). במשך כשבע שנים לימד בישיבה בפאדובה, שם היה הרמח"ל תלמידו מאז שהיה בן שמונה ועד גיל חמש־עשרה. נוצרו ביניהם קשרים עמוקים מאד, כאב לבנו, וכאשר פרץ הפולמוס כנגד רמח"ל היה הרב בָּסָן למגינו העיקרי, אם־כי לא פעם התגלעו ביניהם חיכוכים. עשרות איגרות החליפו ביניהם הרב ותלמידו – הן מהוות את עיקר בניינו של ספר 'איגרות הרמח"ל' – יחד עם איגרות רבות נוספות אשר שמר הרב בָּסָן, כאמור לעיל. בכך הוא העניק לַדורות הבאים את היכולת לעקוב אחר מהלכו של הפולמוס, לתהות על קנקנם של המשתתפים, ולהבין ביתר עמקות את אישיותו של רמח"ל. משנת ת"ץ (1730) כיהן הרב בָּסָן כרבה של העיר ריגיו, עד פטירתו בשנת 1739.

4 כפי שהסברנו בפתיחתו של חלק זה, חנן לימד – בשנת תשנ"ד – מתוך מהדורה ישנה של ספר האיגרות, מהדורת גינצבורג (1937), וכל הציטוטים להלן יינתנו על־פי מהדורת שריקי, המעודכנת והמדויקת יותר. כמו כן תינתן האיגרת הזאת, בדילוגין, **כנספח א'** לחלק זה – עמ' 509 ואילך – על מנת להקל את הבנת הדברים בקריאת המקור באופן רצוף.

אֱ־לֹהִים]: אֲנִי אֵ־ל שַׁ־דַּי, פְּרֵה וּרְבֵה, גּוֹי וּקְהַל גּוֹיִם [יִהְיֶה מִמֶּךָּ, וּמְלָכִים מֵחֲלָצֶיךָ יֵצֵאוּ]׳ (בראשית ל״ה י״א); מאליהו נֶאמר״.

הפסוק הזה הינו ׳פסוק־מַפְתֵּחַ׳ במִשנתו של הרמח״ל. הוא כתב עליו בסערת ההִתגלות ספר גדול בן מאות דפים, כפי שהוא עצמו מעיד,[5] וספר זה הוא בין הספרים שאבדו לנו בשְׂרֵפתם וקבורתם של

5 א. עדותו זו של רמח״ל (כפי שמבין אותה חנן) כתובה בתחילת האיגרת שאנו עוסקים בה כאן, איגרת י״ד. הוא מספר לרבו על חיבוריו השונים שכבר השלים, ועל חיבור גדול על התורה – 500 עמודי כתב יד – שהוא עומד בכתיבתו. זו לשונו: ״והחיבור אשר אני עושה על התורה, עד עתה שאני מגיש לכבודו, ׳אֲנִי אֵ־ל שַׁ־דַּי, פְּרֵה וּרְבֵה, גּוֹי וּקְהַל גּוֹיִם׳, ת״ק [=500] דפים״.

ב. ואולם, על פי האמור כאן, עלינו להבין את דברי רמח״ל באופן שונה מהבנתו של חנן, כלהלן:

רמח״ל מדווח כאן על חיבור גדול שהוא עושה על התורה, כסִדרה, ו״עד עתה״ (כסלו ת״ץ) הוא כתב חמש־מאות דפים והגיע אל הפסוק הנ״ל, על־כן הוא משתף את רבו בַּאשר נֶאמר לו על פסוק זה. את חיבורו הגדול על התורה מזכיר רמח״ל גם באיגרות אחרות (וראה זאת להלן **בנספח ה׳**, עמ׳ 538 ליד הערה 3). תמיכה להבנה זו יש לראות בכך שדברי רמח״ל על הפסוק הזה, באיגרת דנן, הינם ״חידוש אחד מאותם שֶׁנאמרו לי אתמול, ויש עוד כזה שלושה אחרים, אך אין לי לא זמן ולא מקום לכותבם״; (ראה זאת בסופה של האיגרת, **בנספח א׳**, להלן בעמ׳ 516).

חיבורו הגדול של הרמח״ל על התורה – כולו בלשון הזוהר – מכונה ׳זוהר תניינא׳, או ׳זוהר רמח״ל׳. רק מעט שָׂרַד ממנו בשני קטעים (פרשיות וַיצא ומִקץ) אשר נשלחו לנִמעָניהם על־ידי הרב יקותיאל גורדון תלמיד הרמח״ל, ועל־ידי רמח״ל בעצמו. בתחילת אב בשנת ת״ץ נשבע רמח״ל בפני בית דין לחדול מעבודתו זו, וכל מה שהספיק לכתוב עד אז – נגנז, ואחר־כך הושמד.

בשנת תשנ״ז (1997) פרסם יוסף אביב״י את ספרו ׳זוהר רמח״ל׳ לאחר שזכה לגלות העתקת כתב־יד של קטע נרחב נוסף, על פרשת בראשית, ובהקדמתו הוא מתאר את מהלכי הגניזה והגילוי מחדש. בתוך דבריו שם הוא מתייחס גם אל דברי רמח״ל בָּאיגרת דנן על הפסוק מפרשת וַישלח (ראה זאת בעמודים ט״ו-ט״ז במהדורה השניה, בהוצאת תבונות תשס״ט).

יושם לב לכך שחנן לא יכול היה לדעת את המידע הנ״ל במלואו בזמן שמסר את שיעוריו אלה (תשנ״ד), מפני שסִפרו של אביב״י ראה אור, כאמור, רק שלוש שנים לאחר מכן.

חיבוריו. רק שריד מביאורו נשאר לפנינו באיגרת זו, בצורה ראשונית ומצומצמת. לא נוכל להיכנס אל כל הסודות שכותב רמח״ל, אבל נלמד משהו מן הדברים... [כאן מחלק חנן לתלמידים, כדפי מקורות, את צילומי האיגרת].

מה יש בַּפסוק הזה שאומר דרשני? – כדי להבין זאת עלינו לשים לב לסִדרם של האירועים.

הפסוק נֶאמר ליעקב מיד לאחר שֶריבון־העולמים קורא את שמו ׳ישראל׳, כאשר הוא שב לארץ כנען וכבר נמצא בלוּז, היא בית־אֵל, וכבר נולדו לו כל ילדיו מלבד בנימין. מיד לאחר פרשה זו ממשיך יעקב בדרכו חברונה: ״וַיִּסְעוּ מִבֵּית־אֵל וַיְהִי עוֹד כִּבְרַת הָאָרֶץ לָבוֹא אֶפְרָתָה״, ו״אֶפְרָתָה הִיא בֵּית לָחֶם״ (בראשית ל״ה פסוקים ט״ז וְ־י״ט). שם, בַּדרך, מתה עליו רחל בעת לידתו של בנימין.

אל נשכח שמקום קבורתה של רחל הוא מקום הולדת בנימין. לימים, ימשַח שמואל את שאול – איש בנימין – למלך על ישראל, ואז, בפסוק מופלא, יגלה הנביא לַמלך את חידוש הקשר אל מְקום קבורת רחל: ״בְּלֶכְתְּךָ הַיּוֹם מֵעִמָּדִי וּמָצָאתָ שְׁנֵי אֲנָשִׁים עִם קְבֻרַת רָחֵל בִּגְבוּל בִּנְיָמִן בְּצֶלְצַח, וְאָמְרוּ אֵלֶיךָ: נִמְצְאוּ הָאֲתֹנוֹת אֲשֶׁר הָלַכְתָּ לְבַקֵּשׁ״ וגו׳ (שמואל־א׳ י׳ ב׳).

נחזור אל הפסוק שלנו. כאשר אומר הקב״ה ליעקב: ״פְּרֵה וּרְבֵה״, הרי על כורחךָ מכוּוָן הדבר כלפי בנימין. כך אומר כאן רש״י על־פי מדרש רבה:

״׳פְּרֵה וּרְבֵה׳ – על שם שֶעדיין לא נולד בנימין, ואף־על־פי שכבר נִתעברה ממנו. ׳גּוֹי׳ – בנימין. ׳גּוֹיִם׳ – מנשה ואפרים שֶעתידים לצאת מיוסף, והם במניין השבטים. ׳וּמְלָכִים׳ – שאול ואיש־בושת שהיו משבט בנימין, שעדיין לא נולד. ופסוק זה דָרשוֹ אבנר כשהמליך [את] איש־בושת. ואף השבטים דָרשוהו וקֵרבו [את] בנימין, דכתיב [בספר שופטים כ״א א׳, לאחר מלחמת שבטי ישראל נגד בנימין בגלל פרשת פילגש בגבעה]: ׳אִישׁ מִמֶּנּוּ לֹא יִתֵּן בִּתּוֹ לְבִנְיָמִן לְאִשָּׁה׳, [ואחר־כך חזרו בהם] – וחזרו ואמרו: אלמלא היה [בנימין] עולה מן השבטים [=נחשב בְּמניין כלל ישראל], לא היה הקב״ה אומר ליעקב: ׳וּמְלָכִים מֵחֲלָצֶיךָ יֵצֵאוּ׳״.

ובכן, על־פי חז״ל, ישנו ייחוד בפסוק הזה לשבט בנימין. ועלינו לומר שאם הרמח״ל מייחד לַפסוק ספר שלם – הרי לפנינו אות שגם הוא רואה בפסוק הזה וּבְהִתייחסותו לבנימין נקודה מיוחדת. ואכן, נראה בדברי הרמח״ל את גילוי נקודת הקישור **והחיבור** – הנִדבך של בנימין – בין משיח בן יוסף לבין משיח בן דָוִד. אחר־כך נראה איך לוקח אותנו הרמח״ל – בשִׂרטוט התמונה הכוללת – עד לְפורים, להבנת סודו של מרדכי היהודי, שהיה מבנימין, ויחד־עם־זאת הריהו ׳אִישׁ יְהוּדִי׳.

נשוב אל האיגרת, לאחר דילוג, ונמשיך לקרוא:

״והנה, כל העניינים אשר הם בַּשורש צריכים להיות מתגלים למטה בָּענפים, שהם ישראל, כי בעבורם היתה הבריאה. והנה השכינה עצמה היא השורש של ישראל״ – שכינה, משמעותה היא ההִתגלות האֱ־לֹהית והשכנת אורו ברוך־הוא בתוך כנסת ישראל. הביטויים המקראיים ׳אֵ־ל חַי בְּקִרְבְּכֶם׳, או ׳וְהִתְהַלַּכְתִּי בְּתוֹכְכֶם׳, הם המציינים זאת, כלומר: האור האֱ־לֹהי השורֶה בתוך עם ישראל, הוא שורש ישראל. אומֵר לנו הרמח״ל לגבי השכינה – ״ויש בה שתי בחינות, שהם בעצמם סוד פנימיות וחיצוניות, והם לאה ורחל״. לאה הפנימית, ורחל החיצונית.

כמה מילים על פנימיות וחיצוניות: רחל בחינת חיצוניות, שהיתה ״יְפַת תֹּאַר וִיפַת מַרְאֶה״, לעומת ״וְעֵינֵי לֵאָה רַכּוֹת״ (בראשית כ״ט י״ז), שעל זה דרשו חז״ל ובעִקבותיהם הרשב״ם בפירושו לַפסוק הזה: ״כלה שעיניה נאות אין כל גופה צריך בדיקה״, מפני שהעיניים הן חלונות לַנשמה, המאירים את הפנימיות. ולעומת זאת אצל רחל העניין האֱ־לֹהי הוא נסתר, הוא רק בפנימיות, כמו כל דבר חיצוני המסתיר את פנימיותו. זהו גם היסוד של יוסף, שֶׁקידש שם שמים בַּסתר, ולכן זכה שתיתוסף אות ה״א בתוך שמו – ״עֵדוּת בִּיהוֹסֵף שָׂמוֹ״ (תהִלים פ״א ו׳) – כי הוא מזרעה של רחל, שֶׁהעניין האֱ־לֹהי נסתר בתוכו.[6] לעומת זאת

6 חנן מביא כאן חלק מן ההיגד במסכת סוטה (דף י׳ עמ׳ ב׳), המבחין בין יוסף ליהודה, כלהלן: ״יוסף שֶׁקידש שם־שמים בַּסתר – [כשעמד בפיתוּיֶיהָ של אשת פוטיפר] – זכה והוסיפו לו אות אחת משמו של הקב״ה, דכתיב: ׳עֵדוּת בִּיהוֹסֵף שָׂמוֹ׳; יהודה שֶׁקידש שם־שמים בפרהסיא – [כשֶׁהודה כי ממנו נִתעברה תמר] – זכה ונקרא כולו על שמו של הקב״ה [היינו שכל ארבע אותיות השם המפורש נמצאות בתוך שמו]״.

אצל לאה, שהיא בחינת הפנימיות, העניין האֱ־לֹהי הוא נִגלֶה. כלומר, ישנו כאן מתח דיאלקטי מהופך בין שני המושגים: בַּחיצוניות העניין האֱ־לֹהי הוא פנימי ונסתר, ובַפנימיות העניין האֱ־לֹהי הוא חיצוני וגלוי.

והמשך האיגרת:

״והנה משם״ – מרחל ולאה – ״יוצאים השבטים שֶׁסודם וָ״ו, שהם י״ב הצירופים, שישה לימין ושישה לשמאל״. – זהו גם עניין השבטים העומדים על הר גריזים ועל הר עיבל, שישה מכאן ושישה מכאן, לברכה וקללה, ככתוב בפרשת כי־תבוא – ״והנה סוד זה הוא עניין התרֵין משיחין. כי הם שלֵמות התיקון. וזה סוד גדול מאד. כי כל ישראל הם הענפים של השכינה״.

ובכן, ישנו לפנינו כאן אילן, עם ישראל הוא כולו אילן ״רב דָליות ושגיא פֶּרי״ כפי שאומר הרב זצ״ל בקטע נפלא בספר ׳אורות׳ (׳אורות התחיה׳ כ״ד) אשר מתאר את כנסת ישראל. הנה אלה דבריו: ״ההכרה הפנימית שהִננו שָׂריגים מעץ חיים רב דָליוֹת ושגיא פֶּרי, שֶׁכל מה שאנו יותר מעורים בגופו של אילן הננו חיים את החיים היותר שלֵמים ורעננים, בַּהווה ובַנצח, היא תביא את תחיית האומה למגמתה; היא, ואף היא, תקיץ את הקץ שאליו אנו עורגים, ותיתן לנו חוסן ישועות״.

שבטי יָ־ה – הם הינם הענפים, ובעצם כל אחד מאִתנו אינו אלא שריג בָּאילן הזה. אבל יש להבחין בין האבות לבין הבנים. שלושת האבות הם גזע האילן, וכל ענף היוצא מהם חוּצָה לפני זמנו הריהו דחוי, כמו ׳חזירים׳ אשר יש לקצוץ אותם כפי שידוע לאנשי המטעים. רק מיעקב – שֶׁהיתה מיטתו שלֵמה – יוצאים ומתפרשׂים שנֵים־עשר הענפים אשר כולם כלולים בבית ישראל. אבל המלך, דהיינו ההנהגה של כלל ישראל, היא צריכה להיות נטולה מן השורש או מן הגזע – מאותה נקודה שהיא עוד קודם להִסתעפות הענפים, לגוניהם השונים. זהו הדבר אשר ממשיך ואומר הרמח״ל כאן:

״אך המלך הוא גילוי השורש עצמו; ומפני היות השורש כך בשנַיים – גם המשיחים צריכים להיות כך״. – דהיינו: צריכים להיות שני משיחים, אחד מצד יהודה ואחד מצד יוסף, מפני שיש לנו שתי בחינות גם בַּשורש: רחל ולאה ״אֲשֶׁר בָּנוּ שְׁתֵּיהֶם אֶת בֵּית יִשְׂרָאֵל״ (רות ד׳ י״א), כלשון חז״ל (ב׳בראשית רבה׳ לפרשת וַיצא, ע׳): ״שתי קורות מפולשות מסוף העולם ועד סופו״ שֶׁעליהן נשען הבניין כולו.

ובַהמשך: ״והתיקון – בסוד ׳וְהָיוּ לַאֲחָדִים בְּיָדֶךָ׳ (יחזקאל ל״ז י״ז)״.
והלוא דבר הוא! לאחר ׳חזון העצמות היבֵשות׳, **אחרי** שעם ישראל קם על רגליו חַיִל גדול מאד, **לאחר** התחיה הלאומית, **ואחרי** נפיחת הרוח בהם, וגם **לאחר** כל המהלך של קיבוץ הגָלויות, רק אז בא בנבואת יחזקאל הנדבך הנוסף של איחוד העצים. ללמדךָ, שעדיין לא הסתיים מהלך שיבת ציון ותחיית המתים הלאומית. כאן מגיע השלב של: ״קַח לְךָ עֵץ אֶחָד וּכְתֹב עָלָיו לִיהוּדָה וְלִבְנֵי יִשְׂרָאֵל חֲבֵרָיו, וּלְקַח עֵץ אֶחָד וּכְתוֹב עָלָיו לְיוֹסֵף עֵץ אֶפְרַיִם וְכָל בֵּית יִשְׂרָאֵל חֲבֵרָיו. וְקָרַב אֹתָם אֶחָד אֶל אֶחָד לְךָ לְעֵץ אֶחָד, וְהָיוּ לַאֲחָדִים בְּיָדֶךָ״ (פסוקים ט״ז-י״ז). זהו חזון האיחוד של בית יוסף ובית יהודה. אומר לנו הרמח״ל: ״וְהָיוּ לַאֲחָדִים בְּיָדֶךָ״ – זהו גילוי סוד איחוד השורש הכולל את הענפים, משיח בן יוסף ומשיח בן דָוִד, אשר שניהם נִצרכים כדי להיעשות לאחד! ובלשונו שלו:

״כי כמה פעמים עמד זה התיקון להיתקן, ולא הצליח אלא בסוף העניין, בימי המשיח. ונמצא המלך – גילוי השורש בעצמו, ועל־כן הוא כולל כל הענפים, וזהו ׳וַיְהִי בִישֻׁרוּן מֶלֶךְ׳ (דברים ל״ג ה׳)״ – אימתי? ׳בְּהִתְאַסֵּף רָאשֵׁי עָם יַחַד שִׁבְטֵי יִשְׂרָאֵל׳ – ׳בְּהִתְאַסֵּף׳,״כי מאספן וקיבוץ כולם הוא המלך״.

ועתה מתייחס הרמח״ל אל ימי השופטים שקדמו לַמלכים: ״אך בתחילה לא זכו ישראל שיהיה להם מלך, כי עדיין לא נִתקנו הדברים כראוי. רק שופטים עמדו להם מצד ה׳יסוד׳, כי כך צריך לַהנהגה״.[7]

את אמירתו ״מצד היסוד״ נפרש קודם־כל באופן פשוט, שֶההנהגה הינה יסוד לחיים לאומיים תקינים, שאלמלא כן היה הכול הפקר. בימי השופטים עדיין היה חיסרון גדול, ככתוב: ״בַּיָּמִים הָהֵם אֵין מֶלֶךְ בְּיִשְׂרָאֵל אִישׁ הַיָּשָׁר בְּעֵינָיו יַעֲשֶׂה״ (שופטים כ״א כ״ה), היינו עוד אין

7 המהלך אשר מתאר כאן רמח״ל – והמשך התפתחותו עד הפִּסקה שלאחר הכותרת ׳החתירה אל התיקון **אשר בסוף הימים**׳ בעמ׳ 431 – נכתב על־ידו גם בַּספר ׳תיקונים חדשים׳ (או ׳שבעים תיקונים׳), באופן דומה אך שונה. חשוב לראות את המקבילות הללו, **בנספח ד׳** לחלק זה של הספר, תיקון שביעי, בעמ׳ 527.

מלכות, אבל בכל זאת הופיע היסוד ההכרחי של ההנהגה, וקם שופט אחר שופט להושיע את ישראל.

ואולם, כמובן, הרמח״ל מכוון כאן אל ספירת ה׳יסוד׳. נזכיר את עשר הספירות, שלוש שלישיות ואחת תחתונה ומאספת: חכמה בינה ודעת / חסד גבורה תפארת / נצח הוד **יסוד** / מלכות. בסדר ההִשתלשלות, ׳יסוד׳ היא הספירה שלפני ה׳מלכות׳. חז״ל קישרו כל אחת מן המידות אל הדמות המיוחדת לה – יוסף הוא במידת ה׳יסוד׳ – וכן אל האיבר בַּגוף המיוחד לאותה מידה. איבר ההולדה הוא המקושר אל מידת ה׳יסוד׳, ולכן הוא שייך גם לדמותו של יוסף.

אין פלא אפוא שיסוד הפרִיה והרבִיה חוזר כמה פעמים לגבי יוסף: ״פְּרֵה וּרְבֵה״ האמור ליעקב גם על בני יוסף, אחר־כך: ״וְיִדְגּוּ לָרֹב בְּקֶרֶב הָאָרֶץ״ בברכת יעקב לַבנים (בראשית מ״ח ט״ז), ו״בֵּן פֹּרָת יוֹסֵף, בֵּן פֹּרָת עֲלֵי עָיִן״ (שם מ״ט כ״ב) בברכת יעקב לָאב. גם במהלך נחלת הארץ מַנחֶה יהושע את בית יוסף להרחיב את נחלתם, כי ״עַם רַב אַתָּה וְכֹחַ גָּדוֹל לָךְ״ (י״ז י״ז).

מכל־מקום, נמצאנו אומרים שבית יוסף מציב ויוצק את היסוד לַמלכות – את נדבך התשתית – ונראה זאת בשיעור הבא בהקשר ליהושע בן־נון ובהקשר למשכן שילֹה בנחלת אפרים.

ממשיך רמח״ל וכותב: ״אבל אחר־כך התחילה בהם המלוכה, וזה בימי שאול, והוא מבנימין. והעניין, כי יוסף – לו ראויה המלכות מצד רחל, ויהודה – מצד לאה. וכבר אמרתי שהתיקון הוא הֱיות השתי בחינות האלה מחוברות. **ועתה אומַר מי מחברם, כי בנימין הוא המחבר אותם**״.

זהו קטע חשוב ביותר, ובַשיעורים הבאים נעמיק ונרחיב בעניינו.

שאלה

עיין בַּסוגיה של בניין המלכות בישראל, ומתוך כך גם בהבנת סוד הגאולה ועניינם של משיח בן יוסף ומשיח בן דָוִד. לדברים הללו ישנו קשר עמוק אל המציאות שלנו כַּיום, שעה שאנו עולים ויורדים בחבלי משיח ובסיבוכי גאולה – ועלינו לקבל מכאן הדרכה לבירור

ולגיבוש של קו נכון ומעשה נכון ביחס לצמיחת גאולתנו, על כל בירוריה וסיבוכיה.

בסוף השיעור הקודם קראנו את דברי רמח״ל באיגרתו – הוא כבר הגיע אל מלכותו של שאול – אך אנו נתעכב עוד רגע על השלבים שֶקדמו לחידוש המלוכה.

כשאנו מדברים על יוסף, ומדברים על אפרים, עלינו לשַוות לנגד עינינו את דמותו של יהושע בן נון – שהוא בעצם הגילוי של כוח הכיבוש שֶבאפרים. הוא זה הכובש את הארץ ומנחילה לישראל. הוא הכוח המעשי אשר מעמיד את רגליהם של ישראל בַמערכה, וראינו זאת כבר בַמדבר, כאשר בחר בו משה לנהל את המלחמה בעמלק. עם מותו של יהושע – כאשר שואלים שבטי ישראל מי ימשיך עתה את הלחימה בַכנעני – משיב להם הקב״ה: ״יְהוּדָה יַעֲלֶה, הִנֵּה נָתַתִּי אֶת הָאָרֶץ בְּיָדוֹ״ (שופטים א׳ ב׳); אך לעניין המלוכה תידרש עוד ׳חוליית הביניים׳ של בנימין, כפי שנראה.

ובינתיים, כל ימי השופטים, נקבעה העיר שילה כמרכז לשבטי ישראל וכמקום המשכן. גם זהו ׳יסוד׳ להשראת השכינה, בנחלתו של אפרים בן יוסף. אבל אחרי זמן ארוך חרבה שילה, ובדיעבד מתאר זאת אסף, משורר התהִלים, במילים קשות, כאשר מתוך השֶבר עולה התיקון – בְרמה היסטוריוסופית – והבחירה נָסַבָּה וחלה מעתה על שבט יהודה, על הר ציון ועל דָוִד עבד ה׳. נקרא חלק מפרק ע״ח:

> ״וַיִּטֹּשׁ מִשְׁכַּן שִׁלוֹ, אֹהֶל שִׁכֵּן בָּאָדָם. וַיִּתֵּן לַשְּׁבִי עֻזּוֹ וְתִפְאַרְתּוֹ בְיַד צָר. וַיַּסְגֵּר לַחֶרֶב עַמּוֹ וּבְנַחֲלָתוֹ הִתְעַבָּר. ... וַיִּמְאַס בְּאֹהֶל יוֹסֵף וּבְשֵׁבֶט אֶפְרַיִם לֹא בָחָר. וַיִּבְחַר אֶת שֵׁבֶט יְהוּדָה, אֶת הַר צִיּוֹן אֲשֶׁר אָהֵב. וַיִּבֶן כְּמוֹ רָמִים מִקְדָּשׁוֹ, כְּאֶרֶץ יְסָדָהּ לְעוֹלָם. וַיִּבְחַר בְּדָוִד עַבְדּוֹ, וַיִּקָּחֵהוּ מִמִּכְלְאֹת צֹאן. מֵאַחַר עָלוֹת הֱבִיאוֹ, לִרְעוֹת בְּיַעֲקֹב עַמּוֹ וּבְיִשְׂרָאֵל נַחֲלָתוֹ. וַיִּרְעֵם כְּתֹם לְבָבוֹ וּבִתְבוּנוֹת כַּפָּיו יַנְחֵם״.

ונזכיר בקצרה, לגבי מקומו של המשכן, שֶהיו לו עוד ׳תחנות ביניים׳ בנחלת בנימין – בנוב ובגבעון – לפני שנבחרה ירושלים לבית עולמים.

## בנימין – הוא המחבר בין שני המשיחים

עכשיו נחזור אל איגרת י"ד של הרמח"ל. נראה שוב את הקטע שאליו הגענו בשיעור הקודם, והפעם נמשיך ונקרא אותו במלואו:

"אבל אחר־כך התחילה בהם המלוכה, וזה בימי שאול, והוא מבנימין. והעניין, כי יוסף – לו ראויה המלכות מצד רחל, ויהודה מצד לאה. וכבר אמרתי שהתיקון הוא היות השתי בחינות האלה מחוברות. ועתה אומַר מי מחברם, כי בנימין הוא המחבר אותם – כי יוסף הוא מן ה'יסוד', ויהודה מן ה'מלכות', אך בנימין הוא סוד ה'רוּחָא דְשבק בה בעלה', והוא המקשר הזכר עם הנקבה. ולכן הוא נטל המלכות בָּראשונה, שעל ידי זה יתחברו אלה השניים. ואז ייִנתן המלכות לדָוִד שהוא סוד הנקבה, כי לה ההנהגה בַּתחתונים, ובחינת הזכר נכלל בה, שהוא מלכות יוסף, שכך היה ראוי לְתיקונם של ישראל אז".

ובכן, לפנינו קטע יסודי ביותר, ונצעד צעד־צעד בניסיון להבינו.

הרמח"ל חוזר על כך שהתיקון הוא בחיבור מלכות יוסף – מצד רחל – עם מלכות יהודה מצד לאה, והוא כבר גילה לנו קודם־לכן שֶׁסודו של החיבור הזה הוא בחזון יחזקאל על איחוד שני העצים, עץ יוסף ועץ יהודה, "וְהָיוּ לַאֲחָדִים בְּיָדֶךָ" (ל"ז י"ז). אין לי ספק שפִּשרו של המשל הוא **בהרכבה חקלאית** של שני העצים זה על גבי זה, להיותם אחד – כי ממשפחה אחת הם – דהיינו שהכַּנָּה, הבסיס, היא 'עץ יוסף', והרוכב אשר עליה הוא 'עץ יהודה'. באופן כזה מדובר בחיבור של חיים: יוסף נותן ביהודה את כוח האדמה, את ההזנה של יניקת השורש, ויהודה ייתן את פרי ההילולים.

עכשיו מוסיף הרמח"ל ומגלה כי בנימין הוא המחבר את יוסף, שהוא מספירת 'יסוד', עם יהודה שהוא מספירת 'מלכות'. כבר אמרנו שספירת ה'יסוד' מקושרת אל איבר ההולדה של הזכר; ברור גם שספירת ה'מלכות', המקבלת, הריהי הנקבה; והגילוי הגדול הוא שֶׁ"בנימין הוא סוד ה'רוּחָא דְשבק בה בעלה', והוא המקשר הזכר עם הנקבה".

הרבה ייגעתי את מחשבתי להבין את סודו של בנימין אשר מאיר כאן הרמח"ל...[8]

---

8 א. לקראת שבת פרשת וַישלח בשנת תשס"ג – כתשע שנים לאחר סִדרת השיעורים דנן – כתב חנן בגיליון 'מעט מן האור' מאמר המוכתר: 'סודו ◄

אקדים ואביא עוד שני ציטוטים מהמשך האיגרת: אומר רמח״ל שֶׁ״בנימין, שהוא יחבר השנֵי ענפים בסוד אפרים ויהודה, על ידי שני המלכים, בסוד התרֵין משיחין״. ואחר־כך הוא מוסיף ואומר – בהקשר למרדכי, ׳אִישׁ יְמִינִי׳ שהוא גם ׳אִישׁ יְהוּדִי׳ (אסתר ב׳ ה׳) – שֶׁ״בנימין מכוח יוסף הוא בא, והוא סוד ׳יֹסֵף ה׳ לִי בֵּן אַחֵר׳ (בראשית ל׳ כ״ד), ונקרא ׳מָרְדֳּכַי הַיְּהוּדִי׳ לתיקונו, שהיה מחבר אליו יהודה. והאמת, זה העניין התחיל בָּראשונה, כי בנימין ניתן ביד יהודה להביאו ליוסף״.

ומכיוון שאינני יכול לבטא את הדברים בַּמונָחים של תורת הסוד – כדברי הרמח״ל שֶׁ״בנימין הוא סוד ה׳רוּחָא דְּשבק בה בעלה׳, והוא המקשר הזכר עם הנקבה״[9] – הרי עלי להציג את הדברים בַּכֵּלים הזמינים לנו: הכלי ההיסטורי והכלי הנפשי.

---

של בנימין׳. אמנם רוב דבריו שם מקבילים לַדברים שהוא מלמד כאן, אך בשל צורת ההגשה ה׳חננית׳ המיוחדת יובא המאמר כנספח **ב׳** לחלק זה של הספר, להלן בעמ׳ 517.

**ב.** ונוסיף עוד ציטוט של חנן. בַּחורף של שנת תש״ע – כשנתיים לפני פטירתו – הוא לימד בישיבת ההסדר במעלה אדומים, ועסק בפרקי שאול ודָוִד. בַּשיעור המוכתר ׳הדרך למלכות דָוִד׳ אמר חנן לתלמידיו כַּדברים האלה:

״אבל היכן היא כל מלכות בנימין בסיפור הזה? מהו תפקידו של [יהונתן] המִשנֶה למלך? עלי לומר לכם: ... בַּשאלה הזאת, של בנימין, התחבטתי והתייסרתי מאד. ופעם אחת, כשלמדתי את האיגרות של הרמח״ל – שֶׁזהו בכלל עולם מופלא בפני עצמו, הלוואי שפעם יעמוד בי הכוח ותהיה לי יכולת ללמד את איגרות הרמח״ל – גיליתי שם איגרת אחת, ופתאום אורו עינַי! [כדברי יהונתן כאשר טעם מִיַּערת הדבש! (שמואל־א׳ י״ד כ״ט)]. אני מספר לכם, כשקראתי את האיגרת ממש אחזה בי צמרמורת... וואה... הנה הרמח״ל כאן האיר את הדברים. ואני קורא לכם [את דברי הרמח״ל בתוך המאמר ׳סודו של בנימין׳]״.

9 **א.** חנן נמנע מלהעמיק יתר־על־המידה במושגי הקבלה, ואף אנו לא נפליג בביאור המשפט הזה, אך נֹאמר ראשי דברים בקצירת האומר:

׳רוחא דשבק בה בעלה׳ – הרוח אשר משאיר איש באשתו – הוא מושג מִספר ׳הזוהר׳ ומכתבי האר״י המתייחס לְ׳רוח׳ הניתנת בזיווג ראשון, אשר בו אין האִשה מתעברת אך רוחו של בעלה נותרת בה מאז ולתמיד, ומאפשרת את יצירת כל פירות־בִּטנה בעתיד.

באשר לַ'כלי ההיסטורי' – ניתן לפתח את אשר רומז הרמח"ל בקצרה.

ראשית, רמוּז לנו בנימין, העתיד להיוולד, כבר בשמו של יוסף, כדבר רחל האֵם: "יֹסֵף ה' לִי בֵּן אַחֵר". עצם האחווה הזאת קושרת כמובן את בנימין אל יוסף בחבל הטבור... מאידך גיסא, יהודה הוא זה אשר מוסר את נפשו על בנימין לאורך הדורות. הדבר מתחיל בסיפור הירידה למצרים, כאשר אומר יהודה לאביו: "אָנֹכִי אֶעֶרְבֶנּוּ מִיָּדִי תְּבַקְשֶׁנּוּ" (בראשית מ"ג ט'); ממשיך בקִרבת נחלותיהם של יהודה ובנימין בארץ; ומִתגַלֶה גם בגלות בבל לאחר החורבן, כאשר כל הגולים – בני יהודה ובנימין – נקראים 'יהודים', כפי שראינו בְּכינויוֹ של מרדכי בשושן: 'אִישׁ יְמִינִי' שהוא גם 'אִישׁ יְהוּדִי' (אסתר ב' ה').

נרחיב מעט בעניינו של בנימין עִם הירידה למצרַים:

בנימין, בן הזקונים האהוב על כולם, הוא המחדש את הקשר ואת האחדות בבית יעקב; הוא נקודת המפתח המחברת בסופו של דבר בין

---

ניתן להבין מדברי רמח"ל במקום אחר – בספר 'כללות האילן' ו' ד' – שֶבחינת בנימין, ככלל, היא־היא בחינת 'רוחא דשבק בה בעלה', כי רוח זו היא השפע של בחינת שם ה'ו'י'ה העולֶה בגימטריה ב"ן (יו"ד + ה"ה + ו"ו + ה"ה = ב"ן, דהיינו 52). הדבר הזה רמוז בעצם השֵם ב"ן־ימין כדבר אביו, וגם בַּשֵם ב"ן־אוני כדבר אמו, או כפי שנימקה רחל את השם 'יוסף' כתפילה לבנה השני: 'יֹסֵף ה' לִי בֵּ"ן אַחֵר'. הוא הדבר אשר אומר כאן רמח"ל שֶ"בנימין מכוח יוסף הוא בא, והוא סוד: 'יֹסֵף ה' לִי בֵּן אַחֵר'" (בראשית ל' כ"ד).

ב. בעניין בנימין המחבר בין שני המשיחים, מוסיף רמח"ל עוד מבט לעתיד לבוא, כלהלן:

ב'מדרש רבה' לפרשת וַיֵצא (ע"א ט') מסופר כי "פעם אחת נחלקו רבותינו בַּדבר: אלו אומרים [אליהו הנביא] מִשֶׁל גד, ואלו אומרים [שהוא] מִשֶׁל בנימין. בא [אליהו בעצמו] ועמד לפניהם; אמר להם: רבותינו! מה אתם נחלקים עלי? אני מבני בניה של רחל אני".

ובתיקון ל' בספרו 'תיקונים חדשים', מביא רמח"ל את דברי משה, הרועה הנאמן, אל אליהו. הוא מברכו שלעתיד לבוא תינתן לו בשלֵמות ברכת בריתו של הקב"ה אשר ניתנה לפינחס – "בְּרִיתִי שָׁלוֹם" – **ואז יחבר בה אליהו הן את הקב"ה עם שכינתו, והן את שני המשיחים, זה לזה.** ומצד השכינה עולָה בגימטריה שמו, 'אליהו', 52; זהו כאמור מילוי ב"ן (52) של שם ה'ו'י'ה'. ועוד נֶאמר בו: "וְהֵשִׁיב לֵב אָבוֹת עַל בָּנִים וְלֵב בָּנִים עַל אֲבוֹתָם" (מלאכי ג' כ"ד), ובו יתקשרו כולם בַּקישור האחד, כראוי.

האחים. יוסף רואה אותו, מוצף ברגש אבהות, אומר לו: ״אֱ-לֹהִים יָחְנְךָ בְּנִי״, ובוכה בסֵתֶר חדרו, ״כִּי נִכְמְרוּ רַחֲמָיו אֶל אָחִיו״ (בראשית מ״ג כ״ט-ל׳). אחר־כך מִתעמת יהודה מול יוסף אחיו – עדיין אין הוא יודע שהוא דובר אל אחיו – ואומר לו: ״כִּי עַבְדְּךָ עָרַב אֶת הַנַּעַר מֵעִם אָבִי לֵאמֹר: אִם לֹא אֲבִיאֶנּוּ אֵלֶיךָ וְחָטָאתִי לְאָבִי כָּל הַיָּמִים. וְעַתָּה יֵשֶׁב נָא עַבְדְּךָ תַּחַת הַנַּעַר עֶבֶד לַאדֹנִי, וְהַנַּעַר יַעַל עִם אֶחָיו. כִּי אֵיךְ אֶעֱלֶה אֶל אָבִי וְהַנַּעַר אֵינֶנּוּ אִתִּי, פֶּן אֶרְאֶה בָרָע אֲשֶׁר יִמְצָא אֶת אָבִי״ (בראשית מ״ד ל״ב-ל״ד). אלה הם הדברים הממיסים את ליבו של יוסף, אשר מִתוודֵעַ עכשיו אל אֶחָיו... ואז, שוב מִתגַלֶּה ׳המִדרָג׳ בין בנימין לבין כל השאר: ״וַיִּפֹּל עַל צַוְּארֵי בִנְיָמִן אָחִיו וַיֵּבְךְּ, וּבִנְיָמִן בָּכָה עַל צַוָּארָיו. וַיְנַשֵּׁק לְכָל אֶחָיו וַיֵּבְךְּ עֲלֵהֶם״ וגו׳ (מ״ה י״ד-ט״ו).

אלה הם שורשי הדברים, זו התשתית לַקשר העמוק של בנימין – הן אל יוסף, הן אל יהודה הערֵב בעדו.[10]

---

ג. בַּספר ׳רזין גניזין׳, שאמנם לא נכתב בידי הרמח״ל אלא בידי תלמידיו, מדובר כמה פעמים על בנימין – לא כמחבר בין שני המשיחים אלא כבחינת משיח בן דָוִד בעצמו. אפשר שהסיבה לכך היא שֶׁשבט בנימין התחבר למלכות בית דָוִד כאשר נחלקה המלוכה, ומאז לְעולם.
הנה הדברים בסוף מערכה ו׳, עמ׳ קע״ד במהדורת מכון רמח״ל (בתרגום מֵארמית): ״׳וַתִּקְרָא [רחל] אֶת שְׁמוֹ יוֹסֵף, לֵאמֹר: יֹסֵף ה׳ לִי בֵּן אַחֵר׳ (בראשית ל׳ כ״ד), שהרי סיום התיקון ושלמותו הוא במשיח בן דָוִד, שבאותו הזמן [יתקיים הכתוב]: ׳וְהָיוּ לַאֲחָדִים בְּיָדֶךָ׳ (יחזקאל ל״ז י״ז). משום־כך נֶאמר: ׳יֹסֵף ה׳ לִי בֵּן אַחֵר׳ – זה משיח בן דָוִד בסודו של בנימין״.

ד. הרב אריה שפירא, בספרו ׳מגדיל ישועות מלכו׳ (ראה פרטים לעיל בהערה 1 עמ׳ 398), בפרק נ״ו, מבאר – בעקבות דברי ה׳זוהר׳ – שאכן שתי בחינות מקופלות בו, בבנימין, בהיותו מחבר בין שני המשיחים: ׳בן אוני׳ הוא בחינת משיח בן יוסף, במידת הדין ומצד השמאל – ובו אחוז המוות, כי מתה רחל בלִדתה אותו – ואילו ׳בנימין׳ הוא בחינת משיח בן דָוִד, מצד הימין. במתן השֵׁם הזה חילץ יעקב את זרעה של רחל מן המוות, והצמיד את בנימין למלכות בית דָוִד, לעתיד לבוא, בקשר חיים של ימין בְּימין.

10 חז״ל מבחינים ב׳המשך׳ מעניין לערבותו זו של יהודה לבנימין, כאשר שולח ישַׁי את דָוִד אל שדה המערכה מול פלִשתים על־מנת שֶׁיקיים את

ובאשר למה שכינינו ׳הכלי הנפשי׳, נשוב אל מְשָׁלוֹ של הנביא יחזקאל בחזון איחוד שני העצים. אמרנו שחיבור עץ יוסף ועץ יהודה הינו בהרכבה, מה שֶׁמכנים החקלאים ׳הרכבת ראש׳ אשר יוצרת שתיל אחד, מורכב משני רְכיבים. עכשיו בואו נראה, מהי הבחינה הרוחנית הנדרשת לשם הצלחת ההרכבה?

את ׳סוד ההצלחה׳ נוכל ללמוד דווקא מן הכישלון – היינו מן השורש של פירוד הממלכה בין ירבעם לבין רחבעם בן שלמה בן דָוִד. חז״ל במסכת סנהדרין (דף ק״ב עמ׳ א׳) דורשים ״שֶׁתְּפָסוֹ הקב״ה לירבעם בבִגְדוֹ, ואמר לו: חזור בך, ואני ואתה ובן ישי נטייל בגן עדן. אמר לו [ירבעם]: מי בָּראש? [והשיב הקב״ה]: בן ישַׁי בָּראש. [אמר ירבעם]: אי הכי לא בעינא [=אם כך אינני רוצה]״.

אם נקשיב בין השיטין, נוכל לשמוע שֶׁהשאלה ׳מי בָּראש׳ איננה מתייחסת רק לירבעם ולבן־ישַׁי. למעשה, מופנֵית שאלתו של ירבעם כלפי שמַיָא: ׳מי בָּראש, אני או אתה?׳. הדבר מִתגַלֶּה אחר־כך כשירבעם מורד בקב״ה, משום שֶׁהמִתנשא לומר ׳אני אמלוך׳, הריהו דוחק כביכול את רגלי השכינה. על בעלי הגאווה אמרו חז״ל (במסכת סוטה דף ה׳ עמ׳ א׳): ״כל אדם שיש בו גסות הרוח, אמר הקב״ה: אין אני והוא יכולין לדור [יחדיו] בָּעולם; שֶׁנאמר (בתהִלים ק״א ה׳): ... ׳גְּבַהּ עֵינַיִם וּרְחַב לֵבָב, אֹתוֹ לֹא אוּכָל׳, אל תקרי ׳אֹתוֹ׳ אלא: ׳אִתּוֹ לֹא אוּכָל׳״.

אגב, מי שאמר במפורש דברים דומים לזה, הוא פרידריך ניטשה... הרב שאול ישראלי מצטט את דבריו בספרו ׳פרקים במחשבת ישראל׳ (עמ׳ 543) ומוסיף: ״עפרא לפומֵיה״... הנה משפטו של ניטשה: ״הבו

---

הערבות העתיקה, יפעל במקום שאול, איש בנימין, ויצילֶנו. המדרש דורש את דברי ישַׁי לדָוִד (בשמואל־א׳ י״ז י״ח) ״וְאֶת עֲרֻבָּתָם תִּקָּח״, והנה זו לשון המדרש:

״לָמוּד אותו שבט [=יהודה] להיות עָרֵב אלו לאלו. ... אמר ישַׁי לדָוִד בנו: הרי השעה שתלך ותקיים אותו הערבות של יהודה זקֵנְךָ שֶׁעָרַב את בנימין מיד אביו, שֶׁנאמר (בבראשית מ״ג ט׳): ׳אָנֹכִי אֶעֶרְבֶנּוּ׳, לך והוצא אותו מן ערבתו. מה עשה דָוִד? הלך וקיים את הערבוּת והרג את גלְיָת. אמר לו הקב״ה: חייךָ, כשם שנתתָ נפשך תחת שאול, שהוא משבטו של בנימין ... כך אני נותן בית המקדש בחלק יהודה ובנימין״ (ילקוט שמעוני שמואל־א׳ קכ״ו).

ואגידה לכם את כל ליבי, רֵעַי: לוּ היה אלהים, כי אז איך יכולתי נְשׂוֹא לבלתי היות [אני] אלהים? ובכן – אין אלהים״...[11]

מכל-מקום, כשֶמביטים על ירבעם בן נבט, אנו מבינים באופן עמוק שֶשבירת האחדות בעם ישראל, והרמת היד כנגד הקב״ה, אלה הן שתי רעות שהן אחת, כשני צדדיו של אותו מטבע.

הרמח״ל ילמד אותנו, בהמשך האיגרת, את דרך התיקון – תוך איזכור המדרש הזה – אך כבר עתה יכולים אנו לומר שעלינו להפוך את דרכו ואופיו של ירבעם, ואז נבין שֶהתכונה המאפשרת ומזמינה את החיבור, את האחדות, היא מידת הענווה והכרת הטובה!

במונחיו של מְשַל ההרכבה, זקוקים שני העצים למידת הענווה: הכַּנָה חייבת לגלות ענווה בכך שהיא נושאת את הרוכב מעליה ואיננה נדחקת לומר ׳אני בָּראש׳, והרוכב נדרש לאותה תכונה כי עליו לדעת שאת כל לשַד חִיותו הוא שואב מן הכַּנָה אשר תחתיו. הנִמשל הוא כמובן בכך שֶמידת הענווה חייבת להתגלות הן ב׳עץ יוסף׳ והן ב׳עץ יהודה׳, על-מנת שיצליח החיבור בין שניהם. כל אחד משניהם חייב להיות מודע לנקודת החיסרון שבו, שאין הוא יכול כלל בלי מִשנֵהו, ורק כך תוכל לְהֵרָקֵם שלֵמות בית ישראל.[12]

---

11 פרידריך ניטשה היה פילוסוף גרמני, אשר נפטר בשנת 1900. היה הוגה ומחבר פורה ביותר, מקורי ומרדן, ופיתח את רעיונות ׳מות האלהים׳, ׳האדם העליון׳, ׳הרצון לעוצמה׳, ועוד. בעשר שנותיו האחרונות הוא איבד את שפיותו, ויש שפירשו זאת כתגובה לרעיונותיו-שלו, שלא יכול היה לעמוד בדרישותיהם הנפשיות ובָאתגר הגלום בהם. ניטשה לא היה אנטישמי, אך הנאצים עשו שימוש רב בכתביו.
המשפט המצוטט כאן לקוח מתוך: ׳על פני אִיֵי עדן׳, בַּספר ׳כה אמר זָרָטוּסתרא׳.

12 **א.** לעיל, בחלקו השני של הספר, עסק חנן בהרחבה בַּתובנות העולות מן המדרש הנ״ל על אותה ׳שיחה׳ בין הקב״ה לבין ירבעם, וכן הרחיב בהסבר מידת הענווה ההכרחית להצלחת ההרכבה בין שני העצים, בַּמשל ובַנמשל של חזון יחזקאל. ראה זאת לעיל בעמוד 218-219, וכן בעמ׳ 229 ואילך.
**ב.** ב׳מאמר הגאולה׳ חקק רמח״ל את העיקרון הזה בדיוק, במילותיו שלו. הבאנו קטע מן החיבור להלן בתוך **נספח ג׳**, בעמ׳ 522. הנה ציטוט של משפט אחד: ״כי בְּהַכִּיר כל אחד את מקומו לפי המדרֵגה, הנה יהיה זה

כאן מגיע חידושו הגדול של רמח״ל – **שֶׁההכרה הזאת של החיסרון, זהו יסוד בנימין**, ועל־כן הוא המהווה את נקודת החיבור.

תחילה אומר הרמח״ל – בקטע שכבר ראינו – שֶׁ״התחילה בהם המלוכה, וזה בימי שאול, והוא מבנימין״. ואכן, מידת הענווה היתה מונחת ביסודו של שאול, ואנו רואים זאת היטב בַּמעמד בו מוליך שמואל את בחירת המלך על־פי ה׳: ״וַיַּקְרֵב שְׁמוּאֵל אֵת כָּל שִׁבְטֵי יִשְׂרָאֵל, וַיִּלָּכֵד שֵׁבֶט בִּנְיָמִן. וַיַּקְרֵב אֶת שֵׁבֶט בִּנְיָמִן לְמִשְׁפְּחֹתָיו, וַתִּלָּכֵד מִשְׁפַּחַת הַמַּטְרִי, וַיִּלָּכֵד שָׁאוּל בֶּן קִישׁ, וַיְבַקְשֻׁהוּ – וְלֹא נִמְצָא. וַיִּשְׁאֲלוּ עוֹד בַּה׳: הֲבָא עוֹד הֲלֹם אִישׁ? וַיֹּאמֶר ה׳: הִנֵּה הוּא, נֶחְבָּא אֶל הַכֵּלִים!״ (שמואל־א׳ י׳ כ׳-כ״ב).

ואולם, דווקא בגלל מידת הענווה הטבועה באופיו, לא ידע שאול לכלכל את מלכותו. המעבר החד מאלמוניוּת למלכות גרם לשֶׁבֶר באישיותו, וזהו הדבר שגרם לו לקנא בדָוִד. אלמלא הקנאה הזאת, יכול

---

למעלה וזה למטה – ואף גם זאת אין קנאה ואין שנאה, כי כך הסֵדֶר לפי המדרֵגות. וכחשיבות זה העליון [כך גם] חשיבות זה התחתון״.

ג. בַּספר ׳רזין גניזין׳ (שלא נכתב בידי רמח״ל אלא בידי תלמידיו), מודגשת דרישת הענווה כדי לתקן את הגאווה והקנאה שהיתה בין רחבעם לירבעם, ולאפשר את ההרמוניה בין שני המשיחים לעתיד לבוא. יושַׂם לב שמחבר הספר מטיל את עיקר האחריות לפילוג הממלכה דווקא על רחבעם שהִתנשא בגסות על העם, ומכל־מקום – כדברי חנן – החזון לעתיד הוא שֶׁמידות הענווה והאהבה ההדדית אשר בין שני הכוחות, הן שתהיינה רִקמת החיבור והאיחוי ביניהם.

הנה אלה הדברים במערכה א׳ דְּרוּשׁ י״א, עמ׳ כ״ט במהדורת מכון רמח״ל (בתרגום מֵארמית): ״בוא וראה; כתוב: ׳אֶפְרַיִם לֹא יְקַנֵּא אֶת יְהוּדָה, וִיהוּדָה לֹא יָצֹר אֶת אֶפְרָיִם׳ (ישעיהו י״א י״ג); שהרי בזמנו של המלך המשיח חדווה ונחת רבה תהיינה בָּעולם, וזאת משום שֶׁמשיח בן דָּוִד ינהיג את עצמו בענווה גדולה. הוא לא יתגאה כאשר יראֶה שהוא שולט וריבון על העולם כולו, כמו שעשה רחבעם שֶׁאמר: ׳אָבִי יִסַּר אֶתְכֶם בַּשּׁוֹטִים, וַאֲנִי אֲיַסֵּר אֶתְכֶם בָּעֲקְרַבִּים׳ (מלכים־א׳ י״ב י״ד), וזה [הדבר אשר] גרם לפילוג הממלכה. כי ירבעם, כאשר ראה זאת, לא רצה לשבת תחת רָאשותו [של רחבעם]. אבל בזמן ההוא [=בזמן הגאולה] לא יהיה כך, אלא אהבה גדולה תימָצא ביניהם, ואז משיח בין דָוִד לא יתגאה על משיח בן יוסף, ומשיח בן יוסף לא יתגאה על משיח בן דָּוִד, אלא הכול יהיה באהבה ומנוחה, ודאי. ולכן [כתוב]: ׳אֶפְרַיִם לֹא יְקַנֵּא אֶת יְהוּדָה, וִיהוּדָה לֹא יָצֹר אֶת אֶפְרָיִם׳״.

היה לנבוט ולצמוח איחוד בין שני בתי המלוכה – ועלינו לעקוב אחרי התפתחות הדברים:

דָוִד בן ישי, אשר כבר נמשח למלכות בידי שמואל בבית לחם, מגיע אל שאול אשר סרה ממנו רוח ה׳, הוא מנגן לפניו, ונראים הדברים שֶנוצר שם חיבור יפה: ״וַיָּבֹא דָוִד אֶל שָׁאוּל וַיַּעֲמֹד לְפָנָיו, וַיֶּאֱהָבֵהוּ מְאֹד, וַיְהִי לוֹ נֹשֵׂא כֵלִים״ (שמואל-א׳ ט״ז כ״א). אלא שאז מגיע הקרב מול פלִשתים וגלְיָת, ודָוִד מתנדב ומתייצב לפני שאול. ייתכן שֶשאול שומע צליל גאווה בדבריו באומרו: ״גַּם אֶת הָאֲרִי גַּם הַדּוֹב הִכָּה עַבְדֶּךָ, וְהָיָה הַפְּלִשְׁתִּי הֶעָרֵל הַזֶּה כְּאַחַד מֵהֶם, כִּי חֵרֵף מַעַרְכֹת אֱ-לֹהִים חַיִּים״ (י״ז ל״ו); אולי כך פירש זאת שאול – אבל באמת מדבר דָוִד מתוך ייחוד נפשו, אשר עוז לחימה ויִראת ה׳ חֲבוּרות בה ללא הֶפרֵד, ללא נגיעה אישית וללא בחינת ׳כֹּחִי וְעֹצֶם יָדִי׳.

ואז מלביש שאול לדָוִד את מדיו, את קובע הנחושת ואת השריון, ודָוִד מסירם מעליו... גם ללא סיוע ממִדרשי חז״ל נוכל לחוש כאן את המֶתַח... ואכן מפרש רש״י – בעקבות המדרש – שֶמדיו של שאול ״נהפכו להיות כמידת דָוִד [שהיה נמוך קומה] ... אף שהיו של שאול שהיה גבוה מכל העם משכמו ומעלה. וכיוון שראה שאול כן – הכניס בו עין הרע, והרגיש דָוִד בַּדבר״.

ראו את רגישותו של דָוִד, תוך כדי הקרב; כי אכן ניתן להבין שהלובש את מַדֵי המלך הריהו כיורשו, ולא על-חינם נפסקה הלכה כי ״אין רוכבין על סוסו [של המלך], ואין יושבין על כסאו, ואין משתמשין בשרביטו, ולא בכִתרו, ולא באחד מכל כלֵי תשמישיו״ (הלכות מלכים לרמב״ם, ב׳ א׳). ובכן, אילו היה שאול נותן את המדים בלב שלם, היה יכול הדבר להיות אות לחיבור ולאחדות בין מלכותו שלו לבין מלכות דָוִד, אלא שדָוִד הרגיש שלא כך הדבר... הוא הסיר את המדים כדי שלא לדחוק את רגלו של שאול, אבל מצידו של שאול – כאן התחילה הקנאה, אשר עלתה ופרחה כצרעת מַמארת... רק אחר-כך, רואים אנו שיהונתן בן שאול מוסר לדָוִד את כליו, והוא אכן נותנם בלב שלם, וממנו מוכן דָוִד לקבל: ...״וְנֶפֶשׁ יְהוֹנָתָן נִקְשְׁרָה בְּנֶפֶשׁ דָּוִד, וַיֶּאֱהָבֵהוּ יְהוֹנָתָן כְּנַפְשׁוֹ. ... וַיִּכְרֹת יְהוֹנָתָן וְדָוִד בְּרִית, בְּאַהֲבָתוֹ אֹתוֹ כְּנַפְשׁוֹ. וַיִּתְפַּשֵּׁט יְהוֹנָתָן אֶת הַמְּעִיל אֲשֶׁר עָלָיו וַיִּתְּנֵהוּ לְדָוִד, וּמַדָּיו וְעַד חַרְבּוֹ וְעַד קַשְׁתּוֹ וְעַד חֲגֹרוֹ״ (י״ח א׳-ד׳).

## דָּוִד ויהונתן – מלך וּמִשְׁנֵהוּ

ובכן, שתי זמורות יוצאות מבית שאול להתחבר בְּדָוִד: אחת עולה יָפֶה, ואחת אינה עולה יָפֶה. שֶׁאינה עולה יָפֶה – זו מיכל שלא היה לה ילד עד יום מותה. ומדוע לא צלח זיווגה עם דָוִד? – כי בָּזָה לו כשראתה אותו מכרכר בכל עוז לפני ארון הָאֱ־לֹהים, ואמרה: "מַה נִּכְבַּד הַיּוֹם מֶלֶךְ יִשְׂרָאֵל, אֲשֶׁר נִגְלָה הַיּוֹם לְעֵינֵי אַמְהוֹת עֲבָדָיו כְּהִגָּלוֹת נִגְלוֹת אַחַד הָרֵקִים" (שמואל-ב' ו' כ'). דָוִד כמובן דחה מכל-וכל את דבריה, ומתברר שגאוותה של מיכל היא שהכשילה את חיבורם של שני בתי המלוכה – כי בגדה במידת הענווה!

הזמורה השניה היוצאת מִשאול אל דָוִד הריהי יהונתן בנו – הנמשך אל דָוִד כהימָשֵׁך השורש אל פריו – וברית אהבה נכרתת ביניהם, אהבת נפש אשר 'אֵין עַל עָפָר מָשְׁלָה',[13] אהבה שאיננה תלויה בְּדבר.[14]

כפי שראינו, מסר יהונתן לְדָוִד את מדיו ואת כלי מלכותו, ובכך מְסוּמֶלֶת מסירת המלכות עצמה, מיורשו החוקי של שאול – אל דָוִד וביתו. **ומה מאפשר את הקישור הזה? – ענוותו של יהונתן.** הענווה הזאת היא המניחה יסוד לַקישור העמוק בין יהודה ובנימין, המתבטא – כפי שכבר ראינו – הן בימי המלכות, הן בימי החורבן והגלות.

כאן המקום להאיר נקודת קשר משמעותית ביותר, המחברת בין יהודה ובנימין, זו הנקודה החבוקה בין נחלותיהם.

הנה כך מתואר בספר יהושע קו הגבול הצפוני של נחלת יהודה, שהוא גם קו הגבול הדרומי של בנימין: ..."וְהָיוּ תֹצְאֹתָיו אֶל עֵין רֹגֵל, וְעָלָה הַגְּבוּל גֵּי בֶן הִנֹּם אֶל כֶּתֶף הַיְבוּסִי מִנֶּגֶב, הִיא יְרוּשָׁלִָם, וְעָלָה הַגְּבוּל אֶל רֹאשׁ הָהָר אֲשֶׁר עַל פְּנֵי גֵי הִנֹּם יָמָּה ... וְתָאַר הַגְּבוּל מֵרֹאשׁ הָהָר אֶל מַעְיַן מֵי נֶפְתּוֹחַ" וגו' (ט"ו ז'-ט'). הווה אומר שֶׁירושלים היתה

---

13 חנן עושה כאן שימוש בלשון הכתוב באיוב מ"א כ"ה, תוך הסבה מלשון זכר ללשון נקבה.

14 חנן מצטט מן המשנה במסכת אבות (ה' ט"ז), והנה היא כאן במלואה: "כל אהבה שהיא תלויה בְּדבר – בטל דבר בטלה אהבה; ושאינה תלויה בְּדבר – אינה בטֵלה לעולם. איזו היא אהבה התלויה בְּדבר? זו אהבת אמנון ותמר; ושאינה תלויה בְּדבר – זו אהבת דָוִד ויהונתן".

עיר גבול בין שני השבטים ושניהם אחזו בתחומיה. חז״ל מוסיפים ואומרים, במסכת יומא (דף י״ב עמ׳ א׳), שֶׁקַו הגבול התפתל ממש במרומי הר הבית: הלְשָׁכות, העֲזָרות וקטע מן המזבח היו בחלקו של יהודה, ואילו רובו של המזבח וכל חלקי המקדש – עד מקום השכינה בקודש הקודשים – היו בחלקו של בנימין.

מסורת נוספת, במסכת זבחים (דף נ״ד עמ׳ ב׳), מספרת על שמואל ודָוִד אשר שָׁקלו וטָרו למצוא מקום לַשכינה. תחילה סברו שהמקום ראוי להיות גבוה, בעין עיטם, אך אחר־כך חזרו והבינו שיש להנמיכו מעט, כדי לקיים את ברכת משה לבנימין: ״יְדִיד ה׳ יִשְׁכֹּן לָבֶטַח עָלָיו, חֹפֵף עָלָיו כָּל הַיּוֹם, וּבֵין כְּתֵפָיו שָׁכֵן״ (דברים ל״ג י״ב). העיקרון האמור כאן הוא שֶׁמקום השכינה איננו ׳בָּראש׳ – בשיא הגובה – אלא מעט נמוך יותר, ׳בֵּין כְּתֵפָיו׳, באופן מוצנע בין הרים אחרים. גם זהו גילוי של מידת הענווה ה׳בִּנְיָמינית׳, שלא להתבלט ולטפס ״הכי גבוה״, אלא להיות בצוותא, בסוד שיח, עם ההרים האחרים – כשם שדרשו חז״ל גם על הר סיני אשר נבחר לְמַתַן התורה בַּמדבר.

נחזור אל דָוִד ויהונתן, כאשר מבקש שאול את נפש דָוִד הבורח מפניו אל חֹרְשָׁה במדבר זיף.[15] יהונתן מתגנב ובא, כַּכתוב: ...״וַיָּקָם

15 אל־נכון, ׳חֹרְשָׁה׳ היא יישוב או אתר סמוך לָעיר זיף, ויש לחפשה אפוא בסביבות תל זיף אשר מדרום לחברון. שני זיהויים הוצעו על־פי השמות הערביים: האחד הוא חרבת חורֵייסה 3 ק״מ מדרום לתל זיף, והשני הוא חרבת אום־חַלסה, 3 ק״מ מזרחה מן התל, צמוד לַיישוב פני חֶבֶר.

וכאן נביא ציטוט מדברי חנן, בשיעור מיוחד שהוא נתן בַּשטח, באתר אשר ממוקם בדיוק בין שני הזיהויים הנ״ל. האתר הוא ׳מצפה זיו׳, לזכרם של יהודה בן־יוסף ויואב דורון הי״ד, אשר נהרגו בָּמקום הזה מאש צה״ל – בטעות – ביום ט׳ באדר־ב׳ תשס״ג. בני משפחותיהם של השניים התכנסו בָּאתר כחצי שנה לאחר האסון, והזמינו את חנן ללמדם על נדודיו של דָוִד באזור הזה. הוא נענה ובא, לימד את הפרק, וקשר את דבריו אל שני הבחורים היקרים שנפלו ועלו שם. השיעור צולם והוקלט – והנה כך סיים חנן את דבריו על ברית דָוִד ויהונתן:

״ומיהו הפנינה הזכה שבה מתגלֶה בנימין? מיהו פרי ההילולים של בנימין? – זהו יהונתן בן שאול, אוהב טְהַר לב. האהבה והברית שֶׁנִכרתת בין דָוִד לבין יהונתן היא היסוד לכל הקישור של בית ישראל לְעולם – גם בָּרמה האנושית והאישית, וגם בַּהנהגה.

יְהוֹנָתָן בֶּן שָׁאוּל וַיֵּלֶךְ אֶל דָּוִד חֹרְשָׁה, וַיְחַזֵּק אֶת יָדוֹ בֵּא-לֹהִים. וַיֹּאמֶר אֵלָיו: אַל תִּירָא, כִּי לֹא תִמְצָאֲךָ יַד שָׁאוּל אָבִי, וְאַתָּה תִּמְלֹךְ עַל יִשְׂרָאֵל, **וְאָנֹכִי אֶהְיֶה לְּךָ לְמִשְׁנֶה** – וְגַם שָׁאוּל אָבִי יֹדֵעַ כֵּן. וַיִּכְרְתוּ שְׁנֵיהֶם בְּרִית לִפְנֵי ה', וַיֵּשֶׁב דָּוִד בַּחֹרְשָׁה וִיהוֹנָתָן הָלַךְ לְבֵיתוֹ" (שמואל-א' כ"ג ט"ז-י"ח).

מורַי ורבותַי – זוהי הברית לפני ה', ואלה הם הדברים המשמעותיים ביותר לחזון איחוד שני בתי המלכות! יהונתן מעודד את דָוִד שלא יצליח אביו להכחידו, ושמלכותו שלו – מלכות דָוִד – היא הרצויה לפני ה'. ומה הוא אומר **על עצמו**? ראו ושִׁמעו: הרי הוא בן המלך, אשר לכאורה מיועד למלוך אחר אביו, ולכן יכול היה להיות לו אינטרס ראשוני בסילוקו של דָוִד; אבל הנה היא ענוותו, והנה אהבתו: **הוא מבקש להיות מִשְׁנֶה לדָוִד**, וכך להביא אחדות במקום תחרות, והשלמה הדדית, תרתי משמע, במקום יריבות ופילוג.

לְימים – במסגרת הלכות מלכים – ינסח הראב"ד, אשר בחינת רוח־הקודש שרתה בבית מדרשו, את העיקרון הזה. נקרא את הלכת הרמב"ם, ואחר־כך את השגת הראב"ד.

כותב הרמב"ם בהלכות מלכים (א' ט') כַּדברים האלה: "מלכי בית דָוִד הם העומדים לְעולם, שנֶאמר: 'כִּסְאֲךָ יִהְיֶה נָכוֹן עַד עוֹלָם' [כדבר ה' אל דָוִד ביד נתן הנביא, בשמואל־ב' ז' ט"ז]. אבל אם יעמוד מלך משאר ישראל, תיפסק המלכות מביתו, שהרי נֶאמר לירבעם: 'אַךְ לֹא כָל הַיָּמִים' [כדבר ה' אליו ביד אחיה השילוני, במלכים־א' י"א ל"ט]".

על כך שֶׁתיפסק המלכות ממלכי ישראל, משיג הראב"ד כלהלן: "אמר אברהם: זה סותר מה שאמר [הרמב"ם] למעלה [בהלכה ז']: 'ולא המלכות בלבד [אלא כל השְּׂרָרות וכל המינויין שבישראל ירושה לבנו ולבן בנו עד עולם]'; אלא ודאי כן הוא: אילו היה ירבעם מלך

והיכן מתגלֶה היסוד הזה? **כאן, רבותי, בַּחורשה.** אז תדעו לכם שאנחנו עומדים כאן באזור שהוא בבחינת אדמת קודש! כששמעתי על המקום הזה, סמוך לַחורשה, ממש החסיר ליבי פעימה... האזור פה הוא אזור קודש... זהו מְקום נדודיו של דָוִד, המקום שבו נִכרתת ברית אחים, שעם כל המשברים, ועם כל הקרעים, ועם כל הקנאה, ועם כל השנאה – לא תיתם לעולם".

כשר, ובניו כשרים, לא היתה מלכות פוסקת מִזרעו אבל היתה שניה לְמלכות בית דָוִד, כגון קיסר ופְלַג־קיסר״.[16]

ובכן, פלַג־קיסר הוא מִשנֶה למלך, או סגן שלו – והרי זהו בדיוק הדבר אשר אומר יהונתן לדוד!

והצעתו זו של יהונתן ודאי ״פותרת״ קושי גדול על הלכת הרמב״ם, קושי אשר הראב״ד אף לא העלה כלפיו. כי כאשר מודיע שמואל לשאול שלא תימשך מלכותו, ושֶימצא לו ה׳ איש כלבבו, הוא גם אומר לו מה יכול היה להיות אילו שמר שאול את מִצוַת ה׳: ״וַיֹּאמֶר שְׁמוּאֵל אֶל שָׁאוּל: נִסְכָּלְתָּ! לֹא שָׁמַרְתָּ אֶת מִצְוַת ה׳ אֱ־לֹהֶיךָ אֲשֶׁר צִוָּךְ, כִּי עַתָּה – [אילו שמרת את המִצוָה, אזי] – הֵכִין ה׳ אֶת מַמְלַכְתְּךָ אֶל יִשְׂרָאֵל עַד עוֹלָם״ (שמואל־א׳ י״ג י״ג). ובכן, איך יכולה היתה מלכות שאול איש בנימין לעמוד ׳עַד עוֹלָם׳, כאשר כבר הבטיח יעקב ליהודה (בבראשית מ״ט י׳): ״לֹא יָסוּר שֵׁבֶט מִיהוּדָה וּמְחֹקֵק מִבֵּין רַגְלָיו״? – והתשובה לַשאלה הזאת היא על־פי ׳המודל׳ של מלך ומִשנֶה־למלך, כדברי יהונתן, או קיסר ופְלַג־קיסר כלשונו של הראב״ד.

זהו האידיאל. כך ראוי היה להיות – באחדות הרמונית בין בתי המלוכה – וחיבור שני הבתים היה מוביל גם לָאחדות הכללית של מלכות יוסף עם מלכות יהודה, כפי שכותב רמח״ל. כך היו מִתאחים לעץ אחד שני העצים, כַּנָה ורוכב הנותנים את חֵילם זו בזה, זה בזו, בחוברת אחת.[17] ואולם, אהה... יהונתן אמנם טמן זרע של תיקון לעתיד, אך לא הצליח לתקן את חטאו ודרכו של אביו, משום ״שֶשאול עצמו״ – כדברי רמח״ל – ״שבו היה תלוי התיקון הזה, לא תיקן כראוי״... ואז באו גם האויבים, הפלִשתים, לגבות את חובה של מידת הדין, ונפלו שאול ויהונתן חללים – הם ורבים עִמם – על הרי הגלבוע...

---

16 את צירוף־הלשון הזה נוטל הראב״ד מסוגיית הגמרא במסכת סנהדרין בדף צ״ח עמ׳ ב׳, בהמשך לָאִמרה: ״עתיד הקב״ה להעמיד להם [לישראל] דָוִד אחר״.

17 חנן עושה כאן שימוש במטבע־לשון של הרב קוק במאמרו ׳הַמִּסְפֵּד בירושלים׳. הרב כותב שם על כוחות יוסף וכוחות יהודה – כוחות החומר וכוחות הרוח – ״שֶראוי להכניס הכול בחוברת אחת״, ושני הצדדים, בגלל שלא התחברו והִתערו זה בזה, ״גרמו קלקולים בִּנטוֹתם לפירוד, לְחַבֵּל איש מעשה רעהו״.

לבדו נותר דָּוִד, ללא בן בריתו... הוא מקונן גם על שאול, רודפו, אך מה מר ליבו על אבדן יהונתן: ..."אֵיךְ נָפְלוּ גִבֹּרִים בְּתוֹךְ הַמִּלְחָמָה, יְהוֹנָתָן, עַל בָּמוֹתֶיךָ חָלָל. צַר לִי עָלֶיךָ אָחִי יְהוֹנָתָן! נָעַמְתָּ לִּי מְאֹד, נִפְלְאַתָה אַהֲבָתְךָ לִי מֵאַהֲבַת נָשִׁים" (שמואל־ב׳ א׳ כ"ה-כ"ו).

כי אכן, טהורה וזכה היתה אהבתם, ולא דבק בה שום פגם. טהורה היתה אף יותר מאהבת איש ואשתו, אשר עד שלא יתוקן חטא אדם הראשון, תמיד יהיה אחוז גם צד יצר־הרע בזיווגם, כסוד אמירת דָּוִד על עצמו – וזוהי גם אמירה כללית – "הֵן בְּעָווֹן חוֹלָלְתִּי וּבְחֵטְא יֶחֱמַתְנִי אִמִּי" (תהִלים נ"א ז׳). ועוד רמז מקופל כאן בדברי דָּוִד, שֶׁנפלאה היתה אהבת יהונתן אליו יותר מאהבת שתי נשים – אשר לא עלה זיווגן יָפֶה עִמו – הלוא הֵנָּה אחיותיו של יהונתן, מֵרַב אשר הובטחה לדָוִד וניתנה לאחר, ומיכל אשר גבה ליבה ולא העמידה לו בן עד יום מותה.

מכל־מקום, לימד אותנו יהונתן לקח חשוב עד מאד, לדורות עולם: אין "חובה" על משיח בן יוסף להיהרג באחרית הימים כדי "לפנות מקום" למשיח בן דָּוִד, אלא אדרבה: **יכול וצריך משיח בן יוסף לחיות ולפעול גם בעידן משיח בן דָּוִד!** זוהי מורשת הברית בין יהונתן לדָוִד. זהו ה׳מודל האידיאלי׳ של שיתוף הפעולה כמלך ומִשנֵהו, כנִמשל למשל הכַּנָּה והרוכב, בסוד ענוותו של בנימין, המאפשרת את חיבור כוחו של משיח בן יוסף אל תוך מלכותו של משיח בן דָּוִד.[18]

אלה הם הדברים אשר כותב רמח"ל בקיצור נמרץ בסוף הקטע שראינו – על הכללת מלכות יוסף בתוך מלכות יהודה – ונקרא שנית את המשפט הזה: "ולכן הוא [=בנימין] נטל המלכות בָּראשונה, שעל ידי זה יתחברו אלה השניים [=יוסף ויהודה]. ואז יינתן המלכות לדָוִד שהוא סוד הנקבה, כי לה ההנהגה בַּתחתונים [כספירת ׳מלכות׳,

18 בבית מדרשו של הרמח"ל ניתן רמז – המשלב גימטריה ו׳נוטריקון׳ – לכך שדָּוִד כולל בתוכו גם את יוסף: אם ׳נפרק׳ את השם ׳דָּוִד׳ לשניים – תרמוז האות דל"ת הראשונה לדָוִד, ואילו צירוף ערכן של האותיות וא"ו (6) עם דל"ת שניה (4) יניב 10, כערכה של האות יו"ד אשר בראש יוסף. יסוד לָרמז הזה הוא הכתוב בשמואל־א׳ י"ט ט׳: "וְדָוִד מְנַגֵּן בְּיָד", כי שתי אותיותיה של המילה ׳יָד׳ הריהן ראשי שמותיהם של יוסף ודָוִד.

ובחינת הזכר נכלל בה, שהוא מלכות יוסף [כספירת ה'יסוד'], שכך היה ראוי לְתיקונם של ישראל אז".[19]

עוד נשוב בהמשך אל העניין החשוב הזה כאשר נדבר על התיקון שֶׁלעתיד לבוא, אך עדיין אנו עומדים כאן בלימוד הפגם העומד לתיקונו, ומסתבר שהפגם הזה מסתבך והולך, כפי שנראה בשיעור הבא.

## דָוִד ומפיבושת – מחסד לכישלון

נמשיך אפוא בקריאת איגרתו של הרמח"ל, ונִלמד שגם לדָוִד עצמו ישנו חלק בַּקלקול אשר גרם לפירוד הממלכה:

"אך מפני שֶׁשאול עצמו, שבו היה תלוי התיקון הזה, לא תיקן כראוי – זה גרם מכשול גם לדָוִד, שאמר: 'אַתָּה וְצִיבָא תַּחְלְקוּ אֶת הַשָּׂדֶה' (שמואל-ב' י"ט ל'), ואז נגמרה [אולי צ"ל: נגרמה] חלוקת המלכות בין ירבעם לרחבעם, שהם יהודה ויוסף. והכול בא מִשאול, כי על ידי בנו [ונכדו, מפיבושת בן יהונתן], היה הדבר".

ובכן, מהו המשבר אשר היה בעוכריו של דָוִד המלך, וגרם בסופו של דבר לפירוד בין שבטי ישראל? הרמח"ל כותב בקצירת האומר, הוא מצטט פסוק של דברי דָוִד אל מפיבושת – ועלינו להבין במה מדובר כאן.

כבר אמרנו שקִנאתו והִתנשאותו של שאול לא איפשרה לו לינוק ולקלוט את כוחותיו של דָוִד מלכא משיחא, וכך נמשך הדבר והלך עד נפילתו של שאול. תקוותו של דָוִד לאיחוד בתי המלוכה ספגה מכה אנושה בכך שגם יהונתן – כאח לו – נפל חלל עם אביו, אבל בכל זאת רצה דָוִד להמשיך את חסדיו הנאמנים עם בית שאול, ככתוב (בשמואל-ב' ט' א'): "וַיֹּאמֶר דָּוִד: הֲכִי יֶשׁ עוֹד אֲשֶׁר נוֹתַר לְבֵית שָׁאוּל, וְאֶעֱשֶׂה עִמּוֹ חֶסֶד בַּעֲבוּר יְהוֹנָתָן?". באמצעותו של ציבא, עבד בית

19 הסבר נוסף של רמח"ל על היכללות משיח בן יוסף בתוך משיח בן דוד, להיותם שניים שהם אחד – ראה בנספח ד', להלן בעמ' 529, בתוך התיקון השמיני מן הספר 'תיקונים חדשים'.

שאול, מאתר דָוִד את מפיבושת, בנו נכה־הרגליים של יהונתן, אשר נחבל בעודו ילד כאשר באה השמועה על מות אביו וסבו. "וַיִּשְׁלַח הַמֶּלֶךְ דָּוִד וַיִּקָּחֵהוּ ... וַיָּבֹא מְפִיבֹשֶׁת בֶּן יְהוֹנָתָן בֶּן שָׁאוּל אֶל דָּוִד, וַיִּפֹּל עַל פָּנָיו וַיִּשְׁתָּחוּ ... וַיֹּאמֶר לוֹ דָוִד: אַל תִּירָא, כִּי עָשֹׂה אֶעֱשֶׂה עִמְּךָ חֶסֶד בַּעֲבוּר יְהוֹנָתָן אָבִיךָ, וַהֲשִׁבֹתִי לְךָ אֶת כָּל שְׂדֵה שָׁאוּל אָבִיךָ, וְאַתָּה תֹּאכַל לֶחֶם עַל שֻׁלְחָנִי תָּמִיד" (פסוקים ה׳-ז׳).

דרך אגב, במאמר מוסגר, אזכיר לכם שכמה פסוקים אחר־כך מסופר כי ׳לִמְפִיבֹשֶׁת בֵּן קָטָן וּשְׁמוֹ מִיכָא׳. בספר דברי הימים־א׳ – המגלה סודות שאינם מתפרשים בנביאים ראשונים – מתוארת (בסוף פרק ח׳) שושלת צאצאיו של מיכא, המשך בית שאול ויהונתן, אשר לא התייתם זרע משפחתם. שמות הבנים ובני־הבנים שם מְעולפֵי סוד... ולא ניכנס לזה עכשיו.[20]

נחזור לעניין דָוִד ומפיבושת, המתגלֶה לנו כבעל אישיות מיוחדת, שאיננו סתם נֵצֶר עלוב. הסיפור מסופר בשמואל־ב׳ בתחילת פרק ט"ז, כאשר בורח דָוִד עם אנשיו מירושלים, כי מרד בו אבשלום בנו אשר גנב את לב העם לראות בו מלך תחת אביו.

בעוד הוא יוצא מן העיר בא לקראתו ציבא, נער מפיבושת, והביא לו חמורי רכיבה ומזון ויין. איש מרחיק־ראות היה ציבא הזה, ותוכניתו היתה לגבות מדָוִד את המחיר מאוחר יותר... שאל אותו דָוִד: "וְאַיֵּה בֶּן אֲדֹנֶיךָ?", ושיקר לו ציבא: "הִנֵּה יוֹשֵׁב בִּירוּשָׁלַיִם, כִּי אָמַר: הַיּוֹם יָשִׁיבוּ לִי בֵּית יִשְׂרָאֵל אֵת מַמְלְכוּת אָבִי" (פסוק ג׳).

באותה שעה נכשל דָוִד כי נפל אל המלכודת אשר טמן לו ציבא הנוכל, קיבל את לשונו־הרעה ללא כל בדיקה, ופסק בו־בָרגע כי יופקע כל רכושו של מפיבושת המורֵד, כביכול, וְיימָסֵר לְציבא.

---

20 חנן אינו מפתח כאן את המעקב אחרי שושלת בית שאול בספר דברי הימים, אך אוכל לגלות שגם שמו שלו – חנן – מופיע באותה שושלת, כבנו של אָצַל. לגבי חנן, אין זה דבר של מה־בכך... הצירוף הזה, עם קישור שֵׁם אביו אל המקום המכונה ׳אָצַל׳ ליד הר הזיתים, בנבואת אחרית הימים של זכריה, גרם לחנן לבחור לעצמו שם־עט – גיא בן אָצַל – כַּמסופר בנספח י"א לחלקו השני של הספר. ראה שם בייחוד בעמ׳ 383 ובהערה 1.

עלינו לנסות להבין את הלוך נפשו של דוד באותן שעות קשות... ניתן לכנות את מצבו ותחושותיו כ׳ביטול כל היֵש׳... בנו אשר יצא מִמעיו קם כנגדו ומאלץ אותו לנוס על נפשו, הנה מקבל הוא ׳בשורה׳ כי מפיבושת רוצה אף הוא להחזיר את הגלגל ולחדש את מלכות בית שאול, ועוד רגע קט – בַּפסוקים הבאים (ז׳-ח׳) – אנו קוראים על קִללתו של שמעי בן גרא, ממשפחת שאול, לאמור: ״צֵא צֵא אִישׁ הַדָּמִים וְאִישׁ הַבְּלִיָּעַל! הֵשִׁיב עָלֶיךָ ה׳ כֹּל דְּמֵי בֵית שָׁאוּל אֲשֶׁר מָלַכְתָּ תַּחְתָּיו, וַיִּתֵּן ה׳ אֶת הַמְּלוּכָה בְּיַד אַבְשָׁלוֹם בְּנֶךָ, וְהִנְּךָ בְּרָעָתֶךָ כִּי אִישׁ דָּמִים אָתָּה״. הכול כאילו מתהפך לרעה על ראשו... דָוִד מקבל את הדין בהכנעה מפני שהוא זוקף לחובת עצמו את חטא בת שבע, ועל־כן – בגודל נפשו וענוותו – הוא מבקש דווקא לראות טוב בַּפורענות ובַקללה הניתכת עליו: ״הִנֵּה בְנִי אֲשֶׁר יָצָא מִמֵּעַי מְבַקֵּשׁ אֶת נַפְשִׁי, וְאַף כִּי עַתָּה [שִׁמעי] בֶּן הַיְמִינִי, הַנִּחוּ לוֹ וִיקַלֵּל, כִּי אָמַר לוֹ ה׳! אוּלַי יִרְאֶה ה׳ בְּעֵינִי [=בדִמעַת עֵינִי] וְהֵשִׁיב ה׳ לִי טוֹבָה תַּחַת קִלְלָתוֹ הַיּוֹם הַזֶּה״ (פסוקים י״א-י״ב).

מתוך התיאור הזה ניתן אולי ללמד סנגוריה על דָוִד ועל כישלונו באותה שעה, אך העובדה היא שהכֶּשֶל הזה בין דָוִד למפיבושת מתפתח ותופח עוד יותר, דווקא כאשר חוזר דָוִד מעֵבר הירדן בשלום, אחרי מות אבשלום, כַּמסופר בפרק י״ט.

עתה באים כל ישראל להשיבו אל מלכותו, גם מפיבושת בא לקראתו, ובתוך־כך מעיד הכתוב כי בכל הימים בהם ברח דָוִד על נפשו היה מפיבושת שרוי בתענית ובאֵבֶל!

״לָמָּה לֹא הָלַכְתָּ עִמִּי, מְפִיבֹשֶׁת?״, שואל אותו המלך (בפסוק כ״ו), ולרגע הוא שוכח שֶמפיבושת נכֵה רגליים... מפיבושת משיב כי ביקש מציבא עבדו שיסייע לו לרכוב ולצאת עם דָוִד ואנשיו, אך זה רימה אותו, הלך לבדו אל דָוִד, ורימה גם אותו בסיפור מחשבת המרד־שלא־היה, כפי שראינו. הנה כך מסכם מפיבושת את דבריו, בעַנוותו ובנאמנותו: ״וַאדֹנִי הַמֶּלֶךְ כְּמַלְאַךְ הָאֱ־לֹהִים, וַעֲשֵׂה הַטּוֹב בְּעֵינֶיךָ!״ (פסוק כ״ח).

בנקודה זאת עלינו לקרוא בין השורות, כי המקרא אינו מספר לנו על תחושות והלוך נפש... אני סבור שמפיבושת רואה את הבעותיו של דָוִד: אולי הוא מביט בו במבט אטום, אולי מְעַוֶה את פניו כי אינו

מאמין לדבריו... מפיבושת נעלב, אך אינו מתקומם ואינו מתווכח עם המלך; הוא ממעיט את עצמו ואומר: "כִּי לֹא הָיָה כָּל בֵּית אָבִי כִּי אִם אַנְשֵׁי מָוֶת לַאדֹנִי הַמֶּלֶךְ, וַתָּשֶׁת אֶת עַבְדְּךָ בְּאֹכְלֵי שֻׁלְחָנֶךָ, וּמַה יֶּשׁ לִי עוֹד צְדָקָה וְלִזְעֹק עוֹד אֶל הַמֶּלֶךְ?" (פסוק כ"ט).

אחרי כל זאת היה מתבקש שדָוִד יבחן את עצמו מחדש, שֶׁיחשוב שנית, אולי אכן לפניו איש צדיק ונאמן, בעוד אשר ציבא הוא שקרן ורשע וערום כנחש... אך לא... הוא שוב "חותך", פוסק דין באופן פזיז ונמהר, וליתר דיוק איננו מכריע אלא הריהו כאומר שיש מן הצדק בשני הצדדים, ויש מן האשמה בשניהם... לכן הוא "חוצה" עכשיו את פסק דינו הראשון – בו נתן לציבא את אדמות מפיבושת – ומביאו אל האמצע (בפסוק ל'): "וַיֹּאמֶר לוֹ הַמֶּלֶךְ: לָמָּה תְּדַבֵּר עוֹד דְּבָרֶיךָ? אָמַרְתִּי: אַתָּה וְצִיבָא תַּחְלְקוּ אֶת הַשָּׂדֶה!".

מפיבושת פגוע עד עמקי נשמתו... ננסה להקשיב אל סערת רוחו, אל צעקתו אשר על לשונו ואין הוא מעז לבטאה: 'תגיד לי, המלך דָוִד, אתה באמת חושב שאִכפת לי מה יהיה גורלו של השדה?? לשם כך באתי אליך עכשיו? **גורלך שלך** היה חשוב לי! רציתי רק שתחזור לביתך ולמלכותך בשלום! הרי אני בנו של יהונתן שנתן לך את המדים והחגור! זוכר?.. ולגבי השדה – אם כבר אמרתָ מה שאמרתָ – כבר אין לי בו כל צורך, לא בכולו ולא במחציתו'... "גַּם אֶת הַכֹּל יִקָּח [ציבא הנוכל] אַחֲרֵי אֲשֶׁר בָּא אֲדֹנִי הַמֶּלֶךְ בְּשָׁלוֹם אֶל בֵּיתוֹ"(פסוק ל"א).

אכן, יש מרבותינו שדנו לחומרא את מפיבושת על דבריו אלה אל דָוִד, אך הרמח"ל – בדבריו שכבר קראנו, ומיד נזכיר אותם שנית – הולך בעקבות המימרא במסכת שבת, המאשימה את דָוִד בקבלת לשון הרע על מפיבושת ובַתוצאה הנוראה של הדבר כעבור שני דורות.

הרמח"ל אמר כזכור שֶׁשאול ברדיפותיו "גרם מכשול גם לדָוִד, שאמר: 'אַתָּה וְצִיבָא תַּחְלְקוּ אֶת הַשָּׂדֶה' (שמואל-ב' י"ט ל'), ואז נגמרה חלוקת המלכות בין ירבעם לרחבעם, שהם יהודה ויוסף. והכול בא מִשאול, כי על ידי בנו [ונכדו, מפיבושת בן יהונתן] היה הדבר".

והמֵימרא במסכת שבת (דף נ"ו עמ' ב') חדה כמדקרות חרב, כלהלן: "בשעה שאמר דָוִד למפיבושת: 'אַתָּה וְצִיבָא תַּחְלְקוּ אֶת הַשָּׂדֶה', יָצתה בת קול ואמרה לו: רחבעם וירבעם יחלקו את המלוכה. ... אילמלא לא

קיבל דָוִד לשון הרע, לא נחלקה מלכות בית דָוִד, ולא עבדו ישראל עבודה זרה, ולא גָלינו מארצנו". את עניין העבודה־הזרה בסופה של המֵימרא מסביר רש"י כך: "שֶעל־ידי שנחלקה המלכות העמיד ירבעם העגלים [בבית־אֵל ובדן], שלא יעלו ישראל לירושלים לממשלתו של רחבעם".

עומק הדברים כך הוא: קנאתו של שאול בדָוִד פגמה משהו בנפשו של דָוִד בעצמו. הוא לא היה לגמרי "סביל" או "אדיש" לַקנאה ולְרדיפות, אלא הגיב כלפיהן תגובה פנימית אשר תססה וחָמרה כמורסה בנפשו. הפציעה הזאת גרמה לכך שאהבתו ליהונתן כבר לא היתה תמימה עד תום, ולכן הוא נכשל וקיבל לשון הרע על מפיבושת, בנו וממשיכו. ומכיוון שלאחר מות יהונתן היתה אפשרות החיבור בין בתי המלוכה תלויה בדָוִד ובמפיבושת – והנה גבה טורא ביניהם – על־כן לא הושלם החיבור האידיאלי... כאן התפרדו יהודה ובנימין, והקרע נמשך אל בית יוסף ושבטי ישראל חבריו. מה שנִפרם על ידי דָוִד – ועדיין היה בַּמסתרים כי לא הכול שמעו בת־קול – התגלה והבאיש בין רחבעם לירבעם, והלאה במורַד חמישה־עשר דור משלמֹה עד צִדקיהו, עד חורבן המקדש וגלות בבל...

## זלדה תובעת את עלבון מפיבושת

חשוב לציין בַּהקשר הזה את שיריה המיוחדים של המשוררת זלדה[21] על מפיבושת. זלדה היתה מן המשוררות הגדולות שקמו לנו בדור הזה, ובחושיה הנשיים העמוקים היא תפסה את הפנימיות של פרשת דָוִד ומפיבושת, את תחושת העלבּון הצורב בנפשו... היא כתבה על כך שני שירים, מופלאים בעינַי.[22] בַּשיר הראשון משוחחת זלדה, כביכול, עם מפיבושת; היא עומדת לידו, כולה אִתו... היא מבינה שהוא ציפה לידידות פשוטה ותמימה מצד דָוִד, מבינה גם עד כמה דוחָה אותו "חכמתו" של ציבא, הנחש הערום, הנחש הקדמוני, ואולי ישנו כאן גם רמז לָאֶרֶס שהוטל אל יחסו של דָוִד בעצמו לִבְנוֹ שֶׁל יְהוֹנָתָן...

21 זלדה שניאורסון־מישקובסקי – נֶצֶר לאדמו"רי חב"ד ובת דודו של הרבי האחרון – עלתה ארצה מאוקראינה בשנת 1926 כילדה בת אחת־עשרה. רוב שנותיה גרה בירושלים ולימדה בבתי ספר יסודיים.

נקרא את השיר הראשון:

**מְפִיבֹשֶׁת**

עֵינֶיךָ הַמְרַצְּדוֹת
צִפֳּרִים קְטַנּוֹת יוֹנְקוֹת דְּבַשׁ.
כַּאֲשֶׁר בָּכִיתָ
הַמֶּלֶךְ לֹא שָׁמַע.
כַּאֲשֶׁר נָפַלְתָּ
הָעוֹלָם לֹא חָזַר לְתֹהוּ וָבֹהוּ.
מְפִיבֹשֶׁת, חָלַמְתָּ
עַל יְדִידוּת תְּמִימָה יוֹתֵר.
מָאַסְתָּ בְּחָכְמַת הַנָּחָשׁ הַקַּדְמוֹנִי,
בְּנוֹ שֶׁל יְהוֹנָתָן.

התנ"ך היה כספר פתוח לפני זלדה; לגבי תורת הסוד – אינני יודע. אך אומַר רק זאת: הרמח"ל ראה בתיקון החטא של עץ הדעת את תפקידם של שני המשיחים, לעתיד לבוא, והן זהו החטא אשר אליו נפלה חווה בהדחתו של הנחש הקדמוני, אשר הטיל את ארסו בינה לבין אישהּ, ובין שניהם לבין ריבונו־של־עולם...

---

שירתה ספוגה אהבת אדם, והיא מיטיבה להאיר מחוזות נפש נעלמים. עולם המושגים והדימויים הקבָּלי־חסידי, אשר בו צמחה, בא לביטוי חי בשיריה. זלדה פרצה אל התודעה הישראלית בשלהי שנות השישים ושיריה עוררו התפעמות בקרב קוראים מכל גוני החברה. היא הלכה לעולמה ביום כ"ז בניסן תשמ"ד (1984), ביום השואה, כאשר התנגן בְּרדיו שירה: 'לכל איש יש שֵׁם' – שיר שֶׁעוד בחייה היה מזוהה עם היום הזה, וכך גם אחרי מותה.

22 שני השירים שֶׁיובאו כאן נדפסו בספר 'שירי זלדה', תל־אביב תשמ"ה. הראשון בעמ' 143, השני בעמ' 144. להשלמת התמונה ייאמר שזלדה כתבה שיר נוסף – 'ברשות הירח' – אשר נושאו הסמוי הוא מפיבושת, מבלי שמוזכר שְׁם שמו. ראו זאת בַּספר הנ"ל בעמ' 193.
להרחבה והעמקה נוספת כדאי לעיין במאמרה של מרים סקלרץ: 'מפיבושת – מן המקרא לשירת זלדה', 'מסכת' חוברת י"ב, תשע"ו 2016.

עכשיו ניגש אל השיר השני, ׳כלימה רחוקה׳ שמו. נקרא אותו בדילוגין, כדי להתמקד. אלה הם דברים שֶׁקשה לעכל אותם בניתוח לוגי, אבל אחר־כך מתברר שיש בהם פנימיות עמוקה מאד. שוב עומדת המשוררת יחד עם מפיבושת, הוא והיא מול המלך, וראו איך קולעת זלדה אל עומקו של העלבון!

כְּלִימָּה רְחוֹקָה

...

אַךְ חֶלְקִי עִם אָדָם
וְלִפְנֵי אָדָם עִם יֵצֶר הַבְּגִידָה
שֶׁבּוֹ
אֶפְתַּח מִמְּגוּרוֹת רְשָׁמַי
אֶחְשֹׂף כְּאֵבִי.

...

נַפְשִׁי ...
הִיא עוֹנָה לְאֵימָה שֶׁל יְלוּד־אִשָּׁה,
לִכְלִמָּה רְחוֹקָה.
עַל כֵּן עֶלְבּוֹנוֹ שֶׁל מְפִיבֹשֶׁת
מַרְעִיל אֶת קְרָבַי.
וְכַאֲשֶׁר הוּא נִכְנַס,
בְּעֶרֶב שַׁבָּת בַּדִּמְדּוּמִים
בְּחִיּוּךְ נָבוֹךְ
וְעֵינַיִם תּוֹעוֹת
אָמַרְתִּי:
מְפִיבֹשֶׁת נְסִיכִי הַזָּרוּק,
הַמֶּלֶךְ טוֹעֵן
כִּי אֵין בְּנוֹ זִיק שֶׁל הוּמוֹר
כִּי לֹא הֵבַנּוּ כַּוָּנָתוֹ.

*

בשיעור הבא נמשיך בדברי הרמח״ל. אחרי שראינו את ניתוח הפגם – מִשאול ודָוִד עד התפלגותו של ירבעם – נראה את דבריו המתייחסים אל התיקון שלעתיד לבוא.

שאש

## החתירה אל התיקון אשר בסוף הימים

ממשיך הרמח״ל וכותב באיגרתו אל רבו, רבי ישעיהו בָּסָן:

״וסוף התיקון יהיה בחזוֹר אלה השניים [=יוסף ויהודה] להתחבר בחיבור אחד, בזמן התרֵין משיחין, שנֶאמר: ׳וְהָיוּ לַאֲחָדִים בְּיָדֶךָ׳. ומשיח בית [אולי צ״ל: בן] דָּוִד יהיה בָּראש, בסוד ׳מי בְּראש? – בן ישַׁי בְּראש׳.[23] ונמצא שכל זה נמשך מן השורש, שהוא חיבור הזכר והנקבה, וזה [בַּפסוק בבראשית ל״ה י״א, אשר הוצב לעיל בַּפתיחה]: ׳אֲנִי׳ – [בספירת] ׳מלכות׳, ׳אֵ-ל שַׁ-דַּי׳ – ב[ספירת] ׳יסוד׳, ׳פְּרֵה וּרְבֵה׳ – להוציא תולדה בסוד זה, והוא [על־ידי] בנימין, שהוא יחבר השנֵי ענפים בסוד אפרים ויהודה, על־ידי שני המלכים, בסוד התרֵין משיחין. וזהו: ׳גּוֹי וּקְהַל גּוֹיִם׳ [=בנימין, האמור בלשון יחיד, המחבר את יוסף ויהודה האמורים יחדיו בלשון רבים], ׳וּמְלָכִים׳ [=בן יוסף ובן דָּוִד]״.

ובכן, כאן מפרש הרמח״ל – במכתבו אל מורו – משהו מן הפסוק שהוא הקדיש לו ספר שלם בן מאות עמודים.[24] אנו כבר מכירים את הפסוק (בבראשית ל״ה י״א) מפתיחתה של האיגרת, אך נקרא אותו שוב: ״וַיֹּאמֶר לוֹ [=ליעקב] אֱ-לֹהִים: אֲנִי אֵ-ל שַׁ-דַּי, פְּרֵה וּרְבֵה, גּוֹי וּקְהַל גּוֹיִם יִהְיֶה מִמֶּךָּ, וּמְלָכִים מֵחֲלָצֶיךָ יֵצֵאוּ״.

על־פי תורת הסוד מסביר רמח״ל את מהותם של הרְכיבים הבונים את הפסוק, ואנו נרחיב מעט, כלהלן:

---

23 הרמח״ל עושה כאן שימוש בדבר ה׳ לירבעם, בתשובה לשאלתו, על־פי המדרש שֶׁראינו לעיל (בעמ׳ 415) המובא מִמסכת סנהדרין דף ק״ב עמ׳ א׳.

24 שוב וראה בהערה 5, לעיל בעמ׳ 404, שֶׁספרו של רמח״ל איננו מוסב רק על הפסוק הזה, אלא הוא חיבורו על התורה.

״אֲנִי״ – ריבון־העולמים, מלך עולמים, אדון כל הארץ, אני הוא ואין אחר בלתי, וזוהי ספירת ׳מלכות׳.

״אֵ־ל שַׁ־דַּי״ – בספירת ה׳יסוד׳. כי משמעות השֵׁם ׳אֵ־ל שַׁ־דַּי׳ היא: בורא בָּעולם, משפיע שפע בָּעולם. המילה ׳שַׁדַּי׳ היא כעין צורת יחיד של ׳שָׁדַיִם׳, והרי הדברים אמורים בברכת יעקב ליוסף: ״מֵאֵ־ל אָבִיךָ וְיַעְזְרֶךָּ, וְאֵת שַׁ־דַּי וִיבָרְכֶךָּ ... בִּרְכֹת שָׁדַיִם וָרָחַם״ (בראשית מ״ט כ״ה). כבר עמדנו לעיל על כך שמידת ה׳יסוד׳ – מידת ההשפעה הזִכרית – הינהּ מידתו של יוסף. מכאן השפע, מכאן הפִּריון, האמור גם בשמו של אפרים.

״פְּרֵה וּרְבֵה״ – אומר רמח״ל: ״להוציא תולדה בסוד זה, והוא [על־ידי] בנימין״. מדוע בנימין? התשובה היא פשוטה: כבר ראינו שהפסוק נֶאמר ליעקב כאשר הוא כבר בלוז, בארץ כנען, אחד־עשר ילדיו כבר אִתו, ורק בנימין עוד טרם נולד. על כורחךָ, חלה הברכה הזאת עליו! ואמנם, כמה פסוקים אחר־כך, נוסע יעקב עם כל בני משפחתו מבית־אֵל, ״וַיְהִי עוֹד כִּבְרַת הָאָרֶץ לָבוֹא אֶפְרָתָה, וַתֵּלֶד רָחֵל וַתְּקַשׁ בְּלִדְתָּהּ. וַיְהִי בְהַקְשֹׁתָהּ בְּלִדְתָּהּ וַתֹּאמֶר לָהּ הַמְיַלֶּדֶת: אַל תִּירְאִי, כִּי גַם זֶה לָךְ בֵּן! וַיְהִי בְּצֵאת נַפְשָׁהּ כִּי מֵתָה, וַתִּקְרָא שְׁמוֹ בֶּן אוֹנִי, וְאָבִיו קָרָא לוֹ בִנְיָמִין. וַתָּמָת רָחֵל וַתִּקָּבֵר בְּדֶרֶךְ אֶפְרָתָה הִוא בֵּית לָחֶם״ (ל״ה ט״ז־י״ט).

כבר ראינו לעיל את פירושו של רש״י בעקבות חז״ל, ש׳גּוֹי׳ בפסוק דנן הוא בנימין, ׳גּוֹיִם׳ הם מנשה ואפרים אשר עתידים לצאת מיוסף, ׳וּמְלָכִים׳ הם שאול ואיש־בושת. אבל הרמח״ל סולל כאן כיוון חדש, ומפרש כך:

״גּוֹי״ – זה בנימין. והוא המחבר ומצרף יחד את ״קְהַל״ ואת ״גּוֹיִם״, היינו את יהודה ואת יוסף. ולפי זה גם המשך הפסוק אמור על בנימין, כגורם המאפשר את הופעתם ואיחודם של המלכים.

״וּמְלָכִים מֵחֲלָצֶיךָ יֵצֵאוּ״ – **זהו בנימין** אשר **בזכותו ובסודו** מתקשרים שני המלכים, היינו מלכות בית דָוִד ומלכות בית יוסף, ולעתיד לבוא – משיח בן יוסף ומשיח בן דָוִד.

זהו חידוש נפלא של הרמח״ל, הבונה כאן מדרש חדש ביחס למדרש חז״ל. יש לדייק היטב בפירושו של הרמח״ל; עולֶה מדבריו כי פשט

הכתוב עומד על עומדו – שֶׁ'מְּלָכִים מֵחֲלָצֶיךָ יֵצֵאוּ' אמור ליעקב, באופן כללי – אך מיהו זה אשר בזכותו תִתאפשר מלוכת המלכים וההרמוניה ביניהם? הווה אומר: זהו בנימין, אשר אליו מכוונת הברכה 'פְּרֵה וּרְבֵה'.

נמשיך בקריאת האיגרת:

"והנה יש כאן סוד גדול; כי אחר־כך, בזמן אחשוורוש, אמרו רבותינו ז"ל (במסכת שבת דף פ"ח עמ' א'): 'הדור קיבלוּהָ בימי אחשוורוש', על ידי מרדכי. והעניין: כי ראשית הקלקול היה בְּזה הסוד, והוא חטא אדם הראשון בעץ הדעת שהפריד האילנות, וגרם חושך החיצוניות, שבו אוחזות הקליפות. ואז הוחשך הגוף בסוד 'כָּתְנוֹת עוֹר'".[25]

הרמח"ל מזכיר בקצרה את דברי חז"ל במסכת שבת – ושם נֶאמר "שֶׁכָּפָה הקב"ה עליהם את ההר כגיגית, ואמר להם: אם אתם מקבלים התורה – מוטב, ואם לאו – שם תהא קבורתכם!". ובַהמשך נֶאמר: "מכאן מודעא רבה לאורייתא", כי יכול אדם לומר: 'אנוס הייתי, ולא ברצוני קיבלתי את התורה', ומכאן בא הסיום: "אף־על־פי־כן, הדור קיבלוה בימי אחשוורוש" – חזרו וקיבלו את התורה מרצונם – "דכתיב (במגילת אסתר ט' כ"ז): 'קִיְּמוּ וְקִבְּלוּ הַיְּהוּדִים', קיימו מה שקיבלו כבר".

לעניין חטא אדם הראשון בעץ הדעת עוד נשוב בהמשך, בעזרת השם, כשנלמד מן הספר 'קנאת ה' צבאות', לכן לא ניכנס לזה עתה. רק נזכיר שוב שמרדכי הוא איש בנימין, וגם 'אִישׁ יְהוּדִי', וכך הוא מחבר בין בנימין ליהודה. גם עניין נוסף עלינו לזכור כאן, וזהו דברו של יהונתן אל דָוִד, כי מרדכי מתחבר לכך, לפחות על דרך הרמז. יהונתן אמר אל דָוִד: "וְאַתָּה תִּמְלֹךְ עַל יִשְׂרָאֵל, וְאָנֹכִי אֶהְיֶה לְּךָ לְמִשְׁנֶה"

25 אל־נכון, רומז כאן רמח"ל לַמדרש האמור ב'זוהר' לפרשת בראשית, שתחילה הלביש הקב"ה לאדם הראשון **כתנות אור**, שהעליונים משמשים בהן, כַּכתוב (בתהִלים ח' ו'): "וַתְּחַסְּרֵהוּ מְּעַט מֵאֱ־לֹהִים, וְכָבוֹד וְהָדָר תְּעַטְּרֵהוּ"; ולאחר שחטא הוחלפו בגדיו ל'כָּתְנוֹת עוֹר', אשר רק הגוף נהנה מהן, ולא הנפש.

בַּספר 'קנאת ה' צבאות' שב רמח"ל וכותב כי חטאו של אדם גרם לכך שגופו נעכר – וראה זאת להלן בעמ' 457. ראה גם את דבריו של הרב קוק בעניין זה בעמ' 461, ושים לב להערה 25 שם.

(שמואל־א׳ כ״ג י״ז), ואילו על מרדכי נֶאמר: ״כִּי מָרְדֳּכַי הַיְּהוּדִי מִשְׁנֶה לַמֶּלֶךְ אֲחַשְׁוֵרוֹשׁ״ (אסתר י׳ ג׳). זה מִשְׁנֶה וזה מִשְׁנֶה! אמנם מרדכי מִשְׁנֶה לְאחשוורוש, אך ידוע שכל מגילת אסתר בנויה בשני רבדים – ה״מלך״ בכל מקום רומז למלכו של עולם – ומלכות שמים הרי יורדת ארצה, ומתגלָה במלכות בית דָוִד.

ודבר אחרון לגבי מרדכי, שהוא משלים את חוליית הסיום בַּשרשרת של השמדת עמלק:

תחילת העניין ביהושע איש אפרים: ״וַיַּחֲלֹשׁ יְהוֹשֻׁעַ אֶת עֲמָלֵק וְאֶת עַמּוֹ לְפִי חָרֶב״ (שמות י״ז י״ג); המשכוֹ בשאול איש בנימין: ״וַיַּךְ שָׁאוּל אֶת עֲמָלֵק מֵחֲוִילָה בּוֹאֲךָ שׁוּר אֲשֶׁר עַל פְּנֵי מִצְרָיִם״ (שמואל־א׳ ט״ו ז׳), אך הותיר את אגג מלך עמלק חי, וממנו יצא המן;[26] החוליה הבאה היא דָוִד איש יהודה שֶלכד את הגדוד העמלקי אשר שרף את העיר צִקְלַג: ״וַיַּכֵּם דָּוִד מֵהַנֶּשֶׁף וְעַד הָעֶרֶב לְמָחֳרָתָם, וְלֹא נִמְלַט מֵהֶם אִישׁ, כִּי אִם אַרְבַּע מֵאוֹת אִישׁ נַעַר אֲשֶׁר רָכְבוּ עַל הַגְּמַלִּים וַיָּנֻסוּ. וַיַּצֵּל דָּוִד אֵת כָּל אֲשֶׁר לָקְחוּ עֲמָלֵק, וְאֶת שְׁתֵּי נָשָׁיו הִצִּיל דָּוִד״ (שמואל־א׳ ל׳ י״ז־י״ח); ומרדכי – איש יהודי ואיש ימיני – מסיים את השרשרת בתלייתו של הָמָן הָאֲגָגִי ובביטול מחשבתו אשר חשב על היהודים לאבדם.

עכשיו נדלג על הקטע הבא בָּאיגרת, קטע שכולו סוד.[27] אולי נוכל להבין משהו ממנו כשנעיין אחר־כך בחיבורו של הרמח״ל ׳קנאת ה׳ צבאות׳, אך נמשיך ונקרא את סיומה של האיגרת:

״והנה, כשהיו רוצים לבנות הבית השני, שהוא סוד הֵ״א תַּתָּאָה – בחינת החיצוניות – אז נִתעורר קִטרוג בסוד הפגם הראשון, והוא בהָמָן,

26 בעניין זה, ראה את אשר הבאנו בחלקו השני של הספר, בהערה 15 עמ׳ 276.

27 בַּקטע אשר חנן החליט שלא לקרוא, מדבר רמח״ל על תיקון חטא אדם הראשון בזמן מתן תורה, אך התיקון לא הִתמיד, כי ה׳עֵרב רב׳ שֶׁיצאו עם ישראל ממצרים לא היו מתוקנים, לכן ניתנה התורה ב״חוזקה״ ובכפיה. דבר זה גרם לחטא העגל ולשבירת הלוחות, ולחזרת המיתה אשר נגזרה מלכתחילה בגלל חטאו של אדם הראשון בעץ הדעת. הפגם הזה לא תוקן גם בימי הבית הראשון – ומכאן ממשיך רמח״ל (כלהלן) ומתאר את תיקונו של מרדכי כנגד המן, אבל גם ״בית שני לא השלים התיקון״, עד בוא עיתם של שני המשיחים לעתיד לבוא.

בסוד ׳הֵמִן הָעֵץ׳, כי מעץ הדעת נמשך״. כאן שואב רמח״ל מִדרָשַׁת הגמרא במסכת חולין (דף קל״ט עמ׳ ב׳), הקושרת בין הָמָן לבין חטא עץ הדעת, כאשר חז״ל שואלים ומשיבים: ״הָמָן מן התורה מנַיִן? – ׳הֲמִן הָעֵץ [אֲשֶׁר צִוִּיתִיךָ לְבִלְתִּי אֲכָל מִמֶּנּוּ אָכָלְתָּ?]׳ (בראשית ג׳ י״א)״.

״אך מרדכי, שהוא מבנימין, חזר לתקן תיקון חיבור יהודה ויוסף. ובאמת בנימין מכוח יוסף הוא בא, והוא סוד: ׳יֹסֵף ה׳ לִי בֵּן אַחֵר׳ (בראשית ל׳ כ״ד), ונקרא ׳מָרְדֳּכַי הַיְּהוּדִי׳ לתיקונו, שהיה מחבר אליו יהודה. והאמת, זה העניין התחיל בָּראשונה, כי בנימין ניתן ביד יהודה להביאו ליוסף. ולא אוכל להאריך עתה בזה. אך מרדכי ודאי תיקן תיקון החיבור הזה, והָמָן נִתלָה על העץ, שהוא עץ הדעת, שהיה רוצה להתגבר עליו, ונכנע תחתיו. והעץ חמישים אמה, בסוד הֵ״א תַּתָאָה שֶׁאמרתי. ואז ׳הדור קיבלוה׳, כי מה שתיקן במתן תורה כבר נחלש, ועתה שב להתחזק.[28] אך באמת, שֶׁבית שני לא השלים התיקון, אלא לְסוף הימים הולכים הדברים בתיקון התרֵין משיחין. וכל זה סוד ׳גּוֹי וּקְהַל גּוֹיִם׳ שֶׁאמרנו״.

ובכן, הרמח״ל מסיים במה שכבר לימד אותנו קודם, שֶׁ״גּוֹי״ – זהו בנימין, המחבר את ״קְהַל״ ואת ״גּוֹיִם״, היינו את יהודה ואת יוסף. שני המשיחים עתידים לבוא ולעמוד מיוסף ומיהודה – בסוד ״וְהָיוּ לַאֲחָדִים בְּיָדֶךָ״, כחזון יחזקאל בהרכבת שני העצים – ובנימין, בעֲנוותו, הוא המאפשר את הופעתם ואיחודם של שני המלכים.

מה שכתב כאן הרמח״ל על הגאולה העתידה בקיצור נמרץ, הוא הרחיב במקומות אחרים, ומשהו מזה עוד נראה בַּחיבור ׳קנאת ה׳ צבאות׳. עלי לציין גם את ׳מאמר הגאולה׳ אשר נכתב בגילוי גדול – זהו אחד החיבורים שנותרו לפלֵטה מן השׂרֵפה שֶׁכילתה רבים מכּתביו

28 בספרו ׳אדיר במרום׳ (מהדורת ירושלים תשנ״ה עמ׳ שע״ד) מבהיר רמח״ל את מעלתו של הבית השני, בהקשר לענייננו, ואלה דבריו שם: ״סוד ׳הדור קיבלוה בימי אחשוורוש׳, שֶׁאז כמעט הגיעו הדברים שֶׁכוח קבלת התורה לא היה מאיר בהם אלא מעט, ולכן הוצרך שֶׁיחזרו להתחזק. והוא עניין הבית השני שנִבנָה אחר־כך על־ידי עזרא, והוא ׳הַסֹּפֵר׳ כמניין ׳מֹשֶׁה׳ [=שניהם עולים 345 בגימטריה], כי הוא חזר והעמיד בחינת מתן התורה שעשה משה״.

של הרמח״ל – ושם ישנה הרחבה רבה של ענייני הגאולה, על דרך הסוד.[29]

## ׳שָׁרֵי בְּפֵרוּדָא וְסַיֵּים בְּחִבּוּרָא׳ – מדוע נחוץ הפירוד שלפני החיבור השלם?

ובעקבות הדברים הללו, עלינו להיכנס לעיון מעמיק בשאלה עקרונית ומהותית עד מאד... רמח״ל מתאר בָּאיגרת שלמדנו את העליות והמורדות – את הדורות שבהם כבר אפשר היה לתקן את פגם החטא אך הוחמצה השעה והוא לא תוקן – עד אשר ״לְסוֹף הימים הולכים הדברים בתיקון התרֵין משיחין״.

ועלינו להציב את השאלה: מהי המגמה האֱ־לֹהית בכל המהלך ההיסטוריוסופי הזה? לאחר שהונחו היסודות לַהרכבה בין עץ יוסף לבין עץ יהודה, עִם בנימין המחבר ביניהם – לאחר הזיווג הנפלא בין דָוִד ויהונתן – מדוע מוביל אותנו הקב״ה לפירוד מחודש בין שני המשיחים, פירוד אשר הולך ומתגלגל עד עת קץ?

בחתירה לתשובה על השאלה הזאת עלינו להאריך. ניזקק לדבריו של הרב קוק זצ״ל, וגם לדברי תלמידו רבי דָוִד כהן, ׳הנזיר׳, והדברים עמוקים עד מאד...

ישנו כלל אשר מקורו בַּ׳זוהר׳: ״שָׁרֵי בְּפֵרוּדָא וְסַיֵּים בְּחִבּוּרָא״, מתחיל בפירוד ומסיים בחיבור. יש שֶׁאמרו שזהו העיקרון הראוי בַּקדושה, בעוד אשר בַּ׳סִטרא־אחרא׳ מתרחשים הדברים להיפך – מתחילים בחיבור ומסיימים בפירוד.

29 חשוב לציין ש׳מאמר הגאולה׳ נכתב בתחילת אותה שנה בה נכתבה האיגרת דנן, שנת ת״ץ (1730), ואנו למדים זאת מתוך כך שהרמח״ל מזכיר אותו, בין חיבורים נוספים, בתחילת האיגרת; ראה זאת **בנספח א׳** לחלק זה של הספר, להלן בעמ׳ 511.
כמה קטעים מתוך ׳מאמר הגאולה׳ – הקרובים אל התכנים שבהם עסק רמח״ל בָּאיגרת – יובאו **כנספח ג׳** לחלק זה של הספר, להלן בעמ׳ 522.
גם בַּספר ׳תיקונים חדשים׳ – אשר נכתב שנה אחת קודם לכן – עוסק רמח״ל באותם נושאים, באופן המשלים את הבנתנו מזווית נוספת. קטעים מן הספר יובאו **כנספח ד׳** לחלק זה של הספר, בעמ׳ 525 ואילך.

הרב זצ"ל עומד על כך שכדאי שכל כוח יגיע למיצויו בנפרד, במעין 'חממה', כדי שֶכאשר יתחברו הכוחות יהיה חיבורם בָּשֵל ובוגר, ואז יוכלו להשפיע יפה זה על זה. הוא כותב זאת ב'אורות התחיה' (י"ט), ונקרא מעט מדבריו: "סדר הגאולה ותחיית האומה בארץ־ישראל צריך ללכת על־פי סִדרי הנבואה של: 'וְזָרַעְתִּי אֶת בֵּית יִשְׂרָאֵל וְאֶת בֵּית יְהוּדָה זֶרַע אָדָם וְזֶרַע בְּהֵמָה' (ירמיהו ל"א כ"ו) – זרע אדם לחוד וזרע בהמה לחוד. ... דווקא טיפוסים מלאים משפיעים יפה אלו על אלו, ומתחברים יחד ליצירת גוויה לאומית אורגנית גדולה, שֶאור חיי נשמה קדושה כַּבִּירת כוח זורח עליה".

מלבד זאת, ראינו שֶשורשם של משברֵי הפירוד נעוץ בקנאה – כך שאול, כך ירבעם – אך עדיין אין הדעת נחה בַּדברים הללו, ושוב נשאלת השאלה מהי המגמה האֱ־להית הלְכַתחילית בכל זה? "שְׁרֵי בְּפֵרוּדָא וְסַיֵּים בְּחִבּוּרָא" – שוב פירוד ושוב חיבור ושוב פירוד ושוב חיבור!

אם נתבונן, נוכלו לראות שתהליכים אלה דומים לְעליות־ומורָדות של גלות וגאולה בישראל. הרי גם כאן כבר היה לנו פירוד של "יָדֹעַ תֵּדַע כִּי גֵר יִהְיֶה זַרְעֲךָ בְּאֶרֶץ לֹא לָהֶם, וַעֲבָדוּם וְעִנּוּ אֹתָם אַרְבַּע מֵאוֹת שָׁנָה" (בראשית ט"ו י"ג); אחר־כך חוזר עם ישראל ומתחבר אל ארץ קודשו, "תְּבִאֵמוֹ וְתִטָּעֵמוֹ בְּהַר נַחֲלָתְךָ" (שמות ט"ו י"ז); והנה אחר־כך שוב בא פירוד – "מפני חטאֵינו גָלינו מֵארצנו" – ושוב חיבור, ושוב פירוד, ושוב חיבור...

ובכן, כדי להמחיש באופן העמוק ביותר את העיקרון "שְׁרֵי בְּפֵרוּדָא וְסַיֵּים בְּחִבּוּרָא", עלינו להביט אל הזיווג הראשון בין אדם וחווה. מלכתחילה, היתה חווה עצם מעצמו ובשר מבשרו של אדם, אבל לא היתה בו, בָּאדם, מה שאפשר לכַנות 'התודעה של האִשה', "וּלְאָדָם לֹא מָצָא עֵזֶר כְּנֶגְדּוֹ" (בראשית ב' כ'). לכן באה ההפרדה – או בלשון חז"ל 'הנְסירה' – הקב"ה מפריד ביניהם, ועצם־הצֵלָע אשר נלקחת מן האדם עומדת עכשיו אל מולו, 'כְּנֶגְדּוֹ'. ואז "מכיר" לפתע אדם את אשתו... הוא נמשך אליה, ומבין שהם שייכים זה לזו, דווקא משום שהיא התפתחה בפני עצמה – "לְזֹאת יִקָּרֵא אִשָּׁה כִּי מֵאִישׁ לֻקְחָה זֹּאת" (פסוק כ"ג) – ובאה השמחה של החיבור המחודש. זהו סוד הזיווג.

מורַי ורבותַי, המשל הזה הוא יסודו העמוק של כל מְשל־הקשר בין כנסת ישראל לבין אביהם בשמים, ואומַר אף יותר מזה – הוא מהווה יסוד להבנת כל המהלכים בעולם.

והדברים אינם מסתיימים בַּחיבור ובשמחת הנישואין. אנו יכולים לראות שֶלפעמים צריך זוג להתנסות דווקא בְּכישלון, במשבר בחיי הנישואין. בַּמשל – במצב כזה – ירגיש האיש כלפי אשתו שהיא 'היתה כנידה', והיא תרגיש כלפיו כי 'היתה כאלמנה' לא־עלינו, ודווקא מתוך כך הם יבינו **שאי אפשר לזה בלא זו, ולזו בלא זה**... ובַנמשל – בַּיחסים שבין הקב״ה לבין כנסת ישראל – נוכל להבין שדווקא משבר הפירוד, הקֶרַע הנורא בין השנַיים, הוא אשר מעורר ומחזק את הכיסופים לשוב לציון. הוא הגורם גם לנו וגם לו, יתברך, להפיק את כל העוצמה של נבואות הנחמה בפי ישעיהו, בפי ירמיהו, בדברי נביאים אחרים, ובדברי התורה עצמה: ״וְשָׁב ה' אֱ־לֹהֶיךָ אֶת שְׁבוּתְךָ וְרִחֲמֶךָ, וְשָׁב וְקִבֶּצְךָ מִכָּל הָעַמִּים אֲשֶׁר הֱפִיצְךָ ה' אֱ־לֹהֶיךָ שָׁמָּה״ (דברים ל' ג'). הווה אומר – גם בַּמשל, גם בַּנמשל – שֶהפירוד אשר בא לאחר החיבור נועד לגלות לשני בני הזוג שרק החיבור החוזר הוא המצב הבריא, **ולכן הוא הכרחי**. זהו הרעיון ההיסטוריוסופי, האֱ־לֹהי, העומד מאחורי גלגולי התהליכים של הגאולה / גלות / ושוב גאולה – וְ'תֵּן לְחָכָם וְיֶחְכַּם עוֹד'...

עכשיו נחזור אל שאלת הפירוד והחיבור בין שני המשיחים, ונוכל להשיב עליה לפי אותו עיקרון שראינו. הרב קוק מאריך בכך במאמרו 'המִספֵד בירושלים',[30] אך נקרא דווקא קטע אחר של דבריו, בו הוא כאילו משיב לַשאלה דרך מְשל הרכבת שני העצים בחזון יחזקאל. והשאלה היא: מדוע בכלל צריך 'העץ האחד' להיות מורכב משנַיים? וכי לא יכול היה ריבונו־של־עולם להוליך את התהליכים כך שמלכתחילה ייכָּללו במלכות בית דָוִד שני הכוחות כאחד, גם העוצמה הגופנית וגם העילוי הרוחני?

30 המאמר ניתן **כנספח ו'** לחלקו השני של הספר, לעיל בעמ' 345 ואילך. חנן לימד קטעים מן המאמר גם בסִדרת השיעורים דנן, אך לא כללנו זאת בַּספר כדי לא לִכפּול את הלימוד אשר ניתן בהרחבה בַּחלק השני.

על כך כותב הרב בְּקטע המוכתר ׳ערך הניגודים׳, באורות הקודש (חלק א׳ עמ׳ ט״ו), בזו הלשון: ״כל הניגודים הנמצאים בְּהֵדֵעוֹת... מִתגדלים ביותר כל־מה שֶהדעות תופסות מקום יותר גדול ברוח האדם. לְמסתכל פנימי מִתרָאים הם בתואר ריחוקים מקומיים של שתילים, שהם משמשים לטובת רעננותם ושְׂביעת יניקתם, כדי שכל אחד ואחד יתפתח במילואו, ותהיה הסגולה המיוחדת של כל אחד מחוטָבָה בכל פרטיה, מה שהקירוב היה מטשטש ומקלקל הכול. והאחדות המְתוֹאָמָה באה רק מתוך זה הריחוק, שְׁרֵי בְּפֵרוּדָא וְסַיֵּים בְּחִבּוּרָא״.

אם נתיך יחד את המשל והנמשל נוכל לומר שדָוִד המלך זקוק לכוחו של יוסף – לשורשיו של אפרים – כשם שהרוכב זקוק לכוחה של הכַּנה, ממנה לו כל חייו, ורק בזכותה הוא יוכל לעשות את פרי ההילולים המיוחד לו. אפשר לומר זאת גם במילים אחרות: יהודה צריך לקבל יסוד לרגליו, הלוא הוא יוסף, ויוסף צריך לקבל אלוף לראשו, הלא הוא אלוף יהודה.[31]

וכפי שכבר ראינו, אומר זאת הרמח״ל באיגרתו, במשפט מרוכז וקצר: ״אך המלך הוא גילוי השורש עצמו; ומפני היות השורש כך בשנַיים – גם המשיחים צריכים להיות כך״; והסברנו שֶה׳שנַיים׳ המתגלים בַּמלך הם יסודות רחל ולאה, כפי שנתברך בועז, סב־רבא של דָוִד ביום נישואיו עם רות: ״יִתֵּן ה׳ אֶת הָאִשָּׁה הַבָּאָה אֶל בֵּיתֶךָ כְּרָחֵל וּכְלֵאָה, אֲשֶׁר בָּנוּ שְׁתֵּיהֶם אֶת בֵּית יִשְׂרָאֵל״ (רות ד׳ י״א).

31 אל נכון, נוקט חנן את הצירוף הזה בהשראת הצירוף ״אַלֻּפֵי יְהוּדָה״, האמור פעמיים בנבואת זכריה בפרק י״ב (ה׳-ו׳).

## תורת ההִתפתחות וההִתעלות העולם בדברי הראי"ה קוק ותלמידו 'הנזיר'

מורַי ורבותַי, אם נגביה ונעמיק עוד את מבטנו – לאחר שדיברנו על בית־המשפחה ועל בית־ישראל – נגיע אל הִתעלות העולמות, ונראה עד כמה היה הרמח"ל ייחודי ומקורי גם בַּהסתכלות הזאת.

גם כאן נציב את השאלה – שאלה עקרונית, אמונית ופילוסופית – מדוע צריך היה הקב"ה לברוא ולהוליך את ההוויה כולה בצורה תהליכית, ולא בְּאחת?

הרב קוק ותלמידו – רבי דָוִד כהן, 'הנזיר' – מאירים לנו את הדברים הללו, שניהם כאחד־יחד.

נתחיל בהקדמתו של 'הנזיר', בַּמבוא ל'מערכת חכמת הקודש' (בראש כרך א' של 'אורות הקודש', עמ' 20 סעיף ח').[32] כך הוא כותב: "הִתעלות העולם יסודה ההִשתלשלות האצילית. תורת ההִתפתחות המודרנית [=תורת האבולוציה], יסודה הפילוסופי, אם לא הביולוגי, רעוע. מניַן לַהתקדמות בקו עולֶה, ולא בְּרָצוֹא וָשוֹב או כגלגל מפוזר בָּעולם?" – אולי הכול סובב על צירו ללא תכלית, כדברי קֹהֶלֶת (א' ו'): "סוֹבֵב סֹבֵב הוֹלֵךְ הָרוּחַ וְעַל סְבִיבֹתָיו שָׁב הָרוּחַ"? – "מה־שאין־כן הִתעלות העולם, שֶׁיסודה ההִשתלשלות האצילית, בנפילת העולם ותיקונו, שעולֶה, כַּחוק המֵכָּני בצינור מים, לאותו גובה שממנו יָרַד, למצבו הקודם העליון". זהו חוק הכלים השלובים – משל מופלא! – כאשר מוֹרַד המים בצד אחד של הפרבולה הוא הנותן בהם כוח לעלות בצידה השני. בהמשכו של הקטע הזה כותב 'הנזיר' [כעיבוד דברי רמח"ל שֶׁיובאו להלן]: "העולמות נבראו בְּדרך שיוכלו לעלות מִמַּדרְגוֹתָם, כי לכן ירדו בזמן השבירה, כדי שֶׁיעלו מעט מעט. מראש ימוֹת עולם הגלגל סובב רק לנקודה אחת – השלֵמות האחרון".

ובתוך כך, מתייחס 'הנזיר' לְרמח"ל: "הִתעלות העולם, הדוֹרית, התמידית, שֶׁיסודה בַּחכמה הפנימית, אינה מפורשת בה [=בתורת הקבָּלה] כל צורכה, אלא לְרמח"ל, בספר 'דעת תבונות' וב'קל"ח פתחי

32 כאן ציין חנן שהוא זכה לשמוע שיעורים מפי 'הנזיר', בביתו, במהלך שנה אחת – השנה שלפני מלחמת ששת הימים.

חכמה׳, שֶׁמשם הובא והועמד [כמעַין ׳מוֹטוֹ׳] בראש מערכת ׳הִתעלות העולם׳ [ב׳אורות הקודש׳] ... בהסכמות הרב ז״ל, שֶׁאמר: כדאי הוא הרמח״ל לזה״.

כי בראשי השערים של ׳אורות הקודש׳ תמיד הקדים ׳הנזיר׳ קטעים מן הזוהר, אך ל׳הִתעלות העולם׳ לא מצא קטע מתאים, על־אף שהיה בקי מאד בתורת הסוד. קטעים מתאימים הוא מצא רק אצל הרמח״ל. לכן בא אל הרב לשאול על כך, ותשובת הרב היתה: ״כדאי הוא הרמח״ל״!

עולֶה מדברי ׳הנזיר׳ כאן, שֶׁירידת העולָמות מלמעלה למטה – ההִשתלשלות מעולם ה׳אצילות׳ ל׳בריאה׳, ׳יצירה׳ ו׳עשִׂיה׳ – עולמות אבי״ע – היא זו אשר מאפשרת את המַבָּע האֱ־לֹהי. ולעומתה, ישנה גם עליית העולמות, לא באחת ולא בקפיצה אלא בתהליך אֱ־לֹהי מדורג, אשר מאפשר את השותפות של המין האנושי ושל ההוויה בתהליך ההִשתכללות. חסד עשה הקב״ה עם האדם, בכך שהוא מאפשר לו לפעול עם אֵ־ל; כי אילו היתה העליה נעשֵׂית בקפיצה, בדרך נס, היה האדם עומד נִפעם, אך בלי יכולת להשתתף.

ואמנם, הציב ׳הנזיר׳ מובאה מדברי רמח״ל דלהלן בראש המאמר ׳הִתעלות העולם׳ (כרך ב׳ עמ׳ תקי״ד), אך הרחיב יותר במבוא ג׳ (כרך א׳ עמ׳ 31), תחת הכותרת: ׳תורת ההִתפתחות בחכמת הקודש׳ וכותרת־המִשנֶה: ׳כּוֹנְנִיוּת גלגל העולם אל השלֵמות, לְרמח״ל׳. נראה כמה משפטים משם:

מתוך ׳דעת תבונות׳: ״שורש ההנהגה באמת הוא עניין התיקון הכללי ... וכל גלגולי ההנהגה הזאת אינם אלא סיבובי דברים ההולכים אל תכלית התיקון הכללי״ (ק״ע, דברי השֵׂכֶל). ובזה עניין ההשגחה, ״ביאת המשיח ותחיית המתים ועולם הגמול ... כי הכול גלגל הוא שֶׁחוזר בָּעולם, סובב סובב והולך לתת תיקון כללי אל כל הנִמצאוֹת, וסוף סיבובו יהיה התיקון הכללי״ (קע״א, דברי הנשמה).

ומתוך ׳קל״ח פתחי חכמה׳: ״מראש ימוֹת עולם הגלגל סובב רק לנקודה אחת, שהוא השלֵמות האחרון ... התיקון האחרון, שהוא בַּגאולה העתידה״ (פתח ל׳, א׳ ה׳).[33] ״העולמות נבראו בדרך שיוכלו לעלות מִמַדרְגוֹתָם, כי הלוא לכך ירדו מתחילת ירידתם בזמן השבירה,

כדי שיעלו מעט מעט, עד שֶׁיחזור הכול לַמדרגה השלֵמה, כְּקודם השבירה״ (פתח קל״א, א׳).

לבסוף חתם ׳הנזיר׳: ״וזה הועמד בראש מערכת הִתעלות העולם, בהסכמת הרב, הקרוב לְרמח״ל, לפעמים גם בַּלשון״.

ואחרי הקדמת התלמיד, נראה את דברי הרב ב׳אורות הקודש׳ בַּקטע המוכתר: ׳קשב הִתעלות העולם׳ (חלק ב׳ עמ׳ תקט״ו):

...״הכול הולך ושוטף, הכול מִתעלה. חילוף הצורות לא בְּמעגל סובב הוא לבדו, כי אם גם בקו עולֶה, שאין קץ לעליותיו. וכל חודר פנימי, כל משורר נאמן, כל מקשיב ברוח הקודש, פוגש הוא את כל היש בעליותיו – וקל־וחומר לְאדם, וכל־שכן לַלאומים ונִשמותיהם, ועל־אחת־כמה־וכמה לעולָמים שלֵמים ... בַּכּול [אולי צ״ל: הכול] עולֶה, גם הירידות עליות הֵנָּה בַּפנימיוּת״.[34]

ראו נא, הרב זצ״ל מתאר כאן תהליך סיבובי, מעגלי, שהוא מתקדם גם בקו עולה. זהו תיאור פילוסופי של רעיון הבורג, או קו הספירָלָה

---

33 נרחיב את הציטוט מדברי הרמח״ל הללו, ואז הם יתקשרו היטב גם אל דברי הרב קוק דלהלן – וגם אל דברי חנן – על דרך הִתעלות העולם: ״מראש ימות עולם הגלגל סובב רק לנקודה אחת, שהוא השלֵמות האחרון שיימָּצֵא אחר כל העניינים. ... דרך הסיבוב הוא זה: להתקרב פעם אל הקלקול, פעם אל התיקון, ואחר שנתקרב גם אל התיקון – חוזר לַקלקול. ולא נכנס עדיין השלֵמות לעשות את שלו, אלא [רק במסגרת] התיקון האחרון, שהוא בַּגאולה העתידה שתהיה במהרה בימינו, וכל הנמשך אחריה. זה יהיה גילוי השלֵמות והחזרת הרע לטוב. ולכן אחר השלֵמות לא יהיה קלקול כלל, כי כבר נח הגלגל מִתנועתו, ונִתברר האמת. משם והלאה הוא זמן העונג – להתענג בָּאמת שֶׁנִתברר״.

34 מעניין לציין שאת סופו של הקטע הזה – שאינו מצוטט כאן – ציטט חנן בְּמסה שכתב באלול תשכ״ז, ׳לכו ונלכה עד הרא״ה׳. הוא מתאר שם את עמידתו ליד מצבתו של הרב קוק בהר הזיתים, שעליה חקוקה כמה פעמים המילה ״עלה״, וכותב: ...״וכזה ניגון בַּמילה הנִכפלת ומִשתַּלֶּשֶׁת במצבת האבן: עלה... עלה... עלה... ׳קול העולים, קול קולֵי קולות של עולָמים עולים; עולים בהווייתם, עולים בבִניינם, עולים בשִׂכלולם, עולָה פנימיוּת חַיָּתָם גם בחורבנם וניתוצם, הכול עולה – –׳״. ראה זאת לעיל, בחלקו השני של הספר, בעמ׳ 203-204, וכן בנספח ה׳ לאותו חלק, לעיל בעמ׳ 342.

המפותל, המתעגל ונִבנֶה-והולך גם במישור האופקי וגם במישור האנכי. אולי נרמז הדבר בְּפסוק מישעיהו (כ״ו ז׳): ״אֹרַח לַצַּדִּיק מֵישָׁרִים, יָשָׁר מַעְגַּל צַדִּיק תְּפַלֵּס״, גם בְּמישרים, גם בְּדרך העיגול... אם נִדמה בעיני האדם, בהשקפה פסימית, שֶׁהתהליך השולט בעולם הוא מחזורי וסיבובי בלבד – חילופי מצבים של לידה / בגרות / זִקנה / מיתה – הרי מלמד אותנו הרב כי לא כך: תמיד ישנה עליה מִדור לדור, מִשלב אל שלב גבוה יותר, עד התיקון הגדול של הגאולה השלֵמה. אפילו בַּנסיגות לאחור ישנה התקדמות, בַּמבט הכולל. כך נחתם הקטע הזה: ״הכול עולה, הכול מצטרף [=נִצרף] ומִזדכך, הכול נותן פאר לחַי עולמים. וקֶשֶׁב תהילה זו ישראל קושב״.

נאמר זאת בלשון אחרת: כל מושג הגאולה מקבל מֵמַד מרכזי בהשקפת עולמנו על-פי התפיסה הזאת של תורת ההִתפתחות. אנו לומדים כי הגאולה אינה בשורה פתאומית אשר באה לקץ הימים. אין היא מגיעה לפתע אחרי מציאות סטטית בעולם – או אחרי מציאות דינמית מחזורית של רָצוֹא ושוב ללא תכלית – כאשר מחליט הקב״ה שאין בְרֵרה, כביכול, והגיעה השעה לגאול את העולם... לא כך! אלא ישנה כאן התפתחות והִתעלות, אשר כל שלב בה – וכל דור – מכין ובונה עוד נדבך מעליו. לפעמים הבניה היא מתוך בניין, ולפעמים דווקא מתוך חורבן. לפעמים בקו ישר, המשכי, לפעמים בקו שבור, ולפעמים בקו של תפנית כלפי מעלה. הכול סובב ועולה בַּמגמה של התיקון, אל עֵבר הגאולה העתידה. זהו הרעיון הפנימי של תורת ההִתפתחות – והיא נושקת לתורת אורו של משיח!

הרב זצ״ל ודאי הפנים והגה מחדש את תורת הִתעלות העולם על-פי תפיסתו של הרמח״ל. לא בכדי הוא מציב בפנינו ב׳לְמהלך האידיאות בישראל׳ תורה שלמה של התפתחות רוחנית במהלך חיי האומה משלב אל שלב, ואף עצם שמו של המאמר מעיד על עֶקרון ההִתפתחות.[35] במאמר הזה – שֶׁכולו עליה לגאולה – באה לביטוי גם ההדרכה איך

35 המאמר ׳למהלך האידיאות בישראל׳ – בעריכתו של הרב צבי-יהודה – נדפס בהמשכים בעיתון ׳העברי׳ בשנת תרע״ב (1912). הוא הוכנס אל הספר ׳אורות׳ במהדורתו השניה, שראתה אור בשנת תש״י (1950). הרב צבי-יהודה ראה בו את אחד המאמרים החשובים ביותר של אביו זצ״ל.

ממשיכים מתוך משבר, כי הירידה נועדה גם היא לפתח מהלכים של עליה, אשר יבואו מאוחר יותר... כל ההשקפה הזאת, וכל הניתוח ההיסטוריוסופי, מעידים על תורה שלמה שיש לה תכלית.

ונוסיף עוד נקודה לגבי הרמח״ל. כפי שאמרנו, הוא הסיסטֵמָטיקן הגדול של רעיון תורת ההִתפתחות, וחשוב לציין שהעיקרון הזה קיים אצלו – מן הכלל אל הפרט – גם ב׳מסילת ישרים׳. הרי אדם הוא ׳עולם קטן׳, והרמח״ל משרטט ובונה לו סולם של התעלות והתפתחות – כאשר המידות הן שלבים ומדרגות, והעליה היא מִמדרגת הזהירות עד המדרגות העליונות של קדושה, רוח־הקודש ותחיית המתים. ובמבט חוזר – מן הפרט אל הכלל – שוב מעמיד רמח״ל סֻלָּם מֻצָּב אַרְצָה וְרֹאשׁוֹ מַגִּיעַ הַשָּׁמָיְמָה; כי אותו עיקרון, אותו רעיון פנימי, קיים גם באשר לְדרך הִתפתחותו והִשתכללותו של העולם כולו!

ואם נחזור מכאן אל תורת שני המשיחים – הרי הרחבנו כל זאת כדי להבין איך כל התהליכים הדינמיים הללו משפיעים גם עליהם... כי הכול בנוי על חשיבה פילוסופית וֶא־לֹהית עקרונית: ישנו כאן בניין שלם ומשוכלל – כאידיאל – ומערכת כוללת העולה אליו, בנויה נִדבכים־נִדבכים, כאשר לכל דור, בכל תקופה, ישנו תפקיד בַּמערכת הכוללת הזאת. זה איננו רעיון סטטי, אלא כזה המִתגלה בתהליכים דינָמיים של הִתפתחות והִתעלות – גם עליות מתוך המורָדות, גם חיבור אחר פירוד – כפי שלמדנו זה־עתה.

חשוב לציין שבין גדולי ישראל בימי הביניים, כמעט שלא נמצא את הרעיון של תורת ההִתפתחות. לא אצל הרמב״ם הפילוסוף הגדול, ואפילו לא אצל הרמב״ן; בַּתקופת שבהן הם חיו ופעלו, לא תפס הרעיון הזה מקום מרכזי. דווקא בדורות האחרונים, בזמן החדש, החל רעיון ההִתפתחות לתפוס מקום במחשבה הכללית, בצורות שונות ומִזוויות שונות. גם הרב זצ״ל מדבר על השינויים העיקריים במחשבה החדשה, ואחד הרעיונות הוא תהליך הִשתלשלותו של העולם – תורת ההִתפתחות – אשר הרב מִתוודע אליה וקורא לשומעיו לפתח אותה בגישה אמונית. והרעיון ׳החדש׳ הזה אינו אלא גילוי מחדש של המחשבה הישראלית העתיקה, הנִשגבת; הוא חוזר ונושק אל

הנבואה – הנֶאמרת ונִשמעת בישראל מראש ומִקֶּדֶם – אשר נושאת מִדבְּרותֶיהָ על תהליך התגלגלותו, הִשתלשְלותו ועילויו של העולם.[36]

36 הנה ציטוט חלקי של דברי הרב ב׳אורות הקודש׳, חלק ב׳ עמ׳ תקל״ח: ״שלושת השינויים העיקריים [שֶׁבאו במהלך הציור האנושי בזמן החדש] הם: האחד, השינוי במהלך המחשבה החברותית. / השני, במהלך המחשבה הקוסמולוגית. / השלישי, במהלך המחשבה ההִתפתחותית. ... מהלך המחשבה של ההִתפתחות, שֶׁנִתפרסמה בכל השדרות לרגלי לימודי הטבע החדשים, עשתה מהפכה רבה בחוג המחשבות הרגילות. ... על כן הזמן מכריח להפצת הדֵעה, הדֵעה היותר רוממה, יותר רחבה ואידיאלית. אי אפשר לַצורה הגסה של האמונה, אחרי אשר ירדה ירידה אחר ירידה ונִתלבשה בלבושי שַׂקים עבים מאד, להחזיק מעמד. ומי זה ילביש את האמונה הטהורה את המחלָצות הראויות לה? מי ישים על ראשה אותו הצָניף הטהור ההולם לפי הוד מלכותה – אם לא גדולי הכישרון, חכמי לב, קדושי רגש וטהורי נפש, השתולים בחצרות ה׳, תלמידי חכמים המסורים להֶגיון התורה ועמלה״.

**ארון הקודש בבית הכנסת הספרדי בפאדובה**

לכבוד חנוכתו – ״ביום הקים את הארון״, בשנת תפ״ט (1729) – חיבר רמח״ל חוברת של ״שירים וזמירות״ אשר נֶאמרו בציבור, ובהם מזמורים בתבנית פרקי תהִלים, ושירי תפילה והודיה.

הארון צולם בַּשנים שֶבהן היה בית הכנסת עזוב, ובשנת תשי״ח (1958) הוא נחנך במשכנו החדש, בהיכל שלמה בירושלים, לאחר שֶהועברו ארצה ארונות קודש רבים מבתי כנסת באיטליה שֶכבר לא היו פעילים.

לרגל האירוע הודפסה מחדש החוברת שחיבר רמח״ל – ׳סדר חנוכת הארון׳ – והנה כמה שורות מֵאחד משירי ההודיה:

״רִנָּה גִּילָה, / גִּילַת וְרַנֵּן אֶל אֵ־ל רַב טוּב לָנוּ, / שֶׁהֶחֱיָנוּ, שֶׁקִּיְּמָנוּ, / אֶל הַזְּמַן הַזֶּה / רָצָה וְהִגִּיעָנוּ. //. אַתָּה אֵל מִסְתַּתֵּר וְנִמְצָא יַחַד, / רָחוֹק וְקָרוֹב סֶלָה, / הִנֵּה מִקְדָּשׁ מְעַט הֲלֹא הִנֵּךְ / גַּם פֹּה, בְּזֹאת אַדְמַת מְגוּרוֹתֵינוּ: / עוֹד נִשְׁבְּעָה פָּנֶיךָ / עַל הַר צְבִי קָדְשֵׁנוּ. //״.

(התמונה באדיבות מוזיאון יהדות איטליה בירושלים).

# לימוד מתוך הספר 'קנאת ה' צבאות'

## פתיחה:
## על מה ולמה נכתב הספר, ומה טיבו?

לאחר שלמדנו את איגרת י"ד, נעבור עתה ונלמד קטעים מתוך הספר 'קנאת ה' צבאות' – ובו דן רמח"ל באותן סוגיות של שני המשיחים, אך ביתר עמקות והרחבה מאשר בָּאיגרת שֶׁלמדנו.

נראה את הקישורים העמוקים שֶׁעורך רמח"ל בין שני העצים – עץ הדעת ועץ החיים – לבין שני המשיחים; ונראה גם את פרשנותו, בעקבות ספר ה'זוהר', על הצלתו של משיח בן יוסף מגזר־דין המוות.

אבל קודם־כול נֹאמר כמה דברים על הספר:

הרמח"ל כותב את החיבור הזה בשנת ת"ץ, בהיותו צעיר עוּל ימים, בסך־הכול כבן עשרים ושלוש.[1] זו שנה שבה מתעורר קִטרוג גדול כנגדו, ומתנגדיו חושדים בו בנהִיָה או בנטיה כביכול אחרי ספיחֵי השבתאות. אמנם חלפו כבר עשרות שנים מאז מותו של שבתַי־צבי,

1 האיגרת שלמדנו – איגרת י"ד – נכתבה בכסלו באותה שנה, ואילו 'קנאת ה' צבאות' נכתב בסיוון, כפי שמספר רמח"ל לרבו באיגרת ס"ט בספר האיגרות, אשר קטעים ממנה נביא להלן **כנספח ה'** (עמ' 535). אם נזכור שֶׁהחיבור 'מאמר הגאולה' נכתב בתחילת אותה שנה (ראה זאת בהערה 29 לעיל בעמ' 436) – והספר 'תיקונים חדשים' נכתב בשנה קודמת (תפ"ט) – נוכל להרגיש עד כמה אינטנסיבי ופורה היה עיסוקו של רמח"ל בסוגיית הגאולה באותו פרק זמן.

משיח השקר,[2] אבל ארסו עדיין מפעפע. עדיין אנו מוצאים את נאמניו ההולכים בדרכו, נושאי תורתו, בכללם אחד נחמיה חִיון אשר מנסה להפיץ את תורת שבתַי־צבי באיטליה, בהולנד, ובמקומות נוספים.[3]

בספרו, חוגר הרמח"ל את כלי מלחמתו כנגד היסוד הרעיוני בתורתם של שבתַי־צבי ומורו־ורבו נתן העזָתי – זהו היסוד של הירידה לעומק הקליפות כדי להוציא משם את גרעיני הטהרה. על־פי הרעיונות הקבָּליים המעוותים הללו מוטל על הצדיק להיכנס ולהתפלש בַּחטא כדי להוציא ממנו את ניצוצות הקדושה! אמנם, לריבונו־של־עולם ישנן כל מיני דרכים בהן הוא עשוי לגלגל את מציאות העולם, גם במסלולים של טומאה ורֶשע אשר לבסוף יתגלה מהם כבוד ה' – בבחינת: "זָר מַעֲשֵׂהוּ וְלַעֲבֹד עֲבֹדָתוֹ, נָכְרִיָּה עֲבֹדָתוֹ" (ישעיהו כ"ח כ"א).[4] ועם זאת, חלילה לְאיש ליזום דרך זאת וללכת בה בפועל, לכתחילה, כדי לאסוף ולהעלות כביכול את הופעות הטהרה מתוך מעמקי הטומאה.

---

2 שבתַי־צבי מת בשנת תל"ז (1676), שלושים־ואחת שנים לפני הולדתו של רמח"ל, חמישים־וארבע שנים לפני שנת ת"ץ אשר בה התלקח הפולמוס כנגד רמח"ל וכתביו הקבָּליים. גם אחרי מותו של ש"צ המשיך נתן העזתי להצדיק את המרת דתו – ואף פיאר אותה – כחלק הכרחי מֵ"הִתעלמותו" של המשיח שֶׁאחריה יקום מן המתים ויופיע מחדש. הוא הִתמיד בכך עד מותו־שלו, בשנת ת"ם (1680).

3 עיקר פעילותו של חיון היה בשנות ילדותו של הרמח"ל, והוא מת בערך באותה שנה בה אנו עוסקים כאן, שנת ת"ץ (1730). חשוב לציין שגדול הלוחמים כנגד חיון – רבי משה חגיז – הוא שהוביל גם את המאבק כנגד רמח"ל וכתביו.

4 מעניין לציין כי בתגובתו הראשונה של נתן העזָתי להמרת דתו של שבתי צבי – במכתב אל שני אֶחָיו של ש"צ – הוא מצטט פסוק זה כאסמכתא ל"כַשרוּת" מעשה ההמרה. הנה קטע מדבריו שם: "ובלעדו אין גואל לישראל, ועליו אמר הכתוב: 'הִנֵּה יַשְׂכִּיל עַבְדִּי' האמורה על מלך המשיח (בישעיהו סוף פרק נ"ב, ולהלן יצטט למקוטעין מפרק נ"ג), 'נִבְזֶה וַחֲדַל אִישִׁים', 'נִגַּשׂ וְהוּא נַעֲנֶה וְלֹא יִפְתַּח פִּיו', 'וַיִּתֵּן אֶת רְשָׁעִים קִבְרוֹ [...] וְאֶת פֹּשְׁעִים נִמְנָה', והוא עניין זה שעל־ידי־כן רבים חשבוהו פושע, ועל־ידי־כן 'חֵטְא רַבִּים נָשָׂא'. ... ועליו הוא אומר: 'זָר מַעֲשֵׂהוּ [...] נָכְרִיָּה עֲבֹדָתוֹ' (ישעיהו כ"ח כ"א)".

את הבסיס לַתיאוריות המעוותות הללו מצאו השבתאים באמירות שונות של חז״ל כמו: ״גדולה עבֵרה לשמה מִמצווה שלא לשמה״, והלימוד בַּגמרא (במסכת הורָיות דף י׳ עמ׳ ב׳) על יעל אשת חֶבֶר הקֵיני שהיתה מוכנה להִזדווג עם סיסרא כדי להחלישו ועל־ידי־כך להורגו. גם בנושאים הללו – כנגד השבתאים – עוסק רמח״ל בספרו ׳קנאת ה׳ צבאות׳,[5] אך אנחנו נִלמד עוד־מעט את הקטעים שבהם מסתיים הספר. נקרא ונראה איך מפתח רמח״ל – על־פי מאמר בספר ה׳זוהר׳ – את הבנת היחס בין משיח בן יוסף ומשיח בן דָוִד, ואת דרכו המיוחדת בסוגיית מותו של משיח בן יוסף.

מכל־מקום, דרכו של רמח״ל בַּהתמודדות עם שִקְרֵיהם של חסידי שבתי־צבי – אנשי ׳הֶרֶס הצבי׳, כלשונו[6] – היא בהבאת אותם קטעים שעליהם הם הסתמכו, חשיפת הקלקול שבפרשנותם, והוכחת הפירוש הנכון על־פי השקפת עולם יהודית נאמנה! זה תפקידו של הספר, והלומד ילמד על מחברו כי לא־רק שהיה נקי וטהור מכל הדברים שיוחסו לו, אלא שלימד אותנו יסודות חשובים ביותר בגאולת ישראל. כך זיכה אותנו משיח השקר שבתַי־צבי – באופן פרדוקסָלי – בַּספר היקר הזה, ׳קנאת ה׳ צבאות׳.[7]

---

5 **בנספח ו׳** לחלק זה של הספר – להלן בעמ׳ 546-545 – הבאנו פִּסקה אחת (מני רבות) אשר בה מסביר רמח״ל את הוראת ההיתר השבתאית של ׳עבֵרה לשמה׳, ויוצא נגדה בחריפות רבה.

6 למשמעותו של הביטוי הזה – ראה להלן בהערה 10, עמ׳ 451.

7 זה המקום לומר שלַספר ׳קנאת ה׳ צבאות׳ ישנם שני חלקים, וכל אחד מהם נכתב במגמה ייחודית. חנן התרכז בקִנאתו של רמח״ל כנגד השבתאות. לְנושא זה מוקדש חלקו השני של הספר, אשר הלימוד כאן הוא מתוכו. חלקו הראשון של הספר – ׳כללי חכמת האמת׳, היא הקבָּלה – נועד ליישר את דעת הלומדים כנגד ניסיונות של הנוצרים לצוד נשמות מישראל תוך שימוש מניפולטיבי בטקסטים ובתובנות של חכמת הקבָּלה.
חנן הקריא כאן מתוך איגרת ס״ט בספר האיגרות, אשר כתב הרמח״ל אל רבו, ובה פירט את שתי המגמות הנ״ל בַּחיבור ׳קנאת ה׳ צבאות׳. לא כללנו זאת כאן, אך נביא להלן קטעים מן האיגרת הזאת **כנספח ה׳** לחלק זה של הספר, בעמ׳ 535.

עוד אוסיף, לפני שניגש לקרוא וללמוד, שֶהספר עדיין נדיר; הוא קיים רק במהדורות ישנות – מצאתי אותו בַּספריה של ישיבת הר עציון – וטרם זכה לראות אור בצורה סבירה בהוצאה חדשה.[8]

## קטעים מהקדמת רמח"ל נגד השבתאים, אנשי 'הֶרֶס הצבי'

נראה עכשיו כמה פִּסקאות מהקדמתו של רמח"ל לספרו[9] – ודבריו [העשירים בצירופי פסוקים מכל רחבי התנ"ך], מדברים בעד עצמם:

"קַנֹּא קִנֵּאתִי לַה' אֱ-לֹהֵי צְבָאוֹת ולשֵׁם קודשו, כי אֵיךְ יֵחָל [= איך יחוּלַל], כי שערוריה נעשתה בקרב הארץ, להינתן טהור לְטמא וְקֹדֶשׁ וְצָבָא מִרְמָס, להשליך אֱמֶת אַרְצָה וּנְכֹחָה לֹא תוּכַל לָבוֹא, להפוך דבר אֱ-לֹהים חיים לְלַעֲנָה וָרֹאשׁ, ולהשחית קודש קודשים".

ובהמשך: "וזאת שנית עשו, תַּרְבּוּת אֲנָשִׁים חַטָּאִים, אַנְשֵׁי דָמִים וּמִרְמָה, בֹּגְדִים בָּגָדוּ, לְמַעַן סְפוֹת הָרָוָה אֶת הַצְּמֵאָה. הֵמָּה לְדָמִים יֶאֱרֹבוּ, ולנפשות חסרי לב, הן אלה שָׂרֵי צִבְאוֹת ס"מ השטן הגדול, אשר בתחבולות נִלְחַם נִלְחַם בנו דְּבַר יוֹם בְּיוֹמוֹ, וַיִּקַּח רֹמַח בְּיָדוֹ –

8 בביתו של חנן נשמרו דפי המקורות אשר מהם הוא לימד בַּשיעורים הללו, ועל־כן יש בידינו לקבוע שהוא צילם מתוך מהדורה שנִדפסה בידי יצחק גאלדמאן, בוַרשָה, בשנת תרמ"ח (1888). מהדורה זו נערכה על־פי כתב־יד משובש וקטוע, ולכן סבר חנן שהקטעים שהוא לימד הינם סוף הספר – ולא היא!
מכל־מקום, בשנת תשנ"ד – בה לימד חנן את השיעורים דנן – כבר היו קיימות מהדורות טובות יותר של הספר, פרי עמלו של הרב חיים פרידלנדר (אלה הן מהדורות שֶכינסו יחד כמה חיבורים). מהדורה (כמעט) מלאה ראתה אור רק בשנת תש"ף, על־ידי הרב מרדכי שריקי (מכון רמח"ל, ירושלים). כל הציטוטים להלן יינתנו על־פי מהדורה זו.

9 **בנספח ו'** – להלן בעמ' 543 ואילך – הבאנו מהקדמת הרמח"ל קטעים נוספים כנגד השבתאים ושקריהם, מעֵבר לַקטעים אשר קרא כאן חנן בפני התלמידים.

דברי הרשב״י זללה״ה – גם הוא, להמית אִישׁ שֹׁגֶה וּפֶתִי אֲשֶׁר לֹא יָדַע לְהִזָּהֵר, והוא לֹא נִשְׁמַר מן הַחֶרֶב אֲשֶׁר הֵכִין לוֹ״. – זהו רמז השאוב מנפילתו של עֲמָשָׂא, אשר נהרג בחרב יואב – ״המה אנשי הֶרֶס הצבי,[10] אשר י״ג פרָצות פרצו באמונָתֵנו,[11] וַיִּטְעוּ בכֶרֶם ה׳ צְבָאוֹת בֵּית יִשְׂרָאֵל – סוּרֵי הַגֶּפֶן נָכְרִיָּה. וַתְּהִי לחכמת האמת [=חכמת הקבָּלה] לְמוֹקֵשׁ, לְהַעֲלוֹת חֵמָה לִנְקֹם נָקָם, קָשָׁה כִּשְׁאוֹל קִנְאָה״.

ועוד בַּהמשך: ״בחבלי שָׁוְא מְשָׁכוּהוּ, לגלות פנים שלא כהלכה בדברי רשב״י זללה״ה, ללכת אחר עצת החַטָּאים מחזיקי הצבי – את מְשׁוּגָתוֹ אודיענו. לְמַעַן סוּר מִשְּׁאוֹל מָטָּה, וְשָׁבוּ וּבִקְשׁוּ את ה׳ בֶּאֱמֶת וּבִצְדָקָה״.

## פירושו של רמח״ל והרחבותיו למאמר ה׳זוהר׳ על משה המציל את משיח בן יוסף

מכאן ניגש ונקרא את הקטעים אשר בדף המקורות,[12] ועלי לומר שֶׁהסתפקתי אם ללמוד את הדברים, ועד כמה יש לנו יכולת לעסוק בהם. ללמוד אותם לעומקם – בוודאי אין לנו יכולת; אם לא מצד המקבלים, ודאי לא מצד הנותן... ובכל זאת, נקרא ונראה...

הרמח״ל – בשעה שהוא מתמודד עם תורתם של השבתאים, אנשי ״הֶרֶס הצבי״ – מביא לפנינו קטע מספר ה׳זוהר׳, ׳רָעיא מְהֵימנא׳ לפרשת כי־תצא (בדף רע״ו עמ׳ ב׳), כדי לקעקע את התפיסה האומרת

---

10 אל נכון, ביטוי זה הוא משחק־מילים המִתכתב עם ׳ארץ הצבי׳, בַּפסוק בספר דניאל (י״א מ״א) אשר נֶאמר בו: ״וּבָא בְּאֶרֶץ הַצְּבִי וְרַבּוֹת יִכָּשֵׁלוּ״.

11 דימוי זה לקוח מן המִשנָה במסכת מידות (ב׳ ג׳), המתארת שֶׁלִּפנים מהר הבית היה ״סורג גבוה עשרה טפחים, ושלוש־עשרה פרָצות היו שם, שֶׁפְּרָצוּם מלכי יָוָן״ וכו׳.

12 כאמור, חנן הכין דפי מקורות בצילום ממהדורה ישנה נושנה. במהדורת שריקי (מכון רמח״ל, תש״ף) אלה הם סעיפים י׳ עד ט״ו בחלקו השני של הספר, עמודים ס״ז-ע״ג. כל הטקסט הזה יינתן גם כנספח ו׳ לחלק זה של הספר, להלן בעמ׳ 546 ואילך, וכך ניתן ללמוד אותו בְּרֶצֶף.

שיש לצלול אל מעמקי הטומאה כדי להוציא ממנה את ניצוצות הטהרה. הקטע מסתיים בְּפסוק אשר ה׳זוהר׳ מייחסו למשה רבֵּנו – ״וְהוּא מְחֹלָל מִפְּשָׁעֵנוּ ... וּבַחֲבֻרָתוֹ נִרְפָּא לָנוּ״ (ישעיה נ״ג ה׳) – והרמח״ל עָמֵל ׳לרפא׳ את השימוש הקלוקל שֶעשו השבתאים בפסוק הזה, בכך שֶׁייחסוהו למשיחם.[13]

הקטע הזה נֶאמר בדיבור ישיר, כביכול מפי רשב״י [או מפי אליהו], אל משה רבֵּנו שהוא הרועה הנאמן (׳רַעְיָא מְהֵימְנָא׳). כפי שנראה, יגיע הרמח״ל בפירושו עד עשרת הרוגי מלכות, ובראשם רבי עקיבא – כגילוי של משיח בן יוסף – אשר מאפשר, במותו, את המשך חיי העם לקראת גאולתו, כמוהו כמשה אשר התייסר בעבור חיי העם והצלת משיח בן יוסף.

נקרא עכשיו מתוך הספר, ורמח״ל פותח כאמור בציטוט דברי ספר ה׳זוהר׳:

״ובגין דאינון גרמו לך, ועבידו עִמך טבין, אנת סבילת בגינייהו כמה מכתשין״ – רשב״י דובר אל משה ואומר לו: ומשום שהם גרמו לך, ועשו עִמך טובות, אתה סבלת בגינם כמה ייסורים – ״בגין דְּלָא יתקטיל [= כדי שלא ייהרג] משיח בן יוסף,[14] דְּאִתמר ביה [= שנֶאמר בו, ביחזקאל א׳ י׳, במעשה המרכבה]: ׳וּפְנֵי שׁוֹר מֵהַשְּׂמֹאול׳, מִזרעא דְּיוסף דְּאִתמר ביה (בדברים ל״ג י״ז): ׳בְּכוֹר שׁוֹרוֹ הָדָר לוֹ׳, ובגין דְּלָא יתחלל הוא [= יוסף] וזרעֵיה [= משיח בן יוסף] בין עכו״ם;[15] דְ[בגין] חובֵיה דירבעם דעבד עבודה־זרה״ – אלה הם שני העגלים שהעמיד ירבעם בבית־אֵל

13 מחברים שבתאיים – בייחוד נתן העזתי – עשו שימוש בקטע הזה פעמים רבות מאד, כדי להסביר את מאסרו של שבתַי־צבי, ואחר־כך את המרת דתו, כפי שֶׁיסביר חנן בהמשך הדברים.

14 כך מפרש פרופ׳ יהודה ליבס את המשפט הזה: מאחר שֶׁהאבות עשו עִמך טובות, אתה – משה – השבתָ להם כגמולם, וסבלתָ ייסורים למען משיח בן יוסף, שהוא מִזרעם.

15 בדפוסים ראשונים של ה׳זוהר׳ כתוב כאן: ״עבודה זרה״, וכך גם בכל המופעים דלהלן. השינוי לַמונח עכו״ם – עובדי כוכבים ומזלות – נעשה על־ידי הצנזורה הנוצרית, כדי להרחיק את ההבנה שהכוונה היא אל הנצרות. ראה להלן **בנספח ו׳**, (ליד הערה 12 בעמ׳ 552 שרמח״ל מזכיר בהקשר זה את ישו הנוצרי (!), ככל הנראה בהסוואת שמו.

ובדן – ״הווה הוא לְאִתחללא בעכו״ם״. – צריך הוא, משיח בן יוסף, או שורש נִשמתו, להתגלגל או להתחלל בעכו״ם. – ״׳וזרעֵיה׳, הוא בגין דירבעם בן נבט מִזרעֵיה איהו״, – וכתיקון על קלקולו, שהחטיא את ישראל בָּעגלים, צריך היה זרעו להתחלל בין האומות – ״ובגינֵיה [=בגללו] אִתמר בך [=נֶאמר בךָ, במשה]: ׳וְהוּא מְחֹלָל מִפְּשָׁעֵנוּ ... וּבַחֲבֻרָתוֹ נִרְפָּא לָנוּ׳ (ישעיה נ״ג ה׳).[16] עד כאן לשונו״.[17]

ואז אומר הרמח״ל כך:

״הנה המאמר הזה איום ונורא הוא באמת, כי נראֶה ממנו שלולא ייסורי משה, היה צריך שֶׁמשיח בן יוסף יתחלל בעבודה־זרה. והנה מכאן מקום לָאפיקורסים לִרדות״ – פֶּתַח לַשבתאים ללכת בדרכם הרעה – ״כי יאמרו: בְּהשתנות הדורות, וההנהגה מתחלפת לפי מעשה

16 א. כמה דפים לאחר הקטע הזה, בדף ר״פ עמ׳ א׳, מובא שוב בַּ׳זוהר׳ הפסוק הזה האמור על – ואל – משה רבֵּנו. שם מתפרש כי ״וְהוּא מְחֹלָל מִפְּשָׁעֵנוּ״ משמע: נעשה חוֹל בגלל פשעי ישראל, בכך שנקבר מחוץ לָארץ, בַּגיא [מול בית פעור]; ובמשפט אחר שם: ״קבורה דילֵיה בְּצוּלמא דְלאו הגונה לֵיה״, שנקבר באופן שאינו הגון לו. ראה עוד בַּהערה שאחרי הבאה.

ב. וכפי שיאמר חנן מיד, העתיק נתן העזתי את מדרש־הכתוב ״וְהוּא מְחֹלָל מִפְּשָׁעֵנוּ״ הייחֵס ממשה רבֵּנו אל שבתי צבי... הנה כך הוא כתב לאחר שהמיר ש״צ את דתו, באיגרת אל אחד מנכבדי המאמינים: ״שאומר [ספר ׳הזוהר׳] דְעתיד לאִתחללא בין אומין דְעלמא [=אומות העולם], ודאי אין לשון ׳לאִתחללא׳ נופל אלא על מי שמחלל עצמו ומִתערב ביניהם, ומחליף [=ממיר] עצמו, כי כל חילול הוא לשון חילוף, כמו ׳אין מחללין מעשר שני׳״.

17 הנה תרגום הקטע על־פי פירוש ׳הסולם׳, בדיבור ישיר אל משה רבֵּנו: ״ומשום שהם גרמו לך, ועשו עִמך טובות, אתה סבלת בשבילם כמה ייסורים, כדי שלא ייהרג משיח בן יוסף, שנֶאמר בו (ביחזקאל א׳ י׳): ׳וּפְנֵי שׁוֹר מֵהַשְּׂמֹאול׳, שהוא מזרע יוסף שנֶאמר בו (בדברים ל״ג י״ז): ׳בְּכוֹר שׁוֹרוֹ הָדָר לוֹ׳, וכדי שלא יתחלל הוא [=יוסף] וזרעו [=משיח בן יוסף] בין העכו״ם; שֶׁמחמת חטאו של ירבעם שעבד עבודה־זרה, היה לו להתחלל בעכו״ם הוא וזרעו, משום שירבעם בן נבט מִזרעו [של יוסף] הוא. ובגינו נֶאמר בך [=במשה]: ׳וְהוּא מְחֹלָל מִפְּשָׁעֵנוּ ... וּבַחֲבֻרָתוֹ נִרְפָּא לָנוּ׳ (ישעיה נ״ג ה׳)״.

התחתונים, לא היה די ייסורי משה, כי סוף סוף הוצרך הדבר להתקיים בשבתי־צבי".

ובכן, תהיה טענת "האפיקורסים" שעוד לא התמלאה סאת הייסורים, ושצריך "המשיח" לקבל עליו נגעים ופצעים לנשמתו, ואף להִתחלל – לשון חול – היינו להמיר את דתו. מכאן תבינו איך נבנתה הקונסטרוקציה המחשבתית המעוותת – בייחוד על־ידי נתן העזתי – לתת צידוק בדיעבד להִתאסלמותו של שבתַי־צבי, שהיה צריך להמשיך בפועל את ההִתחללות בעבודה־זרה, בדומה לירבעם.[18] דווקא באופן

18 ואכן, באיגרת ארוכה של נתן העזָתי, אשר בה הִצדיק את שבתי־צבי בהמרת דתו, הוא שואל־ומשיב במפורש על הקטע הזה אשר מביא הרמח"ל, ואלה דבריו של נתן שם: "עוד מצינו ברעיא־מהימנא פרשת כי־תצא, וזו לשונו: 'בגין חובֵיה דירבעם דעבד עבודה־זרה, הווה־לֵיה למשיח בן יוסף לְאִתחללא הוא וזרעֵיה בין אומין [=אומות] עובדי עבודה־זרה', והתפלל משה רבֵנו עליו־השלום שלא יבוא משיח בן יוסף לידי מידה זו. וגם על זה קשה: איך על־ידי הִתחַלְלוֹ בין הגויים יתוקן עוון ירבעם? ... ובוודאי ליישב דברים אלו הוא קשה מאד, עמוק עמוק מי ימצאֶנו. אמנם יש ללמוד מכל זה שכן הם אורחות ה', ולו לבדו נִתכְּנו עלילות, ואם־כן לא נשאר שום קושיא למה מלך־המשיח [=ש"צ] עושה מעשים אלו".

עוד הפליג נתן, באותה איגרת, בדימויו של ש"צ למשה, שֶ"היה מוכרח להתגלגל 'בְּאֶרֶץ צִיָּה וְעָיֵף בְּלִי מָיִם', ואין מים אלא תורה, 'וַיִּתֵּן אֶת רְשָׁעִים קִבְרוֹ', היינו על ביאת המשיח באופן זה". שוב מיוחסת אפוא למשה, בייסוריו, דווקא 'עזיבת התורה' – תוך דימוי המרת־הדת לקבורה בין רשעים (בַּגַיא, מול בית פעור), המרה הנעשֵׂית "כשֵרה" ואף הכרחית. בעקבות דברי ש"צ עצמו (כפי שנראה בהערה הבאה) קָשַר נתן לכאן גם את שבירת הלוחות – שֶביטולה של תורה זהו ייסודה – כהסכמת הקב"ה עם משה וברכתו לו: "יישר כוחך שֶשיברתָ" (מסכת מנחות דף צ"ט עמ' ב').

שבתי־צבי הריהו אפוא "בן נאמן" השליט בכל גנזי אביו, כמשה אשר "בְּכָל בֵּיתִי נֶאֱמָן הוּא", "ויכול לפרש את התורה על־פי סודותיה, וישתמש בה (!) לכל דבר שֶצריך", לפי שהוא 'בעל תורה'. פרופ' גרשום שלום מטעים כי התואר הזה עולֶה בגימטריה 'שבתאי' לפי שֶשניהם מסתכמים בְּמספר 713, וש"צ אף ערך מעין מעמד 'קידושין' בינו לבין התורה

זה ניתן יהיה לתקן את הפגמים אשר חוסמים את המשיח מִלהתגלות ולפעול, ולכן המרת דתו של שבתַי־צבי נועדה להציל את משיח בן יוסף, לא פחות מזה...

וממשיך רמח"ל: "הן אלה ודאי דברי הבל ותעתועים, **יען הם נגד תורת משה!** אמנם, על־כל־פנים, צריכים אנו לפרש דברי הרשב"י ז"ל על אמיתתם. וזה ברור, כי אלה הדברים יורדים ונוקבים עד התהום, וכמה רָזֵי דְרָזִין נכללים בהם".

לפני כל הבירורים העמוקים, אומר הרמח"ל את המשפט האחד הזה, אשר נשמע כמעט פשטני ונאיבי על רקע המסכת של מושגי הסוד שהוא עומד להגיש לנו... ניסיונו של שבתַי־צבי לממש ולהגשים כביכול את דברי הזוהר הקדוש הינו פסול ודחוי, מסיבה אחת פשוטה – "יען הם נגד תורת משה!".[19] "אֵין חָכְמָה וְאֵין תְּבוּנָה וְאֵין עֵצָה

---

כשהוא אוחז ספר תורה בבית הכנסת, והרי הבעל שליט באִשתו לקיים בה את האמור (בבמדבר ל' י"ד): "אִישָׁהּ יְקִימֶנּוּ וְאִישָׁהּ יְפֵרֶנּוּ". עוד מטעים פרופ' שלום שֶ'משה' בסידור אותיות 'השם' מתאים לשמו של ש"צ – 'צבי' – לפי מפתח א"ת ב"ש.

19 **א.** ראוי להוסיף כאן משפט מדברי רמח"ל בהקדמתו לַספר. חנן לא קרא פִּסקה זו בפני התלמידים, אך הבאנו אותה **בנספח ו'**, להלן בעמ' 544. הנה אלה דבריו: "לא ייפול לב האדם אל אשר לֹא נָכוֹן, לעבור אפילו על דקדוק קל של סופרים. כי אפילו אם ייִרָאה לעיניך שֶׁמדברי הרשב"י נראֶה כן – תדע ודאי שאין הדבר כן. ועל אשר לא שמעתָ תאמר לא שמעתי, וְאֶל בִּינָתְךָ אַל תִּשָּׁעֵן, כי חֲתֻמִים הַדְּבָרִים עַד עֵת קֵץ".

**ב.** מעֵבר לַהקשר המדוייק של הנושא הנדון כאן, ייתכן שיש להקשיב בדברי רמח"ל גם להתקוממות כוללת כנגד דברי נתן העזָתי, וכנגד דברי ש"צ עצמו, ככל שבאו אלה לידיעתו של רמח"ל.

**נתן** "ניבֵּא" כי "אליו [=אל שבתַי צבי] ייתן הקב"ה **תורה חדשה** ומצוות חדשות, לתקן כל העולמות". גם באיגרתו המצדיקה את ההמרה, הביא נתן 'רשימה' של נביאים שעברו על דברי התורה בהוראת שעה, ודימה לכלול את שבתי־צבי עִמהם. עוד כתב שם נתן: "כל המאמין בַּמלך המשיח [=שבתי צבי], אין להקשות עליו איך ייתכן שיהיה משיח מאחר שֶׁעובר כמה עבֵרות – וגם על־פיו עוברים כמה אנשים אחרים – כי יכול להשיב ולומר שהיא הוראת שעה. וכן כמה פעמים שמענו מפיו [=מפי ש"צ]

לְנֶגֶד ה'" (משלי כ"א ל') – וכל הרעיונות, כל המסתורין, כל הסברות והתפיסות נמֵסות כַּדונג בפני "דְּבַר ה'" זו הלכה"![20]

## אדם הראשון, עצי גן עדן, ושני המשיחים

וכדי לבאר את דרכו־שלו בהבנות־העומק של יוסף הצדיק, מכירתו מצריימה ופעולותיו שם – כמו־גם את הבנות־העומק בעניין עשרת הרוגי מלכות, ומשיח בן יוסף – פותח רמח"ל בביאור מהלך רוחני והיסטורי המתחיל בחטאו של אדם הראשון:

"והנני צריך להודיעך עתה סודות גדולים בעניין יוסף ומכירתו, והרוגי מלכות, והָבֵן מאד.

דע כי מאז חטא אדם־הראשון, התהלכו הדברים בָּעולם בְּדרך שבו יהיו נִתקנים כל הקלקולים אשר נמשכו מחטאו. והנה, מאז הוכן התיקון

---

שֶׁאמר שכל דבריו אלו משום הוראת שעה. וכן כתב [ש"צ]: ... '[אִם יָמֻשׁוּ הַחֻקִּים הָאֵלֶּה מִלְּפָנַי נְאֻם ה'], גַּם זֶרַע יִשְׂרָאֵל יִשְׁבְּתוּ מִהְיוֹת גּוֹי לְפָנַי כָּל הַיָּמִים' (ירמיהו ל"א ל"ה) – 'כָּל הַיָּמִים' לא ישבְתו, אבל מקצת הימים ישבְתו".

נתן מצטט כאן מאיגרת של שבתי־צבי עצמו, סמוך לאחר המרתו. האיגרת פורסמה בידי פרופ' יהודה ליבס, והנה ציטוט מתחילתה: "דעו אחַי בנַי ידידַי ... שֶׁהאמיתי [=אלהֵי אמונתו של ש"צ] שרק אני מכיר אותו ... רצה שֶׁאכנס בכל ליבי בדין אישלאם ... ולהפר תורת משה עד עת קץ [שאז ישובו ישראל והתורה לאֵיתָנָם הראשון], כי כך חשוב לכבוד אלהותו ולגילויו, שֶׁאכניס פה [לדת האישלאם] את כל מי שנפשו היתה מַסכֶּמֶת אִתי ... הדא־הוא־דכתיב: 'עֵת לַעֲשׂוֹת לַה' הֵפֵרוּ תּוֹרָתֶךָ', כמאמר הישמעאלים: תורת משה הנביא בטלה, בסוד 'וַיַּרְא אֶת הָעֵגֶל [...] וַיַּשְׁלֵךְ מִיָּדָיו אֶת הַלֻּחֹת וַיְשַׁבֵּר אֹתָם', ואמר לו הקב"ה: יישר חילך שֶׁשיבַּרתָ". זאת כותב ש"צ על משה המגולגל ומופיע עתה בו־בעצמו – הוא ותורתו – לשבט ולחסד, כרצונו, בבחינת: "עֵת לְבַקֵּשׁ וְעֵת לְאַבֵּד, עֵת לִשְׁמוֹר וְעֵת לְהַשְׁלִיךְ" (קהלת ג' ו').

20 הציטוט הינו חלק מדרָשה במסכת שבת (דף קל"ח עמ' ב') האומרת כי יבואו ימים בהם ישוטטו לבקש את 'דְבַר ה'" ולא ימצאו – ו'דְבַר ה'" הוא הלכה, הוא הקץ, והוא נבואה.

**בסוד שני המשיחים". – יוצא שהתיקון בסוד שני המשיחים מתחיל מן הצורך לתקן את חטא אדם הראשון! –** "ופירוש העניין, כי עץ החיים ועץ הדעת הם סוד הפנימיות וחיצוניות, שהיו צריכים להתחבר בחיבור גדול. כשיהיה החיצוניות שלם לגמרי, ראוי להתחבר עם הפנימיות, וזה בהסרת הרע שב'עץ הדעת [טוב ורע'] הזה, שהוא הסִטרא-אחרא היונקת ממנו, שהיה סר אם לא היה אדם חוטא. ואז היה גופו ונִשמתו גם-כן מתחברים זה בזה, לינק אור הקדושה לָנצח. וכיוון שֶחטא, הנה נפגם החיצוניות, שֶשלט עליו הרע, ואז גופו נעכר,[21] והוא צריך למות, שבזה נמצא התיקון שֶיימָצֵא לו, עד שובו להיבָּנות ולהִתחבר עם הנשמה לְחיים נצחיים.

והנה, הנִפגם באמת הוא עץ הדעת, והוא הצריך להיתקן עד שיוכל להתחבר בו עץ החיים כבראשונה.[22] ונמצא בכאן שנַיים צריכים תיקון

21 דברי הרמח"ל שֶהחטא גרם לכך שֶגופו של אדם נעכר בגלל חטאו תואמים לדבריו באיגרת י"ד, לעיל בעמ' 434, שֶ"הוחשך הגוף בסוד 'כָּתְנוֹת עוֹר'", וראה שם את הערה 25 על אובדן כותנות האור. ראה גם את הערה 25 להלן בעמ' 461 על הנושא הזה בדברי הרב קוק.

22 הבירור אשר עורך רמח"ל בסוגיית עץ הדעת ועץ החיים הוא בירור מהותי כנגד השבתאים וכנגד נתן העזָתי. הם גרסו – בעקבות הבנותיהם בספר ה'זוהר' – שֶיום השבת, יומו של שבתַי-צבי, לשיטתם, הוא האלף השביעי אשר בו יזכו הכול להידבק בעץ החיים; אבל ה"משיח" עצמו יכול 'לעקוף' את מסלול ההתקדמות הכללי, כי הריהו כל-עצמו בבחינת 'שבת', ולכן הוא דָבֵק בעץ החיים ('אילָנא יקירא' בלשונם) כבר מעתה. באופן זה משתחרר ש"צ ממִגבלות של איסור והיתר (או חובות וזכויות), שכן עץ החיים – בניגוד לעץ הדעת טוב ורע – אין בו כלל פָּסול ואסור, אין בו קליפות, וכולו "כשר". לא זו אף זו, עץ הדעת מכונֶה 'אילנא דמותא', היינו עץ המוות, אבל בעץ החיים אין לַמוות אחיזה; לכן אין פְּסול בהמרת דתו של ש"צ, שהיא אמנם כעין מוות לכל אדם, אך לא לַ"משיח" אשר כבר השתחרר והִתעלה ממדרגת כל אדם.
הנה כך כתב נתן ב'דרוש המנורה': "וכן נשמת מלך המשיח [=ש"צ] דאִתדבק באילנא דחיי [=המתדבק בעץ החיים] שַליט בכל גִנזֵי אבּוֹי ... לא קאי גַבֵּיה [=לא עומד לגביו] איסור והיתר, טומאה וטהרה, יכול להחזיר הרע לטוב אחרי הבירור. ואף שֶנשבר כוחו ונמשך בין החיצונים ונפל

– אחד החיצוניות שיוכל להתחבר בו הפנימיות, ואחד – הפנימיות, שֶׁיתחבר בַּחיצוניות. ובסוד החיצוניות נִתקנים כל ענייני הגלות כולם וגאולתם, שֶׁשלֵמותה היא חיבור הפנימיות בַּחיצוניות. וזה עניין השני משיחים, כי משיח בן יוסף הוא בסוד השמאל, והוא בסוד החיצוניות הצריך לכל התיקונים האלה. ומשיח בן דָּוִד הוא בסוד הימין, הצריך שיהיה [השמאל] מתחבר אליו, והגאולה שלֵמה. וזהו סוד 'וְהָיְתָה מְנֻחָתוֹ כָּבוֹד' (ישעיה י"א י')".

מעניין לציין שהפסוק הזה אשר סיים בו הרמח"ל, הוא אותו פסוק שהביאו הרב קוק זצ"ל במאמרו 'המִספֵּד בירושלים' ביחס לַהשלמה של משיח בן יוסף ומשיח בן דָּוִד, שעל־ידי שלֵמותם תבוא מנוחה לָעולם, וזה סוד "וְהָיָה בַּיּוֹם הַהוּא שֹׁרֶשׁ יִשַׁי אֲשֶׁר עֹמֵד לְנֵס עַמִּים אֵלָיו גּוֹיִם יִדְרֹשׁוּ, וְהָיְתָה מְנֻחָתוֹ כָּבוֹד".[23]

אנסה, במילים פשוטות, להאיר משהו מדברי הרמח"ל:

עניין עץ הדעת הוא קשה מאד בפשוטו של מקרא: כי אם מדובר בידיעת טוב ורע – "וִהְיִיתֶם כֵּא־לֹהִים יֹדְעֵי טוֹב וָרָע" (בראשית ג' ה') – מדוע נמנע מֵהאדם לאכול ממנו? וְיתר־על־כן – אם גוזר הקב"ה על איסור האכילה מעץ הדעת, כיצד "וַתִּפָּקַחְנָה עֵינֵי שְׁנֵיהֶם" (פסוק ז') בעקבות האכילה, להשיג מה שלא השיגו קודם?

השאלה הזאת נשאלת בפרק ב' של הספר 'מורה הנבוכים', שם מספר הרמב"ם שֶׁנִשאל זאת מפי "איש חכם [אשר] זה לו [כמה] שנים קושיא גדולה". הוא משיב באריכות על־פי דרכו, בסגנונו המיוחד, ומעניין לציין שקיימת הקִבלה בין דבריו לבין תורת הסוד. כאן אומר הרמח"ל בסגנונו שלו: עץ הדעת – זו החיצוניות, ועץ החיים – זו הפנימיות. על־פי הרמב"ם היתה האכילה מעץ הדעת בבחינת ירידה

---

בּרִשתם ובמִכמרוֹתם לעשות כמנהגם וכדתם [=שהמיר את דתו] – לא הווי פגם לגַבֵּיה, ובכלל זה רצון עילַת־העילות [=הקב"ה], והכול תיקון לגַבֵּיה מכוח הִתקשרותו באילנא דחיי. והוא כמי שעומד בגן עדן דְאִתפרש מהאי עלמא [=שכבר פרש מן העולם הזה], דלֵית עלֵיה [=שאין עליו] חובת המצוות". (בתוך: 'בעקבות משיח' מאת גרשם שלום עמ' ק"ב).

23 ראה את הפִּסקה בדברי הרב קוק, הנחתמת בפסוק זה, לעיל בנספח ו' לחלקו השני של הספר, עמ' 350.

אל המוסכמות, אל החוויות ואל המציאות אשר מעורב בה העניין החומרי, המוחשי, היִצרי: "וַתֵּרֶא הָאִשָּׁה כִּי טוֹב הָעֵץ לְמַאֲכָל וְכִי תַאֲוָה הוּא לָעֵינַיִם" (פסוק ו'). באופן זה נתפסים גם המושגים השִׂכליים של התבונה הטהורה בַּדרך הנמוכה של חושָׁניות וחווייתיות, כהנאה חיצונית, בניגוד לטיבו של עץ החיים – שהוא הפנימיות.

שני העצים הללו צומחים בערוגה אחת. האדם נברא ביום השישי, ואילו היה זוכה – כך על־פי מקורות בתורת הסוד – היה מגיע ליום השבת בטהרה; כי היה מקדים ואוכל מעץ החיים, מגיע אל הפנימיות הטהורה, ומתוך־כך היה זוכה לאכול גם מעץ הדעת. אילו כך היה – לא היה נגזר מוות, כי נשמתו של אדם (המתבטאת בעץ החיים) היתה מתחברת עם גופו (המתבטא בעץ הדעת), ושניהם היו מתקשרים יחד־כאחד זה אל זה לָנצח, וָחַי לְעֹלָם.[24]

שוב עומדת כאן השאלה: 'מי בָּראש?'; כי אם עץ החיים הוא ראש וראשון – והריהו בבחינת "עֵץ חַיִּים הִיא לַמַּחֲזִיקִים בָּהּ" (משלי ג' י"ח), "וְאַתֶּם הַדְּבֵקִים בַּה' אֱ־לֹהֵיכֶם חַיִּים כֻּלְּכֶם הַיּוֹם" (דברים ד' ד') וְ"חַיִּים עַד הָעוֹלָם" (תהלים קל"ג ג') – אזי תצמח מכאן השלֵמות הראויה, שגם עץ הדעת ייכלל בה. אבל אם עץ הדעת בָּראש, בירידה אל היָפֶה והמושך, אל התאווה והמוחשיות, אזי מִדרדְרים הדברים מטה מטה, יורדים עד תהום ועד גזֵרת המיתה.

*

**הרב קוק** זצ"ל ב'אורות הקודש' חלק ב' (פרק מ"ב עמ' שפ"ה), במסה עמוקה מאד המוכתרת 'חיים עד העולם', מוסר לנו הבנת עומק של חטא אדם הראשון, גזֵרת המוות, וחזון הניצחון של חיי־העולם על מוּם־המוות. דברי הרב מקושרים אל דבריו של הרמח"ל, לכן נקרא ונִלמד אותם עכשיו:

"המוות בא בעֵקב החטא; לולא החטא הקדמון, לולא הלך האדם אחרי תאוותיו הבהמיות, היתה התחושה הרוחנית מופיעה עליו ברוב

24 כַּדברים האלה כותב רמח"ל בסִפרו 'תיקונים חדשים' (תיקון שמיני) – ראה זאת להלן **בנספח ד'**, עמ' 530, ליד הערה 5.

אורה. אין אנו מתחילים את התולָדה האנושית מהגשמתו הגלויה של האדם, שבאה אחרי נפילה עמוקה", – באוכלו מעץ הדעת. – "יסוד המציאות מתחיל בָּאדם בהווייתו העליונה, בהיותו מואר הארה רוחנית לפי תכונת עצם נשמתו. והנשמה בְּמילוי החיים מוארה היא חוצה לגווייתו" – מחוץ לגופו – "ופנימה, היצירה הגופנית המרתקת [=מקשרת] את מְאוֹרָהּ של הנשמה אל הגוף, והיא פועלת בו את פעולתה". – הנשמה מְחַיָּה את הגוף. נמצאנו אומרים שמשני צדדים – תחילה מבחוץ ולבסוף מִבִּפְנים – מושפע האדם מִשפע נשמתו.

"לולא נפל האדם ברשת השִׁכחה, ושאיפתו אל הגדולה העליונה, שהיא העבודה האֱ־לֹהית – עבודת גן עדן לְעָבְדָהּ וּלְשָׁמְרָהּ – לא חדלה, והיא רק־היא היתה מַכשֶׁרֶת את המשכת החיים, אז החיים בעצמם, בהתאימם אל המטרה הנישָׂאָה הכללית, של הווייתו של האדם האצילית, אינם צריכים להיפסק".

כלומר, לא היה צורך שֶׁגופו של האדם יגיע למציאות של מיתה. אילו היתה הנשמה בטהרתה, בשלֵמותה, מולכת ושולטת בָּאדם – ועל־פיה הוא היה מכוון את כל אורחות חייו – היתה הנשמה מְחַיָּה את הגוף, וכשם שהנשמה לְעולם כך היה גם הגוף לְעולם, ולא היו נפרדים הדוֹדים.

וממשיך הרב, כשואל ומשיב: "מדוע זה לא תתקשר הנשמה בַּגוויה לְהחיותה תמיד? מדוע לא תמצא את כל מרחביה, בהיותה מנצחת על עבודתה החיה במרכזה הנישא, הגוויה וכֵלֶיהָ? רק מפני שֶׁכָּרַע הרצון תחת המַחשָׁך של השיעבוד השפל של העבדות הבהמית הגופנית" – זו הימשכותו של האדם אחרי תאוותיו ואכילתו מעץ הדעת – "וְרֶפֶשׁ זה נִטבע בו האדם עד אין מנוס".

עלינו להבין, מהו פשר ה'דעת'? המושג 'דעת' מבטא את הקישור המוחשי, כמו: "וְהָאָדָם יָדַע אֶת חַוָּה אִשְׁתּוֹ" (בראשית ד' א'). ישנו קישור מוחשי אשר בא לאחר 'חכמה' ו'בינה', ואז הסדר הוא 'חכמה בינה ודעת' – חב"ד בלשון המקובלים – כלומר, שמתוך הטהרה באים אל הקישור המוחשי, וממילא יתעלֶה וייטהר גם הוא. וישנו מצב הפוך, שבו ה'דעת' קודמת כביכול, ואז מדובר בהִתחברות מוחשית שלא מִמקורות הטהרה. התחברות כזאת נוטלת את הרצון הטהור ומטמאת

אותו – וזהו דברו של הרב: ״שֶׁכָּרַע הרצון תחת המַּחשָׁךְ של השיעבוד השפל של העבדות הבהמית הגופנית״.

״לא שאיפה רוממה ונצחית של יצירת חיים נישאים פועל בהעלאת נר החיים ביצירות גופיוּת״ – עד כדי הקישור שבין אדם ואשתו, ׳וְהָיוּ לְבָשָׂר אֶחָד׳ (ב׳ כ״ד) מתוך הטהרה הגבוהה – ״אלא כוח אחר מעורב, יֵצֶר סוכן, והִתעוררות שפלה סמויה, על כן אין הקישור אמיץ [בין הגוף לנשמה], והמַּחשַׁכים רבו.[25]

כפי ערכו של הזיכוך הרעיוני, תעלה יקרת הנשמה המופַעת, ושלטונה על הגוף יגדל, אבל לְנַצֵּחַ את המוות לא תוכל. עֶטיו [=עצתו] של נחש מפעפע ומחלחל, עד אשר יָפוּחַ הַיּוֹם [וְנָסוּ הַצְּלָלִים], והשאיפה העליונה תלך ותִתגשם, הרצון הנשגב של שִׁכלול חיים שלֵמים ונישאים יגדל ויִגבר על כל נטיה, וההשפלה העבדותית אשר לַחומר ותנאיו הנִלחצים, לא תהיה מעורבת בכוח היצירה״. בַּביטוי ׳כוח היצירה׳ מתכוון הרב גם אל מעשה הזיווג.

בַּקטע הבא מחדש הרב קוק ׳הברקה׳ אדירה באשר לַמושג ׳הנשמות שֶׁבַּגוף׳, מושג השאוב מסוגיית הגמרא במסכת יבמות (דף ס״ג עמ׳ ב׳), שם נֶאמר כי ״אין בן דָוִד בא עד שֶׁיכלו כל הנשמות שֶׁבַּגוף״. מפליא הרב ומסביר כי הנשמות הללו הן **הנשמות אשר משועבדות לַגוף**. הנה אלה דבריו:

״הנשמות שֶׁבַּגוף תִּכלֶינָה; נשמות חדשות – שהן למעלה מן הגוף – יוצרות אותו, מתרכזות בו, ושואפות ממנו ועל־ידו למרומים נישאים

---

25 יש לשים לב בדברי הרב זצ״ל לַהופעות של האור והחושך בהקשר למצבו של האדם לפני החטא, ואחריו. כאן – לאחר הנפילה – אומר הרב כי ״המַּחשַׁכים רבו״, וגם קודם־לכן הוא כתב ״שֶׁכָּרַע הרצון תחת המַּחשָׁךְ של השיעבוד השפל״. ואילו במצבו האידיאלי של האדם, לפני החטא, כותב הרב לעיל שֶׁ״היתה התחושה הרוחנית מופיעה עליו ברוב אורה״, שֶׁבהווייתו העליונה היה הוא ״מואר הארה רוחנית״, שֶׁנשמתו ״מוּארה היא חוּצה לגווייתו״, וגם בתוך גופו שורֶה ״מְאוֹרָהּ של הנשמה״.
את כל זאת יש להשוות לדברי הרמח״ל שראינו לעיל על כך שֶׁהחטא גרם לָאדם שֶׁ״הוחשך הגוף בסוד ׳כָּתְנוֹת עוֹר׳״, ושֶׁ״גופו נעכר״. ראה זאת לעיל בעמודים 433 וְ־457, ושים לב להערה 25 בעמ׳ 433 על כך שבחטאו של האדם אבדו לו כותנות האור.

מאד, הן יופיעו, והתולדה שֶׁהקריאה אל חייה נובעת בפועל מחפץ רומם זה של שאיפת יקיצה לחיים עליונים – היא תהיה המנצחת בָּעולם. לפניה יכרע המוות בֶּרֶך, ולא ייזכר ולא ייפקד, ובוּלַּע לָנצח.[26] המוות מום הוא בַּיצירה, ישראל נועד להעבירו, חרפת עם הוא לנו, 'וְחֶרְפַּת עַמּוֹ יָסִיר מֵעַל כָּל הָאָרֶץ, כִּי ה' דִּבֵּר' (ישעיהו כ"ה ח')".

זכיתי ללמוד את הקטע הזה בשעתו מפי מורֵנו ורבֵּנו הרב צבי־יהודה זכר צדיק לברכה, כשלמדנו אצלו פרקים ב'אורות הקודש'. אם רוצים אתם להבין מיהו הרב זצ"ל ומהי מעלתו – קחו כדוגמה את הקטע הזה, בהשוואה אל דברי הרמח"ל. כמובן, הרמח"ל – אם אפשר לומר כך – "חי את המושגים הקבָּליים" באופן פנימי, אך בכל־זאת הם נשמעים לנו לעיתים כְּאקסיומות; ואילו הרב קוק נותן לאותם מושגים משמעות פנימית עמוקה, והוא מנהיר לנו אותם בלשון אשר מדברת יותר אל ליבנו!

*

מכל־מקום, עולה מדבריו של הרמח"ל שֶׁחטאוֹ של אדם הראשון – המשתקע בתאוות עץ הדעת לפני שהוא מפנים את נִשמתו בעץ החיים – הוא אשר גרם לפירוד בין שני האילנות, ובכך גם גזר האדם מיתה על עצמו, כביכול. מכאן נוכל להבין את הקישור אשר עורך הרמח"ל, בסוף הקטע שֶׁקראנו [בעמ' 458], בין שני העצים ושני המשיחים.

כי בכל אחד משני הזוגות הללו – זוג העצים וזוג המשיחים – קיימות שתי הבחינות: חיצוניות ופנימיות, גוף ונשמה, וברור שהאידיאל הוא חיבור בין שתי הבחינות הללו, ולא פירוד. הוא הדבר אשר אומר יחזקאל על עץ יוסף ועץ יהודה "וְהָיוּ לַאֲחָדִים בְּיָדֶךָ", וכך – בהפתעה – מתחברים שני העצים ביחזקאל עם שני העצים אשר מִבראשית! איחוד עצי בראשית הוא שיביא לתיקון חטא אדם הראשון,

26 שתי המילים האחרונות משוכות מן הפסוק בישעיהו (כ"ה ח') אשר בו חותם הרב את הקטע, בַּמשפט הבא. הנה הפסוק במלואו: "בִּלַּע הַמָּוֶת לָנֶצַח, וּמָחָה אֲ־דֹנָי ה' דִּמְעָה מֵעַל כָּל פָּנִים, וְחֶרְפַּת עַמּוֹ יָסִיר מֵעַל כָּל הָאָרֶץ, כִּי ה' דִּבֵּר".

ואיחוד עצי יחזקאל – הרכבת הרוכב על גבי הכַּנָּה להיותם עץ אחד – הוא שיביא לאיחוד בית ישראל.

שוב נדגיש ונֹאמר: עץ הדעת איננו שלילי כלל וכלל, אלא שעליו להיות קשור בעץ החיים, ולבוא אחריו כשֵני לו, ואז יתרומם ויִתעלה צד הגוף, ואִתו כל מציאות החיים המוחשית, הבשר והדם, היצירה, וידיעת איש את אשתו. סימן לַסדר הנכון הזה הוא הפסוק בתהִלים (ס״ג ב׳), אשר רֵאשיתו היא: ״צָמְאָה לְךָ נַפְשִׁי״, ומתוך כך: ״כָּמַהּ לְךָ בְשָׂרִי״. ואם אכן עץ החיים בָּראש, אזי תִתרומם כל מציאות העולם, בסוד התיקון של תחיית המתים, בבחינת ׳וָחַי לְעֹלָם׳.

ולשני המשיחים – אומר לנו הרמח״ל – ישנו תפקיד: הם אלה אשר צריכים לתקן את הפירוד שגרם חטא אדם הראשון, הם אלה אשר צריכים לאחות את הקרע בין עץ החיים לעץ הדעת. וכך – מורַי ורבותַי – אנחנו מתחילים קצת לפתוח את העיניים ולהבין מה מתרחש כאן...

אם עץ החיים ועץ הדעת הינם בעצם שורשיהם של שני העצים בחזון יחזקאל, אזי ברור כי עץ הדעת הוא בחינת יוסף ומשיח בן יוסף, ואילו עץ החיים הוא בחינת יהודה ומשיח בן דָוִד. ושוב אזכיר שבמושגי תורת הסוד יוסף הוא בחינת ה׳יסוד׳ – זו בחינת הפריון הקשורה לאבר המין של האיש – ואכן ה׳דעת׳ היא מעשה הזיווג, ״וְהָאָדָם יָדַע אֶת חַוָּה אִשְׁתּוֹ״, כפי שכבר אמרנו. משיח בן יוסף הוא המניח אפוא את יסוד הבניין של המציאות החומרית, הממשית והמוחשית, בעוד אשר הבחינה הפנימית של יהודה – של משיח בן דָוִד – היא בחינת הנשמה המחַיָּה את הגוף, מקור ה״חַיִּים עַד הָעוֹלָם״. לכן גם ברורה התשובה לַשאלה ׳מי בָּראש׳ – הן לגבי שני עצי בראשית, הן לגבי שני המשיחים, אשר החיבור ביניהם ימתיק את חטא עץ הדעת.

ואחרי כל אשר אמרנו, כבר יובן מאליו הקטע הבא שכותב הרמח״ל:

״ובהגיע עת להיכנס בעוביה של קורה באלה התיקונים, והיינו ביעקב שהוא בחיר שֶבאבות[27] ומעֵין שופרֵיה דאדם, משם והלאה

27 מעניין לציין כי לא באקראי נקט כאן רמח״ל את הביטוי ״להיכנס בעוביה של קורה״ ביחס ליעקב. אל-נכון, הוא נטל אותו מסוגיית הגמרא במסכת ברכות (דף ס״ד עמ׳ א׳), שם נשאלת השאלה: ״מאי

נמצא עניין שני המשיחים האלה הולך ומִזדמן. וזה כי הוא לקח שתי נשים, לאה ורחל, וסודם פנימיות וחיצוניות השכינה. ומִלאה היה צריך לצאת משיח בן דָוִד לתיקון הפנימיות, ומֵרחל משיח בן יוסף לתיקון החיצוניות. וכבר שמעתָ שהקלקול העצמי היה בַּחיצוניות" – זהו חטא האכילה מעץ הדעת, כפי שראינו – "ולכן מכאן נמשכו כל הקלקולים שבאו אחר־כך, בכל העניינים".[28]

שגש

---

דכתיב (בתהלים כ' ב'): 'יַעַנְךָ ה' בְּיוֹם צָרָה, יְשַׂגֶּבְךָ שֵׁם אֱ־לֹהֵי יַעֲקֹב', אֱ־לֹהֵי יעקב ולא אֱ־לֹהֵי אברהם ויצחק?" – וניתנת התשובה: "מכאן לבעל הקורה שיִכנס בעוביה של קורה". בעל הקורה הריהו אפוא יעקב, וראוי לו לשאת את צידה העבה והכבד, מפני "שכל הבנים שלו וטרח בגידולם, [לכן] יבקש עליהם רחמים", כדברי רש"י.

28 אל נכון, יש להבין מן הקישור בין עץ הדעת לבין משיח בן יוסף, שגם שתי גזֵרות המוות – על אדם הראשון (והאנושות כולה) ועל משיח בן יוסף – קשורות זו בזו. כמובן, כך הוא מצד החטא והקלקול, והיפוך הדברים בַּתיקון, מִמוות לחיים, ומעץ הדעת לעץ החיים.
הנה כך הורה האר"י (בכתיבת רבי חיים ויטַל) בספר 'ליקוטי תורה' (בסוף הפרק המוקדש ליחזקאל): "דע כי משיח בן דָוִד מצד עץ החיים ... אך משיח בן יוסף מצד עץ הדעת, אילנא דְמוֹתא, דרגא דְנוקבא, לכן עתיד ליהרג בשערי ירושלים, דְמותא אִתקשרית בֵּיה. ואלו הם השני עצים [שֶׁבחזון יחזקאל], ולעתיד לבוא 'יִהְיֶה ה' אֶחָד וּשְׁמוֹ אֶחָד' (זכריה י"ד ט'), ויהיה עץ החיים ועץ הדעת שקולים כְּחדא, ואז: 'וְהָיוּ לַאֲחָדִים בְּיָדֶךָ' (יחזקאל ל"ז י"ז)".
גם רמח"ל – בספרו 'תיקונים חדשים' (תיקון שמיני) – קושר בין משיח בן יוסף לבין אדם הראשון בחטא עץ הדעת, לעניין גזֵרת המוות אשר נגזרה עליהם. ראה זאת להלן **בנספח ד'**, עמ' 531, ליד הערה 9, והלאה. הנה דברו של רמח"ל שם, על יוצאי מצרים שחטאו בחטא העגל: "וְנֶאמר בהם (בתהִלים פ"ב ז'): 'אָכֵן כְּאָדָם תְּמוּתוּן', זהו אדם הראשון, 'וּכְאַחַד הַשָּׂרִים תִּפֹּלוּ' – זה משיח בן יוסף, אחד מאותם שני שרים. שֶׁבגלל זה הוצרך לו המוות, [על־מנת] לתקן את עץ הדעת ההוא, אשר נִפגם".

## יוסף ואשת פוטיפר, עשרת הרוגי מלכות ורבי עקיבא בן יוסף

עכשיו נדלג על פִּסקה-וָחצי בדברי רמח״ל,[29] ונלמד – בהמשך דבריו – איך הוא מאיר לנו את פרשת יוסף ואשת פוטיפר, ואת חיבורו עם בִּתה, אסנת. זאת הוא עושה על-פי דברי חז״ל במסכת סוטה (דף ל״ו עמ׳ ב׳) – כפי שהִתפרשו בתורת הסוד – וכנגד הפרשנות הקלוקלת אשר נתנו השבתאים לַענפיה של הפרשה הזאת.

יוסף נושא את אסנת לאשה בקדושה ובטהרה, ובַמושגים של אותם ימים היא מקבלת עליה עול תורה ומצוות. על ידי כך, מרומם יוסף את המציאות של טומאת ארץ מצרים, שולט בה, ונהיה ״הַמַּשְׁבִּיר לְכָל עַם הָאָרֶץ״ (בראשית מ״ב ו׳). ואולם, לפני ההתקשרות הזאת, נכשל יוסף במחשבה פסולה, ניצל ממנה בעור שיניו, אך בכל זאת היה מחיר כבד לטָעותו...

היתה זאת טעות בין אסנת לבין אִמה, אשת פוטיפר, אשר שידלה את יוסף להתחבר עִמה. לרגע אחד סבר יוסף שכדי לקיים את שליחותו ותפקידו במצרים – שליחות ותפקיד בִּקדושה – עליו לרדת אל תוך הקליפות, להתקשר אל אשת פוטיפר וליטול כוח מן הטומאה. השבתאים נטלו כאמור את ההיגיון הזה והפכו אותו לדרכו של משיח, רחמנא ליצלן, וזהו ההקשר בו כותב רמח״ל את הדברים – להבהרת הסכנה, לגילוי נזקיה, ולחידוד האזהרה מפניה.

ובכן, נקרא את הדברים מן הספר:

״והנה, יוסף היה ה׳יסוד׳ הזה הראוי להיתקן״ – כי היה ביוסף, ׳צַדִּיק יְסוֹד עוֹלָם׳, כוח פוטנציאלי לתקן את חטאו של אדם הראשון – ״והשטן קִטרג, עד שֶׁגרם שֶׁהשבטים מכרו אותו לְמצרַים. ואז חזר ממש הקלקול הראשון להתחזק, שהוא ה׳יסוד׳ הנֶחפָּה בערלה, ובא לידו עניין אשת אדוניו. והוא בחינת עֶרְוַת הָאָרֶץ, שהיתה רוצה להידבק בו״ – על-מנת להוריד אותו מִמדרגתו, כדי לטמא אותו.

29 הפִּסקה-וָחצי אשר חנן מדלג עליה לא הושמטה בנספח ו׳, שֶׁניתנו בו דברי רמח״ל מתוך ׳קנאת ה׳ צבאות׳. המעיין בעמ׳ 549 להלן יוכל ׳לגשר׳ על הדילוג ולהבין את רצף הדברים.

"אך סוד העניין, כי אסנת היתה שם, שהיתה בסוד השכינה הראויה להתחבר עִמו בבירור, בתיקון. ואִמה [=אשת פוטיפר] גם כן היתה מִסוד זה, אבל היתה בסוד מה שֶקליפת מצרַים היתה מתחזקת להידבק אחריה". – אלה מושגים קבָּליים שלא נעמוד עליהם, נוכל להבין אותם רק בדרך האסוציאציה – "ולכן אסנת היתה ראויה לו, שעל־ידי כן שלט על מצרים, אבל אִמה לא היתה ראויה לו. והוא חשב בתחילה שהיה ראוי לו לבוא אליה, לתת הארה לַשכינה שהיא בתוך הקליפות. וסוד העניין: 'וַיָּבֹא הַבַּיְתָה לַעֲשׂוֹת מְלַאכְתּוֹ' (בראשית ל"ט י"א)".

כאמור, מקורו של עניין זה מצוי בסוגיית הגמרא במסכת סוטה, דף ל"ו עמ' ב'. מובאת שם מחלוקת בין רב ושמואל היאך עלינו להבין את הפסוק האמור על יוסף: "וַיָּבֹא הַבַּיְתָה לַעֲשׂוֹת מְלַאכְתּוֹ" (בראשית ל"ט י"א). "חד אמר: 'לַעֲשׂוֹת מְלַאכְתּוֹ' ממש" – ואז הוא זכאי כמובן – "וחד אמר: לעשות צרכיו נכנס", היינו 'לַעֲשׂוֹת מְלַאכְתּוֹ' עִמה. רמח"ל מפתח דעה זו ומסביר שלא היתה זו ירידה תאוותנית של יוסף, אלא טעות קונצפטואלית.

ממשיכה הגמרא במסכת סוטה: "באותה שעה באתה [=באה דמות] דיוקנו של אביו ונראתה לו בחלון, אמר לו: יוסף! עתידין אַחֶיךָ שֶייכָּתבו על אבני אפוד ואתה ביניהם, רצונךָ שֶיימחה שמך מביניהם ותיקָרֵא 'רועֶה זונוֹת'? דכתיב: 'וְרֹעֶה זוֹנוֹת יְאַבֶּד הוֹן' (מִשלֵי כ"ט ג')".

ועל־פי זה מסביר הרמח"ל וכותב: "אבל נראֵית לו דיוקנו של אביו, והודיע לו כי לא זו הדרך, ומכל דבר ערווה צריך להישמר מאד, כי אין זה תיקון אלא קלקול רב ועצום". שוב חוזר רמח"ל, במִשתמֵע, על אותו יסוד פשוט שכתב בפתיחת דבריו, בשעה שֶדיבר נגד שבתַי־צבי: "הן אלה ודאי דברי הבל ותעתועים, יען הם נגד תורת משה!" – וזהו הדבר אשר מגלָה לו דמות דיוקנו של אבא בַּחלון. לכן משיב יוסף לאשת פוטיפר המפתה אותו: "וְאֵיךְ אֶעֱשֶׂה הָרָעָה הַגְּדֹלָה הַזֹּאת וְחָטָאתִי לֵא־לֹהִים!" (בראשית ל"ט ט'). "אֵין חָכְמָה וְאֵין תְּבוּנָה וְאֵין עֵצָה לְנֶגֶד ה'!". כל החשבונות והשיקולים – יהיו ישרים או יהיו מעוותים – כולם נדחים מפני הקביעה המוסרית הפשוטה.

*

דרך אגב, הביטוי בַּגמרא במסכת סוטה הוא מופלא עד מאד. כי כשאדם נמצא בשעת משבר וחולשה – חולשת הדעת או חולשת יצָרים – אם יש לו באותה שעה איזו דמות מאירה לשאת אליה את עיני־רוחו, ׳דמות דיוקנו של אבא׳, נקודת קודש מאירה, יכול הדבר להצילו מן החטא! כי בשעת הערפל הזאת, בַּחֲשֵׁכָה, ודאי ישאל האדם את עצמו: מה הוא היה אומר עכשיו?

פעם כתבתי פרק בספרי ׳את ענת אנכי מבקש׳, שֶׁכותרתו היתה: ׳דמות דיוקנו של אבא׳, ואקרא כאן מעט מתוכו.[30] תיארתי שם לימוד בצוותא בסמינריון של תנועת ׳גשר׳ בכפר עציון בשנת תשכ״ט, דיברתי עם בני הנוער על דמותו הקורנת של הרב קוק, ׳בעל האורות׳, ״הניצבת אחר כותלנו בשעות אלה ומאירה לנו את הדרך בשבילֵי גן המבוכה,[31] להבנת התהליכים הסבוכים של נתיבי הגאולה. היתה אז שעת רצון ואני העזתי לחשוף בפניכם טפח מהמיית ליבי כשֶׁסיפרתי לכם עד כמה נכספתי – בשנות לימודַי בישיבת ׳מרכז הרב׳ – ללמוד תורה במישרין מפי הרב זצ״ל, ולעמוד לפניו כתלמיד המשמש את רבו והולך בדרכיו.

׳המבינים אתם?׳, אמרתי, בהרימי מעט את קולי, ׳כל אדם צריך להציב לפניו דמות גדולה כמודֶל להזדהות, ועבורי הרב זצ״ל היה והינו דמות כזאת, בחינת דמות דיוקנו של אבא הנשקפת ליוסף בַּחלון – כלשון הגמרא במסכת סוטה – ואינה מניחה לו ליפול בשעת הניסיון עם אשת פוטיפר, ולאבד את עולמו בסערת היצָרים ובערפל השִׁכְחָה׳״. – –

*

30 ספרו של חנן ׳את ענת אנכי מבקש׳ ראה אור בהוצאת ספריית בית־אל, תשמ״ח (1988), ומהדורות נוספות. הפרק אשר חנן עומד לצטט מתוכו מופיע בעמ׳ 34 במהדורה הראשונה.

31 ״גן המבוכה״ הוא מָשָׁל אשר מַמשיל רמח״ל בפרק ג׳ של ספרו ׳מסילת ישרים׳. המשל הוא גן נוי הנטוע באופן מסובך, ובמרכזו אכסדרה נאה אשר קשה למצוא את הדרך אליה; והנִמשל הוא: ״מי שעדיין לא משל בְּיצרו הוא בתוך השבילים ... אך המושלים בְּיצרם – שכבר הגיעו אל האכסדרה – ... הם יכולים לייעץ למי שֶׁיִּרצה לשמוע, ואליהם צריכים אנו להאמין״.

עכשיו נחזור אל המשך דברי הגמרא במסכת סוטה (דף ל״ו עמ׳ ב׳), ואל המשך דבריו של רמח״ל.[32]

בַּגמרא דורשים חכמים את הפסוק בברכת יעקב ליוסף (בבראשית מ״ט כ״ד): ״׳וַתֵּשֶׁב בְּאֵיתָן קַשְׁתּוֹ׳, שֶׁשבה קשתו לאיתנו [נרגע יצרו ונצטנן דמו], ׳וַיָּפֹזּוּ זְרֹעֵי יָדָיו׳, נעץ ידיו בקרקע ויצאה שִׁכבת זרעו מבין ציפורני ידיו״.

וכותב רמח״ל: ״ובאמת, שֶׁבאותה המחשבה יצאו ממנו עשר טיפות, וזה גרם כמה קלקולים בַּגָּלויות, כמו שאפרש לך בסייעתא־דשמיא. ואומַר לך עתה סוד גדול, כי באמת מכאן לקחה כוח הסִטרא־אחרא לפתות בני ישראל בעוונות־הרבים בעניין זה, להראות להם היתר איסורי ערווה ודומיהם, בְּרַמּוֹתוֹ אותם לחשוב שיוכל זה להיות תיקון, כי כך הסִטרא־אחרא מתחזקת בַּכּוח אשר נותנים לה מעשי בני אדם. ועל־כן – בְּקַבְּלָהּ מִמעשה יוסף המחשבה הזאת – בה נתחזקה [הסִטרא־אחרא] לפתות האחרים אשר לא ידעו להישמר ממנה״.

משתמע אפוא, **שעצם המחשבה המעוותת של יוסף** – שהיתה בבחינת ׳הווה אמינא׳ אשר יוסף הצדיק התגבר עליה – היא שהפכה להיות יסוד בתורת השבתאות!

ועל־פי ביאורו הפנימי של רמח״ל [בעקבות הדברים ב׳תיקוני זוהר׳[33] ובכתבי האר״י], אכן היה מחיר כבד מאד לאותה ׳הווה אמינא׳ באותה שעה יְצרית, הדברים מתגלגלים ומהווים מכשול ומזכרת־עָוֹן בָּעולם, והם בעצמם צריכים תיקון. והרושם הזה מתגלגל מעשר טיפות זרעו של יוסף – עד עשרת הרוגי מלכות...

אנו זוכרים את מדרש חז״ל אשר מוגש גם בַּפיוט ׳אֵלֶּה אֶזְכְּרָה׳ שאנו אומרים ביום הכיפורים (ויש אומרים אותו בתשעה באב). שם מתואר איך מתנקם אדריינוס הקיסר שְׁחִיק טַמיא [=שְׁחוּק העצמות] בעשרת

32 דבריו של הרמח״ל בפסקאות הבאות – עד כותרת הסעיף הבא – נכתבו גם בספרו ׳תיקונים חדשים׳ (תיקון ארבעה־עשר), וראה זאת להלן **בנספח ד׳**, עמ׳ 533.

33 ב׳תיקוני זוהר׳ מובא המהלך האמור כאן בהרחבה, ובהבדלים מסוימים מדברי הגמרא במסכת סוטה. ראה: תיקון שתין ותשע, דף ק״י עמ׳ א׳.

חכמי ישראל על עוון אחֵי יוסף, ״עַל מִכְרָם בַּכֶּסֶף צַדִּיק וְאֶבְיוֹן בַּעֲבוּר נַעֲלָיִם״ (עמוס ב׳ ו׳), כאשר הוא מטיח בהם את השורות הללו: ״אַיֵּה אֲבוֹתֵיכֶם אֲשֶׁר אֲחִיהֶם מְכָרוּהוּ / לְאֹרְחַת יִשְׁמְעֵאלִים סְחָרוּהוּ / וּבְעַד נַעֲלַיִם נְתָנוּהוּ / וְאַתֶּם קַבְּלוּ דִּין שָׁמַיִם עֲלֵיכֶם / כִּי מִימֵי אֲבוֹתֵיכֶם לֹא נִמְצָא כָּכֶם ... / וְאַתֶּם תִּשְׂאוּ עֲוֹן אֲבוֹתֵיכֶם״.

ומיהו הניצב בכללם ובמוקדם של עשרת הרוגי מלכות? – זהו רבי עקיבא בן יוסף, שהוא עצמו בחינת משיח בן יוסף, והנה נוגעים אנו בגזֵרת מותו של משיח בן יוסף... הדברים עמוקים, סודות גדולים יש כאן, ואני אומר זאת בדחילוּ ורחימוּ... נקרא את לשונו של רמח״ל:

״ועתה אודיעךָ עניין הטיפות האלה. כי יוסף הוא עצמו סוד ה׳יסוד׳, ומעשיו בסוד תיקוני משיח בן יוסף היו. ובחטאו במחשבה הזאת נפגם ה׳יסוד׳, ויצאו משם עשר טיפות האלה. ... והנה אלה העשר הם עשרה הרוגי מלכות. אף כל ההרוגים שהיו בכל הדורות כולם הם מִסוד זה. וסוד העניין, כי בחינת משיח בן יוסף הוא שנפגם, והוא עצמו היה צריך למות בסוף הכול. כי אין מיתת ההריגה בידי נכרים אלא תיקון למה שנמסר ביד הסִטרא־אחרא, להעלות הקדושה ממנה. ... והעיקר בָּעשרה עצמם הוא רבי עקיבא בן יוסף, שהוא היה בחינת משיח בן יוסף עצמו.[34] ועל־כן הוא הנזכר בַּמדרש (במסכת מנחות דף כ״ט עמ׳ ב׳), שראה אותו משה [שֶׁשוקלין בשרו במָקולין] ואמר: ׳זו תורה [וזו שכרה?]׳, והאחרים לא נזכרו, כי הוא העיקר בְּזֶה התיקון״.

34 מעניין לציין כאן עדות של הרב יקותיאל גורדון – תלמידו הקרוב של רמח״ל – שֶׁרבו ״הוא ניצוץ מעקיבא בן יוסף״. הרב גורדון כתב זאת באלול שנת תפ״ט (פחות משנה לפני שנִתחבר ׳קנאת ה׳ צבאות׳); במכתבו זה – המסומן כאיגרת ו׳ בספר האיגרות – הוא ״גילה את הרמח״ל״ והוציא את שִׁמעו בעולם, דבר שגרם מיד להִתלקחות הפולמוס כנגדו.

## נשמת המשיח – ה'יחידה' – היא שורש המשיחיות והאישים הראויים להיות משיח בן יוסף בכל דור הם הענפים

מכאן נדלג דילוג גדול על פִּסקאות רבות בדברי רמח"ל, וניגש אל סוף הדברים[35] כדי ללמוד עיקרון חשוב ביותר.

כך כותב רמח"ל: "דע, שֶׁהמשיח נקרא משיח בן יוסף ומשיח בן אפרים". – שני שמות כביכול יש לו – "וסוד העניין הזה, כי שתי בחינות נמצאות לַמשיח: אחת – ה'יחידה' עצמה, שהיא המְשיחוּת, ואחת – האיש הראוי להיות משיח, שמבחינה זאת נמצאים בכל דור תמיד".

ה'יחידה', על־פי תורת הסוד, היא המעלה העליונה ביותר בסולם הרוחני, אשר שלביו – מלמטה למעלה – הינם: נפש, רוח, נשמה, חיה, יחידה; ובראשי התיבות המקובלים: נר"ן ח"י. ה'יחידה' הינה מעֵין 'שורש של השורש' של הנשמה; ובַהקשר שלנו, היא שורש נשמתו – או נשמתו העליונה – של משיח בן יוסף. הרמח"ל מכנה את היחידה 'מְשיחוּת' – ניתן לומר: משיחוּת – והיא שעתידה בסופו של דבר לבוא לידי ביטוי במשיח בן יוסף עצמו, לכשיבוא, לעת קץ.[36] אבל בינתיים,

---

35 **א.** חנן דילג כאן על שבע פִּסקאות, אך התוכן הזה לא הושמט **בנספח ו'**, שֶׁניתנו בו דברי רמח"ל אשר צילם חנן לתלמידיו כדף־מקורות. בפִּסקאות אלה עוסק רמח"ל בירבעם, בחטאו, ובהשלכותיו על משיח בן יוסף – ודבריו חשובים מאד לענייננו. ראה זאת להלן בעמ' 551 ואילך.
**ב.** לאחר שתי הפִּסקאות האחרונות אשר חנן עומד ללמדן עתה, ישנו המשך דברים אשר לא נדפס בַּמהדורה הישנה שֶׁממנה לימד חנן, כי היא נערכה מכתב־יד קטוע. התוכן הזה יינתן **בנספח ו'** (על־פי מהדורת שריקי), להלן בעמ' 554.

36 בהמשכו של הספר חוזר רמח"ל אל נושא ה'יחידה' וממצה את ההסבר בקצירת האומר, כלהלן: "וצריך שתדע כי ה'יחידה' נמצאת בָּאדם הראשון ... שם היתה עומדת, להִתעטר בה לגמרי, אם לא היה חוטא. וזהו תיקון המְשיחוּת כראוי, המעלֶה עליות עד הבחינה שקודם השבירה. ובחטאו [של אדם] נִסתלקה מיד ה'יחידה', והיא הראויה להינתן אחר־כך לַמלך המשיח, כדי להחזיר הדברים לַתיקון הצריך. ... וה'יחידה' הזאת, היא הנקראת בכל מקום 'מלך המשיח', כי היא ממש נִשמת המשיח, בבחינת מְשיחוּתו". (ראה זאת במהדורת שריקי, עמ' ק"ז).

בַּגלות, כל עוד לא בא מועד הגאולה השלֵמה, מתקיימת הבחינה השניה – בחינת משיח בן אפרים – אשר מכוחה קיים, כדברי רמח״ל, ״האיש [או האנשים] הראוי להיות משיח, שמבחינה זאת נמצאים בכל דור תמיד״. איש כזה, בדורו, הוא בבחינת ׳צַדִּיק יְסוֹד עוֹלָם׳ (משלי י׳ כ״ה), או ניצוץ משיח בן יוסף.

וממשיך רמח״ל: ״והנה, יוסף הוא סוד המְשיחות, ויוסף נקרא שור, בסוד השור שֶׁבַּמרכבה שהוא לַשמאל, כי משיח בן יוסף אינו אלא תיקון השמאל. והזרע עצמו של יוסף נקרא גם־כן בחינת שור. ובאמת אפרים שהוא זרעו של יוסף הוא בחינת אנשי המְשיחוּת הנקראים גם־כן שור, כנ״ל״.

*

לעניין גזֵרת מותו של משיח בן יוסף, משמעות דבריו של הרמח״ל היא שֶׁיכול להיות שֶׁ׳משיח בן אפרים׳ – דהיינו שהוא מזרעו של יוסף – אכן ייהרג, כי בכל דור מִתגלעים משברים הגורמים לירידות ונפילות. אבל זוהי דרגת ה׳זרע׳, דרגה מִשנית, מעֵין גילוי של **ענפֵי** משיח בן יוסף, אשר פועלים מכוחו ומכינים את דרכו. ענפים שכאלה אכן ייכָּרתו, אבל השורש של משיח בן יוסף – דהיינו בחינת ׳עצמוּת יוסף׳, או בחינת המשיחיוּת – זה לא ייכָּרת; ׳עוד יוסף חי׳ וִיחיֶה, וכך יצמיח ענפים חדשים עד התיקון השלם.[37]

---

37 חודשים ספורים לפני שחיבר רמח״ל את ׳קנאת ה׳ צבאות׳, הוא כתב אל רבו – ישעיהו בָּסן – חידוש שנתגלה לו ״זה מקרוב״, בעניין משיח בן יוסף, והסבר מיתָתו. החידוש הזה משתלב בדבריו שראינו כאן, מוסיף עליהם ומבהיר אותם. רמח״ל מחדש שם שייסוריו של כל איש הראוי להיות משיח בן יוסף, בכל דור ודור – ייסורים הבאים בגלל ה׳סיתוּם׳ של ה׳יחידה׳ המשיחית, אשר שרויה בו אך אינה יכולה להִתגלות ולפעול – הם עצמם בבחינת ׳מיתה׳.
הנה אלה דבריו (בדילוגין), באיגרת ל״ח בספר האיגרות:
״כתוב: ׳אַשְׁרֵי הַגֶּבֶר אֲשֶׁר תְּיַסְּרֶנּוּ יָּ־הּ, וּמִתּוֹרָתְךָ תְלַמְּדֶנּוּ׳ (תהלים צ״ד י״ב), כי הפסוק הזה נֶאמר על משיח בן יוסף. ובאמת בספר ה׳זוהר׳ אומר רשב״י שמשיח בן יוסף מתגלגל כמה פעמים כדי להינצל מארמילוס. ...
אך משיח בן יוסף – פירוש: חלק [מן ה׳יחידה׳] המגיע לו – הוא מתלבש ◄

כך מאיר ומחדש הרמח"ל את העיקרון אשר הגאון מווילנה עתיד לפתחו, ועתיד לכנותו 'עוֹד יוֹסֵף חַי', ועוד נלמד בַּהמשך את עיקרי שיטתו בַּספר 'קול התור'. גם הרב קוק זצ"ל עתיד להורות כך, במאמרו 'המִספֵּד בירושלים' בו הוא סופד לבנימין זאב הרצל, וכותב "שנוכל לחשבו בתור עִקבא למשיח בן יוסף".[38] 'עִקבא' הוא גילוי ראשוני, בוסרי, של משיח בן יוסף, שֶׁלאחריו תופענה מעלותיו העליונות, הבשֵׁלות והשלמות יותר – אבל מכל־מקום הוא כבר מופיע ופועל כמעֵין **ניצוץ** שלו, או כלשון רמח"ל: **כאחד מענפיו** של משיח בן יוסף.

אכן, ישנה פגיעה בָּאיש שהוא ניצוץ משיח בן יוסף באותו הדור, הוא זה אשר נופל ומשלם את המחיר. אבל בסופו של דבר בוא תבוא

---

בכל אותם הנשמות הראויות להיות משיח בן יוסף בהִתלבשות גמור, רק שאינה יכולה לפעול כלל, וחסר ממנה הכוח, **והנה בזה היא סובלת כל אותן המיתות**. ... ועיקר הייסורין הוא חֶסרון הכוח, כי באותו האדם נמצאים כל המדרגות, אך בהֶעלם גדול, וחסר ממנו כל הכוח. ועל זה העניין נֶאמרו כמה דברים בספר ה'זוהר', על משיח העומד בין עֵרֶב־רב, ושאין בו כוח לפעול, ושֶׁחסרה ממנו התורה. הכול נֶאמר על זאת הבחינה של 'יחידה' שבְּמשיח בן יוסף, העומדת בסיתום גדול".

ואחרי כמה שורות מוסיף רמח"ל הוספה חשובה ביותר: "וְיֵדע כבוד תורתו [=רבי ישעיהו בָּסָן] **שֶׁבעבור זה העניין טעו רבים מרודפי הצבי** [=השבתאים], **בלא דעת הסוד הזה, הנֶאמר על הנשמה כַּנזכר לעיל**".

כי הייסורים, עד בחינת ה'מיתה', הינם בנִשמת המשיח – מדגיש רמח"ל – ואינם ב'ריבונותו' של האיש הראוי לפעול כמשיח בן יוסף. חוסר יכולתו של האיש הזה להוציא את כוח נִשמתו־המשיחית אל הפועל הינו אונס גמור, ואַל לו לְאיש זה או אחר, יהיה מי שיהיה, להתיימר ו"לקבל על עצמו" ייסורים מרצונו כדי לפעול בזה, כביכול, פעולת משיח. זוהי משמעות דברי הרמח"ל בַּפִּסקה הקודמת, המכוונים כלפי שבתַי־צבי שהמיר את דתו, וכלפי נתן העַזָתי אשר הצדיק זאת וכתב שייסורי ההמרה הם בבחינת 'מוות מרצון', אשר מותר לַמשיח ליזום ו"לקבל על עצמו", כהוראת שעה.

38 **א.** מאמרו של הרב קוק הובא במלואו **כנספח ו'** לחלק השני של ספר זה, והציטוט כאן מעמ' 356 לעיל.

**ב.** לעניין 'שרשרת המסירה' בין הרמח"ל לבין הגר"א והרב קוק, שוב וראה בהערה 1, לעיל בעמ' 398.

גאולתם של ישראל, וה'יחידה' שהיא המשיחיות עצמה – היסוד האֱ־לֹהי העליון, המקור לנשמת המשיח – אכן תִתגלה ותִתברר, גם במישור הפרסונלי, בדמויות גואליהם של ישראל – משיח בן יוסף ואחריו משיח בן דָוִד.

ובכן, כל אחד משלושת ההוגים־המורים הללו – רמח"ל, הגר"א והרב קוק – מתמודד כדרכו עם המקורות הסותרים לכאורה: גם המקור הראשוני בַּגמרא (במסכת סוכה דף נ"ב עמ' א') על "משיח בן יוסף שֶנהרג", וגם המקורות בתורת הסוד – שעל אחד מהם בנה רמח"ל את עיונו כאן – "דְלָא יתקטיל [= שלא ייהרג] משיח בן יוסף". לכולֵי־עלמא אין מדובר כאן במחלוקת פשוטה, היינו בשתי דעות ובשתי שיטות, אלא בסוגיה מורכבת – מה דינו של משיח בן יוסף – וב'פסק הדין', אם מותר לומר כך, ישנה בחינה אחת של מוות ובחינה אחת של חיים, שהיא הבחינה הכוללת והקובעת. הרמח"ל, ואחריו הרב קוק, היו שניהם הַרמוניסטים גדולים אשר שאפו ליישב בין קצוות הנִראים כסותרים, לא על דרך של 'אוקימתא' טכנית, אלא מן העומק, בבחינת 'יעמדו שניהם יחדיו'.

וחשוב להוסיף כי הרמח"ל מתמודד עם הסוגיה הזאת – האם משיח בן יוסף נהרג או אינו נהרג – לא רק במישורים הלימודיים הרוחניים, היינו במישור העיוני, הפילוסופי, התיאולוגי והקבָּלי, אלא הוא מתמודד עם הנושא גם במישור הנפשי העמוק! תפילות רבות חיבר הרמח"ל כדי שלא ימות משיח בן יוסף. את תורותיו הוא כותב ברוח קודשו – למשל בחיבורו 'תיקונים חדשים', שבעים תיקונים על חיתום ספר התורה – ואת תורותיו הוא עושה לתפילות.[39] פעמים רבות מאד עומד בלב תורותיו ותפילותיו הפסוק מחזון יחזקאל "וְהָיוּ לַאֲחָדִים בְּיָדֶךָ", שהרי מן הנבואה עולֶה שלעת הגאולה יתאחדו עץ יוסף ועץ יהודה תחת מלכות בית־דָוִד, וזהו חיבור של חיים, לא חלילה של מוות.

39 בנספח ז' לחלק זה של הספר (להלן בעמ' 556) נביא מעט מתפילותיו של הרמח"ל, ובנספח ד' (להלן בעמ' 525) יינתנו קטעים מן החיבור 'תיקונים חדשים' (כפי שכבר צוין לעיל). הציטוט בסוף הפִּסקה הבאה הוא מתוך התיקון הראשון בַּחיבור הנ"ל, בתרגום מֵארמית, והוא יובא בהרחבה בַּנספח, בעמ' 527.

ובחזון הגאולה השלֵמה ישנו גם כוח שלישי, אשר בא עם שני המשיחים בדמותו של משה רבֵּנו, גואל ראשון וגואל אחרון, והוא גם זה המאחד והמחבר את שניהם. זהו הדבר אשר דורש רמח״ל בראש ספר ׳התיקונים החדשים׳ שלו: ״׳וּלְכֹל הַיָּד הַחֲזָקָה׳ זה משיח בן יוסף, ׳וּלְכֹל הַמּוֹרָא הַגָּדוֹל׳, זה משיח בן דָּוִד. ... כַּכתוב: ׳וְהָיוּ לַאֲחָדִים בְּיָדֶךָ׳. ... והמתחיל בַּמִּצוָה אומרים לו גמור, לַזמן שיבוא [=לעת קץ], שֶׁיבוא הוא [=משה] עם שני משיחים, להושיע להם, לישראל, ישועה שלֵמה״.

הרב דָוִד כהן זצ״ל – ׳הנזיר׳ – מסיים את ספרו ׳קול הנבואה׳ בהארת דמותו של הרמח״ל,[40] והוא מביא מדבריו את מה שלמדנו עכשיו מן הספר ׳קנאת ה׳ צבאות׳. בעמוד ש״ט הוא כותב כַּדברים האלה:

״משאת נפש רמח״ל היתה הגאולה השלֵמה, החיצונית והפנימית, בישראל ובָעולם. הוא היה מדבר הרבה בסוד תרֵין משיחין, משיח בן יוסף ומשיח בן דָּוִד, שֶׁסוף כל מאורעות ישראל וכללותם – תרֵין משיחין, בסוד פנימיות וחיצוניות. וצריכים להתחבר בחיבור גדול, ותהיה הגאולה שלֵמה. ... ׳וסוד העניין, כי שתי בחינות נמצאות לַמשיח; אחת – היחידה עצמה, שהיא המשיחוּת, ואחת – האיש הראוי להיות משיח, שמבחינה זאת נמצאים בכל דור תמיד׳״.[41]

׳הנזיר׳ מביא את מקור הדברים הללו מן ה׳זוהר׳ ומתורת הסוד,[42] ואז הוא מגיע הייֵשר אל הרב קוק, וכותב: ״ולמרן הרב, זיכרונו לברכה לחיי העולם הבא, המשיחיות בעצמוּתה סגולת ישראל היא. באה לו

40 הפרקים המוקדשים לרמח״ל מתחילים בפרק ק׳ ב׳ספר שני׳, עמ׳ רע״ח ואילך. חנן מצטט כאן מפרק ק״כ.

41 משפטו האחרון של ׳הנזיר׳ – מן המילים: ׳וסוד העניין׳ – הוא ציטוט משפטו של הרמח״ל, אשר קראנו לעיל בעמ׳ 470.

42 מעניין ליטול ציטוט מהערתו של ׳הנזיר׳ שם, כשהוא מצטט מסִפרו של רבי חיים ויטַל: ״תבוא נשמה של נשמה שלו [=של המשיח], הנתונה בגן עדן, ואז יִזכה להיות גואל״.

לָאדם הופעה פנימית מאורו של משיח, הגנוז בנשמתו, והוא מחולל גאולה".[43]

ובכן, מסביר 'הנזיר' איך מפתח הרב קוק את דברי רמח"ל: אין מדובר רק בשורש נשמתו של המשיח – ה'יחידה' – אלא שֶׁהשורש הזה, המשיחיות, גנוז וטבוע בכנסת ישראל. זוהי סגולה פנימית של עם סגולה, בבחינת 'רוּחַ אַפֵּינוּ מְשִׁיחַ ה'', ובסופו של דבר יתגלה היסוד הגנוז החוצה, אל עולם העשיה, "והוא מחולל גאולה".

שאש

43 א. יש לשים לב שמִשפטו של 'הנזיר' מורכב משני ציטוטים של דברי הרב קוק, והנה דברי הרב במקורם, ביֶתֶר הרחבה:
בחלק ב' של 'אורות הקודש', עמ' תקס"א: "והמשיחיות בעצמותה סגולת ישראל היא, סגולת האומה, שהיא צריכה להתפתח בקִרבה ... צריכה שֶׁיִּיפָּנו מכל צדדיה הקוצים והחוחים העוקצים אותה, ותתייחד עם דודה באהבה, מלכות שמים ומלכות הארץ בחטיבה אחת".
בחלק א' של 'אורות הקודש', עמ' קצ"ח: "וכשאדם רוצה לגאול את אותו ההמון הרב של היצורים הרוחניים, הם הם המחשבות והציורים הרבים – שהם בריות חיות וקיימות, המבקשות [את] פִּדיונן בכל עוז ומרץ – באה לו הופעה פנימית מאורו של משיח, הגנוז בנשמתו, והוא מחולל גאולה, ומהוֶה אור חדש בעולמו".
ב. 'הנזיר' כותב כאן את משפטו זה בקצירת האומר. הוא מרחיב יותר בקטע מקביל, בראש כרכי 'אורות הקודש' – 'מבוא ג' / תורת ההִתפתחות בחכמת הקודש' – והנה אלה דבריו שם: "והמשיחיות בעצמותה, סגולת ישראל היא. הלשון 'משיחות', כשם מופשט – בהבדל מהשם האישי 'משיח' – נמצא כבר לרמח"ל. המשיחיות היא המגמה העליונה, גם באיכותה, המתגלָה בגאולת הנשמה. באה לו לָאדם הופעה פנימית מֵאורו של משיח, הגנוז בנשמתו, והוא מחולל גאולה. ... המשיחוּת, באיכותה, היא רוח חדש, ואור חדש. והכול מתחדש באור גדול, בחיים חדשים, בשירה חדשה, בנשמות חדשות".

זוהי כריכת הספר אשר ממנו לימד חנן: 'התקופה הגדולה' מאת הרב מנחם מנדל כשר (תשכ"ט, 1968) – והחיבור 'קול התור' נכלל בתוכו.
הספר נכתב בעקבות מלחמת ששת הימים, והקדמתו נחתמה באלול תשכ"ח.
כך הוא מוצג בדף השער:
"פרקי התבוננות במצב האומה וארצנו הקדושה בשעה זו, ובירור מקיף על דרכי הגאולה וסימניה – על יסוד דברי חז"ל, ספרי הראשונים והאחרונים. ובסופו מוסף ספר 'קול התור', פרקי גאולה מאת הגאון המקובל ר' הלל משקלוב זצ"ל, בו חזון נפלא של רבו הגר"א זצ"ל, המפיץ אור בהיר על מאורעות תקופתנו".

# לימוד מִשנַת הגאולה של הגר"א מן הספר 'קול התור'

## פתיחה: מה טיבו ומה מקורו של הספר?

מורַי ורבותַי, נעבור עתה הלאה, כמה וכמה שנים בזמן, ומִפָּאדובה אל וילנה – ירושלים דְליטא – ונראה כמה קטעים בַּספר 'קול התור', אשר כל־כולו הוא תורת הגאולה מבית מדרשו של הגאון רבי אליהו מווילנה.[1] כפי שכבר אמרנו בקצירת האומר, ניתן לראות מעין 'שרשרת מסירה' מן הרמח"ל אל הגר"א; גם אם אין הגר"א מביא דברים בשם אומרם, הרי דברי הרמח"ל הם בבחינת 'שורש של שורש' לדבריו־שלו,[2] ואחרי־כן גם לדברי הרב קוק.

---

1 הגר"א היה יליד שנת ת"פ (1720), צעיר מרמח"ל בשלוש־עשרה שנים. כאשר הלך הרמח"ל לעולמו (תק"ו, 1746), היה הגר"א בן עשרים ושש. מיוחסת לַגאון אמירה שאילו היה הרמח"ל בַּחיים, היה הולך ברגליו להקביל את פניו.

2 נחזור שנית על אשר הערנו בפתח החלק הזה של הספר:
לעניין 'שרשרת המסירה' בין הרמח"ל לבין הגר"א והרב קוק, יש ללמוד בספרו של רפאל שוח"ט על תורת הגאולה של הגר"א: 'עולם נסתר בממדי הזמן' (בהוצאת אוניברסיטת בר־אילן). פרק ד' בַּספר מוכתר: 'הפרשנות ההיסטוריוסופית־הקבלית של הגר"א, והשפעתו של רמח"ל עליו ועל בית מדרשו' (עמ' 113 ואילך).
כמו כן, באותו הקשר, נצביע על שני ספריו של הרב אריה שפירא: 'אחרית כראשית / ענייני וסִדרֵי גאולת ישראל על־פי רמח"ל והגר"א' (ירושלים תשע"ז), וכן: 'מגדיל ישועות מלכו / ענייני שני המשיחין על־פי ◄

נֹאמר תחילה כמה משפטים על 'קול התור':

בַּספר הזה, הלשון איננה בדיוק לשונו של הגאון, אלא לשונו וסגנונו של ר' הלל [ריבלין] משקלוב.[3] לא ניכנס כעת למקורותיו של הספר, אך אין ספק שהוטמעו בו תוספות עריכה של ר' שלמה-זלמן ריבלין [אשר הוציא לאור את הספר, לראשונה בסוף שנות ה-40 של המאה הקודמת], ה'דורש ציון' [כשם אחד מספריו ובו דרשות המיוחסות לסב-רבא שלו, ר' משה מגיד], מְשושלת תלמידי הגאון ומשפחת ריבלין שעלתה לארץ כולה במִצוַת הגאון. ואולם, **ברור שדברי הספר הזה, כולם יסודות תורתו של הגאון!** ניתן להיווכח בכך כאשר משווים את האמור ב'קול התור' עם חיבוריו האחרים של הגר"א. מכל-מקום, חלקים מן הספר דנן נכתבו בידי ר' הלל [ריבלין] משקלוב, וחלקים אחרים נמסרו כתורה שבעל-פה לתלמידיו של הגר"א אשר עלו לָארץ במִצְוָתו.[4] **מדהימה**

---

רמח"ל והגר"א' (תשע"ח). הספרים עשירים מאד במקורות ובתובָנות מדברי שני הגדולים הללו, והמחבר איננו נסמך על 'קול התור' אלא על כתבי הגר"א המקוריים.

3 רבי הלל הוא בנו של רבי בנימין, שהיה בן-דודו ותלמידו של הגר"א. לפי מסורת משפחת ריבלין היה גם ר' הלל תלמיד קרוב, הגר"א מסר לו את 'סודות הגאולה', מינָהו לעמוד בראש התלמידים שיעלו ארצה, והוא אמנם עלה בשנת תקס"ט (1809). יש מפקפקים במסורת הזאת, והחוקר ד"ר אריה מורגנשטרן אף הראה שֶׁשנת עלייתו של ר' הלל היא שנת תקצ"ב (1832) – שנים רבות לאחר שהחל גל העליה בהגעת הקבוצה הראשונה בראשותו של ר' מנחם-מנדל משקלוב, תלמידו המובהק של הגר"א (1808). ר' הלל הלך לעולמו בשנת תקצ"ח (1838).

4 ל'מיטיבֵי לכת' אשר יחפצו להעמיק בַּפרשה הסבוכה של מקורות הספר 'קול התור', מומלץ מאד ללמוד את פרק ז' בספרו של רפאל שוח"ט (אשר הזכרנו בַּהערה שֶׁלפני-הקודמת): 'עולם נסתר בממדי הזמן / תורת הגאולה של הגר"א מווילנה, מקורותיה והשפעתה לדורות'. כותרת הפרק היא: 'ספר קול התור והפולמוס סביבו', עמ' 262 ואילך. כמו כן כדאי לקרוא את המאמר 'המִסתורין של קול התור' בבלוג האינטרנט 'המולטי יקום של אלי אשד'.

לאחרונה ראה אור ספרו של ד"ר אריה מורגנשטרן 'משיח בן יוסף ובניין ירושלים מחוץ לחומות, מיסטיקה ריבלינית ומציאות היסטורית'. בנספחי הספר מתפלמס מורגנשטרן עם החוקרים ה'מאחרים' את 'קול התור' ואף

ההקבלה ליסודות הציונות הדתית! לא בכדי הוסתרו והוחרמו עותקי הספר על־ידי הציבור החרדי, ונשארו רק עותקים בודדים ונדירים, עד לעריכת הספר מחדש בתוך הספר ׳התקופה הגדולה׳ [אשר חיבר הרב מנחם־מנדל כשר, לאחר מלחמת ששת הימים].

אני זוכר, הייתי עֵד לכך, שהביאו את הספר המודפס אל מורֵנו־ורבֵּנו הרב צבי־יהודה זצ״ל, לאחר מלחמת ששת הימים. אז כבר היה ידוע שהספר קיים, אבל הוא נחשף והודפס לראשונה. הרב צבי־יהודה שמח על כך שמחה גדולה ואדירה! אני זוכר באיזו התרגשות והתלהבות הוא קרא את הספר הזה – והוא גם עורר אותנו, התלמידים, לעיין וללמוד בו.

## איך מתבטלת גזֵרת המוות שנגזרה על משיח בן יוסף?

ובכן, רבותַי, צילמתי עבורכם בדפי המקורות קטעים מן הספר, ונקרא בפרק הראשון, עמוד תס״ו סעיף ו׳, סעיף־קטן א׳:[5]

״השיטה היסודית של רבֵּנו״ – הלוא הוא הגאון מווילנה – ״היה: ׳עוֹד יוֹסֵף חַי׳, היינו שמשיח בן יוסף חי ויחיה ותתבטל הגזֵרה להיהרג על־ידי ארמילוס הרשע, כי כאמור בו תלויה כל האתחלתא דְגאולה מכל הבחינות״.

בַּמסורת של תורת הסוד, ארמילוס הרשע מקושר אל גוג, איש ארץ מָגוג, ולעתיד לבוא – במאבק הגדול על הישרדותו של עם

טוענים שֶׁזויף על־ידי שלמה־זלמן ריבלין. הוא סבור שהרב יצחק צבי ריבלין (אשר נפטר בשנת תרצ״ד, 1934) – נינו של ר׳ הלל – הוא שֶׁכינס את חומרי הספר שבאו לידיו כמסורות ורישומים מזקני משפחת ריבלין, ושלמה־זלמן ריבלין הוציאם לאור.

5 חנן הכין דפי מקורות בְּצילום מתוך ספרו של הרב מנחם־מנדל כשר ׳התקופה הגדולה׳, אשר נכלל בו גם ׳קול התור׳, והפנִיותיו ניתנו לְעמודים (באותיות) של הספר הזה. במהדורה החדשה והמוּערת של ׳קול התור׳, אשר ראתה אור על־ידי פרופ׳ יוסף ריבלין בירושלים תשנ״ד (1994), זהו עמ׳ 24. להלן נַפנה רק אל המהדורה החדשה.

ישראל בארץ ישראל – הוא יתייצב כנגד משיח בן יוסף, להכותו נפש. המלחמה הגדולה הזאת המסתיימת במפלתו של גוג מתוארת בנבואת יחזקאל בפרקים ל"ח וְ-ל"ט. גם בנבואת זכריה בפרק י"ב מתוארת מלחמתם של כל הגויים העולים על ירושלים; שם נֶאמר פסוק סתום: "וְסָפְדוּ עָלָיו כְּמִסְפֵּד עַל הַיָּחִיד, וְהָמֵר עָלָיו כְּהָמֵר עַל הַבְּכוֹר" (י'), והגמרא במסכת סוכה (דף נ"ב עמ' א') אומרת שהמִספד הוא על משיח בן יוסף אשר עתיד להיהרג באותה מלחמה.[6] ובכן, מוסר לנו הגר"א שגזֵרת המוות הזאת תתבטל, שהרי במשיח בן יוסף "תלויה כל האתחלתא דגאולה, מכל הבחינות".

והיאך תתבטל הגזֵרה? הנה כך מוסר לנו הגאון:

"הגזֵרה מתבטלת על-ידי אריכות הגלות, ועל-ידי ייסוריו [של משיח בן יוסף] שֶסובל ונושא חוליֵנו,[7] ועל-ידי המעשים הנעשים במסירות

---

6 א. הנה התיאור המובא במדרש מאוחר על משיח בן יוסף הנופל ביד ארמילוס, ומשיח בן דָוִד הנוקם את נקמתו:

"וכשיגיעו ימות המשיח יעלה גוג ומגוג על ארץ ישראל ... מיד יוריד עליו [הקב"ה] אבני אלגביש ... וייגוף אותם מגיפה גדולה. ... ואחריו יקום מלך אחר רשע ועז פנים ויעשה מלחמה עם ישראל שלושה חודשים, ושמו ארמילוס. ... ויעלה לירושלים ויהרוג משיח בן יוסף, שנֶאמר (בזכריה י"ב י'): 'וְהִבִּיטוּ אֵלַי אֵת אֲשֶׁר דָּקָרוּ וְסָפְדוּ עָלָיו כְּמִסְפֵּד עַל הַיָּחִיד', ואחר-כך יבוא משיח בן דָוִד ... וְימית ארמילוס הרשע, שנֶאמר (בישעיהו י"א ד'): 'וּבְרוּחַ שְׂפָתָיו יָמִית רָשָׁע'" (מדרש 'וַיושע' בתוך 'אוצר מדרשים', אייזנשטיין, עמ' 155).

ואמנם, מוזכר ארמילוס לָראשונה ב'תרגום יונתן' לַפסוק הנ"ל בישעיהו, כאשר הוא מזוהה כ'רָשָׁע' הנופל ביד משיח בן דָוִד – 'חֹטֶר מִגֵּזַע יִשָׁי' (כַּכתוב שם שלושה פסוקים קודם לכן) – אשר "בְּמַמְלֵיל סִפְוָתֵיה יְהֵי מֵמִית אַרְמִילוֹס רַשִׁיעָא".

ב. גם הרמח"ל מזכיר את ארמילוס אשר קם כנגד משיח בן יוסף. ראה זאת בַּספר 'קנאת ה' צבאות', להלן **בנספח ו'** עמ' 552-553, ובמאמר הגאולה, **נספח ג'** עמ' 523. כמו כן ראה בַּמובאה מדבריו שהבאנו לעיל, הערה 37 בעמ' 471.

7 התיאור הזה ניתן בהשראת פסוקי ישעיהו בפרק נ"ג, והנה ציטוטים בדילוגין: "אָכֵן חֳלָיֵנוּ הוּא נָשָׂא וּמַכְאֹבֵינוּ סְבָלָם ... וְהוּא מְחֹלָל מִפְּשָׁעֵנוּ ... וּבַחֲבֻרָתוֹ נִרְפָּא לָנוּ. כֻּלָּנוּ כַּצֹּאן תָּעִינוּ, אִישׁ לְדַרְכּוֹ פָּנִינוּ, וַה'

נפש לקיבוץ גָלויות שזה הוא תפקידו, ועל־ידי חבלי משיח וייסורי ארץ ישראל, ועל־ידי תפילותינו בכל יום תמיד בעד חייו והצלחתו של משיח בן יוסף, בַּתפילות הקבועות כַּמבואר להלן.[8] והעוסקין בקיבוץ גָלויות מקילין את ייסוריו של משיח בן יוסף בעקבות משיחא״.

כלומר, ישנה כאן שורה של דברים שיביאו לביטולה של הגזֵרה – ונסכם אותם בקיצור: ייסורים, חבלי משיח, מסירות הנפש לקיבוץ גָלויות ולבניין הארץ, והתפילות שאנו מתפללים לביטולה של הגזֵרה. נמשיך לקרוא:

״הגזֵרה מתבטלת באופן שנחלקת לחלקים קטנים, כַּמשל המובא במדרש (ילקוט שמעוני לתהִלים, רמז תרל״ה): משל לְמלך שכעס על בנו ונשבע לזרוק בו אבן גדולה. אחר־כך ניחֵם וריחם עליו, ובכדי לקיים שבועתו שבר את האבן הגדולה לחלקים קטנים וזרק עליו את החלקים האלה אחד אחד. נמצא שלא נהרג, ובכל זאת סובל גם מהחלקים הקטנים. והם חבלי משיח הבאים קְמעא קְמעא, יחד עם תתקצ״ט [999] עקבות מְשיחא, באופן שגם הגזֵרה נחלקה לתתקצ״ט חלקים קטנים. ולעומתם צד הישועות, כַּמרומז בַּפסוק (בירמיהו ל׳ ז׳): ׳וְעֵת צָרָה הִיא לְיַעֲקֹב וּמִמֶּנָּה יִוָּשֵׁעַ׳ [וְעֵת צָרָה הִיא לְיַעֲקֹב, מִסתַּכֵּם בגימטריה 999]״. הצרה עצמה היא המבשרת ישועה, כי הישועה באה מתוכה ממש!

כמובן, צריך להבין שאנו עוסקים כאן בקודים, בסמלים. אך הדימוי מאד מְסַבֵּר את האוזן: הגזֵרה היא שיבוא שבר גדול על עם ישראל במהלך גאולתו ופדות נפשו, והשבר יהיה בַּשלב של הגאולה החומרית והבניין הפיזי של העם. הגזֵרה הזאת לא תתבטל לגמרי, אבל כפי שהגאולה באה קְמעא קְמעא – כך יבואו גם הייסורים קְמעא קְמעא, טיפין טיפין, בבחינת: ״גַּם אֶת זֶה לְעֻמַּת זֶה עָשָׂה הָאֱ־לֹהִים״ (קהלת ז׳ י״ד). המשבר הנורא במהלך הגאולה בצידה הלאומי־החומרי –

הִפְגִּיעַ בּוֹ אֵת עֲוֹן כֻּלָּנוּ. ... אֲשֶׁר הֶעֱרָה לַמָּוֶת נַפְשׁוֹ, וְאֶת פֹּשְׁעִים נִמְנָה, וְהוּא חֵטְא רַבִּים נָשָׂא, וְלַפֹּשְׁעִים יַפְגִּיעַ״.

8 בנספח י׳ לחלקו השני של הספר – לעיל בעמ׳ 379 – ציטטנו מתוך ׳קול התור׳ את התפילה שנִתקנה כדי שלא ימות משיח בן יוסף.

המכונֶה הריגת משיח בן יוסף – יתמַתֵק אפוא על־ידי חלוקתו למנות קטנות. ולפי זה, כך יהיה פירושו של הכתוב "וְעֵת צָרָה הִיא לְיַעֲקֹב וּמִמֶּנָּה יִוָּשֵׁעַ": מתוך הצרה עצמה – שֶׁנִתחלקה לחלקֵי חלקים – ייחלץ יעקב־ישראל, ויִיוושע.

ואם בכל זאת מנקרת השאלה על שיטתו של הגאון באשר לְ'עוֹד יוֹסֵף חַי' – שהרי לא ברור איך מתיישבת קביעתו זו עם הגמרא במסכת סוכה שעל־פיה עתיד משיח בן יוסף להיהרג – הרי שיש לומר שאכן הוא מחדש כאן עיקרון. העיקרון הוא שהייסורים, והסֵבֶל הכרוך במאמצי הבניין, מהווים עידון – או סובלימציה – לַמיתה. כביכול, שיתף הקב"ה את מידת הרחמים, בהביאו עלינו בעידן משיח בן יוסף ייסורים אשר נחלקים לפירורים רבים, ולכן הם "נסבלים". בכך מורחב הקצב של 'קִמעא קִמעא' מן הגאולה עצמה גם אל ייסורי הגאולה, ובצירוף התפילה – או הציפיה הגדולה – מתבטלת הגזֵרה.[9]

---

9 יש לשים לב שֶׁהמובאה דלעיל (עמ' 480) המסוּרה מאת הגר"א, מתייחסת – בין היתר – גם לייסוריו של משיח בן יוסף עצמו, או לזה הראוי להיות משיח, שהרי כך נכתב: "הגזֵרה מתבטלת על־ידי ... ייסוריו, שֶׁסובל ונושא חולָיֵנו". לפי זה ניתן לומר שהגר"א – אשר חנן מסביר את הבנתו שֶׁהייסורים הם בבחינת מיתה – צועד כאן ממש בעקבותיו של רמח"ל, גם אם עוד לא יכול היה לראות את דברי הרמח"ל אשר ציטטנו לעיל בהערה 37, עמ' 471.

ומכל־מקום, הייסורים שדיבר עליהם רמח"ל שם נובעים מכך שנִשמת המשיח (ה'יחידה') מתלבשת באלה הראויים להיות משיח בן יוסף בכל דור, אך היא "אינה יכולה לפעול כלל, וחסר ממנה הכוח, והנה בזה היא סובלת כל אותן המיתות". ואכן יש להבין שֶׁייסורים אשר כאלה הינם בבחינת: "בָּאוּ בָנִים עַד מַשְׁבֵּר וְכֹחַ אַיִן לְלֵדָה" (דברי חזקיהו המלך, ישעיהו ל"ז ג'), שהרי כל ייעודו של משיח בן יוסף הוא 'להוליד' מִפעלות גאולה. ייסוריו, המִצטברים ומוסיפים מִדור לדור, הינם אפוא חסימת חיים, וקרובים להיות כהפלת נְפָלִים מתים.

באיגרת אחרת אל רבו – איגרת מ"ב בַּספר – מדבר רמח"ל במפורש על סכנת נפילתו של המשיח כנֶפֶל, ואלה דבריו: "והנה, בהיות מלך המשיח עומד תמיד סגור בחותם צר כידוע, על־כן לפעמים כשהוא עולה להִתברר ולהיוולד, בסוד 'אֲנִי הַיּוֹם יְלִדְתִּיךָ' (תהלים ב' ז'), אז לפעמים מפני חטאי ישראל ... צריך חס־ושלום שייפול [כנֶפֶל] כבָראשונה ... ויֵדע כבוד־תורתו

## סוד 999 – עד ״הַקָּטֹן יִהְיֶה לָאֶלֶף״

המספר אשר מופיע כאן לפנינו, 999, הוא מספר מפתח בהבנת יסודותיו של ספר ׳קול התור׳, ויש לו משמעות סודית עמוקה. מקורו בַּפסוק: ״הַקָּטֹן יִהְיֶה לָאֶלֶף, וְהַצָּעִיר לְגוֹי עָצוּם, אֲנִי ה׳ בְּעִתָּהּ אֲחִישֶׁנָּה״ (ישעיהו ס׳ כ״ב). המספר ׳אֶלֶף׳ מבטא את השלֵמות של כל הגוונים כולם, על־כן שלמה – שהוא ׳מלך שֶהשלום שלו׳, ומקיף את כל חכמת

---

כי מכאן נולדו רוב פעמים הגזֵרות חס־ושלום, שהיו לישראל על־הרוב בזמן קִצים, כי היה העיבור ואחר־כך הנפילה״.

גם בַּספר ׳רזין גניזין׳ – שאמנם לא נכתב בידי רמח״ל אלא בידי תלמידיו שֶשמעו ממנו – מובאת דְרָשָה קרובה ומשלימה לדברי רמח״ל הנ״ל על ייסוריו של משיח בן יוסף, שהוא ׳כעובָּר שלא נולד׳. הנה אלה הדברים (בתרגום מֵארמית): ״באותו זמן [=לעתיד לבוא] יתקיים הכתוב [בבראשית ל׳ כ״ג]: ׳וַתַּהַר [רחל] וַתֵּלֶד בֵּן׳, זה משיח בן יוסף, שהרי התיקונים שלו החלו בזמן ה׳פקידה׳ [=הזיווג], וסוד לחכמים. אבל מכיוון שהיו **סתומים ולא התגלו, נִראָה** [משיח בן יוסף] **כאותו עובָּר שהוא במעֵי אמו ולא נולד**. אבל כאשר מגיע זמן ה׳זכירה׳, וכל התיקונים שלו מתגלים, אזי נֶאמר ׳וַתֵּלֶד׳, ודאי״. (מהדורת מכון רמח״ל תשע״ו, עמ׳ קפ״ה).

במקום אחר מדבר הגר״א בפירוש על האפשרות שֶייפול משיח בן יוסף ממעי אמו כנֶפֶל, ואלה דבריו: ״כשהעוונות גורמים, אף שֶמתחיל חבלי משיח [בן יוסף], ומִתעבר המשיח [=שהוא עובָּר במעי אמו], **אפילַת לֵיה** [=מפילה אותו אִמו], כמו שכתוב: ׳[כְּמוֹ הָרָה תַּקְרִיב לָלֶדֶת, תָּחִיל תִּזְעַק בַּחֲבָלֶיהָ, כֵּן הָיִינוּ מִפָּנֶיךָ ה׳.] הָרִינוּ, חַלְנוּ, כְּמוֹ יָלַדְנוּ רוּחַ, יְשׁוּעֹת בַּל נַעֲשֶׂה אֶרֶץ׳ וגו׳ (ישעיהו כ״ו י״ז-י״ח). וזהו שֶקראו בַּגמרא לַמשיח ׳בר נַפלֵי׳״. (׳תיקוני הזהר׳ עם ביאור הגר״א, מהדורת גיל פת, מודיעין עִלית תשע״ו, ציון שנ״א בדף ע״ד עמ׳ ד׳, עמ׳ 661 בתצוגת הספר באתר Hebrew Books).

ראוי לציין שגם הרב צבי־יהודה קוק זצ״ל כתב דבר קרוב מאד לזה, במאמרו ׳התורה והגאולה׳, אשר ניתן **כנספח ח׳** לחלקו השני של הספר. לדבריו, הוא קיבל את הדברים מפי אביו זצ״ל, וכך כתב: ״וכשחרב בית המקדש נולד משיח (תלמוד ירושלמי מסכת ברכות פרק ב׳ הלכה ד׳). והמשיח האמיתי המקוּוֶה והמובטח הוא ׳בר נַפלֵי׳ (מסכת סנהדרין דף צ״ו עמ׳ ב׳), **הבא בלידתו והִתגלותו אחרי כל הנפָלים שקדמו לו**״. ראה זאת בעמ׳ 368 לעיל.

העולם – זוכה בו, לשעתו, כַּכתוב: ״הָאֶלֶף לְךָ שְׁלֹמֹה״ (שיר השירים ח׳ י״ב). אך יש להבין: לשלמה הצעיר אמנם נמסר ׳הָאֶלֶף׳, אך אין הוא שייך לו באופן אישי, אלא הוא נתון למלכות בית דָוִד בכללותה, שהיא אמורה להיות יד למלכות ה׳ בעולם, בבחינת כליל השלֵמות.

מכאן יש להבין את סודו של המספר 999, שזהו השלב **המקדים והמכין** למלכות בית דָוִד, המתמלא והולך עוד ועוד, עד לשׂיאו האפשרי, שאחריו כבר באה עיתו של משיח בן דָוִד. השלב הזה, ׳עקבתא דמשיחא׳, הוא גם שלב הייסורים והצרות: מצד אחד – צעדי הִתקדמותו של משיח בן יוסף, עקב בצד אגודל; ומצד שני – מאות ׳האבנים הקטנות׳ הפוגעות בו, שֶאילו היו מצטרפות לסלע אחד, חלילה, כבר לא היתה לו תקומה.[10]

אמור מעתה: ״הַקָּטֹן יִהְיֶה לָאֶלֶף״ זה משיח בן יוסף המכין לבן דָוִד, ״וְהַצָּעִיר לְגוֹי עָצוּם״ זה בנימין התורם לחיבור שני המשיחים להיותם ׳לְגוֹי אֶחָד׳, ו״אֲנִי ה׳ בְּעִתָּהּ אֲחִישֶׁנָּה״ כבר שייך למציאות הגאולה השלֵמה. ומכיוון שכל השלב המכין של 999 שייך ליוסף, אשר מִידָתו היא ספירת ה׳יסוד׳, לכן מכונֶה השלב הזה בספר ׳קול התור׳ גם בַּשֵׁם המקביל: ׳טצ״ץ ביסוד׳, כי טצ״ץ = 999 לפי שיטת-חישוב שֶהאותיות הסופיות ממשיכות את ׳סולם הערך׳ לאחר האות ת׳, כך שהאות ץ׳ = 900.[11]

---

נמצאנו אומרים כי משיח בן יוסף סובל ייסורים המתמשכים מִדור לְדור, ייסורים שהם מעֵין ׳מוות מסוג אחר׳, כזה המותיר בו פוטנציאל לחיים חדשים בבוא העת, כאשר ייוולד ויִגדל ויִפעל עם אֵ-ל לגאולת ישראל, ״כִּי חָלָה גַּם יָלְדָה צִיּוֹן אֶת בָּנֶיהָ״ (ישעיהו ס״ו ח׳).

10 חפיפת הזמן בין שני המהלכים הללו – התקדמות הגאולה ו׳צבירת הייסורים׳, גם זו וגם אלה ב׳מנות קטנות׳ – מחדדת את מה שניתן לכנות: ׳המחיר הנִתבע מן העם בגין שיתוף מידת הרחמים׳. כי קיימת האפשרות שֶמחיר ההמתקה **של הייסורים הוא עיכוב הגאולה**, היינו דחייתה עוד ועוד (וגם בַּדחיה ישנו סם של מוות), עד למילוי ה׳מִכסָה׳ של סאת הייסורים אשר נִגזרה מלכתחילה במידת הדין. ישנם מקורות לַדחיה הזאת בספרות ה׳זוהר׳, וראה שתי מובאות להלן **בנספח ז׳**, הערה 3 בעמ׳ 557.

עד כאן עסקנו בסעיף־קטן א׳, וזהו היסוד הראשון מתוך שִבעת היסודות ״בשיטת עקבות משיחא״, כלשון המחבר, אשר מוגשים לנו בסעיף ו׳ של הפרק הראשון. היסוד השני, בסעיף־קטן ב׳, הוא ״עשה והצליח״, כַּכתוב (בבראשית ל״ט ג׳): ״וְכֹל אֲשֶׁר הוּא עֹשֶׂה ה׳ מַצְלִיחַ בְּיָדוֹ״. לא נקרא את הסעיף הזה, ונעבור הלאה.

היסוד השלישי, סעיף־קטן ג׳ [עמ׳ 27], הוא ״בְּעִתָּהּ אֲחִישֶׁנָּה״ – והיסוד הזה טעון לימוד מעמיק.

## האם אפשרית פעולת ׳אֲחִישֶׁנָּה׳ בתוך מסגרת הגאולה ׳בְּעִתָּהּ׳?

כפי שאנו יודעים, ישנם שני מסלולי גאולה אפשריים, והם נדרשים במסכת סנהדרין (דף צ״ח עמ׳ א׳) על הכתוב: ״אֲנִי ה׳, בְּעִתָּהּ אֲחִישֶׁנָּה״. הדרָשה יוצרת ניגוד בין המילים האחרונות, בבחינת או־או, לאמור: ״זכו – אֲחִישֶׁנָּה / לא זכו – בְּעִתָּהּ״, היינו בַּזמן הראוי לה.

נקרא מתוך דפי ׳קול התור׳: ״אמר לנו רבֵּנו [על דברי הגמרא הנ״ל]: סוף סוף אין מקרא יוצא מידי פשוטו, שהפְּשָׁט הוא שאפילו בעִתה אֲחישנה. ומתי? – כשֶ׳הַקָּטֹן יִהְיֶה לָאֶלֶף, וְהַצָּעִיר לְגוֹי עָצוּם׳״.

ובכן, אומר הגאון לתלמידיו: אנחנו הרי יודעים שֶישנו כלל גדול – ׳אין מקרא יוצא מידי פשוטו׳. אחרי כל הדרָשות, אחרי כל הניתוח של ההיבטים השונים, צריך להבין את הפסוק כפשוטו! במסכת שבת (דף ס״ג עמ׳ א׳) מסופר על אחד האמוראים שרק לאחר שכבר למד את התלמוד כולו, הוא ״גילה״ שניתן להבין כפשוטו את הפסוק ״חֲגוֹר חַרְבְּךָ עַל יָרֵךְ, גִּבּוֹר, [כי היא] הוֹדְךָ וַהֲדָרֶךָ״ (תהלים מ״ה ד׳), דהיינו

11 לעיל, בעמ׳ 431, ראינו שרמח״ל קבע כי השֵם ׳אֵ־ל שַׁ־דַּי׳ הוא בספירת ה׳יסוד׳ (אשר שייכת ליוסף ולמשיח בן יוסף). ומעניין לציין שבהמשך ספר ׳קול התור׳ (פרק ב׳ סעיף י״ב עמ׳ 45) מובא חישובו של הגר״א, שהשֵם ׳אֵ־ל שַׁ־דַּי׳ – בחישוב גימטריה של מילוי כל אותיותיו – עולה תתקצ״ט (999), שֶזוהי ״הדרגה הגבוהה של משיח בן יוסף באתערותא דלְתַתָּא״.

שהכוונה היא לחרב ממשית, מברזל, ולא לדברי תורה ותפילה... במחילה, צריך לדעת שֶ"חַיָּל יְהוּדִי מִתְפַּלֵּל בְּרוֹבֶה", כמו שאומר אורי צבי גרינברג[12] – לא רק בתפילות לב ושפתיים – וזהו באמת עומק הפשט.

לענייננו, יש לעיין היטב מהו ה"פְּשָׁט" שאליו התכוון הגאון. כי לכאורה, כאשר אומר הקב"ה: "אֲנִי ה', בְּעִתָּהּ אֲחִישֶׁנָּה" – ואם אנו תופסים את מושגי ה'בְּעִתָּהּ' וה'אֲחִישֶׁנָּה' כמשיקים זה לזה משני צדדיה של נקודת זמן אחת – אזי באמת זו חלוקה דיכוטומית, בבחינת 'או־או'. דהיינו, הציפיה היא לכך שברגע מסוים, כשתגיע העת, הכול יתהפך ויבוא המשיח מיד. לפי זה באמת אי אפשר לשלב את ה'בְּעִתָּהּ' עם 'אֲחִישֶׁנָּה', כי ה'בְּעִתָּהּ' היא נקודה בזמן, ואז – כשהיא תגיע – איזו משמעות נותרת לַבחינה השניה של 'אֲחִישֶׁנָּה'?

לכן, מורַי ורבותַי, עלינו ללמוד זאת באופן אחר. מושג ה'בְּעִתָּהּ' איננו נקודה אלא תהליך. זהו מהלך שלם של גאולה הבאה קִמעא קִמעא, בשותפות שלנו, ככל שאנו זוכים 'לפעול עם אֵ־ל'. ולפרק הזמן הזה של הגאולה – או לָ'עֵת' הזאת – ישנה גמישות מסוימת, כי אנו יכולים להוסיף לו **אינטנסיביות** של מעשה! כביכול אומר לנו הקב"ה: בבקשה, תפעלו נכון במִפעלות הגאולה, כי כבר באה עֵת, תִּדחפו, תְּזָרזו, ואז אקצר את משך הזמן, "אֲנִי ה', בְּעִתָּהּ אֲחִישֶׁנָּה".

אגב, אני נזכר כאן בפגישות רבות שהיו לנו בענייני ההתיישבות – גם עם ראש הממשלה בעבר, יצחק שמיר[13] – ופעם ועוד פעם שמענו את המשפט: "רבותַי, הדבר הזה צריך לקחת זמן"... אבל,

---

12 הציטוט לקוח ממחזור השירים 'אזור מגן', בכרך ב' של שירי אצ"ג בהוצאת מוסד ביאליק, עמ' 135. הספר 'אזור מגן ונאום בן הדם' ראה אור בשנת תר"ץ (1930), ונכתב בעקבות פרעות תרפ"ט. הנה כמה שורות: "הַלַּיְלָה יוֹרִים בִּשְׁעָרַיִךְ, עִירִי הַקְּדוֹשָׁה! / וְאֵזוֹר מָגֵן מְסַבִּיב לָךְ חָגְרוּ מְגִנַּיִךְ – / ... שִׁקְטִי הַלַּיְלָה, שִׁמְעִי לַיּוֹרִים! / חַיָּל יְהוּדִי מִתְפַּלֵּל בְּרוֹבֶה לִשְׁלוֹמֵךְ, / נָא יִנְעַם לָךְ רוֹבֶה מְעוּגָּב מְנַגֵּן! //".

13 יצחק שמיר סיים את כהונתו כראש ממשלה כשנה וחצי לפני מועדה של סִדרת השיעורים דנן – כאשר נכשל 'הליכוד' בַּבחירות (1992) – אך לאחר הבחירות הוא המשיך בכהונתו כחבר כנסת עד שנת 1996.

ריבונו־של־עולם, הרי השאלה היא מה עושים בַּזמן הזה עצמו? מה מידת הזירוז שבו?! האם נותנים לו אינטנסיביות, או שֶׁגוררים רגליים...

נקרא הלאה בדפי 'קול התור': "'הַקָּטֹן' 'וְהַצָּעִיר' נֶאמרו על אפרים, שהוא משיח בן יוסף, וכַנודע שֶׁהדרגה הכי גבוהה של משיח בן יוסף הבא באִתערותא דלְתַתָּא [=בהִתעוררות מלמטה] היא אלף פחות אחד, היינו 'טצ"ץ ביסוד'. כשֶ'הַקָּטֹן יִהְיֶה לָאֶלֶף': כלומר, כשיגיע במעשיו עד הדרגה **שעד האלף**, אזי – אֲנִי ה', אפילו בְּעִתָּהּ, אֲחִישֶׁנָּה – וכן הכוונה: 'וְחָשׁ עֲתִדֹת לָמוֹ' (דברים ל"ב ל"ה)".

הגאון מתכוון כאן לפעולותיו של משיח בן יוסף לאורך הזמן של שלב ה'בְּעִתָּהּ'. כמובן, הוא מתייחס לבחינות רוחניות־פנימיות הרמוזות בַּמילים ובַמושגים: 'הַקָּטֹן', 'הַצָּעִיר', או 'טצ"ץ ביסוד', אך ניתן להבין את הדברים גם במישור המציאותי המעשי. אמרנו שאחד מייעודיו של משיח בן יוסף הוא בקיבוץ הגָלויות ובבניין הארץ; פירושו של דבר: ככל שֶׁירבה קיבוץ הגָלויות, כך מתחזק יסוד ה'אֲחִישֶׁנָּה' בתוך המסגרת של 'בְּעִתָּהּ'. כאשר התחילה לזרום העליה מרוסיה לפני כמה שנים, אמרנו: 'הַקָּטֹן יִהְיֶה לָאֶלֶף' – והנה לאחרונה אנו רואים זאת בעינינו: אלף עולים מגיעים לנמל התעופה ביום אחד![14] זו תרומתנו שלנו – ותרומתו של משיח בן יוסף – לקירוב הגאולה ולהחְשָׁתָהּ. ולפי אותו עיקרון, כך נמדדת תרומתנו בַּהתיישבות, בבניין הארץ, ובכל מה שכרוך בזה.

עכשיו נדלג מעט, ונקרא את המשך הדברים [עמ' 28], בעדותו של המחבר, רבי הלל משקלוב, הממחיש לנו, בסיפור נורא, את תעצומות נפשו של הגאון:

"הרבה פעמים ראיתי את רבֵּנו [הגר"א] מסתובב בחדרו, ומדבר בסערת רוח נוראה, ואומר: 'ריבונו־של־עולם, הַאֵין לְךָ דרך אמצעית בין בְּעִתָּהּ לבין אֲחִישֶׁנָּה? אנו עומדים בכל תוקף על דברי הפְּשָׁט הפשוט שבדברי הבטחתך – אֲנִי ה', בְּעִתָּהּ אֲחִישֶׁנָּה'".

---

14 חנן לימד את סדרת השיעורים הללו כאשר גל העליה מרוסיה, בשנות התשעים, היה בשיאו. בממוצע, הגיעו אז בכל חודש כ־5,600 עולים, אך – כדברי חנן – היו ימים 'גדושים' בהם נחתו בנתב"ג אלף שבי־ציון ביום אחד.

זוהי עדות מזעזעת ומרעידת לב... איך הגאון – ה׳מתנגד׳ הגדול – מסתובב בחדרו כמו ׳רבי׳ של חסידים, בסערת רוח נוראה, התלמידים מטים אוזן מבחוץ ושומעים אותו צועק לריבונו־של־עולם... מה כל־כך מסעיר את נפשו של הגאון, דווקא בהתייחסות לַסוגיה הזאת? אין זאת, אלא שֶמתוך גאונותו וידיעתו בכל מכמנֵי התורה, וגם מתוך קריאתו את המציאות, הוא מזהה ומבין שהנה מתחיל מהלך שיבת ציון! מתחיל תהליך הגאולה, בא זמן תפילה, ומתקרב גם זמן המעשה...

הספר ׳קול התור׳ החל להתפרסם יותר ממאה־וחמישים שנה אחרי מותו של הגאון, אך אולי ניתן לשער שהוא התייחס לשנת ת״ר [= ׳תור׳ בכתיב חסר], שהיא למניינם שנת 1840.[15]

מכל־מקום, תלמידיו של הגר״א לא חיכו... כעשר שנים אחרי מותו, בשנת תקס״ח (1808), הגיעה ארצה הקבוצה הראשונה, בהובלתו של רבי מנחם מנדל משקלוב, תלמידו המובהק של הגאון. ראוי לציין שעליית החסידים החלה עוד קודם לכן, עוד בימי חייו של הבעש״ט.[16]

---

15 א. בשנת ת״ר מלאו ארבעים־ושלוש שנים לפטירתו של הגר״א. גם ר׳ הלל משקלוב כבר לא היה אז בין החיים, הוא נפטר כשנתיים לפני כן, אבל נקודת־הזמן כבר קרובה מאד...

ב. מחברי ׳קול התור׳ התייחסו במפורש לשנת ת״ר המיועדת לפתחֵי גאולה, בפרק ה׳ עמ׳ 113. כך נֶאמר שם (בתרגום לְשון ה׳זוהר׳ לעברית): ״מובא ב׳זוהר׳ הקדוש פרשת וַירא (כרך א׳ דף קי״ז עמ׳ א׳): ׳ובשש מאות שנים לאלף השישי, ייפתחו שערי החכמה אשר למעלה, ומעיינות החכמה שֶלמטה, [וייתָקֵן העולם לבוא אל האלף השביעי, כאדם המיתַקֵן עם נְטוֹת השמש להיכנס אל יום השבת׳]. ומשנה זו, היינו משנת ת״ר ואילך, מתחיל קול התור באורו של רבנו הגר״א, הַהוֹלֵךְ וָאוֹר עַד נְכוֹן הַיּוֹם״.

ואולם, רפאל שוח״ט בספרו על תורת הגאולה של הגר״א מטעים כי הגאון, בכתביו, לא החשיב כל־כך את שנת ת״ר – ומִשתַמֵעַ אפוא שהקטע הנ״ל איננו מסירה מפיו אלא הוספת המחברים. פרטי ספרו של שוח״ט לעיל בהערה 1 עמ׳ 398 – וראה שם בעמ׳ 255.

ג. על התכונה המשיחית לקראת שנת ת״ר עמד בהרחבה ד״ר אריה מורגנשטרן בכתביו, וראה בעיקר את ספרו: ׳משיחיות ויישוב ארץ־ישראל במחצית הראשונה של המאה הי״ט׳, הוצאת יד בן צבי, תשמ״ה 1985.

כל אלה קודמים בהרבה לתחילת 'העליה הראשונה', עלייתם של חבורת הביל"ויים בשנת תרמ"ב (1882). ובאותה שנה – כמה חודשים לפני עליית ביל"ו – עולים התימנים הראשונים! הם דורשים את הפסוק בשיר השירים (ז' ט'): "אָמַרְתִּי אֶעֱלֶה בְתָמָר" – 'בְּתָמָר'=תרמ"ב – וזה כשלעצמו חיזיון מופלא. אנשים דורשים פסוק, אומרים: אם כך, הגיעה שנת בְּתָמָ"ר, קדימה! עומסים את הילדים ואת הנשים עם המיטלטלין על חמורים, יוצאים למסע רב־סַכָּנות בחולות המדבר, ועולים לארץ ישראל... זה דבר מדהים.

וכשאתה רואה איך שני הדברים האלה נפגשים, מצפון ומדרום, אתה מבין שמתחיל התהליך של שיבת ציון, בַּהיקף ובַתנופה שלו.[17] והגאון חוזה מראש את כל זאת, ומצווה לתלמידיו להתחיל בַּמהלך הזה! הוא רואה פה מהלך אֱ־לֹהי והוא קובע בו יתֵדות, כשלבים בסולם הגאולה, על־פי התהליך של עליית אור היום.[18]

אבל אם כך – שוב משתמע שזהו לוח זמנים אֱ־לֹהי, גזור וידוע, שאנו רק מתחברים אליו, ועלינו 'ללכת עם הזרם'... הקב"ה גואל את

16 הבעש"ט הלך לעולמו בשנת תק"ך (1760). כבר בחייו עלו ארצה כמה מחסידיו, ועל־פי עדות תלמידיו יצא גם הוא עצמו במסע עליה לארץ, אך הגיע רק עד קושטא ושב לביתו. כהתחלה משמעותית של עליית החסידים, נהוג לציין את השיירה הגדולה שהגיעה ארצה בשנת תקל"ז (1777), בהובָלָתו של הרב מנחם־מנדל מוויטֶבּסק.

17 מעניין להוסיף כי בפרק ו', עמ' 140, מספר ר' הלל שאביו – רבי בנימין – שאל את הגר"א: "מאיזה מקום מתחילה קיבוץ גָלויות? [והשיב לו]: מארץ הצפון, כמו שכתוב: 'הִנְנִי מֵבִיא אוֹתָם מֵאֶרֶץ צָפוֹן [וְקִבַּצְתִּים מִיַּרְכְּתֵי אָרֶץ]' (ירמיהו ל"א ז'). ... האתחלתא של קיבוץ גָלויות צריכה להיות ... מארץ הצפון. וכן כתוב (בשיר השירים ד' ט"ז): 'עוּרִי צָפוֹן', ואחר־כך 'וּבוֹאִי תֵימָן'".
ובפרק ב', עמ' 41, נדרש הפסוק: "שָׁמוֹעַ שָׁמַעְתִּי אֶפְרַיִם מִתְנוֹדֵד" (ירמיהו ל"א י"ז) – "בשביל שֶׁמשיח בן יוסף אין לו מנוח, מתנודד מִצפון לדרום ומִדרום לצפון, שֶׁעליו נֶאמר: 'עוּרִי צָפוֹן וּבוֹאִי תֵימָן', וראשי התיבות [של המילים הללו] – עצו"ת – בגימטריה: 'משיח בן יוסף' [שניהם מסתכמים: 566]".

18 נרחיב מעט בעניין 'שעון הגאולה' של הגר"א, להלן בנספח ח', עמ' 563.

עמו ישראל כי הגיעה שעת ה'בְעִתָּהּ', ונַחנו מה? מהו תפקידנו?.. לכן שואל זאת הגאון את עצמו, ושאלתו היא תפילה: איך יכולים אנחנו להשתלב במהלך הגאולה **ולהחיש אותה**? איך ייתן מקום לַמפעל האנושי אשר נעשה מתוך מסירות והתלהבות? כי אין אנו רוצים לקבל רק 'לחם של בושה' – 'נַהֲמָא דְכיסוּפא' בלשון חז"ל – דהיינו שניגאל כְּ"מתנה" בלא כל עבודה והשקעה מצידנו. והרי גאולה שכזאת, שאין אנו זוכים בה מכוח מעשינו, ושֶניגאל על כורחֵנו, גם תהיה 'בכוח' מצד ריבונו-של-עולם... היא תהיה כרוכה בוודאי בצרות וייסורים, מעֵין דבריו של הנביא יחזקאל (בפרק כ' ל"ג) כי "בְּיָד חֲזָקָה וּבִזְרוֹעַ נְטוּיָה וּבְחֵמָה שְׁפוּכָה אֶמְלוֹךְ עֲלֵיכֶם".

לכן אומר הגאון: "אנו עומדים בכל תוקף על דברי הפְּשָׁט הפשוט שבדברי הבטחתך – 'אֲנִי ה', בְּעִתָּהּ אֲחִישֶׁנָּה'". דהיינו, שגם **בתוך** זמנֵי ה'בְעִתָּהּ' יוכל להיות 'מסלול מהיר' של 'אֲחִישֶׁנָּה'! ואיך? אימתי? כאשר "הַקָּטֹן יִהְיֶה לָאֶלֶף, וְהַצָּעִיר לְגוֹי עָצוּם", כאשר נדע להרבות ולהוסיף מעשה והשתדלות – אם באמצעים פיזיים, ואם באמצעים רוחניים, שאותם מוסר הגאון למחברי 'קול התור'.

בַּהסבר הזה אני בא להצביע בעיקר על מה שתלוי בנו, על מה שביכולתנו, דהיינו על **האינטנסיביות של התהליכים**. אינני מנסה להיכנס אל תוך פרטי הפרטים בתורתו של הגאון, אשר נִפרַס בה מהלך שלם, מורכב מאד, המשתרע על פני תקופה ארוכה. אנו – די לנו בָּעקרונות, וניזהר מאד שלא לקבוע מסמרות של תאריכים הנוגעים לעתיד...

# חתימה

## כך מקובלים אנו משני מלכים: נבקש רחמים על משיח בן יוסף, גם אם נגזר עליו מוות

מוֹרַי ורבותַי, נֹאמר כמה משפטים לסיכום הלימוד שלנו בבית מדרשם של רמח"ל ושל הגר"א.

ריבונו-של-עולם יחיש ישועתו! "כִּי לֹא יִטֹּשׁ ה' עַמּוֹ וְנַחֲלָתוֹ לֹא יַעֲזֹב" (תהלים צ"ד י"ד). בהפטרת השבת הזאת, קראנו על גאולה שלא בהשתתפותנו:[1]

> "לָכֵן אֱמֹר לְבֵית יִשְׂרָאֵל כֹּה אָמַר אֲ-דֹנָי ה': לֹא לְמַעַנְכֶם אֲנִי עֹשֶׂה בֵּית יִשְׂרָאֵל, כִּי אִם לְשֵׁם קָדְשִׁי אֲשֶׁר חִלַּלְתֶּם בַּגּוֹיִם אֲשֶׁר בָּאתֶם שָׁם. וְקִדַּשְׁתִּי אֶת שְׁמִי הַגָּדוֹל הַמְחֻלָּל בַּגּוֹיִם... וְלָקַחְתִּי אֶתְכֶם מִן הַגּוֹיִם, וְקִבַּצְתִּי אֶתְכֶם מִכָּל הָאֲרָצוֹת, וְהֵבֵאתִי אֶתְכֶם אֶל אַדְמַתְכֶם. וְזָרַקְתִּי עֲלֵיכֶם מַיִם טְהוֹרִים... וְנָתַתִּי לָכֶם לֵב חָדָשׁ, וְרוּחַ חֲדָשָׁה אֶתֵּן בְּקִרְבְּכֶם... וְעָשִׂיתִי אֵת אֲשֶׁר בְּחֻקַּי תֵּלֵכוּ וּמִשְׁפָּטַי תִּשְׁמְרוּ וַעֲשִׂיתֶם. וִישַׁבְתֶּם בָּאָרֶץ אֲשֶׁר נָתַתִּי לַאֲבֹתֵיכֶם, וִהְיִיתֶם לִי לְעָם וְאָנֹכִי אֶהְיֶה לָכֶם לֵא-לֹהִים" (יחזקאל ל"ו כ"ב-כ"ח).

משמע אפוא שהקב"ה יגלגל את מהלך הגאולה אם ירצו ישראל ואם לא ירצו, ברצון או באונס, בוא יבוא הגואל. אבל, הרי לא זוהי הדרך

1 חנן מסר את שיעורו זה בשבוע האחרון של אדר תשנ"ד, לאחר שבת פרשת וַיקהל, אשר היתה 'שבת פרה'; בשבת זו מפטירים ביחזקאל פרק ל"ו.

הראויה! למדנו מן הגאון שֶׁפעולתנו שלנו – או נֹאמר: השליחות שלנו – הריהי בסוד הגילוי של אִתערותא דלְתַתָּא. וההִתעוררות הזאת, **יש פעמים שהיא מחייבת מעשים, ויש פעמים שהיא מחייבת תפילה גדולה.**[2]

ישנה גמרא במסכת ברכות (דף י׳ עמ׳ א׳) המרחיבה את השִׂיחַ שהיה בין ישעיהו הנביא לבין חזקיהו, המלך החולה. אמר הנביא לַמלך: ״צַו לְבֵיתֶךָ, כִּי מֵת אַתָּה וְלֹא תִחְיֶה״ (ישעיהו ל״ח א׳), משום שלא העמדת בנים. חזקיהו הִתגונן והסביר שראה ברוח הקודש שיֵּצאו ממנו בנים שאינם הגונים, מה שאמנם התגלה כנכון, שהרי בנו היה מנשה, אשר הִרשיע הרבה. אבל ישעיהו הוכיחו: ״בהדי כבשי דרחמנא למה לך?״ – מה לך עם הנִסתרות אשר לקב״ה? היה עליך לעשות את אשר צוּוֵיתָ, ויעשה הקב״ה את אשר טוב לפניו! בשלב זה ניסה חזקיהו לשאול, אולי עוד יש תקווה?.. הוא ביקש שֶׁייתן לו ישעיהו את בתו לאִשה ובזכויות שניהם ייוולדו לו בנים ראויים, אך ישעיהו קבע: ״כבר נגזרה עליך גזֵרה״. או־אז אמר לו חזקיהו ביטוי שבלשון ימינו היינו אומרים: ׳שמעתי אותך׳... ובלשון הגמרא זה היה משפטו: ״בן אמוץ, כַּלֵּה נבואתך וצא! כך מקובלני מבית אבי־אבא [=דָּוִד המלך]: אפילו חרב חדה מונחת על צווארו של אדם – אל ימנע עצמו מן הרחמים״. ומיד שפך חזקיהו תפילה מקירות ליבו:[3] ״וַיַּסֵּב חִזְקִיָּהוּ פָּנָיו אֶל הַקִּיר וַיִּתְפַּלֵּל אֶל ה׳. ... וַיֵּבְךְּ חִזְקִיָּהוּ בְּכִי גָדוֹל״ (ישעיהו ל״ח ב׳-ג׳) – וכפי שאנחנו יודעים, הורה הקב״ה לישעיהו לחזור מיד, ולבשר לחזקיהו שֶׁנשמעה תפילתו ושֶׁיירָפֵא מחוליו.

ובכן, מהי הקבָּלה שקיבל חזקיהו מדָּוִד זקֵנו? מהי הדוגמה אשר עמדה לפניו? – רש״י אומר שהיתה זו בקשתו של דָּוִד שלא יוסיפו עוד בני ישראל למות בַּמַּגֵּפָה, כאשר כבר הניף המלאך את חרבו על

---

2 שוב וראה לעיל בעמ׳ 379 את **נספח י׳** לחלקו השני של הספר, ובו התפילה אשר נסדרה בַּספר ׳קול התור׳, שלא ימות משיח בן יוסף.

3 את האבחנה הזאת – שֶׁחזקיהו התפלל נוכח הקיר מקירות ליבו – שאב חנן מדברי רבי שמעון בן לקיש בסוגיית הגמרא דנן במסכת ברכות. הנה אלה דבריו: ״מאי ׳קיר׳? – מקירות ליבו, שנֶאמר: ׳מֵעַי מֵעַי אוֹחִילָה, קִירוֹת לִבִּי הֹמֶה לִּי לִבִּי, לֹא אַחֲרִישׁ׳ וגו׳ (ירמיהו ד׳ י״ט)״.

ירושלים לשחתה, כפי שמתואר בשמואל־ב׳ בפרק כ״ד. אבל רבי צדוק הכהן מלובלין סובר אחרת: הוא כותב שֶׁחזקיהו נטל דוגמה מִדָּוִד שֶׁהתחנן בעד נפשו של הילד – בנו־שלו ושל בת־שבע – על אף שכבר חתם נתן הנביא את נבואתו כי נגזר על הילד שֶׁימות, כי גזל דָּוִד מֵאוריה את ׳כִּבְשַׂת הָרָשׁ׳, ושילח אותו אל מותו בחרב בני עמון.[4]

---

4 אל נכון, מכוון כאן חנן לדבריו של רבי צדוק בספרו ׳פרי צדיק׳ לפרשת וָאתחנן.
אמנם, ר׳ צדוק איננו כותב שם שֶׁחזקיהו למד מתפילתו של דָוִד על הילד, אלא מתפילתו לה׳ על עצמו, "שֶׁיוציאנו מִצָּרָתו אף על־פי שאינו כדאי, וכמו שאמר בתפילתו: ... ׳לֵב טָהוֹר בְּרָא לִי אֱ־לֹהִים׳", אחרי שנִרְאֶה היה שכבר נחרץ דינו לַמוות – הן מפי עצמו, הן בבית־דין של מעלה. בתפילתו זו "היה הצעקה גדולה בליבו לה׳ יתברך, שהוא כל יכול, ואין לו עצה רק [=אלא] לברוא לו בריאה חדשה יש מאַין, שיהיה לו ׳לֵב טָהוֹר׳, ופעל זאת [דָוִד בתפילתו], שֶׁריחם עליו ה׳ יתברך מצד מידת הרחמים להיות נעשֶׂה בריה חדשה. וזה היה קבלת חזקיה ממנו, שאל ימנע עצמו מן הרחמים דייקא". ומסתברים הדברים, כי בשתי התפילות התחננו המתפללים – חזקיהו ודָוִד – כי ייחלצו הם־עצמם מגזֵרת המוות, ושתיהן נִשמעו.
ואולם, סוף סוף – במובן מסוים – מתחברות שתי התפילות לאחת, גם כדבריו של חנן. שהרי בהמשך דבריו מדגיש חנן שהתפילה על הילד הועילה להולדתו של שלמה, וברור מאליו שגם תפילתו של דָוִד על עצמו – שֶׁיתחדשו חייו – הועילה לכך.
לא זו אף זו: פרק נ״א בתהִלים – אשר ממנו לקח רבי צדוק (וחנן בעקבותיו) את תפילת דָוִד שֶׁיברא לו הקב״ה לב טהור – פותח בַּפסוקים: "לַמְנַצֵּחַ מִזְמוֹר לְדָוִד. בְּבוֹא אֵלָיו נָתָן הַנָּבִיא, כַּאֲשֶׁר בָּא אֶל בַּת שָׁבַע"; מפירושו של רד״ק, וכן מאחת האפשרויות הניתנות בְּסיכום ׳דעת מקרא׳ לַמזמור הזה, עולֶה שֶׁהמזמור כולו איננו אלא תפילת דָוִד כאשר הִתענה והִתחנן לבל ימות הילד.
חנן היה דורש שהפרק הזה כולו הוא מזמור של תשובה, ושהוא כביכול ׳מוכנס׳ ורמוז בָּרווח של ׳פרשה סתומה׳ – סימון רווח בַּמקרא – הנתון באמצע פסוק י״ג.
מחציתו הראושנה של הפסוק היא: "וַיֹּאמֶר דָּוִד אֶל נָתָן: חָטָאתִי לַה׳", ומחציתו השניה היא: "וַיֹּאמֶר נָתָן אֶל דָּוִד: גַּם ה׳ הֶעֱבִיר חַטָּאתְךָ, לֹא תָמוּת".

אומר ר' צדוק: אמנם לבסוף מת הילד, **אך אם דָוִד המלך התפלל – סימן שיש תקווה!** ועל כך אמר חזקיהו, "כך מקובלני מבית אבי אבא" וכו'. כי אכן חטאו שניהם, דָוִד וחזקיה, ואכן נגזר עונש על שניהם, אבל הנה מִתעשת חזקיהו לפני ישעיהו ואומר לו: עד כאן! עכשיו אני הולך בעקבות אבא, בעקבות דָוִד מלכא משיחא... והוא מתפלל, ותפילתו מתקבלת לפני שומע תפילה.

ולגבי דָוִד – אכן נכון, לא הועילה תפילתו באותה שעה, והילד מת. אבל התפילה איננה שבה ריקם. בסופו של דבר, מתוך התפילה הזאת, ומתוך כל תפילות דָוִד וכל דמעותיו הגנוזות בספר תהִלים, צומחים לנו חיים ומלכות מן הזיווג הזה של דָוִד ובת־שבע. אחרי התיקון, אחרי "לֵב טָהוֹר בְּרָא לִי אֱ־לֹהִים, וְרוּחַ נָכוֹן חַדֵּשׁ בְּקִרְבִּי" (תהִלים נ"א י"ב), נולד לדָוִד בן שני, גָדֵל ועולה שלמה המלך, מלך שהשלום שלו!

מכאן לימוד גדול אשר מקבלים אנו בזה, הן מדָוִד, הן מחזקיהו: כך מקובלָנו מבית אבי־אבא, שֶׁ"אפילו חרב חדה מונחת על צווארו של אדם – אל ימנע עצמו מן הרחמים!". **אחרי כל המשברים, אחרי כל הגזֵרות – כולל הגזֵרה שֶׁימות משיח בן יוסף – עדיין פתוחים בפנינו שערי תחנונים.** עדיין עומדת לנו התפילה האדירה, הנוראה, מקירות לבבנו, שלא במידת הדין ניגָאֵל – כי אז עלול ליפול חלילה משיח בן יוסף – אלא שֶׁייכנס עִמנו הקב"ה במידת הרחמים, והרחמים בוא יבואו!

---

עוד נציין שבעל 'מֵי השילוח' – רבו של ר' צדוק – משווה (בדבריו לפרשת וָאתחנן) בין תחנוניו של משה לבין תפילת חזקיהו (אשר קיבל מדָוִד). זו השוואה קרובה לדברי חנן, שכן לכאורה לא התקבלה תפילת משה, והוא לא הורשה לעבור את הירדן. ואולם, קובע בעל 'מֵי השילוח', "כי השם־יתברך שלח לו אִתערותא להתפלל, ואם־כן בטח לא חזרה [תפילתו] רֵיקם", והיא הועילה לעתיד, שיהא משה רבם של ישראל גם בָּארץ. הוא ממשיך ומסביר שכך עלינו ללמוד גם מחזקיהו – ובמִשתַּמֵּעַ, אף מתפילת דָוִד על הילד, שאיננה נזכרת בדבריו – "שלא יהיה לָאדם שום מניעה מלהתפלל, ולא יתרשל, אף שנראה לו כי יצאה הגזֵרה מֵה".

# בליבה של מחלוקת:
## האם ׳יבוא ואַל אֶראֶנו׳, או: ׳יבוא וַאֲשָׁרתֶנו׳?

רבותַי, ודאי מוכרת לכם המחלוקת המובאת במסכת סנהדרין (דף צ״ח עמ׳ ב׳) בין שני חכמים – עולא וְרבה – לבין רב יוסף. אלה אומרים: ״יֵיתי ולָא איחמינֵיה״, יבוא המשיח ואל אֶראנו, ורב יוסף משיב כנגדם: ״יֵיתי, ואִזכֵּי דְאֵיתיב בְּטוּלא דְכוּפיתא דְחַמְרֵיה״ – הלוואי שיבוא, וזכות תהיה לי לשבת בצל גללֵי חמורו. בהמשך הדיון מצטרף גם רבי יוחנן לעמדתם של עולא וְרבה.

לקראת סיום הלימוד שלמדנו עד כאן, אני מבקש להביא בפניכם כמה תגובות למחלוקת הזאת – או השתקפויות שלה – בדורותינו שלנו. על חלק מן הדברים אנסה גם להגיב, ולבסוף אצרף גם פירוש מִשֶׁלי לַמחלוקת הזאת.

## הרב קוק זצ״ל – הסבר מן העומק

הרב קוק זצ״ל עסק בַּמחלוקת הזאת בסוף מאמרו ׳המספד בירושלים׳, אשר נכתב עם מותו של הרצל.[1]

הרב צידד בוודאי בעמדתו של רב יוסף. הוא כתב כי כאשר יושב הוא, כדימוי, בצֵל הגללים שהטיל חמורו של משיח – ואפשר לומר: גם בְרֵיחם של הגללים הללו – הרי שבכך ״ייהפך גם־כן הרע לטוב, והקללה לברכה. ... כי יסוד הֶכשֵר דורו של משיח הוא להשתמש בכל הכוחות היותר גסות לצד הטוב והקדושה היחידית [=הייחודית], שֶׁנִתעטרו בה ישראל״.

---

1 המאמר ניתן כנספח ו׳ לחלקו השני של הספר, לעיל בעמ׳ 345 ואילך. המשפט המצוטט בַּפִּסקה הבאה הוא סיומו של המאמר, לעיל בעמ׳ 358.

ועם זאת, הרב מסביר גם את עמדת החכמים אשר לא היו מוכנים לעמוד בַּניסיונות הנוראים העתידים לבוא בעִקבתא דמשיחא, יחד עם חבלי משיח וייסורים קשים מנשוא.

הרב מפרש שאין הכוונה רק לַייסורים הפיזיים הקשים של ייבוש הביצות ובניין הארץ – עבודה אשר תובעת קרבנות וקרבות ומסירות נפש – כל אותם דברים שאנחנו רואים אותם כחבלי גאולה. הוא מתאר ייסורי נפש נוראים אשר סובלים שלומי אמוני ישראל, אנשי הרוח והאמונה. כי הרי כל מעייניהם נתונים לקדושת ישראל מצידה הרוחני הפנימי, והנה הם רואים את השיקוע של האומה בַּבניין הפיזי, כאשר החול דוחה את הקודש, והגאולה מבוּססת בַּפסולת של גללי החמור החומרי. במצב הזה, אופפים הצל והחושך – ׳טולא דְכופיתא׳ – את ההוויה הלאומית, ולכן יש מהם המקצינים לומר שאנו מתרחקים מן הגאולה ולא מתקרבים אליה. ישנם גם האומרים לעצמם שֶבגָלות – כשֶישבנו בַּקלויזים, בווילנה או בוַרשה – היתה ההוויה הרוחנית, המוסרית והפנימית שופעת הרבה יותר מאשר היום, בחוצות תל אביב ובפארק הירקון... זהו הדבר – כך מסביר הרב קוק – אשר מביא לַייסורים הרוחניים של עִקבתא דמשיחא, ובמקום אחר הוא מכנה אותם כ״ייסורי חֶנֶק״.[2]

הרב זצ״ל גם נותן טעם מדוע לובשת שיבת ציון בדורו אופי כל־כך חומרני – ומסביר כי כתוצאה מכך שנֶאפסו מן האומה הכוחות הללו במשך שנות הגלות, מתפתחת עתה בארץ ישראל מעין ׳תגובת נגד׳. והריאקציה הזאת, היא המביאה לשיכָּרון של התנפלות על הבניין המעשי והחומרי, ולהדגשת הערכים הקשורים בו – שהם אמנם ערכיו של משיח בן יוסף, אך הגשמתם כרוכה גם בעוינוּת, או ׳להכעיס׳ [במלעיל], כלפי התורה וערכיה.

2 שוב וראה בהרחבה את הדיון בַּנושא הזה בחלקו השני של הספר, לעיל בעמ׳ 267 ואילך, ושים לב שם להערה 5 (עמ׳ 269) בעניין ׳ייסורי החֶנֶק׳.

# השתקפות המחלוקת בשיריהם של משוררי החלוצים

## א. לוי בן־אמיתַּי / 'רֵיחַ הַזֶּבֶל, נִיחוֹחַ חָצִיר' בּוֹשֶׂם הגאולה בַּשדה וּבַשיר

מתוך כך, מעניין לראות איך ביטאו משוררי העליה השניה את ערכיה של שיבת ציון, כפי שהם חיו והגשימו אותם.

הנה למשל המשורר לוי בן־אמיתַּי, איש דגניה ב',[3] אשר ניתן למתוח קו מחבר בין שיריו לבין עמדתו של רב יוסף בַּגמרא. הלוא דבר הוא, שהזבל הזה – ה'כופיתא' שעליו מדבר הרב קוק בנימה שלילית וכמושא להפיכה – מוגש בשירתו של לוי בן־אמיתַּי כאידיאל, במסגרת של קדושה! את שירו הידוע 'שָׂדוֹת שֶׁבָּעֵמֶק' הוא פותח בַּשורות הללו: "שָׂדוֹת שֶׁבָּעֵמֶק / קַדְמוּנֵי הַלַּיְלָה / בְּרֵיחַ הַזֶּבֶל, / נִיחוֹחַ חָצִיר".[4] בשיר אחר הוא מתאר את חוויית יומו: "בַּיוֹם אני גורף גללים תחת בהמה, וּבָערב אשב אל שולחן כוהנים, וּמִמְּנַת הלוויים לי מנה".[5]

---

3 לוי בן־אמיתי היה איש תנועת 'החלוץ', עלה ארצה בשנת 1920, והצטרף לקיבוץ דגניה־ב' בשנת 1926. הוא שימש כמורה בקיבוץ, וחיבר כעשרה ספרי שירה עד פטירתו בשנת 1980. שירתו היא שירת חלוצים, שירת גאולת הארץ, עבודת האדמה ומשא־הנפש אל שמים, תוך הזדהות עמוקה עם חבורת־היחד בַּקיבוץ וערכיה – הענווה והפַּשטות, ההִתמסרות והרֵעות.

4 את השיר הזה כתב בן־אמיתַּי בשנת 1937, והוא הולחן בידי אפרים בן חיים איש קיבוץ גבעת חיים. הנה שני בתים נוספים: "הַלַּיְלָה לָעֵמֶק / אֲנִי אֲזַמֵּרָה, / כִּי אֹשֶׁר בָּאָנִי / וְחֶסֶד הַשִּׁיר. // ... אָסְפֵנִי אֵלֶיךָ / אֱסֹף כַּשִּׁבֹּלֶת, / שִׁבֹּלֶת לַגֹּרֶן / בְּחַג הַקָּצִיר! //".

5 חנן 'אילתר' כאן פרפרזה לְשורות משירו של בן־אמיתַּי 'בַּקבוצה' – אשר נִקשרות בו יחדיו העבודה, ההִתקדשות והתפילה – שיר הפותח בַּזבל, ואף מסיים בו... הנה השיר במלואו:

"בַּיּוֹם אֲנִי גּוֹרֵף אֶת גֶּלְלֵי הַזֶּבֶל / מִתַּחַת רֶגֶל הַפָּרָה בַּדִּיר; / אוֹ לָשׁ אֲנִי בַּטִּיט לְבֶדֶק הַכִּירַיִם, / מֵאִיץ בַּפֶּרֶד וּמְזָרֵז בַּנִּיר. //
צָנוּעַ גּוֹרָלִי וְדַל בְּעוֹלָמְךָ: / גּוֹרַל חֹטְבֵי־עֵצִים וְשׁוֹאֲבֵי־מָיִם. / בֶּן־בְּלִי־שֵׁם

אפשר לשער שאנו שומעים כאן רצון לגלות את החיוב גם בַּהוויה של הזבל – שהרי הוא מַפרֶה את הקרקע ומוסיף לה כוח וחִיוּת – אבל אולי ניתן לשמוע גם צליל אחר. כי ישנה כאן – בְּסָמוּי – אמירה קצת נועזת, חוצפנית כמעט, המתריסה ואומרת שֶ'רֵיחַ הַזֶּבֶל', שאצלכם הוא נחשב כפסול ומסריח, אצלנו הוא מִתעלֶה להיות 'נִיחוֹחַ חָצִיר'...

## ב. רחל המשוררת – אם לא 'הַטָּהוֹר יְבַשֵּׂר', אַל אֶרְאֶנּוּ (שיר ושוּבְרו בצידו)

בשיר אחד של רחל המשוררת[6] – 'יוֹם בְּשׂוֹרָה' – היא נתנה ביטוי נפלא ליחסה אל הגאולה הטהורה, ודחתה בשתי ידיה את הגואל ובשורתו,

---

אֲנִי, אֶחָד מִבְּנֵי גִּבְעוֹן: / עַבְדֵי־תָּמִיד בְּמִקְדָּשְׁךָ בִּירוּשָׁלַיִם. //
וּבְבוֹא הַשֶּׁמֶשׁ – אָנֹכִי נוֹטֵל יָדַי, / רוֹחֵץ גּוּפִי וּמַלְבִּישׁוֹ כְּתֹנֶת לְבָנָה. / אֲנִי יוֹשֵׁב כְּאֶחָד לִבְנֵי־הַכֹּהֲנִים – / וּמִשֻּׁלְחַן־הַלֶּחֶם אֲקַבֵּל מָנָה. //
אֲנִי יוֹשֵׁב כְּאֶחָד לֵוִי בֵּין לְוִיִּם, / נוֹשְׂאִים לְךָ בַּקֹּדֶשׁ זֶמֶר־תְּהִלָּה. / אֲ־דֹנָי! אוֹדְךָ עַל־טוּב הַזֶּבֶל הַנּוֹבֵב, / עַל פַּת־הַלֶּחֶם וְרֶגֶשׁ הַתְּפִלָּה." //
(מתוך: 'השיבולים פנימה', תרצ"ד 1934, עמ' ז').

6 המשוררת הנודעת רחל בלובשטיין עלתה ארצה בשנת 1909, וב'חוות העלמות' (חוות כנרת) התוודעה אל ברל כצנלסון ואל א"ד גורדון. היא העריכה עד מאד את גורדון, והושפעה ממנו. בשנת 1913 יצאה ללימודים בצרפת, לא חזרה ארצה בשל מלחמת העולם הראשונה, ועלתה שנית בשנת 1919 באניה 'רוסלָן' אשר על סיפונה באו ארצה כמה מן הבולטים באישי העליה השלישית. היא חזרה אל חופי הכנרת, לדגניה, עבדה עם ילדי הקיבוץ, אך הורחקה בשנת 1925 כי חלתה בשחפת, שהיתה אז מחלה קשה, מידַבֶּקֶת וחשוכת מרפא.
שירתה פרצה דווקא בשנות 'גָלוּתהּ' – חולה ובודדה במקומות שונים – במשך כשש שנים, עד פטירתה בשנת 1931.
שירתה ייחודית ופורצת דרכים בַּצורה ובַתוכן – שירת אדם ואדמה – בעברית פשוטה, מִתנגנת, מדויקת וצלולה להפליא, כמחרוזות פנינים. רחל כותבת (וגם 'מִתכתבת' עם נִמעָניה) בישירוּת ובענווה, בלב שופע אהבה, אך גם בהתרסה מיוסרת. נשזר בשיריה שִׂיחַ אינטימי עם דמויות התנ"ך, ועולות מתוכם גם תובָנות אישיות חודרות־נפש, שהיו לנחלת הכלל במובן התרבותי העמוק.

אם לא יהיה טהור כמותה. ניתן לומר שהיא דורשת גאולה ׳על־פי תנאיה שלה׳, ואם לאו – ׳לא איחמינֵיה׳...

את שירה היא חוצבת מפרשת המצור של צבא ארם על העיר שומרון, בימי יורם בן אחאב והנביא אלישע, כַּמסופר במלכים־ב׳ פרק ז׳. כ׳מוטו׳ בראש השיר הודפס צירוף הפסוקים ג׳ וְ־ט׳: ״וְאַרְבָּעָה אֲנָשִׁים הָיוּ מְצֹרָעִים פֶּתַח הַשָּׁעַר, וַיֹּאמְרוּ אִישׁ אֶל רֵעֵהוּ ... הַיּוֹם הַזֶּה יוֹם בְּשֹׂרָה הוּא״...

כידוע, גילו ארבעת המצורעים את הנס הגדול – שֶׁצבא ארם נטש את מחנה המצור וברח מזרחה – הם אלה שבישרו זאת בשער העיר, והבשורה באה עד המלך. הנה, נקרא את הפסוקים (ו׳־ט׳):

> ״וַא־דֹנָי הִשְׁמִיעַ אֶת מַחֲנֵה אֲרָם קוֹל רֶכֶב, קוֹל סוּס, קוֹל חַיִל גָּדוֹל, וַיֹּאמְרוּ אִישׁ אֶל אָחִיו: הִנֵּה שָׂכַר עָלֵינוּ מֶלֶךְ יִשְׂרָאֵל אֶת מַלְכֵי הַחִתִּים וְאֶת מַלְכֵי מִצְרַיִם לָבוֹא עָלֵינוּ. וַיָּקוּמוּ וַיָּנוּסוּ בַנֶּשֶׁף, וַיַּעַזְבוּ אֶת אָהֳלֵיהֶם וְאֶת סוּסֵיהֶם וְאֶת חֲמֹרֵיהֶם, הַמַּחֲנֶה כַּאֲשֶׁר הִיא, וַיָּנֻסוּ אֶל נַפְשָׁם. וַיָּבֹאוּ הַמְצֹרָעִים הָאֵלֶּה עַד קְצֵה הַמַּחֲנֶה, וַיָּבֹאוּ אֶל אֹהֶל אֶחָד וַיֹּאכְלוּ וַיִּשְׁתּוּ, וַיִּשְׂאוּ מִשָּׁם כֶּסֶף וְזָהָב וּבְגָדִים, וַיֵּלְכוּ וַיַּטְמִנוּ, וַיָּשֻׁבוּ וַיָּבֹאוּ אֶל אֹהֶל אַחֵר וַיִּשְׂאוּ מִשָּׁם, וַיֵּלְכוּ וַיַּטְמִנוּ. וַיֹּאמְרוּ אִישׁ אֶל רֵעֵהוּ: לֹא־כֵן אֲנַחְנוּ עֹשִׂים! הַיּוֹם הַזֶּה יוֹם בְּשֹׂרָה הוּא וַאֲנַחְנוּ מַחְשִׁים, וְחִכִּינוּ עַד אוֹר הַבֹּקֶר וּמְצָאָנוּ עָווֹן! וְעַתָּה לְכוּ וְנָבֹאָה וְנַגִּידָה בֵּית הַמֶּלֶךְ״.

אבל רחל מסרבת לקבל את בשורת הגאולה מן המצורעים הללו, או מִדומֵיהם... הנה זהו השיר ׳יוֹם בְּשׂוֹרָה׳:

בְּשֶׁכְּבָר הַיָּמִים הָאוֹיֵב הַנּוֹרָא
אֶת שֹׁמְרוֹן הֵבִיא בְּמָצוֹר;
אַרְבָּעָה מְצֹרָעִים לָהּ בִּשְּׂרוּ בְּשׂוֹרָה.
לָהּ בִּשְּׂרוּ בְּשׂוֹרַת הַדְּרוֹר.
כְּשֹׁמְרוֹן בְּמָצוֹר – כָּל הָאָרֶץ כָּלָה,
וְכָבֵד הָרָעָב מִנְּשֹׂא.

אַךְ אֲנִי לֹא אֹבֶה בְּשׂוֹרַת גְּאֻלָּה,
אִם מִפִּי מְצֹרָע הִיא תָּבוֹא.
הַטָּהוֹר יְבַשֵּׂר וְגָאַל הַטָּהוֹר,
וְאִם יָדוֹ לֹא תִמְצָא לִגְאֹל -
אָז נִבְחָר לִי לִנְפֹּל מִמְּצוּקַת הַמָּצוֹר
אוֹר לְיוֹם בְּשׂוֹרָה הַגָּדוֹל.

עד כדי כך קיצונית היא רחל, בדרישתה לטהרה, שֶבוחרת היא ׳לִנְפֹּל מִמְּצוּקַת הַמָּצוֹר׳ – ובהכללה, מַשתַמֵעַ שֶישנה כאן העדפה של המַפָּלָה, או לפחות קריאה להסתלקות מן המערכה – ובלבד שלא תיגָעֵל הגאולה במגעם של מְנוּגָעים...[7]

ועלי לומר לכם, רבותַי, שלפי הבנתי רחל מחמיצה כאן את ההבנה הישרה בַּמקרא, ואיננה תופסת את ה׳וּוֹרְט׳, את עומק הכוונה הנמסרת לנו בָּאירוע הזה.

אסביר זאת תחילה בַּהקשר המקראי – ואחר־כך בַּהקשר של הגאולה בדורנו.

7 השיר נכתב בשנת 1927 ונכלל בספר שיריה הראשון של רחל, ׳סָפִיחַ׳, שראה אור באותה שנה. כמה חוקרים פירשו את השיר בהקשרו האקטואלי דְאז, ונראה שיש לקבל את פרשנותם הפוליטית, כלהלן: בַּימים שנִתחבר השיר, התחזקה בַּקונגרס הציוני ׳ברית הצה״ר׳ – הציונות הרוויזיוניסטית – בהובלתו של ז׳בוטינסקי. רחל, שהיתה נאמנת בית ׳דָבָר׳ שבו התפרסמו שיריה מדי שבוע, ראתה את ז׳בוטינסקי ותומכיו כמוקצים ופסולים. כמו רבים בתנועת הפועלים דְאז, סברה גם היא שיש לדחות את הרוויזיוניסטים אל מחוץ למחנה הציוני הטהור, כְּדין מצורעים, ובוודאי שאסור לה, לַציונות, לקבל מידם בשורה והוראת דרך לגאולת העם.
בשולי הדברים, ראוי לציון שירו של חיים גורי אשר התקומם נגד גישָתה הטהרנית של רחל, תוך הכרזה שגם הוא עצמו – וחבריו הלוחמים לגאולה – לא יעמדו ב׳מבחן הטוהר׳ הבלתי־אפשרי של רחל. הנה שורותיו של גורי: ״וְהָעִיר שׁוֹמְרוֹן סְגוּרָה וּמְסֻגֶּרֶת / וְרָעָב גָּדוֹל מֵאֵין כָּמוֹהוּ. / רָחֵל, רָאוּי הָיָה שֶׁגַּם אוֹתִי תּוֹסִיפִי, חֲמִישִׁי, / לָאֵלֶּה שֶׁבִּשְׂרוּהָ. / פָּחוֹת דָּפוּק, אַךְ לֹא טָהוֹר מֵהֶם, בְּטַעֲרִיפָה! //״.
(׳תעריפה׳ היה מטבע מחורר קטן של 5 מיל. • שירו של חיים גורי בספרו ׳מחברות אלול׳ (1985), בתוך: ׳שאריות אריג׳. כרך ב׳ עמ׳ 173 במהדורות כל שיריו בהוצאת מוסד ביאליק והקיבוץ המאוחד).

סוד גדול הוא, בהולכת ה׳ יתברך את עולמו – שנותן הוא מקום גם לְאנשים ולְכוחות שאינם ראויים, לכאורה, להשתתף בַּהתקדמות אל הייעוד ואל גאולת ישראל.

את שורשי העניין אנו רואים כבר בפרשת לוט עם שתי בנותיו בַּמערה, אשר משם יוצא מואב, וממנו יוצאת רות. ומן הצד השני – יהודה עם תמר כלתו ׳בְּפֶתַח עֵינַיִם׳ (בראשית ל״ח י״ד), ומייחודם יוצא פרץ, וממנו יוצא בועז. גם בניין־ביתם של רות ובועז איננו פשוט – הוא עובר דרך בואה של רות אל הגורן, הוא כרוך בחידוש הלכה המתיר למואבית לבוא בקהל ה׳ – ומשניהם, מבועז ורות, יוצא דָוִד.

על כל הדברים הללו מביטים אנו ואומרים, באמת, ״מַה גָּדְלוּ מַעֲשֶׂיךָ ה׳, מְאֹד עָמְקוּ מַחְשְׁבֹתֶיךָ״ (תהלים צ״ב ו׳). הכול מְרַמֵּז ומגלה את כבוד ה׳ יתברך. מכל הנסיבות, מחֶביון המִסתרים, מתוך האופל – מכל אלה מִתגלה ומִתעלה כבוד ה׳. על כל זאת נֶאמר הפסוק: ״כִּי כְהַר פְּרָצִים יָקוּם ה׳ ... לַעֲשׂוֹת מַעֲשֵׂהוּ, זָר מַעֲשֵׂהוּ, וְלַעֲבֹד עֲבֹדָתוֹ – נָכְרִיָּה עֲבֹדָתוֹ״ (ישעיהו כ״ח כ״א).

פרשת ארבעת האנשים המצורעים – אשר רחל המשוררת מתייחסת אליהם בלעג סרקסטי – דווקא היא מגלה לַמתבונן בה את הסוד הזה, כאשר מתברר שגם לַמצורעים יש חלק בבשורת הגאולה, שגם להם יש תפקיד בזה העולם. כך הוא מצד ריבונו־של־עולם, ואילו מצידם של המצורעים עצמם – שמהם ניקח דוגמה לַהשתתפות האנושית – הבה נעמיק את מבטנו, ונִלמד:

כי המצורע, כפי שהוא נתפס בהוויית המקרא, איננו נגוע רק במחלה פיזית, אלא דווקא במחלה רוחנית, אשר הצרעת בבשרו היא המעידה עליה. ׳מצורע – מוציא שֵׁם רע׳, כך למדנו במדרש וַיקרא רבה לפרשת מצורע (ט״ז). וברוח קודשם אומרים לנו חז״ל (במסכת סנהדרין דף ק״ז עמ׳ ב׳) שארבעת המצורעים בָּעיר שומרון היו גיחזי ושלושת בניו, בעלי התאווה והיצָרים. גיחזי זה – אשר ביקש מִנעמן כסף ובגדים בשם אלישע, במִרמה (כַּמסופר במלכים־ב׳ פרק ה׳) – גרם לחילול השם, והביא על עצמו את עונשו, מפי אלישע: ״וְצָרַעַת נַעֲמָן תִּדְבַּק בְּךָ וּבְזַרְעֲךָ לְעוֹלָם, וַיֵּצֵא מִלְּפָנָיו מְצֹרָע כַּשָּׁלֶג״ (פסוק כ״ז).

וגם בפִרקנו שלנו – בעת המצור בשומרון – אנו רואים את התאווה, את היִצריוּת, כאשר הולכים המצורעים לאוהל אחד, אוכלים ושותים,

חוטפים ומטמינים, ועוברים לאוהל אחר לִשְׁלֹל שָׁלָל וְלָבֹז בַּז... אפשר היה לביים בסרט את הסצֵנה הזאת: הם אוספים ומחביאים מכל טוב, אוספים ומטמינים עוד ועוד, ולפתע־פתאום הם 'תופסים את עצמם' ואומרים: רגע אחד, אנחנו פה דואגים לעצמנו, ובינתיים העיר במצור, ואנשים שם אוכלים את בְּשַׂר בניהם ובנותיהם... או בלשון המקרא עצמו: "וַיֹּאמְרוּ אִישׁ אֶל רֵעֵהוּ: לֹא־כֵן אֲנַחְנוּ עֹשִׂים! הַיּוֹם הַזֶּה יוֹם בְּשֹׂרָה הוּא וַאֲנַחְנוּ מַחְשִׁים, וְחִכִּינוּ עַד אוֹר הַבֹּקֶר וּמְצָאָנוּ עָווֹן!".

זהו הרגע של המִפנֶה בעלילה, וגם הרגע בו נִזרקה בהם תשובה. ברגע הזה, כשהחליטו להביא את הבשורה אל העיר – להצלת הכלל ולא לטובת עצמם – הם מוציאים את עצמם מכלל 'מצוֹרָעוּתם', ועוקרים את שורש הצרעת שלהם! מכאן והלאה, לאחר שֶׁחילצו את עצמם מן האֶגוצנטריות – שבגללה נגזר על המצורע כי "בָּדָד יֵשֵׁב, מִחוּץ לַמַּחֲנֶה מוֹשָׁבוֹ" (וַיקרא י"ג מ"ו) – כבר נתונים הם בַּמעשה המוסרי הטהור, יחד עם כלל ישראל. זהו עיקרו של הפרק הזה, ורחל המשוררת כלל לא תפסה את הנקודה!

עכשיו נדבר על דורותינו שלנו, דורות הגאולה ושיבת ציון.

גם בימינו ישנם 'איסטֶניסים' כמו רחל המשוררת, אשר לועגים ואומרים: מי המבשרים שלכם? – "קוֹל מְבַשֵּׂר, מְבַשֵּׂר וְאוֹמֵר"[8] – הרצל זה, שהיה מחלל שבת, אוכל טרֵפות וחצי מתבולל?! בן גוריון זה, שֶׁלחם בתורת ישראל? האם ראויים אלה להיות חוזה המדינה והמכריז על תקומתה?..

ובכן, כך נשיב: לאט לכם! ריבונו־של־עולם איננו עובד לפי ה'שְׁטַנצים' שלכם! סוד גדול הוא איך מגלגל ריבון־העולמים את ישועת עמו ישראל. "אִישׁ בַּעַר לֹא יֵדָע וּכְסִיל לֹא יָבִין אֶת זֹאת" (תהִלים צ"ב ז'). ואכן, יש אשר נשמעת בשורת גאולה גם מפי אנשים הרחוקים לכאורה משמירת תורה ומצוות, ושֶׁלכאורה לא הם הראויים לבשר; אבל מסירות נפשם למען העם, האִכפתיות שלהם, כאבם על שֶׁבֶר בַּת עַמִּי – כל אלה הם בבחינת 'פִּתחֵי טהרה' לבשורתם.

אלא שכאן צריך להוסיף ולומר: 'שטר ושוברו בצידו'. כי כך דורשים חכמים את הכתוב בספר איוב י"ד ד': "'מִי יִתֵּן טָהוֹר מִטָּמֵא,

8 זהו המענֶה החוזר בַּפיוט החותם את סִדרת פיוטי יום 'הושענא־רבה'.

לֹא אֶחָד?׳ – כגון אברהם מִתרח, חזקיה מֵאחז, יאשיה מֵאמון, מרדכי מִשִׁמעי [בן גֵרָא אשר קילל את דָוִד], ישראל מעובדי כוכבים ... מי עשה כן? מי ציווה כן? מי גזר כן? לא יחידו של עולם?״ (במדבר רבה י״ט א׳). הווה אומר כי מהלכים שכאלה – של הוצאת הטוב מן הרוע – שמורים רק לריבון־העולמים, לו לבדו, ולא לנו וליוזמותינו.

על סודותיו אלה של הקב״ה אמר ישעיהו לחזקיהו המלך – כפי שכבר ראינו – ״בהדי כַּבשֵי דרחמנא למה לך? מאי דְמִפקדַת איבָּעי לך לְמֵעבַד, ומה דְניחא קַמֵיה קודשא־בריך־הוא – לעבֵיד״. ובתרגום ללשון ימינו: אל תעשה את חשבונותיו של הקב״ה! הוא יעשה כַּטוב בעיניו, אך אתה מצוּוֶה לעשות את המוטל עליך – ועשה כאשר צוּוֵיתָ. גם אם רואה אתה ברוח הקודש סיבה ״טובה״ לעשות מעשה שהוא פסול מבחינה מוסרית, שהוא חטא על־פי תורתֵנו – חלילה לך! את כל מעשינו עלינו לשקול בַּפֶּלֶס המוסרי, ההִלכתי, וללא נטיה אל הצד המיסטי... כשאתה בוחן ובודק מה מוטל עליך לעשות – עליך להתרחק מחשיבה מיסטית, ולהיצמד אל המידות של התורה והמצוות.

אתן דוגמה כואבת, מִקרקע המציאות העכשווית: יכולים לבוא כל מיני אנשים – מקובלים שונים ו״יודעי סודות״ – ולומר איך תצמח גאולה ממעשה פלוני, מעשה חמור מאוד על פניו, של רצח סיטונאי במערת המכפלה...[9] אינני מתכוון לדון כאן בַּנושא לגופו – אלא רק להבהיר את העיקרון, את הקו המַנחֶה. אנחנו מצווים לפעול עִם ריבונו־של־עולם, כדברי חז״ל האומרים שעתידה בת קול להכריז: ״כל מי שפעל עִם אֵ־ל יבוא וייטול שכרו״. לכן, כל שותפותנו ופעילותנו במהלך הגאולה הריהי בַּתחומים המכוּוָנים לרצונו יתברך – בקיבוץ גָלויות, בבניין הארץ, בעֶמדה ביטחונית תקיפה, בזקיפת קומתם של ישראל ובמערכות של חינוך. חלילה לנו מלִגלוש לתחומים הנושקים לְיִצרא דעבודה זרה, גילוי עריות או שפיכות דמים, כי אין הדבר נכון!

9 שיעורו זה של חנן נמסר ביום ראשון, כ״ג באדר תשנ״ד, תשעה ימים לאחר ׳פורים דפרָזים׳ אשר חל ביום שישי. ביום זה נכנס ד״ר ברוך גולדשטיין אל ׳אולם יצחק׳ במערת המכפלה שבו התפללו המוסלמים, הרג 29 מהם ופצע עוד עשרות. הוא נהרג בַּמקום בידי המוסלמים, ונקבר סמוך לַכניסה לקריית ארבע.

הוא **שלילי, חמור, טמא!** – גם אם ישנם כאלה אשר בסעיפי חזיונותיהם מציעים לנו "נימוקים" והצדקות לַמעשים הזרים הללו.

כנגד המעשה הזר – או כנגד ההימנעות ממעשה של מצווה – עומדת תוכחתו של ישעיהו: "בהדי כבשי דְרחמנא למה לך?", וקו ישר מתוח משם עד לדברי רמח"ל כנגד השבתאים: "הן אלה ודאי דברי הבל ותעתועים, יען הם נגד תורת משה!". זוהי נקודת המוקד אשר בה תוקע רמח"ל את החרב בכל התאוריה השבתאית המעוותת – השגויה בשורשה – ואשר בסעיפיה, לא פעם, היא הפכה עבֵרה למצווה והפיקה הוראות־ההיתר "מלומדות" לצורך פורקן של תאוות ויצָרים.

## חנן פורת – פירוש חדש ונועז

לסיום, אני מבקש להציע בפניכם פירוש חדש לַמחלוקת שֶראינו במסכת סנהדרין, בין עולא וְרבה לבין רב יוסף.

השניים הראשונים ממצים את עמדתם בשלוש מילים בלבד – "יֵיתי ולָא איחמינֵיה", יבוא המשיח אבל לא אֶראֶה אותו. לפי ההבנה הרגילה זו משמעות הדברים: אנחנו אמנם מצפים לישועה, אבל, באופן אישי, לא היינו רוצים להיות בתקופה הזאת.

ברשותכם, אציע כאן פרשנות אחרת, בדרך מאד נועזת, שהרב קוק ודאי היה שמח לה, על אף שהוא מציב את עמדתו של רב יוסף כעדיפה על עמדתם.

לדעתי, יש להרחיב את הניסוח המקוצר, "יֵיתי ולָא איחמינֵיה", ואז נבין את דברי עולא וְרבה כלהלן: 'יֵיתי!', העיקר – שיבוא המשיח, **אפילו אם אנו לא נזכה לראותו**. כמובן שהיינו מעדיפים לראות את המשיח, ולשמוח בבואו, אך לא זהו העיקר. זוהי רק מעין 'נגיעה עצמית' אישית שלנו, ואת ה'נגיעה' הזאת אנחנו מוכנים לבטל. לכן אומרים אנו: לא אכפת לנו אם נִחיה ונִראה בבואו, או שלא נִחיה ולא נִראה; כשלעצמנו, מה אנו ומה חיינו – **העיקר שיבוא כבר!**

מעֵין זה אמר גם דָוד המלך, על־פי מדרש חז"ל במסכת מכות (דף י' עמ' א'), והנה לשון הדרָשה: "מאי דכתיב (בתהִלים קכ"ב א'):

׳שִׁיר הַמַּעֲלוֹת לְדָוִד, שָׂמַחְתִּי בְּאֹמְרִים לִי בֵּית ה׳ נֵלֵךְ׳? – אמר דָוִד לפני הקב״ה: ריבונו־של־עולם, שמעתי בני אדם שהיו אומרים: מתי ימות זקן זה, ויבוא שלמה בנו וְיבנה בית הבחירה ונעלה לרגל? – ושמחתי!״.

מאחורי הדרָשה עומדת השאלה, היאך יכול היה דָוִד לשמוח באומרים ׳בֵּית ה׳ נֵלֵךְ׳, והלוא בית ה׳ עדיין איננו בנוי כלל! לא זו אף זו – המקדש **איננו יכול** להיבנות כל עוד דָוִד קיים, שהרי כך גזר עליו ה׳ מפי נתן הנביא: ״לֹא אַתָּה תִּבְנֶה לִּי הַבַּיִת לָשָׁבֶת״ (דברי הימים־א׳ י״ז ד׳). גם דָוִד בעצמו מגלה זאת לשלמה, ואף מוסר את הנימוק שֶׁנִמסר לו: ״וַיְהִי עָלַי דְּבַר ה׳ לֵאמֹר: דָּם לָרֹב שָׁפַכְתָּ וּמִלְחָמוֹת גְּדֹלוֹת עָשִׂיתָ, לֹא תִבְנֶה בַיִת לִשְׁמִי, כִּי דָּמִים רַבִּים שָׁפַכְתָּ אַרְצָה לְפָנָי״ (כ״ב ח׳). ומכיוון שזה היה המצב, היו אנשים בָּרחוב – אולי אפילו תחת חלון בית המלך – שֶׁביקשו לעקוץ את דָוִד ואמרו בערך כך: נו דָוִד, מתי כבר תמות כדי שנוכל לבנות את בית המקדש?.. הרי אתה מפריע... ודָוִד שומע ואומר אל ליבו: **שמח אני!** הם מתריסים כנגדי, אבל זה לא מה שאִכפת לי. אני שמח לשמוע שֶׁקיים בָּרחוב רצון לבנות את המקדש, וזה מה שֶׁחשוב באמת! אני כשלעצמי – מה אני ומה חיי?.. אם נגזר עלי שלא לבנות, ואפילו **לא לראות** בבניינו, הריני מקבל באהבה: לָא איחמינֵיה – ובלבד שֶׁייבָּנֶה!

לעניות דעתי, ההיגיון הזה הוא **הפשָׁט הפנימי** [את המילה הזאת הדגיש חנן במִלעֵיל] של ״יֵיתֵי וְלָא איחמינֵיה״: ההדגשה היא על ״יֵיתֵי״, **שיבוא כבר**, כי זהו העיקר, וְלוּ־גם לא אֶראֶנו. זה מה שאומרים עולא וְרבה במסכת סנהדרין.

אבל רב יוסף משיב כנגדם ואומר: יפה שאתם מוּכנים למסור את נפשכם כדי שֶׁיתגלה המשיח; אבל דעו לכם שֶׁלפעמים קל יותר למסור את הנפש מאשר **לחיות** ולסבול חבלי משיח, וגם להתייסר בכל הייסורים אשר כרוכים בזה. מַראֵה העיניים, וגם הֲריחות מסביב, לא יהיו נעימים כלל וכלל – **ואף־על־פי־כן** מוכן אני לעמוד בזה, יחד עם משיח שיבוא, ולמענו, למען הצלחתו. כך מִתבארים ומִתבהרים שני צדדיה של המחלוקת הזאת, לעניות דעתי.

**שאלת תלמיד:** משהו לא מסתדר... הרי בהמשך הדיון בגמרא – אחרי דברי עולא וְרבה – אנו רואים שֶׁאי־רצונם לראות בבוא המשיח נובע מחוסר יכולתם לעמוד בַּייסורים של חבלי המשיח, ולא כפי שהִסברתָ עכשיו!

**חנן:** שערי פרשנות לא ננעלו... באמת, אני מפרש את דברי עולא וְרבה באופן אחר מכפי שהם הובנו עד עתה... זהו פירוש חדש. אבל תִתבוננו, טַעֲמוּ וּרְאוּ כִּי טוֹב.

שגש

# נספחים לשער השלישי

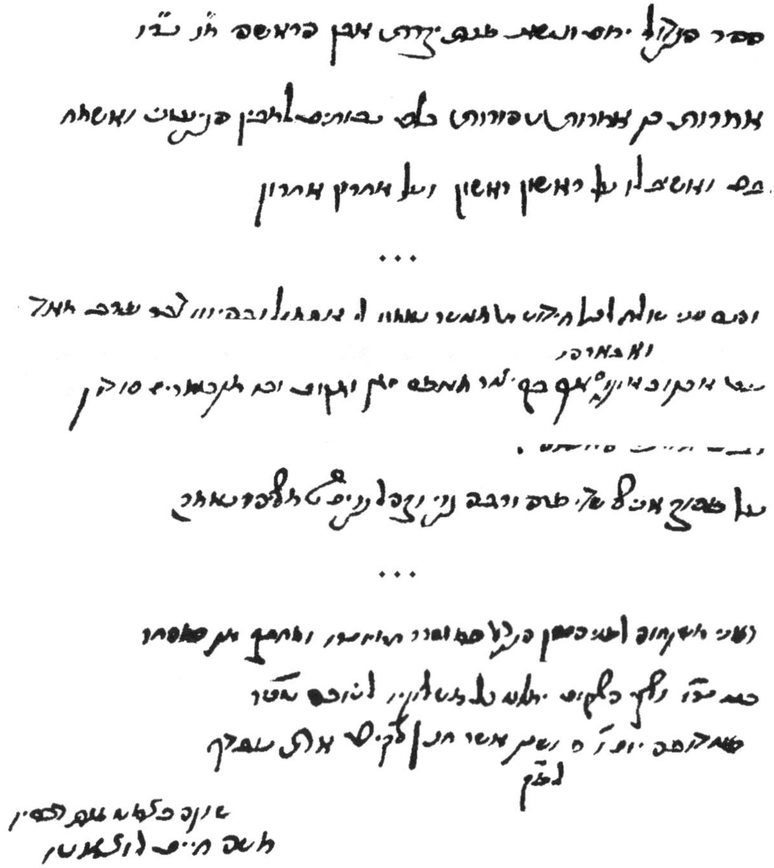

## דוגמת כתב יד קודשו של רמח"ל

הדוגמה לקוחה מאיגרת י"ד אשר חנן לימד אותה לעיל בהרחבה, ונתונים כאן שלושה מקטעים: פתיחת האיגרת, משפט אחד מאמצעה, וחיתום האיגרת עם חתימת ידו של רמח"ל.

לפיענוח המקטעים הללו ראה כאן מיד בנספח א', כדלהלן:

עמ' 510, תחת הכותרת: 'פתיחה' (ארבע שורות);

עמ' 513, תחת הכותרת: 'חידוש אחד' (שש שורות ראשונות);

עמ' 516, תחת הכותרת: 'חיתום האיגרת' (שמונה שורות אחרונות).

איגרותיו של רמח"ל, בעצם כתב ידו, שמורות בספריית הסמינר התיאולוגי היהודי בניו־יורק (JTS), וזמינות באתר האינטרנט של הסמינר.

# נספח א'

לעמ' 403

## דברי רמח"ל אל רבו, ישעיהו בָּסָן

### כִּסלֵו שנת ת"ץ

**קטעים מאיגרת י"ד בספר האיגרות**

חנן לימד את האיגרת הזאת בשיעוריו, והוא בחר בה כי רמח"ל מגיש כאן את בניינם הרוחני של שני המשיחים, משיח בן יוסף ומשיח בן דָוִד – מִשורשיהם בבית יעקב ונשותיו, ענפיהם במלכות ישראל ובימי הבית השני, ועד התיקון השלם בסוף הימים. בייחוד נִפעם חנן כשֶגילה את גילויו של רמח"ל בָּאיגרת הזאת, שֶשבט בנימין הוא המחבר בין יוסף ויהודה – כך בראשית הימים, וכך באחרית הימים.

בנספח זה הרחבנו מעט את בחירת הקטעים מן האיגרת, וכללנו גם את פתיחתה וסיומה שאותם לא לימד חנן בשיעוריו. האיגרת נחתמה ביום י"ח בכסלו בשנת ת"ץ, הימים ימי ראשיתו של הפולמוס הגדול ביחס לרמח"ל ולחיבוריו הקבָּליים שֶכתב על־פי ה'מגיד' – והדבר מקבל ביטוי בָּאיגרת.

כאמור בגוף הספר, שמר רבי ישעיהו בָּסָן בידו את איגרות רמח"ל וגם את איגרות מתנגדיו, עם העתקי איגרותיו שלו – וכך זיכה אותנו במבט קרוב אל הכותבים

וכתבֵיהם, בסערת הימים ההם. מהדורה סדורה ראשונה – בשיבושים לא מעטים – הדפיס שמעון גינצבורג בשנת תרצ"ז (1937). חנן לימד את תלמידיו מתוך דפי מקורות שהכין ממהדורה זו, אך בעריכת הספר נִסמכנו על מהדורתו החדשה של הרב מרדכי שריקי (מכון רמח"ל, תשס"ט) – שם מופיעה האיגרת דנן בעמ' מ'.

כדרכו כותב רמח"ל את דבריו תוך שילוב קטעי פסוקים, מעשה אמן, והשתדלנו לנקדם כדי לתת הֶכֵּר לַמקרא.

האיגרת מוגשת כאן בדילוגין, וגם בעריכה קלה של התאמות כתיב וסימני פיסוק.

## פתיחה

הרב הגדול, ירום ונישא, פִּנַּת יִקְרַת, אֶבֶן הָרֹאשָׁה, מורי ורבי נר"ו [נטרֵיה רחמנא ופַרקֵיה = ישמרהו ה' ויושיעהו].[1]

אִמרות כבוד תורתו – אֲמָרוֹת טְהֹרוֹת, כֻּלָּם נְכֹחִים לַמֵּבִין – הגיעוני, וָאשמח בם, ואשיב לו על ראשון ראשון ועל אחרון אחרון. ...

## דברי רמח"ל על דרגתו הרוחנית

אמנם, על אשר נפלא בעינֵי כבוד תורתו הדבר,[2] יֵדע כי באמת עדיין לא הגעתי להשגת האר"י זלה"ה. כי כל הדברים האלה מורגלים היו אליו, אלא שלא ניתן לו הרשות לכתוב. כי הוא לא כתב דבר, ואני – יען צוּוֵיתי לכתוב – על כן רבו הכתבים מאד, ונראים פלא. ועל הפרישוּת אשר אמר, שישב האר"י מתבודד, הנה כמוהו אחרים רבים, ואפשר

1 על־אודות רבי ישעיהו בָּסָן, ראה בגוף הספר, לעיל בעמ' 403 הערה 3.

2 רמח"ל מתייחס לדברי רבו, ימים ספורים קודם לכן, כאשר כתב כי אינו יכול להתאפק מִלומר שֶׁנִּפלאו ממנו מאד דברי רמח"ל, "אשר עלו ובאו למדרֵגה עצומה, הגבוה למעלה מִמדרֵגת האר"י", על־אף שהאר"י ישב והתבודד בפרישות כמה שנים. ראה זאת באיגרת י"ג בספר האיגרות.

יותר ממני [אולי צ״ל: ממנו], עינו בַּצום נפשם ופרשו עד לַ׳פרדס׳, ולא היו כמוהו. אך האמת שה׳ הוא יֵדע את מי יקרב לו [אולי צ״ל: יַקְרִיב אֵלָיו]. וזה באמת כי הדברים האלה אינם בזכות יחיד אלא בזכות רבים – באהבת אֵ־ל את ישראל – והוא לוקח לו לְאמצעי את הישר בעיניו לפי צורך הדורות והמקומות. ואין השגת איש אחד פּגם חס־ושלום לכל שאר הקְדוֹשִׁים אֲשֶׁר בָּאָרֶץ היו, כי גם שמואל הקטן היה ראוי שתִשרה עליו שכינה, אך כי לַכֹּל זְמָן וְעֵת לְכָל חֵפֶץ. כי הרי לא הניחו הדורות מימיו לימי האר״י זלה״ה אך זֵכֶר. סוד חתום הוא, כי נפלאות ה׳ ומחשבותיו לישראל תמיד. והיודע סוד ההנהגה יבין דבר לאמיתו. אך איני יכול לפרשו פֹּה, כי רב ועצום הוא.

## דברי רמח״ל על חיבוריו בתורת הסוד

ואמת הוא שמה שֶׁראה כבוד תורתו [= מכתבֵי היד של חיבורי הרמח״ל], היה כטיפה מן הים, כי יָרֵאתי להביא עמי הספרים האלה מפני הסכנה. אך הנה שלושה ספרים יש לי מן המגיד לבדו עד היגלוֹת אליהו ז״ל, וספר ׳קהלת׳ יהיה כאלף דפים קטנים בקירוב, וספר ׳התיקונים׳ מאתיים דפים, והחיבור אשר אני עושה על התורה, עד עתה שאני מגיש לכבודו, ״אֲנִי אֵ־ל שַׁ־דַּי, פְּרֵה וּרְבֵה, גּוֹי וּקְהַל גּוֹיִם״ (בראשית ל״ה י״א) – ת״ק [500] דפים.[3] ועוד יש לי מאמר ׳משכנֵי עליון׳ אשר ראה כבוד תורתו, ו׳מאמר הגאולה׳, ו׳מאמר החכמה׳, ו׳מאמר הדין׳, ועוד דרושים רבים, ופירוש שֵׁם מ״ב, ופירוש המרכבה, ו׳מאמר השם׳. כל אלה, מלבד חידושים שונים הנאמרים לי בשבתות וימים טובים, או בימים אשר אין אני עוסק בחיבורי הגדול [על התורה]. והנה, כבודו יודע אשר נִכְסְפָה

3 **א.** כוונת רמח״ל לומר שֶׁחיבורו על התורה מחזיק חמש־מאות דפים עד הפסוק ״אֲנִי אֵ־ל שַׁ־דַּי״ וגו׳, זהו הפסוק אשר יבואר בהמשך האיגרת.
**ב.** החיבורים הגדולים הללו על ׳קֹהֶלֶת׳ ועל התורה – אשר נכתבו כנראה בארמית של ה׳זוהר׳ – אבדו בהשמדת תיבת כתביו של הרמח״ל בפרנקפורט, בשבט תצ״ה (1735), למעט קטעים בודדים שֶׁהעתקתם נִשמרה. קטעים מן הספר ׳תיקונים חדשים׳ ומִ׳מאמר הגאולה׳ (אשר יוזכר מיד) – שניהם נכתבו זמן קצר לפני האיגרת הזאת – יובאו להלן **בנספחים ד׳ וְ־ג׳**, עמודים 525 וְ־522 בהתאמה.

כָּלְתָה נַפְשִׁי לִקרות פני קודשו.[4] אך להביא הכול אי אפשר. ואני לא ידעתי לבחור מהם עיקרי יותר. ועל הכול – כִּי יָרֵא אָנֹכִי להביא ספרים אלה עמי. אך לשלוח – הנה אם יודיעני איך אעשה, לשלוח לכמוהר"ר אהרון קאזיס לָבטח, אני אשלח איזה דבר, מה שאוכל.

## דברי רמח"ל על רודפיו, ועל חבורת תלמידיו

האיגרת אשר כתבתי לחאגיש[5] הנה שלחתיה לכבוד תורתו, וְיראה שֶׁאדרבה כבורח מן המָדון כתבתי לו – והכול כאשר צוּוֵיתי [על־ידי המגיד]. אך היודעים את הדבר [על אודות חיבוריו המיוחדים של רמח"ל] הנה מעט היו באים, וכולם פרצו לָרוב אחרי איגרת החגיז, כי בצאת ההמון בוֶנֶציה – עמדו אוהבֵי בעלי הסוד להודיע הדבר על בוריו, ומשם נתפשט בכל העיר, ומשם לכאן. עד שֶׁעתה, תהילה לָאֵ־ל, הכול יודעים, ולא נשאר מפקפק בַּדבר כי־אם השוטה הגדול משה אלפרון,[6] כי גם אברהם פיראריסי כבר האמין ונכנע. ורבים – תהילה לָאֵ־ל – מֵהבחורים שבים מֵעָוֹן ובאים ללמוד ולקבל תשובות, עד שאני צריך – בסיעתא דשמַיא – לקבוע לימוד אחר. כי לא החדר מספיק, וגם לימוד הש"ס אינו שווה לכל הבאים. ועל כן אניח בְּחדר אחד לומדי הש"ס, ובחדר אחר אקבע לימוד יותר קל, ראוי לשומעיו.

אך לומדי החכמה הם החברים יצ"ו [=ישמרם צורם ויושיעם], העושים תורתם עיקר ומלאכתם טפלה דבר יום ביומו. ... ואני מקווה בהיות ה' בעזרי לעשות פרי טוב, לכבוד ה'. ואני איני מגלה [אלא]

4 ייתכן שיש להבין את המילים "לִקרות פני קודשו" בְּמשמע 'לִקרַאת', אך סביר יותר שרמח"ל מתכוון לומר שהיה רוצה מאד לקרוא בכתביו־שלו לפני רבו.

5 "חאגיש" הוא הרב משה חגיז, שהיה דובר וכותב עיקרי כנגד רמח"ל, והכוח המניע בַּפולמוס שקרא להחרמת כתביו. איגרתו הראשונה נגד הרמח"ל וחבורתו נכתבה ביום ג"ט מרחשוון שנת שק"ץ – כך הוא כתב! – היינו י"ב בחשוון שנת ת"ץ. היא סומנה בספר האיגרות (מהדורת שריקי) באות ה'. רמח"ל השיב לָרב חגיז כחודש אחר־כך, ביום י"א בכסלו, ותשובתו מסומנת באות י'. העתק מאיגרתו זו הוא שלח אל רבו, ועל כך הוא כותב אליו עתה (ביום י"ח בכסלו ת"ץ).

6 משה אלפרון היה דודו של הרמח"ל.

רק דברים שהורשֵׁיתי בם, כי בספָרַי רבים דילוגים, יש נרשמים כך: ס׳ [=סוד] לבלתי לגלות.

## ״חידוש אחד״ אשר מגיש הרמח״ל לרבו על־אודות שני המשיחים, שורשיהם וענפיהם

והנה אני שולח לכבוד תורתו חידוש אחד מֵאשר נֶאמרו לי אתמול, ובהיותו דבר עָרֵב מאוד על כן אכתוב אותו, ואבארֵהו אך בקיצור מאֶפֶס זמן ומקום, ובו מתבארים סודות רבים מדרכי החכמה.

על פסוק ״[וַיֹּאמֶר לוֹ אֱ־לֹהִים]: אֲנִי אֵ־ל שַׁדַּי, פְּרֵה וּרְבֵה, גּוֹי וּקְהַל גּוֹיִם [יִהְיֶה מִמֶּךָּ, וּמְלָכִים מֵחֲלָצֶיךָ יֵצֵאוּ]״ (בראשית ל״ה י״א); מאליהו נֶאמר[7] ...

...

והנה, כל העניינים אשר הם בַּשורש צריכים להיות מתגלים למטה בָּענפים, שהם ישראל, כי בעבורם היתה הבריאה. והנה השכינה עצמה היא השורש של ישראל, ויש בה שתי בחינות, שהם עצמם סוד פנימיות וחיצוניות, והם לאה ורחל, והסוד: ה״ה, כי בִּלהה וזִלפָּה הם רק אחורֵי רחל ולאה. והנה משם יוצאים השבטים שסודם רָ״ו, שהם י״ב הצירופים, שישה לימין ושישה לשמאל.

והנה סוד זה הוא עניין התרֵין משיחין. כי הם שלֵמות התיקון. וזה סוד גדול מאד. כי כל ישראל הם הענפים של השכינה, אך המלך הוא גילוי השורש עצמו; ומפני היות השורש כך בשנַיים – גם המשיחים צריכים להיות כך. והתיקון – בסוד ״וְהָיוּ לַאֲחָדִים בְּיָדֶךָ״ (יחזקאל ל״ז י״ז), כי כמה פעמים עמד זה התיקון להיתקן, ולא הצליח אלא בסוף העניין, בימי המשיח. ונמצא המלך – גילוי השורש בעצמו, ועל כן הוא כולל כל הענפים, וזהו ״וַיְהִי בִישֻׁרוּן מֶלֶךְ, בְּהִתְאַסֵּף״ (דברים ל״ג ה׳), כי מאספן וקיבוץ כולם הוא המלך. אך בתחילה לא זכו ישראל שיהיה להם מלך, כי עדיין לא נִתקנו הדברים כראוי. רק שופטים עמדו

7 מכאן ועד סוף האיגרת מפרש רמח״ל את חידושו, אשר נֶאמר אליו מפי אליהו. אנו מדלגים כאן על תחילת דבריו בביאור החידוש הזה – אלה דברי קבלה וסוד – ועוברים אל הנושא אשר אותו לימד חנן לתלמידיו.

להם מצד ה׳יסוד׳, כי כך צריך לַהנהגה. אבל אחר־כך התחילה בהם המלוכה, וזה בימי שאול, והוא מבנימין.[8]

והעניין, כי יוסף – לו ראויה המלכות מצד רחל, ויהודה מצד לאה. וכבר אמרתי שהתיקון הוא הֱיות השתי בחינות האלה מחוברות. ועתה אומֵר מי מחברם, כי **בנימין הוא המחבר אותם** – כי יוסף הוא מן ה׳יסוד׳, ויהודה מן ה׳מלכות׳, אך בנימין הוא סוד ה׳רוחא דְשבק בה בעלה׳, והוא המקשר הזכר עם הנקבה.[9] ולכן הוא נטל המלכות בָּראשונה, שעל ידי זה יתחברו אלה השנַיים. ואז יינתן המלכות לדָוִד שהוא סוד הנקבה, כי לה ההנהגה בַּתחתונים, ובחינת הזכר נכלל בה, שהוא מלכות יוסף, שכך היה ראוי לתיקונם של ישראל אז.

אך מפני שֶׁשאול עצמו, שבו היה תלוי התיקון הזה, לא תיקן כראוי – זה גרם מכשול גם לדָוִד, שאמר: ״אַתָּה וְצִיבָא תַּחְלְקוּ אֶת הַשָּׂדֶה״ (שמואל־ב׳ י״ט ל׳), ואז נגמרה חלוקת המלכות בין ירבעם לרחבעם, שהם יהודה ויוסף. והכול בא מִשאול, כי על ידי בנו [=נכדו, מפיבושת בן יהונתן] היה הדבר.

וסוף התיקון יהיה בחזוֹר אלה השנַיים [=יוסף ויהודה] להתחבר בחיבור אחד בזמן התרֵין משיחין, שנֶאמר: ״וְהָיוּ לַאֲחָדִים בְּיָדֶךָ״. ומשיח בית [אולי צ״ל: בן] דָוִד יהיה בָּראש, בסוד ״מי בָּראש? – בן ישַי בָּראש״.[10] ונמצא שכל זה נמשך מן השורש, שהוא חיבור הזכר והנקבה, וזה [בַּפסוק בבראשית ל״ה י״א, אשר הוצב לעיל בַּפתיחה]: ״אֲנִי״ – [בספירת] ׳מלכות׳, ״אֵ־ל שַׁדַּי״ – ב[ספירת] ׳יסוד׳, ״פְּרֵה וּרְבֵה״ – להוציא תולדה בסוד זה, והוא [על־ידי] בנימין, שהוא יחבר השנֵי ענפים בסוד אפרים ויהודה, על־ידי שני המלכים, בסוד התרֵין משיחין. וזהו: ״גּוֹי וּקְהַל גּוֹיִם״ [=בנימין, האמור בלשון יחיד, המחבר

---

8 המהלך אשר מתאר כאן רמח״ל – והמשך התפתחותו בשלוש הפִּסקאות הבאות – נכתב על־ידו גם בַּספר ׳תיקונים חדשים׳ (או ׳שבעים תיקונים׳), באופן דומה אך שונה. חשוב לראות את המקבילות הללו, בנספח ד׳ לחלק זה של הספר, תיקון שביעי, עמ׳ 527.

9 הסבר חלקי של המשפט הזה, ראה לעיל בגוף הספר, הערה 9 בעמ׳ 412.

10 הרמח״ל עושה כאן שימוש בדבר ה׳ לירבעם, על־פי המדרש המובא במסכת סנהדרין דף ק״ב עמ׳ א׳. מילוי הדברים ניתן על־ידי חנן בשיעורו, ראה זאת לעיל בעמ׳ 415.

את יוסף ויהודה האמורים יחדיו בלשון רבים], ״וּמְלָכִים״ [=בן יוסף ובן דָוִד].

והנה יש כאן סוד גדול; כי אחר־כך, בזמן אחשוורוש, אמרו רבותינו ז״ל (במסכת שבת דף פ״ח עמ׳ א׳): ״הדוּר קיבלוּהָ בימי אחשוורוש״ [=חזרו וקיבלו את התורה בימי אחשוורוש] – על ידי מרדכי. והעניין: כי ראשית הקלקול היה בְּזה הסוד, והוא חטא אדם הראשון בעץ הדעת שהפריד האילנות, וגרם חושך החיצוניות, שבו אוחזות הקליפות. ואז הוחשך הגוף בסוד ׳כָּתְנוֹת עוֹר׳.[11] ...

והנה, כשהיו רוצים לבנות הבית השני, שהוא סוד הֵ״א תַּתָּאָה – בחינת החיצוניות – אז נִתעורר קִטרוג בסוד הפגם הראשון, והוא בהָמָן, בסוד ״הֲמִן הָעֵץ [אֲשֶׁר צִוִּיתִיךָ לְבִלְתִּי אֲכָל מִמֶּנּוּ אָכָלְתָּ?]״ (בראשית ג׳ י״א), כי מעץ הדעת נמשך.

אך מרדכי, שהוא מבנימין, חזר לתקן תיקון חיבור יהודה ויוסף. ובאמת בנימין מכוח יוסף הוא בא, והוא סוד: ״יֹסֵף ה׳ לִי בֵּן אַחֵר״ (בראשית ל׳ כ״ד), ונקרא ׳מָרְדֳּכַי הַיְּהוּדִי׳ לתיקונו, שהיה מחבר אליו יהודה. והאמת, זה העניין התחיל בָּראשונה, כי בנימין ניתן ביד יהודה להביאו ליוסף. ולא אוכל להאריך עתה בזה. אך מרדכי ודאי תיקן תיקון החיבור הזה, והָמָן נִתלָה על העץ, שהוא עץ הדעת, שהיה רוצה להתגבר עליו, ונכנע תחתיו. והעץ חמישים אמה, בסוד הֵ״א תַּתָּאָה שֶׁאמרתי. ואז ״הדוּר קיבלוּה״, כי מה שתיקן במתן תורה כבר נחלש, ועתה שב להתחזק. אך באמת, שבית שני לא השלים התיקון, אלא לסוף הימים הולכים הדברים בתיקון התרֵין משיחין. וכל זה סוד ״גּוֹי וּקְהַל גּוֹיִם״ שֶׁאמרנו.

---

11 כאן מושמט קטע מן האיגרת, כי חנן בחר שלא להקריא אותו בשל היותו ״כולו סוד״. בקטע זה מדבר רמח״ל על התיקון הגדול שהיה בזמן מתן תורה, אך לא הִתמיד, כי ה׳עֵרב־רב׳ שיצאו עִם ישראל ממצרים לא היו מתוקנים, לכן ניתנה התורה ב״חוזקה״ ובכפיה. דבר זה גרם לשבירת הלוחות, ולחזרת המיתה אשר נגזרה מלכתחילה בגלל חטאו של אדם הראשון בעץ הדעת. הפגם הזה לא תוקן גם בימי הבית הראשון – ומכאן ממשיך רמח״ל (כלהלן) ומתאר את תיקונו של מרדכי כנגד המן, אבל גם ״בית שני לא השלים התיקון״, עד בוא עיתם של שני המשיחים לעתיד לבוא.

## חיתום האיגרת

הנה, זה חידוש אחד מאותם שֶׁנאמרו לי אתמול, ויש עוד כזה שלושה אחרים, אך אין לי לא זמן ולא מקום לכותבם. ולהפיק רצונו עשיתי זאת, וְיִראה וְיֵדע שאין אלה אלא דברי אֱ־לֹהים חיים.

אחלֶה פניו: יודיעני מה ישיב בחכמתו לאנשי וֶנֶציה?[12]

ואני משתחווה לפני הכֹּהן הגדול כמוהר"ר [=כבוד מורנו הרב רבֵּנו] חמיו [רבי בנימין הכהן][13] נר"ו [=נַטְרֵיה רחמנא ופַרְקֵיה], ומחבק את כמוהר"ר בנו [ישראל] נר"ו.[14] וא־לֹהֵי האֱ־לֹהים ימלא כל משאלותיו לטובה, אמן כן יהי רצון.

שותה בַּצמא את דבריו –

משה חיים לוצאטו

פאדובה, יום ו', סֵדֶר [=פרשה] ושנת 'אֲשֶׁר חָנַן אֱ־לֹהִים אֶת עַבְדֶּךָ' (בראשית ל"ג ה') לפ"ק [=לפרט קטן, ללא ציון האלפים].[15]

---

12 מכתבם של רבני וֶנֶציה אל ר' ישעיהו בָּסָן מופיע בספר האיגרות כאיגרת ה', והוא נשלח בתחילת כסלו ת"ץ. הם ביקשו ממנו שיחקור וידרוש ויודיעם דבר על אודות רמח"ל, כי השמועות שֶׁשמעו – והעתק כתב יד של הרמח"ל שֶׁראו – הדאיגו אותם מאד. למכתב רבני וֶנֶציה צורף גם מכתבו של משה חגיז, האמור כאן לעיל בהערה 5, ובו הוא דרש לעקור מן השורש את בני חבורתו של הרמח"ל ולדון אותם כרודפים את ישראל.

13 רבי בנימין הכהן ויטאלי – הרב"ך – היה מגדולי יהדות איטליה, מקובל ופוסק חשוב. הוא היה חתנו של הרמ"ז, רבי משה זכות. רמח"ל כיבד אותו עד מאד, וגם הוא התייחס בכבוד רב אל המקובל הצעיר. הם החליפו איגרות ביניהם עד סמוך לפטירתו של הרב"ך, כחודשיים בלבד לאחר מועדה של האיגרת הזאת. (האיגרות הללו מסומנות בַּספר כלהלן: א', ב', כ'-כ"ב, כ"ה).

14 ר' ישראל בָּסָן היה משורר, ושימש כרב תחת אביו אחרי פטירתו. בשנת ת"ץ הוא היה בן עשרים ותשע, בוגר מן הרמח"ל בשש שנים. לכבוד חתונתו חיבר רמח"ל את המחזה 'מגדל עוז'; (זמין לקריאה באתר האינטרנט: 'פרוייקט בן יהודה').

15 במהדורות שריקי השתבש התאריך לחלוטין, בשגיאה של ממש, אבל שמעון גינצבורג, במהדורתו הישנה, דייק כלהלן: "פאדובה, יום ו',

# נספח ב׳

## לעמ׳ 411

# סודו של בנימין

## חנן פורת

חנן כתב את המאמר הזה בגיליון ׳מעט מן האור׳ לפרשת וַישלח, בשנת תשס״ג, כתשע שנים לאחר שלימד את סִדרת השיעורים דנן על מִשנַת הגאולה של רמח״ל.

סוגיה זו של בנימין – הצעיר בבני יעקב – הפעימה מאד את חנן, והוא עסק בה פעמים רבות ובכל הזדמנות. באחר משיעוריו (ראה לעיל בהערה 8 עמ׳ 412) הוא אף תיאר כיצד אחזה בו צמרמורת כאשר גילה את דבריו של הרמח״ל על כך שֶבנימין הוא המחבר בין יוסף ליהודה (באיגרת שכתב אל רבו, נספח א׳ לעיל).

החיבור הזה בין שני העצים – עץ יוסף ועץ יהודה, אשר הנביא יחזקאל חוזה את איחודם וחיבורם לעץ אחד – הוא שנתן לסִפרֵנו זה את שמו, ׳לְעֵץ אֶחָד׳, ולבנימין שמורה כאן אפוא מעין ׳מְנָיַת יסוד׳...

---

סֵדֶר [=פרשה] ושנת ׳אֲשֶׁר חָנַן אֱ־לֹהִים אֶת עַבְדֶּךָ׳ (בראשית ל״ג ה׳)״. גינצבורג מסביר כי בכתב ידו של רמח״ל האותיות הסופיות בַּמילים ׳חָנַן אֱ־לֹהִים אֶת׳ – נ׳, מ׳, ת׳ – הן נקודות מעליהן להדגשתן, וצירופן הוא שנת ת״ץ. הווה אומר שהאיגרת נחתמה ביום ו׳, ערב שבת וַישלח בשנת ת״ץ, הוא יום י״ח בכסלו (הפיענוח הסופי הזה לא נדפס בַּספר).

## "וּמְלָכִים מֵחֲלָצֶיךָ יֵצֵאוּ"

בפרשת וַיצא מתארת התורה בפרוטרוט את סדר לידתם של בני יעקב בחרן, ולרגע נדמה כי 'תַמּוּ הַנְּעָרִים'. אך הנה, בפרשת וַישלח מתברר כי 'עוֹד שָׁאַר הַקָּטָן' – הלוא הוא בנימין – ורק עם לידתו הושלם בניין בית ישראל.[1]

לידתו של בנימין מלוּוָה בברכה מיוחדת הנאמרת ליעקב בשובו ארצה, לאחר שכבר נולדו שאר בניו: "וַיֹּאמֶר לוֹ אֱ-לֹהִים: אֲנִי אֵ-ל שַׁ-דַּי, פְּרֵה וּרְבֵה, גּוֹי וּקְהַל גּוֹיִם יִהְיֶה מִמֶּךָּ, וּמְלָכִים מֵחֲלָצֶיךָ יֵצֵאוּ" (בראשית ל"ה י"א).

ברכה מאוחרת זו, הקוראת ליעקב "פְּרֵה וּרְבֵה", אף־על־פי שֶׁניתן לייחסה לכל שבטי יָ־ה, רומזת בוודאי ללידתו של בנימין הסמוכה לה, וכך אכן מציין רש"י בעקבות מדרש רבה: "'פְּרֵה וּרְבֵה' – על שם שֶׁעדיין לא נולד בנימין ... 'וּמְלָכִים' – שאול ואיש־בושת שהיו משבט בנימין, שעדיין לא נולד".

נמצאנו אפוא לְמֵדים שהמלוכה בישראל ניתנה בָּראשונה לשבט בנימין, ומשיחתו של שאול בידי שמואל לא היתה דבר שבאקראי אלא גזרה אֱ־לֹהית מראש ומִקֶּדֶם.

עובדה זו כשלעצמה מחייבת עיון עמוק, שהרי מורגלים אנו לראות שני שבטים אחרים הנוטלים את מטה ההנהגה: האחד – **יהודה** – הזוכה לברכת יעקב: "לֹא יָסוּר שֵׁבֶט מִיהוּדָה" (בראשית מ"ט י'), וממנו יוצאת מלכות בית דָּוִד; והשני – **יוסף** – השליט באֶחָיו בארץ מצרים, ומזרעו יוצא יהושע בן־נון.

---

1 כמעט באופן אסוציאטיבי קושר חנן בין הולדת בנימין לבין משיחתו של דָּוִד למלך, בידי שמואל, לאחר שיחתו עם ישַׁי (המסופרת בשמואל־א' ט"ז י"א). הנה אלה הדברים: "וַיֹּאמֶר שְׁמוּאֵל אֶל יִשַׁי: הֲתַמּוּ הַנְּעָרִים? וַיֹּאמֶר: עוֹד שָׁאַר הַקָּטָן, וְהִנֵּה רֹעֶה בַּצֹּאן; וַיֹּאמֶר שְׁמוּאֵל אֶל יִשַׁי: שִׁלְחָה וְקָחֶנּוּ, כִּי לֹא נָסֹב עַד בֹּאוֹ פֹה!". בכך נותן חנן את ידו עם הפרשנות מבית מדרשו של רמח"ל, שיש בו – בבנימין – בחינה של משיח בן דָּוִד; (ראה זאת בהערה 9 לעיל בעמ' 414, בציטוט מן הספר 'רזין גניזין').

על תפקידם המיוחד של יהודה ויוסף בהנהגת האומה כבר נכתבו דברים רבים בַּנגלה ובַנסתר. ואף הציפיה להופעתם של שני המשיחים ׳משיח בן יוסף׳ ו׳משיח בן דָוִד׳, יונקת מההכרה כי לכל אחד מהם נועדה משימה ייחודית: משיח בן יוסף – תפקידו להניח את **היסוד** לבניינה החומרי של האומה,[2] ואילו משיח בן דָוִד – ייעודו להשלים את בניינה הרוחני (עיין במאמרו של הרב קוק ׳המִספֵּד בירושלים׳, בתוך: ׳מאמרי ראי״ה׳).[3]

ובכן, מה אפוא תפקידה של מלכות בנימין? האמנם זקוקים אנו למשיח שלישי?

שמא תאמרו: אין בַּפסוק ״וּמְלָכִים מֵחֲלָצֶיךָ יֵצֵאוּ״ אלא ׳רמיזה על העתידות׳, שכך עתיד להיות, אבל באמת לא היתה מלכות שאול אלא ׳מלכות שעה׳, ומלכתחילה לא יועד לה כל תפקיד בבניין מלכות ישראל. אם כך סבורים אתם, צאו והתבוננו – במָטוּתָא מכם – בדברי שמואל האומר לשאול במפורש כי אלמלא נכשל בַּגִּלְגָּל: ״כִּי עַתָּה הֵכִין ה׳ אֶת מַמְלַכְתְּךָ אֶל יִשְׂרָאֵל עַד עוֹלָם״ (שמואל-א׳ י״ג י״ג).

אלא שֶׁדווקא לאור פסוק זה גדולה התמיהה שבעתיים: ומה יהא גורל ההבטחה ״לֹא יָסוּר שֵׁבֶט מִיהוּדָה״? ומלכות בית דָוִד מה יהא עליה?

## ״וְאָנֹכִי אֶהְיֶה לְּךָ לְמִשְׁנֶה״

דומה שהמפתח לְסודה של מלכות בנימין נעוץ בדבריו המופלאים של יהונתן בן שאול, בעת פגישתו האחרונה עם דָוִד במדבר זיף בַּחורשה: ״אַל תִּירָא, כִּי לֹא תִמְצָאֲךָ יַד שָׁאוּל אָבִי, וְאַתָּה תִּמְלֹךְ עַל יִשְׂרָאֵל, וְאָנֹכִי אֶהְיֶה לְּךָ לְמִשְׁנֶה – וְגַם שָׁאוּל אָבִי יֹדֵעַ כֵּן״ (שמואל-א׳ כ״ג י״ז).

---

2 חנן הדגיש את המילה ׳יסוד׳ – אל נכון, כרמז לכך שהספירה הקבָּלית המקושרת ליוסף היא ספירת ה׳יסוד׳. ראה הסבר לכך בחלק זה של הספר, לעיל בעמ׳ 409.

3 המאמר ניתן **כנספח ו׳** לחלקו השני של סִפרֵנו זה, לעיל בעמ׳ 345 ואילך.

יהונתן האוהב את דָוִד "אהבה שאינה תלויה בְּדבר"[4] בוודאי אינו מחפש לעצמו 'ג'ובים', ודבריו הטהורים מאירים את המודל הראוי לאיחוד הכוחות בין בני רחל ובני לאה בבניין מלכות ישראל: מלך מיהודה, ומִשְׁנֶה לַמלך – מבנימין.

ואכן 'מודל ממלכתי' מעין זה מצוי גם בהשגת הראב"ד על הרמב"ם בהלכות מלכים (א' ט'), ביחס לאפשרות שילוב בין מלכות בית דָוִד לבין בית ירבעם מזרע יוסף; וכך כותב הראב"ד: "אלא ודאי, אילו היה ירבעם מלך כשר ובניו כשרים, לא היתה המלכות פוסקת מזרעו, אבל היתה שניה למלכות בית דָוִד, כגון 'קיסר ופְלַג־קיסר'".

יצוין כי דברים מעין אלה כותב הרמב"ן בפרשת וַיחי על הפסוק "לֹא יָסוּר שֵׁבֶט מִיהוּדָה", מבלי להזכיר אמנם את דברי יהונתן "וְאָנֹכִי אֶהְיֶה לְּךָ לְמִשְׁנֶה". הרמב"ן בדבריו שם מבסס בהרחבה את העיקרון לפיו ראויה המלכות ליהודה בלבד, ועל כך הוא מקשה: "ומה שאמר הכתוב (בעניין שאול): 'נִסְכָּלְתָּ, לֹא שָׁמַרְתָּ אֶת מִצְוַת ה' אֱ־לֹהֶיךָ אֲשֶׁר צִוָּךְ, כִּי עַתָּה הֵכִין ה' אֶת מַמְלַכְתְּךָ אֶל יִשְׂרָאֵל עַד עוֹלָם' (שמואל־א' י"ג י"ג) – [האם מִשתַמֵעַ מכאן] שאם לא חָטָא היה לזרעו מלכות בישראל עד עולם?". ואחת מתשובותיו: "או יהיה מלך תחת יד מלך יהודה" – ממש כדברי הראב"ד על 'קיסר ופְלַג־קיסר'.

אלא שמן הראוי להוסיף ולהדגיש כי הנכונות להיות 'פְלַג־קיסר' חייבה את ירבעם להכיר – מתוך ענווה – בעליונות מלכות בית דָוִד. ובדבר זה נכשל, כדברי הגמרא במסכת סנהדרין (דף ק"ב עמ' א'): "שֶׁתְּפָסוֹ הקב"ה לירבעם בבִגדו, ואמר לו: חזור בך, ואני ואתה ובן ישי נטייל בגן עדן. אמר לו [ירבעם]: מי בָּראש? [והשיב הקב"ה]: בן יִשַׁי בָּראש. [אמר ירבעם]: אי הכי לא בעינא [= אם כך אינני רוצה]".

וכאן מתבקשת ההשוואה בין ירבעם לבין שאול: כשם שגאוותו של ירבעם מנעה את איחוד הכוחות, כך גם קנאתו של שאול בדָוִד הרסה

---

4 חנן מצטט מן המשנה במסכת אבות (ה' ט"ז), והנה היא כאן במלואה: "כל אהבה שהיא תלויה בְּדבר – בטל דבר בטלה אהבה; ושאינה תלויה בְּדבר – אינה בטֵלה לעולם. איזו היא אהבה התלויה בְּדבר? זו אהבת אמנון ותמר; ושאינה תלויה בְּדבר – זו אהבת דָוִד ויהונתן".

את השותפות ביניהם, ורק יהונתן בן שאול בענוותנותו הגדולה ראוי היה לבנות עם דָוִד מלכות משותפת אידיאלית, ועל כך נכרתה ביניהם ברית עולם באותו מפגש בַּחורשה: ״וַיִּכְרְתוּ שְׁנֵיהֶם בְּרִית לִפְנֵי ה׳״ (שמואל-א׳ כ״ג י״ח).

ברית זו אשר לה עַד ריבונו-של-עולם לא בטלה לעולם, ואנו מובטחים ועומדים כי עוד תשוב ותופיע, כי יסודה ב״אהבה שאינה תלויה בְּדבר״ וזו ״אינה בטֵלה לעולם״ (אבות ה׳ ט״ז).

## ״כי בנימין הוא המחבר אותם״

אלא שעדיין עלינו לחדד ולהבהיר מהו התפקיד המיוחד אשר נועד לבנימין כ״מִשנֶה למלך״; האם אין כאן פונקציה מיותרת?

על נקודה זו עמד הרמח״ל באיגרת מעולפת סוד שכתב למורו ורבו, רבי ישעיהו בָּסָן, ובה הוא מברר את תפקידיהם המיוחדים של יוסף ויהודה בבניין מלכות ישראל, ואת הכוח הנוסף הנִדרש לשם איחודם ״לְעֵץ אֶחָד״, וכך כותב הרמח״ל:

״ועתה אומַר מי מְחַבְּרָם. **כי בנימין הוא המחבר אותם.** ... ולכן הוא נטל המלכות בָּראשונה, שעל-ידי זה יתחברו אלה השנַיים [=יוסף ויהודה]. ... אך מפני שֶׁשאול עצמו, שבו היה תלוי התיקון הזה, לא תיקן כראוי״ – נדחה הדבר לעת קץ – ... ״וסוף התיקון יהיה בחזור אלה השנַיים להתחבר בחיבור אחד ... שנֶאמר: ׳וְהָיוּ לַאֲחָדִים בְּיָדֶךָ׳״. (איגרת י״ד בספר איגרות רמח״ל).

ואכן, ראו זה פלא: מעמדו של בנימין כמחבר – בעצם הווייתו – בין יוסף ליהודה, מתגלֶה בפרשת יוסף ואֶחָיו, לא רק בדרך הסוד אלא על-פי פשוטו של מקרא. כי באמת מי הוא זה שבזכותו מְתאַחֶה הקרע בין יוסף ויהודה, אם לא בנימין, הקשור מצד אחד ליוסף – כבנה של רחל אמו – ומצד שני ליהודה, הערֵב לו, ומוסר נפשו למענו.

בנימין הוא העומד במוקד זעקתו קורעת הלב של יהודה: ״כִּי אֵיךְ אֶעֱלֶה אֶל אָבִי וְהַנַּעַר אֵינֶנּוּ אִתִּי״ (בראשית מ״ד ל״ד), ובזכותו נשברות כל המחיצות ומִתגלָה ברית אחים אשר לעולם לא תיתַּם.

״כי בנימין הוא המחבר אותם״.

# נספח ג׳

**לעמ׳ 435**

## ׳מאמר הגאולה׳ / רמח״ל

### שני קטעים מתוך המאמר

׳מאמר הגאולה׳ נכתב, אל-נכון, בשנת תפ״ט או בראשית שנת ת״ץ (1729), והדבר עולה מסקירתו של רמח״ל על החיבורים שחיבר, כפי שכתב אל רבו – רבי ישעיהו בָּסָן – באיגרת י״ד אשר ניתנה כנספח א׳ לעיל.

החיבור נדפס לָראשונה בפולין, בידי ר׳ שמואל לוריא, מאה-ושישים שנה לאחר כתיבתו (1889), מֵהעתקה שנעשתה כנראה בידי אחד מתלמידי הרמח״ל. מאז נדפס כמה פעמים, ולאחרונה על-ידי הרב מרדכי שריקי, מכון רמח״ל, בשנת תשנ״ח (1998).

רמח״ל מעמיק ומרחיב כאן בסוגיות הגאולה ושורשיה הרוחניים על-פי תורת הקבָּלה, ומבאר יסודות וסודות סתומים, כפי שנִתגלו לו על-ידי ׳המגיד׳ אשר מסר לו את דברו של קורא הדורות מראש, גואל ישראל ברוך הוא. הרב שריקי חילק את החיבור לשלושה חלקים כלהלן: פקידה וזכירה / תיקוני הגאולה והמשיחין / תכלית הגאולה – תיקון השכינה וישראל.

שני הקטעים המוגשים כאן – מתוך החלק השני, סעיפים 39 וְ-51.

## ׳חלוקת העבודה׳ בקיבוץ הגָלויות מאחדת את שני המשיחים

עמ׳ נ״ח במהדורת שריקי (מכון רמח״ל)

ועתה אודיעךָ עוד סוד גדול, מה שרצה הקב״ה לעשות לתקן את ישראל, להסיר מהם כל שנאה וכל קנאה. וכבר הבטיח זה הנביא (ישעיה י״א י״ג): ״וְסָרָה קִנְאַת אֶפְרַיִם וְצֹרְרֵי יְהוּדָה יִכָּרֵתוּ, אֶפְרַיִם לֹא יְקַנֵּא אֶת יְהוּדָה וִיהוּדָה לֹא יָצֹר אֶת אֶפְרָיִם״.

והבן, כי שני השבטים היו ליהודה [=כי בנימין עִמו], והעשרה לאפרים. ולעתיד ייקבצו השניים [=יהודה ובנימין] על־ידי משיח בן אפרים, ויהיו נקשרים בו, והם יאמרו השירה הזאת ותתחיל העליה [=עליית העולמות לקראת האלף השביעי]. והעשרה האחרים יבואו על ידי משיח בן דָוִד. ונמצאו נקשרים [ב׳חילופין׳] של זה בזה, ושל זה בזה, ואז נֶאמר (יחזקאל ל״ז י״ז): ״וְהָיוּ לַאֲחָדִים בְּיָדֶךָ״. ...

## ההרמוניה בין שני המשיחים
## ״כחשיבות העליון כך חשיבות התחתון״

עמ׳ פ״ב במהדורת שריקי (מכון רמח״ל)

... ואז ״יִתֶּן עֹז לְמַלְכּוֹ״ – הוא משיח בן יוסף; ״יִתֶּן עֹז״, כי לא יֵחָלֵש תחת ארמילוס הרשע. ״וְיָרֵם קֶרֶן מְשִׁיחוֹ״ (שמואל־א׳ ב׳ י׳) – הוא משיח בן דָוִד, בהיות התיקון בשלֵמותו.

ובאמת, כי שני המשיחים נקראים בַּמָּשָׁל שתי קרניים, כי מן ה׳נצח׳ ו׳ההוד׳ הם, שהם שתי קרניים. אך משיח בן דָוִד הוא הראשון בַּ׳מלכות׳, ועל כן אמר: ״וְיָרֵם קֶרֶן מְשִׁיחוֹ״, כי קרנו רמה מִקרן משיח בן יוסף, בסוד ״מִי בָּרֹאשׁ? בֶּן יִשַׁי בָּרֹאשׁ!״,[1] כי כך צריך לפי המדרֵגות.

והטוב הגדול יותר שיהיה לישראל, הוא סוּר הקנאה ואפֵלוּת [=כיבוי] היצר הרע, כי בְּהַכִּיר כל אחד את מקומו לפי המדרֵגה, הנה יהיה זה למעלה וזה למטה – ואף גם זאת אין קנאה ואין שנאה, כי כך הסֵדֶר

1 הרמח״ל עושה כאן שימוש בדבר ה׳ לירבעם, על־פי המדרש המובא במסכת סנהדרין דף ק״ב עמ׳ א׳. מילוי הדברים ניתן על־ידי חנן בשיעורו, ראה זאת לעיל בעמ׳ 415.

לפי המדרֵגות. וכחשיבות זה העליון [כך גם] חשיבות זה התחתון, בהיות כל אחד מרכבה לַמאורות העליונים, איש על מקומו ואין יוצא מגבולו, כַּמאורות העליונים. ונמצא משיח בן דָוִד הראשון בַּ׳מלכות׳, בסוד ה׳מלכות׳ ממש, ומשיח בן יוסף בסוד ״וְיוֹסֵף הוּא הַשַּׁלִּיט עַל הָאָרֶץ״ (בראשית מ״ב ו׳). ואין בן דָוִד עושה [אלא] רק מאמר בן אפרים, ובן אפרים רְצון בן דָוִד הוא עושה, ולכן אמר (ביחזקאל ל״ז י״ז): ״וְהָיוּ לַאֲחָדִים בְּיָדֶךָ״. והוא עניין עמוק וארוך מאד, ודי בזה למי שיש לו לב לדעת ועיניים לראות, והבן היטב.

# נספח ד׳
**לעמ׳436**

## ׳תיקונים חדשים׳ / רמח״ל

### שבעים תיקונים על הפסוק החותם את ספר התורה

#### שבעה קטעים נבחרים מן החיבור

את החיבור ׳תיקונים חדשים׳ כתב רמח״ל – על-פי ׳המגיד׳ אשר נגלה אליו – בשנת תפ״ט (1729), והוא הזכיר אותו באיגרת י״ד (ראה זאת בנספח א׳ לעיל בעמ׳ 511). לָראשונה נדפס החיבור בשנת תשי״ח (1958), ומאז ראו אור כמה מהדורות. אנו נִסמכנו על מהדורת שריקי, מכון רמח״ל תשס״ח (2008) – ההפניות לעמודים ניתנו למהדורה זאת – וכן על המהדורה שהוציא לאור הרב יוסף ספינר, לאחרונה, בשנת תשפ״ב (2021).

החיבור מחזיק שבעים תיקונים היוצאים מן הפסוק האחרון בתורה – ״וּלְכֹל הַיָּד הַחֲזָקָה, וּלְכֹל הַמּוֹרָא הַגָּדוֹל, אֲשֶׁר עָשָׂה מֹשֶׁה לְעֵינֵי כָּל יִשְׂרָאֵל״ – והם עומדים כנגד שבעים תיקוניו של רשב״י בחיבור ׳תיקוני זוהר׳, היוצאים מן הפסוק הראשון בַּתורה, ומשלימים אותם. כך בא רמח״ל לחבר את הסוף אל הָראשית, כפי שנמסר לו ברוח הקודש מפי גדולים-קדמונים, וכך הוא ממשיך בתנופה,

מכוחה של תורה – תוך לימוד וחישׂוף סודותיה – אל חזון הגאולה השלֵמה.

נביא כאן כמה קטעים מן החיבור, אשר מצאנו בהם קשר מובהק לתכני הגאולה שאותם לימד חנן מפי הרמח״ל – הן באיגרת י״ד, הן בחיבור ׳קנאת ה׳ צבאות׳ אשר נכתב כשנה לאחר ה׳תיקונים׳. בתוך־כך מעשיר אותנו רמח״ל במבט כפול על אותן סוגיות ואותם מהלכים שהוא עסק בהם בשני החיבורים, ומיניָה ומיניָה תִסתיים שמַעתתא. בהערות השוליים – הן בגוף הספר והן בנספח זה – הצבענו על הקישורים בין המהלכים הנידונים.

החיבור כתוב בארמית זוהרית, והוא מוגש כאן בתרגום לעברית – על־פי התרגום במהדורת שריקי, וכפי דל כוחֵנו.

## הָאֵם עַל הַבָּנִים – שכינה ושני משיחים, פעולת משיח בן יוסף והצלתו

### מתוך הקדמת התיקונים (עמ׳ כ״ה)

ועל כך נֶאמר (בדברים כ״ב ו׳): ״לֹא תִקַּח הָאֵם עַל הַבָּנִים״. [הַבָּנִים] הם שני משיחים. שאין מי שיכול להתקרב אליה [=אל האֵם, היא השכינה] ולהרע לה כלל, כיוון שהיא מתחזקת עליהם [=על בניה, לשמרם]. ״שַׁלֵּחַ תְּשַׁלַּח אֶת הָאֵם״ מן הגלות [תחילה], ואז: ״וְאֶת הַבָּנִים תִּקַּח לָךְ״ (פסוק ז׳) – אלו משיחים אשר מוכנים ללכת לעשות נקמות בָּאומות עובדי עבודה־זרה. ... אז יתקיים הכתוב (בזכריה ט׳ י״ד): ״וַא־דֹנָי ה׳ בַּשּׁוֹפָר יִתְקָע וְהָלַךְ בְּסַעֲרוֹת תֵּימָן״, זה משיח בן יוסף אשר ילך בתוך הקליפות להכניע אותן. ״ה׳ צְבָאוֹת יָגֵן עֲלֵיהֶם״ (פסוק ט״ו) – על משיח ועל השכינה, ״ה׳ צְבָאוֹת״ ודאי, בגלל [=בזכות] בעלי הקבָּלה, שהם מצילים אותו, את משיח בן יוסף, שלא ימות.

## שני המשיחים, ומשה עִמם

### מתוך תיקון ראשון (עמ׳ מ״א)

...״וּלְכֹל הַיָּד הַחֲזָקָה״ זה משיח בן יוסף, ״וּלְכֹל הַמּוֹרָא הַגָּדוֹל״ (דברים ל״ד י״ב) זה משיח בן דָוִד. מהו ׳הַמּוֹרָא׳? אלא בשל משיח בן יוסף המִתקשר בו [= בְּמשיח בן דָוִד], כַּכתוב: ׳וְהָיוּ לַאֲחָדִים בְּיָדֶךָ׳ (יחזקאל ל״ז י״ז).

ובתחילה עומד משיח בן יוסף לבדו, וזהו הכתוב: ״וּלְכֹל הַיָּד הַחֲזָקָה״, אחר־כך בא משיח בן דָוִד, ומשיח בן יוסף התחבר בו, [ואז יקוים] ״וְהָיוּ לַאֲחָדִים״ ודאי.

״הַמּוֹרָא הַגָּדוֹל אֲשֶׁר עָשָׂה מֹשֶׁה״ – [אמרו]: והמתחיל בַּמִּצְוָה אומרים לו גמור (ירושלמי פסחים י׳ ה׳) לַזמן שיבוא [= לעת קץ], שֶׁיבוא הוא [= משה] עם שני משיחים, להושיע להם, לישראל, ישועה שלֵמה.

## ימי השופטים, מלכות שאול ומלכות דָוִד, קלקול ותיקון לעתיד לבוא

### מתוך תיקון שביעי (עמ׳ ע״ד)[1]

... מלכות בית דָוִד לא נִגלתה מיד. אלא בזמן שבאו ישראל אל הארץ הועמדו [= הונהגו] בְּשופטים, עד שאול. וסוד זה, שעד עתה לא התיישבה השכינה במקומה כראוי. מדוע? אלא העמים ההם שהשאירו ישראל בָּארץ גרמו לכך שלא התיישבה שם השכינה כראוי, ובשל כך הועמדו [= הונהגו] ישראל בַּשופטים ההם. וסוד הדבר, שופט מצידו של ׳צדיק׳, אשר הִשלים [את ההשפעה] מפני שהשכינה לא יכלה להתגלות. עד שבא שאול, ואז החל לקחת את המלכות. ושאול זה ׳צדיק׳, והשכינה התחברה בו יותר בגילוי, ובשל כך נטל את המלכות. אבל לא התקיימה, עד שבא דָוִד והמלכות נמצאה במקומה. וסוד

1 התוכן אשר מגיש כאן רמח״ל מקביל לדבריו באיגרת י״ד – דומה, אך גם שונה. ראה בגוף שיעוריו של חנן, לעיל בעמ׳ 408 ואילך, ושים לב שם להערה 7. כמו כן ראה בנספח א׳, לעיל בעמ׳ 513, וליד הערה 8.

הדבר, שאול נמשח בְּפַּךְ ולא נמשכה מלכותו, ודָוִד [נמשח] בְּקרן [לכן] נמשכה מלכותו (מסכת מגילה דף י״ד עמ׳ א׳). וסוד הדבר, שאול ב׳צדיק׳ [=׳יסוד׳] עומד, ובשל השכינה המתחברת להתגלות בו נטל את המלכות, וזהו ׳פך׳ ודאי. ובגלל שלא במקומה היתה [המלכות], לא התקיים. אבל דָוִד ב׳מלכות׳ הוא, וכאשר ׳צדיק׳ התחבר בו – נטל את המלכות כפי שראוי, וזה [סודה של] ׳קרן׳, בשל כך נמשכה מלכותו, ואז עמדה השכינה במקומה, כפי שראוי.

עד שבא ירבעם, שֶׁהרי אז נפרדו ׳צדיק מ׳צדק׳ [=נפרדו ׳יסוד׳ מ׳מלכות׳], וזה ירבעם משבט יוסף, [בבחינת] ׳צדיק׳, ודאי. רחבעם מזרעו של דָוִד, [בבחינת] ׳מלכות׳. וכיוון שנפרדו זה מזה, התפלגה מלכותם של ישראל, עד שחָרַב המקדש. וכל זאת מי גרם? אלא בגלל שקיבל דָוִד לשון־הרע (מסכת שבת דף נ״ו עמ׳ א׳). מפני שֶׁהמקבל לשון־הרע גורם לאותה הלשון העליונה – שהיא [בבחינת] ׳צדיק׳ – לפרוש מבת־זוגו. ונֶאמר בַּשכינה: ׳נֶאֱלַמְתִּי דוּמִיָּה׳. ובגלל זה נֶאמר (שם בעמ׳ ב׳): ״ירבעם ורחבעם יחלקו את המלכות״. ודָוִד התפלל ואמר: ״נֶאֱלַמְתִּי דוּמִיָּה הֶחֱשֵׁיתִי מִטּוֹב [וּכְאֵבִי נֶעְכָּר]״ (תהלים ל״ט ג׳),[2] זה בגלל לשון־הרע שקיבל מציבא והתרגז על מפיבושת, עד שאמר לו [=לציבא]: ״הִנֵּה לְךָ כֹּל אֲשֶׁר לִמְפִי־בֹשֶׁת״ (שמואל־ב׳ ט״ז ד׳). וזהו שֶׁכתוב: ״חַם לִבִּי בְּקִרְבִּי, בַּהֲגִיגִי [תִבְעַר אֵשׁ], דִּבַּרְתִּי בִּלְשׁוֹנִי״ (תהלים ל״ט ד׳). זה החטא שאמר דברים מתוך רוגז: ״הִנֵּה לְךָ [כֹּל אֲשֶׁר לִמְפִי־בֹשֶׁת]״. וזה גרם לו [את] חלוקת המלכות, ודאי. בגין כך [אמר דָוִד בפסוק ה׳]: ״הוֹדִיעֵנִי ה׳ קִצִּי״, זה קץ הימים, אשר בו [יקוים] ״וְהָיוּ לַאֲחָדִים בְּיָדֶךָ״ (יחזקאל ל״ז י״ז), במשיח בן יוסף ומשיח בן דָוִד, להתחבר [זה בזה] מה שנִפרדו בַּתחילה בירבעם ורחבעם. ...

2 ובַפסוק הקודם (ב׳) שאיננו מצוטט כאן, אומר דָוִד: ״אָמַרְתִּי אֶשְׁמְרָה דְרָכַי מֵחֲטוֹא בִלְשׁוֹנִי, אֶשְׁמְרָה לְפִי מַחְסוֹם בְּעֹד רָשָׁע לְנֶגְדִּי״.

## שתי ידיים שהן אחת –<br>היכָּללות משיח בן יוסף במשיח בן דָוִד

מתוך תיקון שמיני (עמוד פ׳)

בוא וראה: סוד הכול [הוא הכתוב]: ״וְהָיוּ לַאֲחָדִים בְּיָדֶךָ״ (יחזקאל ל״ז י״ז) – אלו שני משיחים, משיח בן דָוִד ומשיח בן יוסף.

תחילת הכול, מאותן שתי ידיים עליונות של ׳עתיק יומין׳, המזומנות להתחבר כאחת, ובגינן יתחברו למטה שני משיחים. והחיבור של שתי ידיים אלו ... [מתבטא בַּצירוף]: ׳וְהָיוּ לַאֲחָדִים׳, שתי פעמים אחד. ׳בְּיָדֶךָ׳ ודאי – שהרי תתחברנה שתי ידיים להיות יד אחת ולא יותר.

אם תאמר: יד זו למי ניתנה? אלא זהו הסוד: ״מי בָּראש? בן ישַׁי בָּראש״ (מסכת סנהדרין דף ק״ב עמ׳ א׳).[3] וזהו שכתוב [בברכת משה ליהודה, בדברים ל״ג ז׳]: ״יָדָיו רָב לוֹ״, גדלותו [=מלכותו] בזה היא תלויה, בסוד שתי ידיים אלה [של ׳עתיק יומין׳] אשר נעשו לאחת, וניתנו לו. כי־אז הוא ייטול את המלוכה, ומשיח בן יוסף אִתו, ודאי, בחיבור אחד. אבל עיקר הכול – משיח בן דָוִד, שהרי הוא לוקח יד זו בחיבור אחד, ובו מתחבר משיח בן יוסף לשמור אותו [= להיות נִשמר על־ידו], כַּכתוב ״וְעֵזֶר מִצָּרָיו תִּהְיֶה״ (שם), זה משיח בן יוסף שֶׁנִכלל והתחבר בו. ולכן, יד זו למשיח בן דָוִד ניתנה, ומשם נוטל אותה משיח בן יוסף שֶׁהתחבר בו. ואף־על־פי שהוא [=משיח בן יוסף] ישלוט בַּתחילה, [בכל־זאת] מִסודו של משיח בן דָוִד הוא לקח אותה, ודאי. ודבר זה אינו נשלם עד משיח בן דָוִד, ואז תתקיים המלכות **בשניים שהם אחד**,[4] בחוזקה שלֵמה – ׳הַיָּד הַחֲזָקָה׳ ודאי, ההיא הנודעת. ...

3 הרמח״ל מצטט את שאלתו של ירבעם, ואת תשובת הקב״ה, מתוך תיאור מדרשי בו הציע הקב״ה לירבעם לטייל בגן עדן בשלושה: הקב״ה עם ירבעם ודָוִד. חנן עסק בהרחבה במדרש הזה ובמשמעויותיו – ראה זאת לעיל בחלקו השני של הספר, עמודים 218-219, וכן 299 ואילך.

4 על היכללוּת משיח בן יוסף בתוך משיח בן דָוִד כתב רמח״ל גם באיגרת י״ד. ראה זאת בגוף הספר, לעיל בעמ׳ 423, ליד הערות 18 וְ־19.

## עץ החיים ועץ הדעת – קלקול בגן עדן, תיקון במתן תורה, שוב קלקול ושוב תיקון, והצלת משיח בן יוסף

**מתוך תיקון שמיני (עמוד פ"ה)**

ועוד, שני משיחים [מזומנים הם] לתקן שתי דרגות: עץ החיים ועץ הדעת. שנֶאמר בהם (בבראשית ב' ט'): "וַיַּצְמַח ה' אֱ־לֹהִים [מִן הָאֲדָמָה כָּל עֵץ נֶחְמָד לְמַרְאֶה וְטוֹב לְמַאֲכָל], וְעֵץ הַחַיִּים בְּתוֹךְ הַגָּן", זה משיח בן דָוִד, "וְעֵץ הַדַּעַת טוֹב וָרָע", זה משיח בן יוסף. שעומדים בְּתוֹךְ הַגָּן – [שהוא בבחינת] הכלל של כל ישראל.

ובגלל שלא נִתקנו דברים כראוי, נֶאמר במשיח בן יוסף (בפסוק י"ז): "וּמֵעֵץ הַדַּעַת טוֹב וָרָע לֹא תֹאכַל מִמֶּנּוּ", שאין לעורר אותו, אלא עד שֶׁיתוקן כראוי. ואימתי היה נִתקן? – אלא ביום השבת; אילו היה ממתין אדם [ליום השבת], **כי־אז היה אותו רע שב וחוזר לטוב, ומשיח בן יוסף** [היה] **ניצל ממוות**. כי־אז עליו נֶאמר (א' ל"א): "וַיַּרְא אֱ־לֹהִים אֶת כָּל אֲשֶׁר עָשָׂה, וְהִנֵּה טוֹב / מוֹת / מְאֹד" – זה מוות אשר חזר לטוב [כי התבטל והִתבַּלֵעַ].[5]

אבל בגלל שחטא אדם, הוצרך להמתין עד היום שבו קיבלו ישראל את התורה על הר סיני. ולכן [מסיים אותו פסוק]: "וַיְהִי עֶרֶב וַיְהִי בֹקֶר יוֹם הַשִּׁשִּׁי" – שהרי אז חזר הרע להיות טוב.[6] זהו שֶׁכתוב (בדברים ה'

---

5 **א.** רמח"ל מפרש כך את האמור בַּמדרש (בראשית רבה, בראשית ט'): "בתורתו של רבי מאיר מצאו כתוב: 'וְהִנֵּה טוֹב מְאֹד' – 'וְהִנֵּה טוֹב מוֹת'".
**ב.** רמח"ל מגיש בפסקה זו, ולאחריה, תוכן מקביל לדבריו בחיבורו 'קנאת ה' צבאות'. ראה זאת בגוף הספר בעמ' 459 (ליד הערה 24) וכן בעמ' 464 (ובהערה 28). כמו כן ראה בנספח ו', להלן בעמ' 548, בַּפִּסקה הפותחת "דע כי מאז חטא אדם־הראשון" ובזו שאחריה.

6 רמח"ל מפרש את היידוע – ה"א הידיעה בַּמילה 'הַשִּׁשִּׁי' – שהוא השישי בסיוון, יום קבלת התורה, בעקבות פירוש רש"י במסכת שבת דף פ"ח עמ' א', לַדְרָשָׁה הנדרשת כך: "מאי דכתיב 'וַיְהִי עֶרֶב וַיְהִי בֹקֶר יוֹם הַשִּׁשִּׁי'? ה"א יתירה למה לי? – [אלא], מלמד שֶׁהִתנה הקב"ה עם מעשֵׂי בראשית, ואמר להם: אם ישראל מקבלים התורה – אתם מתקיימין, ואם לאו – אני מחזיר אתכם לתוהו ובוהו".
באופן דומה נדרש המהלך הזה – והמשכו כלהלן – בספר ה'זוהר' לפרשת כי־תִשא, דף קצ"ד סוף עמ' א'; וראה עוד בשתי ההערות הבאות.

כ״ה): ״הֵיטִיבוּ כָּל אֲשֶׁר דִּבֵּרוּ״; [וכי] היטיבו לאחרים? אלא: ׳הֵיטִיבוּ׳ שהחזירו רע לטוב [כי תוקן עץ הדעת טוב ורע] – ואז ניתנו להם לוחות מצד עץ החיים. שעד שלא נִתקן עץ הדעת להתחבר בחיבור אחד עם עץ החיים, עץ החיים לא נמצא ולא נִגלה בעולם, כַּכתוב (בבראשית ג׳ כ״ד): ״לִשְׁמֹר אֶת דֶּרֶךְ עֵץ הַחַיִּים״, אבל כיוון שעץ הדעת נִתקן – שב עץ החיים להתפשט [= להתגלות].

[אבל] לאחר מכן חזרו הערֶב־רב לקלקל דברים, והחזירו את פגם עץ הדעת למקומו. אימָתַי? – אלא בַּשעה שֶׁכתוב (בשמות ל״ב א׳): ״וַיַּרְא הָעָם כִּי בֹשֵׁשׁ מֹשֶׁה [לָרֶדֶת מִן הָהָר, וַיִּקָּהֵל הָעָם עַל אַהֲרֹן, וַיֹּאמְרוּ אֵלָיו: קוּם עֲשֵׂה לָנוּ אֱלֹהִים אֲשֶׁר יֵלְכוּ לְפָנֵינוּ]״ – בא שש.[7] וזהו גם הזמן שנִפגם [עץ הדעת] על־ידי אדם הראשון. לכן, ניטל מהם מה שהיה להם [= המעלה שהשיגו אז]: חָרוּת / חֵרוּת,[8] ונֶאמר בהם (בתהִלים פ״ב ז׳): ״אָכֵן כְּאָדָם תְּמוּתוּן״, זהו אדם הראשון, ״וּכְאַחַד

7 רמח״ל נוטל כאן מן ה׳זוהר׳ לפרשת כי־תשא, דף קצ״א עמ׳ ב׳ – ודומים הדברים לדרָשת הגמרא במסכת שבת דף פ״ט עמ׳ א׳ (ובמקבילות). כך נדרש שם: ״מאי דכתיב: ׳וַיַּרְא הָעָם כִּי בֹשֵׁשׁ מֹשֶׁה׳? – אל תקרי ׳בושש׳ אלא ׳באו שש׳. [כי] בשעה שעלה משה למרום אמר להן לישראל: לסוף ארבעים יום, בתחילת שש [שעות], אני בא״; ומשהגיע המועד ולא בא – דימו שהוא מת.

8 רמח״ל מרחיב כאן את דברי ה׳זוהר׳ לפרשת חיי שרה (דף קל״א עמ׳ ב׳). שם נֶאמר שאם היה אדם הראשון דָּבֵק בעץ החיים – שהוא התורה – לא היה נגרם המוות, לו ולכל העולם. ואלמלא עזבו ישראל את עץ החיים – כשחטאו בחטא העגל מיד לאחר מעמד הר סיני – היה סר המוות מהם ומן העולם כולו, כפי שראוי היה לפני שֶׁחטא אדם הראשון.
תוכן דומה מובא בַּמדרש על הפסוק (בשמות ל״ב ט״ז): ״וְהַמִּכְתָּב מִכְתַּב אֱ־לֹהִים הוּא חָרוּת עַל הַלֻּחֹת״, שדרשוהו חז״ל (בשמות רבה כי־תשא מ״א ובמקבילות): ״אל תקרי חָרות אלא חֵרות״. לפי אחת הדעות שם, זו חֵרות ממלאך המוות, ובהמשך הדברים מוגש גם השִׂיחַ הזה: ״אם יבוא מלאך המוות ויאמר לפני הקב״ה: על חינם בראתני בָּעולם? הוא אומר: על כל אומה שבָּעולם השלטתי אותך, חוץ מֵאומה זו שנתתי לה חֵרות״.
מעניין להוסיף גם דברים מ׳תיקוני זוהר׳ (נספח לתיקון שמיני, דף קמ״ו עמ׳ ב׳), וזו לשונו (בתרגום לעברית): ״כתוב: ׳וְהַמִּכְתָּב מִכְתַּב אֱ־לֹהִים הוּא חָרוּת עַל הַלֻּחֹת׳ (שמות ל״ב ט״ז), והוא יהיה לה בגאולה האחרונה חֵרות ממלאך המוות, שלא ימות משיח בן אפרים״.

הַשָּׂרִים תִּפֹּלוּ״ – זה משיח בן יוסף, אחד מאותם שני שרים.[9] שֶׁבגלל זה הוצרך לו המוות, [על־מנת] לתקן את עץ הדעת ההוא, אשר נִפגם. וכשם שצריך הוא מוות כדי לתקן פגם זה, כך הם [=ישראל שבאותו דור], נֶאמר בהם לאחר מכן: ״בַּמִּדְבָּר הַזֶּה יִתַּמּוּ וְשָׁם יָמֻתוּ״ (במדבר י״ד ל״ה). ומשיח בן יוסף, גם הוא, בַּיום השישי לאחר חצות היום, היה ראוי לו המוות [על־מנת] לתקן תיקון שלם.[10]

ומשם והלאה יתחברו שני אילנות [=עץ החיים ועץ הדעת] כאחד, להיות בשלֵמות אחת. **ועם כל זאת – אריכות הגלות, ותיקונים שנִתקנו**

---

9 משיח בן יוסף הוא השַּׂר האחד, הנופל, והשני הוא משיח בן דָּוִד, אשר לאבי־אביו אמרה בת־שבע (במלכים־א׳ א׳ ל״א): ״יְחִי אֲדֹנִי הַמֶּלֶךְ דָּוִד לְעֹלָם״.

10 כאשר כותב רמח״ל: ״בַּיום השישי לאחר חצות היום״, הוא מתכוון לנקודת הזמן שלאחר מחציתו של יום־האלף השישי לבריאת העולם, לפי ההבנה המובאת בַּמדרש ובתורת הסוד שֶׁיומו של הקב״ה, כביכול, הוא אלף שנים, ושכל אחד משׁשת אלפי שנות קיום העולם מקביל ל״יומו״ בבריאת העולם.
להלן **בנספח ח׳** נראה שעל־פי שיטתו של הגר״א יש לחלק כל אלף ל־24 ׳שעות׳, ושעות היום הן מחציתו השניה של האלף. רמח״ל אינו סבור כך. בספרו ׳אדיר במרום׳ הוא מסביר באריכות – על־פי תובנות קַבָּליות – מדוע יש לחלק את האלף ל־12 שעות בלבד, כי שעות היום בחציו האחד של העולם מקבילות לשעות הלילה בחלקו האחר. עולֶה מכאן ש״חצות היום״ של האלף השישי חל בשנת ת״ק, כעשר שנים לאחר שרמח״ל כותב את ספרו ׳תיקונים חדשים׳. זהו עניין דרמטי ומרטיט לב, כי קשה מאד להניח שרמח״ל עסק בַּסוגיה באופן ״ניטרלי״, במבט מבחוץ, וסביר להניח שהוא ראה את עצמו כמעורב בַּהתרחשות המשיחית, לַחיים ולַמוות חלילה... קשה גם שלא לחשוב על שנת מותו בַּמגֵפה בעכו – שנת תק״ו – רק כשש וחצי שנים לאחר ״חצות היום״...
ועם זאת, חשוב לציין שלא ידועה התייחסות מפורשת של רמח״ל לזיהויו העצמי בהקשר משיחי. הדבר הקרוב ביותר המוכר לי הוא בעדותו של ר׳ יקותיאל גורדון, תלמידו של רמח״ל, שֶׁרבו ״הוא ניצוץ מעקיבא בן יוסף״ – ועל רבי עקיבא כמשיח־בן־יוסף כתב רמח״ל באריכות בספרו ׳קנאת ה׳ צבאות׳, כַּמובא **בנספח ו׳** להלן. (לעניין עדותו של גורדון – ראה בגוף הספר, הערה 34 בעמ׳ 469).

**בו [=במשיח בן יוסף], מצילים אותו מִמוות.** וְ[זוהי] זכותם של בעלי הקבָּלה, [אשר] מחזקים את ה׳טוב׳ ההוא [וכך מאפשרים לַ׳טוב׳ אשר ב׳עץ הדעת טוב ורע׳] לפרוש מתוך ׳רע׳ מבלי המוות הזה – [וכך ניצל משיח בן יוסף].

## ברכת חיבורו של משיח יוסף אל משיח בן דָוִד, מחשבת חטאו של יוסף שגרמה לעשרת הרוגי מלכות ולמותו של רבי עקיבא, והתיקון לעתיד לבוא

**מתוך תיקון ארבעה עשר (עמוד ק״כ)**[11]

ועוד, [נֶאמר בברכת יעקב ליהודה, בבראשית מ״ט ח׳]: ״אַתָּה יוֹדוּךָ אַחֶיךָ״ – במשיח בן יוסף שהִתחבר בו. ״יִשְׁתַּחֲווּ לְךָ בְּנֵי אָבִיךָ״, זה שנֶאמר (בישעיהו י״א י״ג): ״וְסָרָה קִנְאַת אֶפְרַיִם״.[12] ומהו ׳בְּנֵי אָבִיךָ׳? אלא, כפי שאמור בַּפסוק: ״אֶפְרַיִם וּמְנַשֶּׁה כִּרְאוּבֵן וְשִׁמְעוֹן יִהְיוּ לִי״ (בראשית מ״ח ה׳).

שֶׁבשעה שנכנס יוסף אצל אשת אדוניו [=אשת פוטיפר] חשב לחטוא בה, עד שהִזדמן לו דיוקנו של אביו, והצילו. ... ואז, מִסודו של יעקב נטל יוסף שנים עשר שבטים. אלא שבעֶשֶׂר טיפות [זרע] שיצאו ממנו אבדו לו עשרה, ושניים [=אֶפְרַיִם וּמְנַשֶּׁה] נשארו.[13] ...

---

11 התוכן אשר מגיש כאן רמח״ל מקביל לדבריו בחיבורו ׳קנאת ה׳ צבאות׳. ראה זאת בגוף הספר מעמוד 465 עד עמוד 469. כמו כן ראה **בנספח ו׳**, להלן בעמ׳ 549, מן הפסקה הפותחת: ״אך סוד העניין, כי אסנת היתה שם״ וכו׳ – והלאה.

12 הנה הפסוק במלואו, המבטא הרמוניה והכרה הדדית איש בכוחו של רעהו: ״וְסָרָה קִנְאַת אֶפְרַיִם וְצֹרְרֵי יְהוּדָה יִכָּרֵתוּ, אֶפְרַיִם לֹא יְקַנֵּא אֶת יְהוּדָה וִיהוּדָה לֹא יָצֹר אֶת אֶפְרָיִם״.

13 ראה בגוף הספר, לעיל בעמ׳ 466, את דברי חז״ל במסכת סוטה דף ל״ו עמ׳ ב׳. מקור דברי רמח״ל, אל-נכון, הוא ב׳תיקוני זוהר׳, תיקון שתין ותשע, דף ק״י עמ׳ א׳ – שם מתואר האירוע בהבדלים מסוימים מדברי הגמרא.

אלה עשרה שֶׁאבדו – להיכן הלכו? אלא: סִטרא־אחרא נטלה אותם. ולאחר זמן יצאו [מרשות סִטרא־אחרא בעשרת הרוגי מלכות], ועשרה שבטים התגלגלו בהם. אבל יוסף, נחוץ היה לו להימָצא שם [בתוך קליפת סִטרא־אחרא], כדי להוציא אותם ולהשלים אותם במקומם, כפי שֶׁראוי. וזאת – בעקיבא בן יוסף [הכולל את כולם], ׳בן יוסף׳ ממש. ובכך נטל הוא [= רבי עקיבא] להוציא לאחר־מכן מִסודו [את] משיח בן יוסף. אלה הם עשרה [הרוגי מלכות] שיצאו ממנו [= מיוסף], וכמה אחרים, ראשי ישראל, כאן תלויים.

ומשיח בן יוסף מכנס את כולם [= את עשרת השבטים] במקום אחד, עד אשר שב ומתחבר הכול [= שנים־עשר שבטי ישראל] במשיח בן דָוִד, כפי שֶׁראוי. ואז [יקוים]: ״וְסָרָה קִנְאַת אֶפְרַיִם״ וכו׳. באותו זמן [יקוים]: ״וְהָיוּ לַאֲחָדִים בְּיָדֶךָ״ (יחזקאל ל״ז י״ז). ואז: ״יִשְׁתַּחֲווּ לְךָ בְּנֵי אָבִיךָ״, ודאי.

## הצלת משיח בן יוסף בזכות חיבורו אל הימין, שהוא מידת משיח בן דָוִד

מתוך תיקון ארבעים־ושלושה (עמ׳ ש״ה)

באותו זמן [יקוים]: ״הוֹשִׁיעָה לּוֹ יְמִינוֹ וּזְרוֹעַ קָדְשׁוֹ״ (תהלים צ״ח א׳), זהו משיח בן דָוִד [בבחינת ׳יְמִינוֹ׳] ומשיח בן יוסף [בבחינת ׳זְרוֹעַ׳], שֶׁבשעה שהם מתחברים כאחד שולט הימין, ומשיח בן יוסף ניצל מִמוות.

# נספח ה׳
## לעמ׳ 449

# הסיבות לחיבור הספר ׳קנאת ה׳ צבאות׳
### מתוך איגרת רמח״ל אל רבו, ישעיהו בָּסָן
### (איגרת ס״ט)

לפני שהחל חנן ללמד קטעים מן הספר ׳קנאת ה׳ צבאות׳, הוא התייחס באריכות אל הספר בכללותו, ואל הרקע לכתיבתו. עיקְרֵי דבריו של חנן בעניין זה – בעקבות רמח״ל – נאמרו כנגד השבתאים, אך הוא הקריא לתלמידיו גם את האיגרת דלהלן, שבה מוסר רמח״ל טעם נוסף לכתיבת חלקו הראשון של הספר.

מצאנו לנכון להעביר את דְבר האיגרת הזאת מגוף השיעורים לכאן, ולהגישה כנספח עם דברי הקדמה, כלהלן:

באיגרת זו אל רבו – הרב ישעיהו בָּסָן – מתבררת המגמה הכפולה של רמח״ל בחיבור הספר ׳קנאת ה׳ צבאות׳, על שני חלקיו. החלק הראשון – כללי חכמת האמת – נועד ליישר את דעת הלומדים, ו׳לחסנם׳ כנגד

ניסיונות נוצריים להטות ולצוד נשמות מישראל על־ידי שימוש מניפולטיבי בקטעים מספר ה׳זוהר׳ ובְתובָנות הלקוחות מחכמת הקבָּלה.

החלק השני נועד להשיב מלחמה שערה לַשבתאים, העושים אף הם – כדרכם וכעלילותם – שימוש נלוז בדברי רשב״י בספר ה׳זוהר׳. רמח״ל חוגר כלי מלחמה כנגדם, ומלמד באורח מישור את אותם קטעים ודברי־תורה אשר הם היטו אותם לדרכים עקלקלות, והיפכו אמת לשקר, טהור לטמא.[1]

נחזור אל החלק הראשון. קשה לקבוע לאיזה ספר ולאיזה מחבר מְכַוֵן רמח״ל כשהוא כותב: ״איש נבל נוצרי אחד״, אך ידועים כמה מחברים נוצרים – בָּאזור ובַתקופה – שֶכתבו ספרים ברוח זאת; חלקם אף היו יהודים מומרים. מעניין מאד דברו של רמח״ל שהספר הנוצרי הזה ״ניתן ליד מורֵנו־הרב רבי יצחק למפרונטי ולמורֵנו־הרב נחמיה הכֹּהן, נטרֵיה רחמנא ופרקֵיה״. לגבי למפרונטי – רופא ורב חשוב – כותב רמח״ל באיגרת קודמת (ס״ח) שהוא מְתארח אצלו עתה, ״וגם כל השבת [=השבוע] הזה יתעכב, והוא לומד עמי הכללים אשר חיברתי״. ייתכן מאד ש״הכללים״ הללו הם־הם אשר גובשו להיות חלקו הראשון של הספר ׳קנאת ה׳ צבאות׳. מכאן אולי ניתן להסיק שחלק זה של הספר נכתב מלכתחילה כדי שיילָמֵד על־ידי הרבנים לַמפרונטי והכֹּהן, אשר לידיהם נמסר הספר הנוצרי, כי רמח״ל חשש ודאג פן ישתכנעו מדברי המחבר ההוא, ״איש נבל״ כהגדרת רמח״ל.

הרב יצחק לַמפרונטי יצא בשלום מִרשתם של אלה אשר ניסו לְצודו בחֵרמם, נשאר נאמן בבריתו, ובהיותו

---

1 קטעים נרחבים מהקדמת רמח״ל לספרו – בה הוא מסביר מדוע נחלץ למאבקו העיוני בַּשבתאים – מובאים להלן בנספח ו׳, עמ׳ 543 והלאה.

רבה הראשי של העיר פרארה, הוא חיבר אנציקלופדיה (׳אלפא־ביתא׳) רבת כרכים למונחי היהדות, ׳פחד יצחק׳, הנחשבת עד היום לבעלת ערך רב. לגבי הרב השני שקיבל לידיו את הספר הנוצרי, הרב נחמיה חי בן יעקב הכהן, איש פרארה גם הוא – אשר אם כֵּנים דברינו נועד הספר להציל (גם) את נפשו – נכשל רמח״ל במשימתו. כעבור חמש שנים (תצ״ה, 1735) הִתנצר נחמיה עם ילדיו, הוא נקרא מאז גיוביני רופיני, ובפי היהודים: ׳חרֶמיָה׳...[2]

יחסיו של הרב נחמיה עם רמח״ל, לפני שהמיר נחמיה את דתו, אינם ברורים כל צורכם. יש אומרים שהם היו קרובים ויש אומרים להיפך. ומכל־מקום – רק כחודש לאחר שחיבר רמח״ל את ספרו ׳קנאת ה׳ צבאות׳ – היה הרב נחמיה הכהן אחד מן הדיינים אשר בפניהם נשבע רמח״ל שֶׁיחדל מחיבוריו על־פי ה׳מגיד׳ ויִגנוז את כתביו, בהשגחת רבו. ושוב, יש שֶׁזקפו זאת בפשטות לְמסקנה שהרב נחמיה, כחבריו לַמותב ההוא, היה אויב לרמח״ל, ויש הסוברים שהיה דווקא סניגור לו, ופעל יחד עם הרב ישעיהו בָּסָן לְמִזעור הנזקים לרמח״ל.

לא אאריך בעניינו של נחמיה־חרֶמיה זה; רק אוסיף שבַּמורָד האחרון, לפני שהמיר את דתו, הוא כבר היה לאויב כלפי רמח״ל ודברי תורתו, וכנראה גם ביטא זאת כלפי מְסיתָיו־״חבריו״ הגויים. אז ודאי הבין רמח״ל

2 בדברַי על נחמיה כהן, כאן ולהלן, אני צועד בעקבות מאמרו של הרב ישעיהו זנה: ׳תפקידו של המומר נחמיה כהן – לפָנים חברו של לַאמפרונטי בְּרבנות בפיראה – בפולמוס רמח״ל׳. זהו פרק בתוך חיבורו ׳אבני בניין לתולדות היהודים באיטליה / תעודות ומחקרים המתייחסים אל חוגו של רמח״ל ור״י למפרונטי׳. החיבור נדפס בתוך: ׳חורב / מאסף מוקדש לתולדות ישראל וספרותו׳, ניו־יורק תש״ב, ראה שם בעמ׳ 100 ואילך.

שֶׁנפשו של נחמיה כבר דחויה היא אל בין הקליפות, ר״ל, ואולי אף לא הופתע מן ההמרה עצמה, כאשר אירעה. מתנגדיו של רמח״ל – הרב משה חגיז בראשם – תלו ברמח״ל ובחבורתו את האחריות לַמפלה הזאת, כמו־גם לַפִּרצה המסוכנת שנוצרה עתה מול רָשויות הכנסיה, וכדַי ביזיון וקצף...

הנה אפוא קטעים מן האיגרת:

ההר הגדול ירום ונישא, פִּנַּת יִקְרַת, אֶבֶן הָרֹאשָׁה, נטרֵיה רחמנא וּפַרקֵיה [= ישמרֵהו ה׳ ויושיעֵהו]. ...

הנה שכחתי השבוע שֶׁעבר מֵהשיב לו על אשר שְׁאָלַני על דבר החיבור אשר חיברתי בימי הספירה [= ספירת העומר], ואת אשר החזקתי אחריו. ואשיב עתה, כי החיבור הוא כולו על פסוק ״מִלְחָמָה לַה׳ בַּעֲמָלֵק״ (שמות י״ז ט״ז), הלוא כשבעים דפים. ואחרי כן שבתי אל מלאכתי בחיבורי על התורה.[3]

ועתה ספר אחר אני מחבר [= ׳קנאת ה׳ צבאות׳, שאז עוד לא ניתן לו שמו],[4] התחלתי אותו השבת שעברה. הוא בשני חלקים:

החלק האחד הוא להציל מאמרים מֵרבי שמעון בר יוחאי זלה״ה, אשר חפא [= טפל] עליהם איש נבל נוצרי אחד,[5] שרצה להוכיח כל

3 חיבורו הגדול של רמח״ל על התורה – המכונה גם ׳זוהר תניינא׳ או ׳זוהר רמח״ל׳ – אבד לנו, כי הושמד בידי מתנגדיו, מלבד שלושה קטעים שֶׁשָּׂרדו. ראה על כך לעיל בגוף הספר, הערה 5 בעמ׳ 404. גם החיבור המיוסד על הפסוק ״מִלְחָמָה לַה׳ בַּעֲמָלֵק״ לא שָׂרַד, אך בַּספר ׳קנאת ה׳ צבאות׳ עוסק רמח״ל בסודות עמלק ומִצְוַת מחיית זכרו, על־פי מאמר ה׳זוהר׳ בסוף פרשת כי־תצא.

4 באיגרת הבאה שנכתבה כעבור שבועיים – איגרת ע׳ בספר האיגרות – מודיע רמח״ל לרבו כי קרא לספרו ׳קנאת ה׳ צבאות׳ ״כאשר צוּוֵיתִי״, היינו על־פי המגיד.

בנייני שָׁוְא אמונתם הרעה על פיהם, והמה כתובים בְּספר אחד, נִדפס, אשר ניתן ליד כבוד מורֵנו־ורבֵּנו הרב ר׳ יצחק לַמפרונטי ולכבוד מורֵנו־ורבֵּנו הרב ר׳ נחמיה הכהן נר״ו.[6]

והחלק השני – להציל כמו־כן מאמרי רבי שמעון בר יוחאי זלה״ה מדברי שקר אשר בנו עליהם שָׁוְא ותפל אנשים טועים רודפי הצב״י [=חסידי שבתַי־צבי].

ובאמת, שֶׁמלאכה גדולה היא זאת: כי הראשונה [=חיבור חלקו הראשון של הספר] קלה, יען הֶרֶב [=מאד] רחקו מִנֵּי דֶרֶךְ דברי הנוצרי ההוא,[7] והינם כְּמֹץ לִפְנֵי רוּחַ אשר על נקלה ייזָרו. אך אלה [השבתאים, שֶׁכנגדם חוּבַּר החלק השני] אשר עשו להם סמוכות על אדנֵי החכמה [=הקבָּלה] ועירבו קודש בחול וחול בקודש – הנה לברר בירור כזה מלאכה גדולה ורבה היא מאד.

---

5 כאשר הקריא חנן את האיגרת בשיעורו, הוא הביא את מְקור לשונו של הרמח״ל כאן מן הפסוק במלכים־ב׳ י״ז ט׳, המסביר את הסיבה לגָלוּת ממלכת ישראל אשורה, בימי הושע בן אלה: ״וַיְחַפְּאוּ בְנֵי יִשְׂרָאֵל דְּבָרִים אֲשֶׁר לֹא כֵן עַל ה׳ אֱ־לֹהֵיהֶם, וַיִּבְנוּ לָהֶם בָּמוֹת בְּכָל עָרֵיהֶם, מִמִּגְדַּל נוֹצְרִים עַד עִיר מִבְצָר״. ואולי, בהבזק מחשבתו של רמח״ל, גרמה לו המילה ׳נוֹצְרִים׳ – בסוף הפסוק – לבחור דווקא לשון זו מתחילת הפסוק...

6 א. בתחילתה של האיגרת, בקטע שדילגנו עליו, מזכיר רמח״ל בהקשר אחר את ״הגביר ר׳ נחמיה כהן״. האיזכור ה׳נמוך׳ הזה – ללא כינוי ׳הרב׳ – הִטעה את הרב מרדכי שריקי במהדורתו, כי סבר שֶׁמדובר באותו נחמיה כהן אשר כאן מקדים הרמח״ל לשמו את התואר ״מורֵנו הרב״. ואולם, ישעיהו זנה במאמרו (ראה כאן לעיל בהערה 2) מוכיח שֶׁמדובר בשני אנשים שונים, שהיו כנראה קרובי משפחה.
ב. כאשר הקריא חנן את האיגרת, הוא הוסיף ואמר כאן: ״ואל יהיה הדבר הזה קל בעיניכם, מפני שאחד מהם אכן נתפס לַנצרות כתוצאה מן הספר הזה. הוא היה אחד מאותם שלושה שֶׁנשלחו אל הרמח״ל כדי לבחון את מעשיו ולדעת האם אין בו דברים אשר לא־כן, על יסוד כל הקִטרוגים שהיו כלפיו, ובסופו של דבר הוא עצמו נתפס לנצרות!״.

7 את צירוף הלשון ״מִנֵּי דֶרֶךְ״ ייתכן שלוקח רמח״ל מן הפסוק בתוכַחתו של ישעיהו (ל׳ י׳-י״א), אשר יש לו זיקה לַנושא הנדון: ״אֲשֶׁר אָמְרוּ: ... סוּרוּ מִנֵּי דֶרֶךְ, הַטּוּ מִנֵּי אֹרַח, הַשְׁבִּיתוּ מִפָּנֵינוּ אֶת קְדוֹשׁ יִשְׂרָאֵל״.

ואקווה: יהיה זה לרצון ולהועיל אל כל חכמי ישראל, אשר ידעתי גדולים ורבים נִלכדו בַּמצודה הרעה הזאת. ואני הנה בדעתי, אם ירצה ה׳, לשלוח אותו להדפיסו באַמסטֶרדם. אשר על כן אחלה את פני אוהב נפשי הנכבד, כבוד שלמה ברוך פאנו נר״ו, אשר על ידו יעבור הדבר להצליח. ...

שותה בַּצמא דבריו,

משה חיים לוצאטו

פאדובה, יום א׳ בשבת, כ״ו לחודש סיוון ה׳ת״ץ

הנה ייטַב שֶׁיביא כבוד תורתו עִמו בבואו כתבי נתן [העזָתי], כי כן אפשר גם מהם אֶקח להשיב עליו ועל חיבוריו בספרי [׳קנאת ה׳ צבאות׳] הלזה.[8]

---

8 א. מזה זמן כתב הרב בָּסָן לרמח״ל (באיגרת מ״ז) שֶׁישנם בידו ספריו של נתן העזָתי ׳ספר הבריאה׳ ו׳זמיר עריצים׳. אל-נכון – בְּאיגרת שאינה לפנינו – הוא שאל לדעתו של רמח״ל מה ראוי לעשות בהם, והנה זו תשובת רמח״ל באיגרת ס״ח, כשבוע לפני מועדה של האיגרת דנן:

״על אודות כתבי ר׳ נתן הידוע [הוא נתן העזָתי] אומֵר כי הגם שֶׁהיסוד שקר וכזב, אשר אין לו העמדה כלל, הנה אין רע לגנוז אותם [ולא להשמידם], וגניזתם היא קבורתם, ונעלמות [אולי צ״ל כלשון הכתוב: וְנֶעֶלְמָה] מֵעֵינֵי כָל חָי, להסיר מכשול מִלפני עיוור. אבל כאשר אין יש שקר בלא תערובת אמת, על-כן גם בהם יימָצא איזה דבר טוב. ופֶה אֶל פֶּה אומַר לכבוד תורתו איך נהיָה הדבר הזה, להימָצא בתוך שקר דברי אמת. ועל כן, הנה, מי חכם – יכול יוכל לאכול תוכם, וקליפתם יזרוק, כרבי מאיר דְיָלִיף מאַחֵר [= שֶׁלמד מאלישע בן אבויה]״.

ב. כאשר הקריא חנן את האיגרת בשיעורו, הוא הוסיף ואמר כך:

״אצל רבי ישעיהו בָּסָן נמצאים, מוסתרים, כתביו של נתן העזָתי. והרמח״ל שֶׁרואה את עצמו, ובצדק, כאיש אשר מסוגל להתמודד עם הדברים – בבחינת ׳סנהדרין שֶׁבקיאין בדברי כשפים ובכל לשון׳ (מסכת סנהדרין דף י״ז עמ׳ א׳) – רוצה ליטול מדברי נתן העזָתי כדי להשיב עליהם ולשים עפר לפיו. ובאמת, אנו רואים בַּספר ׳קנאת ה׳ צבאות׳ – בעיקר בפרקים האחרונים – שהרמח״ל מתייחס אל כתבי נתן העזָתי, משיב עליהם, ומסביר את ההבנה הנכונה על-פי דרכו״.

# נספח ו׳
לעמ׳ 450

# קטעים מספרו של רמח״ל ׳קנאת ה׳ צבאות׳

רמח״ל חיבר את ספרו ׳קנאת ה׳ צבאות׳ בחודש סיוון של שנת ת״ץ, וזאת למֵדים אנו מאיגרתו אל רבו – הרב ישעיהו בָּסָן – אשר הובאה כנספח ה׳ לעיל בעמ׳ 538.

באיגרת הזאת התבררה מגמתו הכפולה של רמח״ל בחיבור הספר, על שני חלקיו. החלק הראשון – כללי חכמת האמת – נועד ליישר את דעת הלומדים, ו׳לחסנם׳ כנגד ניסיונות של מסיתים נוצרים לצוּד נשמות מישראל על־ידי שימוש מניפולטיבי במקורות מחכמת הקבָּלה. בכך הרחבנו בנספח ה׳ הנ״ל.

לענייננו חשוב עתה החלק השני – וחנן התרכז בו בלימוד מִשנַת הגאולה של רמח״ל. חלק זה נועד להשיב מלחמה שערה לַשבתאים ולממשיכי דרכם, אשר יצרו ״אסמכתאות לתורתם״ תוך שימוש נלוז בדבריו של רשב״י בספר ה׳זוהר׳. רמח״ל חוגר כלי מלחמה כנגדם, ומלמד באורח מישור את הקטעים ודברי־התורה אשר הם היטו לדרכים עקלקלות, והיפכו אמת לשקר, טהור לטמא.

נביא כאן את רצף הדברים אשר לימד חנן בשיעוריו – ולפעמים אף נכלול קטעים שחנן דילג עליהם – על־מנת שיוכל הקורא ללמוד בשטף את דברי רמח״ל, אשר חנן שזר בהם הסברים והרחבות על־פי דרכו.

בביתו של חנן נשמרו דפי המקורות אשר מהם הוא לימד, ועל־כן יש בידינו לקבוע שהוא צילם מתוך מהדורה שנִדפסה בידי יצחק גאלדמאן, בוַרשָה, בשנת תרמ"ח (1888). מהדורה זו נערכה על־פי כתב־יד משובש וקטוע, ולכן סבר חנן שהקטעים שהוא לימד הינם סוף הספר – ולא היא!

אמנם, בשנת תשנ"ד (1994) – בה לימד חנן את השיעורים דנן – כבר היו קיימות מהדורות חדשות יותר של הספר, פרי עמלו של הרב חיים פרידלנדר. הטובה שבהן הוכתרה 'גנזי רמח"ל', ובה נדפס הספר 'קנאת ה' צבאות' יחד עם חיבורים אחרים (בהוצאת הוועד להוצאה־לאור, כתבי רמח"ל ובית מדרשו, בני ברק, תשמ"ד 1984). מהדורה מוערת, מאירת עיניים, ראתה אור רק בשנת תש"ף, על־ידי הרב מרדכי שריקי (מכון רמח"ל, ירושלים). כל הציטוטים להלן יינתנו על־פי מהדורה זו – ועל־פי עריכתה יצוין כי חנן לימד, מתוך החלק השני, את סעיפים י'-ט"ו, בעמודים ס"ז-ע"ג.

## זאת תורת הקנָאוֹת – כנגד נביאי השקר, אנשי הֶרֶס הצבי

### קטעים מתוך הקדמת הרמח"ל

יש לשים לב לכתיבתו הווירטואוזית של רמח"ל בכל הקשור לשימושיו בשברֵי פסוקים, ולפעמים בפסוקים שלמים. שליטתו בַּתורה, בַּנביאים ובַכתובים מדהימה, ושיבוצי הכתובים משתלבים בדבריו בטבעיות כה רבה, עד שלפעמים קשה להבחין בהם... מכל־מקום, כלל זה יהא

נקוט בידינו: בדרך כלל לא יצוינו המקראות אשר רמח״ל דולֶה מתוכם – זה פשוט בלתי אפשרי – אך כאשר מדבר רמח״ל בלשון הכתובים, תנוקדנה מילותיו בניקוד מלא.

״קַנֹּא קִנֵּאתִי לַה׳ אֱ־לֹהֵי צְבָאוֹת ולשם קודשו, כי אֵיךְ יֵחַל [=איך יחוּלַל], כי שערוריה נעשתה בקרב הארץ, להינתן טהור לְטמא וְקֹדֶשׁ וְצָבָא מִרְמָס, להשליך אֱמֶת אַרְצָה, וּנְכֹחָה לֹא תוּכַל לָבוֹא, להפוך דבר אֱ־לֹהים חיים לְלַעֲנָה וָרֹאשׁ, ולהשחית קודש קודשים״.

ובהמשך: ״וזאת שנית עשו, תַּרְבּוּת אֲנָשִׁים חַטָּאִים, אַנְשֵׁי דָמִים וּמִרְמָה, בֹּגְדִים בָּגְדוּ לְמַעַן סְפוֹת הָרָוָה אֶת הַצְּמֵאָה. הֵמָּה לְדָמִים יֶאֱרֹבוּ, ולנפשות חסרי לב, הן אלה שָׂרֵי צְבָאוֹת ס״מ השטן הגדול, אשר בתחבולות נִלְחֹם נִלְחַם בנו דְּבַר יוֹם בְּיוֹמוֹ, וַיִּקַּח רֹמַח בְּיָדוֹ – דברי הרשב״י זללה״ה – גם הוא, להמית אִישׁ שֹׁגֶה וּפְתִי אֲשֶׁר לֹא יָדַע לְהִזָּהֵר, והוא לֹא נִשְׁמַר מן הַחֶרֶב אֲשֶׁר הֵכִין לוֹ. **המה אנשי הֶרֶס הצבי**,[1] אשר י״ג פְּרָצוֹת פרצו באמונָתֵנו,[2] וַיטעו בְּכֶרֶם ה׳ צְבָאוֹת בֵּית יִשְׂרָאֵל – סוּרֵי הַגֶּפֶן נָכְרִיָּה. וַתהי לחכמת האמת לְמוקש, לְהַעֲלוֹת חֵמָה לִנְקֹם נָקָם, קָשָׁה כִּשְׁאוֹל קִנְאָה״.

עוד על השבתאים:

״אך אלה רשעים העמיקו שְׁאוֹלָה, העמיקו לַסְתִּר עֵצָה וְהָיָה בְמַחְשָׁךְ מַעֲשֵׂיהֶם,[3] לְקִצְבֵי הָרִים יָרָדוּ, אל מוסדות חכמת האמת [=חכמת

---

1 אל נכון, ביטוי זה הוא משחק־מילים המִתכתב עם הצירוף ׳ארץ הצבי׳, בַּפסוק בספר דניאל (י״א מ״א) אשר נֶאמר בו: ״וּבָא בְּאֶרֶץ הַצְּבִי וְרַבּוֹת יִכָּשֵׁלוּ״.

2 דימוי זה לקוח מן המִשנָה במסכת מידות (ב׳ ג׳), המתארת שֶׁלִּפנים מהר הבית היה ״סורג גבוה עשרה טפחים, ושלוש־עשרה פְּרָצוֹת היו שם, שֶׁפְּרָצוּם מלכי יָוָן״ וכו׳.

3 הנה מלואו של הפסוק אשר רמח״ל לוקח כאן את רכיביו: ״הוֹי הַמַּעֲמִיקִים מֵה׳ לַסְתִּר עֵצָה, וְהָיָה בְמַחְשָׁךְ מַעֲשֵׂיהֶם, וַיֹּאמְרוּ: מִי רֹאֵנוּ וּמִי יוֹדְעֵנוּ״ (ישעיהו כ״ט ט״ו). • את שלוש המילים הבאות בַּמשפט דולֶה רמח״ל מתפילתו של יונה במעֵי הדגה...

הקבלה]. ... הֲדֵחַ הִדיחו שְׁלֵמִים וְכֵן רַבִּים בְּשָׁלוֹם שְׁאוֹל. ... וָתִתַּךְ עלינו הרעה הזאת, לשמוע בקול נביאי השקר להַתעוֹתֵנו מִדרכיו. הֲלֹא הִיא כְּתוּבָה בסֵפֶר התורה (בדברים כ"ח ס"ד): 'וְעָבַדְתָּ שָּׁם אֱלֹהִים אֲחֵרִים [אֲשֶׁר לֹא יָדַעְתָּ אַתָּה וַאֲבֹתֶיךָ, עֵץ וָאָבֶן]' – כי אין לךָ עבודה זרה מזו. קִינָה הִיא וְקוֹנְנוּהָ. קִנאה היא וַתהי לְקִנאה.

רְקַב עֲצָמוֹת קִנְאָה, כָּעַס לישראל וְכָרָקָב לְבֵית יְהוּדָה נֶגַע הַצָּרַעַת, צָרַעַת מַמְאֶרֶת הזה. ... כי לוּלֵי [רק] בעם הארץ, וּכְסִילִים לֹא יָבִינוּ, כן היתה הרעה הזאת, אמרנו: אֵין חֵפֶץ בַּכְּסִילִים; אך אשר יַד הַשָּׂרִים וְהַסְּגָנִים, מאֲצִילֵי בְּנֵי יִשְׂרָאֵל, וְהֵמָּה חֲכָמִים מְחֻכָּמִים, כבר הָיְתָה בַּמַּעַל בָּרִאשׁוֹנָה, וּמִי יוֹדֵעַ אִם לְעֵת כָּזֹאת כל חכמי ישראל כבר נִמלטו, נָסְעוּ מִזֶּה, אם לא.

אמת הדבר, כי חֶשְׁכַת הגלות החשיכה עיניהם של ישראל. אָבְדָה עֵצָה מִבָּנִים, נִסְרְחָה חָכְמָתָם. והדברים, דברי הרשב"י זללה"ה וחבריו, סתומים וחתומים ... אשר על כן לא ייפול לב האדם אל אשר לֹא נָכוֹן, לעבור אפילו על דקדוק קל של סופרים. כי אפילו אם ייֵרָאה לעיניךָ שֶׁמדברי הרשב"י נראֶה כן – תדע ודאי שאין הדבר כן. ועל אשר לא שמעתָ תאמר לא שמעתי, וְאֶל בִּינָתְךָ אַל תִּשָּׁעֵן, כי חֲתֻמִים הַדְּבָרִים עַד עֵת קֵץ.[4] ...

אמנם, אחי קורא נעים, למען גם זאת לא תהיה עוד לְפוּקָה וּלְמִכְשׁוֹל עָוֹן לבית ישראל ... – כי בזכות רזי התורה יושיע השם את ישראל – בחרתי היום לָתֵת כָּבוֹד לדברי אֶ־לֹהים חיים, ולפועלֵינו אֶתֵּן צֶדֶק, אשר שלח לפנינו אִישׁ כִּלְבָבוֹ, הרשב"י ז"ל, לְהָאִיר עֵינֵינוּ וְלֹא נִישַׁן הַמָּוֶת. ובקנאתי לה' אֶשָּׂא דֵעִי לְמֵרָחוֹק, אַגִּידָה וַאֲדַבְּרָה נֶגֶד מְלָכִים וְלֹא אֵבוֹשׁ. ולָאור אשים אמת, לָסִיר מדברֵי קדוש עִקְּשׁוּת פֶּה, וּלְזוּת שְׂפָתַיִם ארחיק ממנו,[5] כִּי יִסָּכֵר פִּי דוֹבְרֵי שָׁקֶר. זֹאת תּוֹרַת הַקְּנָאוֹת". ...

---

4 זהו פסוק מדניאל (י"ב ט'), וראוי להביאו עם הפסוק שלפניו והפסוק שלאחריו: "וַאֲנִי [=דניאל] שָׁמַעְתִּי [את דברי האיש לבוש הבדים, אשר דיבר על הקץ באופן מעורפל] וְלֹא אָבִין, וָאֹמְרָה: אֲדֹנִי, מָה אַחֲרִית אֵלֶּה? וַיֹּאמֶר: לֵךְ דָּנִיֵּאל, כִּי סְתֻמִים וַחֲתֻמִים הַדְּבָרִים עַד עֵת קֵץ. יִתְבָּרְרוּ וְיִתְלַבְּנוּ וְיִצָּרְפוּ רַבִּים, וְהִרְשִׁיעוּ רְשָׁעִים, וְלֹא יָבִינוּ כָּל רְשָׁעִים, וְהַמַּשְׂכִּלִים יָבִינוּ".

ועוד בהמשך: ״בחבלי שָׁוְא מְשכוהו, לגלות פנים שלא כהלכה בדברי רשב״י זללה״ה, **ללכת אחר עצת החַטָאים מחזיקי הצבי** – את מְשוגתוֹ אודיענו. לְמַעַן סור מִשְּׁאוֹל מָטָּה, וְשבו ובִקשו את ה׳ בֶּאֱמֶת וּבִצְדָקָה״.

## קטע נוסף, בהמשכו של הספר, שבו מתריע רמח״ל כנגד הֶגיון המרת הדת על־ידי שבתי־צבי וחסידיו

בהמשכו של הספר, שב רמח״ל ותוקף בחריפות רבה את ה״היגיון״ אשר הניע את שבתי־צבי וממשיכיו להמיר את דתם לְאִסלָאם, כדי להכניע את הקליפות או לברר מתוכן, כביכול.

יש לשים לב לישירותו של הרמח״ל, העושה שימוש פשוט וחד כלפי דת האִסלָאם במונחים של עבודה זרה ו׳אלהים אחרים׳, היישר מפסוקי התורה – ועד כמה היה הדבר פשוט לו, גם בקטע זה וגם במקומות אחרים.

זהו סעיף ל״ב בחלקו השני של הספר, עמ׳ ק״ב במהדורת שריקי. הנה אלה דברי רמח״ל:

...״כי גם מאז צפוי לפניו [יתברך], אשר יבוא השטן להדיח לב הפתָאים בַּדבר הרע הזה, והוא על־כן במִצְוָתו הקדימָנו: ׳וּפֶן תִּדְרֹשׁ לֵאלֹהֵיהֶם לֵאמֹר: אֵיכָה יַעַבְדוּ הַגּוֹיִם הָאֵלֶּה אֶת אֱלֹהֵיהֶם וְאֶעֱשֶׂה כֵּן גַּם אָנִי׳ (דברים י״ב ל׳). כי לא על העובד עבודה־זרה לסור מאחרי ה׳ דיבר הכתוב, כי־אם לאשר יעבור עליו רוח תועים, **לחשוב כּפּתָאים החַטָאים [=השבתאים] האלה, שיוכלו לתקן תיקונים גדולים ולעבוד את**

5 מלואו של הפסוק במשלי (ד׳ כ״ד) כך הוא: ״הָסֵר מִמְּךָ עִקְּשׁוּת פֶּה, וּלְזוּת שְׂפָתַיִם הַרְחֵק מִמֶּךָּ״.

**ה׳, ללכת אחרי אלהים אחרים בכוונות משונות ודעות זרות, להכניעם או לברר מתוכם. כי לא יהיו הדרכים האלה לָעַד לְעולם אלא דרכי שְׁאוֹל ואבדון, כי על כן העיד עליהם [בַּפסוק שלאחר הנ״ל]: ׳לֹא תַעֲשֶׂה כֵן לַה׳ אֱ־לֹהֶיךָ׳ – בשום פנים אי אפשר לַדרכים האלה להיות טובים ונכוחים לפני ה׳. וכדי שלא תִטעה לומר: הנה לעשות המעשים האלה לפני ה׳ לא ייתכן, אך לעשותם לפני האלילים – לשֵׁם ה׳ – יהיה ׳העֲבֵרָה לִשמה׳ אשר שִׁבחוהָ רבותינו, חזר והזהיר בפה מלא (בדברים י״ג א׳): ׳אֵת כָּל הַדָּבָר אֲשֶׁר אָנֹכִי מְצַוֶּה אֶתְכֶם ... לֹא תֹסֵף עָלָיו וְלֹא תִגְרַע מִמֶּנּוּ׳; כי לא ייִמָּצא עוד שינוי בַּתורה, תוספת או גֵרָעון, אפילו אות אחת״.**

## פירושו של רמח״ל והרחבותיו למאמר ה׳זוהר׳ על משה המציל את משיח בן יוסף

**״וְהוּא מְחֹלָל מִפְּשָׁעֵינוּ״ – עיוות מאמר ה׳זוהר׳ בידי השבתאים**

פה אתחיל לפרש לך מאמרֵי הרשב״י זללה״ה, אשר בגובה לב תלו בהם בוקי סריקי, ואורחותיהם עיוותו, להטיל מום בקדֹשֵׁי ה׳ אֲשֶׁר אָהֵב, קֹדֶשׁ קָדָשִׁים הוּא. ותדע באמת, כי חלילה לקדוש ישראל הרשב״י זללה״ה מֵחשוֹב עליו ועל דבריו מחשבות רעות וזרות אשר כָּהֵנָּה. ואם דבריו סתומים הֵנָּה, לְצַד עִלָּאָה יְמַלֵּל בעומק עצה, ודרך קודש נשגבה מִשִּׂכלֵנו, אך כולם נְכֹחִים לַמֵּבִין וִישָׁרִים לְמֹצְאֵי דָעַת.

ואסדר לך המאמרים האלה לפי סדר העניינים הצריכים לבאר ולגלות בעניין זה.

המאמר האחד הוא [ב׳זוהר׳ רָעיא מְהֵימנא] בפרשת כי־תצא, דף רע״ו עמ׳ ב׳, [בדיבור ישיר אל משה רבֵּנו] – זה לשונו:[6]

״ובגין דאינון גרמו לך, ועבידו עִמך טבין, אנת סבילת בגינייהו כמה מכתשין בגין דְּלָא יתקטיל משיח בן יוסף, דְאִתמר ביה (ביחזקאל א׳

6 לאחר שקרא חנן בשיעורו חלק מקטעי הקדמתו של הרמח״ל, הוא החל – בנקודה זו – את הלימוד הסָדור, מתוך דפי מקורות שצולמו בהם דפיו האחרונים של הספר במהדורתו של יצחק גאלדמאן, וַרשה תרמ״ח.

י׳): ׳וּפְנֵי שׁוֹר מֵהַשְּׂמֹאול׳, מִזרעא דְּיוסף דְּאִתְּמר ביה (בדברים ל״ג י״ז): ׳בְּכוֹר שׁוֹרוֹ הָדָר לוֹ׳, ובגין דְלָא יתחלל הוא [=יוסף] וזרעֵיה [=משיח בן יוסף] בין עכו״ם;[7] דְּ[בגין] חובֵיה דירבעם דעָבַד עבודה־זרה הווה הוא לְאִתחללא בעכו״ם. ׳וזרעֵיה׳, הוא בגין דירבעם בן נבט מִזרעֵיה איהו, ובגינֵיה אִתמר בך [=במשה]: ׳וְהוּא מְחֹלָל מִפְּשָׁעֵנוּ ... וּבַחֲבֻרָתוֹ נִרְפָּא לָנוּ׳ (ישעיה נ״ג ה׳)״. עד כאן לשונו.[8]

הנה המאמר הזה איום ונורא הוא באמת, כי נראֶה ממנו שלולא ייסורי משה, היה צריך שֶׁמשיח בן יוסף יתחלל בעבודה־זרה. והנה מכאן מקום לָאפיקורסים [=לַשבתאים] לִרדות, כי יאמרו: בְּהשתנות הדורות וההנהגה מתחלפת לפי מעשה התחתונים, לא היה די ייסורי משה, כי סוף סוף הוצרך הדבר להתקיים בשבתי־צבי.

הן אלה ודאי דברי הבל ותעתועים, יען הם נגד תורת משה! אמנם, על־כל־פנים, צריכים אנו לפרש דברי הרשב״י ז״ל על אמיתתם. וזה ברור, כי אלה הדברים יורדים ונוקבים עד התהום, וכמה רָזֵי דְרָזִין נכללים בהם.

---

7 בדפוסים ראשונים של ה׳זוהר׳ כתוב כאן: ״עבודה זרה״, וכך גם בכל המופעים דלהלן, והשינוי למונח עכו״ם – עובדי כוכבים ומזלות – נעשה על־ידי הצנזורה הנוצרית, כדי להרחיק את ההבנה שהכוונה היא אל הנצרות. ראה להלן בעמ׳ 552, בהערות 11 ו־12 לנספח זה, שרמח״ל מזכיר בהקשר זה את ישו הנוצרי (!), ככל הנראה בהסוואת שמו.

8 הנה תרגום הקטע על־פי פירוש ׳הסולם׳, בדיבור ישיר אל משה רבֵּנו: ״ומשום שהם גרמו לך, ועשו עִמך טובות, אתה סבלת בשבילם כמה ייסורים, כדי שלא ייהרג משיח בן יוסף, שנֶאמר בו (ביחזקאל א׳ י׳): ׳וּפְנֵי שׁוֹר מֵהַשְּׂמֹאול׳, שהוא מזרע יוסף שנֶאמר בו (בדברים ל״ג י״ז): ׳בְּכוֹר שׁוֹרוֹ הָדָר לוֹ׳, וכדי שלא יתחלל הוא [=יוסף] וזרעו [=משיח בן יוסף] בין העכו״ם; שֶׁמחמת חטאו של ירבעם שעבד עבודה־זרה, היה לו להתחלל בעכו״ם הוא וזרעו, משום שירבעם בן נבט מזרעו [של יוסף] הוא. ובגינו נֶאמר בך [=במשה]: ׳וְהוּא מְחֹלָל מִפְּשָׁעֵנוּ ... וּבַחֲבֻרָתוֹ נִרְפָּא לָנוּ׳ (ישעיה נ״ג ה׳)״.

## אדם הראשון, עצי גן עדן, ושני המשיחים

והנני צריך להודיעך עתה סודות גדולים בעניין יוסף ומכירתו, והרוגי מלכות, והבן מאד.

דע כי מאז חטא אדם־הראשון, התהלכו הדברים בָּעולם בְּדרך שבו יהיו נִתקנים כל הקלקולים אשר נמשכו מחטאו. והנה, מאז הוכן התיקון בסוד שני המשיחים. ופירוש העניין – כי עץ החיים ועץ הדעת הם סוד הפנימיות וחיצוניות, שהיו צריכים להתחבר בחיבור גדול. כשיהיה החיצוניות שלם לגמרי, ראוי להתחבר עם הפנימיות, וזה בהסרת הרע שב׳עץ הדעת [טוב ורע׳] הזה, שהוא הסִטרא־אחרא היונקת ממנו, שהיה סר אם לא היה אדם חוטא. ואז היה גופו ונִשמתו גם־כן מתחברים זה בזה, לינק אור הקדושה לָנצח. וכיוון שחטא, הנה נפגם החיצוניות, שֶשלט עליו הרע, ואז גופו נעכר, והוא צריך למות, שבזה נמצא התיקון שֶיימָצֵא לו, עד שובו להיבנות ולהתחבר עם הנשמה לחיים נצחיים.

והנה, הנִפגם באמת הוא עץ הדעת, והוא הצריך להיתקן עד שיוכל להתחבר בו עץ החיים כבראשונה. ונמצא בכאן שנַיים צריכים תיקון – אחד החיצוניות שיוכל להתחבר בו הפנימיות, ואחד – הפנימיות, שֶיתחבר בַּחיצוניות. ובסוד החיצוניות נִתקנים כל ענייני הגלות כולם וגאולתם, שֶשלֵמותה היא חיבור הפנימיות בחיצוניות. וזה עניין השני משיחים, כי משיח בן יוסף הוא בסוד השמאל, והוא בסוד החיצוניות הצריך לכל התיקונים האלה. ומשיח בן דָוִד הוא בסוד הימין, הצריך שיהיה [השמאל] מתחבר אליו, והגאולה שלֵמה. וזהו סוד ״וְהָיְתָה מְנֻחָתוֹ כָּבוֹד״ (ישעיה י״א י׳).

ובהגיע עת להיכנס בעוביה של קורה באלה התיקונים, והיינו ביעקב שהוא בחיר שֶבאבות ומעֵין שופרֵיה דאדם, משם והלאה נמצא עניין שני המשיחים האלה הולך ומִזדמן. וזה כי הוא לקח שתי נשים, לאה ורחל, וסודם פנימיות וחיצוניות השכינה. ומִלאה היה צריך לצאת משיח בן דָוִד לתיקון הפנימיות, ומֵרחל משיח בן יוסף לתיקון החיצוניות.

וכבר שמעתָ שהקלקול העצמי היה בַּחיצוניות, ולכן מכאן נמשכו כל הקלקולים שבאו אחר־כך, בכל העניינים.

וקַיִן בו מתחיל עניין זה, כי הוא סוד ה׳גבורות׳, והֶבֶל סוד ה׳חסדים׳. ונמצא שהם עצמם בחינות פנימיות וחיצוניות. ובקַיִן יצאה זוהמת הנחש שהוטלה בַּחיצוניות הזה, שהוא סוד הגוף שנעשה כָּתְנוֹת עוֹר,[9] ושם גם־כן נתקלקלו הדברים. והִתפשטות הדבר עד יוסף, שלו ניתנה בחינה זו של משיח בן יוסף לתקן, כנ״ל; וליהודה בחינת משיח בן דָּוִד, והם שניהם מלכים, בסוד ״כִּי הִנֵּה הַמְּלָכִים נוֹעֲדוּ״ (תהִלים מ״ח ה׳), וכַמבואר בַּמדרש (בראשית רבה לפרשת וַיִּגַּשׁ צ״ג ב׳). ותבין גם־כן שמשיח בן דָּוִד הוא ב׳תפארת׳, והוא הזכר בסוד הפנימיות העומד לנגד לאה, ומשיח בן יוסף ב׳יסוד׳, בסוד החיצוניות העומד לנגד רחל. וכבר נתבאר במקום אחר עניין זה של לאה איך היא פנימיות הנוקבא, והלוא אינה אלא אחורי ׳אִמא׳ שֶׁנפלו, כי שני הדברים אמת, והרבה דרושים נאמרים בעניין לאה לפי בחינות שונות שבה, ואין כאן מקום להאריך בזה.

## יוסף ואשת פוטיפר, עשרת הרוגי מלכות ורבי עקיבא בן יוסף

ונמצא שה׳יסוד׳ באמת נפגם בחטאו של אדם, והוא סוד: ״מושך בערלתו היה״ [כאמור עליו במסכת סנהדרין דף ל״ח עמ׳ ב׳], כי ממנו נמצאה הערלה על אות ברית קודש. ואז יצאו הניצוצות של הקדושה לַחוץ, כידוע. והנה יוסף היה ה׳יסוד׳ הזה הראוי להיתקן. והשטן קִטרג, עד שֶׁגרם שהשבטים מכרו אותו לְמצרַים. ואז חזר ממש הקלקול הראשון להתחזק, שהוא ה׳יסוד׳ הנֶחפָּה בערלה, ובא לידו עניין אשת אדוניו. והוא בחינת עֶרְוַת הָאָרֶץ, שהיתה רוצה להידבק בו.

אך סוד העניין, כי אסנת היתה שם, שהיתה בסוד השכינה הראויה להתחבר עִמו בבירור בתיקון. ואִמה [=אשת פוטיפר] גם כן היתה מִסוד זה, אבל היתה בסוד מה שֶׁקליפת מצרַים היתה מתחזקת להידבק אחריה. ולכן אסנת היתה ראויה לו, שעל ידי כן שלט על מצרים, אבל אִמה לא היתה ראויה לו. והוא חשב בתחילה שהיה ראוי לו לבוא

---

9 בעניין כותנות העור – אשר באו, בגלל החטא, במקום כותנות האור – ראה בגוף הספר, הערה 25 בעמ׳ 433, ושים לב לַהפניות הניתנות שם לְאִזכורים נוספים של הנושא.

אליה, לתת הארה לשכינה שהיא בתוך הקליפות. וסוד העניין [על־פי האמור במסכת סוטה דף ל"ו עמ' ב']: "וַיָּבֹא הַבַּיְתָה לַעֲשׂוֹת מְלַאכְתּוֹ" (בראשית ל"ט י"א), אבל נראֵית לו דיוקנו של אביו, והודיע לו כי לא זו הדרך, ומכל דבר ערווה צריך להישמר מאד, כי אין זה תיקון אלא קלקול רב ועצום. ובאמת, שבאותה המחשבה יצאו ממנו עשר טיפות, וזה גרם כמה קלקולים בַּגלויות, כמו שאפרש לך בסייעתא־דשמיא.

ואומַר לך עתה סוד גדול, כי באמת מכאן לקחה כוח הסִטרא־אחרא לפתות בני ישראל בעוונות־הרבים בעניין זה, להראות להם היתר איסורי ערווה ודומיהם, בְּרַמּוֹתוֹ אותם לחשוב שיוכל זה להיות תיקון, כי כך הסִטרא־אחרא מתחזקת בַּכּוח אשר נותנים לה מעשי בני אדם. ועל־כן – בְּקַבְּלָהּ מִמעשה יוסף המחשבה הזאת – בה נִתחזקה [הסִטרא־אחרא] לפתות האחרים אשר לא ידעו להישמר ממנה.

ועתה אודיעךָ עניין הטיפות האלה. כי יוסף הוא עצמו סוד ה'יסוד', ומעשיו בסוד תיקוני משיח בן יוסף היו. ובחטאו במחשבה הזאת – נפגם ה'יסוד', ויצאו משם עשר טיפות האלה. וכבר ידעת מה הם אלה הניצוצות היוצאים מן הדעת. ואלה הוצרכו לבוא בָּעולם, ולהימסר למיתה בכמה גָלויות, כדי לתקן מה שנִפגם בצֵאתם הם לסִטרא־אחרא. והנה אלה העשר הם עשרה הרוגי מלכות. אף כל ההרוגים שהיו בכל הדורות כולם הם מִסוד זה. וסוד העניין, כי בחינת משיח בן יוסף הוא שֶׁנִפגם, והוא עצמו היה צריך למות בסוף הכול. כי אין מיתת ההריגה בידי נכרים אלא תיקון למה שנמסר ביד הסִטרא־אחרא, להעלות הקדושה ממנה. וכל האחרים שנהרגו, נקראים כולם ענפים ממנו, כי כולם לבחינת תיקון זה של משיח בן יוסף הם הולכים. אך העשרה עיקרים, שהם כמו שורשים לכל האחרים, הם העשרה ההרוגים הנזכרים, שהם בחינת העשר טיפות עצמם, שכל השאר הם כמו ענפים.

והעיקר בעשרה עצמם הוא רבי עקיבא בן יוסף, שהוא היה בחינת משיח בן יוסף עצמו. ועל־כן הוא הנזכר בַּמדרש [במסכת מנחות דף כ"ט עמ' ב'], שֶׁראה אותו משה [שֶׁשוקלין בשרו בְּמַקולין] ואמר: "זו תורה [וזו שכרה?!]", והאחרים לא נזכרו, כי הוא העיקר בְּזֶה התיקון.

## עילויו ונפילתו של ירבעם – ותיקונו ברבי עקיבא בן יוסף שנהרג

והנה, צריך שתדע כי על־ידי גלות מצרים וגאולתנו עד מתן תורה נִתקנו הקלקולים הראשונים, עד שבמתן תורה נמצאו בני חורין, בסוד ״חָרוּת עַל הַלֻּחֹת״ (שמות ל״ב ט״ז).[10] אך כאשר חטאו ישראל בָּעגל חזר הקלקול הראשון למקומו. והעגל הוא ממש בבחינה זו, שהוא בסוד ׳פְּנֵי הַשּׁוֹר מֵהַשְּׂמֹאל׳, שהוא משיח בן יוסף. והעֵרב־רב היה שֶׁעשׂוּהוּ, כי הם היוצאים ממצרים. והנה, קלקול ראשון גרם קלקול אחר, שאחר־כך בא ירבעם, שהוא עצמו היה משיח בן יוסף, וחָטָא בסוד זה שֶׁעשה העגלים.

ועתה אודיעךָ בזה סוד גדול מאד מאד. כי ירבעם הלביש את הקדושה בסִטרא־אחרא בעבודתו, וזה גרם אחר־כך שהעגל היה אומר ״אָנֹכִי ה׳ אֱ־לֹהֶיךָ״ על־ידי גיחזי, כמו שנֶאמר בגמרא [במסכת סוטה דף מ״ז עמ׳ א׳]. ובעבור זה הוכרח רבי עקיבא וחבריו למות על קידוש השם. וסוד העניין עמוק הוא, כי הנה רבי עקיבא היה בן גֵּרים, וזה כי הוצרך שהנשמה הקדושה של ירבעם, שפרחה ממנו בשעת חטאו, תתלבש בגוף נכרי ואחר־כך תצא בישראל. וזה היה באביו של רבי עקיבא, ואחר־כך נכנסה בו ברבי עקיבא, ושם נִתקנה. ותדע שֶׁבשעה שפרחה הנשמה הקדושה של ירבעם ונכנסה בו נשמה טמאה, הנה הנשמה ההיא ניתנה באביה בנו. והוא שנֶאמר בו (במלכים־א׳ י״ד י״ג): ״יַעַן נִמְצָא בוֹ דָּבָר טוֹב [אֶל ה׳ אֱ־לֹהֵי יִשְׂרָאֵל]״. ואחר־כך הוצרך להתלבש בלבוש נכרי כנ״ל.

ועתה אודיעךָ בְּזה העניין סודות גדולים ועצומים מאד, אשר היה ראוי באמת להעלימם ולהסתירם, לולֵי כי לכבוד ה׳ ולכבוד קדוש רשב״י זללה״ה צריכים אנו להצדיק דברי אמת וצדק, ולטהרם מאשר חפאו [=טפלו] עליהם אנשי תְּעֵי רוּחַ.

---

10 בספרו ׳תיקונים חדשים׳ התייחס רמח״ל לַתיקון שהיה במעמד מתן התורה, שהיה בו שחרור מן המוות בסוד הדרָשה על הכתב שֶׁבַּלוחות – חָרוּת / חֵרוּת – ומיד אחר־כך באה הנפילה בחטא העגל. ראה זאת בנספח ד׳, לעיל בעמ׳ 531 ובהערה 8 שם.

דע, כי כל אלה הדברים שאנו מדברים מירבעם – או מכל האחרים אשר נֶאמר עליהם שהם משיח בן יוסף – אין אנו אומרים על ה׳יחידה׳ עצמה, שאינה ניתנת בָּאיש הראוי לה אלא בשעת תשלום התיקון, וכַמבואר בדברי מרן האר״י זלה״ה, אלא [מדברים אנו על] שורשי הנשמות הראויות והמזומנות להיות גואלות בדורה [של ה׳יחידה׳], שעליהם תבוא ותִשרה ה׳יחידה׳ השורה ומעטרת את המשיחין. ונמצא, כשאנו אומרים ירבעם שהוא משיח בן יוסף, פירוש, אותו השורש שֶבאמת היה ראוי לִשרות עליו ה׳יחידה׳ הזאת, ונקרא כמו ענף ממנה, כי היא כלי שלה. והנה זה היה שֶהוצרך להתלבש בגוף נכרי כנ״ל, כנגד מה שהלביש ירבעם את הקדושה בַּטומאה בְּעגלים אשר עשה, ובעבורה הוצרכו להימסר למיתה רבי עקיבא וחבריו. אמנם ודאי שזהו פגם שמגיע לַשורש עצמו, כיוון שהכלי שלו נפגם כך. וכנגד זה היה צריך גם הוא [=משיח בן יוסף] להיות מְתחלל חס-ושלום בסִטרא-אחרא.

ואפרש לך היטב עניין החילול הזה.

כי ההִתלבשות שהוא מתלבש עתה – אינו נקרא חילול כזה, כי אינו אלא כמו תפיסה בבית הסוהר שהוא תפוס שם, אבל הסִטרא-אחרא אינה מקבלת כוחו כלל. אבל אם חס-ושלום היה מתחלל, כמו שהיה נמשך מחטא ירבעם, היה זה קלקול גדול, והוא כי הנה אותו האיש נידון בצואה רותחת,[11] והיא הזוהמה היותר טמאה שֶבַּקליפה. ואם היה צריך משיח בן יוסף להתחלל, היה צריך להתלבש הוא שם [=בַּקליפה] חס-ושלום, בְּדרך ... [שֶהנצרי][12] עצמו היה מקבל איזה כוח מן ההתלבשות הזה. ואז היה בא הוא ומתלבש בארמילוס הרשע. ובַכוח

11 ׳אותו האיש׳ הוא ישוע מנצרת, המכונה ׳ישו׳. במסכת גיטין דף נ״ז עמ׳ א׳ מסופר שלאחר מותו הוא ׳הועלה׳ במעשה כישוף, נשאל במה הוא נידון, והשיב שהוא נידון בצואה רותחת, כי ״כל המלעיג על דברי חכמים נידון בצואה רותחת״. בנוסחי הדפוס של הגמרא נמחק שמו בגלל הצנזורה הנוצרית – ומופיע הצירוף ״פושעי ישראל״ במקום שמו – אך ב׳חסרונות הש״ס׳ מופיע השם: ישׁ״ו.

12 שלוש הנקודות מבטאות מילה מחוקה בכתב היד, והמילה ׳שֶהנצרי׳ – בתוך סוגריים רבועים – הוספה על-ידי הרב שריקי במהדורתו (׳קנאת ה׳ צבאות׳, מכון רמח״ל, אייר תש״ף, עמ׳ ע״ב). הוא תומך את השערתו

שהיה מקבל מן ההִתלבשות הזה, היה עושה דברים נפלאים בָּעולם, כמו שהיה אומר עגלוֹ של ירבעם [׳אָנֹכִי ה׳ אֱ-לֹהֶיךָ׳, כדלעיל], וזה היה קלקול גדול עד מאד, וצער חס־ושלום לישראל שאין כמוהו.

ומשיח בן יוסף עצמו, אחר קַבְּלוֹ המְשיחוּת, היה צריך למות [כדי לתקן העניין הזה על־ידי ארמילוס עצמו שהיה בא נִכְחוֹ, וזה גם־כן חילול אליו. וכמה צרות על צרות היו מתחדשות, עד שהניצולים היו אֶחָד מֵעִיר וּשְׁנַיִם מִמִּשְׁפָּחָה. אבל כוח הייסורים שסובל משה גרם שלא יתחלל בחילול זה משיח בן יוסף.[13] ואז לא נשאר הפגם אלא בַּכְּלי של המְשיחוּת, דהיינו נשמת ירבעם עצמו, ומפני זה מת רבי עקיבא וחבריו. אך המְשיחוּת עצמו לא יתחלל עד צאת הכוח הזה ממנו, וחזרוֹ אל מקומו בקדושה במשיח בן יוסף עצמו, שהוא ממש עניין רבי עקיבא, ומשיח בן יוסף ניצל מן המוות.

ועתה תבין עניין המאמר הזה שאמר (ב׳זוהר׳ כי־תצא שם): ״בגין דְלָא יתקטיל משיח בן יוסף״ וכו׳ – [זה המאמר אשר צוטט לעיל בַּפתיחה] – וצריך אני לפרש לך מה העניין ״הוא וזרעֵיה״.[14]

---

זו בדברי רמח״ל בחיבורו ׳אדיר במרום׳, שם הוא כותב משפט דומה על ״הנוצרי ימח־שמו״.

הרב חיים פרידלנדר, במהדורת ׳קנאת ה׳ צבאות׳ בתוך ׳גנזי רמח״ל׳ (בהוצאת הוועד להוצאה־לאור, כתבי רמח״ל ובית מדרשו, בני ברק תש״ם), מעיר כאן כי המילה מחוקה ובצד הגיליון רשום: ״טהגם״ שאינו אלא ״נצרי״ לפי קוד א״ת ב״ש!

13 אל נכון, שואב רמח״ל את דבריו אלה מן התיקונים ל׳זוהר חדש׳, כרך ב׳ דף ע״ט עמ׳ א׳. ראה זאת להלן בנספח ז׳, סוף הערה 3 בעמ׳ 558.

14 נזכיר שוב את המשפט שאליו מתייחס כאן רמח״ל: ״ובגין דְלָא יתחלל הוא [=יוסף] וזרעֵיה [=משיח בן יוסף] בין עכו״ם, דְ[בגין] חוביה דירבעם דעבד עבודה־זרה הווה הוא לְאִתחללא בעכו״ם. ׳וזרעֵיה׳ הוא בגין דירבעם בן נבט מִזרעֵיה איהו״.

ובתרגום לעברית: ״וכדי שלא יתחלל הוא [=יוסף] וזרעו [=משיח בן יוסף] בין העכו״ם; שֶמחמת חטאו של ירבעם שעבד עבודה־זרה, היה לו להתחלל בעכו״ם הוא וזרעו, משום שירבעם בן נבט מזרעו [של יוסף] הוא״.

## נשמת המשיח – ה'יחידה' – היא שורש המשיחיות, והאישים הראויים להיות משיח בן יוסף בכל דור הם הענפים

דע, שֶׁהמשיח נקרא משיח בן יוסף ומשיח בן אפרים. וסוד העניין הזה, כי שתי בחינות נמצאות לַמשיח: אחת – ה'יחידה' עצמה שהיא המְשיחוּת, ואחת – האיש הראוי להיות משיח, שמבחינה זאת נמצאים בכל דור תמיד.

והנה, יוסף הוא סוד המְשיחוּת, ויוסף נקרא שור, בסוד השור שֶׁבַּמרכבה שהוא לַשמאל, כי משיח בן יוסף אינו אלא תיקון השמאל. והזרע עצמו של יוסף נקרא גם־כן בחינת שור. ובאמת אפרים שהוא זרעו של יוסף הוא בחינת אנשי המְשיחוּת הנקראים גם־כן שור כנ"ל. והנה בחטא ירבעם היה ראוי להיות מתחללים בעבודה־זרה[15] הוא וזרעֵיה, שהם שתי הבחינות – המְשיחוּת ונשמות המְשיחוּת – מפני היות ירבעם מִזרעֵיה, והוא נפגם בו. ואומַר לך שירבעם כבר מוכן היה, וקרוב לקבל המְשיחוּת, רק שעדיין לא קיבל. אבל כיוון שהיה קרוב לזה, הנה היו מתחברים אליו נשמות יוסף ואפרים בנו, כי כך צריך למי שֶׁיזכה לקבל המְשיחוּת. אבל כיוון שבין כך ובין כך פגם [ירבעם], הנה נפגמו הם גם כן, ואז היה צריך להתחלל הכול חס־ושלום – המְשיחוּת וענפיו. וכוח ייסורי משה תיקן שלא יהיה כך, אלא המְשיחוּת יהיה ניצוֹל, ולַ'זרע' יהיה עניין רבי עקיבא בן יוסף שזכרתי, [אשר נהרג], ודי יהיה בזה.

ואודיעך פה עניין נכבד, למען תבין דבר לאשורו, כי משיח בן דָּוִד לא נקרא כלל משיח בן יהודה. אך סוד העניין, כי כן היה ראוי להיות לולֵא מכרו השבטים את יוסף. כי זהו סוד הכתוב "וַיֵּרֶד יְהוּדָה מֵאֵת אֶחָיו" (בראשית ל"ח א', ועיין ב'זוהר' שם) – ירידה היתה לו שאיבד

15 בנקודה זו – ממש באמצע משפט – מסתיים צילום הדפים אשר חנן לימד מתוכם, ולמעשה זהו סיומו של הספר המודפס, מהדורת יצחק גאלדמאן, וַרשה תרמ"ח, אשר נקטע כי הועתק מכתב־יד פגום. המשך הטקסט ניתן כאן לפי מהדורת שריקי, ירושלים תש"ף; וההמשך קיים גם במהדורת פרידלנדר (בתוך 'גנזי רמח"ל'), בני ברק תש"ם.

המלכות, ולא יכול לצאת אלא אחר־כך בימי דָוִד, ונִתלָה העניין בו. ואז נכלל בדָוִד עצמו שתי הבחינות, בחינת המְשיחוּת והזרע שלו, כמו שזכרנו במשיח בן יוסף. ...

[כאן מפרש רמח״ל מאמר אחר של חז״ל, במסכת סנהדרין דף צ״ח עמ׳ ב׳, שֶׁ״עתיד הקב״ה להעמיד להם, [לישראל], דָוִד אחר״ – ולא נצטט כאן את הפִּסקה הזאת.]

והנה כבר יצאתי מענייני, אך כדי לפרש לך לשון המאמר [בספר ה׳זוהר׳] היטב, ולהסיר מִדעתך הקושיות או ספֵקות על אשר אני מפרש לך. וכבר הבנת [כי] כוונת הקדוש הרשב״י זלה״ה רחוקה מאד מאשר חשבו [השבתאים] עִקְּשֵׁי לֵב וחסרי הַשֵּׂכֶל, כי כל דבריו קודש קודשים, ובאמת אֵין בָּהֶם נִפְתָּל וְעִקֵּשׁ.

# נספח ז׳
## לעמ׳ 473

# לֶקֶט מתפילותיו של רמח״ל לגאולת ישראל

חנן עמד על כך שרמח״ל התמודד עם סוגיית משיח בן יוסף – האם ייהרג או יינצל – לא רק במישור העיוני והקבָּלִי, אלא גם במישור הנפשי העמוק. הנה אלה דבריו:

"תפילות רבות חיבר הרמח״ל כדי שלא ימות משיח בן יוסף. את תורותיו הוא כותב ברוח קודשו – למשל בחיבורו 'תיקונים חדשים' – ואת תורותיו הוא עושה לתפילות. פעמים רבות מאד עומד בלב תורותיו ותפילותיו הפסוק מחזון יחזקאל 'וְהָיוּ לַאֲחָדִים בְּיָדֶךָ', שהרי מן הנבואה עולֶה שלעת הגאולה יתאחדו עץ יוסף ועץ יהודה תחת מלכות בית־דָוִד, וזהו חיבור של חיים, לא חלילה של מוות".

נביא כאן אפוא לֶקֶט של קטעים מתוך כמה תפילות. הקטע הראשון הוא מתוך תפילה שצירף רמח״ל לאיגרת אל רבו – הרב ישעיהו בָּסָן – זו איגרת מ״ג בספר האיגרות. התפילה נכתבה בארמית־זוהרית, והיא תובא בתרגום. הקטעים האחרים לקוחים מתוך הספר 'תקט״ו תפילות לרמח״ל'.[1] רגליים לַדבר שגם התפילות בספר זה

1 מספרן של התפילות הניתנות בַּספר הוא תקט״ו [=515], ומספר זה עולֶה כמניין: 'וָאֶתְחַנַּן'.

נכתבו ארמית במקורן, אך הן ניתנות בַּספר בעברית. הספר, כפי שהוא לפנינו, לא בעֵט רמח״ל נכתב אלא כנראה בעֵט תלמידו, ר׳ יקותיאל גורדון – אך מסתבר שהוא שאב את השרָאתו לתפילות אלה בבית מדרשו של רמח״ל.[2]

## תפילה להצלת משיח בן יוסף בסוד ה׳אחדים׳ הנעשים ל׳אחד׳

**מתוך תפילתו של משה רבנו (׳רָעיא מְהֵימנא׳)**
**המצורפת לאיגרת מ״ג**

רמח״ל צירף לאיגרתו זו שתי תפילות: האחת היא דברי משה רבֵּנו, השניה דברי ׳מטטרון השר הגדול׳, והקטע דלהלן לקוח מן הראשונה.

בפתיחת התפילה שיבח רָעיא מְהֵימנא את רמח״ל ואמר (בתרגום מֵארמית): ״רבי רבי, זכאי חלקךָ שֶׁעוררתָ אהבה עליונה״ וכו׳. אלה הם דבריו בסיומה של התפילה:

״יהי רצון מלפניך לעורר אהבה אל השכינה. להושיע לה בַּימין, להציל [את] המשיח בנו של יוסף מִמוות. שהכול יתקשר בַּימין,[3] ויהיו האילנות

2 על אודות ר׳ יקותיאל גורדון, ראה לעיל **בנספח ד׳**, הערה 10 בעמ׳ 532, וכן בגוף הספר, הערה 34 בעמ׳ 469.

3 הצלתו של משיח בן יוסף תהיה בכך שהכול יתקשר בימין, מפני שהוא כשלעצמו בא מן השמאל, כדברי רמח״ל בכמה מקומות. נראה כאן שני מקורות בַּ׳זוהר׳ לכך שהגזֵרה על מותו של משיח בן יוסף קשורה ל׳שׂמֹאליותו׳, שהיא מידת הדין, והצלָתו קשורה לקישורו אל הימין:
ב׳זוהר׳ ׳רָעיא מְהֵימנא׳ לפרשת משפטים דף קי״ט סוף עמ׳ ב׳ – בהרחבות על־פי פירוש ה׳סולם׳ (תע״ז) – נֶאמר כי ׳שמאל דוחה וימין

שווים,[4] כולם כלולים ימין ושמאל, 'וְהָיוּ לַאֲחָדִים בְּיָדֶךָ' (יחזקאל ל"ז י"ז), להיות בַּסוד של האחד. אהבה ודאי, קשר של הימין והשמאל. י"ם – כ"ה וכ"ה, חמישים מילים של הייחוד [על-מנת] שֶׁתִתחברנה הדרגות [זו בזו].[5] 'וְהָיוּ לַאֲחָדִים בְּיָדֶךָ' [בַּנוסח הנדפס: 'בידיך'] הכול

---

מקרבת' את הגאולה. כי אף-על-פי שהוקדם זמן הגאולה לתשרי, על-פי בעלי המשנה שהעמידו כי 'בתשרי עתידים להיגאל' [=דברי ר' אליעזר במסכת ראש השנה דף י"א עמ' א'], בכל זאת **תידחה הגאולה** לניסן – כי תשרי הוא בחינת שמאל – **כדי שלא ימות משיח בן אפרים בַּדינים של השמאל**. כי משיח בן אפרים הוא גִלגולו של ירבעם, אשר ישנם קִטרוגים עליו כי חטא והחטיא את הרבים. ולכן תהיה הגאולה בפסח, שהוא זרוע ימין, היינו מידת החסד. אז יקוים: "כִּימֵי צֵאתְךָ מֵאֶרֶץ מִצְרָיִם אַרְאֶנּוּ נִפְלָאוֹת" (מיכה ז' ט"ו), כאמור: 'בניסן נגאלו ובניסן עתידים להיגאל' [כדברי רבי יהושע במסכת ראש השנה שם], לקיים בישראל: "וּבְחֶסֶד עוֹלָם רִחַמְתִּיךְ, אָמַר גֹּאֲלֵךְ ה'" (ישעיהו נ"ד ח').

בַּתיקונים ל'זוהר חדש' (כרך ב' דף ע"ט עמ' א') נֶאמר שהראה הקב"ה לְנֹחַ את קץ הימין **כדי שיבקש רחמים על ישראל, שלא יָמות משיח** [בן יוסף] שהוא מצד השמאל. ולא ביקש נוח רחמים, עד שבא משה וביקש רחמים. ועתידים היו ישראל להיגאל מצד השמאל – הגבורה והדין – אבל אז היו באים לציון רק 'אֶחָד מֵעִיר וּשְׁנַיִם מִמִּשְׁפָּחָה' (ירמיהו ג' י"ד). ובזכות בקשת הרחמים של משה **נדחתה הגאולה הזאת**, מצד השמאל והדין – בבחינת 'שמאל דוחָה' – ולבסוף תהיה הגאולה בַּימין, במידת החסד, בבחינת 'ימין מקרבת' [וממילא יינצל משיח בן יוסף מִמוות].

4 אל-נכון, מתכוון הרמח"ל לשִׁוויון שקול בין שני העצים – עץ יוסף ועץ יהודה – המתאחדים בחזון יחזקאל; 'מאחורי המילים' קיימת כנראה גם כוונה לשני אילנות גן העדן, ואולי גם לשִׁוויון בין האגף הימני בְּאילן עשר הספירות לבין האגף השמאלי שלו.

5 "חמישים מילים של הייחוד" זהו תרגום המקור: "נ' תיבין דייחודא". אולי הכוונה היא לעשרים-וחמש (כ"ה) המילים בשלושת הפסוקים הראשונים של פרשת 'שמע', היינו מ'שְׁמַע יִשְׂרָאֵל' עד 'עַל לְבָבֶךָ' – כשהן מוכפלות בשתיים, כי נֶאמרות הן בוקר וערב. ואולם – לאחר התייעצות עם בקיאים – נראה שיש להגיה את כתיבת רמח"ל ולקבוע שהוא התכוון לכתוב "נ' אתוון דייחודא", היינו חמישים **אותיות** של הייחוד, ולא 'חמישים מילים'.

צירוף זה מופיע ב'זוהר', למשל בפרשת שמות (דף י"ב עמ' ב'). שם נדרש הכתוב (בפרק ב' פסוק י"ב) על משה במצרַים, רגע לפני שהִכה את

בַּסוד של האחד – ׳יִהְיֶה ה׳ אֶחָד וּשְׁמוֹ אֶחָד׳ (זכריה י״ד ט׳). ברוך הוא [לְ]עולם ולעולמֵי עולָמים״.

## תפילה לתיקון הכול בסוד ׳אחד׳ והצלת משיח בן יוסף ממוות

**׳תקט״ו תפילות׳, מתוך תפילה ק״פ**

״אֵ־ל אחד יחיד ומיוחד, הרי ירושלים העיר הקדושה, שנֶאמר בה: ׳וַיְהִי בְשָׁלֵם סֻכּוֹ׳ (תהלים ע״ו ג׳), שם גילית ייחודך ... ולפי שֶׁלילית שִׁפחה רעה היא ... בשעה שֶׁיעמוד משיח בן יוסף בשערי ירושלים היא באה לקטרג נגדו, עד שֶׁייחוד שלך יתגלה להצילו, באותו הזמן ׳וְהָיוּ לַאֲחָדִים בְּיָדֶךָ׳ (יחזקאל ל״ז י״ז), תתקן הכול בסוד ׳אֶחָד׳, מיד ׳אֱמֶת מֵאֶרֶץ תִּצְמָח׳ (תהלים פ״ה י״ב) מארבע כנפות הארץ שֶׁבהם נִפזְרו ישראל״. ...

---

המצרי – ״וַיִּפֶן כֹּה וָכֹה, וַיַּרְא כִּי אֵין אִישׁ״ וגו׳ – כלהלן: ״׳וַיִּפֶן כֹּה וָכֹה׳, ראה באלה חמישים אותיות (פעמיים ׳כֹּה׳, אשר ערכו בגימטריה 25) שמייחדים לו [לקב״ה] ישראל בכל יום – ׳שְׁמַע יִשְׂרָאֵל [י׳ה׳ו׳ה׳ אֱ־לֹהֵינוּ י׳ה׳ו׳ה׳ אֶחָד]׳ פעמיים [= בוקר וערב] – אשר יש בהן כ״ה כ״ה [אותיות, 25+25] שתי פעמים, ולא ראה בו [= בָּאִיש המצרי, דבר מכל זה – ולכן הִכהו]״.

נחזור לפרש את דברי רמח״ל: כאשר הוא כותב: י״ם – כ״ה וכ״ה, כוונתו היא לשתי האותיות בסיום המילה ׳לַאֲחָדִים׳, יו״ד + מ״ם, העולות בגימטריה חמישים, היינו שהדבר מכוון כנגד 25 האותיות בַּפסוק ״שְׁמַע יִשְׂרָאֵל ה׳ אֱ־לֹהֵינוּ ה׳ אֶחָד״, המוכפלות בשניים [= פעמיים ׳אֶחָד׳ הם ׳אֲחָדִים׳]. כך מתחברות דרגות הימין והשמאל, עץ יהודה ועץ יוסף, לאחדות ושלֵמות של חמישים, והכול בסוד ״ה׳ אֶחָד וּשְׁמוֹ אֶחָד״ – שני ׳אחדים׳ שהם ׳אחד׳.

ולסיום, על־פי הסיפא, אולי ניתן לפרש גם שהכוונה היא ל־25 אותיותיו של הפסוק ״שְׁמַע יִשְׂרָאֵל ה׳ אֱ־לֹהֵינוּ ה׳ אֶחָד״, המדבר על ה׳ יתברך, כנגד 25 האותיות (חסר אחת) של ההיגד המדבר על **שֵׁם ה׳**: ״ברוך שֵׁם כבוד מלכותו לעולם ועד״.

## תפילה להעמדת שני המשיחים בקיומם

**׳תקט״ו תפילות׳, תפילה שכ״ז (בדילוגין)**

״אֵ־ל אחד יחיד ומיוחד, אם אין אתה מתעורר בייחוד שלך להציל ישראל שהם עניים, ויֵאָמר בהם: ׳יְחַלֵּץ עָנִי בְעָנְיוֹ׳ (איוב ל״ו ט״ו), הרי אין להם תקווה. שהרי זמן הגיע שנֶאמר בו (בדברים ל״ב ל״ו): ׳[כִּי יִרְאֶה כִּי אָזְלַת יָד] וְאֶפֶס עָצוּר וְעָזוּב׳, וזה יד ה׳ שהיא שכינה, שנֶאמר בה (בישעיהו מ״ח י״ג): ׳אַף יָדִי יָסְדָה אֶרֶץ׳, ובה עיקר שכינה בַּתחתונים. ... יד יוסף דָּוִד,[6] בהם נִתקנת השכינה בַּתחתונים בזמן ששני משיחין עומדים בקיומם, שנֶאמר בהם (בישעיהו נ״ג י׳): ׳וְחֵפֶץ ה׳ בְּיָדוֹ יִצְלָח׳.

ובזמן אחר נֶאמר (בישעיהו ל״ב כ׳): ׳מְשַׁלְּחֵי רֶגֶל הַשּׁוֹר וְהַחֲמוֹר׳.[7] ... באותו הזמן אין תקווה לישראל אלא לגבי ייחודך, שהוא יציל אותם ברחמים, הדא־הוא־דכתיב (בדברים ל״ב ל״ט): ׳רְאוּ עַתָּה כִּי אֲנִי אֲנִי הוּא׳. ואותה היד – שלא נִתחזקה למטה – תתחזק מצד שלך, ויֵאָמֵר בה (בסוף אותו פסוק): ׳וְאֵין מִיָּדִי מַצִּיל׳״. ...

## תפילה לפתיחת שערים על־ידי המלך־המשיח לקראת הגאולה השלֵמה

**׳תקט״ו תפילות׳, מתוך תפילה שע״ט**

״אֵ־ל אחד יחיד ומיוחד, אמונה שלך [נָתַתָּ] לַמלך המשיח – ׳[וְיָצָא חֹטֶר מִגֵּזַע יִשָׁי] ... וְהָאֱמוּנָה אֵזוֹר חֲלָצָיו׳ (ישעיהו י״א א׳-ה׳) – שבה עתיד לפתוח כל השערים, שנֶאמר בהם (בישעיהו כ״ו ב׳): ׳פִּתְחוּ

---

6 רמז נוטריקון: המילה ׳יד׳ מצרפת את האותיות הפותחות את המילים: יוסף, דָּוִד.

7 ביאור הרמז כך הוא: בזמן הירידה והגלות, כאשר שני המשיחים אינם בבחינת ׳יד ה׳׳, הריהם יורדים לבחינת ׳רגל׳. ׳שור׳ הוא משיח בן יוסף – כבִרכת משה אליו (בדברים ל״ג י״ז): ״בְּכוֹר שׁוֹרוֹ הָדָר לוֹ״ – ו׳חמור׳ הוא משיח בן דָּוִד, כנבואת זכריה (ט׳ ט׳) אל בת ירושלים: ״הִנֵּה מַלְכֵּךְ יָבוֹא לָךְ, צַדִּיק וְנוֹשָׁע הוּא, עָנִי וְרֹכֵב עַל חֲמוֹר״ וגו׳.

שְׁעָרִים וְיָבֹא גוֹי צַדִּיק שֹׁמֵר אֱמֻנִים׳. וכל השערים שנסתמו בַּגלות – שהוא לילה, זמן נעילת השערים – כולם יתפתחו בַּמלך המשיח, שנֶאמר בהם (בישעיהו ס׳ י״א): ׳וּפִתְּחוּ שְׁעָרַיִךְ תָּמִיד׳.

ולפי שמזומנים היו להיפתח לפנות בוקר, שנֶאמר בו (בתהִלים מ״ו ו׳): ׳יַעְזְרֶהָ אֱ־לֹהִים לִפְנוֹת בֹּקֶר׳,[8] כך גילית לנו אמונה זאת שלך לדעת ייחודך, ולהתקיף [=לחזק] אותו, כדי שייפתחו שערים אלה. משם ולְהָלְאָה ׳הָמוּ גוֹיִם מָטוּ מַמְלָכוֹת׳ (תהִלים מ״ו ז׳), שֶׁהרי כן יהיו מתגרות זו בזו, שֶׁהרי ייחוד צד הקדושה פירוד יעשה בם, דכתיב (ביחזקאל כ״ו ב׳): ׳אִמָּלְאָה הָחֳרָבָה׳.[9] ובסוף הכול [יקוים האמור בתהִלים מ״ו ח׳]: ׳ה׳ צְבָאוֹת עִמָּנוּ׳,[10] להִסתדר [= להסדיר] סדָרים של ישראל לפי הסדָרים העליונים שֶׁלמעלה. ... דכתיב (בישעיהו ס׳ ח׳): ׳מִי אֵלֶּה כָּעָב תְּעוּפֶינָה וְכַיּוֹנִים אֶל אֲרֻבֹּתֵיהֶם׳, כל אחד למקומו כָּראוי. באותו הזמן [יקוים האמור ביואל ג׳ א׳]: ׳וְנִבְּאוּ בְּנֵיכֶם וּבְנוֹתֵיכֶם׳ וגו׳״. ...

---

8 מונחי הזמן אשר נוקט כאן בעל התפילה – כאמור, זהו כנראה ר׳ יקותיאל גורדון תלמיד רמח״ל – מרמזים לכך שהוא סבר ששנת ת״ק, מחציתו של האלף השישי, הינה שעת ה׳בוקר׳, תחילתו של ׳יום׳ הגאולה, לאחר שעד אז שלט חושך הגלות, ״שהוא לילה, זמן נעילת השערים״ כדבריו בַּמשפט הקודם. אם אכן כך הוא, הרי זו גישה שונה מגישָׁתו של רמח״ל עצמו, המחלק את האלף ל־12 ׳שעות׳, כך שֶׁשנת ת״ק הינה שעת ׳צהריים׳, כפי שראינו לעיל **בנספח ד׳**, הערה 10 בעמ׳ 532. לעומת זאת, זהו ׳שעון׳ זֵהֶה לזה שנוקט הגר״א, כפי שיוסבר מיד בַּנספח הבא.
מכל־מקום, ייתכן שֶׁעלינו להבין כי הצירוף ״לפנות בוקר״ מכוּוָן לשנות פעולת חבורתו של הרמח״ל בפאדובה, אשר הרב גורדון היה מֵחשוביה. החבורה פעלה עד עקירתו של רמח״ל לאמסטרדם בשנת תצ״ה (1735), כחמש שנים לפני שנת ת״ק.

9 בעל התפילה מכוון כאן אל דרשת חז״ל במסכת מגילה, דף ו׳ עמ׳ א׳ – והנה זו לשונה: ״קיסרי וירושלים, אם יאמר לך אדם: חרבו שתיהן – אל תאמן; ישבו שתיהן – אל תאמן; חרבה קיסרי וישבה ירושלים, חרבה ירושלים וישבה קיסרי – תאמן; שנֶאמר: ׳אִמָּלְאָה הָחֳרָבָה׳; אם מְלֵאָה זו – חֲרֵבָה זו, אם מְלֵאָה זו – חֲרֵבָה זו״.

10 יושׂם לב שמשולבים בַּתפילה שלושה פסוקים רצופים, כסדרם, בפרק מ״ו של ספר תהִלים. הנה שלושת הפסוקים (ו׳-ח׳): ״אֱ־לֹהִים בְּקִרְבָּהּ בַּל תִּמּוֹט, יַעְזְרֶהָ אֱ־לֹהִים לִפְנוֹת בֹּקֶר. הָמוּ גוֹיִם מָטוּ מַמְלָכוֹת, נָתַן בְּקוֹלוֹ תָּמוּג אָרֶץ. ה׳ צְבָאוֹת עִמָּנוּ, מִשְׂגָּב לָנוּ, אֱ־לֹהֵי יַעֲקֹב סֶלָה״.

## תפילה שלא יהיה יוסף יתום מאִמו, "יוֹסֵף בְּנִי חָי"

**'תקט"ו תפילות', מתוך תפילה תס"ח**

"אֵ־ל אחד יחיד ומיוחד, תן חיים לעמך ישראל, ויֵאָמֵר בו בַּמלך המשיח (בתהִלים קי"ח י"ז): 'לֹא אָמוּת כִּי אֶחְיֶה', וזה – [אות אחרונה בַּצירוף: 'לֹא אָמוּת'] – ת' חיים. ... וְ־ת' נכללת בַּחיים, שנֶאמר בה (בשמואל־א' כ"ד י'): 'וַתָּחָס עָלֶיךָ', 'תָּחָס' – [אות ראשונה] – ת' חיים, ודאי.[11] מיד [יקוים האמור בתהִלים קל"ג ג']: 'חַיִּים עַד הָעוֹלָם', מצד 'אִמא עילָאה', **שלא יהיה יוסף יתום מאִמו**, אלא ממנה [= על ידה] יהיה נשמר, ונֶאמר בה (בתהִלים קי"ח י"ח): 'יַסֹּר יִסְּרַנִּי יָּ־הּ וְלַמָּוֶת לֹא נְתָנָנִי'.

ריבון כל העולמים, הרי לייחודך אנו מקווים באמת, תִּתן חיים לבנו של יעקב [= יוסף] שנֶאמר בו (במיכה ז' כ'): 'תִּתֵּן אֱמֶת לְיַעֲקֹב', 'יעקב אבינו לא מת',[12] ויוסף יֵאָמֵר בו (בבראשית מ"ה כ"ח): 'יוֹסֵף בְּנִי חָי', חי עולמים, ודאי". ...

---

11 אל נכון, 'מתכתב' כאן בעל התפילה עם פרק ט' בספר יחזקאל. שם מצוּוֶה הנביא להתוות תַּו חיים – 'תָו' הוא סימן, כמקור האות תי"ו – על מצחֵי האנשים הצדיקים, הכואבים על התועבות הנעשות בירושלים, ואילו האחרים, החוטאים, יימסרו לדינם של אנשים שֶיהרגום. האנשים ההורגים הֻצטַוּוּ: "אַל תָּחֹס עֵינְכֶם וְאַל תַּחְמֹלוּ", וגם הקב"ה הוסיף ואמר: "וְגַם אֲנִי לֹא תָחוֹס עֵינִי וְלֹא אֶחְמֹל".
לכן מהפך בעל התפילה את הֶקשֵרָה של המילה 'תָּחֹס' ממוות לחיים, ומביא אותה מדברי דָוִד הנִרדף בידי שאול, אשר יכול היה להרוג את שאול אבל חס על חייו, ואומר לו: "הִנֵּה הַיּוֹם הַזֶּה רָאוּ עֵינֶיךָ אֵת אֲשֶׁר נְתָנְךָ ה' הַיּוֹם בְּיָדִי, בַּמְּעָרָה, וְאָמַר לַהֲרָגְךָ, וַתָּחָס עָלֶיךָ – וָאֹמַר: לֹא אֶשְׁלַח יָדִי בַּאדֹנִי, כִּי מְשִׁיחַ ה' הוּא".

12 זוהי דרשה במסכת תענית (דף ה' עמ' ב'), שבה נדרש הכתוב בירמיהו (מ"ו כ"ז): "וְאַתָּה אַל תִּירָא עַבְדִּי יַעֲקֹב ... כִּי הִנְנִי מוֹשִׁעֲךָ מֵרָחוֹק, וְאֶת זַרְעֲךָ מֵאֶרֶץ שִׁבְיָם". על בסיס הכתוב נערך שם היקש בין יעקב לבין זרעו: "מה זרעו בַּחיים – אף הוא בַּחיים".

# נספח ח׳
## לעמ׳ 489

# ׳שעון הגאולה׳ של הגר״א

הגר״א קבע – בסוד שאין מגלים אלא לצנועים – מעין ׳שעון׳ להבנת סדָרֶיהָ של גאולת ישראל. ה׳שעון׳ מבוסס על ההבנה המובאת בַּמדרש ובתורת הסוד שֶׁיומו של הקב״ה, כביכול, הוא אלף שנים, כַּכתוב בתהִלים (צ׳ ד׳): ״כִּי אֶלֶף שָׁנִים בְּעֵינֶיךָ כְּיוֹם אֶתְמוֹל כִּי יַעֲבֹר, וְאַשְׁמוּרָה בַלָּיְלָה״.

בספר ה׳זוהר׳ (בַּחלק המכונה ׳סִפרא דצניעותא׳) נֶאמר כי ששת אלפי שנותיו של עולם מקבילים לששת ימי הבריאה, ותלויים בהם. כמובן שֶׁהיום השישי הוא המעניין והרלוונטי כדי ללמוד על מהלכיה של הגאולה – ואכן דרשו חז״ל מה אירע בו־בַּיום, זה היום בו נברא האדם, וכל אשר עבר עליו, שעה אחר שעה.[1]

בניגוד לפרשנים וחכמים קודמים שעסקו בַּסוגיה, חידש הגר״א שֶׁמחצית ראשונה של כל אלף הריהי בחינת לילה, ומחצית שניה היא בחינת יום, אשר אותה יש לחלק לשתים־עשרה שעות, וכך מתקבלת ׳שעה׳ של 41 שנים ו־8 חודשים.

נראה מיד את דבריו של הגר״א בפרק א׳ ובפרק ה׳ של ביאורו ל׳ספרא דצניעותא׳ (שהוא כאמור חלק מן ה׳זוהר׳), אך יושם לב היטב

1 פירוט עלילותיו של אדם הראשון בשתים־עשרה שעותיו של היום השישי – מצבירת עֲפָרו עד גירושו מגן העדן – נתונים בשלושה מקורות, בהבדלים מסוימים: במסכת סנהדרין דף ל״ח עמ׳ ב׳, במסכת ׳אבות דרבי נתן׳ (נוסחא א׳) פרק א׳, ובפרק י׳ של מדרש ׳פרקי דרבי אליעזר׳.

שדבריו אמורים רק **אם חלילה ייגאל העם בבחינת 'בְּעִתָּהּ'**, שהרי אם נזכה לבחינת 'אֲחִישֶׁנָּה' אזי אין הגאולה תלויה בשום חשבון, וידלג הגואל על הרים ועל הגבעות יְקַפֵּץ. הנה, אלה הדברים:

**בפרק א'**: "כי הי"ב תיקונין [= מקבילים לשתים-עשרה מידות של רחמים, מתוך שלוש עשרה, האמורות בספר שמות ל"ד ו'-ז'] הן נגד י"ב שעות כנ"ל, והן י"ב שעות הלילה, ומזל י"ג [המקביל לַמידה האחרונה: 'וְנַקֵּה'] הוא נגד י"ב שעות היום. כי כל אלף הוא יום ולילה, כמו כל יום מימי בראשית, שֶׁכתוב: 'וַיְהִי עֶרֶב וַיְהִי בֹקֶר' וכו'".

**בפרק ה'**: "ודע שכל אלו הימים [= ימי הבריאה] הן רמז לששת אלפים שנה שהן שישה ימים, כמו שֶׁכתוב לעיל ... **'שיתא אלפין שנין תַּליין בשיתא קדמאי'** [= **ששת אלפים שנה תלויות בששת ימי הבריאה הראשונים**]. וכל הפרטים שהן בשישה ימים אלו הן מתנהגין בשישה אלפים, כל אחד ביומו ובשעתו. ומכאן תדע קץ הגאולה שהוא 'בְּעִתָּהּ' חס-ושלום, כשלא יהיו זכַּאין, שהוא קץ האחרון. ומשביע אני את הקורא בה' [בנוסח אחר: בְּשֵׁם] אֱ-לֹהֵי ישראל, שלא יגלה זה".

מחברי 'קול התור' – בפרק א' סעיף ד', עמ' 22 – 'פתחו' את שיטת רבם להבנת האירועים הקשורים לגאולה, החל משנת ת"ק – שהיא שנת 500 לאלף השישי, שעת 'הנץ החמה', 1740 למניינם – בזו הלשון:

"רבנו התחיל בגילוי רמזי התורה בהיותו בן עשרים שנה בשנת ת"ק, תחילת השעה הראשונה של אור בוקר יום השישי באלף השישי, אשר אז החל רוח אֱ-לֹהים, רוחא דמשיחא, לפעם ברוח קודשו, לגלות רזי התורה קְמעא קְמעא בייעודו של משיח הראשון [= משיח בן יוסף] ... וכַנודע החל לנסוע לארץ-הקודש בתחילת השעה השניה, היינו בשנת תקמ"ב [1782], אשר אז החלה סערת רוחו, סערת אליהו, לקיבוץ גָלויות ביתר שאת.

עקבות משיחא, בכללוּת, נפתחו תחילה בשעה הראשונה של בוקר יום השישי לשתיתאה, היינו שנת ת"ק לָאלף השישי דְנָא [כאמור, שנת 1740 למניינם]. ומִשעה לשעה מתקדמים העקבות מבחינות רבות. וכַנודע **כל שעה ארבעים ואחת שנה ושמונה חודשים**. ... ומהשעה השניה (היינו משנת תקמ"ב) נכנסה בחינתם של כל בית ישראל, הן הכלל והן כל איש ואיש בישראל, ב'פקידה' דְמַעלייתא של מְשיחא דְאתחלתא, משיח בן יוסף".

דיון נרחב בכל הסוגיה ראה בספרו של רפאל שוח״ט ׳עולם נסתר בממדי הזמן / תורת הגאולה של הגר״א מווילנה, מקורותיה והשפעתה לדורות׳ (בהוצאת אוניברסיטת בר־אילן) – בַּסעיף ׳זמן הגאולה׳, עמ׳ 247 ואילך.[2]

הנה אפוא – על פי ׳שעון׳ זה – תאריכי ׳שעות הגאולה׳ אשר עברנו מ׳שעת הזריחה׳ ועד ׳השעה השביעית׳, בה חיים ומְהלכים אנו כַּיום הזה:

תחילת שעה ראשונה: א׳ בתשרי ת״ק (1739) / סוף שעה ראשונה: א׳ בסיוון תקמ״א (1781)[3] / סוף שעה שניה: א׳ בשבט תקפ״ג (1823) / סוף שעה שלישית: א׳ בתשרי תרכ״ה (1864) / סוף שעה רביעית: א׳ בסיוון תרס״ו (1906) / סוף שעה חמישית: א׳ בשבט תש״ח (1948) /

2 מובאים שם גם דבריו של רבי חיים בן עטר – מחבר פירוש ׳אור החיים׳ על התורה – אשר עלה לארץ ישראל בסוף שנת תק״א (כשהיה הגר״א כבן עשרים ואחת), ונפטר בירושלים בשנת תק״ג, היא שנת עלייתו של רמח״ל ארצה. הנה אלה דבריו (בפירושו לפרשת צו, וַיקרא ו׳ ב׳) – על הפסוק: ״זֹאת תּוֹרַת הָעֹלָה, הִוא הָעֹלָה עַל מוֹקְדָה עַל הַמִּזְבֵּחַ כָּל הַלַּיְלָה עַד הַבֹּקֶר״ וגו׳ – בדיוק כדברי הגר״א:

״׳כָּל הַלַּיְלָה׳ – שהוא זמן הגלות הנמשל ללילה ... ׳עַד הַבֹּקֶר׳ – שהוא זמן שֶׁיָּרִיק [הקב״ה] עלינו כבודו ואתא בוקר, והזמן הוא אחר עבור ת״ק לאלף השישי, לפי מה שקדם לנו מדבריהם ז״ל (בראשית־רבה י״ט) כי יומו של הקב״ה אלף שנה, ומהשֵּׂכֶל יהיו ת״ק ראשונה מידת לילה ות״ק שניה מידת יום, והודיע ה׳ כי ׳עַד הַבֹּקֶר׳ – שֶׁכשיגמר ת״ק שנה בַּגלות עד הבוקר – שֶׁיהיה העליה״.

3 כאן ראוי להעיר כי הגר״א העניק רק שלוש הסכמות לספרים, בכל ימי חייו. אחד מהם הוא הספר ׳דרכי נעם׳, שֶׁחיברוֹ רבי שמואל בן אליעזר מן העיר קַלְוַריה בדרום ליטא. זהו ספר דרשות בקבלה, הפותח בחישובי קץ – על פי דרכו של המקובל רבי עמנואל חי ריקי – וקובע כי: ״אם באנו לחשבון השעות מיומו של הקב״ה, תימצא שבשנת תקמ״א ושמונה חודשים לפרט־קטן מֵאלף השישי, אנו מצפים לישועה״. על־פי החשבון שראינו כאן, זהו סוף ׳שעה ראשונה׳ של היום השישי – את ההסכמה לַספר כתב הגר״א ארבע־עשרה שנה לפני המועד הזה – והלוא דבר הוא! (ראה על כך בספרו של אריה מורגנשטרן ׳משיח בן יוסף ובניין ירושלים מחוץ לַחומות, מיסטיקה ריבלינית ומציאות היסטורית׳, עמ׳ 48).

סוף שעה שישית: א׳ בתשרי תש״ן (1989) / סוף שעה שביעית, שֶׁתיגמר עלינו לטובה: א׳ בסיוון תשצ״א (2031).

׳שיבוץ האירועים׳ לתוך מסגרת השעות חורג מעניינו של נספח זה, אך כל מעיין יוכל להבין בנקל שרבי חיים בן עטר, הבעש״ט, הרמח״ל והגר״א נולדו לפני ׳שעה ראשונה׳ וחייהם נכנסו אל תוכה; (לגבי הגר״א, הוא נפטר לאחר שליש ה׳שעה השניה׳). כדאי לשים לב גם למועדי העליות הראשונות, לשנות הולדתו ופטירתו של בנימין זאב הרצל, למועדי ייסוד המושבות הראשונות, לשנות הטבח באירופה, לשנת סיום השלטון הזר וייסוד המדינה, לגלֵי קיבוץ הגָלויות, מלחמת ששת הימים, וכל האירועים בשנות המדינה, לְטב ולמוּטב.

# מפתח כללי

## כללי המפתח

- המפתח הינו כללי. הוא אוגד יחד נושאים, אישים ומקומות.
- צויינו רק המופעים הראויים לציון, לעניות־דעתו של העורך, ואין במפתח הצבעה על כל המופעים של הערך בגוף הספר.
- כאשר מספר העמוד מודפס כרגיל – יש לבדוק גם בעמוד הבא, וזאת על־אף שלפעמים ניתנו בַּמפתח מספרֵי עמודים עוקבים.
- כאשר מספר העמוד מודפס בהדגשה, משמע שהערך חל גם על העמודים הבאים. בחלק מן המופעים הללו ניתן תחום עמודים מדוייק – כמו למשל: **100** עד 110 – אך בדרך־כלל לא ניתן מספר העמוד שבו תם העיסוק בערך זה.
- לאחר ציון מספר מודגש, כנ"ל, ניתנים לפעמים גם מספרי עמודים שהם "בתוך התחום" של העיסוק בַּנושא בגוף הספר. אפשרי בהחלט שהדיון שם ממשיך והולך, ואין להסיק מציון מספר העמוד שזהו סוף העניין. לפעמים ייראה הדבר כ'נסיגה' במספרי העמודים – כמו למשל: **100** עד 110, 105 – ואין זו שגיאה.
- ציון המילה "וגם" בין מספרי עמודים מורה שבשני המקומות נידון הנושא המצויין בסוגריים.
- סימן חץ – ➤ – מורה על הערך המדוייק במפתח זה.
- עיגול מלא (והזחה) מציין ערך משנה. שני עיגולים חלולים (והזחה נוספת) מציינים ערך ברמה שלישית.
- רשימת ערכים, לאחר המילים "ראה גם:", מגישה פירוט של 'קרובי משפחה' לָערך הנוכחי, להשלמת התמונה ולהעמקת העיון. סימון קו נטוי ברשימה זו מציין ערך משנה, וסימון שני קווים נטויים – // – מציין ערך ברמה שלישית.

## א

## נ

## ת